V&R unipress

Schriften zum deutschen und internationalen Persönlichkeits- und Immaterialgüterrecht

Band 30

Herausgegeben von Professor Dr. Haimo Schack, Kiel,

Direktor des Instituts für Europäisches und

Internationales Privat- und Verfahrensrecht

Stefan Wille

Urheberrechtliche Verträge über unbekannte Nutzungsarten und ihre AGB-Kontrolle

V&R unipress

MIX
Papier aus verantwortungsvollen Quellen
FSC www.fsc.org FSC® C003147

Bibliografische Information der Deutschen Nationalbibliothek

Die Deutsche Nationalbibliothek verzeichnet diese Publikation in der Deutschen Nationalbibliografie; detaillierte bibliografische Daten sind im Internet über http://dnb.d-nb.de abrufbar.

ISBN 978-3-89971-890-4

Gedruckt mit freundlicher Unterstützung der Studienstiftung ius vivum
und der Johanna und Fritz Buch Gedächtnis-Stiftung.

Printed in Germany.
Druck und Bindung: CPI Buch Bücher.de GmbH, Birkach

Gedruckt auf alterungsbeständigem Papier.

Meinen Eltern
und Großeltern

Inhalt

Vorwort

Die vorliegende Arbeit wurde der Juristischen Fakultät der Georg-August-Universität zu Göttingen im Sommersemester 2009 als Dissertation vorgelegt. Das Rigorosum fand im April 2011 statt. Für die Druckfassung konnten Rechtsprechung und Literatur bis Juli 2011 berücksichtigt werden. Da die Arbeit bereits bei ihrer Entstehung, aber auch während des langen Begutachtungsverfahrens von zahlreichen Literaturerscheinungen zu den gesetzlichen Neuregelungen der unbekannten Nutzungsarten eingeholt wurde, versteht sich das nunmehr vorgelegte 2. Kapitel vor allem auch als eine erste umfassende Auseinandersetzung mit diesen naturgemäß neuen Stimmen aus der Literatur.

Das Thema der Untersuchung geht zurück auf einen Vorschlag von Prof. Gerald Spindler, der zugleich der Erstgutachter der Arbeit ist. Hierfür sei ihm mein Dank ausgesprochen ebenso wie Herrn Prof. Andreas Wiebe für die Übernahme der Zweitbegutachtung. Für das aufmerksame Gegenlesen des Manuskripts bin ich zudem meinen geschätzten Freunden Sophie Hübner und Christian Below zu Dank verpflichtet.

Mein weiterer Dank richtet sich an die Studienstiftung des deutschen Volkes für ihr großzügiges Promotionsstipendium. In diesem Zusammenhang möchte ich mich ferner bei der Johanna und Fritz Buch Gedächtnis-Stiftung sowie der Studienstiftung ius vivum, hier namentlich Herrn Prof. Haimo Schack, bedanken, die mit ihren Druckkostenzuschüssen maßgeblich dazu beigetragen haben, dass diese Arbeit bei V&R unipress veröffentlicht werden konnte. Auch der Verlag sei an dieser Stelle für die überaus freundliche und kooperative Zusammenarbeit gewürdigt. Ebenso danke ich dem Stämpfli Verlag sowie Herrn Prof. Manfred Rehbinder für deren Zustimmung zur Zweitverwertung eines Abschnitts dieser Arbeit.

Mein besonderer Dank gilt schließlich meinen Eltern und Großeltern, die meine juristische Ausbildung wie auch die Promotion ungeachtet ihres fehlenden fachlichen Zugangs stets mit Zuspruch und Unterstützung begleitet haben. Ihnen ist diese Arbeit gewidmet.

Hannover im Juli 2011

Abkürzungsverzeichnis

a. A.	andere Ansicht
ABl. (EG)	Amtsblatt der Europäischen Gemeinschaft
Abs.	Absatz / Absätze
AcP	Archiv der civilistischen Praxis
AfP	Zeitschrift für Medien- und Kommunikationsrecht
AGB	Allgemeine Geschäftsbedingung(en)
AGBG	Gesetz zur Regelung des Rechts der Allgemeinen Geschäftsbedingungen (AGB-Gesetz)
AL	Aktualisierungslieferung
allg.	allgemein
Anh.	Anhang
Anm.	Anmerkung
BAG	Bundesarbeitsgericht
BB	Betriebsberater
BD	Bibliotheksdienst
BGB	Bürgerliches Gesetzbuch
BGBl.	Bundesgesetzblatt
BGH	Bundesgerichtshof
BGHZ	Entscheidungen des Bundesgerichtshofs in Zivilsachen
BRAO	Bundesrechtsanwaltsordnung
BReg	Bundesregierung
BT-Drs.	Bundestagsdrucksache
BVerfG	Bundesverfassungsgericht
BVerfGE	Amtliche Sammlung der Entscheidungen des Bundesverfassungsgerichts
CR	Computer und Recht
DB	Der Betrieb
Diss.	Dissertation
DNotZ	Deutsche Notar-Zeitschrift – Verkündungsblatt der Bundesnotarkammer
EG	Europäische Gemeinschaft(en)
EGBGB	Einführungsgesetz zum Bürgerlichen Gesetzbuch
EL / Erg.lfg.	Ergänzungslieferung
EuGH	Europäischer Gerichtshof
EuZW	Europäische Zeitschrift für Wirtschaftsrecht

EWS	Europäisches Wirtschafts- und Steuerrecht
f. / ff.	folgende
FS	Festschrift
FuR	Film und Recht
GG	Grundgesetz
GRUR	Zeitschrift für gewerblichen Rechtsschutz und Urheberrecht
GRUR Int.	Zeitschrift für gewerblichen Rechtsschutz und Urheberrecht (Internationaler Teil)
GRUR-Prax	Zeitschrift für gewerblichen Rechtsschutz und Urheberrecht (Praxis im Immaterialgüter- und Wettbewerbsrecht)
GRUR-RR	Zeitschrift für gewerblichen Rechtsschutz und Urheberrecht (Rechtsprechungs-Report)
Halbs.	Halbsatz
HdB	Handbuch
h. M.	herrschende Meinung
Hrsg.	Herausgeber
i. d. R.	in der Regel
insb.	insbesondere
InsO	Insolvenzordnung
i. S. d.	im Sinne des / der
i. S.e.	im Sinne eines / einer
i. S.v.	im Sinne von
i. V. m.	in Verbindung mit
JA	Juristische Arbeitsblätter
JuS	Juristische Schulung
JZ	Juristenzeitung
KOM	Dokumente der Europäischen Kommission
K&R	Kommunikation und Recht
KritV	Kritische Vierteljahrsschrift für Gesetzgebung und Rechtswissenschaft
MittBayNot	Mitteilungen des Bayerischen Notarvereins, der Notarkasse und der Landesnotarkammer Bayern
MittdPatA	Mitteilungen der deutschen Patentanwälte
MMR	Multimedia und Recht
MS	Mitgliedstaaten
MüKo	Münchener Kommentar
m. w. N.	mit weiteren Nachweisen
NJOZ	Neue Juristische Online-Zeitschrift
NJW	Neue Juristische Wochenschrift
NJW-RR	Neue Juristische Wochenschrift (Rechtsprechungs-Report)
NZI	Neue Zeitschrift für das Recht der Insolvenz und Sanierung
OLG	Oberlandesgericht
PatAnwO	Patentanwaltsordnung
RIW	Recht der internationalen Wirtschaft
Red.	Redaktion
Rn.	Randnummer(n)
S.	Satz / Seite

sog.	so genannte
Tz.	Teilziffer
UFITA	Archiv für Urheber- und Medienrecht
UKlaG	Gesetz über Unterlassungsklagen bei Verbraucherrechts- und anderen Verstößen (Unterlassungsklagengesetz)
UrhG	Gesetz über Urheberrecht und verwandte Schutzrechte (Urheberrechtsgesetz)
UrhR	Urheberrecht
UrhVR	Urhebervertragsrecht
UrhWG	Gesetz über die Wahrnehmung von Urheberrechten und verwandten Schutzrechten
vgl.	vergleiche
VerlG	Gesetz über das Verlagsrecht
WM	Werpapiermitteilungen (Zeitschrift für Wirtschafts- und Bankrecht)
ZEuP	Zeitschrift für Europäisches Privatrecht
ZGE	Zeitschrift für Geistiges Eigentum / Intellectual Property Journal
ZInsO	Zeitschrift für das gesamte Insolvenzrecht
ZIP	Zeitschrift für Wirtschaftsrecht
ZRP	Zeitschrift für Rechtspolitik
Zshg.	Zusammenhang
ZUM	Zeitschrift für Urheber- und Medienrecht
ZUM-RD	Zeitschrift für Urheber- und Medienrecht (Rechtsprechungsdienst)

1. Kapitel: Einführung und urhebervertragsrechtliche Grundlagen

A. Einleitung und Problemstellung

Spätestens seit dem 31. 10. 2007 stand fest, dass der sogenannte zweite Korb der Urheberrechtsreform zum 1. 1. 2008 in Kraft treten würde.[1] Vorausgegangen war diesem weiteren Reformschritt auf dem Gebiet des Urheberrechts eine mehr als fünfjährige Debatte in Politik, Wissenschaft und Praxis. Diese war allen voran von der damaligen Bundesregierung angestoßen worden, indem sie der massiven Kritik der Verwerterseite an den Neuregelungen des sogenannten ersten Korbs dadurch zu entsprechen versuchte, dass sie zusicherte, die Rechte der Produzenten in einem zweiten Korb stärken zu wollen.[2] Hauptkritikpunkt insbesondere der Film- und Fernsehwirtschaft war bereits damals die Regelung des § 31 Abs. 4 UrhG a. F., nach der Verträge über unbekannte Nutzungsarten unwirksam waren.

Mit den *»unvorhersehbaren Möglichkeiten der Ausnutzung«* von urheberrechtlich geschützten Werken sah sich bereits das Reichsgericht konfrontiert.[3] Aber erst mit dem zunehmenden technischen Fortschritt, der spätestens seit Anfang der 90er Jahre des letzten Jahrhunderts auch die Medienindustrie erfasst hat, gewann die Vorschrift des § 31 Abs. 4 UrhG a. F. für die Lizenzpraxis ernst zu nehmende Bedeutung. Das Problemfeld der unbekannten Nutzungsarten, das sich für die Vergangenheit stichwortartig an Verwertungsformen wie dem Home-Video, der CD und der DVD festmachen lässt, kann angesichts der Neuen Medien wie dem Internet und dem Mobilfunk in seinem Umfang für die Zukunft nur erahnt werden.[4]

Zum 1. 1. 2008 hat der Gesetzgeber das Urhebervertragsrecht im Bereich der unbekannten Nutzungsarten einer umfassenden Reform unterworfen. Neben

1 BGBl. 2007 I, Nr. 54, S. 2513 ff. (ausgegeben am 31. 10. 2007).

2 *Kreile* in: ZUM 2007, 682; so u. a. in der Begr. RegE des Gesetzes zur Neuregelung des Urheberrechts in der Informationsgesellschaft (sog. erster Korb), BT-Drs. 15/38, S. 15.

3 RGZ 123, 312 [318] (*Wilhelm Busch*); zitiert nach *Frey/Rudolph* in: ZUM 2007, 13.

4 So bereits die Einschätzung von *Frey/Rudolph* in: ZUM 2007, 13.

der Neuregelung des urheberrechtlichen Vergütungssystems (§§ 54 ff. UrhG) sowie einiger Modifizierungen der Schrankenbestimmungen wurde als wesentlicher Bestandteil des zweiten Korbs und elementarer Voraussetzung für die Neuregelung des Rechts der unbekannten Nutzungsarten das Verbot des § 31 Abs. 4 UrhG a. F. gestrichen. Obzwar diese Aufhebung keinesfalls ersatzlos erfolgte, sondern vielmehr von der Aufnahme detaillierter Bestimmungen zu den Verträgen über unbekannte Nutzungsarten begleitet wurde (§§ 31a, 32c UrhG), steht damit fest, dass die Einräumung von Rechten an unbekannten Nutzungsarten sowie die Verpflichtung hierzu nunmehr grundsätzlich möglich ist. Während die Vertragsparteien außerhalb der von der Rechtsprechung in engen Grenzen entwickelten Fallgruppe der sogenannten Risikogeschäfte hinsichtlich aller bei Vertragsschluss unbekannten Nutzungsarten bislang auf eine Nachlizenzierung angewiesen waren, lässt sich neuen technischen Entwicklungen und den damit zusammenhängenden Vermarktungschancen somit künftig durch eine vorausschauende Vertragsgestaltung Rechnung tragen.[5]

Herausragende Bedeutung kommt in diesem Zusammenhang der Frage zu, wie solche Verträge in Zukunft zulässigerweise ausgestaltet sein dürfen bzw. müssen und welche Auswirkungen die Neuregelungen der §§ 31a, 32c UrhG auf die Vertragsbeziehung zwischen Urheber und Verwerter haben. Da die urheberrechtlichen Nutzungsverträge mittlerweile von der Verwendung vorformulierter Vertragsbedingungen beherrscht werden, soll – thematisch aus dieser Problemstellung abgeleitet – mit der vorliegenden Untersuchung zudem der Frage nachgegangen werden, ob und gegebenenfalls wieweit sich aus den Neuregelungen Richtlinien für die AGB-Kontrolle nach den §§ 305 ff. BGB herleiten lassen. Mit anderen Worten geht es einerseits darum, die §§ 31a, 32c UrhG auf ihren Inhalt einschließlich etwaiger AGB-rechtlicher Vorgaben hin zu untersuchen. Zum anderen werden die Verträge über unbekannte Nutzungsarten auch insgesamt einer AGB-Kontrolle zu unterwerfen sein, um damit zugleich einen Beitrag zu der Frage zu leisten, welche Bedeutung die §§ 305 ff. BGB allgemein für urheberrechtliche Nutzungsverträge haben.

B. Begriffsbestimmung und Präzisierung des Untersuchungsgegenstands

Ist die Zielstellung dieser Arbeit somit ausgegeben, gilt es, den Gegenstand der Untersuchung anhand der nachstehenden Begriffsbestimmungen näher zu bezeichnen.

---

5 Ähnlich *Berger* in: GRUR 2005, 907.

I. Begriff der Verträge über unbekannte Nutzungsarten

1. Der Nutzungsvertrag

Der Nutzungsvertrag ist das zentrale Instrument zur Auswertung des Werkes.[6] Auf ihn ist der Urheber angewiesen, um – mangels eigener Kapazitäten – die Verwertung seines Werkes überhaupt erst zu ermöglichen. Vermittels des Nutzungsvertrags räumt der Urheber an den originär allein ihm zustehenden (§ 15 UrhG) und unübertragbaren[7] Verwertungsrechten dem Verwerter ein Nutzungsrecht ein. Gegenstand dieser Nutzungsrechtseinräumung können wiederum verschiedene Nutzungsarten sein.[8] Mit dieser vergleichsweise trivialen Feststellung ist jedoch noch keinerlei Aussage darüber getroffen, wie sich diese Nutzungserlaubnis rechtsdogmatisch vollzieht. Um sich dieser Einordnung nähern zu können, bedarf es zunächst des weiteren Befundes, dass die der Erlaubnis zugrunde liegende Einräumung des Nutzungsrechts in Abgrenzung zur einfachen Gestattung gemäß § 29 Abs. 2 Alt. 2 UrhG[9] nach überwiegender Auffassung als quasi-dingliche (gegenständliche)[10] Verfügung verstanden wird.[11]

Des Weiteren besteht Einigkeit darüber, dass die Verfügungen grundsätzlich von Verpflichtungsgeschäften getragen werden.[12] Zwischen beiden Geschäften ist nach dem das deutsche Privatrecht prägenden Trennungsprinzip auch im Urhebervertragsrecht gedanklich zu unterscheiden, wovon der Gesetzgeber

6 *Schricker/Loewenheim* in: dies. § 31 Rn. 1.

7 Dies folgt mittelbar aus § 29 UrhG, vgl. nur *Block* in: Wandtke/Grunert § 29 Rn. 4; *Schulze* in: Dreier/Schulze § 29 Rn. 3 jeweils m. w. N.

8 Siehe zur terminologischen und dogmatischen Einordnung der Begriffe Verwertungsrecht, Nutzungsrecht und Nutzungsart etwa *Berger* in: Berger/Wündisch, HdB UrhVR, § 1 Rn. 40; *J.B. Nordemann* in: Fromm/Nordemann § 31 Rn. 8 ff.; *Schulze* in: Dreier/Schulze § 31 Rn. 3 ff.

9 Hierdurch verpflichtet sich der Urheber lediglich schuldrechtlich, nicht von seinem Verbotsrecht nach § 97 Abs. 1 UrhG Gebrauch zu machen; vgl. dazu etwa *J.B. Nordemann* in: Fromm/Nordemann § 29 Rn. 24.

10 Dagegen sollte der Begriff *»dinglich«* im Zshg. mit Immaterialgüterrechten vermieden werden, da er eindeutig sachenrechtlich geprägt ist, so auch *Götting* in: FS Schricker (1995), 53 [65].

11 *Kotthoff* in: Dreyer/Kotthoff/Meckel § 31 Rn. 17; *Lisch*, S. 30; *Wandtke/Grunert* in: Wandtke/Bullinger Vor §§ 31 ff. Rn. 6; lediglich für das einfache Nutzungsrecht wird teilweise vertreten, dass es sich aufgrund seiner Erschöpfung in einem Duldungsanspruch nicht um ein dingliches Recht handeln könne, so *Kraßer* in: GRUR Int. 1973, 230 [233]; ebenso die ältere Rspr., vgl. BGH GRUR 1959, 200 [201 f.] (*Heiligenhof*) sowie für die Patentlizenz etwa *Brandi-Dohrn* in: GRUR 1983, 146 [148]; anders dagegen die h. M.: *Forkel* in: NJW 1983, 1764 [1766 f.]; *Kotthoff* in: Dreyer/Kotthoff/Meckel § 31 Rn. 17; *Loewenheim/J.B Nordemann* in: Loewenheim, HdB UrhR, § 25 Rn. 7; *Lisch*, S. 36 f. m. w. N.

12 *Schack*, Rn. 589; *Schricker/Loewenheim* in: dies. Vor §§ 28 ff. Rn. 52; *Spautz* in: Möhring/Nicolini § 31 Rn. 13; *Wandtke/Grunert* in: Wandtke/Bullinger Vor §§ 31 ff. Rn. 6.

ausweislich § 40 Abs. 3 UrhG ebenfalls ausgeht.[13] Darüber hinaus ging die Geltung des Trennungsprinzips nicht zuletzt aus dem hier zentralen § 31 Abs. 4 UrhG a. F. selbst hervor, indem dieser das Verbot ausdrücklich für beide Rechtsgeschäfte aussprach.[14] Fortgeführt wird diese Trennung nunmehr von § 31a Abs. 1 S. 1, 3 UrhG.

Diese Feststellung erlangt nun für die nachfolgende Untersuchung insofern Bedeutung, als Gegenstand der im vierten Kapitel zu thematisierenden Inhaltskontrolle vordergründig die schuldrechtlichen Verpflichtungen sein werden. Zwar lässt der Anwendungsbereich der §§ 305 ff. BGB prinzipiell auch eine richterliche Kontrolle des Verfügungsgeschäfts zu.[15] Da dieses aber nach dem herrschenden Verfügungsbegriff bereits die unmittelbare Einwirkung auf das Recht selbst beinhaltet,[16] hat die nach dem Gesetz eher auf das Vorfeld dieser Rechtsänderung, namentlich die schuldrechtliche Beziehung, zugeschnittene Klauselkontrolle, hier weitaus geringere Relevanz.[17]

Hinzu kommen zwei weitere Überlegungen, die sich aus der Systematik des Urhebervertragsrechts einschließlich der hier zu behandelnden Neuregelungen ergeben. So ist zum einen zu berücksichtigen, dass das Urheberrecht anders als das Sachenrecht des BGB keinen *numerus clausus* der möglichen gegenständlichen Rechte kennt.[18] Mangels gesetzlich vorgeformter Typen können die Parteien Art, Inhalt und Umfang der Nutzungsrechtseinräumung somit weitgehend frei festlegen.[19] Angesichts der dadurch entstehenden Vielfalt der Gestaltungsmöglichkeiten erfährt der Inhalt des Rechts in der Praxis infolgedessen regelmäßig erst durch den schuldrechtlichen Vertrag seine nähere Ausformung und Konkretisierung.[20] Daneben enthalten die Neuregelungen der §§ 31a, 32c UrhG –

---

13 *Kotthoff* in: Dreyer/Kotthoff/Meckel § 31 Rn. 18; *Loewenheim/J.B. Nordemann* in: Loewenheim, HdB UrhR, § 26 Rn. 2; *Schricker/Loewenheim* in: dies. Vor §§ 28 ff. Rn. 52; *Wandtke/Grunert* in: Wandtke/Bullinger Vor §§ 31 ff. Rn. 6; str. ist dagegen die Anwendbarkeit des Abstraktionsprinzips, vgl. zum Ganzen *Lisch*, S. 144 ff. sowie zuletzt *Srocke* in: GRUR 2008, 867 ff., der eine differenzierende Lösung andeutet.

14 So auch *Götting* in: FS Schricker (1995), 53 [70].

15 Ganz h. M.: BT-Drs. 14/6040, S. 149; BGH NJW 1988, 3260 [3262]; BGH WM 1985, 605 [607]; *Basedow* in: MüKo § 305 Rn. 9; *Roloff* in: Erman Vor §§ 305–310 Rn. 9; *P. Ulmer/Habersack* in: Ulmer/Brandner/Hensen § 305 Rn. 15; speziell für das Urhebervertragsrecht *Donle*, S. 235 f.

16 BGHZ 75, 221 [226]; *Kraßer* in: GRUR Int. 1973, 230 [232]; *Larenz/Wolf* § 23 Rn. 35.

17 *Schlosser* in: Staudinger § 305 Rn. 13; *P. Ulmer/Habersack* in: Ulmer/Brandner/Hensen § 305 Rn. 15.

18 *Loewenheim/J.B Nordemann* in: Loewenheim, HdB UrhR, § 26 Rn. 5; *Schricker/Loewenheim* in: dies. Vor §§ 28 ff. Rn. 47.

19 Wenngleich aus Gründen des Verkehrsschutzes auch für die Nutzungsechte ein an wirtschaftlichen Kriterien orientierter Typenzwang besteht, vgl. *Castendyk* in: ZUM 2002, 332 [336]; m. w. N.; *Frey/Rudolph* in: ZUM 2007, 13 [15].

20 OLG Hamburg GRUR 2002, 335 [336] (*Kinderfernseh-Sendereihe*); *Frey/Rudolph* in: ZUM 2007, 13 [15]; *Kraßer* in: GRUR Int. 1973, 230 [237]; a. A. *Lisch*, S. 123 f.

wie noch zu zeigen sein wird – abweichend von der Mehrzahl der sonstigen Vorschriften zum Nutzungsvertrag[21] vorwiegend schuldrechtliche Bestimmungen, indem sie etwa zugunsten des Urhebers zwingende Ansprüche festschreiben.

Einhergehend mit dieser Herausstellung des urhebervertraglichen Verpflichtungsgeschäfts soll an dieser Stelle eine Festlegung hinsichtlich der an der Nutzungsrechteverschaffung beteiligten Vertragsparteien erfolgen. So sind Gegenstand der nachstehenden Betrachtung grundsätzlich nur Nutzungsverträge erster Stufe, wie sie von den §§ 31 – 33 UrhG und somit nunmehr insbesondere auch von den Neuregelungen zu den unbekannten Nutzungsarten geregelt werden. Soweit also im Folgenden von der Einräumung von Nutzungsrechten oder der Verpflichtung hierzu die Rede ist, ist vorbehaltlich anderweitiger Ausführungen gemeint immer die primäre Vertragsbeziehung zwischen dem Urheber und dem Erstverwerter als konstitutiver Abspaltung einer Verwertungsbefugnis vom Urheberrecht i. S. d. § 29 Abs. 2 Alt. 1 UrhG. Sie lässt kraft der entsprechenden Verfügung das Nutzungsrecht erst entstehen; die ihr zugrunde liegenden Regelungen aus dem Urheberrechtsgesetz werden gemeinhin als primäres Urhebervertragsrecht bezeichnet.[22] Einräumungen zweiter oder späterer Stufe bzw. Übertragungen des (eingeräumten) Rechts an unbekannten Nutzungsarten bleiben damit grundsätzlich außer Betracht, soweit nicht die Vorschriften der §§ 31a, 32c selbst hierzu Aussagen erforderlich machen.

Ebenso ausgeklammert werden im Übrigen solche Nutzungsverträge, denen aufgrund ihrer Sonderrolle mit der vorliegenden Untersuchung, die den Anspruch auf eine möglichst allgemein gültige Bewertung erhebt, nicht gerecht würde. Dies betrifft zum einen die Arbeitsverhältnisse[23] sowie zum andern den Film[24]- und Verlagsbereich als weitere Kategorien des Urhebervertragsrechts, für die eigene Regeln existieren.

21 Denn der allgemeine Teil des Urhebervertragsrechts regelt primär die dingliche Seite, vgl. *Lisch*, S. 25; jedenfalls für § 31 Abs. 1 S. 2 UrhG auch *Loewenheim/J.B. Nordemann* in: Loewenheim, HdB UrhR, § 27 Rn. 3.

22 Begriffsprägend *Dietz* in: FS Schricker (1995), 1 [26 f.].

23 Siehe dazu stattdessen *Ulrici*, Arbeitnehmerurheberrecht, wo die Neuregelungen zu den unbekannten Nutzungsarten bereits berücksichtigt sind; ausschließlich zu den unbekannten Nutzungsarten im Arbeitsverhältnis *Wandtke* in: FS Loewenheim (2009), 393 ff.

24 Vgl. zu den unbekannten Nutzungsarten im Filmbereich eingehend die Kommentierungen bei *Manegold* in: Wandtke/Bullinger § 88 Rn. 56 ff.; *Schulze* in: Dreier/Schulze § 88 Rn. 51 ff. sowie *Dietrich* in: UFITA 2008/II, 359 ff.; *Kreile* in: ZUM 2007, 682 [686 f.].

2. Die noch nicht bekannte Nutzungsart

Des Weiteren erscheint es unerlässlich, eine zufrieden stellende Definition des Begriffs der unbekannten Nutzungsart selbst als Inhalt der hier zu untersuchenden Nutzungsverträge bereitzustellen. Zunächst gilt es hierfür klarzustellen, dass dieser bisher von § 31 Abs. 4 UrhG a. F. vorausgesetzte Begriff auch trotz der leicht modifizierten Terminologie[25] fortan grundsätzlich auch den Neuregelungen der §§ 31a, 32c, 137 l UrhG zugrunde liegt. Damit ist die Kategorie der unbekannten Nutzungsarten durch die Gesetzesreform keinesfalls obsolet geworden. Stattdessen hat sich das Erfordernis einer Abgrenzung zu den bekannten Nutzungsarten lediglich um eine Stufe nach hinten verlagert.[26] Während die Unterscheidung zwischen beiden Kategorien bisher noch über die prinzipielle Möglichkeit der Rechtseinräumung entschied, wirkt sie sich in Zukunft (erst) bei der Bestimmung der jeweiligen Voraussetzungen und Rechtsfolgen der Vereinbarung (vgl. §§ 31a, 32c UrhG) bzw. der Eröffnung des Anwendungsbereichs der Übergangsregelung des § 137 l UrhG[27] aus. Somit kann für das Tatbestandsmerkmal »*unbekannte Nutzungsart*«[28] im Sinne der neuen Vorschriften auf die von Rechtsprechung und Literatur zu § 31 Abs. 4 UrhG a. F. entwickelten Grundsätze zurückgegriffen werden.[29] Dabei soll es für den Untersuchungsgegenstand dieser Arbeit indes genügen, sich im Folgenden auf die wesentlichen hierzu bestehenden Abgrenzungskriterien zu beschränken. Angesichts des Bedürfnisses nach einer griffigen Formel für den weiteren Verlauf der Abhandlung soll es dagegen nicht Aufgabe dieser Begriffsklärung sein, alle im Einzelfall recht strittigen Kriterien zu thematisieren.[30]

---

25 Während § 31 Abs. 4 UrhG a. F. von »*noch nicht bekannten Nutzungsarten*« sprach, knüpfen die neuen Vorschriften an »*unbekannte Nutzungsarten*« (§§ 31a, 137 l UrhG) bzw. »*später bekannte Nutzungsarten*« (§ 32c UrhG) an.

26 So auch *Berger* in: GRUR 2005, 907 [908]; *Czychowski* in: GRUR 2008, 586 [587]; *Fälsch* in: BD 42 (2008), 409 [413]; ebenso *Schack*, Rn. 623; *Schulze* in: UFITA 2007/III, 641 [644 f.]; dies wurde i.Ü. bereits nach alter Rechtslage beobachtet, vgl. *Lütje* in: FS W. Schwarz (1999), 115 [147].

27 Vgl. dazu etwa *Schulze* in: UFITA 2007/III, 641 [683 ff.]; *Spindler/Heckmann* in: ZUM 2006, 620 ff. sowie für den Filmbereich *Dietrich* in: UFITA 2008/II, 359 [364 ff.].

28 Zuletzt wies *Rudolph* in: ZGE 2010, 453 [458] auf den interessanten Umstand hin, dass § 31 Abs. 4 UrhG a. F. gewissermaßen als Geburtsort dieser Begriffskategorie bezeichnet werden kann, während die vorangegangenen Gesetzesentwürfe stattdessen immer von einer Beschränkung auf »*bekannte Nutzungsarten*« sprachen.

29 So i.E. auch *Berger* in: GRUR 2005, 907 [908]; ebenso etwa *Lettl*, Rn. 36 f., der vorbehaltlos die zu § 31 Abs. 4 UrhG a. F. entwickelten Kriterien heranzieht; differenzierend hinsichtlich der restriktiven Rechtsprechung zur bloßen Substitution einer bestehenden Werkverwertung *Scholz* in: Mestmäcker/Schulze, 45. AL (12/07), § 31a Rn. 13.

30 Vgl. dazu stattdessen eingehend *Castendyk* in: ZUM 2002, 332 ff. sowie *Schwarz* in: ZUM 2003, 733 jeweils m.w.N.

a. Zwei-Stufen-Test

Die Gattung der unbekannten Nutzungsarten wird gemeinhin in einem Zwei-Stufen-Test bestimmt.[31] In einem ersten Schritt bedarf es dazu einer Konkretisierung des Begriffs »*Nutzungsart*«. Entsprechend dem Regelungskontext wurde – weitgehend parallel zum Begriff der § 31 Abs. 1, 5 UrhG[32] – somit auch für die (unbekannten) Nutzungsarten gemäß § 31 Abs. 4 UrhG a. F. maßgeblich nach den wirtschaftlich-technischen Gestaltungsmöglichkeiten eines Werkes gefragt.[33] Demnach unterscheidet sich eine Nutzungsart im Rechtssinne dadurch von anderen unqualifizierten Nutzungsformen, dass sie eine nach der Verkehrsauffassung hinreichend klar abgrenzbare, wirtschaftlich-technisch einheitlich und selbständig erscheinende Nutzungsart darstellt.[34] Als charakteristisch treten mithin im Wesentlichen zwei Kriterien hervor: ein hinreichendes Maß an technischer Innovation verbunden mit einer gewissen wirtschaftlichen Eigenständigkeit der neuen Nutzungsform.

Daran anschließend wurden gewissermaßen als Negativ-Test all diejenigen zuvor als wirtschaftlich-technisch selbstständig qualifizierten Nutzungsarten dem Anwendungsbereich des § 31 Abs. 4 UrhG a. F. entzogen, die zum Zeitpunkt des Vertragsschlusses bekannt waren. Dies ermittelte sich in einem zweiten Schritt danach, ob eben diese neue Nutzungsart nach einem Vergleich mit den herkömmlichen Methoden der wirtschaftlichen und technischen Möglichkeiten der Verwertung des Werkes als technisch realisierbar sowie wirtschaftlich bedeutsam einzuordnen war.[35] Das kumulative Abstellen auf beide Erfordernisse macht insofern deutlich, dass eine Nutzungsart somit nicht schon dann bekannt war, wenn ihre technischen Voraussetzungen bestanden, sondern vielmehr erst dann, wenn sie auch wirtschaftlich bedeutsam und verwertbar geworden war.[36]

---

31 So ausdrücklich *Castendyk* in: ZUM 2002, 332 [334] sowie *J.B. Nordemann* in: Fromm/Nordemann § 31a Rn. 25, der den Begriff der unbekannten Nutzungsart eingehend thematisiert.

32 Inwieweit hier tatsächlich eine einheitliche Auslegung des Begriffs vorzunehmen ist, stellt ein Kernproblem der Dogmatik des § 31 Abs. 4 UrhG dar, vgl. zum Meinungsstand *Castendyk* in: ZUM 2002, 335 [336 f.].

33 H.M.: BGHZ 95, 274 [284] (*GEMA-Vermutung I*); *Castendyk* in: ZUM 2002, 332 [337 ff.]; *Schwarz* in: ZUM 2003, 733; *Spindler* in: Schricker/Loewenheim § 31a Rn. 28; *Wandtke/Grunert* in: Wandtke/Bullinger § 31a Rn. 20.

34 BGH GRUR 1992, 310 [311] (*Taschenbuch-Lizenz*); GRUR 1997, 215 [217] (*Klimbim*); *Schulze* in: Dreier/Schulze § 31a Rn. 28.

35 BGHZ 95, 274 [284] (*GEMA-Vermutung I*); BGH GRUR 1991, 133 [136] (*Videozweitauswertung I*); GRUR 1995, 212 [214] (*Videozweitauswertung III*); *Spautz* in: Möhring/Nicolini § 31 Rn. 43; *Reber* in: GRUR 1997, 162 [167]; *Wandtke/Grunert* in: Wandtke/Bullinger § 31a Rn. 22.

36 Vgl. nur BGH GRUR 1986, 62 [65] (*GEMA-Vermutung I*); GRUR 1991, 133 [136] (*Videozweitauswertung*); GRUR 2005, 937 [939] (*Zauberberg*); *Berger* in: GRUR 2005, 907 [908]; *Klickermann* in: MMR 2007, 221 [222]; *Spindler* in: Schricker/Loewenheim § 31a Rn. 31.

Für die hier gegenständliche Begriffsbestimmung lässt sich somit festhalten, dass im Folgenden unter unbekannter Nutzungsart mit der wohl vorherrschenden Meinung all diejenigen Nutzungsformen verstanden werden, die einerseits wirtschaftlich-technisch selbständig, andererseits aber entweder technisch noch nicht realisierbar und/oder wirtschaftlich noch nicht verwertbar sind.[37]

b. *Maßgebende Perspektive*

Entscheidend für den Begriff der unbekannten Nutzungsart ist außerdem, auf wessen Perspektive es bei diesem Zwei-Stufen-Test ankommen soll. Vom BGH ist dies bislang ausdrücklich offen gelassen worden.[38] Demgegenüber werden dazu in der Literatur zahlreiche Positionen vertreten, die vom Abstellen auf die konkreten Vertragspartner, über den durchschnittlichen Urheber bis hin zur Allgemeinheit reichen.[39] Im Interesse der Rechtssicherheit ist allerdings ein Mindestmaß an Typisierung des Bekanntheitszeitpunkts zu fordern, so dass die Kenntnis der Nutzungsart (in einem wirtschaftlich-technischen Sinne) auf Seiten der konkreten Vertragsparteien nicht maßgeblich sein kann. Andernfalls ergäbe sich nämlich für eine Vielzahl von Verträgen hinsichtlich derselben Nutzungsform eine ebenso große Anzahl von Bekanntheitszeitpunkten. Damit sänke zugleich die Möglichkeit, das nunmehr hinsichtlich der Rechte aus den §§ 31a ff. UrhG bestehende Risiko durch Musterprozesse zu reduzieren.[40] Nicht zuletzt deutet der Gesetzeswortlaut selbst auch in seiner nunmehr leicht modifizierten Form auf einen eher generalisierenden Maßstab hin,[41] indem er auf eine Anknüpfung an die Vertragsparteien verzichtet.

Da die Einschränkung der Vertragsfreiheit durch das bisherige Verbot bzw. die Neuregelungen aber allein zugunsten des Urhebers besteht, darf das Typisierungsniveau andererseits wiederum nicht über den Bereich der einschlägigen Urheberkreise im Sinne eines generell-objektiven Maßstabs hinausgehen.[42] Irrelevant ist daher etwa auch, inwiefern die Nutzungsart in technisch informierten Fachkreisen bekannt war.[43] Maßgeblich sollte mithin allein der durchschnittliche Urheber aus der Gruppe von Urhebern der entsprechenden Werk-

37 Vgl. zur Frage, inwiefern von den Neuregelungen technisch bekannte, aber wirtschaftlich noch bedeutungslose Nutzungsarten erfasst werden (sog. Risikogeschäfte) unten S. 50 ff.

38 So in BGH GRUR 1991, 133 [136] (*Videozweitauswertung I*): konkrete Vertragsparteien, durchschnittliche Urheber oder rein objektive Sicht.

39 Vgl. zum Meinungsstand statt vieler *Fitzek*, S. 154 ff.

40 *Castendyk* in: ZUM 2002, 332 [342].

41 Zur alten Rechtslage *Spautz* in: Möhring/Nicolini § 31 Rn. 42; *Lütje* in: FS W. Schwarz (1999), 115 [118] weist indes darauf hin, dass die Gesetzesbegründung auch eine subjektive Betrachtung nahe legen könnte.

42 So aber *Drewes*, S. 45; *v. Gamm* § 31 Rn. 15.

43 Dies ausdrücklich ablehnend etwa OLG Hamburg NJW-RR 2001, 123.

gattung sein.[44] Eine Nutzungsart wird aber jedenfalls dann als bekannt zu qualifizieren sein, wenn aufgrund ihrer Verbreitung in den breit zugänglichen Massenmedien beim Publikum – zu dem auch die Urheber gehören[45] – von einer allgemeinen Kenntnis ausgegangen werden kann.

II. Begriff der AGB-Kontrolle

Ist somit der Gegenstand der Untersuchung hinreichend bestimmt, bedarf schließlich noch die für den zweiten Teil der Untersuchung maßgebliche Kontrollinstanz einer Präzisierung. Aus dem Titel der vorliegenden Arbeit ergibt sich hierfür bereits die wesentliche Aussage, dass die künftig zulässigen Verträge über unbekannte Nutzungsarten allein an den Vorgaben der §§ 305 ff. BGB zu messen sind. Folglich bleiben andere Kontrollinstrumente wie etwa §§ 32, 32a UrhG[46] sowie §§ 138, 242, 319 BGB in ihrer unmittelbaren Anwendung außer Betracht, soweit sie nicht ihrerseits wiederum (mittelbar) als Maßstab für die AGB-Kontrolle herangezogen werden können. Umfassend wird im Folgenden dagegen der Begriff der AGB-Kontrolle selbst verstanden. Neben der zweifellos vordergründigen Inhaltskontrolle soll demgemäß ebenso eine Überprüfung anhand der Vorschriften zur Einbeziehungs- und Transparenzkontrolle erfolgen, soweit sich hierbei Besonderheiten für die Verträge über unbekannte Nutzungsarten ergeben.

C. Gang der Untersuchung

Zunächst werden die neuen Vorschriften zu den unbekannten Nutzungsarten einschließlich der Hintergründe der Gesetzesreform Gegenstand einer eingehenden Untersuchung sein (2. Kapitel). Die Befassung mit den Neuregelungen der §§ 31a, 32c UrhG wird es einerseits ermöglichen, die wesentlichen künftig im Zusammenhang mit den unbekannten Nutzungsarten zu erwartenden Fragestellungen herauszuarbeiten. Mit Blick auf die ebenfalls zu behandelnde AGB-Thematik lassen sich aus dieser Untersuchung zudem erste Vorgaben für die AGB-Kontrolle von vorformulierten Verträgen über unbekannte Nutzungsarten

44 So die wohl h. M.: OLG Köln ZUM 2003, 317 [318] (*Filmabonnementvertrag*); vgl. *Castendyk* in: ZUM 2002, 332 [342]; *Donhauser*, S. 138 f.; *Fitzek*, S. 168 f.; *Katzenberger*, S. 76; *Kotthoff* in: Dreyer/Kotthoff/Meckel § 31a Rn. 8; *Reber* in: ZUM 1998, 792 [794]; *Schulze* in: Dreier/Schulze § 31a Rn. 29; *Wandtke/Grunert* in: Wandtke/Bullinger § 31a Rn. 22.

45 *Katzenberger*, S. 77.

46 Diese Regelungen werden auch als eine Art individuelle Inhaltskontrolle bezeichnet, so *Schricker/Haedicke* in: Schricker/Loewenheim § 32 Rn. 1 f.

ableiten. Nicht thematisiert wird dagegen § 137 l UrhG, der allein die Altverträge betrifft und seinerseits eine Vielzahl von – nicht zuletzt verfassungsrechtlichen – Fragestellungen mit sich bringt.[47]

Bevor sich die Untersuchung sodann der AGB-rechtlichen Betrachtung zuwendet, wird in einem zweiten Schritt zu thematisieren sein, welche sonstigen (individualvertraglichen) Anforderungen an die Verträge über unbekannte Nutzungsarten bestehen (3. Kapitel). Im Mittelpunkt steht dabei die Frage, inwiefern diese künftig zulässige Vertragskategorie sich in das allgemeine System des primären Urhebervertragsrechts einpasst. Hierbei interessiert insbesondere das Verhältnis zur Zweckübertragungsregel des § 31 Abs. 5 UrhG, nicht zuletzt um hieraus ebenfalls mögliche Vorgaben für die AGB-Kontrolle herausarbeiten zu können.

Deren Analyse wird das gesamte 4. Kapitel beherrschen und zugleich den Kern der vorliegenden Untersuchung darstellen. Angesichts der nach wie vor recht spärlich vorhandenen Arbeiten zur Thematik der AGB-Kontrolle von urheberrechtlichen Nutzungsverträgen verstehen sich die nachstehenden Ausführungen indes nicht nur als ein Beitrag zum Komplex der unbekannten Nutzungsarten. Soweit möglich werden vielmehr auch allgemein-gültige Aussagen für alle Nutzungsverträge ermittelt werden, um diese anschließend auf die Sonderkategorie der unbekannten Nutzungsarten anzuwenden.

Thematisch werden die wesentlichen Bereiche des AGB-Rechts abzudecken sein: Neben den Besonderheiten bei der Auslegung von AGB betrifft dies sowohl die Einbeziehungs- als auch die Inhaltskontrolle der urheberrechtlichen Klauseln. Da die Nutzungsverträge in ihrem Charakter ganz erheblich von ihrer Rechtseinräumung geprägt sind, fragt sich mit Blick auf die Inhaltskontrolle vor dem Hintergrund des § 307 Abs. 3 BGB vor allem, inwiefern dieser Regelungsgegenstand überhaupt einer AGB-Kontrolle unterworfen ist. Diese in urheberrechtlichem Schrifttum und Rechtsprechung bisher nur recht zurückhaltend behandelte Frage stellt eine wesentliche Entscheidung im Vorfeld der eigentlichen Inhaltskontrolle dar und wird dementsprechend ausführlich zu thematisieren sein. Gleiches gilt für die Kontrollunterworfenheit von deklaratorischen Klauseln sowie solchen, die die Vergütung des Urhebers zum Gegenstand haben. Allein diejenigen Regelungsgegenstände, die diesen Vorfilter des § 307 Abs. 3 BGB passieren, werden anschließend der Angemessenheitsprüfung des § 307 Abs. 1, 2 BGB unterstellt. Grundsätzlich irrelevant ist diese Einordnung wegen § 307 Abs. 3 S. 2 BGB dagegen für die Transparenzkontrolle, die die Untersu-

47 Vgl. dazu etwa *Schulze* in: UFITA 2007/III, 641 [683 ff.]; *Spindler/Heckmann* in: ZUM 2006, 620 ff.; für den Filmbereich *Dietrich* in: UFITA 2008/II, 359 [364 ff.] sowie die einschlägigen Kommentierungen.

chung zur unmittelbaren AGB-Kontrolle der Verträge über unbekannten Nutzungsarten abschließt.

Gleichsam abgerundet werden die Ausführungen zur AGB-Kontrolle durch die Betrachtung der daraus resultierenden Rechtsfolgen für den urheberrechtlichen Nutzungsvertrag. Hier gilt es zu klären, welche Auswirkungen die zuvor ermittelte Unwirksamkeit bzw. Nichteinbeziehung einzelner Klauseln auf das Nutzungsrechtsverhältnis zwischen Urheber und Verwerter hat.

In der Schlussbetrachtung der Arbeit (5. Kapitel) wird es schließlich darum gehen, die in den vorstehenden Kapiteln gefassten wesentlichen Erkenntnisse zusammenzufassen und für ihre Bedeutung in der Praxis zuzuspitzen. Dies soll es ermöglichen, ein aussagekräftiges Fazit für die praktische Gestaltung der vorformulierten Verträge über unbekannte Nutzungsarten zu ziehen.

2. Kapitel: Die Neuregelungen zu den unbekannten Nutzungsarten

Gegenstand dieses Kapitels sind die Neuregelungen zu den (künftigen) Verträgen über unbekannte Nutzungsarten. Bevor auf die Vorschriften der §§ 31a, 32c im Einzelnen einzugehen ist, werden zur Aufbereitung des jeweiligen Regelungsgehalts vorab die wesentlichen Motive des Gesetzgebers zur Reform des § 31 Abs. 4 UrhG a. F. sowie die dazu ergangenen Vorschläge aufgezeigt.

A. Anlass und Motive der Gesetzesreform

Bis zur Streichung des § 31 Abs. 4 UrhG a. F. wurde das Urhebervertragsrecht mehr als 40 Jahre[48] von dem Verbot der Verfügung über Rechte an unbekannten Nutzungsarten sowie – ausdrücklich mit umfasst – der Verpflichtung[49] hierzu beherrscht.[50] Zwar stand bereits vor dieser ausdrücklichen Kodifizierung regelmäßig der Zweckübertragungsgedanke der Einräumung von Rechten an unbekannten Nutzungsarten entgegen.[51] Gestützt auf dieses Prinzip stand hinter den Urteilen zu den sogenannten Altverträgen seinerzeit allerdings noch vordergründig die Überlegung, dass es für eine wirksame Übertragung der Rechte

48 Eingeführt wurde das Verbot des § 31 Abs. 4 UrhG mit dem UrhG von 1965 (BGBl. I, S. 1273); unter Rückgriff auf die reichsgerichtliche Rspr. gehen *Wandtke/Holzapfel* sogar von einer über 80jährigen Wirkungsgeschichte dieses Grundsatzes aus, vgl. GRUR 2004, 284 [285] sowie ausführlich unten S. 140 ff.

49 Anders als noch nach altem Schuldrecht (§ 306 BGB a. F.) führt auch nicht bereits die Unmöglichkeit der Einräumung des Rechts an der unbekannten Nutzungsart zur Nichtigkeit des Verpflichtungsgeschäfts, vgl. § 311a Abs. 1 BGB; siehe zur Rechtslage nach altem Schuldrecht *Drewes*, S. 44.

50 Dem US-amerikanischen Recht ist eine solche Verbotsvorschrift dagegen fremd: der Umfang der Rechtseinräumung richtet sich allein nach der Auslegung des Vertrags, vgl. hierzu näher *Spindler* in: Schricker/Loewenheim § 31a Rn. 7 m.w.N.; zur kollisionsrechtlichen Geltung der §§ 31a, 32c UrhG *Wille* in: GRUR Int. 2008, 389 ff.

51 BGH GRUR 1960, 197 [199] (*Keine Ferien für den lieben Gott*); GRUR 1988, 296 [299] (*GEMA-Vermutung IV*); *Schulze* in: Dreier/Schulze § 31a Rn. 21; *Spindler* in: NJW 2008, 9 (dort Fn. 6).

an unbekannten Nutzungsarten diesbezüglich einer expliziten Rechtseinräumung bedürfe.[52] In Abwesenheit eines gesetzlichen Verbots waren damit entsprechende Verträge mittels ausdrücklicher Abrede noch prinzipiell möglich.[53]

Somit bewirkte erst der mit dem Urheberrechtsgesetz von 1965 (UrhG) eingeführte § 31 Abs. 4 das Ausbleiben der Rechtswirkung unabhängig von einer etwaigen entgegenstehenden Parteivereinbarung.[54] Das Verbot erhielt zwingenden Charakter[55] und war als solches spätestens seit der digitalen Revolution Ende des 20. Jahrhunderts Gegenstand umfangreicher Kasuistik.[56]

Die im Zusammenhang mit dieser Rechtsprechung oftmals aufgekommene Kritik an § 31 Abs. 4 UrhG a. F. soll hier als wesentlicher Anlass der Reformdiskussion thematisiert werden. Diese lässt sich jedoch erst dann für die Neuregelungen nutzbar machen, wenn zuvor der Gesetzeszweck sowie die vom Verbot des § 31 Abs. 4 UrhG a. F. betroffenen Interessen präzisiert worden sind.

I. *Ratio legis* des § 31 Abs. 4 UrhG a. F.

Der Zweck des § 31 Abs. 4 UrhG a. F. war bis zuletzt umstritten. Betrachtet man als Ausgangspunkt für eine Stellungnahme hierzu zunächst die damalige Gesetzesbegründung, ergibt sich ein uneinheitliches Bild. So schrieb der Gesetzgeber dort seine Absicht fest, dem Urheber *»stets die Entscheidung darüber [vorzubehalten], ob und gegen welches Entgelt er mit der Nutzung seines Werkes auch auf die neu erfundene Art einverstanden ist.«*[57] Fest stand hiernach nur ganz generell, dass rechtspolitische Motivation des § 31 Abs. 4 UrhG a. F. die Schutzbedürftigkeit des Urhebers war.[58] Daneben wurde daraus noch in allge-

52 Dieses sog. Spezifizierungsgebot besteht bis heute mittels § 31 Abs. 5 UrhG für alle Nutzungsarten fort, vgl. nur *Schulze* in: Dreier/Schulze § 31a Rn. 23.

53 Vgl. OLG München ZUM 2000, 61 [65 f.] (*Paul Verhoeven*) (n. rkr.); LG Hamburg ZUM-RD 1999, 134 [136] (*Heinz Erhardt*); siehe zu den praktischen Auswirkungen aber ausführlich ab S. 140.

54 Also selbst dann, wenn die Einräumung von Rechten an unbekannten Nutzungsarten explizit zum Vertragszweck erhoben wurde, vgl. *Wandtke/Holzapfel* in: GRUR 2004, 284 [286]; dies galt i.Ü. auch unabhängig vom gewählten Vertragsstatut, vgl. BGH GRUR 1988, 296 [298] (*GEMA-Vermutung IV*).

55 Str. war wegen der unscharfen Formulierung des § 43 UrhG allein die Abdingbarkeit des § 31 Abs. 4 UrhG in Arbeitsverhältnissen, vgl. zum früheren Meinungsstand etwa *Schmechel-Gaumé* in: K&R 2001, 74 [75].

56 Vgl. nur BGH GRUR 1974, 786 ff. (*Kassettenfilm*); NJW 1986, 1244 [1246] (*GEMA-Vermutung I*); GRUR 1988, 296 [297 f.] (*GEMA-Vermutung IV*); GRUR 1991, 133 ff. (*Videozweitauswertung*); GRUR 1997, 215 [216 ff.] (*Klimbim*); dazu auch *Frey/Rudolph* in: ZUM 2007, 13 m.w.N.

57 Amtl. Begr. BT-Drs. 4/270, S. 56 = UFITA 45 (1965), 240 [271].

58 *Berger* in: GRUR 2005, 907 [908]; *Drewes*, S. 51 f.; *Hertin* in: Fromm/Nordemann, 9. Aufl. 1998, §§ 31/32 Rn. 9; *Wandtke/Holzapfel* in: GRUR 2004, 284 [287] m. w. N.

meiner Übereinstimmung der konkretisierende Schluss gezogen, dass ausweislich der gesetzgeberischen Anknüpfung an das ihm für die Nutzung zustehende Entgelt in erster Linie die ökonomischen Interessen des Urhebers geschützt werden sollten.[59] Dies entsprach den Wertungen der soeben angedeuteten, bis auf das Reichsgericht zurückgehenden Rechtsprechung, nach der der Urheber – freilich noch gestützt allein auf den Zweckübertragungsgedanken – seine Rechte grundsätzlich behält, soweit das wahre wirtschaftliche Potenzial einer Nutzungsform noch nicht absehbar ist.[60]

Streit bestand allerdings hinsichtlich der Frage, ob die Vorschrift darüber hinaus auch dem Schutz urheberpersönlichkeitsrechtlicher Belange zu dienen bestimmt war. Während dies einerseits mit Verweis auf den urheberrechtlichen Grundsatz des § 11 S. 1 UrhG, nach dem auch das Urheberpersönlichkeitsrecht zu schützen ist,[61] vertreten wurde, bestritt dies die (vormals) herrschende Auffassung. Dabei stützte sie sich maßgeblich auf die vorstehend zitierte Gesetzesbegründung, die ihrer Ansicht nach keinen Hinweis auf den urheberpersönlichkeitsrechtlichen Aspekt der Vorschrift beinhalte.[62]

Zutreffend wiesen jedoch *Castendyk/Kirchherr* darauf hin, dass sich eine solche Tendenz hin zu einem rein wirtschaftlichen Schutz aus der Gesetzesentstehung gerade nicht ergibt, sondern diese allenfalls für die Gegenposition herangezogen werden kann.[63] So nannte die damalige Begründung zum Referentenentwurf ausdrücklich noch beide Schutzzwecke,[64] wovon für eine klare Distanzierung in der anschließenden amtlichen Begründung eindeutiger hätte abgerückt werden müssen.[65] Vielmehr spricht die Formulierung des Gesetzgebers, dem Urheber auch das Ob über die Entscheidung zur Verwertung vorbehalten zu wollen, eher dafür, den Normzweck jedenfalls nicht auf die Sicherung

59 BGHZ 11, 135 [143] (*Lautsprecherübertragung*); 13, 115 [118] (*Platzzuschüsse*); 17, 266 [278] (*Grundigreporter*); BGH GRUR 1991, 133 [135] (*Videozweitauswertung*); *Castendyk* in: ZUM 2002, 332 [333]; *Schwarz* in: ZUM 2003, 733; *Wandtke/Holzapfel* in: GRUR 2004, 284 [287].

60 RGZ 118, 282 [287] (*Musikantenmädel*); 123, 312 [319], (*Wilhelm Busch*); 140, 250 [257 f.] (*Hampelmann*), dazu *Drewes*, S. 46 sowie *Wandkte/Holzapfel* in: GRUR 2004, 284 [285]; dazu eingehend unten ab S. 140.

61 *Donle*, S. 147 f.; *Donhauser*, S. 15; *Schack*, Rn. 43; *Wandtke* in: FS W. Nordemann (2004), 267 [270].

62 *Drewes*, S. 73; *Schwarz* in: ZUM 2003, 733 [734]; skeptisch auch *Fitzek*, S. 22.

63 *Castendyk/Kirchherr* in: ZUM 2003, 751 [753].

64 Vgl. Begründung zu § 24, Bundesjustizministerium (Hrsg.) 1954, Referentenentwürfe zur Urheberrechtsreform, S. 113: »*[...] Im Übrigen besteht auch die Möglichkeit, dass der Urheber aus Gründen des droit moral nicht damit einverstanden ist, dass das Werk auf die neu erfundene Art benutzt wird.*«; zuletzt veranlasste dies auch *Rudolph* in: ZGE 2010, 453 [457] zu einer historischen Herleitung der urheberpersönlichkeitsrechtlichen Komponente des § 31 Abs. 4 UrhG a. F.

65 *Drewes*, S. 46 f.

eines angemessenen Entgelts zu beschränken.[66] Im Übrigen kann ebenso wenig dem Standort des § 31 Abs. 4 UrhG a. F. ein systematisches Argument für eine der beiden Positionen entnommen werden. Denn der Behauptung, dass die Regelungen zum Urheberpersönlichkeitsrecht auf den Vierten Abschnitt (§§ 12 – 14 UrhG) beschränkt seien,[67] lässt sich mit Verweis auf die unstreitig urheberpersönlichkeitsrechtliche Norm des § 42 UrhG begegnen.[68]

Sind demnach weder dem Wortlaut noch der historischen und systematischen Auslegung eindeutige Aussagen zu entnehmen, erscheint nur ein Blick auf die Funktionsweise des § 31 Abs. 4 UrhG a. F. zielführend. Hierzu ist festzustellen, dass trotz der umfassenden Schutzfunktion des Urheberrechts (der wirtschaftlichen und persönlichen Beziehung zum Werk, § 11 UrhG) im Bereich der unbekannten Nutzungsarten regelmäßig allein der schutzwirtschaftliche[69] Aspekt relevant wurde, während hinsichtlich der urheberpersönlichkeitsrechtlichen Komponente die denkbaren Fallkonstellationen eher theoretischer Natur blieben.[70] Dies wird nicht zuletzt bei einem Blick auf die zu § 31 Abs. 4 UrhG a. F. ergangenen BGH-Urteile deutlich, in denen ausschließlich der ökonomische Sicherungszweck betont wurde.[71]

Gleichwohl darf diese bisherige Erfahrung bei der Anwendung des § 31 Abs. 4 UrhG a. F. nicht darüber hinwegtäuschen, dass es gerade in der Eigenart der unbekannten Nutzungsarten liegt, nicht für die Zukunft alle denkbaren Konstellationen voraussehen zu können. So deutet bereits *Schack*[72] unter Heranziehung des Beispiels der Handy-Klingeltöne an, inwiefern auch ideelle Vorbehalte hinsichtlich der Verwertung des Werkes in einer neuen Nutzungsart eine Rolle spielen.[73] Denn angesichts der immer spezielleren, auf eine jeweils kleinere Zielgruppe zugeschnittenen Verwertungsformen wird es neben der Entgeltfrage zunehmend auch im Interesse des Urhebers liegen, hinsichtlich neu aufkommender Nutzungsmöglichkeiten die Entscheidung darüber zu behalten, ob sein Werk bestimmten Verwertungsarten bzw. Nutzergruppen überhaupt zugänglich gemacht werden soll.[74]

66 *Castendyk/Kirchherr* in: ZUM 2003, 751 [753].

67 So *Fitzek*, S. 22.

68 *Castendyk/Kirchherr* in: ZUM 2003, 751 [753]; zu § 42 UrhG *Wandtke* in: Wandtke/Bullinger Rn. 1.

69 So die Bezeichnung von *Wandtke/Holzapfel* in: GRUR 2004, 284 [287].

70 *Castendyk/Kirchherr* in: ZUM 2003, 751 [753].

71 Allen voran ist hier BGH GRUR 1997, 215 [217] (*Klimbim*) zu nennen; siehe zur weiteren Rspr. *Kitz* in: GRUR 2006, 548 [549 f.]; *Schwarz* in: ZUM 2003, 733 [734].

72 *Schack*, Rn. 621 (dort Fn. 93).

73 OLG Hamburg ZUM 2002, 480 [485] (*Handy-Klingeltöne*) sowie erneut OLG Hamburg GRUR 2006, 323 (*Handy-Klingeltöne II*) (n. rkr.); ebenso *Czychowski* in: GRUR 2008, 586 [587]; *Kitz* in: GRUR 2006, 548 [549] m. w. N.; ähnlich *Schweyer*, S. 32.

74 Anders als *Schwarz* in: ZUM 2003, 733 [739] wird diese Situation – die freilich nur außerhalb

Aus diesem Grund sei sich hier einer vermittelnden Sichtweise angeschlossen, wonach der Schutz der wirtschaftlichen Interessen des Urhebers an einer hinreichenden Beteiligung bei der Verwertung des Werkes zweifellos im Vordergrund des Regelungszwecks des § 31 Abs. 4 UrhG a. F. stand. Gezeigt wurde jedoch auch, dass sich urheberpersönlichkeitsrechtliche Motive hinter dem Verbot nicht gänzlich ausschließen lassen, sondern durchaus eine gewisse Relevanz haben können. Somit ist auch diesen – wenngleich gewiss erst sekundär – eine Bedeutung innerhalb der *ratio legis* des § 31 Abs. 4 UrhG a. F. zuzusprechen.[75]

Auf Grundlage dieses Gesetzeszwecks wird man im Folgenden auch die Neuregelungen zu betrachten haben. Voranzuschicken ist dem jedoch bereits an dieser Stelle, dass sich der Reformgesetzgeber jedenfalls in seiner amtlichen Begründung einer eindeutigen Aussage zum Schutzzweck enthält und es stattdessen bei der allgemeinen Bekräftigung belässt, wonach die Interessen der Urheber auch weiterhin gewahrt seien.[76] In Anknüpfung an § 31 Abs. 4 UrhG a. F. kommen der wirtschaftliche und ideelle Schutz des Urhebers somit künftig auch in den §§ 31a, 32c UrhG zum Ausdruck.

II. Die beteiligten Interessen

Gleichfalls zum Verständnis der Reformdiskussion erforderlich erscheint neben dem Gesetzeszweck die eng damit verwandte Frage nach den von § 31 Abs. 4 UrhG a. F. berührten Interessen. Vor dem Hintergrund, dass der Reformgesetzgeber selbst in seiner Gesetzesbegründung drei verschiedene Interessengruppen – namentlich die Urheber, die Verwerter und die Allgemeinheit – nennt,[77] sollen eben deren (bisherige) Positionen im Zusammenhang mit dem Verbot des § 31 Abs. 4 UrhG a. F. Gegenstand der nachstehenden Betrachtung sein.

des bereits von §§ 14, 93 UrhG geschützten Bereichs herangezogen werden kann – vom Verf. nicht als so *»unwahrscheinlich«* eingeschätzt, dass sie in den Schutzzweckerwägungen nicht zumindest eine Rolle spielen muss; in diese Richtung gehen auch ausdrücklich die Überlegungen von *Czychowski* in: GRUR 2008, 586 [587]; *Wandtke* in: FS W. Nordemann (2004), 267 [270].

75 Ebenso i.E. *Castendyk* in: ZUM 2002, 332 [335]; *Czychowski* in: GRUR 2008, 586 [587].

76 Vgl. BReg BT-Drs. 16/1828, S. 22, 24.

77 Vgl. BReg BT-Drs. 16/1828, S. 22; ausdrücklich auch in der Zusammenfassung der Arbeitsgruppen im BMJ, S. 8 – Dokument abrufbar unter http://www.urheberrecht.org/topic/Korb-2/bmj/707.pdf (zuletzt abgerufen am 01.08.11).

1. Urheberinteressen

Parallel zu den zum Gesetzeszweck des § 31 Abs. 4 UrhG a. F. gemachten Ausführungen verhielt es sich mit den von der Vorschrift berührten Interessen des Urhebers. Er wurde sehr effektiv davor geschützt, sich vertraglich auch solcher Rechte zu begeben, deren wirtschaftlichen Wert er zum Zeitpunkt des Vertragsschlusses noch nicht einzuschätzen vermochte.[78] Er konnte damit in jedem Einzelfall darüber bestimmen, in welcher medialen und technischen Form seine Werke neu öffentlich zugänglich gemacht werden sollen. Zu beachten ist darüber hinaus jedoch, dass das Verbot der Einräumung von unbekannten Nutzungsarten für den Urheber nicht allein die vom Gesetzgeber bezweckten Vorteile mit sich brachte. Stattdessen konnte die Vorschrift mit ihrem zwingenden Charakter schnell auch zu seinem Nachteil gereichen. So wurde ihm aufgrund der gesetzlichen Nichtigkeitsanordnung zwar einerseits die Last genommen, gegenüber einer Rechtseinräumung, die auch unbekannte Nutzungsarten erfasste, seine Zustimmung verweigern zu müssen, andererseits wurde er damit auch gleichzeitig der Chance beraubt, sich darauf einzulassen. Nun lässt sich ausweislich der Möglichkeit einer späteren Nachlizenzierung bei Bekanntwerden der Nutzungsart nicht pauschal von einer Bevormundung durch den Gesetzgeber sprechen. Berücksichtigt man in diesem Zusammenhang allerdings, dass der Verwerter den Urheber wegen der hierbei entstehenden Transaktionskosten unter Umständen gar nicht mehr fragte, konnte Letzterer am Ende ganz leer ausgehen. Der anfängliche Vorteil verkam dann zum Nachteil.[79]

Bereits aus dieser von *Castendyk*[80] treffend als Zielkonflikt bezeichneten Situation werden die Bedürfnisse der Urheberseite im Zusammenhang mit der Reform des § 31 Abs. 4 UrhG a. F. deutlich. Ihnen war weder mit einer ersatzlosen Streichung noch mit der Beibehaltung des *status quo* gedient. Damit ihr Vorteil aus der eingeschränkten Vertragsfreiheit hinsichtlich der Einräumung von Rechten an unbekannten Nutzungsarten also nicht weiter theoretisch blieb, mussten sie an einer Kompromisslösung etwa im Sinne eines Widerspruchsrechts interessiert sein.

78 *Schack*, Rn. 619; *Spautz* in: Möhring/Nicolini § 31 Rn. 42; *Wandtke* in: FS W. Nordemann (2004), 267 [268].

79 *Castendyk/Kirchherr* in: ZUM 2003, 751 [755]; ähnlich *Drewes*, S. 72; *Schmechel-Gaumé* in: K&R 2001, 74 [79]; *Schwarz* in: ZUM 2003, 733 [738]; angedeutet auch von BGH GRUR 1997, 215 [217] (*Klimbim*).

80 *Castendyk* in: ZUM 2002, 332 [335].

2. Verwerterinteressen

Demgegenüber stellen sich die durch eine Regelung zu unbekannten Nutzungsarten berührten Interessen der Verwerterseite weitaus einseitiger dar. Nicht nur sind sie regelmäßig daran interessiert, die Verwertung des Werks in bekannten Nutzungsarten Schritt für Schritt auch auf eine neue Nutzungsart ausdehnen zu können, ohne sich jeweils um eine (kostenintensive) Nachlizenzierung bemühen zu müssen. Ein finanziell mindestens ebenso gewichtiges Argument gegen das Verbot ergab sich mit Blick auf etwaige Investitionen, die im Vertrauen darauf getätigt wurden, dass es sich bei der Nutzungsform nicht um eine neue Nutzungsart i. S. d. § 31 Abs. 4 UrhG a. F. handele.[81] Vor allem letztere Erwägung veranlasste einige Stimmen in der Literatur dazu, trotz der Tendenz des BGH zu einer zunehmend restriktiven Auslegung des § 31 Abs. 4 UrhG a. F.[82] immer wieder eine gänzliche Abschaffung der Sonderregeln zu den unbekannten Nutzungsarten zu fordern,[83] um die verursachte Rechtsunsicherheit im Ergebnis nicht nur auf eine andere Ebene der Vertragsbeziehung zu verlagern.

3. Interessen der Allgemeinheit

Schließlich werden bei Regelungen im Urhebervertragsrecht immer auch die Interessen der Allgemeinheit als Nutzer des jeweils verwerteten Werks zu berücksichtigen sein, auch wenn sie selbst nicht Partei des Nutzungsvertrags sind. Ihre Interessen sind nämlich nicht nur Rechtfertigung für Schranken, sondern auch Schutzgrund des Urheberrechts.[84]

Offenkundig ist insoweit zunächst, dass es den Nutzern darum geht, möglichst viele Werke in ebenso zahlreichen Nutzungsarten zur Verfügung gestellt zu bekommen. Dies legt somit auf ihrer Seite den (verwerterfreundlichen) Wunsch einerseits nach einer Rechtslage nahe, die eine wirtschaftlich sinnvolle Lizenzierung nicht allein bei massenattraktiven Werken ermöglicht.[85] Ein ausschließliches Abstellen auf dieses Wirtschaftlichkeitsargument zugunsten der Verwerter griffe zur Beschreibung der Interessen der Allgemeinheit jedoch zu kurz. Denn ihr Verlangen nach einer Vielzahl von Werken lässt sich erst dann

---

81 *Castendyk/Kirchherr* in: ZUM 2003, 751 [754]; dazu auch *Berger* in: GRUR 2005, 907 [908]; *Schwarz* in: ZUM 2003, 733 [735].

82 Vgl. dazu *Kitz* in: GRUR 2006, 548; *Reber* in: GRUR 1998, 792 [793 ff.]; *Wandtke* in: FS W. Nordemann (2004), 267 [272 f.].

83 So die Verweise bei *Krüger* in: ZUM 2003, 122 [123]; *Poll* in: GRUR Int. 2003, 290 [300]; *Wandtke/Holzapfel* in: GRUR 2004, 284 [289] sowie *Ullmann* in seinem Diskussionsbeitrag am 29. 6. 2007, abgedruckt bei *Seibold* in: ZUM 2007, 702 [704].

84 *Schmechel-Gaumé* in: K&R 2001, 74 [79]; *Schricker* in: GRUR 1992, 242 [246].

85 *Castendyk/Kirchherr* in: ZUM 2003, 751 [755]; *Kuhlen*, S. 304 f.

angemessen berücksichtigen, wenn zugleich auch auf der Seite der Urheber eine hinreichende Beteiligung an der Verwertung des Werkes sichergestellt ist. Andernfalls stünden der Vielzahl von Nutzungsarten nicht mehr eine Vielzahl von Werken gegenüber. Dementsprechend wäre eine ersatzlose Streichung des § 31 Abs. 4 UrhG a. F. nur dann auch im Sinne der Allgemeinheit, wenn dies durch entsprechende Vergütungsregeln zugunsten der Urheber kompensiert würde.

Gleiches gilt im Übrigen für die im Zusammenhang mit den Interessen der Allgemeinheit oftmals vorgebrachte Erwägung, dass die Regeln zu den unbekannten Nutzungsarten nicht den wirtschaftlich-technischen Fortschritt behindern dürfen.[86] So zustimmungswürdig dieses Postulat ist, so wenig lässt es sich doch als Wertung im Rahmen des von § 31 Abs. 4 UrhG a. F. betroffenen Interessengefüges dienstbar machen. Denn letztlich steht die Weiterentwicklung von Verwertungsmöglichkeiten und die Erschließung neuer Absatzchancen gleichermaßen im Interesse der Allgemeinheit wie auch im Interesse von Urhebern und Nutzungsberechtigten.[87]

III. Kritik an § 31 Abs. 4 UrhG a. F.

Spitzt man diese soeben beschriebene Interessenlage insbesondere zwischen Urhebern einerseits und Verwertern andererseits weiter zu, so ergeben sich zahlreiche Kritikpunkte, die letztlich zur Reform der Regeln über die unbekannten Nutzungsarten führten. Entsprechend den obigen Ausführungen wurde diese Kritik allen voran seitens der am stärksten betroffenen Verwerterindustrie vorgebracht. Sie lässt sich im Wesentlichen an drei Stichworten festmachen.

1. Transaktionskosten

Hauptkritikpunkt waren seit jeher die Transaktionskosten für den durch das Verbot des § 31 Abs. 4 UrhG a. F. forcierten Nacherwerb der Rechte an der jeweiligen neuen Nutzungsart,[88] was auch vom Reformgesetzgeber in seiner Begründung ausdrücklich aufgegriffen wurde.[89] Dies betraf nicht nur die Kosten für den Erwerb des Rechts an der neuen Nutzungsart selbst, sondern dem zwingend vorausgehend auch den Aufwand für das Auffinden des Urhebers

86 Vgl. insb. BGH GRUR 1995, 212 [214] (*Videozweitauswertung III*).
87 *Kitz* in: GRUR 2006, 548 [551].
88 *Berger* in: GRUR 2004, 907 [908]; *Castendyk/Kirchherr* in: ZUM 2003, 751 [753]; *Flechsig* in: ZRP 2006, 145 [148]; *Lange* in: ZUM 2003, 150 [152]; *Michel* in: ZUM 2000, 425 [430]; *Nolte* in CR 2006, 254 [259].
89 BReg BT-Drs. 16/1828, S. 22.

sowie die Verhandlungen über den Nacherwerb.[90] Das Kostenargument wurde darüber hinaus ebenfalls zum Anlass genommen, § 31 Abs. 4 UrhG a. F. in einen größeren Zusammenhang zu stellen und ganz generell als Investitions- und Technologiehemmnis zu bezeichnen.[91]

2. Rechtsunsicherheit

Im Ergebnis ebenfalls eine Kostenerwägung ist das im Zusammenhang mit § 31 Abs. 4 UrhG a. F. oftmals gefallene Stichwort der von dieser Vorschrift verursachten Rechtsunsicherheit.[92] Diese entstand in erster Linie daraus, dass die gerichtliche Klärung des keinesfalls immer eindeutigen Begriffs der unbekannten Nutzungsart bei jeder neuen Verwertungstechnologie bisher nicht selten unter 15 Jahre in Anspruch nahm.[93] Das hatte zur Folge, dass die Verwerter regelmäßig vor die Entscheidung gestellt waren, entweder hinsichtlich einer bestimmten Verwertungsform den Weg der Nachlizenzierung auf Verdacht zu gehen und damit den Erwerb von Leerlizenzen in Kauf zu nehmen[94] oder stattdessen eine Verletzung des Urheberrechts zu riskieren, womit sie sich schlimmstenfalls sogar in die Gefahr strafbaren Handelns begaben.[95] Relevant wurde dieser Konflikt besonders im Hinblick auf bereits getätigte Investitionen, über deren Amortisierung somit unter Umständen erst nach vielen Jahren Klarheit bestand. Für ein gewisses Maß an Investitionsschutz hatte der BGH dagegen neuerdings im Zusammenhang mit solchen Rechteeinräumungen gesorgt, die der Erprobung neuer Medien dienen sollten. In diesem Bereich der sogenannten Risikogeschäfte im Vorfeld einer sich abzeichnenden wirtschaftlichen Bedeutung wurden Verträge unter bestimmten Bedingungen auch über solche Nutzungsarten für zulässig erklärt, die an sich dem Begriff des § 31 Abs. 4 UrhG a. F. unterfielen.[96]

90 *Berger* in: GRUR 2004, 907 [908]; *Castendyk/Kirchherr* in: ZUM 2003, 751 [753]; *Spindler/Heckmann* in: ZUM 2006, 620 [621].

91 So etwa *Kreile* in: ZUM 2007, 682 [683]; *Langhoff/Oberndörfer/Jani* in: ZUM 2007, 593 [598]; *Schwarz* in: ZUM 2003, 733 [738].

92 BReg BT-Drs. 16/1828, S. 22; kritisch zu diesen Erwägungen *Frey/Rudolph* in: ZUM 2007, 13 [18].

93 Vgl. etwa BGH GRUR 1986, 62 ff. (*GEMA-Vermutung I*); GRUR 1995, 212 [213 ff.] (*Videozweitauswertung III*); *Schwarz* in: ZUM 2003, 733 [738].

94 *Castendyk/Kirchherr* in: ZUM 2003, 751 [754]; *Schwarz* in: ZUM 2003, 733 [737].

95 Dazu *Schwarz* in: ZUM 2003, 733 [737]; für den Filmbereich *J.B. Nordemann/W. Nordemann* in: GRUR 2003, 947 [948].

96 BGH GRUR 1995, 212 [214] (*Videozweitauswertung III*); dazu etwa *Schulze* in: Dreier/Schulze § 31a Rn. 30 ff. sowie ausführlich unten S. 50 ff.

3. Blockademöglichkeit

Schließlich betraf der dritte wesentliche Kritikpunkt die durch § 31 Abs. 4 UrhG a. F. eröffnete Blockademöglichkeit einzelner Urheber von Gemeinschaftswerken i. S. d. § 8 Abs. 1 UrhG. Auch nach Überwindung des bereits genannten Kostenaufwandes konnte es im Einzelfall passieren, dass das Gemeinschaftswerk bei einer Vielzahl von Urhebern allein aufgrund der fehlenden Zustimmung eines einzelnen Urhebers nicht in der neuen Verwertungsform genutzt werden durfte.[97] Die mangelnde Zustimmung musste im Übrigen nicht einmal auf einer Verweigerung beruhen. Ebenfalls die Nutzung verhindert hat ein nicht auffindbarer[98] oder ein verstorbener Urheber, bei dem wiederum die Anzahl oder der Aufenthalt der Erben nicht zu bestimmen war.[99]

IV. Vorschläge zur Reform des § 31 Abs. 4 UrhG a. F.

Während § 31 Abs. 4 UrhG a. F. bis vor einigen Jahren rechtspolitisch kaum diskutiert wurde, mehrten sich in letzter Zeit Stimmen, die sich die vorgenannten Kritikpunkte zu Eigen machten und eine grundlegende Reform des Verbots der Einräumung von Rechten an unbekannten Nutzungsarten forderten.[100] Was sich anfangs noch weitgehend in einer Aufforderung an die Rechtsprechung zu einer möglichst engen Auslegung der Vorschrift erschöpfte,[101] mündete spätestens Ende der 1990er Jahre in konkrete Gedanken zu einer Reform des § 31 Abs. 4 UrhG a. F. Dies griff auch die Bundesregierung im Rahmen ihrer Reformüberlegungen auf und stellte nach anfangs noch abwartenden Stellungnahmen[102] eine Aufhebung des Verbots durch das *»2. Korb«* genannte 7. Urheberrechtsänderungsgesetz in Aussicht.[103]

---

97 Zweiter Zwischenbericht der Enquete-Kommission *»Zukunft der Medien in Wissenschaft und Gesellschaft – Deutschlands Weg in die Informationsgesellschaft«*, BT-Drs. 13/8110, S. 16; *Berger* in: GRUR 2005, 907 [909]; *Michel* in: ZUM 2000, 425 [430]; *Nolte* in: CR 2006, 254 [259]; dazu aber *Wandtke/Holzapfel* in: GRUR 2004, 284 [291], die dieses Problem vielmehr als eines der Miturheberschaft einordnen; kritisch zum Argument der Blockademöglichkeit auch *Hertin*, Rn. 370 ff.

98 Sehr fragwürdig und wohl auch strafrechtlich relevant (§ 106 UrhG) ist in diesem Zusammenhang die neuerdings vereinzelt zu beobachtende Praxis einiger Verlage, in einem Vorwort ihrer neuen Medien auf die Nichtauffindbarkeit des Urhebers hinzuweisen, die zweifellos nicht eingeräumten (neuen) Verwertungsrechte aber gleichwohl zu nutzen.

99 Ähnlich auch BReg BT-Drs. 16/1828, S. 22.

100 So *Castendyk/Kirchherr* in: ZUM 2003, 751 mit Verweis etwa auf *Michel* in: ZUM 2000, 425 [430]; *Reber* in: GRUR 1998, 792 [795]; ebenso *Poll* in: GRUR Int. 2003, 290 [300].

101 Dies forderten etwa *Castendyk* in: ZUM 2002, 332 [345]; *Krüger* in: ZUM 2003, 122 [123 f.]; *Schulze* in: ZUM 2000, 432 [438]; *Schwarz* in: ZUM 2000, 816 [822].

102 Vgl. zur gesamten Entstehungsgeschichte des 2. Korbs statt vieler *Jani* in: UFITA 2006/II, 511 [522 ff.].

Die dazu gemachten Vorschläge sollen im Folgenden kurz dargestellt werden, um damit eine Abgrenzung zu den letztlich Gesetz gewordenen Neuregelungen zu ermöglichen. Herausgegriffen seien aus der Vielzahl der ergangenen Empfehlungen[104] jedoch nur diejenigen, die ihrer Wertung nach die vier wesentlichen Positionen innerhalb der Debatte um die unbekannten Nutzungsarten widerspiegeln. Ausweislich des Untersuchungsgegenstandes wird sich zudem auf die Betrachtung der Vorschläge für die künftigen Verträge unter Ausklammerung der Altverträge (jetzt geregelt durch § 137 l UrhG) beschränkt.[105]

1. Ersatzlose Aufhebung des Verbots

Seitens der Verwerter wurde immer wieder die wohl radikalste Forderung erhoben, § 31 Abs. 4 UrhG a. F. ersatzlos zu streichen.[106] Dafür machten sie allen anderen Kritikpunkten voran die innovationshemmende Wirkung des Verbots geltend. Der Appell an den Gesetzgeber verstärkte sich zusätzlich nach der sich im Rahmen der Urhebervertragsrechtsreform abzeichnenden Einführung der Vergütungsregeln der §§ 32, 32a UrhG. Hierdurch sah man den Schutz der Urheberinteressen in Bezug auf Verträge über unbekannte Nutzungsarten als hinreichend gewährleistet.[107] Dieser Ansatz hätte den unübersehbaren Vorteil gehabt, dass er als minimaler Eingriff in das Urhebervertragsrecht die sonstige Systematik normativ unberührt gelassen hätte.

2. Gesonderter Vergütungsanspruch

Schon frühzeitig gab es aber auch Vorschläge, die sich der Forderung nach einer generellen Streichung des § 31 Abs. 4 UrhG a. F. zwar anschlossen, einen Rückgriff auf die vordergründig auf bekannte Nutzungsarten zugeschnittenen Vergütungsregeln der §§ 32, 32a UrhG jedoch nicht als ausreichend erachteten.[108] Stattdessen sollte dieser Auffassung zufolge die Möglichkeit der Einräu-

---

103 So u. a. in der Begründung des Regierungsentwurfs für das Gesetz zur Neuregelung des Urheberrechts in der Informationsgesellschaft, BT-Drs. 15/38, S. 15; dazu auch *Jani* in: UFITA 2006/II, 511 [522]; *Kreile* in: ZUM 2007, 682; *v. Rom* in: ZUM 2003, 128 [130].

104 Vgl. dazu eingehend *Zscherpe*, S. 207 ff.

105 Für weitere Vorschläge und Einzelheiten siehe *Castendyk/Kirchherr* in: ZUM 2003, 751 [755 ff.].

106 So zuletzt auch *Ullmann* in seinem Diskussionsbeitrag vom 29. 6. 2007, vgl. *Seibold* in: ZUM 2007, 702 [704].

107 Vgl. z. B. Stellungnahme der Filmwirtschaft und Alternativvorschlag zum Regierungsentwurf eines Gesetzes zur Stärkung der vertraglichen Stellung von Urhebern vom 21. 8. 2001, S. 5, 33 f. – abrufbar unter: http://www.spio.de/media_content/361.pdf (zuletzt abgerufen am 01.08.11).

108 Zweiter Zwischenbericht der Enquete-Kommission *»Zukunft der Medien in Wirtschaft und*

mung von Rechten an unbekannten Nutzungsarten von einem gesonderten Anspruch auf angemessene Vergütung abhängig sein.[109] Diese Lösung hat den Vorteil, dass sich die Angemessenheit der Vergütung anders als bei § 32 UrhG nicht nach dem Wert des Rechts zum Zeitpunkt des Vertragsschlusses bestimmt.[110] Da dieser bei den unbekannten Nutzungsarten nämlich regelmäßig noch äußerst gering sei, wollte man vielmehr auf den Zeitpunkt der Nutzung abstellen. Zudem ließ sich hiernach das Verjährungsproblem vermeiden, das sich bei einer Eingliederung in das Anspruchssystem der §§ 32, 32a UrhG aufgrund der naturgemäß langen Zeiträume bei unbekannten Nutzungsarten oftmals ergeben hätte.[111]

3. *Nordemann*-Vorschlag

Demgegenüber sollte § 31 Abs. 4 a. F. UrhG nach dem von *Jan Bernd* und *Wilhelm Nordemann* gemachten Vorschlag grundsätzlich beibehalten werden. Lediglich eine auf den Filmbereich begrenzte Neuregelung sollte das Verbot der Einräumung von Rechten an unbekannten Nutzungsarten zugunsten der Filmhersteller ausschließen und zugleich die Übertragungsvermutungen der §§ 88 Abs. 1, 89 Abs. 1 UrhG auf die neuen Nutzungsarten ausdehnen.[112] Daneben sollte dem Urheber gemäß dem zu § 90 UrhG hinzuzufügenden Abs. 2 ein Anspruch auf eine gesonderte angemessene Vergütung zustehen, der allerdings – jedenfalls bis zum Bekanntwerden der vormals unbekannten Nutzungsart – ausschließlich von einer Verwertungsgesellschaft geltend gemacht werden konnte.[113] Neben den dargelegten positiven Effekten eines gesonderten Vergütungsanspruchs hätte dieser Vorschlag die üblichen mit einer Verwertungsgesellschaftspflicht verbundenen Vorteile gebracht. Zum einen wäre zugunsten der Urheber deren Verhandlungsposition durch die Kollektivierung der Rechte gestärkt worden. Zugleich hätte dies auf der Verwerterseite durch die Konzentration auf einen Ansprechpartner zu einer erheblichen Senkung der Transaktionskosten geführt, was gegenüber dem bisherigen Modell des Nacherwerbs

---

Gesellschaft – Deutschlands Weg in die Informationsgesellschaft«, BT-Drs. 13/8110, S. 17 – dieser Vorschlag bezog sich freilich noch auf den alten Bestsellerparagraphen des § 36 a. F.

109 So bereits im Juni 2004 die Zusammenfassung der Arbeitsgruppensitzungen im BMJ, S. 8 – Dokument abrufbar unter: http://www.urheberrecht.org/topic/Korb-2/bmj/707.pdf (zuletzt abgerufen am 01.08.11).

110 So die Kritik an der ersatzlosen Streichung des § 31 Abs. 4 UrhG a. F. unter alleinigem Rückgriff auf §§ 32, 32a UrhG, vgl. *Castendyk/Kirchherr* in: ZUM 2003, 751 [756 f.]; *Schwarz* in: ZUM 2003, 733 [739 f.]; *Wandtke/Holzapfel* in: GRUR 2004, 284 [292].

111 *J.B. Nordemann/W. Nordemann* in: GRUR 2003, 947 [948]; *Schwarz* in: ZUM 2003, 733 [740].

112 *J.B. Nordemann/W. Nordemann* in: GRUR 2003, 947.

113 *J.B. Nordemann/W. Nordemann* in: GRUR 2003, 947.

wiederum die Wahrscheinlichkeit der Nutzung in der neuen Form erhöht hätte.[114]

4. Kollektivrechtlicher Ansatz des sogenannten Professorenentwurfs

Dieser kollektivrechtliche Ansatz wurde daher auch vom sogenannten Professorenentwurf verfolgt, der seinen Anwendungsbereich über den Filmbereich hinaus jedoch auf sämtliche Werkformen erstreckte.[115] Gleichzeitig sollten Verträge über unbekannte Nutzungsarten nur gegenüber Verwertungsgesellschaften möglich werden, so dass die Verwertungsgesellschaftspflicht damit nicht allein den Anspruch auf eine angemessene Vergütung, sondern den Nutzungsvertrag insgesamt betraf. Darüber hinaus hielt der Vorschlag auch eine Definition der unbekannten Nutzungsart bereit, die sich maßgeblich an den von der Rechtsprechung entwickelten Kriterien orientierte. Entgegen der bereits dargestellten herrschenden Meinung[116] wurde allerdings für die Beurteilung der Neuheit allein auf die Vertragsparteien abgestellt.[117] Eine Typisierung der Perspektive sollte es hiernach nicht geben. Ein gesonderter, speziell auf unbekannte Nutzungsarten zugeschnittener Vergütungsanspruch war nicht vorgesehen. Die aufgezeigten Schwierigkeiten wurden durch die Revision des § 32 UrhG nicht berücksichtigt, wenngleich das Verjährungsproblem durch eine an den Beginn der Nutzung geknüpfte Fälligkeit des Anspruchs zumindest abgemildert worden wäre.[118]

Hinsichtlich der Vorteile dieser Lösung gelten die zum *Nordemann*-Vorschlag gemachten Bemerkungen, welche sich diesem Ansatz zufolge freilich auch außerhalb der Filmbranche ausgewirkt hätten.

B. Die Neuregelungen im Überblick

Vergleicht man diese vier im Detail stark divergierenden Änderungsvorschläge mit den letztlich Gesetz gewordenen Neuregelungen der §§ 31a, 32c UrhG, so erscheinen letztere als eine Art Kompromissvorschlag, mit dem der Gesetzgeber

114 *Castendyk/Kirchherr* in: ZUM 2003, 751 [756].

115 *Schricker/Loewenheim/Dietz/Nordemann/Vogel* in: GRUR 2000, 765 [766].

116 Vgl. oben Fn. 44.

117 So die Formulierung des § 31 Abs. 4 UrhG n. F. von *Schricker/Loewenheim/Dietz/Nordemann/Vogel* in: GRUR 2000, 765 [766].

118 *Schricker/Loewenheim/Dietz/Nordemann/Vogel* in: GRUR 2000, 765 [774]; der Entwurf deutet allerdings eher dahin, dass die Vergütung (auch für unbekannte Nutzungsarten) fällig wird, sobald der Verwerter mit der Verwertung in irgendeiner (bekannten) Nutzungsart beginnt.

einer Vielzahl von Bedenken Rechnung tragen wollte. Dabei vermeidet er allerdings eine ausdrückliche Positionierung, indem er den Verwertern einerseits weitgehende Zugeständnisse macht, andererseits aber sein Festhalten am Schutz des Urhebers beteuert.[119] So hob er in einem ersten Schritt das Verbot der Einräumung von Rechten an unbekannten Nutzungsarten durch die vollständige Streichung des § 31 Abs. 4 UrhG a. F. auf. Künftig besteht für alle Werkarten eine umfassende Verpflichtungs- und Verfügungsmacht des Urhebers. Sonderregeln existieren für den Filmbereich insoweit, als die Vermutungsregeln der §§ 88, 89 UrhG durch den Wegfall der ausdrücklichen Beschränkung auf bekannte Nutzungsarten fortan ebenso die Rechte an unbekannten Nutzungsarten erfassen,[120] während es eine solche Regel im allgemeinen Teil des Urhebervertragsrechts nach wie vor nicht gibt.

Allerdings erfolgte die Aufhebung des Verbots entgegen vereinzelter Forderungen nicht ersatzlos, sondern wurde von der Aufnahme von im Wesentlichen drei Schutzmechanismen zugunsten des Urhebers begleitet.[121] Diese sollen den von § 31 Abs. 4 UrhG a. F. bezweckten Schutz des Urhebers – wenn auch abgeschwächt – in modifizierter Form fortführen. Auf der ersten Stufe der Wirksamkeit der künftig zulässigen Verträge ist dieses Schutzregime durch das Erfordernis der Schriftform nach § 31a Abs. 1 S. 1 UrhG gekennzeichnet. Sie ist mit Blick auf die *Open-Content*-Bewegung nur dann ausnahmsweise entbehrlich, wenn das Nutzungsrecht als einfaches Recht jedermann unentgeltlich zur Verfügung gestellt wird, § 31a Abs. 1 S. 2 UrhG.[122]

Des Weiteren soll dem Urheber grundsätzlich auch nach der auf diese Weise an sich wirksamen Verpflichtung und/oder Verfügung weiterhin die Entscheidung über eine endgültige Einräumung des Rechts an der neuen Nutzungsart vorbehalten bleiben. Zu diesem Zwecke hat der Gesetzgeber ihm in § 31a Abs. 1 S. 3 UrhG ein bedingungsloses Widerrufsrecht eingeräumt, das allerdings auf drei Monate nach der Mitteilung über die beabsichtigte Verwertung in der neuen Nutzungsart befristet ist, § 31a Abs. 1 S. 4 UrhG. Im Filmbereich steht dem Urheber ein solches Widerrufsrecht ausweislich § 88 Abs. 1 S. 2 bzw. § 89 Abs. 1 S. 2 UrhG dagegen nicht zu. Schließlich wurde mit § 32c UrhG ein Anspruch des Urhebers gegen den Nutzer der neuen Nutzungsart auf eine gesonderte angemessene Vergütung aufgenommen. Diese Normierung eines zusätzlichen Anspruchs macht deutlich, dass der Gesetzgeber die bereits bestehenden Vergü-

119 Vgl. insb. BReg BT-Drs. 16/1828, S. 22; kritisch zum Gesetzgebungsverfahren *W. Nordemann* in: FS Raue (2006), 587 [590], der von einer »*Scheinposition*« des Urhebers spricht.

120 So ausdrücklich BReg BT-Drs. 16/1828, S. 32.

121 Vgl. Art. 1 Nr. 4–6 des 2. Gesetzes zur Regelung des Urheberrechts in der Informationsgesellschaft vom 26. 10. 2007, BGBl. 2007, Teil 1 Nr. 54, S. 2513 f.

122 Vgl. Stellungnahme des BR BT-Drs. 16/1828, S. 37 f. sowie BT-Rechtsausschuss BT-Drs. 16/5939, S. 44.

tungsregeln der §§ 32, 32a UrhG im Bezug auf unbekannte Nutzungsarten als nicht ausreichend zur Absicherung des Urhebers erachtete.[123]

Komplettiert werden die Neuregelungen zu den unbekannten Nutzungsarten mit § 137 l UrhG, der innerhalb des 3. Abschnitts der Übergangs- und Schlussbestimmungen die Regelung zu den Altverträgen beinhaltet. § 137 l UrhG stellt keineswegs eine untergeordnete Norm dar, sondern hat mit seiner rückwirkenden Einräumung von Rechten an unbekannten Nutzungsarten einen maßgeblichen Anlass der Reformdiskussion zum Gegenstand.[124] So normiert die Vorschrift zum Zwecke der Öffnung der Archive[125] – unter Zugrundelegung eines einjährigen Widerspruchsrechts – eine Einräumungsfiktion hinsichtlich aller Rechte der zum Zeitpunkt des Vertragsschlusses unbekannten Nutzungsarten.[126] Voraussetzung dafür ist nach § 137 l Abs. 1 UrhG, dass der Urheber dem Verwerter in diesem (Alt-)Vertrag alle wesentlichen Rechte (an bekannten Nutzungsarten) zur ausschließlichen und uneingeschränkten Nutzung eingeräumt hatte.

Insgesamt hat der Gesetzgeber einen konsequent individualrechtlichen Ansatz verfolgt, so dass sich die aufgezeigten kollektivrechtlichen Vorschläge letztlich nicht durchzusetzen vermochten. Eine Verwertungsgesellschaftspflicht besteht somit weder hinsichtlich der Rechteeinräumung selbst noch im Hinblick auf den gesonderten Vergütungsanspruch aus § 32c UrhG.[127] Dagegen ist es dem Urheber freilich unbenommen, seine Rechte an unbekannten Nutzungsarten künftig gleichwohl von einer Verwertungsgesellschaft wahrnehmen zu lassen,[128] welche wegen § 6 UrhWG nach einem entsprechenden Angebot seitens des Urhebers hierzu auch verpflichtet ist.

---

123 Deren Anwendung bleibt vom Bestehen des Anspruchs aus § 32c UrhG allerdings unberührt, vgl. BReg BT-Drs. 16/1828, S. 25.

124 *Spindler/Heckmann* in: ZUM 2006, 620; ähnlich *Schulze* in: UFITA 2007/III, 641 [642].

125 So der vielfach zitierte Ausspruch im Zusammenhang mit den Altverträgen, vgl. etwa *Klickermann* in: MMR 2007, 223 [227]; *Klöhn* in: K&R 2008, 77 [83]; *Langhoff/Oberndörfer/Jani* in: ZUM 2007, 593 [599]; *Spindler* in: NJW 2008, 9 [10]; *Sprang* in: K&R 2008, 7 [10].

126 Die gegen eben diese Übertragungsfiktion eingelegte Rechtssatz-Verfassungsbeschwerde zweier Filmurheber hat das BVerfG mit Beschl. v. 24.11.2009 wegen des Grundsatzes der Subsidiarität nicht zur Entscheidung angenommen, vgl. ZUM 2010, 235 m. Anm. *Wille.*

127 Ausdrücklich ablehnend mit Verweis auf die Interessen der Verwerter an einem umfassenden Rechtserwerb BReg BT-Drs. 16/1828, S. 24; dazu *Schuchardt*, S. 155 ff.

128 *Schulze* in: UFITA 2007/III, 641 [658], der zu Recht auf Probleme beim Abschlusszwang gegenüber Dritten hinweist; ebenfalls kritisch hierzu *Sprang* in: K&R 2008, 7 [10]; nach der früheren Rechtslage war str., ob das Verbot des § 31 Abs. 4 UrhG a. F. auch Wahrnehmungsverträge umfasste, vgl. zum Meinungsstand *Castendyk* in: ZUM 2002, 332 [343]; *J.B. Nordemann* in: Fromm/Nordemann § 31a Rn. 17 will auch § 31a UrhG nicht gegenüber Verwertungsgesellschaften anwenden.

C. Die Neuregelungen im Einzelnen

Nach dieser überblicksartigen Darstellung der Neuregelungen sowie der diesen vorausgegangenen Reformdiskussion sollen die Vorschriften der §§ 31a, 32c UrhG im Folgenden Gegenstand einer eingehenden Betrachtung sein. Dem voranzustellen ist zunächst jedoch die Frage nach ihrem Anwendungsbereich.

I. Anwendungsbereich des neuen Rechts

1. Sachlicher Anwendungsbereich

Entgegen etwa dem sogenannten Professorenentwurf[129] halten die Neuregelungen auch weiterhin keine Legaldefinition für den Begriff der unbekannten Nutzungsarten bereit. Gleichwohl knüpfen sie ausweislich des insoweit ausdrücklichen Wortlauts unverändert an diesen Begriff an, so dass sich die Eröffnung des sachlichen Anwendungsbereichs der §§ 31a, 32c UrhG nach der bisherigen Rechtsprechung zu § 31 Abs. 4 UrhG a. F. bemisst.[130] Wie bereits innerhalb der Begriffsbestimmung thematisiert, bedarf es somit auch hierfür einer Nutzungsart, die einerseits wirtschaftlich-technisch selbständig, andererseits aber entweder technisch noch nicht realisierbar und/oder wirtschaftlich noch nicht verwertbar ist.[131]

a. Kategorie der sogenannten Risikogeschäfte

In diesem Zusammenhang stellt sich jedoch die Frage, ob diese vorbehaltslose Übernahme der bisherigen Rechtsprechung auch die bereits angesprochene Kategorie der sogenannten Risikogeschäfte[132] mit einschließt.[133] So sollten demnach, abweichend vom grundsätzlichen Begriffsverständnis, auch wirtschaftlich noch bedeutungslose Nutzungsformen aufgrund einer wohl restriktiven Anwendung[134] des § 31 Abs. 4 UrhG unter bestimmten Voraussetzungen[135]

---

129 Vgl. dort die Formulierung des § 31 Abs. 4 UrhG n. F. von *Schricker/Loewenheim/Dietz/Nordemann/Vogel* in: GRUR 2000, 765 [766].

130 Siehe dazu bereits oben S. 50.

131 Vgl. erneut BGH GRUR 1986, 62 [65] (*GEMA-Vermutung* I); GRUR 1991, 133 [136] (*Videozweitauswertung*).

132 Der Begriff wurde geprägt durch *v. Gamm*, 31 Rn. 15.

133 Siehe zu dieser Frage bereits *Wille* in: UFITA 2008/II, 337 [349 ff.].

134 Methodisch lässt sich wohl nicht von einer teleologischen Reduktion sprechen, da der Wortlaut des § 31 Abs. 4 UrhG a. F. diese (wenngleich vom üblichen Verständnis abweichende) enge Auslegung durchaus zuließ; kritisch hierzu bereits *Klöhn* in: K&R 2008, 77 [80] (dort Fn. 30).

135 Dazu etwa *Drewes*, S. 60 ff.; *Schulze* in: Dreier/Schulze § 31a Rn. 30 ff.; *Zscherpe*, S. 103 f.

zum Gegenstand einer Nutzungsrechtsvereinbarung gemacht werden können.[136] Sollte dieser Rechtsprechung auch weiterhin ein Geltungsanspruch zukommen, so dürften diese Nutzungsverträge künftig ebenso wenig dem Anwendungsbereich der neuen Schutzvorschriften unterfallen. Für eine solche Fortgeltung der vom BGH betriebenen Ausgrenzungsversuche dieser Art der Werknutzung, spricht zunächst der Umstand, dass sich der Reformgesetzgeber selbst nicht zum Begriff der unbekannten Nutzungsart äußert. Berücksichtigt man indes den dabei zuvorderst angeführten Verweis des BGH auf den (gleichwohl gewahrten) Schutzzweck des § 31 Abs. 4 UrhG a. F.,[137] wird man zur Klärung dieser Frage maßgeblich auf teleologische Erwägungen abstellen müssen.

So verfolgte der BGH die Absicht, dem Bedürfnis der Medienwirtschaft danach nachzukommen, eine technisch selbständige, aber wirtschaftlich noch bedeutungslose Nutzungsform dann in der Praxis testen zu können, wenn sich eine derartige Entwicklung auf dem einschlägigen Markt abzeichnen lässt.[138] Bestärkend wies das Gericht in seiner *Klimbim*-Entscheidung zudem darauf hin, dass § 31 Abs. 4 UrhG a. F. die Herausbildung neuer, selbständig lizenzierbarer Nutzungshandlungen nicht verhindern dürfe.[139] Diese Neuausrichtung des BGH wurde auch von der Literatur größtenteils positiv aufgenommen.[140] Argumentiert wurde zusätzlich damit, dass andernfalls Verträge über die neue Nutzungsart erst wirksam abgeschlossen werden könnten, wenn die wirtschaftliche Nutzung auf dem Massenmarkt konkret bevorsteht.[141] Da aber jede Werknutzung den Erwerb entsprechender Nutzungsrechte voraussetze, müsse dieser Rechtserwerb zwangsläufig schon vor der praktischen Einführung einer neuen Nutzungsart zulässig sein, um damit solche Pilotprojekte erst zu ermöglichen.[142] Demgegenüber wurde vereinzelt vertreten, dass § 31 Abs. 4 UrhG seinem Schutzzweck nach den Urheber auch und gerade im Vorfeld einer erst neu praktizierten Nutzungsart schützen müsse, da er die wirtschaftliche Tragweite seiner Entscheidungen ebenso wenig abschätzen könne wie in den Fällen, in

136 BGH GRUR 1991, 133 [136] (*Videozweitauswertung I*); GRUR 1995, 212 [214] (*Videozweitauswertung III*); OLG München GRUR 1994, 115 [116] (*Audiovisuelle Verfahren*) (n. rkr.); OLG München NJW-RR 1998, 335 [336] (*Videozweitauswertung von Spielfilmen*).

137 BGH GRUR 1995, 212 [214] (*Videozweitauswertung III*).

138 BGH GRUR 1995, 212 [214] (*Videozweitauswertung III*); *Drewes*, S. 60; *Schulze* in: Dreier/Schulze § 31a Rn. 30.

139 BGH GRUR 1997, 215 [217] (*Klimbim*); kritisch dazu mit Verweis auf die entgegenstehende Gesetzesbegründung *Schulze* in: Dreier/Schulze, 2. Aufl. 2006, § 31 Rn. 72.

140 Vertiefend und m. w. N. etwa *Zscherpe*, S. 105 ff.

141 *Castendyk* in: ZUM 2002, 332 [342]; *Haberstumpf*, Rn. 406; *Spautz* in: Möhring/Nicolini § 31 Rn. 43; *E. Ulmer*, UrhR, S. 364.

142 So *Schweyer*, S. 90; ähnlich *Scholz* in: Mestmäcker/Schulze, 45. AL (12/07), § 31 Rn. 99; *Schulze* in: Dreier/Schulze § 31a Rn. 30; zustimmend etwa *Donhauser*, S. 137; *Flechsig* in: ZUM 2000, 484 [489]; *Schack* in: ZUM 2001, 453 [456]; ähnlich *Zscherpe*, S. 107.

denen die konkrete Nutzungsform noch nicht dieses Stadium erreicht hat.[143] So sah der Professorenentwurf eine eindeutig[144] gegen die Rechtsprechung des BGH gerichtete Definition der unbekannten Nutzungsart vor, nach der das Verbot des § 31 Abs. 4 UrhG a. F. auch die Kategorie der Risikogeschäfte mit erfassen sollte.[145]

Dieser Streit wird nach der hier vorzuschlagenen Lösung – jedenfalls für die Anwendbarkeit der Schutzvorschriften – künftig obsolet werden. Denn ruft man sich noch einmal den Anlass dieser den § 31 Abs. 4 UrhG a. F. einengenden Rechtsprechung in Erinnerung, erscheint eine Neubewertung geradezu zwingend. So ging es darum, zum Zwecke der Erprobung der neuen Nutzungsart die starre Nichtigkeitsfolge des § 31 Abs. 4 UrhG a. F. zu umgehen.[146] Da dieses Verbot nunmehr aber aufgehoben wurde, ist die aufgezeigte Ausgrenzung der Risikogeschäfte aus dem Begriff der unbekannten Nutzungsart nicht mehr erforderlich. Nach dem Fortfall des Privilegierungszwecks würde ein Festhalten an dieser Rechtsprechung im Ergebnis sogar über das Ziel hinausschießen und damit eine unverhältnismäßige Benachteiligung des Urhebers darstellen. Dies gilt insbesondere vor dem Hintergrund, dass das bisher vorgebrachte Argument, die Ausnahme für Risikogeschäfte diene auch dem Urheber,[147] durch die generelle Zulässigkeit von Verträgen über unbekannte Nutzungsarten seine Grundlage verliert. Somit käme der Fortbestand der Kategorie der Risikogeschäfte neben den Neuregelungen einer vom Reformgesetzgeber nicht beabsichtigten Sonderprivilegierung der Verwerter gleich.[148]

Interessengerecht erscheint es vielmehr, die Risikogeschäfte künftig wieder in die Kategorie der unbekannten Nutzungsarten einzugliedern und dem Schutzregime der §§ 31a, 32c UrhG zu unterwerfen. Damit besteht auf Seiten der Verwerter weiterhin die Möglichkeit, die neue Nutzungsart auf ihre Massentauglichkeit hin zu testen, ohne aber dem Urheber zugleich die Schutzvorschriften der §§ 31a, 32c UrhG vorzuenthalten. Das Widerrufsrecht des Urhebers als der sich insofern einzig ergebene Nachteil (der Verwerter) gegenüber der bisherigen Rechtslage ist zu seinen Gunsten hinzunehmen. Dies gilt nicht zuletzt aufgrund der Tatsache, dass eine maximal dreimonatige Ungewissheit ab der Mitteilung über die beabsichtigte Nutzung in der neuen Art (§ 31a Abs. 1 S. 4

143 *Schulze* in: GRUR 1994, 855 [864]; ebenfalls kritisch *Wandtke/Grunert* in: Wandtke/Bullinger § 31a Rn. 23; *Fitzek*, S. 172 ff.; 199 ff.

144 Vgl. die Begründung in GRUR 2000, 765 [773].

145 Die Nutzungsart sollte hiernach erst bekannt sein, wenn sie sich *»aus der Sicht beider Vertragspartner als wirtschaftlich bedeutsam darstellt«*, vgl. GRUR 2000, 765 [765]; kritisch dazu *Drewes*, S. 72; *Flechsig* in: ZUM 2000, 484 [489]; *Schack* in: ZUM 2001, 453 [456].

146 So ausdrücklich *v. Gamm* § 31 Rn. 15 als Vertreter der rein technischen Auffassung.

147 BGH GRUR 1997, 215 [217] (*Klimbim*); ähnlich *Drewes*, S. 61.

148 Dagegen hält *Klöhn* in: K&R 2008, 77 [81] dies noch von der beabsichtigten Privilegierung der Verwerter gedeckt, die der Gesetzgeber mit den Neuregelungen bezweckte.

UrhG) den Beginn der (testweisen) Verwertung nicht übermäßig verzögert. Der darüber hinaus bestehende Anspruch auf gesonderte angemessene Vergütung (§ 32c UrhG) entspricht letztlich dem, was zum Schutz des Urhebers bereits innerhalb der Risikogeschäfte anerkannt war.[149] Festzuhalten bleibt somit, dass die zur alten Rechtslage geschaffene Kategorie der Risikogeschäfte aufgrund der Streichung des Verbots aus § 31 Abs. 4 UrhG a. F. ihre Existenzberechtigung verloren hat und fortan wieder unterschiedslos dem weiten Begriff der unbekannten Nutzungsart i. S. d. §§ 31a, 32c UrhG zu unterstellen ist.[150]

b. *Erfassung aller Werkarten und Werkkategorien*

Daneben sieht der Gesetzgeber auch hinsichtlich der Werkarten oder Werkkategorien keinerlei Ausgrenzung aus dem Anwendungsbereich der Neuregelungen vor. Unterschiedslos erfasst sind damit sowohl Einzel- und Mehrautorenwerke als auch sämtliche Werkarten i. S. d. §§ 2 – 4 UrhG.[151] Sonderregeln gelten allerdings für die im 1. Abschnitt des 3. Teils des Urheberrechtsgesetzes behandelten Filmwerke. Zwar wird auch hierfür unverändert auf den herkömmlichen Begriff der unbekannten Nutzungsart zurückgegriffen. Anders als im allgemeinen Teil des Urhebervertragsrechts wird dem Filmproduzenten kraft §§ 88 Abs. 1, 89 Abs. 1 UrhG das Recht an diesen aber im Zweifel mitsamt allen Nutzungsrechten eingeräumt, wenn der Einräumung ein schriftlicher Vertrag zugrunde liegt. Über diese Auslegungsregel hinaus werden die allgemeinen Regeln der §§ 31a, 32c UrhG zudem insofern modifiziert, als dem Filmurheber abweichend von § 31a Abs. 1 S. 3 UrhG kein Widerrufsrecht zusteht.[152] Wie bereits angesprochen, werden diese Sonderregeln für den Filmbereich von der vorliegenden Untersuchung ausgenommen.[153]

149 So BGH GRUR 1995, 212 [214] (*Videozweitauswertung III*) »*erkennbar Gegenstand von Leistung und Gegenleistung*;« OLG München GRUR 1994, 115 [116] (*Audiovisuelle Verfahren*) (n. rkr.); *v. Gamm* § 31 Rn. 15; *Scholz* in: Mestmäcker/Schulze, 45. AL (12/07), § 31 Rn. 98 f. und *Schulze* in: Dreier/Schulze § 31a Rn. 34 verlangen wie nunmehr bei § 32c UrhG sogar eine gesondert zu leistende Vergütung; a. A. aber ausdrücklich *Lütje/Paul* in: Hoeren/Sieber, 6. EL (08/03), Kap. 7.2 Rn. 80.

150 Davon geht scheinbar stillschweigend auch *Schulze* in: UFITA 2007/III, 655 [673] aus; wie hier *Spindler* in: Schricker/Loewenheim § 31a Rn. 32; *Wandtke/Grunert* in: Wandtke/Bullinger § 31a Rn. 23; *Schuchardt*, S. 70; jedenfalls für das Schriftformerfordernis auch *Scholz* in: Mestmäcker/Schulze, 45. AL (12/07), § 31a Rn. 21; a. A. *Klöhn* in: K&R 2008, 77 [81]; *Kotthoff* in: Dreyer/Kotthoff/Meckel § 31a Rn. 9 sowie *J.B. Nordemann* in: Loewenheim, HdB UrhR, § 60 Rn. 37.

151 So ausdrücklich BReg BT-Drs. 16/1828, S. 22; ebenso *Schulze* in: UFITA 2007/III, 641 [657].

152 Vgl. BReg BT-Drs. 16/1828, S. 33; zu der parlamentarischen Initiative, von diesem Ausschluss des Widerrufsrechts einige am Filmwerk beteiligte Urheber auszunehmen, vgl. *Kreile* in: ZUM 2007, 682 [687].

153 Vgl. dazu eingehend die Kommentierungen bei *Manegold* in: Wandtke/Bullinger § 88 Rn. 56 ff.; *Schulze* in: Dreier/Schulze § 88 Rn. 51 ff. sowie *Dietrich* in: UFITA 2008/II, 359 ff.; *Kreile* in: ZUM 2007, 682 [686 f.].

2. Persönlicher Anwendungsbereich

Entsprechend dem früheren § 31 Abs. 4 UrhG a. F. gelten auch die Neuregelungen der §§ 31a, 32c, 137 l UrhG allein zugunsten des Urhebers bzw. seiner Erben und Rechtsnachfolger.[154] Allerdings erlischt das Widerrufsrecht nach § 31a UrhG gemäß § 31a Abs. 2 S. 3 UrhG mit dem Tode des Urhebers und ist insofern als Abweichung von § 30 UrhG seinen Erben und Rechtsnachfolgern verwehrt. Im Gegensatz zur früheren Rechtslage ist aufgrund der nunmehr geschaffenen Verkehrsfähigkeit künftig auch eine Übertragung der Rechte an unbekannten Nutzungsarten an weitere Lizenznehmer möglich.[155] Gleichwohl stehen den Inhabern dieser damit möglichen abgeleiteten Nutzungsrechte die neu geschaffenen Rechte und Ansprüche nicht zu.[156] Vielmehr räumt das Gesetz diese allein dem Urheber bzw. seinen Rechtsnachfolgern ein, indem es in §§ 31a, 32c, 137 l UrhG ausschließlich von ihm als Anspruchs- bzw. Rechtsinhaber spricht. Somit bedarf es etwa auch keiner Schriftform (§ 31a Abs. 1 S. 1 UrhG) im Verhältnis zwischen dem (ersten) Nutzungsberechtigten und weiteren Verwertern.[157] Dies bedeutet jedoch nicht, dass der Urheber mit seinen Rechten zugleich auch auf das (primäre) Vertragsverhältnis beschränkt ist. Denn jedenfalls sein Anspruch auf eine gesonderte angemessene Vergütung greift gemäß § 32c Abs. 2 S. 1 UrhG auch auf das sekundäre Vertragsverhältnis gegenüber Zweiterwerbern durch.[158]

Wie schon § 31 Abs. 4 a. F. UrhG finden die Neuregelungen keine Anwendung auf ausübende Künstler (§ 79 Abs. 2 S. 2 UrhG),[159] Veranstalter (§ 81 S. 2 UrhG), Tonträgerhersteller (§ 85 Abs. 2 S. 3 UrhG), Sendeunternehmen (§ 87 Abs. 2 S. 3 UrhG) und Filmhersteller (§ 94 Abs. 2 S. 3 UrhG). Die in den §§ 70, 72 UrhG genannten Leistungsschutzberechtigten (Verfasser wissenschaftlicher Ausgaben und Lichtbildner) können sich dagegen auf die §§ 31a, 32c UrhG berufen, da

154 Siehe zur alten Rechtslage etwa *Schulze* in: Dreier/Schulze, 2. Aufl. 2006, § 31 Rn. 78.

155 Dies ergibt sich eindeutig aus § 32c Abs. 2 UrhG (siehe dazu ferner unten S. 163 f.); unter Geltung des § 31 Abs. 4 UrhG a. F. war eine Rechtseinräumung zweiter Stufe allein bei einem vorausgegangenen Risikogeschäft denkbar, soweit die hierzu von der Rspr. entwickelten Voraussetzung auch bei der erneuten Übertragung (wiederum nur als Risikogeschäft) eingehalten werden, vgl. dazu *Scholz* in: Mestmäcker/Schulze, 45. AL (12/07), § 31 Rn. 100.

156 *Schulze* in UFITA 2007/III, 641 [657]; für § 32c UrhG *Czychowski* in: Fromm/Nordemann § 32c Rn. 9 f.; für § 31a UrhG etwa *Kotthoff* in: Dreyer/Kotthoff/Meckel § 31a Rn. 5.

157 *Kotthoff* in: Dreyer/Kotthoff/Meckel § 31a Rn. 5; *Scholz* in: Mestmäcker/Schulze, 45. AL (12/07), § 31a Rn. 5.

158 Zur Frage, inwiefern das auch auf das Widerrufsrecht zutrifft, vgl. unten S. 71 ff.

159 Kritisch dazu insb. *Gerlach* in: ZUM 2008, 372 [374 f.], der eine Ausweitung der Neuregelungen der §§ 31a, 32c UrhG durch eine entsprechende Aufnahme in die Verweisvorschrift des § 79 Abs. 2 S. 2 UrhG fordert; siehe auch den Diskussionsbericht von *Niederalt* in: ZUM 2008, 397 [398 f.]; *Schuchardt*, S. 47 hält dagegen § 32c UrhG als vom Verweis des § 79 Abs. 2 S. 2 UrhG erfasst.

insoweit auf die Vorschriften des 1. Teils des Urheberrechtsgesetzes uneingeschränkt verwiesen wird.[160]

3. Zeitlicher Anwendungsbereich

In zeitlicher Hinsicht betreffen die Neuregelungen zunächst ausschließlich solche Verträge, die nach dem Inkrafttreten des Gesetzes am 1.1.2008 abgeschlossen werden. Für alle bis Ende 2007 wirksam gewordenen Rechteeinräumungen gilt dagegen allein die Übergangsregelung des § 137 l UrhG, der allerdings gemäß Abs. 1 nur Altverträge erfasst, in denen alle wesentlichen Nutzungsrechte ausschließlich sowie räumlich und zeitlich unbegrenzt eingeräumt wurden. Von den urhebervertraglichen Neuregelungen des zweiten Korbs unberührt bleiben dagegen die Nutzungsverträge, die bereits vor dem 1.1.1966 abgeschlossen wurden. Auf sie sind weder § 31a noch § 137 l UrhG anwendbar.[161] Wie bereits angedeutet, beurteilt sich die Wirksamkeit der Einräumung von Rechten an unbekannten Nutzungsarten für sie allein anhand der allgemeinen Regeln des Urhebervertragsrechts, insbesondere der Zweckübertragungsregel.[162]

II. Das Schriftformerfordernis nach § 31a Abs. 1 S. 1 UrhG

1. Anforderungen an die Schriftform

Für Verträge über Rechte an unbekannten Nutzungsarten enthält das Gesetz mit § 31a Abs. 1 S. 1 UrhG nunmehr eine Formvorschrift i.S.d. § 125 BGB.[163] Entsprechend dem persönlichen Anwendungsbereich der Neuregelungen betrifft diese allerdings allein die (konstitutive) Einräumung des Rechts – sowie die Verpflichtung hierzu – im Verhältnis zwischen Urheber und Ersterwerber.

---

160 Dementsprechend wurde auch die Anwendung des § 31 Abs. 4 UrhG a.F. für diese Gruppen bislang bejaht, vgl. nur *Schulze* in: Dreier/Schulze § 31 Rn. 82; zur Einräumung von Rechten an unbekannten Nutzungsarten in Verträgen mit Leistungsschutzberechtigten *J.B. Nordemann* in: Loewenheim, HdB UrhR, § 60 Rn. 39.

161 *Nolte* schlug während des Gesetzgebungsverfahrens jedoch vor, die Anwendbarkeit der Rechtsübertragungsfiktion des § 137 l UrhG auf vor dem 1.1.1966 geschlossene Verträge auszudehnen, vgl. CR 2006, 254 [259].

162 Dazu noch ausführlich unten S. 135 ff.

163 Zwar folgte faktisch bereits aus der Spezifizierungslast nach § 31 Abs. 5 UrhG ein Schriftformerfordernis (vgl. *Schulze* in: Dreier/Schulze § 31 Rn. 112), ob diese Vorschrift aber auch im Bereich der unbekannten Nutzungsarten uneingeschränkt Geltung beansprucht, gilt es noch zu prüfen, dazu unten S. 149 ff.

Zwischen anderen Parteien, die solche Rechte zum Gegenstand eines Nutzungsvertrags machen, gilt das Formerfordernis nicht.[164]

§ 31a Abs. 1 S. 1 UrhG verlangt zum Schutz des Urhebers Schriftform gemäß § 126 BGB. Grundsätzlich bedarf es daher in Zukunft einer von beiden Vertragsparteien unterzeichneten Urkunde bzw. zwei inhaltsgleicher und jeweils von einer Partei unterzeichneten Urkunden, § 126 Abs. 2 BGB. Damit ist die elektronische Form zwar prinzipiell möglich, erfordert aber nach § 126 Abs. 3 BGB eine qualifizierte elektronische Signatur entsprechend § 126a BGB in Verbindung mit dem Signaturengesetz. Diese nur sehr eingeschränkte Möglichkeit des Vertragsschlusses auf elektronischem Weg nahm *Berger* während des Gesetzgebungsverfahrens zum Anlass, mit Blick auf das Motiv des Gesetzgebers, den Wandlungen in der Informationsgesellschaft Rechnung zu tragen, stattdessen das weniger restriktive Texterfordernis gemäß § 126b BGB anzuregen.[165] Durch das Festhalten an der Schriftlichkeit i. S. d. § 126 BGB erreicht der Gesetzgeber aber ein Höchstmaß an Formschutz. Denn der Schriftform wird neben der Beweisfunktion auch eine Warn- und Schutzfunktion zu attestieren sein, die den Urheber vor übereilten Rechteeinräumungen bewahren kann.[166] Dementsprechend wird man bereits daraus folgern müssen, dass es zur wirksamen Einräumung von Rechten an unbekannten Nutzungsarten nicht nur einer schriftlichen, sondern zugleich einer ausdrücklichen Erwähnung im Nutzungsvertrag bedarf.[167] Denn typischerweise sind die unbekannten Nutzungsarten im (ohnehin schriftlichen) Nutzungsvertrag nur von untergeordneter Bedeutung, so dass die mit dem Formzwang beabsichtigte Warnung des Urhebers andernfalls regelmäßig leerliefe.[168]

---

164 *Scholz* in: Mestmäcker/Schulze, 45. AL (12/07), § 31a Rn. 5; siehe dazu auch unten ab S. 164 f.

165 *Berger* in: GRUR 2005, 907 [909] sowie *ders.* in: Berger/Wündisch, HdB UrhVR, § 1 Rn. 110, der außerdem darauf hinweist, dass ebenso wenig ein Fax zulässig wäre, da hierbei die (Original-)Erklärung nicht in der geforderten Form an den Empfängen zugeht, vgl. auch BGH NJW 1997, 3169 [3170].

166 *Fälsch* in: BD 42 (2008), 409 [412]; *Spindler* in: NJW 2008, 9 [10]; *ders.* in: Schricker/Loewenheim § 31a Rn. 65; *Verweyen* in: ZUM 2008, 217; *Wandtke/Grunert* in: Wandtke/Bullinger § 31a Rn. 55; siehe für ein ausführliches Plädoyer für die Schriftform *Schuchardt*, S. 60 f.

167 So zuletzt auch LG Hamburg ZUM 2010, 818 [824]; ebenso *J.B. Nordemann* in: Loewenheim, HdB UrhR, § 60 Rn. 36; *Kloth* in: GRUR-Prax 2011, 285 [286] geht nunmehr sogar so weit, unter Rückgriff auf BGH ZUM 2011, 560 (*Der Frosch mit der Maske*) die erforderliche eindeutige Erklärung erst dann anzunehmen, wenn die unbekannten Nutzungsarten bei Vertragsschluss erörtert werden – dies dürfte indes für Neuverträge aus § 31a Abs. 1 S. 1 UrhG nicht herzuleiten sein.

168 Vgl. auch *Fuchs*, S. 73 f., der für Arbeitsverträge die Schriftlichkeit des § 40 Abs. 1 UrhG ebenfalls mit Ausdrücklichkeit gleichsetzt, da die Nutzungsrechtseinräumung im Arbeitsverhältnis üblicherweise nicht den Hauptgegenstand darstellt und die Warnfunktion

Nach den allgemeinen Grundsätzen für Formvorschriften muss § 31a Abs. 1 S. 1 UrhG auch für einen etwaigen Vorvertrag gelten,[169] in dem sich beide Seiten zum Abschluss eines späteren Vertrages verpflichten. Praktisch häufiger sind dagegen die sogenannten Optionsverträge.[170] Ein solcher wäre hier vor allem insofern denkbar, als der Urheber dem Verwerter ein Optionsrecht dergestalt einräumt, dass dieser bezüglich der derzeit noch unbekannten Nutzungsarten zu einem späteren Zeitpunkt einseitig die Entstehung eines Nutzungsvertrags herbeiführen kann. Bei der Vereinbarung einer solchen sogenannten qualifizierten Option ist gleichfalls die Schriftform des § 31a Abs. 1 S. 1 UrhG einzuhalten, da anders als bei einer lediglich einfachen Option bereits zum Zeitpunkt der Einräumung des Optionsrechts eine einseitige Bindung des Urhebers entsteht, die zwar aufschiebend bedingt ist, deren Eintritt aber allein der Verwerter bestimmen kann.[171] Mit der Einräumung der Option hat der Urheber seine Entscheidung über die Rechte an den unbekannten Nutzungsarten bereits aus der Hand gegeben, so dass die Warnfunktion der Schriftform auch insoweit relevant wird.[172]

Des Weiteren hat § 31a Abs. 1 S. 1 UrhG regelmäßig die Formbedürftigkeit des gesamten Nutzungsvertrags zur Folge, da Rechte an unbekannten Nutzungsarten zumeist nicht gesondert, sondern gemeinsam mit Rechten an bereits bekannten Nutzungsarten eingeräumt werden und beide Teile nach dem Willen der Parteien ein einheitliches Rechtsgeschäft bilden.[173] Da im Übrigen das ge-

---

somit leer liefe. Diese Wertung lässt sich bei einem rein urheberrechtlichen Nutzungsvertrag auf das Verhältnis zwischen bekannten und unbekannten Nutzungsarten übertragen.

169 BGHZ 61, 48; *Bork* in: Staudinger Vor § 145 Rn. 60; *Einsele* in: MüKo § 125 Rn. 13; *Hertel* in: Staudinger § 126 Rn. 96.

170 Siehe allgemein zu Vorverträgen im UrhR *J.B. Nordemann* in: Fromm/Nordemann Vor §§ 31 ff. Rn. 311 ff.; *Schulze* in: Dreier/Schulze Vor § 31 Rn. 153 ff.

171 Zur terminologischen Unterscheidung von qualifizierten und einfachen Optionsverträgen etwa *Wandtke* in: Wandtke/Bullinger § 40 Rn. 7 f., der bei künftigen Werken mit der h. M. beide Fallgruppen dem Schriftformerfordernis des § 40 UrhG unterstellt; ebenso *Schack*, Rn. 1109.

172 Wie hier bereits *J.B. Nordemann* in: Fromm/Nordemann § 31a Rn. 16, der den Formzwang wie bei § 40 UrhG auch auf einfache Optionsvereinbarungen anwendet; ebenso *Schulze* in: Dreier/Schulze Vor § 31 Rn. 77 sowie zuletzt *Spindler* in: Schricker/Loewenheim § 31a Rn. 71; vgl. zum Bestehen des Widerrufsrechts aus § 31a Abs. 1 S. 3 UrhG bei Optionsverträgen unten S. 69 f.

173 Die Einheitlichkeit eines Rechtsgeschäfts ermittelt sich nach dem Einheitlichkeitswillen der Parteien sowie subsidiär nach dem objektiven Sinnzusammenhang einzelner Regelungsgegenstände, vgl. *Busche* in: MüKo § 139 Rn. 16; *Roth* in: Staudinger § 139 Rn. 37 f. jeweils m. w. N.; demnach kommt es darauf an, dass beide Rechtsgeschäfte nach dem Willen der Parteien *»miteinander stehen und fallen«* sollen (st. Rspr., BGH NJW 1987, 2004 [2007]; NJW 1992, 3237 [3238]), wobei für eine Gesamtformbedürftigkeit eine lediglich einseitige Abhängigkeit dergestalt ausreicht, dass der formbedürftige Teil vom an sich nicht formunterworfenen Teil abhängt, vgl. *Einsele* in: MüKo § 125 Rn. 33; somit bilden Verträge über unbekannte und bekannte Nutzungsarten regelmäßig eine formbedürftige rechts-

samte Rechtsgeschäft formbedürftig ist, sofern es eine Verpflichtung zum Gegenstand hat, deren Begründung die Einhaltung einer Form vorschreibt, betrifft der Formzwang nicht allein die Rechteeinräumung als solche, sondern gleichfalls alle (auch unwesentlichen) Nebenabreden, die der Nutzungsvertrag enthält.[174]

Unzweifelhaft soll das Erfordernis der Schriftform in erster Linie dem Urheber zugute kommen, so dass hierfür von einem *»Recht«* i.S.d. § 31a Abs. 4 UrhG auszugehen ist. Folglich ist die Schriftform unverzichtbar und kann nicht aufgrund abweichender oder umgehender Vereinbarungen abbedungen werden.[175] Allerdings bedarf es gemäß § 31a Abs. 1 S. 2 UrhG von vornherein – mithin auch ohne vertragliche Abbedingung – keiner Schriftform, wenn der Urheber unentgeltlich ein einfaches Nutzungsrecht für jedermann zur Verfügung stellt. Bestimmendes Motiv dieser vom Bundesrat angeregten Ausnahmevorschrift war eine Begünstigung der *Open-Content*-Projekte, in denen an dem Werk oftmals eine Vielzahl von (Mit-)Urhebern beteiligt ist, die mit dem Lizenznehmer typischerweise nicht in direkten Kontakt treten.[176] Hier würde das Erfordernis der Schriftform der (öffentlichen) Lizenzierung und somit zugleich den Interessen der Allgemeinheit an der Werknutzung (in den neuen Verwertungstechniken) regelmäßig im Weg stehen.[177] Überdies braucht der Urheber hier auch deswegen keinen zusätzlichen Schutz, weil die Gefahr der Übervorteilung gerade nicht besteht.[178]

2. Die Schriftform bei vorformulierten Nutzungsverträgen

Regelmäßig wird die Rechteeinräumung auf Grundlage eines vorformulierten Nutzungsvertrags erfolgen. Dem von § 126 Abs. 2 BGB genannten Erfordernis einer Unterzeichnung beider Parteien auf derselben Urkunde wird zunächst unproblematisch genügt, wenn der Verwerter wie im Regelfall auf einen sogenannten Formularvertrag zurückgreift, bei dem der gesamte Vertrag bereits vorformuliert ist und lediglich noch einzeln auszuhandelnde Punkte aufgenommen werden (Fall des § 305 Abs. 1 S. 2 Alt. 2 BGB). In diesem Fall wird der

geschäftliche Einheit; wie hier auch *Wandtke/Grunert* in: Wandtke/Bullinger § 31a Rn. 57; a.A. für § 31a Abs. 1 S. 1 UrhG *Kotthoff* in: Dreyer/Kotthoff/Meckel § 31a Rn. 11; *J.B. Nordemann* in: Fromm/Nordemann § 31a Rn. 52; *Schuchardt*, S. 60; *Spindler* in: Schricker/Loewenheim § 31a Rn. 71; wohl auch *Schulze* in: Dreier/Schulze § 31a Rn. 76.

174 Vgl. BGHZ 40, 252 [262]; *Einsele* in: MüKo § 125 Rn. 32; *Hertel* in: Staudinger § 125 Rn. 58.

175 *Scholz* in: Mestmäcker/Schulze, 45. AL (12/07), § 31a Rn. 1; *Schulze* in: UFITA 2007/III, 641 [662] sowie *J.B. Nordemann* in: Fromm/Nordemann § 31a Rn. 78, der allerdings den Charakter eines *»Rechts«* i.S.d. § 31a Abs. 3 UrhG verneint und den zwingenden Charakter allein auf die Gesetzesbegründung stützt.

176 Vgl. BR-Drs. 257/1/06, S. 4.

177 Vgl. Beschlussempfehlung und Bericht des Rechtsausschusses, BT-Drs. 16/5939, S. 44.

178 *Klett* in: K&R 2008, 1; eingehend *Schuchardt*, S. 62 f.

Nutzungsvertrag mitsamt der Einräumung der Rechte an unbekannten Nutzungsarten von beiden Vertragsparteien unterschrieben. Die Schriftform i. S. d. § 126 BGB verlangt insbesondere keine gesonderte Kenntlichmachung des formbedürftigen Rechtsgeschäfts. Ausreichend ist jede dauerhafte Fixierung, die auch in Gestalt eines Vordrucks vorliegen kann.[179]

Ebenso denkbar ist allerdings, dass die Vertragsparteien lediglich eine Haupturkunde anfertigen, die selbst nicht die Rechtseinräumung an den unbekannten Nutzungsarten enthält, sondern hinsichtlich der Mehrzahl der vertraglichen Abreden auf angehängte Allgemeinen Geschäftsbedingungen verweist (Fall des § 305 Abs. 1 S. 2 Alt. 1 BGB). Hierbei steht insbesondere das aus § 126 Abs. 2 S. 1 BGB abgeleitete Erfordernis der Einheitlichkeit der Urkunde in Frage.[180] Nach der zuletzt gelockerten Rechtsprechung genügt indes auch eine solche Verwendung mehrerer Urkunden der Schriftform, solange nur aus der Haupturkunde eindeutig hervorgeht, auf welche Anlage verwiesen wird. Eine körperlich feste Verbindung ist nicht mehr erforderlich.[181] Lässt sich die Anlage mit der Abrede zu den unbekannten Nutzungsarten zweifelsfrei dem unterzeichneten Hauptteil zuordnen, liegt somit eine einheitliche Urkunde i. S. d. § 126 Abs. 2 BGB vor.[182] Zu beachten ist jedoch, dass auch die AGB-Anlage gesondert unterschrieben werden muss, um dem Erfordernis des § 31a Abs. 1 S. 1 UrhG i. V. m. § 126 Abs. 1 BGB zu genügen. Dies folgt daraus, dass sich hier bereits die *essentialia negotii* des Rechtsgeschäfts über die unbekannten Nutzungsarten im Regelfall auf beide Urkunden aufteilen werden.[183] Während die Haupturkunde nämlich nur die Vertragsparteien bezeichnet, nennen erst die AGB den eigentlichen Regelungsgegenstand.

---

179 *Hertel* in: Staudinger § 126 Rn. 118 f.; auch in BGH NJW 1986, 928 [929], wo es um das – ebenfalls der Warnung dienende – Schriftformerfordernis der Bürgschaftserklärung (§ 766 BGB) ging, wurde die Verwendung eines Formularvertrags nicht beanstandet; a. A. für § 31a Abs. 1 S. 1 anscheinend *Spindler* in: NJW 2008, 9 [10]; dem widersprechend *J.B. Nordemann* in: Fromm/Nordemann § 31a Rn. 53; auch *Paul* in: Hoeren/Sieber, 26. EL (08/10), Kap. 7.4 Rn. 40 hält ein zusätzliches Kästchen zum Ankreuzen (*opt-in*) oder eine gesonderte Unterschrift für nicht erforderlich.

180 Hierzu *Hertel* in: Staudinger § 126 Rn. 112; *Jauernig* in: ders. § 126 Rn. 10.

181 BGH NJW 1999, 1104 [1105]; NJW 2003, 1248 [1249]; *Hertel* in: Staudinger § 126 Rn. 117, *ders.* auch zur älteren Rspr., die diese Qualität der Verbindung noch verlangte; a. A. für die Bezugnahme auf AGB wohl *P. Ulmer/Habersack* in: Ulmer/Brandner/Hensen § 305 Rn. 163a, die eine gewollt endgültige und dauerhafte Verbindung fordern.

182 *Scholz* in: Mestmäcker/Schulze, 45. AL (12/07), § 31a Rn. 17; *Schuchardt*, S. 70.

183 In einem solchen Fall ist die Schriftform für beide Teile des (formbedürftigen) Rechtsgeschäfts einzuhalten, vgl. *Hertel* in: Staudinger § 126 Rn. 82, 118; dies übersieht anscheinend *Schuchardt*, S. 70.

3. Rechtsfolge

Wird die Schriftform eingehalten, was vom Vertragspartner zu beweisen ist,[184] entsteht mit Abschluss des Vertrags vorbehaltlich sonstiger allgemeiner Anforderungen beim Vertragspartner das (auflösend bedingte)[185] Recht zur Nutzung des Werkes in der noch unbekannten Nutzungsart. Damit existiert das Recht an der Verwertung in der unbekannten Nutzungsart *ex ante* ab dem Zeitpunkt des Vertragsschlusses (des Verfügungsgeschäfts) unabhängig vom Bekanntwerden der neuen Verwertungstechnik.[186] Dies ergibt sich nicht zuletzt aus einem Umkehrschluss zu § 31a Abs. 2 S. 1 UrhG, wonach das Widerrufsrecht ebenfalls schon vor dem Bekanntwerden bestehen muss.

Entspricht der Verfügungs- oder Verpflichtungsvertrag nicht den Anforderungen des § 126 BGB, ist die Rechtseinräumung bzw. die Verpflichtung dazu gemäß § 125 S. 1 BGB unwirksam.[187] Nach dem von der Rechtsprechung[188] sowie der überwiegenden Auffassung in der Literatur[189] generell zugrunde gelegten Kausalitätsprinzip wirkt sich die Unwirksamkeit des Verpflichtungsgeschäfts damit auch auf das Verfügungsgeschäft aus und umgekehrt. Kommt es also ausnahmsweise zum Auseinanderfallen von Verpflichtungs- und Verfügungsgeschäft und enthält etwa nur der Verfügungs- nicht aber der Verpflichtungsvertrag hinsichtlich der unbekannten Nutzungsarten die erforderliche Schriftform, verbleiben die Rechte auch trotz der prinzipiellen Wirksamkeit des Verfügungsgeschäfts insoweit beim Urheber.[190]

Ob die Unwirksamkeit der Vereinbarung über die unbekannten Nutzungsarten darüber hinaus auch die Einräumung der Rechte an bekannten Nutzungsarten erfasst, bestimmt sich nicht nach § 139 BGB. Soweit beide Kategorien von Nutzungsrechten nämlich durch ein einheitliches Rechtsgeschäft ein-

184 *Schulze* in: UFITA 207/III, 641 [663]; *Spindler* in: Schricker/Loewenheim § 31a Rn. 72.

185 Dazu sogleich ab S. 65.

186 *Scholz* in: Mestmäcker/Schulze, 45. AL (12/07), § 31a Rn. 14; ähnlich *Schulze* in: UFITA 207/III, 641 [663] (aber aufschiebend bedingt); *Schuchardt*, S. 71 (Anwartschaftsrecht); *Wandtke/Grunert* in: Wandtke/Bullinger § 31a Rn. 9 (mit *ex tunc*-Wirkung des Widerrufs); kritisch insoweit bzgl. des verfügungsgeschäftlichen Bestimmtheitserfordernisses *Frey/Rudolph* in: ZUM 2007, 13 [17]; *Berger* in: GRUR 2005, 907 [908 f.] hält dies dagegen für unproblematisch.

187 Vgl. zur ausnahmsweisen Unbeachtlichkeit des Formmangels gemäß § 242 BGB *Wandtke/Grunert* in: Wandtke/Bullinger § 31a Rn. 63.

188 OLG München ZUM-RD 1997, 551 [554] (*Das Piano*); OLG Hamburg GRUR Int. 1998, 431 [435] (*Feliksas Bajoras*); ZUM 2001, 1005 [1007 f.] (*Kinderfernseh-Sendereihe*).

189 So jedenfalls für den hier vorliegenden konstitutiven Rechtserwerb *Donle*, S. 170; *Kotthoff* in: Dreyer/Kotthoff/Meckel § 31 Rn. 18; *J.B. Nordemann* in: Fromm/Nordemann § 31 Rn. 30; *Schricker/Loewenheim* in: dies. Vor §§ 28 ff. Rn. 100; *Schulze* in: Dreier/Schulze § 31 Rn. 18; *E. Ulmer*, UrhR, S. 390 ff.; *Wente/Härle* in: GRUR 1997, 96 [98]; a. A. *v. Gamm* Einf. Rn. 70; *Schack* Rn. 589 f.; weitere Nachweise bei *Lisch*, S. 144 f.

190 A.A. *Scholz* in: Mestmäcker/Schulze, 45. AL (12/07), § 31a Rn. 18.

geräumt werden, unterliegt dieses wie soeben gezeigt insgesamt dem Formzwang, so dass mangels Teilnichtigkeit[191] bereits kein Anwendungsfall von § 139 BGB vorliegt. Die Gesamtnichtigkeit folgt aus § 125 S. 1 BGB, ohne dass es auf die hypothetische Teilwirksamkeitsabsicht nach § 139 BGB ankommt.[192] Eine Heilung des Formmangels etwa durch Erfüllung ist mangels entsprechender gesetzlicher Anordnung (vgl. etwa § 311b Abs. 1 S. 2 BGB) ausgeschlossen. Es besteht gleichwohl die Möglichkeit der (formgemäßen) Neuvornahme, die als Bestätigung i. S. d. § 141 BGB zu qualifizieren sein kann.[193] In diesem Fall sind die Parteien im Zweifel verpflichtet, einander dasjenige zu gewähren, das sie haben würden, wenn der Vertrag von Anfang an gültig gewesen wäre, § 141 Abs. 2 BGB.

4. Exkurs: Insolvenz des Urhebers nach wirksamer Rechteeinräumung

Aufgrund der soeben hergeleiteten sofortigen dinglichen Wirkung des formgemäßen (Verfügungs-)Vertrags über die unbekannten Nutzungsarten, sind im Fall der Insolvenz des Urhebers nach der Einräumung[194] auch diese Rechte grundsätzlich insolvenzfest mit der Folge eines Aussonderungsrechts des Verwerters gemäß § 47 InsO.[195] Bislang steht dieser Betrachtungsweise zwar regelmäßig das Wahlrecht des Insolvenzverwalters aus § 103 InsO entgegen, welcher wegen des zumeist pachtähnlichen Charakters der urheberrechtlichen Vertragsverhältnisse für anwendbar gehalten wird. Hiernach kann sich der Insolvenzverwalter für die Nichterfüllung des (schuldrechtlichen) Nutzungsvertrags entscheiden mit der – auf der Nichtgeltung des Abstraktionsprinzips[196] beru-

191 Vgl. zu dieser Anwendungsvoraussetzung des § 139 BGB *Busche* in: MüKo § 139 Rn. 3; *Roth* in: Staudinger § 139 Rn. 31.

192 Abweichend *J.B. Nordemann* in: Fromm/Nordemann § 31a Rn. 52, der konsequent § 139 BGB heranzieht, nachdem er den Formzwang auf die unbekannten Nutzungsarten beschränkt; ebenso *Schuchardt*, S. 60; *Spindler* in: Schricker/Loewenheim § 31a Rn. 71; widersprüchlich indes *Wandtke/Grunert* in: Wandtke/Bullinger § 31a Rn. 57, die zunächst vom Formzwang für den gesamten Nutzungsvertrag ausgehen, dann aber doch § 139 BGB heranziehen; ein anderes Ergebnis resultiert auch nicht für vorformulierte Verträge aus der analogen Anwendung des § 306 Abs. 1 BGB, der auch bei Verstößen gegen Vorschriften außerhalb der §§ 305 – 310 BGB die bloße Teilnichtigkeit anordnet, (vgl. zu dieser Analogie *Schlosser* in: Staudinger § 306 Rn. 2 ff.). Denn es bleibt auch hiernach dabei, dass die Unwirksamkeitsanordnung bereits das gesamte (formbedürftige) Rechtsgeschäft erfasst.

193 So etwa *Spindler* in: Schricker/Loewenheim § 31a Rn. 71.

194 Kommt es *vor* der Einräumung der Rechte an den unbekannten Nutzungsarten zur Insolvenz des Urhebers, können sie aufgrund ihrer nunmehr bestehenden Einräumungsfähigkeit Teil der Insolvenzmasse werden, vgl. § 113 UrhG sowie *Boddien* in: Fromm/Nordemann § 113 Rn. 19; erforderlich ist gemäß § 113 S. 1 UrhG indes die Einwilligung des Urhebers in den Einbezug der Rechte in das Insolvenzverfahren.

195 Wie hier *Berger* in: GRUR 2005, 907 [909]; *Scholz* in: Mestmäcker/Schulze, 45. AL (12/07), § 31a Rn. 14.

196 So die ganz überwiegende Ansicht im UrhR zum automatischen Rechterückfall, vgl. BGH

henden – Folge des Rückfalls der an sich insolvenzfesten (dinglichen) Nutzungsrechte an den Urheber.[197] Diese beiderseitige Nichterfüllung zum Zeitpunkt der Eröffnung des Insolvenzverfahrens als Tatbestandsvoraussetzung des § 103 InsO und Grund für die Sonderbehandlung von Dauerschuldverhältnissen wäre bei Verträgen über unbekannte Nutzungsarten erst recht anzunehmen. So entsteht der Anspruch aus § 32c UrhG erst mit der Aufnahme der Verwertung in der neuen Nutzungsart; auf Seiten des Urhebers wird man erst dann eine vollständige Erfüllung i. S. d. § 103 InsO bejahen können, wenn eine Ausübung des Widerrufsrechts rechtlich ausgeschlossen ist.[198]

Allerdings könnte diesem für die Lizenzverträge recht unbefriedigenden Ergebnis des § 103 InsO künftig mit § 108a InsO-E entgegengewirkt werden, indem diese Neuregelung, sollte sie doch einmal in Kraft treten, die Insolvenzfestigkeit von Lizenzen über Rechte am geistigen Eigentum ausdrücklich festschreibt.[199] Ein Rückfall infolge der Nichterfüllungswahl des Insolvenzverwalters gemäß § 103 InsO würde hiernach verhindert. Die Vermögensrechte des Urhebers werden Teil der Insolvenzmasse (§ 35 InsO) und unterliegen demgemäß der Rechtsmacht des Insolvenzverwalters, § 80 Abs. 1 InsO. Hinsichtlich des Vergütungsanspruchs aus § 32c UrhG kann dieser deshalb Leistung an die Masse verlangen.

Dagegen steht das Widerrufsrecht aus § 31a Abs. 1 S. 3 UrhG auch weiterhin dem Urheber und nicht dem Insolvenzverwalter zu. Dies folgt bereits daraus, dass nur solche Gestaltungsrechte zur Insolvenzmasse gehören, die sich auf massezugehörige Rechte beziehen.[200] Die Nutzungsrechte sind aber aufgrund der *ex ante*-Wirkung regelmäßig gerade kein Teil der Insolvenzmasse, sondern wie gezeigt dem Vertragspartner zuzuordnen. Der Verbleib beim Urheber folgt überdies aus der durch das Widerrufsrecht zum Ausdruck gebrachten persönlichkeitsrechtlichen Beziehung des Urhebers zu den Rechten an unbekannten

---

GRUR 1982, 308 [309] (*Kunsthändler*); OLG Hamburg ZUM 2001, 1005 [1007 f.] (*Kinderfernseh-Sendereihe*); OLG Karlsruhe ZUM-RD 2007, 76 [79]; *Götting* in: FS Schricker (1995), 53 [70]; *Kraßer* in: GRUR Int. 1973, 230 [235 ff.]; *Schricker/Loewenheim* in: dies. Vor §§ 28 ff. Rn. 100; *Schulze* in: Dreier/Schulze § 31 Rn. 18; *Spautz* in: Möhring/Nicolini § 31 Rn. 1; *Wandtke/Grunert* in: Wandtke/Bullinger Vor §§ 31 ff. Rn. 49 f.; a. A. *Berger* in: Berger/Wündisch, HdB UrhVR, § 1 Rn. 33; *Schack*, Rn. 589 f.; zum Ganzen *Lisch*, Das Abstraktionsprinzip im deutschen UrhR, sowie zuletzt *Srocke* in: GRUR 2008, 867 ff.

197 Vgl. nur LG Mannheim CR 2004, 811 [814] m. Anm. *Grützmacher*; *Abel* in: NZI 2003, 121 [124].; *Berger* in: GRUR 2004, 20; *Boddien* in: Fromm/Nordemann Nach § 119 Rn. 8 f.; *Bullinger* in: Wandtke/Bullinger §§ 103, 105, 108 InsO Rn. 5 f. jeweils m. w. N.

198 *Schuchardt*, S. 72; ähnlich wohl *Spindler* in: Schricker/Loewenheim § 31a Rn. 60.

199 Vgl. Art. 1 Nr. 12 des RegE für ein Gesetz zur Entschuldung mittelloser Personen, zur Stärkung der Gläubigerrechte sowie zur Regelung der Insolvenzfestigkeit von Lizenzen v. 5.12.07, BT-Drs. 16/7416, S. 8; dieses Gesetzesvorhaben der Bundesregierung der 16. Legislaturperiode wurde nicht abgeschlossen und derzeit ist offen, ob der Deutsche Bundestag den Entwurf erneut aufgreift; vgl. zum Entwurf etwa *Slopek* in: GRUR 2009, 128 ff.

200 *Bäuerle* in: Braun, InsO, § 35 Rn. 42; *Hess*, InsO, § 35 Rn. 220 jeweils m. w. N.

Nutzungsarten. Wegen § 36 InsO i. V. m. § 113 UrhG kann das Widerrufsrecht hiernach ohnehin nicht der Insolvenzmasse zufallen.[201]

III. Widerrufsrecht nach § 31a Abs. 1 S. 2 UrhG

Als zweite und rechtspolitisch sicherlich umstrittenste[202] Schutzvorkehrung zugunsten des Urhebers sieht das Gesetz nunmehr ein dem deutschen Urheberrecht bislang unbekanntes Widerrufsrecht hinsichtlich der (eingeräumten) Rechte an unbekannten Nutzungsarten und der Verpflichtung hierzu vor.

1. Zweck des Widerrufsrechts

Wenngleich der Gesetzgeber dies in seiner amtlichen Begründung nicht explizit zum Ausdruck bringt, so tritt der Zweck des Widerrufsrechts doch klar hervor: Während der Anspruch auf gesonderte angemessene Vergütung nach § 32c UrhG die wirtschaftliche Beteiligung des Urhebers an der Verwertung in der neuen Nutzungsart absichert, trägt § 31a Abs. 1 S. 3 UrhG den urheberpersönlichkeitsrechtlichen Belangen Rechnung und bestätigt damit im Nachhinein diesen (umstrittenen) Schutzaspekt des § 31 Abs. 4 UrhG a. F.[203] Dem Urheber wird hiermit die Möglichkeit eröffnet, von der Einräumung der Rechte an den unbekannten Nutzungsarten wieder Abstand zu nehmen, wenn er etwa nach dem Bekanntwerden einer neuen Nutzungsart erkennt, dass er sein Werk nicht in dieser Form verwertet sehen möchte. Mittelbar kann jedoch auch das Widerrufsrecht die wirtschaftlichen Interessen des Urhebers schützen, indem es wegen § 31a Abs. 2 UrhG den Abschluss einer Vergütungsvereinbarung forciert.[204]

---

201 Auch *Boddien* in: Fromm/Nordemann § 113 Rn. 19 weist darauf hin, dass bei der Pfändung der Nutzungsrechte an unbekannten Nutzungsarten das Widerrufsrecht beim Urheber verbleiben muss; ebenso *Schulze* in: Dreier/Schulze § 31a Rn. 61; *Spindler* in: Schricker/Loewenheim § 31a Rn. 60; ähnlich *Schack*, Rn. 884, der die persönlichkeitsrechtliche Befugnis des Urhebers aus § 42 UrhG für insolvenzfrei hält.

202 So etwa *Kreile* in: ZUM 2007, 682 [684]; kritisch insb. *Berger* in: GRUR 2005, 907 [909].

203 *Czychowski* in: GRUR 2008, 586 [587]; *J.B. Nordemann* in: Fromm/Nordemann § 31a Rn. 3; *Loewenheim/J.B. Nordemann* in: Loewenheim, HdB UrhR, § 26 Rn. 40; für urheberpersönlichkeitsrechtlichen wie wirtschaftlichen Zweck *Schuchardt*, S. 76 ff.; *Wandtke/Grunert* in: Wandtke/Bullinger § 31a Rn. 65.

204 Sehr instruktiv für einen verhaltensökonomischen Blick auf §§ 31a, 32c UrhG *Klöhn* in: Riesenhuber/Klöhn, UrhVR, S. 79 ff., der prophezeit, dass es aufgrund des Besitztumseffekts sowie zur Vermeidung sog. kognitiver Dissonanzen für den Urheber oftmals nur geringe ökonomische Anreize zum Widerruf gebe.

2. Rechtsnatur und Rechtsfolge des Widerrufs

a. *Rechtsnatur*

Das Widerrufsrecht versetzt den Urheber in die Lage, die zuvor durch den schriftlichen Vertrag begründete Rechtsposition des Verwerters nachträglich zu beseitigen, indem er entweder die Rechtseinräumung selbst oder nur die Verpflichtung hierzu widerruft, § 31a Abs. 1 S. 3 UrhG. Da der Urheber dadurch einseitig und unmittelbar auf das vertragliche Rechtsverhältnis Einfluss nehmen kann, ist das Widerrufsrecht als ein unselbständiges Gestaltungsrecht zu qualifizieren, welches durch eine empfangsbedürftige Willenserklärung entsprechend § 130 BGB ausgeübt wird.[205] Als solches ist der Widerruf seinerseits unwiderruflich und bedingungsfeindlich, um den Erklärungsempfänger vor zusätzlicher Rechtsunsicherheit zu schützen.[206]

Unabhängig von der dogmatisch-terminologischen Verortung des Widerrufsrechts in den Kategorien Widerruf, Rücktritt oder Rückruf[207] lässt der Gesetzgeber mit seiner Formulierung *»Rechtseinräumung oder Verpflichtung hierzu«* offen, worauf sich der Widerruf seitens des Urhebers im Einzelfall bezieht. Zweifellos wird ihm hiernach das Recht gegeben, den Widerruf hinsichtlich beider - auch im Urhebervertragsrecht zu trennenden - Rechtsgeschäfte zu erklären und damit sowohl die schuldrechtliche als auch die dingliche Rechtsposition des Erwerbers zu beseitigen. Es stellt sich vielmehr die Frage, ob eine solche, explizit auf Verpflichtungs- und Verfügungsgeschäft bezogene Erklärung erforderlich ist, um die umfassende Rechtsfolge herbeizuführen. Die ausdrückliche Differenzierung des Gesetzgebers deutet dies an. Allerdings darf diese auch nicht überbewertet werden. Man wird ihr letztlich vor allem klarstellende Bedeutung beimessen müssen. So unterschieden sowohl das ursprüngliche Verbot des § 31 Abs. 4 UrhG a. F. als auch nunmehr § 31a Abs. 1 S. 1 UrhG ausdrücklich zwischen der Rechtseinräumung und der Verpflichtung hierzu. Mit der Formulierung in § 31a Abs. 1 S. 3 UrhG wird diese Unterscheidung lediglich fortgesetzt, um deutlich zu machen, dass auch hinsichtlich des Widerrufs das Trennungsprinzip gilt.[208]

Jene Kenntnis wird man indes dem Urheber als Inhaber des Widerrufsrechts

205 *Hertin*, Rn. 378; *Kotthoff* in: Dreyer/Kotthoff/Meckel § 31a Rn. 14; *J.B. Nordemann* in: Fromm/Nordemann § 31a Rn. 58; allgemein zu den Gestaltungsrechten *Larenz/Wolf* § 15 Rn. 65 ff.

206 Vgl. *Larenz/Wolf* § 15 Rn. 75 sowie explizit für § 31a *Scholz* in: Mestmäcker/Schulze, 45. AL (12/07), Rn. 22.

207 Dazu eingehend *Schuchardt*, S. 81, die mit Recht von einer Doppelnatur des Widerrufs spricht, da dieser in Bezug auf die Verpflichtung einen Rücktritt, bzgl. der Einräumung einen Rückruf darstellt.

208 Ähnlich *Wandtke/Grunert* in: Wandtke/Bullinger § 31a Rn. 8.

gerade nicht unterstellen können. Vielmehr wird dieser als juristischer Laie die Einräumung seiner Rechte an unbekannten Nutzungsarten regelmäßig als einheitliches Rechtsgeschäft betrachten. Zweckmäßig erscheint daher, wie *Schuchardt* zu Recht anmerkt,[209] die Übertragung der laiengünstigen Auslegung bei der Anfechtungserklärung im Fall der sogenannten Fehleridentität auf die Widerrufserklärung. So reicht dort die Anfechtung einer Willenserklärung, um beide an demselben Mangel leidenden Rechtsgeschäfte, namentlich Verpflichtungs- und Verfügungsgeschäft, zu beseitigen, wenn erkennbar wird, dass der Anfechtende das gesamte Geschäft wegen des Mangels nicht gelten lassen will.[210] Beim Widerruf nach § 31a Abs. 1 S. 3 UrhG besteht eine insoweit identische Interessenlage. Der Urheber kann sowohl das Verpflichtungs- als auch das Verfügungsgeschäft aufgrund desselben Grundes, dem Widerrufsrecht, beseitigen; jene umfassende Rückgängigmachung der Rechtseinräumung wird auch regelmäßig seinem Willen entsprechen. Aus diesem Grund sollte diese Rechtswirkung stets eintreten, sobald der Urheber zum Ausdruck bringt, dass er an seiner ursprünglichen Entscheidung, dem Verwerter die Nutzung des Werkes in noch unbekannten Nutzungsarten zu ermöglichen, nicht mehr festhält.[211]

b. Rechtsfolge des Widerrufs

Über diese Feststellung hinaus stellt sich die Frage, welche Auswirkungen auf die Rechtseinräumung die Ausübung des Gestaltungsrechts bzw. sein Erlöschen (gemäß §§ 31a Abs. 1 S. 4, 31a Abs. 2 UrhG) hat. *Schulze* geht hierfür von einer aufschiebend bedingten Rechtseinräumung aus, indem er auf eine Entscheidung zu einem Widerrufsvorbehalt im Rahmen eines Prozessvergleiches verweist, in der der BGH ebenso zur Annahme einer aufschiebenden Bedingung gelangte.[212] Hiernach soll die Rechtseinräumung bis zum endgültigen Entfall des Widerrufsrechts keine Rechtswirkungen erzeugen und der ausgeübte Widerruf *ex tunc*-Wirkung haben.[213] Ohne die Vorschrift ausdrücklich zu nennen, zieht *Schulze* für diese Rechtsfolgen offensichtlich § 158 Abs. 1 BGB analog heran.

Diese Argumentation unterschlägt jedoch, dass es sich bei § 31a UrhG um ein gesetzliches Widerrufsrecht handelt, für das dementsprechend die Wertungen des Gesetzgebers zugrunde gelegt werden sollten und nicht eine Entscheidung,

---

209 *Schuchardt*, S. 83.

210 BGH NJW-RR 1995, 859; *Palm* in: Erman § 142 Rn. 8.

211 Siehe erneut *Schuchardt*, S. 83 f., die dieses Erfordernis der laiengünstigen Auslegung allerdings gerade aus der »*oder*«-Formulierung des Gesetzgebers herleitet; ähnlich etwa *Scholz* in: Mestmäcker/Schulze, 45. AL (12/07), § 31a Rn. 23.

212 *Schulze* in: UFITA 2007/III, 641 [651] mit Verweis auf BGHZ 88, 364 [367].

213 *Schulze* in: UFITA 2007/III, 641 [651].

in der sich der BGH zuvorderst am Parteiwillen zu orientieren hatte.[214] Allerdings enthält sich ebenso der Gesetzgeber sowohl im Gesetzestext als auch in seiner amtlichen Begründung einer eindeutigen Aussage zu dieser Frage. Hinzu kommt erschwerend, dass die einschlägige Passage in § 31a Abs. 1 UrhG nach den Empfehlungen des BT-Rechtsausschusses noch eine entscheidende Änderung erfuhr. In der amtlichen Begründung, die indes vor der Aufnahme der Pflicht[215] zur Mitteilung über die beabsichtigte Aufnahme der neuen Werknutzung entstand, spricht der Gesetzgeber allerdings sowohl vom *»Entfallen«* der Pflicht als auch von der Möglichkeit des Urhebers zum *»Rückruf«* des Rechts an der unbekannten Nutzungsart.[216] Dies muss bereits als ein starkes Indiz dafür gewertet werden, dass der Gesetzgeber entgegen der Ansicht von *Schulze* nicht von einer aufschiebenden Bedingung ausgeht, sondern von einer bloßen Auflösungswirkung des Widerrufs, die eine wirksame Rechtseinräumung bereits voraussetzt.

Gegen den Rückgriff auf die Wertungen des Widerrufsvergleichs im Zivilprozess spricht zudem, dass sich die Parteien dort typischerweise die Aufschiebung der Rechtswirkungen bis zum Ablauf der Widerrufsfrist bewusst machen.[217] Aus den hier maßgebenden Neuregelungen der §§ 31a, 32c UrhG ergibt sich dagegen gerade keine Vorgabe derart, dass die Nutzung in der neuen Nutzungsart erst nach Ablauf der Widerrufsfrist (im Falle des § 31a Abs. 1 S. 4 UrhG) erfolgen darf.[218] Vielmehr soll die erfolgte Aufnahme der Mitteilungspflicht lediglich gewährleisten, dass der Urheber nach entsprechender Information seitens des Verwerters von seinem Widerrufsrecht überhaupt Gebrauch machen und dieses nicht wie ursprünglich vorgesehen ohne sein Wissen erlöschen kann.[219] Des Weiteren lässt sich gegen die Annahme einer aufschiebenden Bedingung die Gesetzessystematik anführen. Denn dort, wo der Gesetzgeber eine schwebende Unwirksamkeit zugrunde legt, ergibt sich dies bislang immer eindeutig aus dem ausdrücklichen Wortlaut der Vorschrift selbst, vgl. nur §§ 108, 177, 1366 Abs. 1, 1427 Abs. 1, 1829 BGB sowie im Ansatz auch § 34 Abs. 1 UrhG für das Urheberrecht.[220]

---

214 Zum Unterschied in der Auslegung von Gesetzen und Rechtsgeschäften auch *Larenz*, Methodenlehre, S. 346 f.

215 So jedenfalls der BT-Rechtsausschuss, BT-Drs. 16/5939, S. 44; dazu unten S. 78 ff.

216 Vgl. BReg BT-Drs. 16/1828, S. 24.

217 *Kotthoff* in: Kotthoff/Dreyer/Meckel § 31a Rn. 15.

218 *Kotthoff* in: Kotthoff/Dreyer/Meckel § 31a Rn. 15.

219 *Klöhn* in: K&R 2008, 77 [78]; der ursprüngliche § 31a Abs. 1 S. 2 UrhG-E lautete: *»Der Urheber kann diese Rechtseinräumung oder die Verpflichtung hierzu widerrufen, es sei denn, der andere hat bereits begonnen, das Werk in der neuen Nutzungsart zu nutzen.«*.

220 Bsp. aus dem BGB zitiert nach *Mankowski*, S. 113; zur schwebenden Unwirksamkeit bei § 34 Abs. 1 UrhG vgl. etwa *v. Gamm* § 34 Rn. 15; *Spautz* in: Möhring/Nicolini § 34 Rn. 4; *Wandtke/Grunert* in: Wandtke/Bullinger § 34 Rn. 10.

Aus diesen Gründen ist die Einräumung der Rechte an den unbekannten Nutzungsarten ab dem Zeitpunkt des schriftlichen Vertragsschlusses bis zu einer etwaigen Ausübung des Widerrufsrechts vielmehr schwebend wirksam.[221] Die Ausübung des Widerrufsrechts bewirkt den auf die Zukunft gerichteten Rückfall (*ex nunc*) der Rechte an den unbekannten Nutzungsarten ab dem Zeitpunkt des Zugangs der Widerrufserklärung. Überzeugend weist *J.B. Nordemann* auf einen weiteren Aspekt systematischer Natur hin, der gegen die ebenfalls denkbare *ex tunc*-Wirkung des Widerrufs spricht. So folgt nicht zuletzt aus § 32c Abs. 1 S. 3 UrhG, dass der Verwerter das Werk in der neuen Nutzungsart verwerten kann, ohne dass bisher eine Entscheidung über den Widerruf seitens des Urhebers vorliegt.[222] Mäße man dem Widerruf eine *ex tunc*-Wirkung bei, so käme es in dieser Konstellation zu dem widersinnigen Ergebnis, dass der Urheber einerseits einen (gesetzlichen) Vergütungsanspruch aus § 32c UrhG und andererseits für dieselbe Handlung in gleicher Höhe (namentlich in Gestalt einer angemessenen Lizenzgebühr) einen Schadensersatzanspruch aus § 97 UrhG hätte.[223]

Sachgerecht erscheint damit allein die Annahme einer auflösend bedingten Rechtseinräumung bzw. der Verpflichtung hierzu, deren Wirkung im Falle des Widerrufs *ex nunc* entfällt. Im Ergebnis wird damit die vormalige Abspaltung vom Urheberrecht wieder beseitigt und das entsprechende Verwertungsrecht ist mit Wirkung für die Zukunft wieder Teil des Urheberrechts. Nur künftig, nicht aber zwischenzeitlich vorgenommene Verwertungshandlungen an diesem Recht durch den Vertragspartner oder Dritte, würden folglich eine Urheberrechtsverletzung i.S.d. § 97 Abs. 1 S. 1 UrhG darstellen.[224] Besteht also seitens des

---

221 I.E. ebenso *Loewenheim/J.B. Nordemann* in: Loewenheim, HdB UrhR, § 26 Rn. 53; *J.B. Nordemann* in: Fromm/Nordemann § 31a Rn. 59; *Kotthoff* in: Kotthoff/Dreyer/Meckel § 31a Rn. 15; *Scholz* in: Mestmäcker/Schulze, 45. AL (12/07), § 31a Rn. 14; *Schuchardt*, S. 95; *Spindler* in: NJW 2008, 9 (dort Fn. 17); *Wandtke/Grunert* in: Wandtke/Bullinger § 31a Rn. 9, 74 f., der allerdings trotz auflösender Bedingung von einer *ex tunc*-Wirkung ausgeht; für *ex tunc*-Wirkung auch *Hertin*, Rn. 388; *Schulze* in: UFITA 2007/III, 641 [671] sowie *Spindler* in: Schricker/Loewenheim § 31a Rn. 59 f., der dies v.a. mit der Beweislastverteilung begründet, die zum Schutz des Urhebers für eine aufschiebend bedingte Rechtseinräumung spreche, bei der der Verwerter die Nichtausübung des Widerrufsrechts beweisen müsse.

222 Zwar müsste der Verwerter zuvor bereits eine Mitteilung über die beabsichtigte Verwertung in der neuen Nutzungsart machen, § 31a Abs. 1 S. 4 UrhG (vgl. zu dieser Pflicht unten ab S. 78); jedoch folgt daraus wie gezeigt nicht zugleich, dass er für den Beginn der Verwertung auch die Entscheidung des Urhebers bis zum Erlöschen des Widerrufs nach drei Monaten abwarten muss.

223 *J.B. Nordemann* in: Fromm/Nordemann § 31a Rn. 59.

224 *Scholz* in: Mestmäcker/Schulze, 45. AL (12/07), § 31a Rn. 30; freilich erscheint eine solche Verletzungshandlung nur denkbar, wenn die Nutzungsart inzwischen technisch und wirtschaftlich bekannt geworden ist; zum Anspruch auf Ersatz des (dreifach berechneten) Schadens auch *Spindler* in: Schricker/Loewenheim § 31a Rn. 84.

Verwerters weiterhin Interesse an einer legalen (zukünftigen) Nutzung, müsste das jeweilige Recht erneut erworben werden. Da das Widerrufsrecht bereits vor seiner wirtschaftlichen und technischen Bekanntheit ab Abschluss des Vertrages ausgeübt werden kann,[225] könnte damit unter Umständen eine Situation eintreten, in der dem Urheber nach Vertragsschluss abermals ein Widerrufsrecht aus § 31a Abs. 1 S. 3 UrhG zusteht. Eine solche Konstellation erscheint allerdings nur vorstellbar, wenn der Nutzungsart lediglich noch ihre wirtschaftliche Bedeutung fehlt.[226] Ohne die jedenfalls technische Bekanntheit dürfte der Verwerter kaum Interesse an einem gesonderten (Neu-)Erwerb haben. Bei (inzwischen) technisch-wirtschaftlicher Bekanntheit unterfiele der erneute Nutzungsvertrag dagegen nicht den Neuregelungen, so dass insbesondere kein Anspruch auf gesonderte Vergütung gemäß § 32c UrhG bestünde.

Zu beachten ist, dass diese Gestaltungswirkung des Widerrufs nach dem ausdrücklichen Willen des Gesetzgebers nur die zum Zeitpunkt des Vertragsschlusses unbekannten Nutzungsarten betrifft und eine zumeist mit abgeschlossene Vereinbarung über bekannte Nutzungsarten unberührt lässt.[227] Diese Klarstellung hat insofern Relevanz, als § 139 BGB nach der Literatur bei einem Teilwiderruf entsprechende Anwendung finden soll, auch wenn dieser mangels Nichtigkeit des Vertrages[228] seinem Wortlaut nach an sich nicht einschlägig wäre.[229] Auf diese Weise schließt der Gesetzgeber eine etwaige Gesamtnichtigkeit abhängig vom Parteiwillen von vornherein aus. Andernfalls könnte der Urheber bis zum Beweis eines entgegenstehenden Parteiwillens aufgrund der Beweislastverteilung des § 139 BGB zugleich auch die Rechte an den bekannten Nutzungsarten einseitig widerrufen.[230] Ein solch umfassendes Recht des Urhebers, sich einseitig vom Nutzungsvertrag zu lösen, war indes vom Reformgesetzgeber nicht beabsichtigt, da hinsichtlich der bekannten Nutzungsarten kein vergleichbares Schutzbedürfnis besteht.

Wird demgegenüber bis spätestens 3 Monate nach der Mitteilung über die beabsichtigte Nutzung in der nunmehr bekannten Nutzungsart (§ 31a Abs. 1 S. 4 UrhG) nicht widerrufen, wird der Schwebezustand – insoweit – beendet und

225 Die Bekanntheit bewirkt nach entsprechender Mitteilung an den Urheber lediglich eine Befristung des Widerrufsrechts, vgl. auch *Schulze* in: UFITA 2007/III, 641 [651].

226 Dass diese Fälle gleichwohl von den Neuregelungen zu den unbekannten Nutzungsarten erfasst werden, wurde bereits dargelegt, siehe oben S. 50 ff.

227 Vgl. BReg BT-Drs. 16/1828, S. 24; *Scholz* in: Mestmäcker/Schulze, 45. AL (12/07), § 31a Rn. 31; *Spindler* in: NJW 2008, 9.

228 Dies unterscheidet das Widerrufsrecht etwa vom Schriftformerfordernis, wo § 31a Abs. 1 S. 1 UrhG i. V. m. § 125 BGB zur (Teil-)Nichtigkeit des Nutzungsvertrages führt.

229 *Busche* in: MüKo § 139 Rn. 3; *Heinrichs* in: Palandt § 139 Rn. 2; *Faust* in: AnwKomm-BGB § 139 Rn. 42; leicht missverständlich daher *Berger* in: GRUR 2005, 907 [909], der nur von Nichtanwendbarkeit des § 139 BGB spricht.

230 Auf diese Umkehrung der Regel des § 139 BGB weist auch *Hertin*, Rn. 389 hin.

die Einräumung bzw. Verpflichtung hierzu ist unwiderruflich wirksam.[231] Allerdings ist der Urheber auch fortan nicht ungesichert. Vielmehr bleibt ihm der Anspruch auf gesonderte angemessene Vergütung gemäß § 32c UrhG.

3. Voraussetzungen des Widerrufsrechts

Grundsätzlich besteht das Widerrufsrecht des Urhebers ohne weitere materielle Anforderungen, sobald ein Recht an einer unbekannten Nutzungsart eingeräumt wurde oder sich der Urheber dazu verpflichtet hat. Dies gilt jedoch nur in dem Sinne, dass abweichend von vergleichbaren Rechtsinstituten (vgl. etwa §§ 41, 42) im Urheberrechtsgesetz erstmals kein gesonderter Grund für seine Ausübung erforderlich ist.[232] Insbesondere muss der Urheber kein berechtigtes Interesse an dem Widerruf nachweisen, sondern kann ihn nach seinen persönlichen Motiven ausüben.[233] Materielle Grenze dürfte damit lediglich § 242 BGB und das daraus folgende Verbot rechtsmissbräuchlichen Verhaltens sein.[234] Gleichwohl lässt sich nicht pauschal von einer Voraussetzungslosigkeit des Widerrufsrechts sprechen.[235] Stattdessen bestehen solche zusätzlich zu erfüllenden Voraussetzungen durchaus; sie haben jedoch eher formellen Charakter, wie im Folgenden zu zeigen sein wird.

Im Übrigen muss bereits eine Optionsvereinbarung gemäß § 31a Abs. 1 S. 1 UrhG ein Widerrufsrecht beim Urheber hinsichtlich des Optionsrechts des Verwerters begründen. Denn jedenfalls bei der Vereinbarung einer qualifizierten Option entsteht auf Seiten des Urhebers eine dem eigentlichen Nutzungsvertrag gleichzusetzende Verpflichtung.[236] Unabhängig davon steht ihm auch in

231 Dagegen spricht *Schulze* entsprechend seiner Annahme einer aufschiebenden Bedingung davon, dass das Recht erst jetzt (von der Anwartschaft) zum Vollrecht erstarkt, vgl. UFITA 2007/III, 641 [671]; hinsichtlich anderer unbekannter Nutzungsrechte, die nicht von der Mitteilung erfasst waren, bleibt es bei der schwebenden Wirksamkeit, vgl. auch *Wandtke/Grunert* in: Wandtke/Bullinger § 31a Rn. 89, die allerdings von einer *ex tunc*-Wirkung des Widerrufs ausgehen.

232 Vgl. BReg BT-Drs. 16/1828, S. 24; *Klöhn* in: K&R 2008, 77 [78]; *Schuchardt*, S. 84 f., die auch eine teleologische Reduktion mangels planwidriger Regelungslücke ablehnt.

233 *Schuchardt*, S. 84 f.; *Wandtke/Grunert* in: Wandtke/Bullinger § 31a Rn. 72; kritisch dazu *Berger* in: GRUR 2005, 907 [909] sowie *ders.* in: Berger/Wündisch, HdB UrhVR, § 1 Rn. 115, der zum Schutz vor einem willkürlichen Widerruf des Urhebers die Voraussetzung eines berechtigten Interesses fordert.

234 Da das Gesetz somit von der freien Widerrufbarkeit ausgeht, wird man einen Widerruf ohne konkreten Anlass, etwa nur zum Zweck einer besseren Verhandlungsposition seitens des Urhebers, nicht als solches schon als treuwidrig einstufen können, vgl. *Scholz* in: Mestmäcker/Schulze, 45. AL (12/07), § 31a Rn. 28 m.w.N.; wohl auch *Klöhn* in: Riesenhuber/Klöhn, UrhVR, S. 79 [85]; tendenziell restriktiver *Spindler* in: Schricker/Loewenheim § 31a Rn. 82.

235 So aber *Berger* in: GRUR 2005, 907 [909].

236 *J.B. Nordemann* in: Fromm/Nordemann § 31a Rn. 16; da auch bei einem einfachen Opti-

Bezug auf den später womöglich zustande kommenden Nutzungsvertrag ein Widerrufsrecht zu, und zwar selbst dann, wenn dieser erst nach dem Bekanntwerden der neuen Nutzungsart entsteht und damit § 31a UrhG nicht mehr unmittelbar anwendbar ist. Andernfalls könnte der Verwerter das Recht auf die Weise unterlaufen, dass er von seinem Optionsrecht erst nach Bekanntwerden der neuen Nutzungsart Gebrauch macht und es sich beim dann entstehenden Vertrag nicht mehr um einen solchen über unbekannte Nutzungsarten handelte, während die (einseitige) Verpflichtung des Urhebers zum Zeitpunkt der Unbekanntheit schon bestand.

a. *Widerrufsberechtigter*

Hinsichtlich der personellen Widerrufsberechtigung sind Gesetzeswortlaut und amtliche Begründung eindeutig. Das Widerrufsrecht soll hiernach allein dem Urheber zustehen. Da es gemäß § 31a Abs. 2 S. 3 UrhG mit dem Tod des Urhebers erlischt, können es die Rechtsnachfolger oder Erben des Urhebers nicht mehr ausüben. Der Gesetzgeber begründet diese starke Einschränkung mit den Interessen der Allgemeinheit am Einsatz neuer technischer Nutzungsarten und bezeichnet sie zugleich als ein Kernelement des neuen Regelungskonzepts im Bereich der unbekannten Nutzungsarten.[237] Ist sich der Urheber also im Unklaren über die Verwertung seiner Rechte an den unbekannten Nutzungsarten, sollte er im Alter sämtliche solcher Rechte vorsorglich widerrufen und eine von ihm bestimmte Person mit deren Wahrnehmung betrauen.[238] Widerruft der Urheber zu Lebzeiten nicht, verbleiben die eingeräumten Rechte an unbekannten Nutzungsarten beim Vertragspartner.[239] Im Umkehrschluss zu § 31a Abs. 2 S. 3 UrhG haben die Rechtsnachfolger oder Erben allerdings einen Anspruch auf gesonderte angemessene Vergütung gemäß § 32c i. V. m. § 30 UrhG.[240]

---

onsrecht ein Nutzungsvertrag mit dem Optionsberechtigten nur dann vermeidbar ist, wenn ein Dritter günstigere Bedingungen bietet (vgl. OLG München GRUR-RR 2008, 137 [137 f.] (*Optionsklausel*) (n. rkr.); *Schulze* in: Dreier/Schulze Vor § 31 Rn. 155), besteht sonst ebenso eine Bindung, so dass auch hier die Einschlägigkeit des § 31a UrhG als sachgerecht erscheint, vgl. erneut *J.B. Nordemann* in: Fromm/Nordemann § 31a Rn. 16, der § 31a UrhG hierauf analog anwendet.

237 BReg BT-Drs. 16/1828, S. 24; zustimmend *Spindler* in: Schricker/Loewenheim § 31a Rn. 107; kritisch *Frey/Rudolph* in: ZUM 2007, 13 [19]; *Scholz* in: Mestmäcker/Schulze, 45. AL (12/07), § 31a Rn. 42; *Schulze* in: UFITA 2007/III, 641 [667 f.].

238 *Schulze* in: UFITA 2007/III, 641 [668 f.].

239 Dementsprechend kann der Tod des Urhebers als rechtlich beste Situation des Lizenznehmers bezeichnet werden, so *Klett* in: K&R 2008, 1 [2].

240 So letztlich auch die amtliche Begründung, die davon spricht, dass den Erben »*lediglich die Möglichkeit [fehlt], diese zusätzliche Verwertungsmöglichkeit abzulehnen*«, vgl. BReg BT-Drs. 16/1828, S. 24; ansonsten verbleibt ihnen bzgl. der unbekannten Nutzungsarten bloß noch der urheberpersönlichkeitsrechtliche Entstellungsschutz, vgl. auch *Hoeren* in: MMR 2007, 615 [616].

b. Widerrufsadressat

aa. Widerruf ohne Übertragung der Rechte an Dritte

Weniger eindeutig ist dagegen die Bestimmung des richtigen Widerrufsadressaten, da der Gesetzeswortlaut hierzu schweigt.[241] Ausgangspunkt der Beantwortung dieser Frage sollte zunächst die Feststellung sein, dass das Widerrufsrecht wie soeben dargestellt auf die Vertragsbeziehung einwirkt und daher grundsätzlich auch der Vertragspartner der richtige Widerrufsadressat ist.[242] Dies gilt jedenfalls insoweit, als dieser (noch) Inhaber der zu widerrufenden Nutzungsrechte und damit einzig tauglicher Adressat ist.

bb. Widerruf bei Weiterübertragung

Fraglich ist aber, inwiefern dies auch dann noch gilt, wenn der (Erst-)Erwerber die Rechte an den unbekannten Nutzungsarten an einen Dritten gemäß § 34 UrhG übertragen hat. Hierfür ergibt sich vor der Frage nach dem richtigen Adressaten zunächst das Problem, ob gegenüber dem vom Vertragspartner verschiedenen Dritten überhaupt noch ein Widerrufsrecht nach § 31a UrhG besteht.

(1) Fortbestand des Widerrufsrechts

Diesbezüglich fällt zunächst auf, dass anders als für den Anspruch auf gesonderte angemessene Vergütung mit § 32c Abs. 2 UrhG hierfür keine gesetzliche Anordnung existiert, die das Widerrufsrecht gleichsam auf den Dritten durchgreifen lässt. Hieraus lässt sich allerdings noch nicht umgekehrt darauf schließen, dass in Abwesenheit einer solchen Anordnung beim Widerrufsrecht der Fortbestand gegenüber Dritten von vornherein ausgeschlossen ist. Denn im Unterschied zum Widerrufsrecht betrifft § 32c UrhG nicht das Nutzungsrecht bzw. den Anspruch darauf selbst, sondern er ist lediglich ein zusätzlicher[243], vom Recht bzw. Anspruch des Erwerbers zu trennender Gegenanspruch.

Soweit allerdings der bloße Anspruch auf die Einräumung eines Rechts an der unbekannten Nutzungsart betroffen ist, könnte sich der Fortbestand des Widerrufsrechts nach dessen Abtretung an einen Dritten bereits aus § 404 BGB ergeben, der ebenso im Urhebervertragsrecht uneingeschränkt zur Anwendung gelangen muss.[244] Gemäß § 404 BGB bleiben dem Schuldner auch gegenüber

---

241 *Loewenheim/J.B. Nordemann* in: Loewenheim, HdB UrhR, § 26 Rn. 54 sprechen angesichts der Regelungen in §§ 137 l Abs. 2, 32c Abs. 2 UrhG von einem Redaktionsversehen des Gesetzgebers.

242 *Scholz* in: Mestmäcker/Schulze, 45. AL (12/07), § 31a Rn. 25; *Schulze* in: UFITA 2007/III, 641 [669]; *Spindler* in: Schricker/Loewenheim § 31a Rn. 77 m.w.N.

243 So ausdrücklich die amtliche Begründung, vgl. BReg BT-Drs. 16/1828, S. 25.

244 Denn soweit lediglich der Anspruch auf Einräumung eines Nutzungsrechts betroffen ist,

dem neuen Gläubiger als Einwendungen all diejenigen Gestaltungsrechte erhalten, die zum Zeitpunkt der Abtretung ihrem Grunde nach im ursprünglichen Schuldverhältnis angelegt waren.[245] Angesichts des uneingeschränkten Entstehens des Widerrufsrechts mit der (Verpflichtung zur) Einräumung des Rechts an einer unbekannten Nutzungsart sowie der geringen Anforderungen an die Begründetheit der Einwendung zum Zeitpunkt der Abtretung[246] liegen die Voraussetzungen des § 404 BGB vor, so dass zum Schutze des Urhebers/Schuldners das Widerrufsrecht gegenüber dem Anspruch auf Einräumung eines Rechts an einer unbekannten Nutzungsart auch gegenüber dem Zessionar fortbestehen muss.

Trotz der grundsätzlichen Geltung des Trennungsprinzips[247] wird aber im Regelfall das dingliche Nutzungsrecht mit eingeräumt, so dass sich vor allem die Frage stellt, ob das hier gegenständliche Widerrufsrecht auch gegenüber dem übertragenen Recht an der unbekannten Nutzungsart fortbesteht. Hierfür lässt sich nicht direkt auf § 404 BGB zurückgreifen, da diese Regelung ihrem Wortlaut nach nur den Übergang von Forderungen erfasst. Allerdings existiert mit § 413 BGB eine Vorschrift, der die §§ 398 ff. BGB auch auf die Übertragung von Rechten für anwendbar erklärt. Zugleich besteht Einigkeit darüber, dass § 413 BGB grundsätzlich auf die hier zugrunde liegende Übertragung von urheberrechtlichen Nutzungsrechten Anwendung findet, wobei die Wertungen der §§ 34, 35 UrhG zu berücksichtigen sind.[248] Voraussetzung für die Anwendbarkeit der Schuldnerschutzvorschriften der §§ 404 ff. BGB über § 413 BGB ist jedoch, dass eine dem Schuldner vergleichbare Person aus dem Recht verpflichtet ist.[249] Davon ist in der hier vorliegenden Konstellation des Nutzungsrechts auszugehen, da der Urheber sowohl gegenüber seinem Vertragspartner als auch gegenüber dem Dritten grundsätzlich an die Einräumung gebunden ist. Dagegen

bestehen keinerlei Besonderheiten gegenüber sonstigen bürgerlich-rechtlichen Schuldverträgen; vgl. zur Anwendbarkeit der allgemeinen bürgerlich-rechtlichen Vorschriften im Urhebervertragsrecht *Schulze* in: Dreier/Schulze Vor § 31 Rn. 8; speziell zu §§ 398 ff. BGB *Hertin* in: Mestmäcker/Schulze, 44. AL (05/07), Vor §§ 31 ff. Rn. 40 f.; *Wandtke/Grunert* in: Wandtke/Bullinger Vor §§ 31 ff. Rn. 22.

245 BGH NJW 1986, 919; NJW-RR 2004, 1135; *Busche* in: Staudinger § 404 Rn. 17, 20; *Grüneberg* in: Palandt § 404 Rn. 4; *Roth* in: MüKo § 404 Rn. 6; *H.P. Westermann* in: Erman § 404 Rn. 3.

246 Vgl. dazu nur *Roth* in: MüKo § 404 Rn. 10 m.w.N.

247 Vgl. erneut *Kotthoff* in: Dreyer/Kotthoff/Meckel § 31 Rn. 18; *J.B. Nordemann* in: Fromm/Nordemann § 31 Rn. 29; *Schricker/Loewenheim* in: dies. Vor §§ 28 ff. Rn. 98; *Wandtke/Grunert* in: Wandtke/Bullinger Vor §§ 31 ff. Rn. 6.

248 BGH GRUR 1993, 822 [823] (*Katalogbilder*); ebenso *Busche* in: Staudiner § 413 Rn. 19; *Frey/Rudolph* in: ZUM 2007, 13 [14]; *Grüneberg* in: Palandt § 413 Rn. 2; *Kotthoff* in: Dreyer/Kotthoff/Meckel § 31 Rn. 17; *Roth* in: MüKo § 413 Rn. 6; *Rehbinder*, Rn. 544; *Schack*, Rn. 600; *Wandtke/Grunert* in: Wandtke/Bullinger Vor § 31 ff. Rn. 22.

249 So der BGH ausdrücklich für die Übertragung urheberrechtlicher Nutzungsrechte, vgl. GRUR 1993, 822 [823] (*Katalogbilder*); allgemein *Roth* in: MüKo § 413 Rn. 14.

lässt sich insbesondere nicht das vermeintliche Widerrufsrecht des Urhebers anführen, da dies einem Zirkelschluss gleichkäme. Aus diesen Gründen ergibt sich der Fortbestand des Widerrufsrechts bereits aus §§ 413, 404 BGB.

Dafür spricht zudem § 34 Abs. 4 UrhG, der dem Urheber auch gegenüber dem Dritterwerber seine Rechte erhält, wenn er der Übertragung der Nutzungsrechte wegen § 34 Abs. 5 S. 2 UrhG nicht ausdrücklich zugestimmt hat. Zwar findet diese Haftungserweiterung des § 34 Abs. 4 UrhG nur auf (vertragliche) Ansprüche des Urhebers direkte Anwendung.[250] Es ist jedoch nicht einzusehen, warum der Regelungsgrund des § 34 Abs. 4 UrhG, namentlich den Urheber durch die Weiterübertragung der von ihm eingeräumten Nutzungsrechte nicht schlechter zu stellen,[251] nicht auch bei einem Widerrufsrecht gelten soll. In Anbetracht der damit einhergehenden Rechtsfolge ist hierfür eher ein erhöhtes Schutzbedürfnis des Urhebers zu veranschlagen, so dass von einem Fortbestand des Widerrufsrechts auch analog § 34 Abs. 4 UrhG auszugehen ist. Dieses unterliegt anders als die dort genannten Ansprüche freilich keiner gesamtschuldnerischen Haftung.

Überdies liefert die Verwendung des Begriffs *»ein anderer«* in § 31a Abs. 1 S. 4 UrhG ein starkes Indiz für die soeben dargelegte Annahme. Denn hiernach wollte sich der Gesetzgeber offensichtlich nicht dahingehend festlegen, dass allein dem Vertragspartner die Pflicht zur Mitteilung über die beabsichtigte Aufnahme der neuen Werknutzung zukommt. Vielmehr entschied er sich für ein abstrakteres Merkmal, welches gleichfalls nicht an der Einräumung beteiligte Dritte erfasst. Auch daraus lässt sich demnach schlussfolgern, dass das Widerrufsrecht nicht nur gegenüber dem ursprünglichen Vertragspartner bestehen soll, sondern auf den Dritterwerber durchgreifen muss.[252] Dies gilt freilich dann nicht, wenn das Widerrufsrecht vor der Übertragung etwa infolge der Mitteilung gemäß § 31a Abs. 1 S. 4 UrhG bereits erloschen war und das Nutzungsrecht damit gewissermaßen unbelastet übertragen wurde.

(2) Richtiger Erklärungsempfänger

Damit ist freilich noch keine Aussage zu dem eingangs aufgeworfenen Problem getroffen, wem gegenüber dieses Widerrufsrecht auszuüben ist. Als Adressat in Betracht kommen nach dem soeben festgestellten Fortbestand des Widerrufsrechts einerseits der Vertragspartner und andererseits der aktuelle Nutzungsrechtsinhaber. In Ermangelung einer ausdrücklichen Regelung dieser Frage durch den Gesetzgeber lassen sich erneut die Wertungen der §§ 404, 407 BGB

250 *Schricker/Loewenheim* in: dies. § 34 Rn. 55; *Schulze* in: Dreier/Schulze § 34 Rn. 42; *Wandtke/Grunert* in: Wandtke/Bullinger § 34 Rn. 31.

251 *Schulze* in: Dreier/Schulze § 34 Rn. 41; *Wandtke/Grunert* in: Wandtke/Bullinger § 34 Rn. 30.

252 I.E. wie hier *Schulze* in: UFITA 2007/III, 641 [670].

sowie § 34 Abs. 4 UrhG heranziehen, die allesamt die Regelung der Folgen eines Übergangs von Ansprüchen bzw. Rechten an einen Dritten zum Gegenstand haben. Zwar besteht wie gezeigt zwischen den Normen des Bürgerlichen Gesetzbuchs und der des Urheberrechtsgesetzes ein wesentlicher Unterschied darin, dass sie einerseits an den Übergang eines schuldrechtlichen Anspruchs (so §§ 404, 407 BGB) und andererseits an die Übertragung eines dinglichen Rechts (so § 34 UrhG) anknüpfen. Gemein ist diesen Vorschriften indes das Motiv, den Schuldner bzw. Urheber zu schützen, der an der Übertragung regelmäßig unbeteiligt ist.[253] Dafür ordnen § 407 Abs. 1 BGB und § 34 Abs. 4 UrhG gleichermaßen – wenngleich in unterschiedlicher Ausgestaltung – an, dass der Empfänger zugunsten des unbeteiligten Dritten in gewisser Weise mit in die ursprüngliche Vertragsbeziehung einbezogen wird, indem ihn auch solche Rechtshandlungen bzw. Ansprüche treffen, die an sich allein im Ausgangsverhältnis zum Vertragspartner wirken.

Versteht man diesen Mechanismus als generelle Neigung des Zivilgesetzgebers, so muss man zu dem Ergebnis gelangen, dass zum Schutze des Urhebers dieser sein Widerrufsrecht zulässigerweise erst recht sowohl gegenüber seinem Vertragspartner als auch gegenüber dem Neuerwerber ausüben kann.[254] Denn als ein Weniger zu § 407 BGB, § 34 Abs. 4 UrhG kommt es hierdurch nicht zu einer zusätzlichen Haftung des Dritten. Dieser ist nach dem zuvor Ausgeführten ohnehin alleiniger Gegner des Widerrufs und damit derjenige, der eine unmittelbare[255] Rechtseinbuße erleidet. Hinzu kommt zu seinen lasten nunmehr lediglich, dass ihn die Gestaltungswirkung des Widerrufs auch dann trifft, wenn sie gegenüber dem Vertragspartner erklärt wird.

Konsequenterweise besteht jedoch entsprechend § 407 Abs. 1 BGB und § 34 Abs. 4 UrhG kein Anlass mehr für diese Schutzmaßnahme, sobald der Urheber positive Kenntnis von der Übertragung des Rechts an der unbekannten Nutzungsart erlangt. Ohne fortbestehenden Schutzgrund muss er sich an den neuen Anspruchs- bzw. Rechtsinhaber halten, um sein Widerrufsrecht wirksam aus-

253 Für § 407 Abs. 1 BGB *Busche* in: Staudinger § 407 Rn. 1; *Grüneberg* in: Palandt § 407 Rn. 1; *Roth* in: MüKo § 407 Rn. 1; für § 34 Abs. 4 UrhG *Schulze* in: Dreier/Schulze § 34 Rn. 41; (zur alten Rechtslage) *Wandtke/Grunert* in: Wandtke/Bullinger § 34 Rn. 30.

254 A.A. *Scholz* in: Mestmäcker/Schulze, 45. AL (12/07), § 31a Rn. 25, der allein den Rechtsnachfolger als tauglichen Widerrufsadressaten benennt; ebenso *Loewenheim/J.B. Nordemann* in: Loewenheim, HdB UrhR, § 26 Rn. 54; *J.B. Nordemann* in: Fromm/Nordemann § 31a Rn. 62; dagegen lässt *Hertin*, Rn. 384 eine Widerrufserklärung gegenüber dem ursprünglichen Vertragspartner genügen, wenngleich er bis zur Klärung dieser Frage durch die Rechtsprechung einen Widerruf gegenüber beiden potentiellen Adressaten empfiehlt; unklar *Schuchardt*, S. 92 f.

255 Mittelbar wirkt sich der Widerruf sicherlich auch beim Ersterwerber aus, da sich der Umfang der an den Dritterwerber veräußerten Rechte bzw. abgetretenen Ansprüche dadurch verringert.

üben zu können.[256] Eine solche Kenntnisnahme des Urhebers ist insbesondere dergestalt denkbar, dass ihn der neue Erwerber als Gegner des Widerrufsrechts von der beabsichtigten Aufnahme der Werknutzung[257] in der neuen Art benachrichtigt, um damit die dreimonatige Widerrufsfrist aus § 31a Abs. 1 S. 4 UrhG auszulösen. Denn wie bereits im Rahmen des Fortbestands des Widerrufsrechts angedeutet, weist der Begriff *»der andere«* in § 31a Abs. 1 S. 4 UrhG darauf hin, dass dieser Fristlauf auch durch eine vom ursprünglichen Vertragspartner verschiedene Person, hier also den Neuerwerber, ausgelöst werden kann.

cc. Widerruf bei Unterlizenzierung

Weniger geeignet für einen Rückgriff auf die bürgerlich-rechtlichen Vorschriften ist der Fall der Unterlizenzierung der eingeräumten Rechte an unbekannten Nutzungsarten gemäß § 35 UrhG, die sogenannte Lizenzkette. Anders als bei der Weiterübertragung nach § 34 UrhG, in dem die ursprüngliche Einräumung des konkreten Nutzungsrechts insoweit vollständig auf den Erwerber übergeht und demgemäß das (dingliche) Verhältnis der ursprünglichen Rechtseinräumung nunmehr zwischen dem Urheber und dem Neuerwerber fortbesteht, nutzt der nach § 35 UrhG Berechtigte nicht mehr aufgrund dieser ursprünglichen Rechteeinräumung. Da aber § 31a Abs. 1 S. 3 UrhG von *»diese[r] Rechtseinräumung«* spricht, kann die von einem Ersterwerber erteilte Unterlizenz über Rechte an unbekannten Nutzungsarten dem reinen Wortlaut nach folglich nicht Gegenstand eines Widerrufs durch den Urheber sein.[258]

Angesichts des Bestrebens des Gesetzgebers, dem Urheber mit § 31a Abs. 1 S. 3 UrhG ein umfassendes Widerrufsrecht bzgl. seiner gewährten Einräumung von Rechten an unbekannten Nutzungsarten zuzusprechen, könnte insoweit aber eine extensive Auslegung des Widerrufsgegenstands in Betracht zu ziehen sein. Die Ungewissheit für den Urheber im Hinblick auf die unbekannten Nutzungsarten besteht unabhängig davon, ob sein ursprünglicher Vertragspartner, ein Zweiterwerber nach § 34 UrhG oder ein Unterlizenznehmer nach § 35 UrhG die Berechtigung zur Verwertung des Werkes in der künftigen Nutzungsart hat. Aus diesem Grund muss der Urheber auch gegenüber Unterlizenznehmern die Möglichkeit des Widerrufs haben.[259]

---

256 Abweichend *Schulze* in: UFITA 2007/III, 641 [670], der einen Widerruf immer auch gegenüber dem ursprünglichen Vertragspartner des Urhebers zulässt; wohl auch *Spindler* in: Schricker/Loewenheim § 31a Rn. 77.

257 Voraussetzung dafür ist freilich, dass er nicht nur einen schuldrechtlichen Anspruch, sondern bereits das Nutzungsrecht innehat, was aber regelmäßig der Fall sein wird.

258 *Scholz* in: Mestmäcker/Schulze, 45. AL (12/07), § 31a Rn. 26.

259 Ebenso bereits *Scholz* in: Mestmäcker/Schulze, 45. AL (12/07), § 31a Rn. 26; wohl auch *Spindler* in: Schricker/Loewenheim § 31a Rn. 78; *Wandtke/Grunert* in: Wandtke/Bullinger

Allerdings kann der Urheber damit nicht abschließend sicherstellen, dass sein Werk nicht doch noch in der neuen Nutzungsart verwertet wird. Denn wie gezeigt, bleibt der ursprüngliche Vertragspartner des Urhebers bei einer Weitereinräumung nach § 35 UrhG weiterhin Inhaber der Rechte und könnte damit nach dem Widerruf des Urhebers allein gegenüber dem Zweiterwerber erneut weitere Nutzungsrechte einräumen oder gar selbst die Nutzung aufnehmen.[260] Um dem Vertragspartner diese Möglichkeit abzuschneiden, sollte der Urheber auch ihm gegenüber widerrufen. Zugleich hat dieser Widerruf gegenüber dem Erwerber auf erster Stufe nach der überwiegenden Auffassung in Literatur[261] und Rechtsprechung[262] zur Folge, dass auch davon abhängige Nutzungsrechte einer unteren Stufe an den Urheber zurückfallen.[263] Hauptargument für diesen Durchgriff ist die Überlegung, dass der Inhaber des Enkelrechts nicht mehr Rechte haben kann als der Inhaber des übergeordneten Nutzungsrechts. Bestärkt wird diese Erwägung beim vorliegenden Widerrufsrecht zudem durch die oben dargelegte Belastung der eingeräumten Rechte an unbekannten Nutzungsarten mit einer auflösenden Bedingung.[264] Diese wird als Anhängsel des Primärverhältnisses gleichsam mitübertragen, so dass auch der Unterlizenznehmer nur ein auflösend bedingtes (abgeleitetes) Nutzungsrecht erwirbt.[265]

Im Ergebnis besteht damit zwar auch im Fall des Zweiterwerbs der Rechte an unbekannten Nutzungsarten für den Urheber die Möglichkeit, sowohl gegenüber seinem Vertragspartner als auch gegenüber allen nachrangigen Rechteinhabern zu widerrufen. Um eine Verwertung des Werkes in der neuen Nutzungsart vollständig verhindern zu können, sollte er sich indes zuvorderst an seinen Vertragspartner halten.[266] Ein Widerruf ihm gegenüber bringt auch die

§ 31a Rn. 81 f.; wiederum gilt dies dann nicht, wenn das Widerrufsrecht bereits vor der Unterlizenzierung erloschen war und damit ein von vornherein unbelastetes Nutzungsrecht (weiter)eingeräumt wurde, vgl. *Schuchardt*, S. 107.

260 *Schuchardt*, S. 93.

261 *Kotthoff* in: Dreyer/Kotthoff/Meckel § 35 Rn. 8; *Schricker/Loewenheim* in: dies. § 35 Rn. 23; *Schulze* in: Dreier/Schulze § 35 Rn. 16; *Spautz* in: Möhring/Nicolini § 35 Rn. 6; *Wandtke/Grunert* in: Wandtke/Bullinger § 35 Rn. 7 f.; explizit für den Widerruf nach § 31a UrhG *J.B. Nordemann* in: Fromm/Nordemann § 31a Rn. 61.

262 OLG München FuR 1983, 605 (n. rkr.); OLG Stuttgart FuR 1984, 393 [397] (n. rkr.); OLG Hamburg GRUR Int. 1998, 431 [435] (*Feliksas Bajoras*); a. A. zuletzt BGH GRUR 2009, 946 (*Reifen Progressiv*) im Fall des Rückrufs nach § 41 UrhG.

263 So nunmehr auch *Loewenheim/J.B. Nordemann* in: Loewenheim, HdB UrhR, § 26 Rn. 54; *Spindler* in: Schricker/Loewenheim § 31a Rn. 78; angesichts der BGH-Entscheidung *Reifen Progessiv* (GRUR 2009, 946) ist es aber nicht auszuschließen, dass die Rspr. künftig auch für das Widerrufsrecht eine Abhängigkeit verneinen wird – zutreffenderweise ist die Vorgabe des BGH jedoch auf den Sonderfall des § 41 UrhG beschränkt, so zuletzt etwa *Adolphsen/Tabrizi* in: GRUR 2011, 384.

264 Vgl. erneut oben S. 65 ff.

265 Allgemein zu dieser Konstruktion bei § 35 UrhG auch *Wandtke/Grunert* in: Wandtke/Bullinger § 35 Rn. 8; *Wente/Härle* in: GRUR 1997, 96 [100].

266 Wohl ebenso *Schuchardt*, S. 93.

abgeleiteten Nutzungsrechte zum Erlöschen. Umgekehrt funktioniert dies gerade nicht.

c. *Widerrufsfrist*

aa. *Grundsätzliche Fristlosigkeit des Widerrufsrechts*

Grundsätzlich besteht das neu geschaffene Widerrufsrecht des Urhebers fristlos.[267] Insbesondere ist es zeitlich unabhängig vom Bekanntwerden der zu widerrufenden Nutzungsart. Einerseits steht dem Urheber das Widerrufsrecht mit Abschluss des Vertrags von Anfang an zu. Er kann sofort und jederzeit widerrufen, ohne dass er etwa die technische Bekanntheit der neuen Nutzungsart abwarten müsste.[268] Andererseits besteht es prinzipiell auch unbefristet über das Bekanntwerden der Nutzungsart hinaus. Weder läuft ab diesem Zeitpunkt eine automatische Frist noch ist das Bestehen des Widerrufsrechts an ein sonstiges objektives Kriterium geknüpft. Denn der ursprünglich vorgesehene Erlöschensgrund der Aufnahme der neuen Nutzung durch den Lizenznehmer wurde auf Anregung des Bundesrats letztlich nicht verwirklicht.[269] Diese Regelung hätte es den Verwertern ermöglicht, das Widerrufsrecht des Urhebers mit dem Beginn der Verwertung und ohne jegliche Kontaktaufnahme zum Erlöschen zu bringen.[270] Dies wäre insbesondere deswegen problematisch gewesen, weil – jedenfalls individualvertraglich – keine Pflicht des Verwerters besteht, den Urheber bei Vertragsschluss über sein Widerrufsrecht zu belehren.[271]

bb. *Ingangsetzen einer dreimonatigen Frist gemäß § 31a Abs. 1 S. 4 UrhG*

Den Interessen der Verwerterseite an einer möglichst frühzeitigen Beendigung des investitionsgefährdenden Schwebezustands wurde gleichwohl dadurch Rechnung getragen, dass die Verwerter es nunmehr selbst in der Hand haben, mittels der Benachrichtigung über die beabsichtigte Aufnahme der Nutzung eine dreimonatige[272] Frist auszulösen, § 31a Abs. 1 S. 4 UrhG. Möchte *»der andere«*

---

267 A.A. anscheinend *Scholz* in: Mestmäcker/Schulze, 45. AL (12/07), § 31a Rn. 32, der das Widerrufsrecht als (generell) *»befristet«* bezeichnet.

268 *Schulze* in: UFITA 2007/III, 641 [670]; *Verweyen* in: ZUM 2008, 217 [217 f.], der insb. für die Fälle eines alsbaldigen Widerrufs nach Vertragsschluss nach einer Möglichkeit zur Verringerung der dem Urheber zustehenden Vergütung sucht.

269 Vgl. BR-Drs. 257/1/06, S. 4 f.; *Langhoff/Oberndörfer/Jani* in: ZUM 2007, 593 [599].

270 *Klett* in: K&R 2008, 1 [2]; *Klöhn* in: K&R 2008, 77 [78].

271 Vgl. dazu sogleich sowie zu einer etwaigen Belehrungspflicht aus dem AGB-rechtlichen Transparenzgebot S. 302.

272 Es spricht nichts dagegen, diese 3-Monats-Frist durch individuelle Parteivereinbarung nach der Mitteilung i. S. d. § 31a Abs. 1 S. 4 UrhG zu verkürzen, so wohl auch *Loewenheim/J.B. Nordemann* in: Loewenheim, HdB UrhR, § 26 Rn. 55.

(der Vertragspartner oder ein späterer Erwerber des Nutzungsrechts[273]) also Gewissheit darüber haben, ob der Urheber von seinem Widerrufsrecht Gebrauch macht, ist er gehalten, ihm seine Absicht mitzuteilen.[274] Gemäß § 31a Abs. 1 S. 4 UrhG muss er diese Mitteilung an die letzte ihm bekannte Adresse des Urhebers machen, wofür er beweisbelastet ist.

(1) Obliegenheit oder Pflicht zur Mitteilung

Mit dem beschriebenen Wirkmechanismus, nach dem die Mitteilung an den Urheber eine dreimonatige Frist in Gang setzt, ist indes noch keine Aussage darüber getroffen, ob es sich hierbei zugleich um eine Pflicht des Nutzungsrechtsinhabers handelt, er also die Nutzung ohne entsprechende Information des Urhebers nicht beginnen darf, ohne sich zugleich schadensersatzpflichtig zu machen. Für eine solche Annahme spricht einerseits die Gesetzesbegründung, nach der der »*Verwerter verpflichtet [wird], vor Aufnahme der Nutzung des Werkes in einer neuen Nutzungsart den Urheber unter seiner letzten bekannten Adresse zu informieren.*«[275] Andererseits hat sich diese angedachte Mitteilungspflicht so im endgültigen Gesetzeswortlaut nicht niedergeschlagen. Stattdessen macht § 31a Abs. 1 S. 4 UrhG die Mitteilung lediglich zur Voraussetzung der Widerrufsfrist, ohne ihr eine weitere ausdrückliche Bedeutung beizumessen. Dieses Schweigen des Gesetzgebers erhält zusätzliches Gewicht dadurch, dass in § 32c Abs. 1 S. 3 UrhG unmissverständlich von einer Unterrichtungs*pflicht* gesprochen wird.[276]

Damit kommen in dieser Frage die historisch-genetische Auslegung einerseits und die systematische Auslegung andererseits zu unterschiedlichen Ergebnissen. Erstere legt eine Mitteilungspflicht nahe, während nach letzterer allenfalls eine Obliegenheit zur Mitteilung besteht, sofern man den Fortbestand eines unbefristeten Widerrufsrechts als Verschlechterung der Rechtsposition des Verwerters anerkennt.[277] Wenngleich es in der juristischen Methodenlehre immer wieder Versuche gab, den klassischen Auslegungsmethoden ein Rangverhältnis zuzuordnen,[278] ist mit der überwiegenden Auffassung weiterhin davon auszugehen, dass die einzelnen Ansätze im Verhältnis gegenseitiger Abhängigkeit und Ergänzung stehen.[279] Bezieht man aber in die sonach erforder-

273 Besteht bisher lediglich ein Anspruch auf Einräumung des Nutzungsrechts, kann der Inhaber ohnehin nicht mit der Nutzung beginnen, so dass § 31a Abs. 1 S. 4 UrhG insofern nicht einschlägig ist.

274 *Schulze* in: UFITA 2007/III, 641 [664].

275 Vgl. Beschlussempfehlung und Bericht des Rechtsausschusses, BT-Drs. 16/5939, S. 44.

276 *Schulze* in: UFITA 2007/III, 641 [664].

277 Vgl. zum Begriff der Obliegenheit etwa *Olzen* in: Staudinger § 241 Rn. 124, 128 m.w.N.

278 So *Koch/Rüßmann*, S. 176 ff.; *Rüthers*, Rn. 725.

279 Vgl. etwa *Engisch*, S. 98 ff.; *Larenz*, Methodenlehre, S. 345 f.; *Looschelders/Roth*, S. 192 ff.; *Zippelius*, S. 55.

liche Gesamtbetrachtung den generellen Willen des Reformgesetzgebers mit ein, auch nach der Streichung des § 31 Abs. 4 UrhG a. F. weiterhin ein Höchstmaß an Urheberschutz zu gewährleisten,[280] wird man entsprechend der amtlichen Begründung im Ergebnis eine Mitteilungspflicht annehmen müssen. Der Wertungswiderspruch gegenüber der ausdrücklichen Pflicht in § 32c Abs. 1 S. 3 UrhG ist angesichts des insoweit neutralen Wortlauts des § 31a Abs. 1 S. 4 UrhG nur sehr gering und daher zugunsten der historischen und teleologischen Auslegung hinzunehmen.[281]

Dies hat zur Folge, dass anders als bei der Annahme einer bloßen Obliegenheit der Beginn der Verwertung in der neuen Technik ohne vorherige Mitteilung an den Urheber eine entsprechende Schadensersatzpflicht des Verwerters begründen kann.[282] Der Verwerter gerät damit in die Situation, den Urheber zur Vermeidung einer Schadensersatzpflicht über die beabsichtigte Nutzung informieren zu müssen und ihn damit womöglich auf sein Widerrufsrecht aufmerksam zu machen.[283] Diese Zwiespältigkeit wird aber wiederum dadurch abgeschwächt, dass die Mitteilung über die beabsichtigte Nutzung nach den Gesetzesmaterialien vom Verwerter nicht verlangt, den Urheber auf das Bestehen und die Dauer des Widerrufsrechts hinzuweisen.[284] Hier eine zugegebenermaßen nahe liegende Analogie zur Belehrungspflicht des § 355 Abs. 2 BGB anzunehmen,[285] unterschlüge die unterschiedliche Herkunft beider Widerrufsrechte. Denn gegen den für die planwidrige Regelungslücke erforderlichen Zusammenhang beider Regelungen spricht bereits die Tatsache, dass § 355 Abs. 1 und Abs. 2 BGB ihren normativen Ursprung in der Fernabsatzrichtlinie haben,[286] während § 31a UrhG unabhängig von europarechtlichen Vorgaben entstand. Überdies entstünde bei einer Analogie zu § 355 Abs. 2 BGB zwangs-

280 Vgl. BReg BT-Drs. 16/1828, S. 22, 24.

281 So wohl auch *Schmidt/Wirth* § 31a Rn. 3; *Scholz* in: Mestmäcker/Schulze, 45. AL (12/07), § 31a Rn. 38; *Schulze* in: UFITA 2007/III, 641 [664]; i.E. ebenso *Klett* in: K&R 2008, 1 [2]; *Spindler* in: Schricker/Loewenheim § 31a Rn. 87; *Wandtke/Grunert* in: Wandtke/Bullinger § 31a Rn. 85; a. A. *Berger* in: GRUR 2005, 907 [910]; für bloße Obliegenheit auch *Kotthoff* in: Dreyer/Kotthoff/Meckel § 31a Rn. 17; *Schuchardt*, S. 101.

282 *Scholz* in: Mestmäcker/Schulze, 45. AL (12/07), § 31a Rn. 38; *Schulze* in: UFITA 2007/III, 641 [664]; *Kotthoff* in: Kotthoff/Dreyer/Meckel § 32c Rn. 10 nennt als etwaigen Schaden entgangene bessere Verwertungsmöglichkeiten, wenngleich insoweit mangels Pflicht zur Belehrung über das Widerrufsrecht die Kausalität zweifelhaft sein könnte.

283 Ähnlich *Kreile* in: ZUM 2007, 682 [684].

284 *J.B. Nordemann* in: Fromm/Nordemann § 31a Rn. 64; *Klett* in: K&R 2008, 1 [2]; *Kotthoff* in: Dreyer/Kotthoff/Meckel § 31a Rn. 18; *Schuchardt*, S. 104; wohl auch *Spindler* in: Schricker/Loewenheim § 31a Rn. 92; a. A. anscheinend *Kreile* in: ZUM 2007, 682 [685]; für die rechtpolitische Forderung nach einer solchen Hinweispflicht *Klöhn* in: Riesenhuber/Klöhn, UrhVR, S. 79 [92].

285 So *Schulze* in: UFITA 2007/III, 641 [665]; ablehnend *Klöhn* in: Riesenhuber/Klöhn, UrhVR, S. 79 [91 f.]; *Wandtke/Grunert* in: Wandtke/Bullinger § 31a Rn. 73.

286 Vgl. dazu nur *Masuch* in: MüKo § 355 Rn. 5.

läufig das Problem, welche Folgen ein Verstoß gegen die Belehrungspflicht nach sich zieht. Ob dies lediglich einen Schadensersatzanspruch begründet oder die Widerrufsfrist nicht in Gang setzt, müsste erneut ohne entsprechende Aussage des Gesetzgebers entschieden werden.[287] Angesichts dieses doch erheblichen Eingriffpotenzials in die Kompetenz der Legislative erscheint eine Analogie im Ergebnis nicht sachgerecht. Folglich wird auch durch die Mitteilung keine Belehrungspflicht über das Widerrufsrecht aus § 31a Abs. 1 S. 3 UrhG generiert.

(2) Anforderungen an die fristauslösende Mitteilung gemäß § 31a Abs. 1 S. 4 UrhG

Soll die Mitteilung die vom Gesetz vorgesehene Wirkung haben, ist sie an die letzte dem anderen bekannte Adresse des Urhebers zu senden und muss ihn über die beabsichtigte Verwertung in der neuen Nutzungsart informieren. Diese Formulierung beinhaltet mehrere Bestimmungen, die allesamt für die Anforderungen an eine wirksame Mitteilung i. S. d. § 31a Abs. 1 S. 4 UrhG relevant sind.

(a) Zeitpunkt und Inhalt der Mitteilung

Zuerst stellt sich die Frage nach dem frühest möglichen Zeitpunkt der fristauslösenden Mitteilung. Indem der Wortlaut lediglich von der »*beabsichtigten Aufnahme der neuen Art der Werknutzung*« spricht, enthält sich der Gesetzgeber einer Aussage dahingehend, welche Anforderungen an den Begriff der neuen Werkart, namentlich deren Bekanntheitsgrad zu stellen sind. Bereits denklogisch geboten erscheint zunächst die technische Bekanntheit der neuen Nutzungsart, ohne die die Nutzungsaufnahme seitens des Verwerters gemäß § 31a Abs. 1 S. 4 UrhG ohnehin nicht möglich ist. Zum Schutz des Urhebers könnte man zudem fordern, dass die jeweilige neue Nutzungsart daneben auch die Schwelle der wirtschaftlichen Etablierung überschritten haben muss. In diesem Fall hätte der Urheber ein Höchstmaß an Anhaltspunkten, auf die er seine Entscheidung über den Widerruf stützen kann.

Allerdings bedeutete dies zugleich, dass die Verwerter bei wirtschaftlich noch nicht etablierten neuen Nutzungsarten letztlich keine Möglichkeit hätten, die neue Nutzungsart zu testen. Denn sie wären insoweit dem Konflikt ausgesetzt, dass sie einerseits noch keine fristauslösende Mitteilung machen dürfen, andererseits aber eine Nutzung ohne Mitteilung eine Schadensersatzpflicht gegenüber dem Urheber begründen würde. Da aber nunmehr auch diese vormals unter die Kategorie der Risikogeschäfte gefallenen Nutzungsarten nach den obigen Ausführungen ausdrücklich mit vom Anwendungsbereich der §§ 31a, 32c UrhG umfasst sind und die Verwerter gegenüber der alten Rechtslage nicht

287 Eine Antwort auf diese Frage bleibt auch *Schulze* in: UFITA 2007/III, 641 [665] schuldig.

schlechter gestellt werden sollen, wird man auf das Erfordernis der wirtschaftlichen Durchsetzung für den Zeitpunkt der Mitteilung nach § 31a Abs. 1 S. 4 UrhG verzichten müssen. Um für den Urheber gleichwohl ein Mindestmaß an wirtschaftlicher Einschätzbarkeit zu gewährleisten, ist zu fordern, dass bei lediglich technischer Bekanntheit jedenfalls all die (bereits bekannten) Eigenschaften zu übermitteln sind, die für die künftige kommerzielle Bedeutung der neuen Nutzungsart wesentlich sind und somit Schlüsse auf das Marktpotenzial zulassen.[288] Aus urheberpersönlichkeitsrechtlicher Sicht wird ihm für eine Beurteilung zumeist schon die technische Bekanntheit der neuen Nutzungsart ausreichen.

Aus diesen Überlegungen folgt, dass die Zulässigkeit einer Mitteilung sich für jede einzelne Nutzungsart gesondert bestimmt. Dementsprechend wird auch eine Einzelbenennung der jeweils angestrebten Nutzungsart zu fordern sein, um die Frist in Gang zu setzen.[289] Gleichzeitig gewährleistet diese Bedingung, dass auch der Urheber seinen Widerruf auf eine bestimmte Nutzungsart konkretisieren kann. Erfüllt die neue Nutzungsart die genannten Voraussetzungen, beginnt die Widerrufsfrist gemäß § 31a Abs. 1 S. 4 UrhG mit dem – vom Verwerter zu beweisenden – Zeitpunkt der Absendung der Mitteilung an den Urheber. Auf den Zugang beim Urheber kommt es *insoweit* nicht an. Dies bedeutet jedoch nicht, dass dieser generell entbehrlich ist. Vielmehr bedarf die Mitteilung als geschäftsähnliche Handlung analog § 130 BGB durchaus des Zugangs *»an den Urheber«*, da dieser andernfalls nicht in der Lage ist, über die Ausübung seines Widerrufsrechts zu entscheiden.[290] Außer in den Fällen der unzumutbaren Adressrecherche obliegt somit grundsätzlich dem Verwerter das Zugangsrisiko.[291]

---

288 Ähnlich *Schulze* in: UFITA 2007/III, 641 [665]; *J.B. Nordemann* in: Fromm/Nordemann § 31a Rn. 64 spricht lediglich von der Bekanntheit der neuen Nutzungsart; ebenso *Spindler* in: Schricker/Loewenheim § 31a Rn. 88; *Schuchardt*, S. 103 stellt klar, dass der Verwerter nicht gehalten ist, Angaben bzgl. des geplanten Nutzungsumfangs zu machen.

289 Freilich erscheint es unwahrscheinlich, dass der Verwerter zeitgleich die Aufnahme der Nutzung in mehreren neuen Nutzungsarten beabsichtigt; wie hier auch *Wandtke/Grunert* in: Wandtke/Bullinger § 31a Rn. 84.

290 *Scholz* in: Mestmäcker/Schulze, 45. AL (12/07), § 31a Rn. 33; wohl ebenso *J.B. Nordemann* in: Fromm/Nordemann § 31a Rn. 66, der explizit den Zeitpunkt des Empfangs anspricht; a. A. offenbar *Schuchardt*, S. 106; *Schulze* in: UFITA 2007/III, 641 [670]; *Spindler* in: Schricker/Loewenheim § 31a Rn. 95, die den Zugang nicht nur für den Beginn der Widerrufsfrist für entbehrlich halten; ähnlich *Bullinger* in: MitdPatA 2008, 397 [398]; *Fälsch* in: BD 42 (2008), 409 [413]; *Kotthoff* in: Dreyer/Kotthoff/Meckel § 31a Rn. 17.

291 *Scholz* in: Mestmäcker/Schulze, 45. AL (12/07), § 31a Rn. 34; a. A. *Kotthoff* in: Kotthoff/Dreyer/Meckel § 31a Rn. 17; *Wandtke/Grunert* in: Wandtke/Bullinger § 31a Rn. 87.

(b) Form der Mitteilung

Des Weiteren setzt die Normierung des Begriffs »*Anschrift*« voraus, dass die Mitteilung schriftlich zu erfolgen hat.[292] Allerdings ist hierfür mangels entsprechender normativer Anordnung nicht auf die strengen Anforderungen des § 126 BGB zurückzugreifen. Vielmehr ist es als ausreichend zu erachten, die Mitteilung auch als Fax oder Email zu übermitteln.[293] Für die Beurteilung der Formgemäßheit dürfte einzelfallabhängig insbesondere der bereits bisher übliche Kommunikationsweg zwischen Urheber und Verwerter ausschlaggebend sein. Da im Streitfall der Verwerter für die Versendung der Mitteilung beweispflichtig ist, ist aus seiner Sicht jedenfalls die Wahl einer Kommunikationsform ratsam, die ihm im Nachhinein den Nachweis der Absendung einschließlich des Datums ermöglicht.[294]

(c) Mitteilungsberechtigter bzw. -verpflichteter

Wie schon aufgezeigt, kommt auch der Formulierung »*der andere*« eine nicht zu unterschätzende Bedeutung zu. Damit macht der Gesetzgeber deutlich, dass das Widerrufsverhältnis gleichsam zwischen Urheber und einem vom Vertragspartner personenverschiedenen Nutzungsrechtsinhaber bestehen kann. Konsequenterweise muss mit der Last eines möglichen Widerrufs auch die Möglichkeit übergehen, die dreimonatige Frist nach § 31a Abs. 1 S. 4 UrhG in Gang zu setzen. Andernfalls käme man zu dem widersinnigen Ergebnis, dass der Widerruf zwar dem neuen Erwerber gegenüber wirkt, die endgültige Rechtssicherheit durch Fristablauf jedoch nur vom ursprünglichen Vertragspartner hergestellt werden kann. Demzufolge muss man dem ursprünglichen Vertragspartner nach der Übertragung gar jegliche Befugnis absprechen, diese Mitteilung zu machen. Sie ist vielmehr zwingend an das Nutzungsrecht gekoppelt.[295]

Im Fall der Unterlizenzierung bedeutet das, dass abhängig davon, ob ein einfaches oder ausschließliches (Enkel-)Recht gewährt wurde, unter Umständen

---

292 So mit Recht *Schulze* in: UFITA 2007/III, 641 [665]; a. A. *J.B. Nordemann* in: Fromm/Nordemann § 31a Rn. 64, der auch eine mündliche Mitteilung ausreichen lässt.

293 *Kotthoff* in: Dreyer/Kotthoff/Meckel § 31a Rn. 17; *Schulze* in: UFITA 2007/III, 641 [665]; *Spindler* in: Schricker/Loewenheim § 31a Rn. 91.; a. A. ausdrücklich *Hertin*, Rn. 382, der dies aus dem Gesetzeswortlaut (»*Anschrift*«) folgert; ebenso ablehnend gegenüber Email *Schuchardt*, S. 105, die u. a. auf die Problematik mehrerer Adressen verweist.

294 *Spindler* in: Schricker/Loewenheim § 31a Rn. 91; *Wandtke/Grunert* in: Wandtke/Bullinger § 31a Rn. 87 m.w.N.

295 Ebenso i.E. *J.B. Nordemann* in: Fromm/Nordemann § 31a Rn. 63; *Scholz* in: Mestmäcker/Schulze, 45. AL (12/07), § 31a Rn. 35 sowie zuletzt *Spindler* in: Schricker/Loewenheim § 31a Rn. 89 f., der noch auf die Besonderheiten bei der Rechteverwertung durch eine Wahrnehmungsgesellschaft hinweist, da diese die Rechte nicht selbst nutzt, sondern lediglich zur Nutzung überträgt.

mehrere zur Mitteilung verpflichtet sind, sobald sie die Aufnahme der neuen Nutzungsart beabsichtigen.[296] Allerdings muss dies im Interesse der Rechtssicherheit im Verhältnis zum Urheber dazu führen, dass die Widerrufsfrist nur einmal läuft und er bei nicht ausgeübtem Widerruf sein Widerrufsrecht insgesamt verliert. Anderenfalls könnte die Situation eintreten, dass er gegenüber dem einfach berechtigten Unterlizenznehmer die Frist verstreichen lässt, dann aber später gegenüber seinem Vertragspartner widerruft und somit der Unterlizenznehmer aufgrund der gezeigten Durchgriffswirkung seine Rechtsposition wiederum (evtl. bereits nach Nutzungsaufnahme) verliert.

Macht der Urheber gegenüber dem Inhaber eines abgeleiteten Nutzungsrechts dagegen von seinem Widerrufsrecht Gebrauch, so führt dies wie gezeigt nicht zum gleichzeitigen Erlöschen des originären Nutzungsrechts beim Ersterwerber. Eine solche (umgekehrte) Abhängigkeit des Tochterrechts vom Enkelrecht besteht nicht.

(d) Versendung der Mitteilung und Nachforschungspflichten

Problematischer ist indes die dem Absender obliegende Recherche bei der Ermittlung der Anschrift des Urhebers.[297] Dem Gesetzgeber ist hierfür ausweislich der Formulierung *»zuletzt bekannte Anschrift«* die generelle Tendenz zu entnehmen, dass der zu betreibende Aufwand nicht allzu hoch liegen soll. Grund dafür ist nicht zuletzt, dass ein wesentliches Motiv der Abschaffung des § 31 Abs. 4 UrhG a. F. war, das dargelegte Problem des Ausfindigmachens des Urhebers als Voraussetzung einer Nachlizenzierung zu beseitigen. Dementsprechend darf sich diese Schwierigkeit nicht zu Lasten der Verwerter auf der Ebene des Widerrufs fortsetzen. Deutlich wird dieses Bestreben des Gesetzgebers nach einer Entlastung der Rechteinhaber auch in dem geschilderten Beginn der Widerrufsfrist, wonach es *in zeitlicher Hinsicht* allein auf die Absendung, nicht aber den Zugang der Mitteilung durch den Nutzungsrechtsinhaber ankommen soll.[298] Daneben spricht auch der Rechtsausschuss von zumutbaren Anstrengungen, die jedenfalls eine Nachfrage bei der entsprechenden Verwertungsgesellschaft, wohl aber auch eine Internetrecherche umfassen.[299] Dies wird man hinsichtlich des zu

---

296 Ähnlich wohl *Wandtke/Grunert* in: Wandtke/Bullinger § 31a Rn. 83.

297 Vertiefend dazu *J.B. Nordemann* in: Fromm/Nordemann § 31a Rn. 65; *Schulze* in: UFITA 2007/III, 641 [666 f.]; siehe auch *Langhoff/Oberndörfer/Jani* in: ZUM 2007, 593 [599].

298 Dagegen besteht in kausaler Hinsicht grds.ein Zugangserfordernis, vgl. bereits oben S. 81.

299 Vgl. Beschlussempfehlung und Bericht des Rechtsausschusses, BT-Drs. 16/5939, S. 44; wirkungslos (bzgl. § 31a Abs. 1 S. 4 UrhG) dürfte dementsprechend eine vertragliche Erreichbarkeitsvereinbarung dergestalt sein, dass der Verwerter von der Pflicht zur Adressrecherche bei der Verwertungsgesellschaft entbunden ist; *J.B. Nordemann* in: Fromm/Nordemann § 31a Rn. 65 weist noch auf die datenschutzrechtliche Zulässigkeit der Herausgabe der Adressdaten des Urhebers durch die Verwertungsgesellschaft hin (vgl. § 28 Abs. 3 Nr. 1 BDSG); siehe auch *Spindler* in: Schricker/Loewenheim § 31a Rn. 94.

betreibenden Rechercheaufwands als Mindest- und Maximalforderung zugleich ansehen können.

Demzufolge ist der Urheber im eigenen Interesse gehalten, seine Adresse dem Verwerter bzw. der entsprechenden Verwertungsgesellschaft gegenüber selbst möglichst auf aktuellem Stand zu halten, um nicht zu riskieren, dass ohne seine Kenntniserlangung die Widerrufsfrist nach § 31a Abs. 1 S. 4 UrhG verstreicht.[300] Da aber ebenso auf Seiten des Verwerters die Anschrift wechseln kann, namentlich durch eine Übertragung bzw. Unterlizenzierung der Rechte, besteht das Problem der richtigen Empfängeradresse auch für den Urheber. Hier wird man zu Recht fordern müssen, dass der Urheber – soweit es um eine wirksame Mitteilung i. S. d. § 31a Abs. 1 S. 4 UrhG geht – über die Übertragung der Lizenz bzw. Unterlizenzierung einschließlich der neuen Kontaktdaten informiert wird. Insofern korrespondiert zu seiner Mitteilungslast eine solche sämtlicher Neuerwerber.[301]

d. Ausübung des Widerrufs

Während die Mitteilung i. S. d. § 31a Abs. 1 S. 4 UrhG nach dem soeben Ausgeführten zwingend auf eine konkrete Nutzungsart bezogen sein muss, kann der Urheber ausweislich der amtlichen Begründung neben einem auf ein einzelnes Recht beschränkten Widerruf auch umfassend für alle künftig entstehenden Nutzungsarten widerrufen.[302] So könnte er etwa die Mitteilung über die beabsichtigte Aufnahme einer konkreten neuen Verwertungsart zum Anlass eines Gesamtrückrufs der von ihm eingeräumten Rechte an sämtlichen unbekannten Nutzungsarten nehmen.[303] Mangels Möglichkeit einer konkreten Bezeichnung der neuen Nutzungsarten reicht hierfür auch eine pauschale Erklärung seitens des Urhebers. Dies muss auch dann gelten, wenn die neue Nutzungsart schon technisch bekannt ist und damit an sich bezeichnungsfähig wäre. Denn § 31 Abs. 5 UrhG kommt hier nicht zur Anwendung.[304]

Mit dieser Möglichkeit der Widerrufsaufspaltung ist jedoch noch keine

---

300 Beschlussempfehlung und Bericht des Rechtsausschusses, BT-Drs. 16/5939, S. 44; ebenso *Wandtke/Grunert* in: Wandtke/Bullinger § 31a Rn. 86: »*Obliegenheit*«; *Spindler* in: Schricker/Loewenheim § 31a Rn. 93.

301 So treffend *Schulze* in: UFITA 2007/III 2007, 641 [666]; eine gleichfalls denkbare Last der Neuerwerber, sich beim ursprünglichen Vertragspartner über entsprechende Anzeigen des Urhebers über eine Adressänderung zu informieren, wäre dagegen erheblich intransparenter.

302 BReg BT-Drs. 16/1828, S. 24.

303 *J.B. Nordemann* in: Fromm/Nordemann § 31a Rn. 57 sowie zuletzt *Spindler* in: Schricker/Loewenheim § 31a Rn. 76, der noch darauf hinweist, dass der Urheber den Widerruf auch auf mehrere Verträge mit dem Adressaten erstrecken kann.

304 Siehe zur Relevanz der Bezeichnungsfähigkeit bei der Rechtseinräumung vor dem Hintergrund des § 31 Abs. 5 UrhG eingehend unten ab S. 149.

Aussage dazu getroffen, welches Ergebnis die Auslegung des Widerrufs für dessen Wirkungsumfang regelmäßig haben wird. Angesichts des oftmals rechtsunkundigen Urhebers ist das eine praktisch sehr bedeutsame Frage. In Abwesenheit hinreichend konkreter gesetzlicher Vorgaben[305] kann maßgebend analog §§ 133, 157 BGB allein der objektive Empfängerhorizont,[306] mithin die Sicht des Verwerters als Widerrufsadressat sein. Hiernach ist davon auszugehen, dass sich ein Widerruf, der anlässlich einer Mitteilung nach § 31a Abs. 1 S. 4 UrhG erfolgt, sich lediglich auf die in der Mitteilung genannte(n) neue(n) Nutzungsart(en) bezieht. Denn durch die Mitteilung ist der Bezugspunkt beider Parteien auf die vom Verwerter beabsichtigte neue Nutzungsart beschränkt;[307] andere unbekannte oder zwischenzeitlich bekannt gewordene Nutzungsarten bleiben grundsätzlich außer Betracht. Wollte der Urheber von seiner Möglichkeit Gebrauch machen, auch diese gelegentlich der Mitteilung zu widerrufen, müsste er das entsprechend zum Ausdruck bringen. Ein ähnliches Bild ergibt sich auch ohne die Mitteilung nach § 31a Abs. 1 S. 4 UrhG. Hier wird der Widerruf auf solche Nutzungsarten beschränkt sein, die zu diesem Zeitpunkt schon bekannt waren, es sei denn der Urheber widerruft ausdrücklich sämtliche Rechte an unbekannten Nutzungsarten.[308]

Im Übrigen unterliegt der Widerruf keinem Formerfordernis.[309] Wie bereits dargelegt, existiert das Widerrufsrecht außerdem unabhängig vom Bestehen etwaiger Gründe oder besonderer Interessen auf Seiten des Urhebers. Dementsprechend kann es nicht nur formlos, sondern auch ohne jegliche Begründung ausgeübt werden. Nach gebotener laiengünstiger Auslegung wird der Widerruf des Urhebers regelmäßig die Rechtseinräumung sowie die Verpflichtung hierzu erfassen, ohne dass es diesbezüglich einer expliziten Bezugnahme bedarf.[310] Ebenso wenig muss der Begriff »*Widerruf*« vom Urheber verwendet werden, solange nur deutlich wird, dass er den Vertragsschluss nicht mehr gegen sich gelten lassen will.[311]

305 Vgl. zu diesem Befund eingehend *Wandtke/Grunert* in: Wandtke/Bullinger § 31a Rn. 77 ff.

306 Vgl. *Brox/Walker*, Rn. 136; *Medicus*, BGB AT, Rn. 323.

307 *Wandtke/Grunert* in: Wandtke/Bullinger § 31a Rn. 80.

308 *Wandtke/Grunert* in: Wandtke/Bullinger § 31a Rn. 80.

309 *Hertin*, Rn. 378; *Kotthoff* in: Kotthoff/Dreyer/Meckel § 31a Rn. 14; *J.B. Nordemann* in: Fromm/Nordemann § 31a Rn. 58; *Schuchardt*, S. 90; *Wandtke/Grunert* in: Wandtke/Bullinger § 31a Rn. 71.

310 Siehe erneut oben S. 65 sowie bereits *Scholz* in: Mestmäcker/Schulze, 45. AL (12/07), § 31a Rn. 23; *Schuchardt*, S. 90.

311 Vgl. BGH NJW 1993, 128 [129]; NJW 1996, 1964 [1965]; *Schuchardt*, S. 89 f.

4. Unverzichtbarkeit des Widerrufsrechts gemäß § 31a Abs. 4 UrhG

Gemäß § 31a Abs. 4 UrhG ist das Widerrufsrecht (sowie die Mitteilungspflicht)[312] im Voraus unverzichtbar, so dass es auch durch Individualvereinbarung nicht abbedungen werden kann. Dahinter steht ganz offensichtlich die Erwägung, dass der Urheber sich ohne dieses Verbot zumeist dem Druck des Verwerters als stärkerer Partei beugen und infolgedessen bei Vertragsschluss auf sein Widerrufsrecht verzichten müsste.[313] Die Bevormundung der Parteien dadurch, dass das Widerrufsrecht vertraglich nicht zur Disposition steht, bezweckt damit ausschließlich den Schutz des Urhebers in seiner typischerweise unterlegenen Verhandlungsposition.

Problematisch ist indes die Formulierung *»im Voraus«*, anhand derer die Abgrenzung zu solchen Vereinbarungen erfolgen muss, die nachträglich und damit zulässigerweise vorgenommen werden. Der Begriff *»im Voraus«* deutet semantisch zunächst darauf hin, dass an eine Zeitspanne angeknüpft wird, in der der fragliche Anknüpfungsgegenstand – hier also insbesondere das Widerrufsrecht – noch nicht existiert. Diese Auslegung hätte zur Folge, dass all jene Vereinbarungen über einen Widerrufsverzicht zulässig wären, die zeitlich nach dem Nutzungsvertrag getroffen werden. Denn wie schon dargelegt, entsteht das Widerrufsrecht bereits mit dem Abschluss des Vertrages über die Einräumung von Rechten an unbekannten Nutzungsarten. Demgegenüber wäre ebenso denkbar, *»im Voraus«* am Bekanntwerden der neuen Nutzungsart festzumachen, so dass eine Verzichtsvereinbarung erst ab diesem Zeitpunkt als nachträglich anzusehen wäre.[314] Da § 31a Abs. 4 UrhG mit seiner allgemeinen Formulierung die verschiedenen Rechte aus den Abs. 1 – 3 zu erfassen versucht, bleibt die Wortlautauslegung im Übrigen unergiebig. Es ließe sich allenfalls auf die vergleichbare Formulierung in der Parallelvorschrift des § 40 Abs. 1 S. 2 UrhG abstellen. Dort entspricht es der allgemeinen Auffassung, dass die Formulierung *»im Voraus«* nur an die Zeit bis zur (endgültigen) Entstehung des Kündigungsrechts anknüpft,[315] was bei § 31a Abs. 4 UrhG der großzügigen Interpre-

312 Nach der beizupflichtenden Ansicht von *J.B. Nordemann* in: Fromm/Nordemann § 31a Rn. 65 wird davon indes nicht der Umfang der Recherche erfasst, da diese kein Recht i. S. d. Abs. 4 darstellt. Somit können auch vertragliche Vereinbarungen zu Lasten des Urhebers getroffen werden, nach denen der Urheber bspw. eine ständig aktualisierte Adresse an den Verwerter zu übermitteln hat. Die Vereinbarung darf jedoch nicht dazu führen, dass die Ausübung des Widerrufsrechts für den Urheber übermäßig erschwert wird.

313 So geht wohl auch der Gesetzgeber selbst davon aus, dass der Urheber künftig die Rechte an unbekannten Nutzungsarten regelmäßig wird einräumen müssen, vgl. BReg BT-Drs. 16/1828, S. 24.

314 Beide Auslegungsalternativen deutet bereits *Schuchardt*, S. 137 f. an, die sich i.E. aber sogar für eine generelle Unverzichtbarkeit bei gleichzeitiger Zulässigkeit einer Ausübungsregelung ausspricht.

315 *V. Gamm* § 40 Rn. 3; *Schricker/Peukert* in: Schricker/*Loewenheim* § 40 Rn. 8; *Schulze* in:

tation gleichkäme. Trotz der identischen Formulierung überwiegen aber die Unterschiede von Sinn und Zweck beider Arten von Lösungsrechten. Während bei Verträgen über künftige Werke das Kündigungsrecht gemäß § 40 Abs. 1 S. 2 UrhG beiden Vertragsparteien zusteht, dient das Widerrufsrecht gemäß § 31a UrhG allein dem Schutz des Urhebers vor künftigen Entwicklungen. Dementsprechend muss dieser Schutzzweck die maßgebliche Orientierung für die Auslegung des Begriffs *»im Voraus«* bilden.

Hiernach wird man fordern müssen, dass die Unzulässigkeit eines Verzichts bis zum Bekanntwerden der neuen Nutzungsart fortwirkt und nicht bereits ab der juristischen Sekunde nach dem ursprünglichen Vertragsschluss möglich ist.[316] Denn die Möglichkeit des Urhebers, sich dann einer Verzichtsverpflichtung zu verwehren, ist in Anbetracht seiner fortbestehenden Unterlegenheitsposition und der weiteren Unsicherheit hinsichtlich des wirtschaftlichen Potenzials eher theoretischer Natur. Zudem spricht aus systematischer Sicht § 31a Abs. 2 UrhG für die hier vorgeschlagene restriktive Interpretation. So normiert der Gesetzgeber dort die engen Grenzen, in denen er eine Disposition über das Widerrufsrecht für zulässig erachtet. Vor dem Bekanntwerden der neuen Nutzungsart soll diese demnach nur bei einer verkollektivierten Angemessenheitsentscheidung möglich sein, § 31a Abs. 2 S. 2 UrhG.

Lässt man damit aufgrund der genannten Schutzzweckerwägung alle (individuellen) Vereinbarungen erst ab Bekanntwerden der neuen Nutzungsart zu, so ist zudem zu beachten, dass § 31a Abs. 4 UrhG zur Gewährleistung eines effektiven Schutzes gleichfalls sämtliche Versuche einer Umgehung dieser Vorschrift erfassen muss, die aus der charakteristischen Machtposition des Verwerters während der Vertragsverhandlung resultieren. Dies betrifft insbesondere solche Vereinbarungen, nach denen es dem Urheber kraft eines Vorvertrags obliegen soll, sich später zu einem (dann zulässigen) Widerrufsverzicht zu verpflichten.[317] Hierin ist eine Umgehung des Merkmals *»im Voraus«* zu sehen, bei der gerade kein Entfall der Vertragsdisparität anzunehmen ist.[318] Vielmehr würde das Ungleichgewicht aufgrund der vorherigen Verpflichtung in der (an

---

Dreier/Schulze § 40 Rn. 20; *E. Ulmer*, UrhR, S. 400; *Kotthoff* in: Dreyer/Kotthoff/Meckel § 40 Rn. 14 weist zutreffend darauf hin, dass das Recht an sich bereits mit Vertragsschluss entsteht und daher auf den Ablauf der 5-Jahres-Frist abzustellen ist.

316 I.E. ebenso *J.B. Nordemann* in: Fromm/Nordemann § 31a Rn. 79 f., der allerdings entsprechend einer früheren Ansicht zu § 31 Abs. 4 UrhG a. F. einen Vorausverzicht in Arbeits- und Dienstverträgen für zulässig erachtet; *Schulze* in: Dreier/Schulze § 31a Rn. 142 sowie *Spindler* in: Schricker/Loewenheim § 31a Rn. 118 fordern außerdem mit gutem Grund noch eine Mitteilung über das Bekanntwerden; *Schuchardt*, S. 137 f. ist restriktiver und lässt auch dann nur eine Regelung über die Ausübung des Widerrufsrechts zu.

317 Ähnlich *Wandtke/Grunert* in: Wandtke/Bullinger § 31a Rn. 115; für § 32a UrhG *Schricker/Haedicke* in: Schricker/*Loewenheim* § 32a Rn. 35.

318 Allgemein zum Umgehungsverbot bei § 31a Abs. 4 UrhG auch *Spindler* in: NJW 2008, 9; *Verweyen* in: ZUM 2008, 217 [218]; *Wandtke/Grunert* in: Wandtke/Bullinger § 31a Rn. 115.

sich nachträglichen) Verzichtsvereinbarung fortwirken. Dementsprechend ist zu fordern, dass der nachträgliche Verzicht auf die Ausübung des Widerrufs nicht auf Grund einer diesbezüglichen Verpflichtung im ursprünglichen Nutzungsvertrag erfolgen darf. Gleichfalls als eine Umgehung sind solche Abreden zu werten, die die Ausübung des Widerrufs untersagen oder gar Vertragsstrafen oder Schadensersatzansprüche auslösen.[319]

Vereinbaren die Vertragsparteien trotz Einschlägigkeit des Verbots einen Verzicht auf das Widerrufsrecht, so ist diese Vereinbarung nach § 134 BGB unwirksam.[320] Zwar wird vielfach vertreten, dass Vorschriften, die die Formulierung »*kann nicht*« verwenden, regelmäßig keine Verbotsgesetze i. S. d. § 134 BGB darstellen.[321] Allerdings lässt die insoweit maßgebliche Auslegung[322] des § 31a UrhG es hier nicht zu, die Beschränkung der Dispositivität als bloße Ordnungsvorschrift zu qualifizieren. Vielmehr muss der Verstoß auch gegenüber dem konkreten Rechtsgeschäft sanktioniert werden. Indes kann nicht davon ausgegangen werden, dass es dem Zweck[323] des § 31a Abs. 4 UrhG als Verbotsgesetz entspricht, zugleich auch hinsichtlich der Rechteeinräumung[324] oder gar für den gesamten Nutzungsvertrag die Nichtigkeit anzuordnen. Denn der damit womöglich erzielte zusätzliche Schutz des Urhebers lässt sich bereits durch das aufgrund der Unwirksamkeit des Verzichts weiterhin bestehende Widerrufsrecht hinreichend gewährleisten. Die (Teil-)Nichtigkeit des Vertrages beschränkt sich folglich auf die Vereinbarung über den Widerrufsverzicht, was sich im Falle der Vorformulierung bereits aus einer analogen Anwendung der Sonderregel des § 306 Abs. 1 BGB (als Ausnahme zu § 139 BGB) ergibt.[325]

---

319 *Kotthoff* in: Dreyer/Kotthoff/Meckel § 31a Rn. 27; *J.B. Nordemann* in: Fromm/Nordemann § 31a Rn. 77; *Spindler* in: NJW 2008, 9 [10]; *Verweyen* in: ZUM 2008, 217 [219]; großzügiger wohl *Schuchardt*, S. 138.

320 Vgl. zur identischen Rechtsfolge beim Kündigungsrecht gemäß § 40 Abs. 1 S. 2 UrhG, *Spautz* in: Möhring/Nicolini § 40 Rn. 12; *Wandtke* in: Wandtke/Bullinger § 40 Rn. 16.

321 Vgl. RGZ 56, 104 [107 f.]; *Armbrüster* in: MüKo § 134 Rn. 44; *Larenz/Wolf* § 40 Rn. 3.

322 Der Verbotscharakter einer Vorschrift, die das betreffende Rechtsgeschäft nicht ausdrücklich verbietet, ist durch Auslegung zu ermitteln, vgl. BGHZ 85, 39 [43]; BGH MDR 2000, 872 [873]; *Sack* in: Staudinger § 134 Rn. 31.

323 Zur Maßgeblichkeit des Zwecks des Verbots für den Umfang der Nichtigkeit *Armbrüster* in: MüKo § 134 Rn. 106.

324 So aber anscheinend *Kreile* in: ZUM 2007, 682 [684].

325 So die allg. Meinung für Unwirksamkeitsgründe außerhalb der §§ 305 – 310 BGB, vgl. BGH NJW 1992, 896 [897]; NJW 1995, 2028 [2030]; NJW 2007, 3568 [3569]; *Lindacher* in: Wolf/Lindacher/Pfeiffer § 306 Rn. 11; *Schlosser* in: Staudinger § 306 Rn. 2 f.; *H. Schmidt* in: Ulmer/Brandner/Hensen § 306 Rn. 2, 9.

5. Entfall des Widerrufsrechts

Der Grundsatz der Unverzichtbarkeit des Widerrufsrechts erfährt jedoch eine Durchbrechung durch die Regelung des § 31a Abs. 2 UrhG, der die Möglichkeit eines Wegfalls des Widerrufsrechts bei einer Parteiabrede über die Vergütung der neuen Nutzungsart vorsieht. Diese nach der Gesetzessystematik als Ausnahme ausgestaltete Vorschrift könnte sich in der Praxis schnell als Regel durchsetzen. Denn sobald sich gemeinsame Vergütungsregeln herausgebildet haben, werden sich die Urheber dem aufgrund ihrer schwächeren Position regelmäßig nicht mehr widersetzen können.[326] Verstärkt wird dieser Effekt dadurch, dass nach § 31a Abs. 2 UrhG der Wegfall des Widerrufsrechts nicht etwa zur Disposition der Vertragsparteien gestellt wird, sondern stattdessen aufgrund ausdrücklicher Anordnung gleichsam zwingend eintritt, wenn die Voraussetzungen an die Vergütungsabrede erfüllt werden. Liegt also eine hinreichende Vergütungsabrede vor, könnte der Urheber sich allenfalls ein vertragliches Widerrufsrecht einräumen lassen. Darauf wird sich der Verwerter freilich kaum einlassen.

Gemäß § 31a Abs. 2 UrhG ist als Voraussetzung des Entfalls des Widerrufrechts zu unterscheiden zwischen einer Vergütungsabrede vor und nach Bekanntwerden der Nutzungsart.[327] Während S. 1 für die Vereinbarung nach Bekanntwerden eine Vergütung entsprechend § 32c Abs. 1 UrhG verlangt, ergibt der Zusammenhang mit § 31a Abs. 2 S. 2 UrhG, dass die den Entfall des Widerrufsrechts auslösende Vergütungsabrede auch schon vor Bekanntwerden der Nutzungsart möglich sein muss.[328] Hierfür ist dann die Zugrundelegung einer gemeinsamen Vergütungsregel erforderlich. In beiden Fällen unterliegt die Vergütungsabrede keinem Formerfordernis, so dass auch eine konkludent vereinbarte Vergütung im Rahmen der Vertragspraxis beider Parteien ausreichen kann, solange sie sich gesondert auf die unbekannten Nutzungsarten bezieht.[329]

a. Vergütungsabrede nach Bekanntwerden der neuen Nutzungsart

Als Grundfall der Vergütungsabrede geht der Gesetzgeber in § 31a Abs. 2 S. 1 UrhG von der Konstellation aus, dass die (jeweilige) neue Nutzungsart nach Vertragsschluss bekannt geworden ist und die Parteien nunmehr eine Verein-

326 So bereits der Befund von *Frey/Rudolph* in: ZUM 2007, 13 [19].

327 Dagegen geht *Scholz* in: Mestmäcker/Schulze, 45. AL (12/07), § 31a Rn. 39 davon aus, dass die Vereinbarung generell nur nach Bekanntwerden der neuen Nutzungsart möglich ist und verweist dafür auf den vermeintlich *»eindeutigen Gesetzeswortlaut«*; ebenso anscheinend *Berger* in: Berger/Wündisch, HdB UrhVR, § 1 Rn. 116.

328 So zudem ausdrücklich BReg BT-Drs. 16/1828, S. 24; *Wandtke/Grunert* in: Wandtke/Bullinger § 31a Rn. 97 halten diese Differenzierung des § 31a Abs. 2 UrhG für jedenfalls nicht zwingend.

329 Ähnlich *J.B. Nordemann* in: Fromm/Nordemann § 31a Rn. 68.

barung über die Vergütung treffen. Entsprechend den oben gemachten Ausführungen zum Anwendungsbereich der Neuregelungen[330] ist eine Nutzungsart bekannt i. S. d. § 31a Abs. 2 S. 1 UrhG erst dann, wenn sie nicht nur technisch, sondern auch in ihrer wirtschaftlichen Bedeutung beschrieben werden kann.[331] Im Fall des § 31a Abs. 2 S. 1 UrhG ist der Entfall des Widerrufsrechts die geradezu logische Folge aus dem Verhalten des Urhebers. Denn durch die Vereinbarung gibt er einerseits zu erkennen, dass er von seinem Widerrufsrecht keinen Gebrauch mehr machen will. Zugleich hatte er hinreichend Gelegenheit, bei potenzieller Kenntnis der wirtschaftlichen Bedeutung (gesondert) über das einzelne Nutzungsrecht zu verhandeln, so dass sich auch sein Schutzbedürfnis verringert.[332]

Ist maßgeblicher Regelungsgrund des § 31a Abs. 2 S. 1 UrhG damit die verminderte Schutzbedürftigkeit des Urhebers, muss diese auch das wesentliche Kriterium bei der Auslegung der Anforderungen an die Entgeltabrede sein. Fest steht zunächst, dass es kraft des Verweises auf § 32c Abs. 1 UrhG einer gesonderten Vereinbarung bedarf, die zusätzlich zu der für die bei Vertragsschluss schon bekannten Nutzungsarten vereinbarte Vergütung gilt. Daneben muss Inhalt dieser gesonderten Vereinbarung grundsätzlich eine angemessene Vergütung sein. Gemäß §§ 31a Abs. 2 S. 1 i. V. m. 32c Abs. 1 i. V. m. 32 Abs. 2 und 4 UrhG richtet sich die Angemessenheit nach einer tariflichen Vergütung, einer gemeinsamen Vergütungsregel oder hilfsweise danach, was üblicher- und redlicherweise zu leisten ist.[333] In Abwesenheit der beiden ersten Alternativen wird sich die Angemessenheit häufig nach § 32 Abs. 2 S. 2 UrhG beurteilen.

Fraglich ist insoweit aber, ob es innerhalb des § 31a Abs. 2 S. 1 UrhG für den Entfall des Widerrufsrechts ausreicht, eine noch so geringe Vergütung zu vereinbaren, die erst einer anschließenden Angemessenheitskontrolle nach § 32 UrhG unterliegt,[334] oder ob es vielmehr erforderlich ist, von vornherein eine angemessene Vergütung i. S. d. § 32 Abs. 2 und 4 UrhG zu vereinbaren.[335] Der Gesetzeswortlaut enthält hierzu jedenfalls keine abschließende Aussage, sondern verlangt zunächst nur, dass die Parteien sich über eine Vergütung nach § 32c Abs. 1 UrhG einigen. Daraus ließe sich allerdings der Schluss ziehen, dass Inhalt der Vergütungsabrede nach § 31a Abs. 2 S. 1 UrhG *ex-ante* ein Anspruch

330 Vgl. für die Eingliederung der früheren Kategorie der sog. Risikogeschäfte oben. S. 50 ff.

331 A.A. *Schuchardt*, S. 111, die bereits die technische Bekanntheit ausreichen lässt.

332 *Klöhn* in: K&R 2008, 77 [78].

333 *Schulze* in: UFITA 2007/III, 641 [672].

334 So insb. *Scholz* in: Mestmäcker/Schulze, 45. AL (12/07), § 31a Rn. 40; *Spindler* in: Schricker/Loewenheim § 31a Rn. 106 sowie *Wandtke/Grunert* in: Wandtke/Bullinger § 31a Rn. 92.

335 So *J.B. Nordemann* in: Fromm/Nordemann § 31a Rn. 68; *Schulze* in: UFITA 2007/III, 641 [672]; *Spindler* in: Schricker/Loewenheim § 31a Rn. 106; ähnlich *Schuchardt*, S. 109 f., die jedoch eine *ex ante*-Angemessenheit ausreichen lässt.

des Urhebers sein muss, der vollumfänglich dem entspricht, was dem Urheber über § 32c Abs. 1 S. 2 i. V. m. § 32 UrhG erst gesetzlich zusteht. Diese Annahme würde dem Urheber das Widerrufsrecht mithin auch im Fall einer Vergütungsabrede noch solange zugestehen, wie diese nicht ein angemessenes Entgelt für die neue Nutzungsart zum Inhalt hat. Die damit einhergehenden Friktionen sind offensichtlich. So hinge hiernach der Fortbestand des Widerrufsrechts von der schwierigen Frage ab, ob sich die vereinbarte Vergütung im Nachhinein als angemessen herausstellt.[336] Um diese erhebliche Rechtsunsicherheit zu vermeiden, sollte es daher mittels formaler Betrachtung ausreichen, wenn sich die Parteien nach Bekanntwerden überhaupt über eine (gesonderte) Vergütung für die neue Nutzungsart einigen.[337]

Auf den ersten Blick erscheint dieser Verzicht auf das Angemessenheitskriterium als ein erneuter Einbruch zugunsten der Verhandlungsmacht der Verwerter. Es ließe sich argumentieren, dass die Verwerter ab Bekanntwerden durch jede noch so unangemessene Vergütungsvereinbarung das Widerrufsrecht des Urhebers zum Fallen bringen könnten. Dies übersieht allerdings, dass die Möglichkeit des Urhebers, das Angebot des Verwerters abzulehnen, in dieser fortgeschrittenen Situation nicht mehr nur theoretischer Natur ist. Denn wie bereits angedeutet, befindet er sich in einer gegenüber dem ursprünglichen Vertragsschlusszeitpunkt gestärkten Position. So kann er in die Verhandlungen über die Vereinbarung nach § 31a Abs. 2 UrhG die Drohung mit einem Widerruf einbringen, ohne dass er zugleich die von ihm erzielten übrigen Vereinbarungen über bekannte Nutzungsarten gefährden würde.[338] Überdies stünde der Urheber auch bei einem für ihn ungünstigen Verhandlungsausgang unterhalb der Angemessenheitsschwelle nicht schutzlos da. Es bliebe ihm auch weiterhin ein Anspruch auf Vertragsänderung nach den allgemeinen Regeln (§ 32 UrhG) sowie die Differenz zum gesetzlichen Anspruch auf gesonderte angemessene Vergütung gemäß § 32c UrhG.[339] Aufgrund der zugunsten des Urhebers veränderten Machtbalance ist der geringere Schutz somit zum Zwecke einer erhöhten Rechtssicherheit hinzunehmen.

Liegt eine gesonderte Vergütungsabrede vor, so entfällt das Widerrufsrecht. Zu beachten ist dabei, dass sich die Vereinbarung nach der Bekanntheit der

336 Kritisch insoweit schon *Berger* in: GRUR 2005, 907 [909].

337 Vgl. erneut *Scholz* in: Mestmäcker/Schulze, 45. AL (12/07), § 31a Rn. 40; ebenso *Kotthoff* in: Dreyer/Kotthoff/Meckel § 31a Rn. 19; *Wandtke/Grunert* in: Wandtke/Bullinger § 31a Rn. 92; a. A. *J.B. Nordemann* in: Fromm/Nordemann § 31a Rn. 68; *Schulze* in: UFITA 2007/III, 641 [672]; *Spindler* in: Schricker/Loewenheim § 31a Rn. 106; differenzierend *Schuchardt*, S. 109 f.

338 Vgl. zu dieser isolierten Rechtsfolge erneut oben S. 68.

339 *Wandtke/Grunert* in: Wandtke/Bullinger § 31a Rn. 92; zum Verhältnis des gesetzlichen Anspruchs aus § 32c UrhG zur vertraglichen Vergütungsabrede unten S. 104 ff.

neuen Nutzungsart nicht nur auf der Tatbestandsseite gesondert auf die jeweilige Nutzungsart beziehen, also eine jeweils auf die konkrete Nutzungsart zugeschnittene Vergütung ausweisen muss. Auch auf der Rechtsfolgenseite kann das Widerrufsrecht gleichfalls nur soweit entfallen, wie die neue Nutzungsart zum Gegenstand der Vergütungsabrede gemacht worden ist. Mit anderen Worten folgt aus § 31a Abs. 2 S. 1 UrhG nicht, dass das Widerrufsrecht hinsichtlich aller eingeräumten Rechte an unbekannten Nutzungsarten entfällt, sobald auch nur eine neue Nutzungsart durch nachträgliche Vereinbarung vergütet worden ist. Vielmehr ist ebenso wie das Widerrufsrecht selbst auch dessen Entfall teilbar.[340]

b. Vergütungsabrede vor Bekanntwerden der Nutzungsart

Zu diesem Ergebnis gelangt man letztlich auch für eine etwaige Vergütungsvereinbarung vor Bekanntwerden der neuen Nutzungsart. Denn die nach § 31a Abs. 2 S. 2 UrhG hierfür erforderliche gemeinsame Vergütungsregel wird regelmäßig erst dann existieren, wenn die Nutzungsart wenigstens technisch bekannt ist und als solche von den Parteien des § 36 UrhG hinreichend konkretisiert werden kann.[341] *Klöhn* weist zudem darauf hin, dass die Vereinigungen vorher auch noch keinerlei Anlass hätten, sich mit der entsprechenden Vergütung zu befassen.[342] Lässt sich für die jeweilige Nutzungsart aber schließlich eine Vergütungsregel aufstellen, so ist auch die Rechtsfolge auf eben diese Nutzungsart zu beschränken. Es bleibt insoweit also bei den zu § 31a Abs. 2 S. 1 UrhG gemachten Vorgaben.

Grundsätzlich denkbar wäre zwar auch eine abstrakt-dynamische Vergütungsregel dergestalt, dass im Vorhinein pauschal festgelegt wird, wie eine neu entstehende Nutzungsart entlohnt werden soll.[343] Da dies allerdings nicht als Vergütungsregel i. S. d. § 36 UrhG, sondern nur durch individuelle Vereinbarung möglich erscheint, kann eine solche Entgeltabrede nicht die Rechtsfolge des § 31a Abs. 2 S. 2 UrhG auslösen.[344] Gegen den Entfall des Widerrufsrechts auf-

340 Vgl. *Wandtke/Grunert* in: Wandtke/Bullinger § 31a Rn. 94: »*konkrete neue Nutzungsart*«.

341 *Berger* in: GRUR 2005, 907 [910]; *Schulze* in: UFITA 2007/III, 641 [673]; dies übersieht dagegen *Zscherpe*, S. 216; a. A. *J.B. Nordemann* in: Fromm/Nordemann § 31a Rn. 69: nicht zwingend nach Bekanntwerden; ebenso weisen *Wandtke/Grunert* in: Wandtke/Bullinger § 31a Rn. 97 f. darauf hin, dass es sich hierbei nicht um ein zwingendes Erfordernis handelt.

342 *Klöhn* in: K&R 2008, 77 [78]; skeptisch auch *Kotthoff* in: Dreyer/Kotthoff/Meckel § 31a Rn. 20.

343 So etwa in RGZ 140, 255 [257 f.] (*Hampelmann*), wo die ursprüngliche Entgeltabrede (eine prozentuale Beteiligung am Verwertungserlös) nach Auffassung des Gerichts auch künftig entstehende Nutzungsarten mit umfasste; diese Möglichkeit zeigt auch der Gesetzgeber in seiner amtlichen Begründung auf (BReg BT-Drs. 16/1828, S. 24), wenngleich sich der Gesetzeswortlaut ausdrücklich auf gemeinsame Vergütungsregeln beschränkt.

344 *Scholz* in: Mestmäcker/Schulze, 45. AL (12/07), § 31a Rn. 39; hätte der Gesetzgeber dies in

grund einer solchen individuellen Vergütungsabrede vor Bekanntwerden der neuen Nutzungsart spricht nämlich das Anliegen des Gesetzes, den Urheber vor einer Rechtevergabe zu einer Zeit zu schützen, zu der er die wirtschaftliche Bedeutung der neue Nutzungsart noch nicht absehen kann.[345]

Die stattdessen vorgenommene Beschränkung des Tatbestands auf gemeinsame Vergütungsregeln i. S. d. § 36 UrhG als Grundlage für eine Einigung noch vor dem Bekanntwerden beruht dagegen darauf, dass für sie gemäß § 32 Abs. 2 S. 1 UrhG die Angemessenheit vermutet wird.[346] Grund für diese Gesetzesvermutung ist die jeder gemeinsamen Vergütungsregel immanente Annahme, dass sie aufgrund der Kollektivvertretung die Interessen der Urheber gegenüber einer individuellen Abrede stärker berücksichtigt, indem sie der Verhandlungsmacht der Verwerter weniger stark ausgesetzt ist.

Legt man diese Erwägung zugrunde, wird trotz der fehlenden Erwähnung in § 31a Abs. 2 S. 2 UrhG ebenso ein Tarifvertrag zu berücksichtigen sein, sofern er für die jeweilige Nutzungsart eine Vergütungsregel bereithält. Auch hier ist der Urheber durch die vorausgegangene kollektive Wahrnehmung seiner Interessen hinreichend geschützt.[347] Dies gilt selbst dann, wenn die Vertragsparteien nicht tarifgebunden sind, sondern privatautonom auf den Tarifvertrag Bezug nehmen.

c. *Vergütungsabrede gemäß § 31a Abs. 2 UrhG bei Übertragung und Weitereinräumung der Nutzungsrechte*

Im Fall der Weiterübertragung oder Unterlizenzierung ist fraglich, wer neben dem Urheber Vertragspartei der Vergütungsabrede ist. § 31a Abs. 2 UrhG spricht lediglich von den Parteien, was zunächst darauf schließen lässt, dass nur der Ersterwerber als ursprünglicher Vertragspartner in Betracht kommt. Zweckmäßigerweise wird man hierfür jedoch den jeweiligen Inhaber der Rechte an den unbekannten Nutzungsarten identifizieren müssen, so dass wiederum zwischen Weiterübertragung nach § 34 UrhG und Weitereinräumung nach § 35 UrhG zu differenzieren ist.[348] Im Fall der Weiterübertragung geht das Nutzungsrecht vollständig auf den Zweiterwerber über, so dass auch nur dieser die

§ 31a Abs. 2 UrhG zugelassen, wäre das Widerrufsrecht bei einer solchen Abrede anders als bei einer konkreten Vergütungsregel umfassend entfallen.

345 So zutreffend *Hoeren* in: MMR 2007, 615 [616]; *Wandtke/Grunert* in: Wandtke/Bullinger § 31a Rn. 91; a. A. insoweit wohl *J.B. Nordemann* in: Fromm/Nordemann § 31a Rn. 69.

346 *Erdmann* in: GRUR 2002, 923 [925]; *Hucko*, S. 159; *Schmid/Wirth* § 32 Rn. 9; eingehend zur Vereinbarung einer gesetzlichen Vergütungsregel gemäß § 31a Abs. 2 S. 2 UrhG *Schuchardt*, S. 114 ff.

347 *J.B. Nordemann* in: Fromm/Nordemann § 31a Rn. 69; *Schuchardt*, S. 122 f. sowie *Schulze* in: UFITA 2007/III, 641 [673], der allerdings gesetzessystematisch argumentiert und darauf aufmerksam macht, dass Tarifverträge auch bei Vereinbarungen nach Bekanntwerden der Nutzungsart berücksichtigt werden, vgl. § 31a Abs. 2 S. 1 i. V. m. § 32c Abs. 1 S. 2 i. V. m. § 32 Abs. 4 UrhG.

348 Ebenso bereits *Schuchardt*, S. 125.

Rechtsfolge des § 31a Abs. 2 UrhG herbeiführen können sollte.[349] Demgegenüber erhalten die Erwerber nach § 35 UrhG nur abgeleitete Nutzungsrechte, während Inhaber des Mutterrechts der ursprüngliche Vertragspartner des Urhebers bleibt.[350] Nur dieser kommt daher für die Vergütungsvereinbarung i. S. d. § 31a Abs. 2 UrhG in Betracht mit der Folge, dass der Entfall des Widerrufsrechts auch auf die Enkelrechte durchgreift. Die Inhaber der Enkelrechte selbst können die Rechtsfolge des § 31a Abs. 2 UrhG nicht herbeiführen.

Wurde bereits vor dem Erwerb der Nutzungsrechte durch den Dritten eine Vergütungsabrede i. S. d. § 31a Abs. 2 UrhG getroffen, wirkt diese auch zugunsten des Dritten. Er erwirbt bereits ein vom Widerrufsrecht unbelastetes Nutzungsrecht. Fraglich ist hier aber, wem gegenüber der vertragliche Vergütungsanspruch besteht. Auch dies richtet sich wiederum nach der Art des Zweiterwerbs. Im Ausgangspunkt ist zunächst klarzustellen, dass weder die Übertragung (§ 34 UrhG) noch die Weitereinräumung (§ 35 UrhG) allein ein Vertragsverhältnis zwischen Urheber und Zweiterwerber begründet,[351] so dass grundsätzlich der ursprüngliche Vertragspartner für die vereinbarte Vergütung haftet. Hat der Ersterwerber das Nutzungsrecht jedoch nach § 34 UrhG übertragen und erfolgte diese Übertragung nicht aufgrund einer ausdrücklichen Zustimmung im Einzelfall, so haftet der Zweiterwerber gemäß § 34 Abs. 4 UrhG gesamtschuldnerisch für die nach § 31a Abs. 2 UrhG vereinbarte Vergütung.[352]

Liegt dagegen eine einzelfallbezogene ausdrückliche Zustimmung seitens des Urhebers vor,[353] wird der Zweiterwerber nicht mit in die Haftung des ursprünglichen Vertragspartners einbezogen. Der Urheber hat in diesem Fall nur dann einen Anspruch auch gegen den Zweiterwerber, wenn dieser hinsichtlich der Verpflichtungen des Ersterwerbers infolge eines Schuldbeitritts Anspruchsverpflichteter geworden ist.[354] Die Haftung des ursprünglichen Vertragspartners entfällt allein bei einer – wiederum zustimmungspflichtigen – befreienden Schuldübernahme durch den Zweiterwerber. In Abwesenheit einer dem § 34 Abs. 4 UrhG vergleichbaren Regelung bedarf es im Falle der Weitereinräumung nach § 35 UrhG generell einer solchen zusätzlichen vertraglichen

349 Angedeutet auch von *Schulze* in: Dreier/Schulze § 31a Rn. 119.

350 Vgl. etwa *Schulze* in: Dreier/Schulze § 35 Rn. 1.

351 *Schricker/Loewenheim* in: dies. § 34 Rn. 52; *Schulze* in: Dreier/Schulze § 34 Rn. 40 f.

352 *Schuchardt*, S. 125.

353 Dementsprechend genügt eine konkludente oder auf Grund eines Pauschal- oder Formularvertrags erfolgte Zustimmung gerade nicht, vgl. BT-Drs. 14/6433, S. 16; *J.B. Nordemann* in: Fromm/Nordemann § 34 Rn. 37.

354 *Schuchardt*, S. 125; dass der Urheber auf eine solche Vereinbarung zwischen Ersterwerber und Zweiterwerber hinwirken kann und soll, ist der Grund dafür, die gesamtschuldnerische Haftung im Falle einer einzelfallbezogenen, ausdrücklichen Zustimmung seitens des Urhebers entfallen zu lassen (§ 34 Abs. 4, 2. Halbs.), vgl. *J.B. Nordemann* in: Fromm/Nordemann § 34 Rn. 37; *Kotthoff* in: Dreyer/Kotthoff/Meckel § 34 Rn. 17.

Vereinbarung. Ohne diese haftet dem Urheber immer allein der ursprüngliche Vertragspartner.[355]

6. Beschränkung des Widerrufsrechts gemäß § 31a Abs. 3 UrhG

Hohes Konfliktpotenzial birgt die Einräumung eines Widerrufsrechts bei der Beteiligung mehrerer Urheber.[356] Verfügen hinsichtlich einer Verwertungseinheit mehrere Urheber über ein Widerrufsrecht, so könnte jeder Einzelne die Auswertung in der neuen Nutzungsart verhindern. Diesen Regelungsbedarf erkannte auch der Gesetzgeber[357] und schuf mit § 31a Abs. 3 UrhG eine Einschränkung, wonach die Ausübung des Widerrufs nicht Treu und Glauben widersprechen darf. Abweichend vom dargelegten Grundsatz der freien Widerruflichkeit wird unter den Voraussetzungen des § 31a Abs. 3 UrhG an der Treuepflicht ein berechtigtes Interesse festgemacht. Dogmatisch handelt es sich dabei nach der Gesetzesformulierung jedoch nicht um ein Entstehungshindernis bzw. einen Erlöschensgrund, sondern lediglich um ein Ausübungshemmnis.[358]

a. Gesamtheit zusammengefasster Werke oder Werkbeiträge

Als Kernvoraussetzung für die Beschränkung des Widerrufsrechts verlangt der Gesetzgeber eine Zusammenfassung von mehreren Werken oder Werkbeiträgen zu einer Gesamtheit. Damit steht zunächst einmal fest, dass über das Institut der Urhebergemeinschaften i. S. d. §§ 8, 9 UrhG hinaus auch andere Zusammenschlüsse erfasst sein können.[359] Andernfalls käme § 31a Abs. 3 UrhG angesichts des Einwilligungsanspruchs der §§ 8 Abs. 2 S. 2, 9 UrhG, der auch für die Kündigung des Verwertungsvertrags bei verbundenen Werken gilt,[360] größtenteils klarstellende Bedeutung zu.[361] Stattdessen spricht die Gesetzesbegründung insbesondere die Fälle an, in denen der Verwerter verschiedene Beiträge für eine gemeinsame Verwertung zusammenfügt.

Mit dem Begriff der »*Gesamtheit*« zusammengefasster Werke oder Werk-

355 *Schuchardt*, S. 126 sowie allgemein *Schricker/Loewenheim* in: dies. § 35 Rn. 20; *Schulze* in: Dreier/Schulze § 35 Rn. 20.

356 *Spindler* in: NJW 2008, 9 [9 f.].

357 Vgl. BReg BT-Drs. 16/1828, S. 24.

358 Wohl auch *Schulze* in: UFITA 2007/III, 641 [673].

359 So ausdrücklich BReg BT-Drs. 16/1828, S. 25; vgl. auch *Spindler* in: NJW 2008, 9 [9 f.]; *Wantke/Grunert* in: Wandtke/Bullinger § 31a Rn. 104.

360 BGH GRUR 1973, 328 [329] (*Musikverleger II*); GRUR 1982, 743 [744] (*Verbundene Werke*); *Dreyer* in: Dreyer/Kotthoff/Meckel § 9 Rn. 29; *W. Nordemann* in: Fromm/Nordemann § 9 Rn. 22.

361 *Schuchardt*, S. 129; wohl deshalb will *J.B. Nordemann* in: Fromm/Nordemann § 31a Rn. 74 die Fälle der §§ 8, 9 UrhG gerade nicht von § 31a Abs. 3 UrhG erfassen.

beiträge schafft der Gesetzgeber eine zusätzliche Kategorie für eine Mehrzahl von Werken bzw. Urhebern, die deutlich geringere Anforderungen als die von §§ 8, 9 UrhG erfassten Konstellationen aufweist.[362] Abgesehen von den genannten Beispielen verzichtet er jedoch auf eine Konkretisierung dieses Tatbestandsmerkmals.[363] Mit Recht weist *Spindler* mit Blick auf die von der Regelung des § 31a Abs. 3 UrhG bezweckte Verwertungsermöglichung darauf hin, dass sich die Auslegung des Begriffs an den Vorgaben des Marktes orientieren muss.[364] Mit anderen Worten kommt als Gesamtheit von Werken oder Werkbeiträgen all das in Betracht, was nach dem Maßstab der Wirtschaftlichkeit als sinnvolle Verwertungseinheit erscheint.[365] Dieses Abstellen auf die Verwerterperspektive wirft allerdings das Problem auf, dass es der Verwerter somit unter Umständen selbst in der Hand hätte, den Urhebern durch die Zusammenfassung mehrerer Werke zu einer Gesamtheit i.S.d. § 31a Abs. 3 UrhG die Ausübung ihres Widerrufsrechts zumindest zu erschweren.[366] Diese Missbrauchsgefahr erhält im Bereich der unbekannten Nutzungsarten noch zusätzliche Relevanz, weil die einzelnen Kombinationsmöglichkeiten für die Urheber gerade nicht absehbar sind. Dem begegnen insbesondere im Hinblick auf das Urheberpersönlichkeitsrecht Bedenken, das deshalb jedenfalls die Schranke für die Zusammensetzung verschiedener Werke bilden sollte.[367]

Die Gesetzesbegründung erfasst die Zusammensetzung infolge der Kombinationsmöglichkeiten von bekannten und unbekannten Nutzungsarten unterschiedslos.[368] Weniger großzügig erscheint dagegen die Gesetz gewordene Formulierung des § 31a Abs. 3 UrhG. Hiernach kann die neue Nutzung, auf die sich das Widerrufsrecht der Vielzahl von Urhebern letztlich bezieht, nämlich nur solche Werke bzw. Werkteile zum Gegenstand haben, die bereits *»zusammengefasst sind«*. Diese Anknüpfung an eine bereits bestehende Zusammensetzung folgt zudem aus der zweiten Voraussetzung des § 31a Abs. 3 UrhG, nach der sich die Gesamtheit in der neuen Nutzungsart in angemessener Weise nur unter

362 *Spindler/Heckmann* in: ZUM 2006, 620 [629]; *Spindler* in: Schricker/Loewenheim § 31a Rn. 111 weist noch darauf hin, dass der Billigkeitsvorbehalt grds. auch bei einer Werkgesamtheit nur eines Urhebers gelte, insoweit aber deutlich geringere Anforderungen bestehen.

363 Kritisch hierzu *Frey/Rudolph* in: ZUM 2007, 13 [19].

364 *Spindler* in: NJW 2008, 9 [10]; einige vorstellbare Bsp. nennt *J.B. Nordemann* in: Fromm/Nordemann § 31a Rn. 74; zweifelhaft erscheint indes, ob auch außerhalb des UrhG stehende Rechte hierunter fallen, so aber *Loewenheim/J.B. Nordemann* in: Loewenheim, HdB UrhR, § 26 Rn. 56.

365 Vgl. auch BReg BT-Drs. 16/1828, S. 34.

366 Dies sehen bereits *Frey/Rudolph* in: ZUM 2007, 13 [19]; *Schulze* in: UFITA 2007, 641 [673 f.].

367 *Schulze* in: UFITA 2007/III, 641 [675]; *Spindler* in: Schricker/Loewenheim § 31a Rn. 113.

368 Vgl. BReg BT-Drs. 16/1828, S. 24 f., wo sogar davon gesprochen wird, mit dem Gesetz *neuartige* Werkkombinationen nicht verhindern zu wollen.

Verwendung sämtlicher Werke oder Werkbeiträge verwerten lassen darf. Um diese Einschränkung sinnvoll anwenden zu können, muss die Kombination bereits nach den bekannten Nutzungsarten feststehen, damit sie dann im Rahmen der neuen Nutzungsart darauf überprüft werden kann, inwiefern hierfür auf sämtliche Beiträge zurückgegriffen werden muss.

Angesichts der genannten urheberpersönlichkeitsrechtlichen Bedenken sollten diese grammatikalischen und systematischen Argumente ernst genommen und der Begriff der Gesamtheit entsprechend restriktiv interpretiert werden. So wird demnach in Zukunft zu fordern sein, dass die Kombination schon im Vorhinein bestand, was freilich nur bei bereits technisch bekannten Nutzungsarten möglich ist. Soweit also erst aufgrund der neuen Nutzungsart eine neuartige Kombinationsmöglichkeit entsteht, ist diese Zusammensetzung nicht als Gesamtheit i. S. d. § 31a Abs. 3 UrhG zu qualifizieren. Infolgedessen ist es den Verwertern nicht möglich, letztlich einseitig durch die (neuartige) Zusammensetzung verschiedener urheberrechtlich geschützter Inhalte zu einer Verwertungseinheit zulasten der Urheber die Ausübung des Widerrufsrechts einzuschränken.[369]

Aber auch im Hinblick auf mögliche Zusammenfassungen, die sich aus zum Zeitpunkt des Vertragsschlusses bekannten Nutzungsarten ergeben, darf das Widerrufsrecht nicht eingeschränkt sein, wenn diese Zusammenfügung nicht *»im Rahmen des vertraglich Zulässigen«* erfolgt ist.[370] Dem Urheber kann nicht zugemutet werden, sein Widerrufsrecht an einer neuen Nutzungsart zu verlieren, wenn schon die Zusammenfügung selbst einen Vertragsbruch darstellt.[371]

b. Angemessene Verwertbarkeit nur unter Verwendung der Gesamtheit

Wie soeben angedeutet, greift der Billigkeitsvorbehalt des § 31a Abs. 3 UrhG aber auch bei einer Gesamtheit von Werken oder Werkbeiträgen erst dann ein, wenn für deren angemessene Verwertung zugleich die Verwendung sämtlicher Bestandteile erforderlich ist. Durch die Verwendung des unbestimmten

369 *Frey/Rudolph* in: ZUM 2007, 13 [19]; *Hertin*, Rn. 387; *Loewenheim/J.B. Nordemann* in: Loewenheim, HdB UrhR, § 26 Rn. 56; *Schuchardt*, S. 131 f.; *Schulze* in: UFITA 2007/III, 641 [675]; jedenfalls kritisch *Berger* in: GRUR 2005, 907 [910]; a. A. *Kotthoff* in: Dreyer/Kotthoff/Meckel § 31a Rn. 24; *J.B. Nordemann* in: Fromm/Nordemann § 31a Rn. 74; *Scholz* in: Mestmäcker/Schulze, 45. AL (12/07), § 31a Rn. 45; *Spindler* in: Schricker/Loewenheim § 31a Rn. 113.

370 So die Formulierung der GRUR in ihrer Stellungnahme vom 12. 11. 2004 in: GRUR 2005, 743 [744], in der diese zur *»Klarstellung«* eine entsprechende Ergänzung des § 31a Abs. 3 UrhG forderten; zitiert nach *Schuchardt*, S. 131, die dies nunmehr beim TB-Merkmal der *»angemessenen Verwertbarkeit«* berücksichtigt.

371 Gleiches dürfte gelten, wenn die Zusammenführung selbst in urheberrechtliche (gesetzliche) Ausschlussbefugnisse der Urheber der betroffenen Werke eingreift, so *Scholz* in: Mestmäcker/Schulze, 45. AL (12/07), § 31a Rn. 45.

Rechtsbegriffs der Angemessenheit wird deutlich, dass die hierbei gebotene Abwägung stark einzelfallgeprägt ist. Für den anzusetzenden Maßstab lässt sich als Vorgabe gleichwohl heranziehen, dass die Verwendung sämtlicher Beiträge nicht zwingend in dem Sinne erforderlich sein muss, dass die Verwertung in der neuen Nutzungsart andernfalls schlechthin unmöglich wäre.[372] Zugunsten der Verwerter reicht es vielmehr aus, wenn die Einbeziehung aller Werke oder Werkbeiträge bereits die Wirtschaftlichkeit der Verwertung gewährleistet. Wird diese Schwelle von der Gesamtheit erreicht, ist das Widerrufsrecht der beteiligten Urheber nach Treu und Glauben beschränkt.[373]

c. *Kein Widerruf wider Treu und Glauben*

Auch auf Rechtsfolgenseite fallen allgemeingültige Aussagen schwer. Allerdings ist ein Billigkeitsvorbehalt ein dem bisherigen Urheberrecht nicht unbekanntes Mittel, um die Geltendmachung eines dem Urheber zustehenden Rechts einzuschränken.[374] Ein Vergleich mit §§ 8 Abs. 2 S. 2, 34 Abs. 1, 39 Abs. 2 UrhG zeigt, dass durchweg vom grundsätzlichen Bestehen des jeweiligen Rechts ausgegangen wird und die Treuwidrigkeit nur ausnahmsweise dazu führt, dass es im Einzelfall nicht geltend gemacht werden kann. Von diesem Regel-Ausnahme-Verhältnis muss nach der Gesetzessystematik auch für das hier gegenständliche Widerrufsrecht aus § 31a UrhG und seine Beschränkung ausgegangen werden.[375]

Relevant wird diese Einschränkung freilich immer nur dann, wenn die zu einer Gesamtheit i. S. d. § 31a Abs. 3 UrhG zusammengefassten Urheber hinsichtlich des Widerrufs unterschiedlicher Meinung sind – mithin ein Teil widerrufen will, ein anderer aber nicht. Soweit indes die Gesamtheit von Werken oder Werkbeiträgen mit einer Urhebergemeinschaft nach § 8 oder § 9 UrhG deckungsgleich ist, kann das Widerrufsrecht grundsätzlich ohnehin nur gemeinschaftlich ausgeübt werden,[376] so dass diese Fälle regelmäßig gar nicht erst dem Regelungsanliegen des § 31a Abs. 3 UrhG unterfallen.[377]

---

372 *Wandtke/Grunert* in: Wandtke/Bullinger § 31a Rn. 109.

373 *Schuchardt*, S. 130 macht zu Recht darauf aufmerksam, dass dies immer der Fall sein dürfte, da es andernfalls nicht zu der Werkzusammenfassung in der neuen Nutzungsart gekommen wäre.

374 *Schulze* in: UFITA 2007/III, 641 [675 f.].

375 *Schulze* in: UFITA 2007/III, 641 [676]; *Wandtke/Grunert* in: Wandtke/Bullinger § 31a Rn. 110; *Schuchardt*, S. 134 scheint dieses Regel-Ausnahmeverhältnis nur dann anzunehmen, wenn die Gesamtheit i. S. d. § 31a Abs. 3 UrhG nicht zugleich eine solche i. S. d. §§ 8, 9 UrhG darstellt.

376 Vgl. zur Ausübung der Kündigung i.R.e. Urhebergemeinschaft *Schulze* in: Dreier/Schulze § 8 Rn. 17; ähnlich für das Rückrufsrecht nach § 42 UrhG *Ahlberg* in: Möhring/Nicolini § 8 Rn. 32 UrhG.

377 Auch wertungsmäßig findet dieses Ergebnis Bestätigung. Denn in den Fällen der Urhebergemeinschaft nach den §§ 8, 9 UrhG würde auch die nach § 31a Abs. 3 UrhG vorzunehmende Abwägung angesichts der Verwertung als primärem Verbindungszweck regel-

In den übrigen Fällen der Gesamtheit müssen die Interessen der jeweils beteiligten Urheber gegeneinander abgewogen werden. Denn letztlich geht es um die Frage, ob einem Urheber sein ihm grundsätzlich zustehendes Widerrufsrecht verwehrt werden kann, weil dessen Ausübung treuwidrig wäre. Der Gesetzgeber erwähnt nicht, wem gegenüber diese hypothetische Treuwidrigkeit bestehen muss. Bleibt man aber bei der Annahme, dass der Urheber gegenüber dem Verwerter völlig grundlos, also insbesondere auch unabhängig von etwaigen Billigkeitserwägungen widerrufen darf, so kann sich die vom Gesetzgeber zugrunde gelegte Treuepflicht nur auf das Verhältnis der zu der Gesamtheit zusammengefassten Urheber untereinander beziehen.[378] Naturgemäß wirken sich die Interessen der widerrufsunwilligen Urheber aber reflexartig auch zugunsten des Verwerters aus.[379]

Mit Recht weist *Schulze* darauf hin, dass ein Widerruf desto weniger gegen Treu und Glauben verstoßen wird, je weniger Urheber an der jeweiligen Werkgesamtheit beteiligt sind.[380] Zwar führt auch bei nur zwei Urhebern der Widerruf eines Einzigen zur Unverwertbarkeit der Gesamtheit. Der Erfolgswert hinsichtlich der Blockademöglichkeit[381] eines einzelnen Urhebers erhöht sich jedoch mit jedem zusätzlichen Urheber, der innerhalb der Gesamtheit nicht von seinem Widerrufsrecht Gebrauch macht. Unerheblich ist in diesem Zusammenhang, ob den anderen Urhebern überhaupt noch ein Widerrufsrecht hinsichtlich der unbekannten Nutzungsarten zusteht. Ist dieses also aufgrund einer Entgeltabrede oder des Todes des Urhebers nach § 31a Abs. 2 UrhG erloschen, müssen auch solche Rechteinhaber weiterhin berücksichtigt werden.[382] Denn obwohl ihnen nun kein Widerrufsrecht mehr zusteht, hat der widerrufswillige Urheber ihnen gegenüber eine unveränderte Blockademacht. Allerdings darf es bei der Abwägung andererseits auch nicht zu seinem Nachteil gereichen, dass ihm nun unter Umständen als einzigem ein Widerrufsrecht zusteht und sich dadurch sein Einfluss faktisch erhöht. Insbesondere beim Entfall kraft Vergütungsabrede (§ 31a Abs. 2 UrhG) wären andernfalls die übrigen Urheber zusammen mit dem Verwerter in der Lage, (nachträglich) die Widerrufsmöglichkeiten eines anderen Urhebers zu erschweren.

Entscheidend kommt es für die Abwägung vielmehr auf die dem jeweiligen

---

mäßig für das Interesse der widerrufsunwilligen Urheber an der Verwertung in der neuen Nutzungsart sprechen, vgl. *Schuchardt*, S. 134 sowie *Schulze* in: Dreier/Schulze § 9 Rn. 18.

378 *Schuchardt*, S. 133.

379 *Schuchardt*, S. 133 unter Verweis auf *Dreier* in: FS Schricker (1995), 193 [205] (dort zu § 9 UrhG).

380 *Schulze* in: UFITA 2007/III, 641 [676]; ähnlich *Spindler* in: Schricker/Loewenheim § 31a Rn. 109.

381 Diese ist maßgeblicher Regelungsgrund für § 31a Abs. 3 UrhG, vgl. erneut BReg BT-Drs. 16/1828, S. 25.

382 Insoweit a. A. anscheinend *Schulze* in: UFITA 2007/III, 641 [675].

Werk bzw. Werkbeitrag anhaftende Eigenschaften an. Neben der Art des Werkes ist damit vor allem der Umfang des einzelnen Beitrags für die jeweilige neue Nutzungsart relevant.[383] Je mehr Gewicht dem Werk des widerrufswilligen Urhebers für die angemessene Verwertung in der neuen Nutzungsart zukommt, desto weniger kann die Ausübung des Widerrufs wider Treu und Glauben i. S. d. § 31a Abs. 3 UrhG sein.[384] Im Rahmen der Abwägung sollten zugunsten des widerrufswilligen Urhebers aber vorrangig urheberpersönlichkeitsrechtliche Erwägungen berücksichtigt werden, da seine wirtschaftlichen Interessen bereits über § 32c UrhG – unabhängig von einem etwaigen Widerruf – abgesichert sind.[385] Dies bedeutet zugleich, dass sich ein Widerruf vor Bekanntwerden der neuen Nutzungsart mangels Herausbildung etwaiger urheberpersönlichkeitsrechtlicher Bedenken regelmäßig als wider Treu und Glauben darstellen wird und somit ins Leere ginge.[386] Die urheberpersönlichkeitsrechtlichen Interessen wiegen umso schwerer, je stärker der schöpferische Anteil des widerrufswilligen Urhebers die Verwertungsgesamtheit prägt.[387]

7. Auswirkung der Widerrufsausübung auf die vertragliche Vergütung

Schließlich stellt sich im Zusammenhang mit dem Widerrufsrecht ein erstmals von *Verweyen* angesprochenes weiteres Problem. So liegt die Frage nahe, welche Folgen der Widerruf einzelner oder auch aller Rechte an unbekannten Nutzungsarten für die vertragliche Honorarabrede hat.[388] Haben die Parteien die unbekannten Nutzungsarten etwa in Form eines pauschalen Bonus mit in die Honorarvergütung eingepreist, so ist offenkundig, dass das hiernach aufgestellte vertragliche Äquivalenzverhältnis zu Lasten des Verwerters gestört ist. Der Widerruf irgendeines unbekannten Nutzungsrechts, sei es vor oder nach dessen Bekanntwerden, führt auf seiner Seite zu einem geringeren Rechteumfang. Es fragt sich demnach, ob auch der Vergütungsanspruch des Urhebers entsprechend herabzusetzen ist.[389]

Die Neuregelungen der §§ 31a, 32c UrhG selbst stellen für diesen, vom Ge-

383 *Schulze* in: Dreier/Schulze § 31a Rn. 140.
384 *Schulze* in: UFITA 2007/III, 641 [676]; *Spindler* in: Schricker/Loewenheim § 31a Rn. 115.
385 *J.B. Nordemann* in: Fromm/Nordemann § 31a Rn. 76; ähnlich *Kotthoff* in: Dreyer/Kotthoff/Meckel § 31a Rn. 26; *Schuchardt*, S. 134; *Wandtke/Grunert* in: Wandtke/Bullinger § 31a Rn. 110.
386 *Loewenheim/J.B. Nordemann* in: Loewenheim, HdB UrhR, § 26 Rn. 56; vgl. zur Wirkungslosigkeit eines treuwidrigen Widerrufs und zur Zweckmäßigkeit einer diesbezüglichen Feststellungsklage des Rechteinhabers eingehend *Schuchardt*, S. 136 f.
387 *Schuchardt*, S. 134; vgl. zu §§ 8, 9 UrhG *Dreier* in: FS Schricker (1995), 193 [219].
388 Eingehend dazu *Verweyen* in: ZUM 2008, 217 ff.
389 Ablehnend *Scholz* in: Mestmäcker/Schulze, 45. AL (12/07), § 31a Rn. 31.

setzgeber ohnehin als praktisch wenig bedeutsam eingestuften Fall,[390] keine Lösung bereit.[391] Stattdessen geht aus der Begründung des Regierungsentwurfs hervor, dass der Urheber seinen Widerruf folgenlos erklären kann. Damit verbieten sich insbesondere Sanktionen jeglicher Art wie etwa Vertragsstrafen, Schadensersatz- oder Aufwendungsersatzklauseln.[392] Im Übrigen steht solchen Abreden, soweit sie dem Urheber die Ausübung seines Widerrufs im Voraus erschweren, bereits § 31a Abs. 4 UrhG entgegen, da sie als Umgehung des Unverzichtbarkeitsgebots zu qualifizieren wären.[393]

Gleichwohl können diese Vorgaben des Gesetzgebers nicht dergestalt verstanden werden, dass eine Anpassung der Vergütung hiernach von vornherein ausgeschlossen ist. Während die soeben genannten denkbaren Vorkehrungen nämlich allesamt Sanktionscharakter hätten, bezweckt die Anpassung des Honorars allein die Gewährleistung des vertraglichen Äquivalenzverhältnisses. Zwar stellt sich eine solche Honoraranpassung für den Urheber bei isolierter Betrachtung ebenfalls als nachteilige Wirkung seines Widerrufs dar. Bezieht man indes den gesamten Nutzungsvertrag mit ein, so bekäme der Urheber letztlich nicht weniger als in dem Fall, dass das widerrufene Nutzungsrecht von vornherein nicht Gegenstand der Rechtseinräumung gewesen wäre. Dass eben diese Balance des ursprünglich ausgehandelten Nutzungsvertrages zu berücksichtigen ist, deutet auch die Gesetzesbegründung an, wenn sie davon spricht, dass »*der Rest des Vertrages [...] Bestand hat*«.[394] Der generelle Ausschluss einer Herabsetzbarkeit der Vergütung würde dagegen eine erhebliche Missbrauchsgefahr begründen. So könnte der Urheber sich die Einräumung der Rechte an den unbekannten Nutzungsarten bei Vertragsschluss erst großzügig vergüten lassen, um sie dann sogleich zu widerrufen, ohne eine finanzielle Einbuße befürchten zu müssen.

Ist demnach die grundsätzliche Möglichkeit einer Herabsetzung der vertraglichen Vergütungsabrede zu bejahen, fragt sich indes, wie sich diese Rechtsfolge – in Abwesenheit einer speziellen Berücksichtigung durch den Gesetzgeber – normativ erreichen lässt. Mit Recht weist *Verweyen* zunächst darauf hin, dass ein »*analoger reziproker*« Rückgriff auf die Vorschriften zur »*angemessenen Vergütung*« im UrhG aus dem Grund ausscheidet, dass diese erklär-

390 Vgl. BReg BT-Drs. 16/1828, S. 24: »*Widerruf dürfte die Ausnahme sein*«.

391 *Verweyen* in: ZUM 2008, 217 [217 f.] sowie *Berger* in: Berger/Wündisch, HdB UrhVR, § 1 Rn. 113, der zugleich auf den Eingriff in die auch verfassungsrechtlich geschützten Interessen (Art. 14 GG) des Verwerters hinweist.

392 *Spindler* in: NJW 2008, 9 [10].

393 *Verweyen* in: ZUM 2008, 217 [219].

394 BReg BT-Drs. 16/1828, S. 24; demgegenüber zieht *Verweyen* in: ZUM 2008, 217 [219] die »*Unantastbarkeit des Vertrags im Übrigen*« eher als Argument gegen eine Anpassbarkeit heran, stellt aber ebenfalls die »*Vertragsbalance*« heraus.

termaßen ausschließlich dem Schutz des Urhebers zu dienen bestimmt sind.[395] In Betracht kommen damit allein allgemeine bürgerlich-rechtliche Vorschriften außerhalb des Urheberrechtsgesetzes. Von vornherein ausgeschlossen ist eine Verrechnung mit einem Schadensersatzanspruch des Verwerters aus Pflichtverletzung (§§ 280 ff. BGB), da der Urheber mit dem Widerruf lediglich von einem gesetzlichen Recht Gebrauch macht.[396] Geeignet erscheint vielmehr die analoge Anwendung der §§ 812 ff. BGB. Aufgrund der *ex nunc*-Wirkung des Widerrufs haftet der Urheber somit nach § 812 Abs. 1 S. 2 Alt. 1 BGB aus Leistungskondiktion.[397] Anders als bei der ebenfalls denkbaren Rückabwicklung über die §§ 346 ff. BGB[398] besteht zugunsten des Urhebers die Möglichkeit der Einrede der Entreicherung analog § 818 Abs. 3 BGB. Andererseits lässt sich dem Missbrauch in Gestalt eines von vornherein beabsichtigten Widerrufs über die verschärfte Haftung nach § 819 BGB begegnen.[399]

Zurückhaltung ist indes geboten hinsichtlich einer entsprechenden Abrede im Nutzungsvertrag. Im Ausgangspunkt kann natürlich nicht einerseits etwas vertraglich unzulässig sein, was andererseits aus dem Gesetz folgt. Aber gerade weil ein solcher Rückzahlungsanspruch nach den vorstehenden Ausführungen jedenfalls aus den allgemeinen bürgerlich-rechtlichen Vorschriften herzuleiten ist, besteht für eine gleichlautende vertragliche Vereinbarung keine Notwendigkeit. Diese setzt sich vielmehr der Gefahr aus, letztlich doch nach § 31a Abs. 4 UrhG als Umgehung und damit als unzulässig qualifiziert zu werden.[400] Soweit die Rückzahlungspflicht gleichwohl in den Nutzungsvertrag aufgenommen werden soll, sollte sich die Formulierung in der Bezugnahme auf die gesetzlichen

395 *Verweyen* in: ZUM 2008, 217 [219].

396 *Verweyen* in: ZUM 2008, 217 [219]; bereits für § 40 UrhG *Wandtke* in: Wandtke/Bullinger § 40 Rn. 21; ebenso wenig kommt eine Entschädigungspflicht vergleichbar den §§ 41 Abs. 6, 42 Abs. 3 UrhG in Betracht, da diese wieder repressiven Charakter hätte; zudem weist *Schuchardt*, S. 96 f. überzeugend darauf hin, dass die mit einer etwaigen Entschädigungspflicht kompensierten Investitionsinteressen des Verwerters bereits in § 31a Abs. 1 S. 4, Abs. 2 S. 1, 2 UrhG abschließende Berücksichtigung finden.

397 Wohl ebenso *Verweyen* in: ZUM 2008, 217 [219], der unter Hinweis auf BReg BT-Drs. 16/1828, S. 33 zudem herausstellt, dass der Gesetzgeber der Rechtsprechung bewusst Flexibilität eingeräumt habe; allerdings bezieht sich diese Aussage in der Gesetzesbegründung ausschließlich auf die Übergangsregelung des § 137 l UrhG.

398 So *Schuchardt*, S. 96; ebenso *J.B. Nordemann* in: Fromm/Nordemann § 31a Rn. 60, der dies bereits i.R.d. § 40 UrhG als die geeignete rechtliche Grundlage ansieht; a.A. insoweit *Schricker/Peukert* in: Schricker/Loewenheim § 40 Rn. 16; *Schulze* in: Dreier/Schulze § 40 Rn. 23; *Wandtke* in: Wandtke/Bullinger § 40 Rn. 21: Rückabwicklung analog §§ 812 ff. BGB; die Anspruchsgrundlage offen lässt *Spindler* in: Schricker/Loewenheim § 31a Rn. 84.

399 So für § 40 UrhG auch *Wandtke* in: Wandtke/Bullinger § 40 Rn. 21.

400 *Wandtke/Grunert* in: Wandtke/Bullinger § 31a Rn. 115 halten eine solche Vereinbarung für unzulässig; zweifelnd auch *Verweyen* in: ZUM 2008, 217 [219]; für Zulässigkeit dagegen *J.B. Nordemann* in: Fromm/Nordemann § 31a Rn. 77 sowie *Kotthoff* in: Dreyer/Kotthoff/Meckel § 31a Rn. 27.

Vorschriften des Bereicherungsrechts erschöpfen. Dies birgt vor allem den Vorteil, dass eine solche Klausel AGB-rechtlich als bloße Information über die Rechtslage keiner Inhaltskontrolle unterfiele.[401] Alles was dagegen über die Abschöpfung der Bereicherung hinausginge, diente dagegen nicht mehr der Wiederherstellung des Äquivalenzverhältnisses, sondern hätte Sanktionscharakter und wäre dementsprechend schon individualvertraglich gemäß § 31a Abs. 4 UrhG unzulässig.

IV. Vergütung für später bekannte Nutzungsarten gemäß § 32c UrhG

Schließlich wurde die Streichung des § 31 Abs. 4 UrhG a. F. damit gerechtfertigt, dass zugunsten des Urhebers nunmehr für die Verwertung in der neuen Nutzungsart ein Anspruch auf gesonderte angemessene Vergütung gemäß § 32c UrhG existiert.[402] In seiner letztlich Gesetz gewordenen Ausgestaltung stellt die Vorschrift einen Mittelweg zwischen zwei denkbaren Ansätzen dar. Weder ist nunmehr die Wirksamkeit der Einräumung von Rechten an unbekannten Nutzungsarten von der (vertraglichen) Gewährung einer angemessenen Vergütung abhängig,[403] noch wird lediglich auf das Korrektursystem der §§ 32, 32a UrhG verwiesen. Stattdessen wurde ein eigenständiger Anspruch geschaffen, der dem Urheber eine gesonderte angemessene Vergütung zuspricht.

Inhaber des Vergütungsanspruchs aus § 32c ist der Urheber, der die Rechte an den neuen Nutzungsarten eingeräumt hatte. *E contrario* zu § 31a Abs. 2 S. 3 UrhG besteht der Anspruch auch nach dem Tod des Urhebers zugunsten von dessen Erben fort. Gleiches gilt für den Anspruch auf Unterrichtung gemäß § 32c Abs. 1 S. 3 UrhG. Es ist insoweit *»nichts anderes bestimmt«*, § 30 UrhG. Damit stellt sich der Vergütungsanspruch aus Sicht der Rechtsnachfolger als finanzielle Kompensation für den Verlust des Widerrufsrechts dar.

401 Auch *Verweyen* in: ZUM 2008, 217 [219] spricht von einem wahrscheinlichen Verstoß gegen § 307 Abs. 2 Nr. 1 BGB.

402 Vgl. BReg BT-Drs. 16/1828, S. 25; ähnlich *Klett* in: K&R 2008, 1 [3]; *Czychowski* in: Fromm/Nordemann § 32c Rn. 5; *Kreile* in: ZUM 2007, 682 [687]; vorgeschlagen wurde ein solcher Anspruch bereits von *Zscherpe*, S. 211 ff.; vgl. für eine verhaltensökonomischen Blick auf §§ 31a, 32c UrhG erneut *Klöhn* in: Riesenhuber/Klöhn, UrhVR, S. 79 ff.

403 So der Vorschlag von *Lindner/Evers*, abgedruckt bei *Schwarz* in: ZUM 2003, 733 [742].

1. Rechtsnatur des Vergütungsanspruchs

Wie auch die amtliche Begründung bestätigt, handelt es sich bei § 32c UrhG um einen gesetzlichen Anspruch.[404] Folgerichtig werden in § 32c Abs. 1 S. 2 UrhG nur § 32 Abs. 2 und 4, nicht jedoch dessen Abs. 1 für entsprechend anwendbar erklärt. Daraus folgt, dass der Anspruch weder selbst vertraglicher Natur ist noch gegenüber dem Anspruchsgegner bei Unangemessenheit einen Anspruch auf Vertragsanpassung begründet.[405] Anders als bei § 32a UrhG beschränkt sich die Rechtsfolge demnach nicht darauf, dem Urheber lediglich einen Anspruch auf Änderung der vertraglichen Vergütungsabrede zu gewähren,[406] sondern spricht dem Urheber unmittelbar einen Anspruch auf Vergütung zu.

2. Verhältnis zum vertraglichen Vergütungsanspruch

Eng mit der Bestimmung der Rechtsnatur des Anspruchs verbunden und gleichsam auf dieser beruhend ist die Frage nach dem Verhältnis des Anspruchs aus § 32c UrhG zum vertraglichen Vergütungsanspruch. Ausgangspunkt für eine Annäherung an dieses Problem sollte zunächst die Feststellung sein, dass die Ausgestaltung des § 32c UrhG als gesetzlicher Anspruch die Intention des Gesetzgebers deutlich macht, ein bestimmtes Maß an Unabhängigkeit von der vertraglichen Vergütungsabrede zu gewährleisten, um dadurch zugleich *»die Wichtigkeit dieses Vergütungsanspruchs als unverzichtbares Element bei der Neuregelung für unbekannte Nutzungsarten zu unterstreichen«*.[407] Dies zeigt der nahe liegende Vergleich mit dem Professorenentwurf zum Urheberrechtsstärkungsgesetz von 2002, der § 32 UrhG ursprünglich ebenfalls als gesetzlichen

---

404 Vgl. BReg BT-Drs. 16/1828, S. 22, 25; dagegen forderte der BR, dass wie bei der nachträglichen Vereinbarung einer neuen Nutzungsart auch auf die vorweggenommene Vereinbarung i. S. d. § 31a UrhG der seiner Rechtsnatur nach vertragliche Vergütungsanspruch gemäß § 32 UrhG Anwendung findet, vgl. BReg BT-Drs. 16/1828, S. 38; anders als noch bei § 32 UrhG konnte er sich hier mit seinen Bedenken allerdings nicht durchsetzen, vgl. zum Gesetzgebungsverfahren *Scholz* in: Mestmäcker/Schulze, 45. AL (12/07), § 32c Rn. 4.

405 *Schulze* in: UFITA 2007/III, 641 [653]; für gesetzl. Anspruch auch *Schmidt/Wirth* § 32c Rn. 1; *Spindler* in: Schricker/Loewenheim § 32c Rn. 7; a. A. mit Verweis auf die Gesetzessystematik *Scholz* in: Mestmäcker/Schulze, 45. AL (12/07), § 32c Rn. 16; ebenso mit Verweis auf das Gesetzgebungsverfahren *Obergfell* in: Mestmäcker/Schulze, 45. AL (12/07), Vor §§ 88 ff. Rn. 9, die allerdings die amtl. Begründung unterschlägt, vgl. BReg BT-Drs. 16/1828, S. 22; differenzierend nach der Existenz einer parallelen vertraglichen Vergütungsabrede *Wandtke/Grunert* in: Wandtke/Bullinger § 32c Rn. 11 ff.

406 Vgl. *Kotthoff* in: Dreyer/Kotthoff/Meckel § 32a Rn. 19; *Schricker/Haedicke* in: Schricker/Loewenheim § 32a Rn. 25; für einen unmittelbaren Zahlungsanspruch *Berger* in: GRUR 2003, 675 [677 f.].

407 Gegenäußerung der BReg, BT-Drs. 16/1828, S. 47; vgl. zu diesem Motiv allgemein auch *Zscherpe*, S. 214.

Anspruch vorsah und die bezweckte Unabhängigkeit von vertraglichen Ansprüchen ausdrücklich nannte.[408]

a. *Unabhängige Anspruchsentstehung*

Obzwar diese eindeutige Positionierung des Professorenentwurfs keinen Eingang in die Gesetzgebungsmaterialien zum zweiten Korb fand, ist angesichts der intensiven Debatte zum ursprünglichen Regelungskonzept des § 32 UrhG davon auszugehen, dass der Gesetzgeber auch für § 32c UrhG stillschweigend von diesem Grundsatz ausging. So zeichnet sich ein gesetzlicher Anspruch eben dadurch aus, dass er auf einem gesetzlichen Schuldverhältnis beruht, welches unabhängig von einer etwaigen vertraglichen Parteiabrede entsteht.[409] Vielmehr wird das Entstehen allein vom Vorliegen des gesetzlichen Tatbestands abhängig gemacht.[410] Im Falle des § 32c UrhG stellt die Aufnahme der neuen Art der Werknutzung durch den Vertragspartner das insoweit maßgebliche Tatbestandsmerkmal dar.[411] Ausreichend ist somit insbesondere nicht etwa schon das bloße Bekanntwerden der bei Vertragsschluss noch unbekannten Nutzungsart.

Wenngleich der Anspruch damit in seiner Entstehung unabhängig von einer Vergütungsvereinbarung der Vertragsparteien ist, kann gleichwohl nicht von einer völligen Autonomie gegenüber dem Nutzungsvertrag gesprochen werden. Denn auch ohne ausdrückliche Nennung in § 32c Abs. 1 UrhG verlangt die Gesetzessystematik als weiteres notwendiges, aber nicht hinreichendes Tatbestandsmerkmal[412] eine vorausgegangene (vertragliche) Einräumung von Rechten an unbekannten Nutzungsarten.[413] Dies unterscheidet § 32c UrhG maßgeblich von anderen gesetzlichen Vergütungsansprüchen wie etwa §§ 45a Abs. 2, 52 Abs. 1 S. 2, 52a Abs. 4 S. 1 UrhG. Mit diesen hat § 32c UrhG lediglich einen

---

408 GRUR 2000, 765 [773]; ebenso zunächst noch der Gesetzesentwurf, BT-Drs. 14/6433, S. 14; siehe zur Genese des § 32 UrhG im Gesetzgebungsverfahren insgesamt *Haas*, Rn. 126 ff. und *Hucko*, S. 119 ff.; eingehend zu den konzeptionellen Unterschieden zwischen §§ 32, 32a und § 32c UrhG sowie dem Erfordernis einer eigenständigen Regelung *Schuchardt*, S. 146 ff.

409 *Dreier* in: Dreier/Schulze Vor §§ 44a ff. Rn. 16; *Dreyer* in: Dreyer/Kotthoff/Meckel vor §§ 44a ff. Rn. 36; genau genommen handelt es sich hierbei ebenso wie bei allen anderen gesetzlichen Vergütungsansprüchen im UrhG um ein (einseitig) verpflichtendes gesetzliches Schuldverhältnis, da nur den Anspruchsgegner eine für das Wesen des Schuldverhältnisses charakteristische Verpflichtung trifft.

410 *Melichar* in: Schricker/Loewenheim Vor §§ 44a ff. Rn. 23; *Rossbach*, S. 7; *Stöhr*, S. 67 f.

411 *Berger* in: GRUR 2005, 907 [910]; dies korrespondiert zur »*Nutzung des Werkes*« bei § 32 ProfE-UrhG, vgl. GRUR 2000, 765 [774]; *Haas*, Rn. 128.

412 *Berger* in: Berger/Wündisch, HdB UrhVR, § 1 Rn. 120.

413 Nach *Rossbachs* Definition eines gesetzlichen Vergütungsanspruchs müsste man aufgrund dieses Zusammenhangs mit dem Nutzungsvertrag entgegen der amtlichen Begründung eine Einordnung als vertraglicher Vergütungsanspruch vornehmen, vgl. S. 7 f., 11 ff.; angedeutet auch von *Schulze* in: UFITA 2007/III, 641 [653].

vergleichbaren Realakt als Grund der Anspruchsentstehung gemein. Die anderen gesetzlichen Vergütungsansprüche knüpfen im Übrigen aber nicht wie § 32c UrhG an ein vorausgegangenes Rechtsgeschäft, sondern an eine von Gesetzes wegen erlaubnisfreie Nutzung an.

Demgemäß lässt sich eine gegenüber der Parteivereinbarung vorhandene Eigenständigkeit in der Entstehung nur insoweit konstatieren, wie allein die Vergütungsabrede betroffen ist.[414] Im Übrigen muss der Urheber das Zustandekommen eines (schriftlichen) Vertrages über die Einräumung von solchen Nutzungsarten nachweisen, die zum Zeitpunkt des Vertragsschlusses noch unbekannt waren. Zutreffend weist *Scholz* daher darauf hin, dass die übereinstimmend irrige Annahme der Vertragsparteien, bei der Nutzungsart handele es sich um eine unbekannte, nicht zur Anwendung des § 32c UrhG führt, sondern der Urheber insoweit allein auf die §§ 32, 32a UrhG zurückgreifen kann.[415] Ausreichend ist aber auch, dass die vertragliche Bindung des Urhebers lediglich auf einem Vor- oder Optionsvertrag beruht, während der eigentliche Nutzungsvertrag erst zu einem Zeitpunkt zustande kommt, in dem die vormals unbekannten Nutzungsarten (teilweise) schon bekannt sind.

b. Anspruchsbestand abhängig von vertraglicher Vergütung

Über diese teilweise Durchbrechung der Entstehungsautonomie hinaus stellt sich die Frage, inwiefern die Parteien mittels vertraglicher Abrede zumindest auf den Bestand des gesetzlichen Vergütungsanspruchs einwirken können. Mit anderen Worten gilt es zu klären, ob die Unabhängigkeit von einer vertraglichen Vergütungsvereinbarung neben dem *Ent*stehen auch das *Be*stehen des gesetzlichen Vergütungsanspruchs betrifft. Auch hierzu lässt sich der amtlichen Begründung zu § 32c UrhG keine eindeutige Aussage entnehmen.[416] Allerdings deutet der Gesetzgeber mit dem Hinweis auf die parallele Anwendbarkeit der §§ 32, 32a UrhG an,[417] dass unabhängig von dem gesetzlichen Schuldverhältnis

414 Zutreffend bezieht sich daher auch der Professorenentwurf allein auf vertragliche Vergütungsansprüche und erkennt die Abweichung gegenüber sonstigen gesetzlichen Vergütungsansprüchen ausdrücklich an, vgl. GRUR 2000, 765 [773]. So liegen der überwiegenden Zahl der gesetzlichen Vergütungsansprüche im UrhG gesetzliche Lizenzen zugrunde, die ein Nutzungsrecht gerade unabhängig von einer vorherigen Rechtseinräumung gewähren, vgl. dazu *Melichar* in: Schricker/Loewenheim Vor §§ 44a ff. Rn. 23 ff.; *Rossbach*, S. 18 f.

415 *Scholz* in: Mestmäcker/Schulze, 45. AL (12/07), § 32c Rn. 9; ähnlich *Wandtke/Grunert* in: Wandtke/Bullinger § 32c Rn. 9.

416 Stattdessen wies der BR in seiner Stellungnahme auf die Probleme im Verhältnis zwischen gesetzlichem und vertraglichem Anspruch hin, vgl. BReg BT-Drs. 16/1828, S. 38.

417 BReg BT-Drs. 16/1828, S. 25; ebenso etwa *Ory* in: AfP 2004, 500 [501]; *Spindler* in: Schricker/Loewenheim § 32c Rn. 7.

zugleich ein vertraglicher Vergütungsanspruch existieren kann.[418] Zudem folgt diese Möglichkeit bereits aus einem Umkehrschluss zu § 31a Abs. 2 S. 1 UrhG.[419]

Im Grundsatz ist daher von einem Nebeneinander beider Ansprüche auszugehen. Der Anspruch aus § 32c UrhG erwächst auch dann in voller Höhe, wenn bereits eine vertragliche Vergütungsvereinbarung getroffen wurde.[420] Diese prinzipielle Unabhängigkeit beider Ansprüche ist gleichwohl nicht derart zu interpretieren, dass im Falle einer vertraglichen Entgeltabrede für die neue Nutzungsart der Urheber im Ergebnis zweimal zu vergüten wäre.

aa. Notwendigkeit einer Abhängigkeit beider Ansprüche

Zwar fehlt es für den Anspruch aus § 32c UrhG an einer dem § 31a Abs. 2 UrhG vergleichbaren Anordnung (Entfall des Widerrufsrechts bei Vereinbarung einer angemessenen Vergütung). Allerdings lässt sich der Verzicht auf eine ausdrückliche Regelung dieser Konstellation damit erklären, dass sie lediglich deklaratorischer Natur gewesen wäre. So muss es sich bereits aus dem Regelungszweck des § 32c UrhG ergeben, dessen Bestand der Höhe nach davon abhängig zu machen, inwieweit dem Urheber ein Anspruch auf gesonderte angemessene Vergütung der neuen Nutzungsart nicht bereits aus dem Vertrag mit dem Verwerter zusteht. Denn zweifellos soll der gesetzliche Anspruch dem Urheber keine zusätzlichen Einnahmen verschaffen und damit eine vertragliche Vereinbarung geradezu verhindern,[421] sondern seine finanziellen Interessen allein für den Fall sichern, dass er sich gegenüber dem Verwerter im Zuge der Vertragsverhandlungen nicht durchzusetzen vermochte. Um dem Verwerter sein »Nachgeben« zugleich nicht zum Nachteil gereichen zu lassen, erscheint die Abhängigkeit des Bestehens des gesetzlichen Anspruchs von der vertraglichen Vergütungsabrede mithin zwingend. Die Richtigkeit dieser Annahme einer reinen Reservefunktion des § 32c UrhG zeigt überdies der erneute Blick auf den Regierungsentwurf zu dem in dieser Phase des Gesetzgebungsverfahrens noch mit § 32c UrhG vergleichbaren § 32 UrhG. Auch hierfür ging der Gesetzgeber bis zur Abstandnahme von der Qualifizierung als gesetzlichem Anspruch davon

418 Denn beide Vorschriften setzen zunächst zwingend überhaupt eine Vergütungsvereinbarung voraus, hinsichtlich derer dann unter Umständen ein Korrekturanspruch bestehen kann. Allerdings wird über den Wortlaut des § 32 UrhG hinaus – vergleichbar mit § 22 Abs. 1 S. 2 VerlG, § 632 Abs. 1 BGB – von der herrschenden Auffassung ein Anspruch auf angemessene Vergütung selbst dann gewährt, wenn eine Vergütungsvereinbarung gänzlich fehlt, vgl. *W. Nordemann*, Das neue UrhVR, § 32 Rn. 4; *Schulze* in: Dreier/Schulze § 32 Rn. 23; *Wandtke/Grunert* in: Wandtke/Bullinger § 32 Rn. 10; a. A. *Berger*, Das neue UrhVR, Rn. 54; *Haas*, Rn. 141.

419 *Berger* in: GRUR 2005, 907 [910]; *Scholz* in: Mestmäcker/Schulze, 45. AL (12/07), § 32c Rn. 23.

420 *Schuchardt*, S. 151.

421 *Wandtke/Grunert* in: Wandte/Bullinger § 32c Rn. 13.

aus, dass dieser unabhängig neben den vertraglichen Vergütungsansprüchen besteht und sich der Höhe nach um den Teil der vertraglichen Vereinbarung verringert.[422]

Es lässt sich daher von einer Überlagerung des vertraglichen Vergütungsanspruchs durch den gesetzlichen aus § 32c UrhG sprechen. Letzterer hat nur dann eigenständige Bedeutung, wenn der vertragliche Anspruch entweder nicht die Voraussetzungen des § 32c i. V. m. § 32 Abs. 2, 4 UrhG erfüllt[423] oder zwischen Verwerter und Urheber erst gar keine Vereinbarung getroffen wurde.[424] Wenngleich der Anspruch aus § 32c UrhG erst mit der Aufnahme der neuen Art der Werknutzung entsteht, ist diese inhaltlich korrespondierende vertragliche Vergütungsvereinbarung freilich auch schon vor diesem Zeitpunkt prinzipiell möglich. Die Parteien sind in der Wahl des Zeitpunkts für die Entstehung des vertraglichen Vergütungsanspruchs frei. Regelmäßig wird eine den Anforderungen des § 32c UrhG entsprechende Vereinbarung indes erst nach Bekanntwerden der neuen Nutzungsart (der Fall des § 31a Abs. 2 S. 1 UrhG) oder gar nicht – auch nicht nach Verwertung der neuen Nutzungsart und der Entstehung des Anspruchs aus § 32c UrhG – getroffen werden.

bb. Dogmatische Ausgestaltung: Beiderseitige Erfüllungswirkung

Aufgrund des angesprochenen Wortlauts des § 32c UrhG mit seiner Abweichung zu § 31a Abs. 2 UrhG lässt sich die nach den soeben gemachten Ausführungen zwingende Abhängigkeit des Bestandes des gesetzlichen Anspruchs vom Inhalt der vertraglichen Vergütungsabrede jedoch kaum über einen Entfall des gesetzlichen Anspruchs erreichen, sobald schon eine diesbezügliche vertragliche Honorarabrede existiert. Zweckmäßig erscheint es vielmehr, die Abhängigkeit beider Ansprüche derart sicherzustellen, dass der Erfüllung des vertraglichen Anspruchs gleichzeitig Erfüllungswirkung für den gesetzlichen Anspruch und andersherum zukommt.[425] Damit ist zum einen gewährleistet, dass in zeitlicher Hinsicht das Erlöschen des gesetzlichen Anspruchs nicht bereits von der Vereinbarung, sondern erst der Entrichtung der (angemessenen) Vergütung ab-

---

422 BT-Drs. 14/6433, S. 12; sinngleich ProfE GRUR 2000, 765 [773]; zustimmend *Zscherpe*, S. 214 (dort Fn. 1184); für § 32c UrhG ebenso *Schuchardt*, S. 151 f., die einen vertraglichen Anspruch auf angemessene Vergütung als »*negatives Tatbestandsmerkmal*« des § 32c UrhG versteht; ähnlich *Spindler* in: Schricker/Loewenheim § 32c Rn. 7.

423 *Scholz* in: Mestmäcker/Schulze, 45. AL (12/07), § 32c Rn. 24 macht allerdings darauf aufmerksam, dass auch die vertragliche Vergütungsvereinbarung bzgl. der unbekannten Nutzungsarten Gegenstand eines Korrekturanspruchs nach § 32 Abs. 1 S. 3 UrhG sein kann.

424 *Schulze* in: UFITA 2007/III, 641 [654]; *Spindler* in: Schricker/Loewenheim § 32c Rn. 7; *Wandtke/Grunert* in: Wandtke/Bullinger § 32c Rn. 12.

425 Angedacht bereits von *Wandtke/Grunert* in: Wandtke/Bullinger § 32c Rn. 13.

hängt.[426] Zum anderen ermöglicht dieser dogmatische Ansatz problemlos, den Fortbestand des gesetzlichen Anspruchs der Höhe nach davon abhängig zu machen, ob die vertragliche Vereinbarung den Anforderungen an die Angemessenheit i. S. d. § 32c Abs. 1 UrhG genügt. Bei einem Defizit bestünde ein gesetzlicher Ergänzungsanspruch in Höhe der Differenz auch nach dessen Erfüllung.[427] Übersteigt der vertragliche Anspruch dagegen den dem Urheber nach § 32c Abs. 1 UrhG zustehenden Betrag, kann er diesen auch für den Fall einfordern, dass er den geringeren von Gesetzes wegen geschuldeten Betrag vollständig erhalten hat.

Eine Verschmelzung von vertraglichem und gesetzlichem Anspruch erscheint allerdings dann zweckmäßig, wenn Urheber und Verwerter die nunmehr bekannten Nutzungsarten zum Gegenstand einer neuen Vergütungsabrede machen, vgl. § 31a Abs. 2 S. 1 UrhG. Da auch diese Honorarvereinbarung wiederum den Anforderungen des § 32 UrhG unterliegt, ist der Urheber hinreichend abgesichert. Um jedoch der Vorgabe des § 32c UrhG nach einer gesonderten angemessenen Vergütung zu entsprechen, ist es dabei zwingend erforderlich, die Vergütung für die Verwertung in der neuen Nutzungsart als eigenen Posten auszuweisen.[428]

c. *Verhältnis zum Anspruch nach § 32 Abs. 1 UrhG*

Eine Vergütungsvereinbarung muss im Übrigen nicht zwingend freiwilliger Natur sein, sondern kann sich – sofern zuvor überhaupt eine Honorarabrede besteht – ebenso aus der Geltendmachung des Anspruchs auf Vertragsanpassung gemäß § 32 Abs. 1 S. 3 UrhG ergeben, welcher nicht nach bei Vertragsschluss bekannten und unbekannten Nutzungsarten differenziert. Wie bereits aufgezeigt, bleibt die Anwendung des § 32 UrhG neben dem § 32c UrhG weiterhin möglich.[429] In diesem Fall wird man ebenfalls zulassen müssen, dass der Anspruch aus § 32c UrhG in dem auf angemessene Vergütung in Gestalt des angepassten Vertrages aufgeht, sofern die Korrektur nach Bekanntwerden der neuen Nutzungsart erfolgt und diese entsprechend berücksichtigt. Auch hierfür

---

426 So auch die Begründung zum ursprünglichen Gesetzesentwurf des § 32 UrhG, vgl. BT-Drs. 14/6433, S. 12; ebenso ProfE GRUR 2000, 765 [773]; nicht eindeutig insoweit *Schulze* in: UFITA 2007/III, 641 [656].

427 *Wandtke/Grunert* in: Wandtke/Bullinger § 32c Rn. 13, 15, die zudem noch weitere Lösungsmöglichkeiten thematisieren; i.E. identisch *Schuchardt*, S. 151; *Spindler* in: Schricker/Loewenheim § 32c Rn. 7.

428 *Hoeren* in: MMR 2007, 615 [616]; *Wandtke/Grunert* in: Wandtke/Bullinger § 32c Rn. 24.

429 Vgl. erneut BReg BT-Drs. 16/1828, S. 25; *Kotthoff* in: Dreyer/Kotthoff/Meckel § 32c Rn. 5 spricht § 32c UrhG im Verhältnis zu § 32 UrhG lediglich klarstellende Bedeutung zu; a. A. *Schuchardt*, S. 169, die § 32 UrhG nur auf bekannte Nutzungsarten anwendet, während die unbekannten Nutzungsarten allein von § 32c UrhG erfasst werden sollen.

gilt es indes zu beachten, die neuen Nutzungsarten wegen der Vorgabe des § 32c Abs. 1 S. 1 UrhG als eigenen Posten auszuweisen.

Mit § 32 Abs. 1 S. 2 UrhG schuf der Gesetzgeber mittels Fiktion zudem einen vertraglichen Anspruch auf angemessene Vergütung, selbst wenn keinerlei Abrede über das Honorar des Urhebers existiert. Hierfür ist allerdings davon auszugehen, dass diese Fiktion kraft Spezialität vom Anspruch aus § 32c UrhG verdrängt wird, soweit die Verwertung in neuen Nutzungsarten betroffen ist.[430] Insoweit besteht mangels (fingierten) vertraglichen Anspruchs folglich allein der gesetzliche Anspruch aus § 32c UrhG.

3. Aufnahme der neuartigen Werknutzung als Anspruchsvoraussetzung

Neben dem dargestellten ungeschriebenen Erfordernis einer wirksamen Einräumung von Rechten an zum Zeitpunkt des Vertragsschlusses unbekannten Nutzungsarten verlangt § 32c Abs. 1 UrhG als maßgebliche Voraussetzung die tatsächliche Aufnahme der neuartigen Werknutzung. Denn ähnlich wie auch § 32a UrhG dient § 32c UrhG nicht dem Ausgleich der gestörten Vertragsparität beim Abschluss des Nutzungsvertrags,[431] sondern kann für die Beurteilung der Angemessenheit denklogisch erst an die Aufnahme der Verwertung in der neuen Nutzungsart anknüpfen. Dabei reicht freilich nicht bereits jede Nutzungsart, die beim Vertragsschluss noch unbekannt war. Erforderlich ist vielmehr, dass es sich um eine solche handelt, die von der Einräumung seitens des Urhebers umfasst ist.[432] Anspruchsgegner ist somit der die Nutzung aufnehmende Vertragspartner des Urhebers. Hat der Urheber an den unbekannten Nutzungsarten einfache Nutzungsrechte eingeräumt, kommen auch mehrere Anspruchsverpflichtete in Betracht.

Als Aufnahme der neuen Art der Werknutzung i. S. d. § 32c Abs. 1 UrhG wird dabei jedes erstmalige urheberrechtlich relevante Gebrauchmachen durch den Vertragspartner bzw. sonstigen Inhaber des Rechts (§ 32c Abs. 2 UrhG) zu betrachten sein. Etwaige Vorbereitungshandlungen reichen somit nicht aus, der

---

430 Ähnlich *Wandtke/Grunert* in: Wandtke/Bullinger § 32c Rn. 23, die diese Verdrängung aber anscheinend davon abhängig machen, dass die Parteien die Einräumung von Rechten an unbekannten Nutzungsarten nicht vereinbart haben. Allerdings ist dies eine wesentliche (wenngleich ungeschriebene) Voraussetzung des Anspruchs nach § 32c UrhG, vgl *Wandtke/Grunert* in: Wandtke/Bullinger § 32c Rn. 8 sowie oben S. 105 f.

431 Diese wird vielmehr von § 32 UrhG erfasst, dessen Ansprüche dementsprechend bereits mit der Einräumung der Nutzungsrechte entstehen, vgl. LG Berlin ZUM-RD 2008, 18 [21] (*AGB Zeitungen/Zeitschriften*) (n. rkr.); *Schulze* in: Dreier/Schulze § 32 Rn. 11.

432 *Scholz* in: Mestmäcker/Schulze, 45. AL (12/07), § 32c Rn. 8, 10; *Wandtke/Grunert* in: Wandtke/Bullinger § 32c Rn. 7; dies wird allerdings nur dann relevant, wenn der Vertrag eine Beschränkung auf bestimmte unbekannte Nutzungsarten vorsieht, vgl. zu dieser Möglichkeit unten S. 149 ff.

Tatbestand ist aber spätestens dann als erfüllt anzusehen, wenn das Werk in Form der neuen Nutzungsart öffentlich (§ 6 Abs. 1 UrhG) zugänglich oder wahrnehmbar gemacht wird.[433] Frühest möglicher Zeitpunkt dieser tatbestandlichen Handlung ist das Bekanntwerden der neuen Nutzungsart.

Aufgrund des ausdrücklichen Verweises des § 32c Abs. 1 UrhG auf § 31a UrhG stellt sich in diesem Zusammenhang jedoch die Frage, welche Anforderungen an den Begriff der Bekanntheit zu stellen sind. Legte man hier den für den Anwendungsbereich der §§ 31a, 32c UrhG hergeleiteten Begriff der technisch-wirtschaftlichen Bekanntheit zugrunde, so bestünde zulasten des Urhebers in der Phase kein Anspruch nach § 32c UrhG, in der der Rechteinhaber die technisch bekannte Nutzungsart verwertet, bevor sie sich als wirtschaftliche Verwertungsform durchgesetzt hat.[434] Diese früher von den Risikogeschäften erfasste Testphase wird aber von innovativen Verwertern durchaus in Anspruch genommen werden, so dass hier eine Absicherung des Urhebers über § 32c UrhG erforderlich erscheint. Daher wird man sich in diesen Fällen der Nutzungsaufnahme bei rein technischer Bekanntheit von der Bekanntheit im aufgezeigten Rechtssinne loslösen und eine angemessene Vergütung fordern müssen, sobald sich dafür hinreichende Anhaltspunkte herausgebildet haben.[435] Demgemäß ist der Begriff der Bekanntheit für den Zeitpunkt der erstmaligen Werknutzung i. S. d. § 32c UrhG weiter als derjenige, aus dem sich im Umkehrschluss die Anwendbarkeit der Neuregelungen der §§ 31a, 32c UrhG ergibt. Er entspricht vielmehr demjenigen, der bereits für die Mitteilung nach § 31a Abs. 1 S. 4 UrhG zugrunde gelegt wurde.[436]

Für die Entstehung des Anspruchs ist ein späterer Widerruf seitens des Urhebers unschädlich.[437] Mit anderen Worten besteht ein Anspruch auf angemessene Vergütung ebenso für den befristeten Zeitraum zwischen Aufnahme der Verwertung in der neuen Nutzungsart und der Ausübung des Widerrufs. Dieser kann vor allem dann von längerer Dauer sein, wenn der Rechteinhaber es versäumt, die Dreimonatsfrist nach § 31a Abs. 1 S. 4 UrhG durch eine geeignete Mitteilung in Gang zu setzen.[438]

---

433 *Scholz* in: Mestmäcker/Schulze, 45. AL (12/07), § 32c Rn. 10; *Schuchardt*, S. 157; *Wandtke/Grunert* in: Wandtke/Bullinger § 32c Rn. 10.

434 Denn nach der Streichung des § 31 Abs. 4 UrhG a. F. und nach Erfüllung der Formalkriterien sowie Verzicht auf das Widerrufsrecht hat der Rechtsinhaber in jedem Fall die Befugnis zur Verwertung, sobald es ihm technisch möglich ist.

435 So mit Recht bereits *Scholz* in: Mestmäcker/Schulze, 45. AL (12/07), § 32c Rn. 14.

436 Dazu oben S. 80 f.

437 A.A. wohl *Wandtke/Grunert* in: Wandtke/Bullinger § 32c Rn. 7; wie hier *Kotthoff* in: Dreyer/Kotthoff/Meckel § 32c Rn. 3; *Spindler* in: Schricker/Loewenheim § 32c Rn. 10.

438 Aber auch bei Vorliegen einer Mitteilung kann ein Vergütungsanspruch für einen durch den Widerruf befristeten Zeitraum entstehen. Denn der Rechteinhaber ist aus den §§ 31a, 32c

4. Haftungsübergang gemäß § 32c Abs. 2 UrhG

a. *Nutzungsrechteübertragung gemäß § 34 UrhG*

In § 32c Abs. 2 UrhG ordnet das Gesetz für den Fall der (zulässigen) Übertragung des Nutzungsrechts den Übergang der Haftung für den gesetzlichen Anspruch aus § 32c Abs. 1 UrhG vom Vertragspartner auf den Dritten an.[439] Dies wird in den Stellungnahmen zu § 32c UrhG allgemein als Abweichung von der Haftungsregel des § 34 Abs. 4 UrhG betrachtet.[440] Während dieser Befund seiner Rechtsfolge nach im Ergebnis zutrifft, so gilt es jedoch klarzustellen, dass § 32c Abs. 2 UrhG nicht als (gesetzlich erforderliche) Ausnahme zu § 34 Abs. 4 UrhG zu verstehen ist. Zwar handelt es sich auch im Fall des § 32c Abs. 2 UrhG um eine translative Rechteübertragung i.S.d. § 34 Abs. 1 UrhG, so dass dessen Anwendungsbereich an sich eröffnet ist. Von der Anordnung der gesamtschuldnerischen Haftung nach § 34 Abs. 4 UrhG sind kraft des insoweit eindeutigen Wortlauts allerdings nur solche Ansprüche erfasst, die sich aus dem Vertrag, mithin der Parteiabrede ergeben.[441] Wenngleich auch der Anspruch aus § 32c UrhG durch seine ungeschriebene Voraussetzung der Einräumung von unbekannten Nutzungsrechten durchaus eine Anknüpfung an den Nutzungsvertrag aufweist, so ist er kraft seiner Ausgestaltung sowie ausdrücklicher Gesetzesbegründung allerdings ein gesetzlicher Anspruch. Als solcher unterfiele er nicht der Regelung des § 34 Abs. 4 UrhG, so dass auch in Abwesenheit des § 32c Abs. 2 UrhG keine gesamtschuldnerische Haftung bestanden hätte.[442]

Stattdessen steht er als gesetzlicher Anspruch ohnehin nur demjenigen gegenüber zu, der den gesetzlichen Tatbestand erfüllt.[443] Dies ist gemäß § 32c Abs. 1 UrhG mithin allein derjenige, der die neue Art der Werknutzung berechtigterweise[444] auch tatsächlich aufnimmt. Dies kann entweder der Ver-

---

UrhG nicht verpflichtet, nach der Mitteilung die dreimonatige Überlegungsfrist des Urhebers abzuwarten, vgl. *Kotthoff* in: Dreyer/Kotthoff/Meckel § 31a Rn. 15.

439 Kritisch dazu vor dem Hintergrund einer Übertragung der Rechte an unbekannten Nutzungsarten auf ausländische Dritterwerber *Hertin*, Rn. 395.

440 So *Berger* in: GRUR 2005, 907 [910]; GRUR-Stellungnahme GRUR 2005, 743 [744]; *Schulze* in: UFITA 2007/III, 641 [681]; kritisch insb. *Frey/Rudolph* in: ZUM 2007, 13 [20]; *Scholz* in: Mestmäcker/Schulze, 45. AL (12/07), § 32c Rn. 47.

441 Vgl. auch *J.B. Nordemann* in: Fromm/Nordemann § 34 Rn. 36; *Schricker/Loewenheim* in: dies. § 34 Rn. 57; *Wandtke/Grunert* in: Wandtke/Bullinger § 34 Rn. 31.

442 In diese Richtung deutet allein die GRUR-Stellungnahme, die insoweit eine entsprechende Anwendung des § 34 Abs. 4 UrhG vorschlägt, vgl. GRUR 2005, 743 [744].

443 So allgemein für gesetzl. Ansprüche *Rossbach*, S. 21 nach einer summarischen Betrachtung der gesetzlichen Vergütungsansprüche im UrhG; letztlich ebenso *Wandtke/Grunert* in: Wandtke/Bullinger § 32c Rn. 44, die das Problem thematisieren, dass Dritte vom Vertragspartner des Urhebers Nutzungsrechte erhalten und diese wiederum an Dritte weiter übertragen, ohne das Werk selbst auf die neue Nutzungsart zu nutzen. Auch hier wird sich der Vergütungsanspruch gegen den unmittelbaren Werknutzer richten müssen.

444 Erneut sei daran erinnert, dass es dieser Berechtigung auf Grund einer vorausgegangenen

tragspartner des Urhebers selbst sein (Fall des § 32c Abs. 1 UrhG) oder aber ein Dritter, der die Rechte vom Vertragspartner erworben hat (Fall des § 32c Abs. 2 UrhG bei Zweiterwerb nach § 34 UrhG). Legt man das soeben zum Anspruchsgegner Ausgeführte zugrunde, so ergibt sich der Haftungsübergang bei § 32c UrhG bereits aus seinem Wesen als gesetzlicher Anspruch. Der eigene Gehalt des § 32c Abs. 2 UrhG beschränkt sich damit auf die Aussage, dass der Anspruch nach § 32c Abs. 1 UrhG nicht allein gegenüber dem Vertragspartner denkbar ist. Die Rechtsfolge des Haftungsübergangs ergibt sich aber bereits aus dem Charakter eines gesetzlichen Anspruchs, wenngleich § 32c Abs. 2 UrhG insoweit noch klarstellende Bedeutung zukommt, als er zumindest eine etwaige Analogie zu § 34 Abs. 4 UrhG von vornherein ausschließt. Andererseits erfasst der hier aufgezeigte Ansatz unproblematisch jeden aktuellen Rechteinhaber auch nach einer Vielzahl von Weiterübertragungen, während § 32c Abs. 2 UrhG seinem Wortlaut nach nur auf die erste Übertragung vom Ersterwerber an den Zweiterwerber anwendbar ist, so dass eine Analogie erforderlich wäre.[445]

b. *Weitereinräumung gemäß § 35 UrhG*

Diese Feststellung bedeutet aber zugleich, dass die von § 32c Abs. 2 UrhG ausgewiesene Rechtsfolge auch dann Geltung beanspruchen muss, wenn der Dritte das Nutzungsrecht infolge einer Rechtseinräumung gemäß § 35 Abs. 1 UrhG als Unterlizenz erwirbt. Zwar erfasst § 32c Abs. 2 UrhG nur die Fälle der Übertragung gemäß § 34 Abs. 1 UrhG. Da sich der Haftungsübergang jedoch bereits aus der Einordnung des § 32c Abs. 1 UrhG als gesetzlicher Anspruch ergibt, muss dies gleichfalls dann gelten, wenn der Dritte die neue Art der Werknutzung aufgrund eines Rechts nach § 35 Abs. 1 UrhG aufnimmt. Es bedarf insoweit keiner Analogie zu § 32c Abs. 2 S. 2 UrhG, um den Vertragspartner von seiner Haftung zu befreien.[446] Nehmen nach der Weitereinräumung mehrere Verwerter – auf Grundlage eines einfachen Nutzungsrechts – die Nutzung des Werkes auf,

Rechtseinräumung als implizites Tatbestandsmerkmal des § 32c UrhG bedarf. Dies gilt auch im Verhältnis zu Dritten, deren Berechtigung sich auf die ursprüngliche Rechtseinräumung des Urhebers zurückführen lassen muss.

445 So nämlich *Schuchardt*, S. 190 f.; wohl auch *Wandtke/Grunert* in: Wandtke/Bullinger § 32c Rn. 44.

446 A.A. *Schulze* in: UFITA 2007/III, 641 [682], der im Fall des § 35 UrhG stattdessen von zwei Anspruchsgegnern ausgeht: dem Vertragspartner, da § 32c Abs. 2 UrhG nicht eingreife sowie dem Dritten, weil § 32c Abs. 1 UrhG ein gesetzlicher Anspruch sei; wohl ebenso *Spindler* in: Schricker/Loewenheim § 32c Rn. 14. Stellt man allerdings auf den Charakter als gesetzlicher Anspruch ab, so erscheint konsequent nur die hier vorgeschlagene Lösung, nach der allein der Dritte haftet; *Scholz* in: Mestmäcker/Schulze, 45. AL (12/07), § 32c Rn. 40 geht dagegen im Fall der Unterlizenzierung von einer alleinigen Haftung des ursprünglichen Vertragspartners aus; ebenso *Schuchardt*, S. 155; *Wandtke/Grunert* in: Wandtke/Bullinger § 32c Rn. 37 kommen zum selben Ergebnis wie hier, allerdings aufgrund einer analogen Anwendung des § 32c Abs. 2 UrhG.

so muss der gesetzliche Anspruch auch gegenüber jedem dieser Erwerber bestehen. Dies folgt wiederum aus der Qualifizierung des § 32c Abs. 1 UrhG als gesetzlicher Anspruch. Eines (analogen) Rückgriffs auf § 32c Abs. 2 S. 1 UrhG bedarf es nicht.

c. *Verhältnis zum vertraglichen Anspruch bei Zweiterwerb*

Die Frage nach dem Verhältnis des gesetzlichen Anspruchs zu einer etwaigen vertraglichen Vergütungsabrede stellt sich gerade im Zusammenhang mit dem Zweiterwerb der Nutzungsrechte durch Dritte. Hierfür ist wiederum zwischen den beiden Zweiterwerbsarten nach § 34 und § 35 UrhG zu differenzieren.[447]

Überträgt der Vertragspartner des Urhebers die Rechte an den unbekannten Nutzungsarten gemäß § 34 UrhG vollständig an den Zweiterwerber, so haftet wie gezeigt allein dieser für den gesetzlichen Anspruch aus § 32c UrhG. Das Schicksal des vertraglichen Anspruchs bestimmt sich wiederum danach, ob die Übertragung auf Grund einer ausdrücklichen Zustimmung des Urhebers für den Einzelfall erfolgte, § 34 Abs. 4, 2. Halbs. UrhG. Ist dies der Fall und vereinbaren Ersterwerber und Zweiterwerber eine befreiende Schuld- bzw. Vertragsübernahme, richtet sich der vertragliche Vergütungsanspruch ebenfalls allein gegen den Zweiterwerber. In diesem Fall sind Anspruchsgegner von gesetzlichem und vertraglichem Vergütungsanspruch dieselbe Person, so dass sich keine Besonderheiten gegenüber dem reinen Primärverhältnis ergeben.

Kommt es dagegen trotz der einzelfallbezogenen Zustimmung des Urhebers nicht zu einer Schuldübernahme durch den Zweiterwerber, so bleibt es hinsichtlich der vertraglichen Vergütungsabrede bei der alleinigen Haftung des Ersterwerbers. Der Zweiterwerber wird in diese allein durch die Übertragung nach § 34 UrhG nicht einbezogen.[448] Folglich fallen hier Verpflichteter von vertraglichem (Vertragspartner) und gesetzlichem (Zweiterwerber) Anspruch auseinander.[449] Gleiches gilt – jedenfalls teilweise –, wenn die Übertragung von vornherein ohne die ausdrückliche und einzelfallbezogene Zustimmung seitens des Urhebers erfolgt; in diesem Fall haften Erst- und Zweiterwerber gesamtschuldnerisch für den vertraglichen Vergütungsanspruch, § 34 Abs. 4, 1. Halbs. UrhG. In beiden Konstellationen haftet neben dem Zweiterwerber auf den gesetzlichen Vergütungsanspruch (auch) der Ersterwerber für die vertragliche Vergütungsabrede.

Zuzustimmen ist daher *Schuchardt*, die vom Vorliegen einer (Teil-)Gesamtschuld ausgeht, soweit sich vertraglicher und gesetzlicher Vergütungsanspruch

447 Ebenso bereits *Schuchardt*, S. 154 f.

448 *Berger* in: Berger/Wündisch, HdB UrhVR, § 1 Rn. 178; *Schulze* in: Dreier/Schulze § 34 Rn. 40 f.

449 *Schuchardt*, S. 154.

decken.[450] Denn insbesondere ist als Entstehungsvoraussetzung nicht erforderlich, dass die in der Gesamtschuld zusammengefassten Ansprüche auf einem einheitlichen Schuldgrund beruhen; die Leistungspflicht kann einerseits aus Gesetz sowie andererseits aus Vertrag folgen.[451] Im Ergebnis hat der Urheber daher die Wahl, an wen er sich für seine angemessene Vergütung hält. Es bleibt jedoch dabei, dass er sie nur einmal einfordern kann. Bei der Gesamtschuld folgt dies bereits aus der Erfüllungswirkung nach § 422 Abs. 1 BGB. Hat der Urheber etwa vom Zweiterwerber bereits die angemessene Vergütung nach § 32c Abs. 1 UrhG erhalten, erlischt insoweit auch sein vertraglicher Anspruch gegenüber seinem ursprünglichen Vertragspartner.[452] Unberührt bleibt indes ein über die (Teil-)Gesamtschuld hinausgehender Anspruch aus der vertraglichen Vergütungsabrede.

Die grundsätzlich identische Bewertung gilt für die Weitereinräumung der Rechte an den unbekannten Nutzungsarten gemäß § 35 UrhG mit dem Unterschied, dass hier eine Gesamthaftung entsprechend § 34 Abs. 4 UrhG von vornherein nicht denkbar ist. Eine vertragliche Haftung des Zweiterwerbers setzt also zwingend eine entsprechende vertragliche Abrede mit dem Ersterwerber voraus.[453] Andernfalls fallen nach dem Haftungsübergang hinsichtlich des gesetzlichen Vergütungsanspruchs, der nach der hier vertretenen Lösung auch für die Unterlizenzierung nach § 35 UrhG eintreten muss, die Verpflichteten beider Ansprüche wieder auseinander, so dass ebenfalls eine (Teil-)Gesamtschuld mit den entsprechenden Rechtsfolgen anzunehmen ist.[454] Freilich liegt dann keine Gesamtschuld mit gegenseitiger Erfüllungswirkung vor, wenn mehrere Erwerber jeweils selbstständig eine wirtschaftliche Verwertung in der neuen Nutzungsart vornehmen und jeweils die Vergütung nach § 32c UrhG schulden.[455] Denn insoweit fehlt es an der für die Gesamtschuld charakteristischen einmaligen Pflicht zur Leistungserbringung.[456]

d. Voraussetzungen des Haftungsübergangs

Entscheidend für den Haftungsübergang nach § 32c Abs. 2 UrhG ist, dass die Nutzungsrechtsübertragung (§ 34 UrhG) bzw. Unterlizenzierung (§ 35 UrhG) vor der Aufnahme der Verwertung in der neuen Nutzungsart stattfindet. Eine

450 *Schuchardt*, S. 154.

451 Der einheitliche Schuldgrund ist als Entstehungsvoraussetzung der Gesamtschuld überholt; vgl. *Bydlinski* in: MüKo § 421 Rn. 5, 10; *Gehrlein* in: Bamberger/Roth § 421 Rn. 4; *Grüneberg* in: Palandt § 421 Rn. 10.

452 *Schuchardt*, S. 154.

453 *Berger* in: Berger/Wündisch, HdB UrhVR, § 1 Rn. 191; *Schulze* in: Dreier/Schulze § 35 Rn. 20.

454 Vgl. erneut *Schuchardt*, S. 155.

455 So wohl auch *Schuchardt*, S. 191; *Wandtke/Grunert* in: Wandtke/Bulliger § 32c Rn. 43.

456 Vgl. *Bydlinski* in: MüKo § 421 Rn. 8; *Gehrlein* in: Bamberger/Roth § 421 Rn. 3.

erst nach der Nutzungsaufnahme durch den Ersterwerber stattfindende Rechtseinräumung an einen Dritten lässt die bereits entstandene Haftung des Ersterwerbers aus § 32c Abs. 1 UrhG dagegen unberührt.[457] Als Voraussetzung für den vollständigen Haftungswechsel gemäß § 32c Abs. 2 S. 2 UrhG lässt sich somit ein erstmaliges Nutzen in der neuen Verwertungsform beim Dritten festhalten.[458]

Allerdings führte diese Beschränkung auf die erstmalige Nutzung immer dann zu Friktionen innerhalb des gesetzlichen Vergütungsanspruchs, wenn der Ersterwerber zwar die neue Art der Nutzung aufnimmt, die wesentliche Verwertung aber erst beim Dritten nach vorausgegangener Rechtseinräumung erfolgt. Knüpfte man nämlich den gesetzlichen Tatbestand insgesamt (also nicht nur den Haftungswechsel) an die erstmalige Aufnahme der neuen Art der Werknutzung, so würde der Dritte in diesem Fall keinerlei Haftung nach § 32c UrhG unterliegen. Stattdessen richtete sich der gesetzliche Anspruch des Urhebers allein gegen dessen ursprünglichen Vertragspartner.

Die soeben getroffene Feststellung zum Haftungsübergang ist demnach dahingehend zu konkretisieren, dass bei einer Weiterlizenzierung der Rechte an unbekannten Nutzungsarten nach der erstmaligen Nutzung durch den ursprünglichen Vertragspartner auch der Dritte den gesetzlichen Tatbestand erfüllen kann und somit zusätzlich zum Ersterwerber für die hinzukommende Auswertung in der neuen Nutzungsart nach § 32c Abs. 2 S. 1 UrhG haftet.[459] Auch insofern kommen also mehrere Anspruchsgegner in Betracht. Das Merkmal der Erstmaligkeit beschränkt sich somit auf den vollständigen Haftungswechsel i. S. d. § 32c Abs. 2 S. 2 UrhG und nicht auf die vorgelagerte Frage der Haftungsbegründung nach § 32c Abs. 2 S. 1 UrhG.

5. Inhalt des Anspruchs

Die Vergütungshöhe soll sich nach dem Wortlaut des § 32c Abs. 1 S. 2 UrhG aus der entsprechenden Anwendung des § 32 Abs. 2 und 4 UrhG ergeben, so dass sich die Ermittlung der erforderlichen Angemessenheit aus der dort vorgegebenen Rang- und Reihenfolge ergibt. Letztlich wird damit über § 32c UrhG nichts anderes geschuldet als der Urheber auch über den vertraglichen Vergütungsanspruch einschließlich einer etwaigen Korrektur nach § 32 UrhG beanspruchen könnte. Entscheidend ist insoweit indes das Merkmal »*gesondert*«, aus dem klar wird, dass die angemessene Vergütung gesetzlich nur für die aufge-

457 *Scholz* in: Mestmäcker/Schulze, 45. AL (12/07), § 32c Rn. 41.
458 *Scholz* in: Mestmäcker/Schulze, 45. AL (12/07), § 32c Rn. 41 f.
459 So anscheinend auch *Hertin*, Rn. 394; *Scholz* in: Mestmäcker/Schulze, 45. AL (12/07), § 32c Rn. 41, wenngleich diese keine dogmatische Begründung liefern; i.E. wie hier bereits *Schuchardt*, S. 191.

nommene neue Nutzungsart geschuldet wird. Dementsprechend ist bei der Anwendung der Kriterien des § 32 UrhG auch allein auf diese Art der Verwertung abzustellen. Darüber hinaus wird man wie gezeigt fordern müssen, dass diese Vergütung als eigener Posten ausgewiesen ist. Insbesondere dürfen die neuen Rechte also nicht bereits mit einer (angemessenen) Vergütung der bekannten Rechte abgegolten sein. Ginge die Vergütung nach § 32c UrhG nämlich einfach in der nach § 32 UrhG vertraglich geschuldeten angemessenen Vergütung auf, wäre der Hinweis auf die Gesondertheit gleichsam überflüssig.[460]

a. Ermittlung der Angemessenheit nach einer gemeinsamen Vergütungsregel

Soweit für die in Rede stehende neue Nutzungsart keine tarifvertragliche Vergütungsregel existiert, der die Vertragsparteien unterworfen sind,[461] kommt es vorrangig auf eine gemeinsame Vergütungsregel i. S. d. § 36 UrhG an, für die der Gesetzgeber die Angemessenheit vermutet.[462] Wie bereits im Zusammenhang mit der Vergütungsvereinbarung i. S. d. § 31a Abs. 2 UrhG dargelegt, werden allerdings in der Anfangszeit kaum gemeinsame Vergütungsregeln existieren.[463] Diese erscheinen frühestens dann denkbar, wenn die jeweilige Nutzungsart technisch bekannt wird. Denn vorher werden die Vereinigungen von Urhebern und Verwertern keinen Anlass haben, sich einer solchen Vereinbarung anzunehmen.[464] Folglich lässt sich die Tendenz vorhersagen, dass für die Bestimmung der Angemessenheit i. S. d. § 32c UrhG desto weniger gemeinsame Vergütungsregeln i. S. d. § 36 UrhG existieren werden, je innovativer der jeweilige Verwerter ist. Entschließt sich ein Verwerter erst lange nach der wirtschaftlichen Durchsetzung einer neuen Nutzungsart zu deren Nutzung, ist umgekehrt die Existenz von gemeinsamen Vergütungsregeln hierfür wahrscheinlicher.

460 *Hoeren* in: MMR 2007, 615 [616]; auch *Czychowski* in: Fromm/Nordemann § 32c Rn. 8.

461 Dann nämlich besteht entsprechend § 32 Abs. 4 UrhG von vornherein kein Anspruch nach § 32c UrhG, da das Gesetz davon ausgeht, dass die tarifvertraglich vereinbarte Vergütung angemessen ist. I.Ü. greift der Vorrang des Tarifvertrags auch nicht in das aufgezeigte grundsätzliche Nebeneinander von gesetzlichem und vertraglichem Vergütungsanspruch ein. Der normative Teil eines Tarifvertrags hat Gesetzeswirkung (vgl. § 1 Abs. 1, 2. Halbs. TVG), so dass § 32c UrhG nicht aufgrund eines vertraglichen Vergütungsanspruchs, sondern durch eine anderweitige gesetzliche Bestimmung ausgeschlossen wird. Zugleich ist aus diesem Grund dann kein Ausschluss gerechtfertigt, wenn die Vertragsparteien lediglich auf einen Tarifvertrag Bezug nehmen, ohne der Tarifbindung zu unterliegen, vgl. eingehend zum Ganzen *Schuchardt*, S. 164 f.

462 BT-Drs. 14/8058, S. 18; *Schricker/Haedicke* in: Schricker/*Loewenheim* § 32 Rn. 24; *Wandtke/Grunert* in: Wandtke/Bulliner § 32c Rn. 18.

463 *Hertin*, Rn. 393.

464 Vgl. erneut *Klöhn* in: K&R 2008, 77 [78].

b. Ermittlung der Angemessenheit nach § 32 Abs. 2 S. 2 UrhG

In Ermangelung einer gemeinsamen Vergütungsregel für die fragliche neue Nutzungsart ermittelt sich die Angemessenheit nach den Kriterien des § 32 Abs. 2 S. 2 UrhG. Danach ist eine Vergütung angemessen, wenn sie zum Zeitpunkt des Vertragsschlusses dem entspricht, was im Geschäftsverkehr nach Art und Umfang der eingeräumten Nutzungsmöglichkeit, insbesondere nach Dauer und Zeitpunkt der Nutzung, unter Berücksichtigung aller Umstände üblicher- und redlicherweise zu leisten ist. Nach ganz überwiegender Auffassung ist der Ermittlung der Angemessenheit bei § 32 UrhG somit eine *ex ante*-Betrachtung zugrunde zu legen, welche Änderungen im Verlauf der Verwertung nicht mehr berücksichtigt, soweit sie nicht bereits zum Zeitpunkt des Vertragsschlusses prognostizierbar waren.[465]

Dieser Beurteilungszeitpunkt würde dem Sonderfall der unbekannten Nutzungsarten jedoch nicht gerecht. Stattdessen ist von der durch den Gesetzgeber mittels Anordnung der *»entsprechenden Geltung«* gegebenen Möglichkeit bzw. Vorgabe Gebrauch zu machen, die im Regelungszusammenhang des § 32c UrhG gebotenen Differenzierungen vorzunehmen.[466] Um die Bemessung der Angemessenheit für die unbekannten Nutzungsarten realistisch abschätzen zu können, muss die Formel des § 32 UrhG dahingehend modifiziert werden, dass die maßgeblichen Kriterien nicht an den Zeitpunkt des Vertragsschlusses, sondern an den Zeitpunkt der Aufnahme der neuen Art der Werknutzung anknüpfen.[467] Dies lässt sich auch systematisch damit rechtfertigen, dass anders als beim Anspruch auf Aufstockung des vertraglichen Vergütungsanspruchs nach § 32 UrhG, der grundsätzlich bereits mit der Einräumung des Nutzungsrechts entsteht,[468] der gesetzliche Anspruch gemäß § 32c UrhG in seiner Entstehung vom Realakt der Nutzungsaufnahme als dem maßgeblichen Tatbestandsmerkmal abhängt.

Gleichwohl stellt sich auch bei dieser zeitlich bedeutend späteren Anknüpfung das Problem, dass sich für die neuen Nutzungsarten kaum eine Bran-

---

465 BGH GRUR 2009, 1148 [1150] (*Talking to Addison*); KG ZUM 2009, 407 [409] (*Angemessene Übersetzervergütung*) (n. rkr.); *v. Becker/Wegner* in: ZUM 2005, 695 [696 ff.]; *Jacobs* in: NJW 2002, 1905 [1907]; *Lindner* in: Mestmäcker/Schulze, 43 AL (12/06), § 32 Rn. 16; *Schulze* in: Dreier/Schulze § 32 Rn. 45; *Voß*, S. 79; *Wandtke/Grunert* in: Wandtke/Bullinger § 32 Rn. 43; *Zentek/Meinke*, S. 56; *ex post*-Veränderungen sind dagegen allein über § 32a UrhG zu berücksichtigen; dazu sogleich.

466 *Schuchardt*, S. 163 unter Verweis auf *Larenz*, S. 261.

467 *Berger* in: Berger/Wündisch, HdB UrhVR, § 1 Rn. 120; *Klöhn* in: K&R 2008, 77 [78]; *Schuchardt*, S. 166; ebenso bereits der Vorschlag von *Schwarz* in: ZUM 2003, 733 [742 f.]; a. A. *Scholz* in: Mestmäcker/Schulze, 45. AL (12/07), § 32c Rn. 21, der auf den Zeitpunkt des Bekanntwerdens der neuen Nutzungsart abstellt.

468 *V. Becker* in: Loewenheim, HdB UrhR, § 29 Rn. 147; *Schulze* in: Dreier/Schulze § 32 Rn. 11; differenzierend *Schricker/Haedicke* in: Schricker/*Loewenheim* § 32 Rn. 27; *Wandtke/Grunert* in: Wandtke/Bullinger § 32 Rn. 21.

chenübung[469] herausgebildet haben kann, die für die Bestimmung der Vergütungshöhe herangezogen werden könnte. So setzt diese innerhalb der herangezogenen Branche ein gewisses Maß an gleichförmigem Verhalten im Hinblick auf das konkrete Nutzungsverhältnis, hier also die in Rede stehende neue Nutzungsart voraus.[470] Erforderlich ist demnach das Entstehen einer den Verkehr beherrschenden Übung, was im Fall der neuen Nutzungsarten erst dann möglich ist, wenn zwischen dem Bekanntwerden und der Aufnahme der Nutzung ein gewisser Zeitraum vergangen ist. Wie auch beim Abstellen auf eine gemeinsame Vergütungsregel wird eine Branchenübung daher bei sehr innovativen Verwertern regelmäßig nicht festzustellen sein.[471]

Fehlt es an einer Branchenübung, ist die angemessene Vergütung nach billigem Ermessen festzusetzen.[472] Dieser stark an die Leistungsbestimmung gemäß § 315 BGB erinnernde Maßstab wird wie auch eine etwaig festgestellte Branchenübung selbst allerdings dem Erfordernis der Redlichkeit entsprechen müssen, um damit dem Grundsatz der angemessenen Beteiligung des Urhebers an den Erträgen aus der Nutzung seines Werkes Genüge zu tun.[473] Für die Bestimmung des im Einzelfall Redlichen sind alle relevanten Umstände wie Art und Umfang der Nutzung, Marktverhältnisse, Investitionen, Kosten und Risikotragung zu berücksichtigen.[474] Bei den neuen Nutzungsarten werden dabei insbesondere letztere Kriterien maßgebend sein, nach denen sich die Angemessenheit der Vergütung vor allem in der Anfangszeit nach der Bekanntheit aufgrund des hohen Risikos der Investition zulasten des Urhebers verschieben kann. Die gebotene Gesamtbetrachtung der wirtschaftlichen Rahmenbedingungen für die Nutzung in der neuen Werkform[475] wird daher oftmals nur zu einer geringen Vergütung führen. Angesichts des Bestrebens des Gesetzgebers, dem Urheber

469 Diese ist ein wesentliches Indiz i.R.d. Bemessung nach § 32 UrhG, vgl. *Kotthoff* in: Dreyer/Kotthoff/Meckel § 32 Rn. 33; *Schulze* in: Dreier/Schulze § 32 Rn. 47; *Wandtke/Grunert* in: Wandtke/Bullinger § 32 Rn. 28.

470 Vgl. *Schricker* in: GRUR Int. 2002, 797 [806] unter Verweis auf die Rechtsprechung zum Begriff der Verkehrssitte i.R.d. § 157 BGB.

471 Stellte man mit *Scholz* in: Mestmäcker/Schulze, 45. AL (12/07), § 32c Rn. 21 für die Bemessung bereits auf den Zeitpunkt des Bekanntwerdens der neuen Nutzungsart ab, wäre die Existenz einer Branchenübung sogar generell ausgeschlossen.

472 BT-Drs. 14/8058, S. 18; *Kotthoff* in: Dreyer/Kotthoff/Meckel § 32 Rn. 39; *Lindner* in: Mestmäcker/Schulze, 43. AL (12/06), § 32 Rn. 27; *Schricker* in: GRUR Int. 2002, 797 [806]; *Schulze* in: Dreier/Schulze § 32 Rn. 51.

473 *Schricker* in: GRUR Int. 2002, 797 [806]; der darauf hinweist, dass es auch i.R.d. § 315 BGB auf eine *»Austauschgerechtigkeit im Einzelfall«* ankommt; eingehend *v. Westphalen* in: AfP 2008, 21 [24].

474 BT-Drs. 14/8058, S. 18; KG ZUM 2009, 407 [409] (*Angemessene Übersetzervergütung*) (n. rkr.).

475 So ausdrücklich BReg BT-Drs. 16/1828, S. 25.

einen zusätzlichen (gesonderten) Anspruch zu verschaffen, darf die Vergütung gleichwohl nie Null betragen, sondern allenfalls gegen Null tendieren.[476]

Problematisch im Zusammenhang mit der Bestimmung der Angemessenheit nach §§ 32c i. V. m. 32 Abs. 2 S. 2 UrhG ist insbesondere die erforderliche Prognoseentscheidung. Diese wird auch durch die gebotene Verlagerung des Prognosezeitpunkts auf den Beginn der Verwertung in der neuen Nutzungsart nicht wesentlich erleichtert. Denn den neuen Nutzungsarten ist ein hohes Maß an Ungewissheit über ihren wirtschaftlichen Erfolg geradezu immanent, was nicht zuletzt das bestimmende Motiv für die anhaltende Sonderbehandlung dieser Kategorie der Nutzungsarten darstellt. Nach der Modifizierung des Beurteilungszeitpunkts ist im Rahmen des § 32c UrhG maßgeblich, welche Vergütung sich für die jeweilige neue Nutzungsart zum Zeitpunkt der Nutzungsaufnahme für die restliche Vertragslaufzeit als angemessen prognostizieren lässt. Nach dieser (modifizierten) *ex ante*-Betrachtung ist es folglich irrelevant, ob sich zum Zeitpunkt der Anspruchstellung gegenüber dem maßgeblichen Berechnungszeitpunkt der Anspruchsentstehung Änderungen dieser Prognosegrundlagen ergeben haben.[477] Die Gerichte dürfen allein die Entwicklungen berücksichtigen, die bereits bei der Aufnahme der Werknutzung absehbar waren. Zu erwarten ist, dass sie sich hierfür zuvorderst an der Vergütungspraxis für bereits bekannte Nutzungsarten orientieren werden.[478] Dennoch werden auch hiernach erhebliche Unsicherheiten für eine sachgerechte Angemessenheitsbewertung verbleiben. Denn klarzustellen gilt es, dass es sich auch bei § 32c UrhG nur um einen einmaligen Anspruch und nicht um einen Daueranspruch handelt, mittels dessen der Urheber ständig nachfordern könnte.[479]

Gleichwohl darf diese Einmaligkeit des Vergütungsanspruchs nicht dergestalt missverstanden werden, dass § 32c i. V. m. § 32 Abs. 2 UrhG für die neue Nut-

476 *Klöhn* in: K&R 2008, 77 [78]; *Kreile* in: ZUM 2007, 682 [685]; *Scholz* in: Mestmäcker/Schulze, 45. AL (12/07), § 32c Rn. 21; *Spindler* in: Schricker/Loewenheim § 32c Rn. 17.

477 So die Beschlussempfehlung des Rechtsausschusses, BT-Drs. 14/8058, S. 18 sowie die ganz überwiegende Literaturmeinung: *v. Becker* in: Loewenheim, HdB UrhR, § 29 Rn. 29; *Berger*, Das neue UrhVR, Rn. 142; *Jacobs* in: NJW 2002, 1905 [1907]; *Lindner* in: Mestmäcker/Schulze, 43. AL (12/06), § 32 Rn. 16; *W. Nordemann*, Das neue UrhVR, § 32 Rn. 11; *Ory* in: AfP 2002, 93 [97]; *Schricker/Haedicke* in: Schricker/Loewenheim § 32 Rn. 27 sowie zuletzt BGH GRUR 2009, 1148 [1150] (*Talking to Addison*); i.Ü. würde aufgrund der modifizierten Anspruchsentstehung bei § 32c UrhG auch die Gegenmeinung zum selben Anknüpfungszeitpunkt kommen, da demnach generell auf den Zeitpunkt der Nutzungsaufnahme abgestellt werden soll, vgl. *Wandtke/Grunert* in: Wandtke/Bullinger § 32 Rn. 42 f. m. w. N.

478 *Schuchardt*, S. 167, die zudem noch die ausländische Vergütungspraxis als Orientierungshilfen nennt.

479 *Castendyk/Kirchherr* in: ZUM 2003, 751 [76]; *Schuchardt*, S. 166 f.; die darauf hinweisen, dass ein solcher Daueranspruch aufgrund des permanent bestehenden Prozessrisikos als praxisuntauglich verworfen wurde; vgl. auch *Flechsig* in: ZUM 2000, 484 [490]; *Schack* in: ZUM 2001, 453 [458] jeweils m. w. N.

zungsart eine feste Vergütung vorschreibt. Ganz im Gegenteil werden solche, insbesondere bei *Buy-Out*-Verträgen zu findenden Vergütungsmodelle im Falle einer dauerhaften Nutzung des Werkes nicht selten an die Grenzen der Angemessenheit stoßen.[480] Aus der Vielzahl möglicher Vergütungsmodelle[481] wird am ehesten ein Absatzhonorar, mithin die fortschreitende prozentuale Beteiligung an den Erlösen des Verwerters, dem der Angemessenheit zugrunde liegenden Prinzip entsprechen, den Urheber *»tunlichst an dem wirtschaftlichen Nutzen zu beteiligen, der aus seinem Werk gezogen wird«*[482]. Da dieses Vergütungsmodell anders als ein von vornherein auf einen bestimmten Betrag fixiertes Honorar auch eine Ertragsentwicklung zu berücksichtigen vermag, wird dieses Vergütungsmodell indiziell das für die unbekannten Nutzungsarten einzig angemessene darstellen.[483] In Betracht kommt zudem eine Koppelung von Pauschalhonorar und Absatzhonorar dergestalt, dass das zusätzliche Absatzhonorar erst nach Abgeltung des erhaltenen Pauschalhonorars eingreift.[484]

Für auch hiernach verbleibende Fälle, in denen der tatsächlich erzielte Gewinn in einem auffälligen Missverhältnis zur Absatzbeteiligung steht, die dem Urheber aufgrund der Prognose im Zeitpunkt der Aufnahme der Nutzungshandlung gewährt wurde, eröffnet sich der Anwendungsbereich des § 32a UrhG. Dieser ermöglicht im Gegensatz zu § 32 UrhG eine *ex post*-Betrachtung und ist auch neben dem gesetzlichen Anspruch auf gesonderte angemessene Vergütung gemäß § 32c UrhG anwendbar.[485]

Zu beachten ist in diesem Zusammenhang jedoch, dass sich der Rückgriff auf den Fairnessparagraphen nicht aus § 32c UrhG ergibt, da § 32a UrhG dort nicht in Bezug genommen wird. Anzuknüpfen ist dementsprechend nicht an den gesetzlichen, sondern den vertraglich vereinbarten Vergütungsanspruch. Er-

---

480 OLG München ZUM 2007, 142 [147] (*Unangemessene Übersetzervergütung*) (n. rkr.); OLG München ZUM 2007, 308 [313] (*Angemessene Vergütung für Übersetzer belletristischer Werke*) (n. rkr.); KG ZUM 2009, 407 [409] (*Angemessene Übersetzervergütung*) (n. rkr.); *Reber* in: GRUR 2003, 393 [394 f.]; *Wandtke/Grunert* in: Wandtke/Bullinger § 32 Rn. 30 m.w.N. aus der Rspr.; anders zuletzt aber LG Berlin, Urt. v. 19.5.09 – 16 O 8/07 (nicht veröffentlicht).

481 Darauf hinweisend der Rechtsausschuss in seiner Beschlussempfehlung, BT-Drs. 14/8058, S. 18; ebenso OLG München ZUM 2009, 300 [305 f.] (*Angemessene Übersetzervergütung*) (n. rkr.); *Wandtke/Grunert* in: Wandtke/Bullinger § 32 Rn. 31: *»Bandbreite von möglichen angemessenen Vergütungen«*.

482 St. Rspr., vgl. nur zuletzt BGH GRUR 2009, 1148 [1150] (*Talking to Addison*) m.w.N.; ebenso *Peifer* in: AfP 2008, 545 [548 f.]; *Reber* in: GRUR 2003, 393; *Schricker/Katzenberger* in: GRUR 1985, 87 [92]; *Schuchardt*, S. 162; *Schulze* in: Dreier/Schulze § 32 Rn. 54.

483 *Schuchardt*, S. 168.

484 Vgl. zuletzt für bekannte Nutzungsarten BGH GRUR 2009, 1148 [1150] (*Talking to Addison*).

485 Vgl. erneut BReg BT-Drs. 16/1828, S. 25; *Klöhn* in: K&R 2008, 77 [78]; *Kreile* in: ZUM 2007, 682 [684]; *Wandtke/Grunert* in: Wandtke/Bullinger § 32c Rn. 25.

forderlich ist demnach immer die Vereinbarung einer – wenn auch unangemessenen – Vergütung, die letztlich Gegenstand des Korrekturanspruchs ist. Dies ist aber nicht dahingehend zu verstehen, dass es auch hinsichtlich der jeweils in Rede stehenden neuen Nutzungsart einer (unangemessenen) Vergütungsabrede bedarf.[486] Dies folgt aus der bei § 32a UrhG gebotenen Gesamtbetrachtung der Vertragsbeziehung, nach der für die Feststellung eines auffälligen Missverhältnisses eine umfassende Abwägung zwischen der Gesamtheit der Gegenleistung und den Erträgen und Vorteilen aus der Werknutzung erforderlich ist.[487] Damit genügt es für die Kontrolle nach § 32a UrhG etwa auch, dass sich die vertragliche Vergütungsabrede nur auf bei Vertragsschluss bekannte Nutzungsarten bezieht. Ergibt sich also nach der Gegenüberstellung der dem Urheber aus dem Vertrag bzw. nach der Korrektur über §§ 32 und 32c i. V. m. 32 UrhG zustehenden Vergütung mit den tatsächlichen Vorteilen aus der Verwertung in der neuen Nutzungsart ein auffälliges Missverhältnis, so hat der Urheber einen weiteren Korrekturanspruch aus § 32a UrhG.[488]

c. *Sonderfall: Substituierung einer bisherigen Nutzungsart*

Fraglich erscheint die Bemessung der angemessenen Vergütung insbesondere in den Fällen, in denen die neue Nutzungsart eine bei Vertragsschluss bekannte und ebenfalls eingeräumte Nutzungsart ersetzt. Soweit die neue Nutzungsart hierbei überhaupt als unbekannt i. S. d. § 32c UrhG zu qualifizieren ist,[489] wurde vermehrt angemerkt, dass der gesonderte Vergütungsanspruch gegen Null tendieren müsse.[490] Mit Recht weisen aber *Wandtke/Grunert* darauf hin, dass der gesetzliche Anspruch aus § 32c UrhG für die Verminderung der Vergütung den falschen Anknüpfungspunkt darstellt. Dieser ist nämlich allein auf die tat-

486 So aber anscheinend *Klöhn* in: K&R 2008, 77 [78 f.]; der dementsprechend in Abwesenheit einer Vergütungsabrede für die unbekannten Nutzungsarten eine analoge Anwendung des § 32a UrhG erwägt.

487 *Czychowski* in: Fromm/Nordemann § 32a Rn. 14; *Schulze* in: Dreier/Schulze § 32a Rn. 32; *Wandtke/Grunert* in: Wandtke/Bullinger § 32a Rn. 14.

488 So i.E. bereits *Kreile* in: ZUM 2007, 682 [684]; a. A. wohl *Schuchardt*, S. 170, die unmittelbar auf den gesetzlichen Vergütungsanspruch aus § 32c UrhG abstellt.

489 Ersetzt nämlich eine neue Technologie lediglich eine alte, ohne dabei einen neuen Absatzmarkt zu erschließen, liegt nach der (zweifelhaften) Rechtsprechung des BGH schon keine neue Nutzungsart vor, vgl. BGH GRUR 2005, 937 [939] (*Der Zauberberg*); kritisch dazu etwa *Reber* in: GRUR 1998, 792 [795 f.]; *Schulze* in: Dreier/Schulze § 31a Rn. 36; bzgl. § 32c UrhG auch *Czychowski* in: Fromm/Nordemann § 32c Rn. 8 sowie *Scholz* in: Mestmäcker/Schulze, 45. AL (12/07), § 31a Rn. 13 und *Spindler* in: Schricker/Loewenheim § 31a Rn. 34, die angesichts der Streichung des § 31 Abs. 4 UrhG a. F. eine Neuorientierung fordern.

490 So noch der erste Referentenentwurf vom 27. 9. 2004, S. 49 (http://www.urheberrecht.org/topic/Korb-2/bmj/760.pdf) (zuletzt abgerufen am 01.08.11); zustimmend *Berger* in: GRUR 2005, 907 [910]; *Klöhn* in: K&R 2008, 77 [78]; *Schulze* in: Dreier/Schulze § 32c Rn. 8.

sächliche Nutzung in der neuen Nutzungsart gerichtet und als solcher unabhängig von der Ertragssumme aller Nutzungsarten beim Verwerter. Daher ist im Fall einer Substituierung von Werknutzungen nicht der Anspruch aus § 32c UrhG zu mindern, sondern vielmehr der bisherige vertragliche Anspruch für die (wegfallende) Verwertung der durch die neue Nutzungsart substituierten alten Nutzungsart.[491]

d. *Ermittlung der Angemessenheit durch einseitige Leistungsbestimmung nach billigem Ermessen gemäß §§ 315 ff. BGB*

Erwägenswert ist es schließlich, die Bestimmung der Angemessenheit des gesetzlichen Vergütungsanspruchs mittels Vereinbarung eines einseitigen Leistungsbestimmungsrechts dem Verwerter zu übertragen, wie es die §§ 315 ff. BGB voraussetzen. Hiernach erkennt der Gesetzgeber bekanntlich die Möglichkeit an, dass die Parteien sich mit Blick auf das schuldrechtliche Bestimmtheitserfordernis (§ 311 Abs. 1 BGB) vom Abschlusszeitpunkt lösen und dieses auf den Zeitpunkt der Leistungsbestimmung verlagern.[492] Damit wird dem Umstand Rechnung getragen, dass die Parteien den Gegenstand der Leistung im Voraus vielfach nur rahmenmäßig, nicht aber hinreichend konkret festlegen können.[493] So könnte dem Verwerter etwa ein Leistungsbestimmungsrecht dergestalt eingeräumt werden, dass er die Höhe der Vergütung nach Aufnahme der Verwertung in der neuen Nutzungsart nach konkreten zuvor festgelegten Kriterien[494] einseitig bestimmt.

Bedenken bestehen diesbezüglich zunächst insoweit, als die Ausübung des Leistungsbestimmungsrechts außer regelmäßig im Fall der Bestimmung nach billigem Ermessen (vgl. § 315 Abs. 3 BGB) nicht gerichtlich überprüfbar ist[495] und sich damit in Widerspruch zu dem über § 32c Abs. 1 S. 2 UrhG anwendbaren § 32 Abs. 2 UrhG setzt. Denn die hiernach ermittelte Vergütung ist einer umfassenden gerichtlichen Kontrolle unterworfen. Vereinbaren die Parteien also eine Festlegung des Vergütungsanspruchs nach freiem Ermessen, so würde

491 *Wandtke/Grunert* in: Wandtke/Bullinger § 32c Rn. 20.

492 *Rieble* in: Staudinger § 315 Rn. 4.

493 BGH WRP 2007, 332 [334]; *Gottwald* in: MüKo § 315 Rn. 2; *Hager* in: Erman § 315 Rn. 1.

494 Wie aus § 315 Abs. 1 BGB deutlich wird, können die Parteien im Ausgangspunkt auch einen anderen Bestimmungsmaßstab vereinbaren, vgl. *Gehrlein* in: Bamberger/Roth § 315 Rn. 5; *Hager* in Erman § 315 Rn. 23.

495 So wohl die überwiegende Auffassung, die eine richterliche Kontrolle bei anderen Bewertungsmaßstäben nur anhand der §§ 138, 242 BGB zulässt, vgl. *Brox/Walker* § 6 Rn. 8 f.; *Medicus* in: Prütting/Wegen/Weinrich § 315 Rn. 7; *Rieble* in: Staudinger § 315 Rn. 131; a. A. *Gottwald* in: MüKo § 315 Rn. 32, der jedenfalls beim »freien Ermessen« § 315 Abs. 3 BGB für anwendbar hält; differenzierend *Gerhlein* in: Bamberger/Roth § 315 Rn. 5, der § 315 Abs. 3 BGB bei der Vereinbarung eines anderen, objektivierbaren Kriteriums analog anwendet.

diese der Intention des Gesetzgebers zuwiderlaufen, dem Urheber mit § 32c UrhG einen Anspruch für die Verwertung in den neuen Nutzungsarten zu geben, der hinsichtlich seiner Höhe gerichtlich vollumfänglich überprüfbar ist. Anders gewendet würde diese Modifizierung des gesetzlichen Anspruchs aus § 32c UrhG die Angemessenheit und damit den Anspruch selbst zur Disposition des Verwerters als Inhaber des Leistungsbestimmungsrechts stellen. Dies käme somit im Ergebnis einem (Teil-)Verzicht gleich, der gemäß § 32c Abs. 3 S. 1 UrhG als Vorausvereinbarung unzulässig ist.

Machen die Parteien dagegen den Maßstab des billigen Ermessens zum Gegenstand des einseitigen Leistungsbestimmungsrechts, ist dieser wegen § 315 Abs. 3 BGB gerichtlich überprüfbar,[496] so dass insoweit keine Vorbehalte bestehen. Friktionen gegenüber den Kriterien des § 32 Abs. 2 UrhG ergeben sich hier in anderer Hinsicht. Wie soeben erläutert wurde, sah der Reformgesetzgeber des § 32 UrhG die Bestimmung der Angemessenheit nach billigem Ermessen nur dann vor, wenn es an einer gemeinsamen Vergütungsregel oder einer Branchenübung fehlte.[497] Eine entsprechende Vereinbarung zur Ausgestaltung des Anspruchs aus § 32c UrhG allein am Maßstab des billigen Ermessens, würde diese beiden primär anwendbaren Kriterien des § 32 Abs. 2 UrhG folglich unterschlagen und damit eine Modifizierung der Angemessenheitsermittlung nach § 32c Abs. 1 S. 2 i.V.m. § 32 Abs. 2 UrhG darstellen.[498]

Es fragt sich daher, ob auch eine solche Änderung der gestuften Bewertungsreihenfolge der Unzulässigkeitsanordnung des § 32c Abs. 3 S. 1 UrhG unterfällt. Anders als § 32 Abs. 3 S. 1 UrhG erfasst dieser aber nicht jede *»abweichende Vereinbarung«*, sondern nur den Vorausverzicht auf den Vergütungsanspruch nach § 32c UrhG. Vielmehr orientierte sich der Reformgesetzgeber ausdrücklich an den zurückhaltenderen Grenzen des § 32a Abs. 3 UrhG, so dass sich auch eine Analogie zu § 32 Abs. 3 S. 1 UrhG verbietet.[499] Dementsprechend müssen – vor dem Hintergrund des allgemeinen Umgehungsverbots – solche abweichenden Vereinbarungen bzgl. des Anspruchs aus § 32c UrhG zulässig sein, die nicht zugleich auf einen (Teil-)Verzicht des Urhebers hinauslaufen.

---

496 Möglich ist allerdings ebenso eine Abbedingung der gerichtlichen Überprüfung, vgl. *Rieble* in: Staudinger § 315 Rn. 65; für die vorliegende Konstellation würde dies indes zur Unzulässigkeit der Vereinbarung eines einseitigen Preisbestimmungsrechts führen.

497 Beschlussempfehlung des Rechtsausschusses, BT-Drs. 14/8058, S. 18; *Kotthoff* in: Dreyer/Kotthoff/Meckel § 32 Rn. 39; *Lindner* in: Mestmäcker/Schulze, 43. AL (12/06), § 32 Rn. 27; *Schricker* in: GRUR Int. 2002, 797 [806]; *Schulze* in: Dreier/Schulze § 32 Rn. 51.

498 Zudem legt § 32 Abs. 2 UrhG die Ausübung des billigen Ermessens, anders als es § 315 BGB voraussetzt, nicht in die Hand einer Partei. Allerdings kommt es auf diesen (vermeintlichen) Unterschied deshalb nicht an, weil die Ausübung des einseitigen Preisbestimmungsrechts gemäß § 315 Abs. 3 BGB letztlich ebenso vom Gericht überprüft wird.

499 BReg BT-Drs. 16/1828, S. 25; gegen eine Analogie auch explizit *Schuchardt*, S. 197.

Diese Wertung wird hinsichtlich der hier angedachten Ausgestaltung des Vergütungsanspruchs zu verneinen sein. Einerseits ist der Verwerter in der Ausübung des an das billige Ermessen geknüpften Leistungsbestimmungsrechts nicht völlig frei, sondern unterliegt insoweit der richterlichen Überprüfung, § 315 Abs. 3 BGB. Andererseits gebietet auch der Maßstab des billigen Ermessens mit Rücksicht auf den Vertragszweck und alle wesentlichen Umstände des Einzelfalles eine Abwägung der Interessen beider Parteien. Wie bereits angedeutet, wird man in Orientierung an § 32 Abs. 2 UrhG daher fordern müssen, dass das (richterlich überprüfbare) Ergebnis der Ausübung des Leistungsbestimmungsrechts ebenso dem Erfordernis der Redlichkeit entspricht, um damit dem Grundsatz der angemessenen Beteiligung des Urhebers an den Erträgen aus der Nutzung seines Werkes Genüge zu tun.[500] Unter Beachtung dieser Kontrollvorgaben ist somit ein einseitiges Leistungsbestimmungsrecht betreffend die Höhe der Vergütung nach § 32c UrhG – vorbehaltlich AGB-rechtlicher Einwände[501] – für zulässig zu erachten.[502] Dies gilt umso mehr, als die Festlegung nach billigem Ermessen wie gezeigt ein dem § 32 Abs. 2 UrhG nicht unbekanntes Verfahren darstellt und hinsichtlich der Vergütung von unbekannten Nutzungsarten eine nur sehr geringe Modifizierung darstellt.

Von diesem Befund zu unterscheiden ist die Möglichkeit der Parteien, die rein vertragliche Vergütungsabrede – mithin ohne Ausgestaltung des gesetzlichen Anspruch des § 32c UrhG – mit einem entsprechenden Recht, einem sogenannten Preisvorbehalt[503] zu versehen. Da insoweit § 32c Abs. 3 UrhG keine Geltung beansprucht, wäre aber auch eine solche Vereinbarung – vorbehaltlich entgegenstehender AGB-rechtlicher Vorgaben – zulässig, solange die Vereinbarung nicht zu einer Einschränkung der Rechte des Urhebers aus § 32c UrhG führt und ihrerseits die Leistungsbestimmung keiner reinen Willkürentscheidung aussetzt.[504] Im Verhältnis dieses vertraglichen Anspruchs zum gesetzlichen Anspruch auf gesonderte angemessene Vergütung gilt das oben Ausgeführte.[505] Von vornherein kein einseitiges Leistungsbestimmungsrecht i. S. d. §§ 315 ff.

500 Vgl. auch *Schricker* in: GRUR Int. 2002, 797 [806]; der darauf hinweist, dass es auch i.R.d. § 315 BGB auf eine *»Austauschgerechtigkeit im Einzelfall«* ankommt; eingehend *v. Westphalen* in: AfP 2008, 21 [24].

501 Dazu unten ab S. 275.

502 I.E. wohl ebenso *Czychowski* in: Fromm/Nordemann § 32c Rn. 8; skeptisch *Spindler* in: Schricker/Loewenheim § 32c Rn. 18.

503 Hierbei bleibt das Entgelt für eine Leistung bei Vertragsschluss zunächst offen und wird erst später einseitig bestimmt, vgl. zur Terminologie BGH NJW 1983, 1603 [1604]; *Fuchs* in: Ulmer/Brandner/Hensen § 307 Rn. 180; *Wolf* in: ZIP 1987, 341 [341 f.].

504 Willkür kann nicht als Bestimmungsmaßstab gewählt werden, vgl. RGZ 167, 225 [235]; *Gehrlein* in: Bamberger/Roth § 315 Rn. 5; *Grüneberg* in: Palandt § 315 Rn. 5; *Rieble* in: Staudinger § 315 Rn. 34.

505 Dazu oben S. 104 ff.

BGB stellt es dar, wenn die Parteien vereinbaren, dass die *»übliche«* oder *»angemessene«* Leistung geschuldet wird. Hier wird man vielmehr davon ausgehen müssen, dass die Parteien einen nach objektiven Vergleichsmaßstäben zu ermittelnden Leistungsinhalt zum Gegenstand ihrer Vergütungsabrede gemacht haben.[506]

Allerdings führt die Festsetzung der Vergütung aufgrund eines Preisvorbehalts zugunsten des Verwerters nicht zur Rechtsfolge des § 31a Abs. 2 UrhG, nach dem das Widerrufsrecht entfällt. Denn ausweislich seines Wortlauts fordert § 31a Abs. 2 S. 1 UrhG eine Einigung im Sinne einer vertraglichen Vereinbarung über die Vergütung.[507] Eine einseitige Leistungsbestimmung ist dagegen gerade eine Abweichung von diesem Vertragsprinzip. Angesichts der Tatsache, dass diese Einigung nach § 31a Abs. 2 UrhG nicht einmal zwingend angemessen i. S. d. § 32c UrhG sein muss, um das Widerrufsrecht des Urhebers zu beseitigen,[508] bestehen also erhebliche Zweifel an der Wahrscheinlichkeit der Vereinbarung eines solchen Preisvorbehalts betreffend die vertragliche Vergütungsabrede.

6. Unterrichtungspflicht gemäß § 32c Abs. 1 S. 3 UrhG

In § 32c Abs. 1 S. 3 UrhG hat der Gesetzgeber zugleich die Pflicht des Vertragspartners normiert, den Urheber über die Aufnahme der neuen Art der Werknutzung zu informieren. Diese Unterrichtungspflicht ist keine Voraussetzung für das Bestehen des gesetzlichen Vergütungsanspruchs. Vielmehr stellt das damit korrespondierende Recht des Urhebers ein wirksames Hilfsmittel zur Durchsetzung seines Anspruchs aus § 32c Abs. 1 UrhG dar und kann daher als ein weiterer Schutzmechanismus neben Widerrufsrecht und Vergütungsanspruch verstanden werden. Sie steht neben der Mitteilungspflicht nach § 31a Abs. 1 S. 4 UrhG und ist von dieser zu trennen.[509]

Diese Ergänzung eines gesetzlichen Vergütungsanspruchs durch einen Auskunftsanspruch ist ein dem deutschen Zivilrecht bekanntes Prinzip, welches von

506 Vgl. BGH WM 1968, 575; OLG Hamm NJW 1976, 1212; *Gottwald* in: MüKo § 315 Rn. 15; *Grüneberg* in: Palandt § 315 Rn. 6; *Hager* in: Erman § 315 Rn. 4 jeweils m. w. N.

507 *Wandtke/Grunert* in: Wandtke/Bullinger § 31a Rn. 93; eingehend *Schuchardt*, S. 117 ff.

508 Vgl. erneut oben S. 90 ff.

509 *Scholz* in: Mestmäcker/Schulze, 45. AL (12/07), § 32c Rn. 35; *Kreile* in: ZUM 2007, 682 [685] weist gleichwohl darauf hin, dass Mitteilung und Frist (trotz unterschiedlicher Wirkungen) durchaus zusammenfallen können; ebenso *J.B. Nordemann* in: Fromm/Nordemann § 31a Rn. 64; im eigenen Interesse wird der Verwerter jedoch vor Aufnahme der beabsichtigten Werknutzung (namentlich mindestens drei Monate vorher) seine Absicht mitteilen und dies sogleich mit einem Angebot auf Abschluss einer entsprechenden Vergütungsvereinbarung verbinden.

der Rechtsprechung auch ohne ausdrückliche Normierung anerkannt wird.[510] So soll dieser gemäß § 242 BGB immer dann gegeben sein, wenn ein Anspruch zwar besteht, der Berechtigte für die Feststellung der Höhe aber auf die Auskunft des Verpflichteten angewiesen ist.[511] Dementsprechend hätte es für die Einforderung dieses Hilfsanspruchs[512] auch bei den unbekannten Nutzungsarten an sich keiner ausdrücklichen Regelung bedurft. Insbesondere vor dem Hintergrund der gleichfalls bestehenden Mitteilungspflicht beim Widerrufsrecht (§ 31a Abs. 1 S. 4 UrhG) bewahrt die explizite Nennung in § 32c Abs. 1 S. 3 UrhG jedoch die gesetzessystematische Einheitlichkeit und ist daher zu begrüßen.

a. *Gegenstand der Unterrichtungspflicht*

Aus diesem Zweck der Unterrichtungspflicht, die Bestimmung und Durchsetzung des gesetzlichen Vergütungsanspruchs zu gewährleisten, müssen sich letztlich auch die Vorgaben für deren Inhalt ergeben.[513] Der Urheber muss aufgrund der dadurch gewährten Angaben in die Lage versetzt werden, seinen Vergütungsanspruch finanziell möglichst präzise einzuschätzen, um dem Verwerter bei den anschließenden Verhandlungen auf Augenhöhe begegnen zu können. Dementsprechend lässt sich bereits aus dem Wortlaut des § 32c Abs. 1 S. 3 UrhG (»*die Aufnahme der neuen Art der Werknutzung*«) eine Konkretisierung dergestalt herleiten, dass die neue Verwertungsform konkret zu bezeichnen und über Dauer und Umfang der Nutzung zu informieren ist.[514] Maßgeblich ist dabei allein die aus *ex ante*-Sicht mögliche Prognose bei der Aufnahme der Nutzung als dem Entstehungszeitpunkt der Unterrichtungspflicht.[515]

b. *Unterrichtungsverpflichteter*

Wie bei den anderen bereits beschriebenen Rechten des Urhebers stellt sich für den Anspruch auf Unterrichtung über die Aufnahme der neuen Art der Werknutzung gleichfalls die Frage nach dem Verpflichteten. Der Gesetzeswortlaut ist

---

510 RGZ 108, 1 [7]; BGHZ 10, 385; für das UrhR: BGH GRUR 1980, 227 [232] (*Monumenta Germaniae Historica*); GRUR 1986, 62 [64] (*GEMA Vermutung I*); GRUR 1986, 66 [67] (*GEMA-Vermutung II*).

511 *Dreier* in: Dreier/Schulze Vor §§ 44a ff. Rn. 16; *Stöhr*, S. 69 m.w.N.; zur Verwandtschaft zum allg. Auskunftsanspruch auch *Spindler* in: Schricker/Loewenheim § 32c Rn. 19.

512 So ausdrücklich BVerfG NJW 1997, 247 [248]; *Dreier* in: Dreier/Schulze Vor § 44a ff. Rn. 16; *Heinrichs* in: Palandt § 261 Rn. 25; *Melichar* in: Schricker/Loewenheim Vor §§ 44a ff. Rn. 31.

513 *Melichar* in: Schricker/Loewenheim Vor §§ 44a ff. Rn. 32 weist darauf hin, dass sich der Umfang der Auskunftspflicht auch bei gesetzlich festgeschriebenen Ansprüchen weiterhin am Maßstab des § 242 BGB orientiert.

514 *Kotthoff* in: Dreyer/Kotthoff/Meckel § 32c Rn. 8; *Schuchardt*, S. 182; *Schulze* in: UFITA 2007/III, 641 [679]; *Spindler* in: Schricker/Loewenheim § 32c Rn. 27; *Wandtke/Grunert* in: Wandtke/Bullinger § 32c Rn. 32.

515 *Schuchardt*, S. 182.

hierzu scheinbar eindeutig, indem er die Pflicht in § 32c Abs. 1 S. 3 UrhG ausschließlich dem Vertragspartner des Urhebers auferlegt. Unproblematisch ist dies in all denjenigen Fällen, in denen der Vertragspartner als Inhaber der Rechte mit der neuen Nutzung beginnt.

Problematischer erscheint dagegen die Konstellation, in der ein dritter Rechteinhaber erstmals von der neuen Nutzungsart Gebrauch macht. Bereits dargelegt wurde, dass in dem Fall dieser Dritte Gegner des gesetzlichen Vergütungsanspruchs aus § 32c UrhG ist. Muss sich der Urheber demnach mit dem neuen Rechteinhaber über die Höhe seines Anspruchs auseinandersetzen, so ist vor dem Hintergrund einer effektiven Anspruchsdurchsetzung zu fordern, dass (jedenfalls auch) der Dritte zur Unterrichtung verpflichtet ist. Beruht der Auskunftsanspruch maßgeblich auf dem aus dem gesetzlichen Vergütungsanspruch herrührenden gesetzlichen Schuldverhältnis,[516] muss den Dritten als Partei dieser Rechtsbeziehung zugleich auch die Unterrichtungspflicht treffen. Letztlich ist zuvorderst er es, der die nach § 32c Abs. 1 S. 3 UrhG erforderlichen Angaben gegenüber dem Urheber machen kann.[517]

Contra legem wäre es gleichwohl, daraus den Schluss zu ziehen, dass der ursprüngliche Vertragspartner damit zugleich von der Unterrichtungspflicht befreit wird. Auch wenn eine solche Annahme scheinbar zwingend aus dem Übergang des gesetzlichen Anspruchs folgen müsste, so bedeutete dies jedoch einen Verstoß gegen den insofern eindeutigen Wortlaut des § 32c Abs. 1 S. 3 UrhG.[518] Zudem spricht auch die Gesetzessystematik gegen eine Befreiung des Vertragspartners. So trifft der Gesetzgeber mit § 32c Abs. 2 UrhG eine Aussage zum Fortbestand des Vergütungsanspruchs bei einer Rechteübertragung, ohne den (befreienden) Haftungsübergang auch für den Auskunftsanspruch anzuordnen.[519] Aus diesem Grund ist davon auszugehen, dass dem Urheber immer dann zwei Unterrichtungsverpflichtete gegenübertreten, wenn ein vom ursprünglichen Vertragspartner Verschiedener berechtigterweise die neue Art der Werknutzung aufnimmt. Neben diesem Dritten obliegt es also auch dem Vertragspartner, den Urheber in dem ihm möglichen Umfang über die Nutzung (des Dritten) zu unterrichten.[520]

---

516 BGH GRUR 1986, 62 [64] (*GEMA Vermutung I*); GRUR 1986, 66 [67] (*GEMA-Vermutung II*); *Melichar* in: Schricker/Loewenheim Vor §§ 44a ff. Rn. 31.

517 So die Erwägung von *Scholz* in: Mestmäcker/Schulze, 45. AL (12/07), § 32c Rn. 45; i.E. ebenso *Schuchardt*, S. 188; *Wandtke/Grunert* in: Wandtke/Bullinger § 32c Rn. 29; *Spindler* in: Schricker/Loewenheim § 32c Rn. 23 spricht insoweit von einem konstruktiven Fehler des Gesetzes und fordert eine analoge Anwendung des § 32c Abs. 1 S. 3 UrhG auf den Dritten i. S. d. § 34 UrhG.

518 Im Gegensatz dazu verwendet der Gesetzgeber bei der Mitteilung i.R.d. § 31a Abs. 1 S. 4 den neutraleren Begriff »*der andere*«; vgl. dazu erneut oben S. 82 f.

519 *Frey/Rudolph* in: ZUM 2007, 13 [20] sowie *W. Nordemann* in: FS Raue (2006), 587 [589].

520 So i.E. bereits *Scholz* in: Mestmäcker/Schulze, 45. AL (12/07), § 32c Rn. 44; *Schulze* in:

c. Versendung der Unterrichtung

Anders als bei der die Widerrufsfrist auslösenden Benachrichtigung gemäß § 31a Abs. 1 S. 4 UrhG trifft der Gesetzgeber für die Unterrichtungspflicht keine Aussage zu dem dem Verpflichteten obliegenden Rechercheaufwand. Da § 31a Abs. 1 S. 4 UrhG vom Gesetzgeber ausdrücklich als eine Erleichterung zugunsten des Rechteinhabers ausgestaltet wurde, bestehen nach der Gesetzessystematik für den Verpflichteten nach § 32c Abs. 1 S. 3 UrhG grundsätzlich strengere Anforderungen. Da die Problematik des Rechercheaufwandes des Verwerters im Laufe des Gesetzgebungsverfahrens ohne entsprechende Berücksichtigung in § 32c UrhG kontrovers diskutiert wurde, lässt sich § 31a Abs. 1 S. 4 UrhG mangels planwidriger Regelungslücke auch nicht analog heranziehen.[521] Der Unterrichtungsverpflichtete muss daher nach den allgemeinen Regeln den Zugang beim Adressaten sicherstellen. Lässt sich die Anschrift aber auch trotz zumutbarer Nachforschungen nicht ermitteln, wäre die Mitteilung demnach analog § 132 Abs. 2 BGB i. V. m. §§ 185 ff. ZPO gegebenenfalls öffentlich zuzustellen.[522]

Das Gesetz verlangt für die Mitteilung über die Aufnahme der neuen Art der Werknutzung unverzügliches Handeln, so dass sich die Frist aus der Legaldefinition des § 121 Abs. 1 S. 1 BGB ergibt, mithin kein schuldhaftes Zögern zulässig ist. Da es anders als etwa bei der Anfechtung nicht um ein Recht des Erklärenden geht, sondern gerade der Durchsetzung der Rechte des Urhebers als Erklärungsempfänger dient, kann dem Verwerter hierbei keine Überlegungsfrist gewährt werden.[523] Für die Form der Mitteilung lässt sich in Ermangelung einer ausdrücklichen Normierung erneut auf den allgemeinen Auskunftsanspruch zurückgreifen. Hiernach wird regelmäßig eine Verkörperung – nicht jedoch zwingend die Schriftform gemäß § 126 BGB – erforderlich sein, in einfachen Fällen aber auch Mündlichkeit ausreichen.[524]

UFITA 2007/III, 641 [680], der die fortbestehende Unterrichtungspflicht des Vertragspartners zusätzlich noch aus dem Vertrag mit dem Urheber i. V. m. § 32 UrhG herleitet; auch *Spindler* in: Schricker/Loewenheim § 32c Rn. 24; a. A. wohl *Schuchardt*, S. 188; *Wandtke/Grunert* in: Wandtke/Bullinger § 32c Rn. 45, die einen vollständigen Übergang der Unterrichtungspflicht annehmen; da der ursprüngliche Vertragspartner zumeist keine Kenntnis von der Verwertung durch den Dritten haben wird, ist es ratsam, dem Dritten bei der Übertragung bzw. Weitereinräumung der Nutzungsrechte eine vertragliche Unterrichtungspflicht aufzuerlegen; *v. Becker* in: Loewenheim, HdB UrhR, § 29 Rn. 64 geht von einer Unterrichtungspflicht des Dritten gegenüber dem Vertragspartner und des Vertragspartners gegenüber dem Urheber aus.

521 *Scholz* in: Mestmäcker/Schulze, 45. AL (12/07), § 32c Rn. 27.

522 *Hertin*, Rn. 391; *Scholz* in: Mestmäcker/Schulze, 45. AL (12/07), § 32c Rn. 27; a. A. offenbar *Schulze* in: UFITA 2007/III, 641 [679], der dieselben Anforderungen wie bei § 31a Abs. 1 S. 4 UrhG zugrunde legt; eingehend mit differenzierender Lösung *Schuchardt*, S. 183 ff., die sich auch gegen eine Übernahme der Anforderungen aus § 32c Abs. 1 S. 3 UrhG ausspricht.

523 So überzeugend *Schuchardt*, S. 180.

524 *Heinrichs* in: Palandt § 261 Rn. 20 m.w.N.; *Scholz* in: Mestmäcker/Schulze, 45. AL (12/07),

d. *Rechtsfolge einer unterbliebenen Unterrichtung*

Fraglich ist schließlich die Rechtsfolge eines Verstoßes gegen die Unterrichtungspflicht des § 32c Abs. 1 S. 3 UrhG. Der Gesetzestext selbst sieht keine Sanktion gegenüber dem pflichtwidrig handelnden Unterrichtungsverpflichteten vor. Anders als bei § 31a Abs. 1 S. 4 UrhG, wo die unterlassene Benachrichtigung zu Lasten des künftigen Verwerters zumindest den Lauf einer Widerrufsfrist verhindert, bestünde – abgesehen vom Nichtlaufen der dreijährigen Verjährungsfrist für den Anspruch aus § 32c Abs. 1 UrhG – demnach keinerlei Risiko für den zahlungsunwilligen Schuldner. Um aber den Anspruch auf Unterrichtung im Ergebnis nicht leerlaufen zu lassen, sollte für den Unterrichtungsverpflichteten ein Anreiz dergestalt geschaffen werden, dass sich die Zahlungspflicht bei unterbliebener Unterrichtung erhöht.

Dogmatisch naheliegend ist dafür ein Rückgriff auf einen Schadensersatzanspruch wegen Pflichtverletzung (aus dem gesetzlichen Schuldverhältnis) gemäß § 280 Abs. 1 BGB.[525] Als problematisch erweist sich dabei allerdings die Begründung eines ersatzfähigen Schadens. Denn da der Verwerter die neue Nutzungsart als Rechtsinhaber auch ohne entsprechende Benachrichtigung rechtmäßig nutzt,[526] kann der Schaden lediglich an die dem Berechtigten entstehenden Einbußen aufgrund der unterbliebenen Unterrichtung anknüpfen und damit allein auf dem erhöhten Rechercheaufwand hinsichtlich der tatsächlichen Aufnahme der neuen Art der Werknutzung beruhen. Theoretisch ist dem Berechtigten zwar ohne Unterrichtung auch sein Vergütungsanspruch aus § 32c UrhG verwehrt. Sobald er aber einen etwaigen Schadensersatz einfordert, wird er immer zugleich auch den Vergütungsanspruch aus § 32c UrhG geltend machen können.

Ist der Schadensposten demnach grundsätzlich auf die Kosten für das Auffinden der neuen Nutzung sowie etwaige Verzögerungen bei der Geltendmachung des Vergütungsanspruchs (relevant insbesondere bei Insolvenz des Verwerters) beschränkt,[527] wird der zu ersetzende Schaden bei einem einzelnen Urheber regelmäßig sehr gering ausfallen. Damit besteht für den Verwerter in dieser Konstellation mangels finanziell erheblicher Sanktion letztlich kaum ein

---

§ 32c Rn. 31; *Spindler* in: Schricker/Loewenheim § 32c Rn. 26; ähnlich *Wandtke/Grunert* in: Wandtke/Bullinger § 32c Rn. 32, die auch eine mündliche Mitteilung ausreichen lassen, allerdings aus Beweisgründen eine schriftliche Fixierung empfehlen; generell für Schriftform *Schuchardt*, S. 183.

525 So auch *Berger* in: GRUR 2005, 907 [910]; *ders.* in: Berger/Wündisch, HdB UrhVR, § 1 Rn. 122; *Frey/Rudolph* in: ZUM 2007, 13 [20]; *Hertin*, Rn. 392; *Schulze* in: UFITA 2007/III, 641 [680]; *Wandtke/Grunert* in: Wandtke/Bullinger § 32c Rn. 36 rekurrieren zudem noch auf § 823 Abs. 2 BGB i. V. m. § 32 c Abs. 1 S. 3 UrhG als Schutzgesetz.

526 Daher ist § 97 UrhG hier keine taugliche Anspruchsgrundlage; a. A. offenbar *Schulze* in: UFITA 2007/III, 641 [682], der direkt § 97 UrhG heranzieht und von einer Urheberrechtsverletzung spricht; wie hier *Wandtke/Grunert* in: Wandtke/Bullinger § 32c Rn. 36.

527 *Scholz* in: Mestmäcker/Schulze, 45. AL (12/07), § 32c Rn. 33; ähnlich *Kotthoff* in: Dreyer/Kotthoff/Meckel § 32c Rn. 10; *Schuchardt*, S. 186.

Anreiz, über die Nutzung zu unterrichten. Dieses Problem ist allerdings charakteristisch für das deutsche Schadensrecht, das primär dem Zweck des Ausgleichs des konkret entstandenen Schadens beim Verletzten dient und damit allenfalls mittelbar Gewähr für hinreichende Prävention oder Sanktion bietet.[528] Dementsprechend lehnt der BGH einen pauschalen Verletzerzuschlag außer in den Fällen schwerwiegender Verletzungen des allgemeinen Persönlichkeitsrechts durch Massenmedien durchweg ab.[529] Der somit entstehende geringe Anreiz für rechtstreues Verhalten muss daher solange hingenommen werden, wie der Gesetzgeber hier nicht zum Zwecke einer möglichst hohen Anspruchsrealisierungsquote nachbessert.[530] Dies gilt nicht zuletzt aufgrund der gesetzessystematischen Erwägung, dass mit § 54 f Abs. 3 UrhG eine Norm existiert, die ausnahmsweise eine Verdoppelung des Vergütungssatzes vorsieht, wenn der Schuldner (der Kopier- und Vervielfältigungsabgabe) seiner Auskunftspflicht nicht hinreichend nachkommt.[531]

Daneben wirkt sich das Unterlassen der Unterrichtung wie bereits angedeutet auf die Verjährung des gesetzlichen Vergütungsanspruchs gemäß § 32c Abs. 1 UrhG aus. Dieser verjährt mangels anderweitiger Regelungen regelmäßig nach § 195 BGB, mithin drei Jahre ab dem Schluss des Jahres, in dem der Anspruch

528 *Kraßer* in: GRUR Int. 1980, 259 [269]; *Lütje* in: Möhring/Nicolini § 97 Rn. 223; *v. Wolff* in: Wandtke/Bullinger § 97 Rn. 76 sowie zuletzt *Bodewig/Wandtke* in: GRUR 2008, 220 [221 f.]; für die (hier nicht vorliegende) Verletzung von Rechten am geistigen Eigentum könnte allerdings künftig ein Paradigmenwechsel erforderlich sein, da die Richtlinie 2004/48/EG zur Durchsetzung der Rechte am geistigen Eigentum ausweislich ihres Art. 3 Abs. 2 verlangt, dass die von den MS vorgesehenen Rechtsbehelfe *»abschreckend«* sind; vgl. zu diesen Einwirkungen auf das dt. Schadensersatzrecht eingehend *v. Ungern-Sternberg* in: GRUR 2009, 460 ff.

529 BGH GRUR 1962, 401 ff. (*Kreuzbodenventilsäcke III*); GRUR 1973, 379 [380] (*Doppelte Tarifgebühr*); GRUR 1980, 841 [843] (*Tolbutamid*); zur Ausnahme bei Persönlichkeitsrechtsverletzungen vgl. BGH GRUR 1995, 224 (*Erfundenes Exklusiv-Interview*); GRUR 1996, 373 (*Caroline v. Monaco*); eine weitere Ausnahme bildet der sog. GEMA-Zuschlag des BGH (vgl. GRUR 1973, 379 [379 f.] (*Doppelte Tarifgebühr*), dessen entsprechende Anwendung hier aber bereits deswegen scheitern würde, weil Rechtsverstöße im Wege normaler Markt- und Konkurrenzbeobachtung festgestellt und verhindert werden können, ohne dass es eines – wie vom BGH gefordert – kostspieligen Verwaltungs- und Rechercheaufwands bei der Auffindung des Verstoßes gegen die Unterrichtungspflicht aus § 32c Abs. 1 S. 3 UrhG bedarf, vgl. dazu BGH GRUR 1966, 570 [572] (*Eisrevue III*); GRUR 1986, 376 [380] (*Filmmusik*); kritisch zur dogmatischen Konstruktion des GEMA-Zuschlags insgesamt etwa *Gotthardt* in: UFITA 71 (1974), 77 [86 ff.]; *Kraßer* in: GRUR Int. 1980, 259 [270 ff.], *Lütje* in: Möhring/Nicolini § 97 Rn. 220 ff.

530 Mit Recht kritisch insoweit *Frey/Rudolph* in: ZUM 2007, 13 [20].

531 *Lütje* in: Möhring/Nicolini § 97 Rn. 223; dagegen hält *Backhaus* in: Mestmäcker/Schulze, 43. AL (12/06), § 97 Rn. 87 die §§ 54 f Abs. 3, 54 g Abs. 3 UrhG a. F. (§§ 54e Abs. 2, 54 f Abs. 3 UrhG n. F.) für analogiefähig; ebenso für § 32c Abs. 1 S. 3 UrhG wohl *Schuchardt*, S. 186 f., die bei unterlassener Mitteilung aus Präventionsgründen grds. den Anspruch auf die doppelte Vergütung gewähren will.

entsteht (die Aufnahme der Nutzung)[532] und der Urheber Kenntnis von den den Anspruch begründenden Umstände erlangt hat, § 199 Abs. 1 BGB.[533] Unterbleibt die Unterrichtung und erhält der Urheber auch nicht anderweitig Kenntnis von der Entstehung seines Vergütungsanspruchs infolge der Nutzungsaufnahme (oder beruht seine Unkenntnis nicht auf grober Fahrlässigkeit), beginnt die regelmäßige Verjährungsfrist nicht zu laufen.[534] Stattdessen verjährt der Anspruch nach zehn Jahren ab der Nutzungsaufnahme, § 199 Abs. 4 BGB. Verjährt hiernach der Vergütungsanspruch, wird dieser selbst zum Schadensposten des infolge der unterbliebenen Unterrichtung bestehenden Schadensersatzanspruchs aus § 280 Abs. 1 BGB. Da hinsichtlich dieses Schadensersatzanspruchs die Maßgeblichkeit des Schadenseintritt als Entstehungszeitpunkt (§ 199 Abs. 3 Nr. 1 BGB) die früher endende Frist i. S. d. § 199 Abs. 3 BGB darstellt,[535] verjährt er nach weiteren zehn Jahren nach der Verjährung des Vergütungsanspruchs (als dem Zeitpunkt des Schadenseintritts). Letztlich kann der Verwerter unter Umständen insgesamt bis zu zwanzig Jahre auf die angemessene Vergütung in Anspruch genommen werden.[536]

7. Unverzichtbarkeit der Rechte aus § 32c UrhG

Wie auch die Rechte in § 31a UrhG sind *»die Rechte«* aus § 32c UrhG, namentlich der Anspruch auf Unterrichtung[537] und angemessene gesonderte Vergütung, gemäß § 32c Abs. 3 UrhG nicht im Voraus verzichtbar. Im Grundsatz gelten damit die zu § 31a Abs. 4 UrhG gemachten Ausführungen insbesondere hinsichtlich der

532 Genau genommen ist der Anspruch i. S. d. § 199 Abs. 1 BGB erst im Zeitpunkt seiner Fälligkeit als entstanden anzusehen, mithin in dem Moment, in dem er erstmals geltend gemacht werden kann, vgl. BGH NJW 1991, 836 [837]; *Grothe* in: MüKo § 199 Rn. 4; siehe zur Unterscheidung zwischen Entstehung und Fälligkeit des Anspruchs aus § 32c UrhG auch unten S. 284 f.

533 *Wandtke/Grunert* in: Wandtke/Bullinger § 32c Rn. 48 verlangen für die Kenntnis von den den Anspruch begründenden Umständen i. S. d. § 199 Abs. 1 Nr. 2 BGB neben der eigentlichen Information über die Aufnahme der Nutzung auch die Kenntnis der tatsächlich entstandenen Umsätzen mit der neuen Werknutzung; offen gelassen von *Czychowski* in: Fromm/Nordemann § 32c Rn. 7.

534 *Kotthoff* in: Kotthoff/Dreyer/Meckel § 32c Rn. 10; *Schuchardt*, S. 187; wohl auch *Spindler* in: Schricker/Loewenheim § 32c Rn. 13.

535 Da auch der Vergütungsanspruch regelmäßig verjährt (§ 195 BGB), ist es insoweit unerheblich, ob der Anspruch auf Unterrichtung generell nach der allgemeinen Regel verjährt oder sich die Verjährung nach dem Hauptanspruch richtet, vgl. zum Ganzen *Czychowski* in: Fromm/Nordemann § 102 Rn. 4; beide Ansprüche unterliegen jedenfalls unmittelbar der Verjährung nach den §§ 195 ff. BGB und nicht erst über die entsprechende Anordnung nach § 102 UrhG, da es sich nicht um urheberdeliktsrechtliche Ansprüche handelt; vgl. aaO. Rn. 5.

536 Siehe für die identische Herleitung bereits *Schuchardt*, S. 187.

537 A.A. wohl *Berger* in: Berger/Wündisch, HdB UrhVR, § 1 Rn. 123, der die Unterrichtungspflicht individualvertraglich für abdingbar hält.

Unwirksamkeit vermittels § 134 BGB sowie des Umgehungsverbots.[538] Für den Beschränkungszeitraum erscheint eine Orientierung an der vergleichbaren vergütungsrechtlichen Bestimmung des 32a Abs. 3 S. 1 UrhG geboten, den die amtliche Begründung des Regierungsentwurfs ausdrücklich als Vorbild nennt.[539] Hiernach soll ein Verzicht dann möglich sein, wenn der Anspruch aus § 32a UrhG bestimmt sowie die Vertragsänderung rechtswirksam geworden und beim Urheber damit ein (erhöhter) Honoraranspruch entstanden ist.[540] Gleiches muss man für den gesetzlichen Anspruch auf gesonderte angemessene Vergütung fordern. Anders jedoch als bei § 32a UrhG, der als Rechtsfolge nicht unmittelbar die weitere Beteiligung, sondern lediglich einen Vertragsänderungsanspruch gewährt,[541] besteht der zusätzliche Vergütungsanspruch nach § 32c UrhG bereits mit dem Vorliegen des gesetzlichen Tatbestands. Somit ist dieser Zeitpunkt zum maßgeblichen für die Zulässigkeit einer (dann nachträglichen) Verzichtsvereinbarung zu erheben.[542] Gleiches gilt im Übrigen für den Anspruch auf Unterrichtung über die Aufnahme der neuen Art der Werknutzung. Dieser setzt ebenfalls zwingend die tatsächlich erfolgte Werknutzung voraus und wäre frühestens ab diesem Zeitpunkt abdingbar. Eine dahingehende Verzichtsvereinbarung erscheint allerdings als praktisch sehr unzweckmäßig.

Wie bereits gezeigt,[543] normiert § 32c Abs. 3 S. 1 UrhG im Vergleich zu § 32 Abs. 3 S. 1 UrhG zurückhaltendere Grenzen für etwaige Modifizierungen des gesetzlichen Anspruchs aus § 32c UrhG. Abweichende Vereinbarungen sind hier solange zulässig, wie diese nicht einem (Teil-)Verzicht des Urhebers auf sein Recht gleichkommen und damit wieder das allgemeine Umgehungsverbot eingreifen würde.[544] Unter Beachtung dieser Vorgabe wurde die Vereinbarungen eines einseitigen Rechts zur Bestimmung der Höhe des Vergütungsanspruchs (§ 32c UrhG) unter den genannten Umständen für zulässig erachtet. Ebenso wenig einen Vorausverzicht i. S. d. § 32c Abs. 3 UrhG würde eine bei Vertragsschluss getroffene Vereinbarung darstellen, wonach der gesetzliche Vergü-

538 Vgl. oben S. 86 ff.

539 BReg BT-Drs. 16/1828, S. 25.

540 *Schricker/Haedicke* in: Schricker/Loewenheim § 32a Rn. 35; *Schulze* in: Dreier/Schulze § 32a Rn. 56; *Spautz* in: Möhring/Nicolini § 36 a.F. Rn. 18; jedenfalls missverständlich insoweit *Hertin* in: Fromm/Nordemann, 9. Aufl. 1998, § 36 a.F. Rn. 11; *Kotthoff* in: Dreyer/Kotthoff/Meckel § 32a Rn. 38, die offenbar auf den Zeitpunkt der Entstehung des Vertragsänderungsanspruchs abstellen – dieser Zeitpunkt entspricht aber anders als bei § 32c UrhG nicht dem der Entstehung des erhöhten Honoraranspruchs, der vielmehr maßgeblich sein sollte.

541 Vgl. erneut etwa *Schricker/Haedicke* in: Schricker/Loewenheim § 32a Rn. 25.

542 *Spindler* in: Schricker/Loewenheim § 32c Rn. 41 lässt anscheinend bereits das Bekanntwerden der neuen Nutzungsart ausreichen; wie hier etwa *Schuchardt*, S. 195.

543 Vgl. oben S. 124.

544 Ähnlich *Schuchardt*, S. 197, die im Interesse der Rechtssicherheit eine Anpassung des § 32c Abs. 3 S. 1 an § 32 Abs. 3 S. 1 UrhG vorschlägt; *Spindler* in: Schricker/Loewenheim § 32c Rn. 42 hält auch eine Abtretung des Anspruchs aus § 32c UrhG im Voraus für unzulässig.

tungsanspruch erst nach einer bestimmten Frist, die ab der Nutzungsaufnahme als dem Entstehungszeitpunkt des Anspruchs läuft, geltend gemacht werden kann.[545] Dies gilt jedoch nur, wenn die Fälligkeitsfrist nicht derart lang bemessen ist, dass sie aus Sicht des Urhebers einen Verzicht auf seinen Anspruch darstellt. Daneben sind §§ 307, 308 Nr. 1 BGB zu beachten.[546]

Die Möglichkeit eines Vorausverzichts soll ebenso wie in den §§ 32 Abs. 3 S. 3, 32a Abs. 3 S. 3 UrhG aber dann umfassend bestehen, wenn der Urheber unentgeltlich ein einfaches Nutzungsrecht (an unbekannten Nutzungsarten) für jedermann einräumt, § 32c Abs. 3 S. 2 UrhG. Wie auch vergleichbare Klauseln dient diese Bestimmung dem ungehinderten Vertrieb im Rahmen von *Open-Content*-Projekten. Es bestehen insoweit keine Besonderheiten gegenüber der gleichlautenden Regelung in § 32a UrhG.[547]

545 Für den Anspruch aus § 32 Abs. 1 S. 3 UrhG wird eine solche Fälligkeitsvereinbarung dagegen teilweise als unzulässig betrachtet (§ 32 Abs. 3 UrhG), vgl. *W. Nordemann*, Das neue UrhVR, § 32 Rn. 51; für lediglich AGB-rechtlich relevant hält es dagegen *Haas*, Rn. 157.

546 Siehe dazu unten ab S. 283.

547 Vgl. BReg BT-Drs. 16/1828, S. 25; zu den Privilegierungen von Open-Content-Projekten im allgemeinen Urhebervertragsrecht etwa *Schulze* in: Dreier/Schulze § 32 Rn. 80 f.; speziell für § 32c Abs. 3 S. 2 UrhG eingehend *Schuchardt*, S. 198.

3. Kapitel: Individualvertragliche Anforderungen an Verträge über unbekannte Nutzungsarten

In Artikel 1 Nr. 3 des Zweiten Gesetzes zur Änderung des Urheberrechts in der Informationsgesellschaft (der »*2. Korb*«) regelt der Gesetzgeber lediglich in knappen Worten, dass § 31 Abs. 4 UrhG aufgehoben ist. Fest steht damit allein, dass das über 40jährige gesetzliche Verbot der Einräumung von Rechten an unbekannten Nutzungsarten sowie der Verpflichtung hierzu nicht mehr länger besteht. Damit hat der Urheber nunmehr eine grundsätzlich unbeschränkte Verpflichtungs- und Verfügungsmacht im Bereich der mit § 31a Abs. 1 S. 1 UrhG neu geschaffenen Kategorie der Verträge über unbekannte Nutzungsarten. Außerhalb der speziellen Vorschriften der §§ 31a, 32c UrhG enthält sich der Gesetzgeber jedoch jeglicher Aussage darüber, wie die neue Kategorie von Nutzungsvereinbarungen in das Regelungssystem des Urhebervertragsrechts einzupassen ist.[548] Folglich stellt sich über die bereits thematisierten Sonderregeln hinaus die – hier allerdings noch allein individualvertraglich interessierende – Frage, welche Anforderungen an die künftig zulässigen Verträge über unbekannte Nutzungsarten zu stellen sind.

Da auch die künftigen Verträge über unbekannte Nutzungsarten in erster Linie herkömmliche Vereinbarungen zur Einräumung von Nutzungsrechten darstellen und gewissermaßen nur zusätzlich eine besondere Nutzungsart zum Gegenstand haben, können sich die (urheberrechtlichen) Vorgaben nur aus § 31 UrhG als der Kernvorschrift[549] des primären Urhebervertragsrechts ergeben. So wird man aus der systematischen Stellung des § 31a UrhG insbesondere herleiten können, dass mit »*Rechte*« (§ 31a Abs. 1 S. 1 UrhG) urheberrechtliche Nutzungsrechte i. S. d. §§ 31 ff. UrhG gemeint sind.[550] Unbekannte Nutzungs-

548 Auf das Schweigen des Gesetzgebers hierzu weisen bereits *Frey/Rudolph* in: ZUM 2007, 13 [14] (dort Fn. 9) hin, die dies allerdings ausschließlich bzgl. der Anforderungen an das Verfügungsgeschäft problematisieren.

549 *Wandtke/Grunert* in: Wandtke/Bullinger § 31 Rn. 1.

550 Bezugsgegenstand des § 31a Abs. 1 S. 1 UrhG sind damit nicht auch andere Rechte für unbekannte Nutzungsarten wie etwa das Veröffentlichungsrecht (§ 12) oder die Verwer-

arten stellen gleichfalls einen Ausschnitt aus den dem Urheber zustehenden Verwertungsrechte (§ 15 UrhG) dar und sind ebenso Nutzungsrechte wie die zum Zeitpunkt des Vertrags bekannten Nutzungsarten.[551] Die für die Ausgestaltung der Rechtseinräumung zentralen Aussagen des § 31 UrhG kommen nach der Streichung des Abs. 4 nunmehr in Abs. 1 und Abs. 5 zum Ausdruck. Einerseits ist der Urheber bei der Einräumung von Nutzungsrechten nicht an starre Rechtskategorien wie etwa im BGB-Sachenrecht gebunden. Stattdessen hat er gemäß § 31 Abs. 1 UrhG grundsätzlich die Möglichkeit, sowohl die einzelnen Nutzungsarten zu bestimmen als auch die dafür gewährten Rechte jeweils räumlich, zeitlich oder inhaltlich zu modifizieren. Andererseits besteht mit § 31 Abs. 5 UrhG eine Auslegungsregel, nach der sich der Umfang der Rechtseinräumung nach dem zugrunde liegenden Vertragszweck bestimmt.

Inwiefern diese Vorgaben auch bei den Verträgen über unbekannte Nutzungsarten Geltung beanspruchen, ist Gegenstand der folgenden Betrachtungen. Ergänzt werden diese Ausführungen zur Anwendbarkeit des § 31 UrhG durch den Blick auf die verfügungsgeschäftliche Seite der Rechtseinräumung. Den Abschluss des Kapitels bildet ein Exkurs ins sekundäre Urhebervertragsrecht.

A. Beschränkungen der Rechtseinräumung nach § 31 Abs. 1 S. 2 UrhG

Ebenso wie jedes aus dem Urheberrecht abspaltbare Nutzungsrecht kann auch das Recht an einer unbekannten Nutzungsart entsprechend § 31 Abs. 1 S. 2 UrhG im Ausgangspunkt als einfaches oder ausschließliches Recht sowie räumlich, zeitlich oder inhaltlich beschränkt eingeräumt werden.[552] Zum Zwecke der dinglichen Wirkung dieser Ausgestaltung des Nutzungsrechts hat die Rechtsprechung der Aufspaltbarkeit indes allgemeine Grenzen für alle Nutzungsarten gesetzt, die sich am Erhalt der Eigenständigkeit des Nutzungsrechts orientieren.[553] Dementsprechend werden diese Vorgaben auch bei der Einräumung von Rechten an unbekannten Nutzungsarten zu berücksichtigen sein, so dass nach der Modifizierung durch die Vertragsparteien grundsätzlich eine nach

tungsrechte (§§ 15 ff.), vgl. *Frey/Rudolph* in: ZUM 2007, 13 [17] (dort Fn. 44); *Wandtke/Grunert* in: Wandtke/Bullinger § 31a Rn. 7.

551 *Ernst* in: Hoeren/Sieber, 20. EL (10/08), Kap. 7.1 Rn. 38; *Schulze* in: Dreier/Schulze § 31a Rn. 6.

552 *Schulze* in: UFITA 2007/III, 641 [661].

553 BGH GRUR 1959, 200 [202 f.] (*Der Heiligenhof*); GRUR 1992, 310 [311] (*Taschenbuch-Lizenz*); GRUR 2001, 153 [154] (*OEM-Version*); *Schricker* in: Schricker Vor §§ 28 ff. Rn. 52; *Schulze* in: Dreier/Schulze § 31 Rn. 9.

der Verkehrsauffassung hinreichend klar abgrenzbare, wirtschaftlich-technisch als einheitlich und selbständig erscheinende Nutzungsart verbleiben muss.[554]

Zieht man jedoch diese Definition heran, so fällt auf, dass sie sich letztlich kaum von der bereits vorgenommenen Bestimmung des Begriffs der unbekannten Nutzungsart nach § 31 Abs. 4 UrhG a. F. unterscheidet.[555] Vielmehr entspricht diese Feststellung eben jener Systematik des § 31 UrhG, über deren Auswirkungen für die Begriffsbildung der Nutzungsart i. S. d. § 31 Abs. 1, 4, 5 UrhG im Einzelnen Streit besteht.[556] So ging es bei diesem Kernproblem des § 31 Abs. 4 UrhG a. F. bislang um die Frage, ob für den Begriff der Nutzungsart gemäß § 31 Abs. 4 UrhG a. F. eine Eigenständigkeit gemäß § 31 Abs. 1 UrhG ausreicht[557] oder ob darüber hinaus noch eine besondere Eigenständigkeit erforderlich ist.[558] Da aber nach beiden Auffassungen, die nach dem eingangs Ausgeführten auch weiterhin zugrunde gelegt werden sollen, für den Begriff der (unbekannten) Nutzungsart hinsichtlich der Eigenständigkeit jedenfalls kein Weniger zu den Voraussetzungen des § 31 Abs. 1 UrhG gefordert wird, lässt sich im Umkehrschluss sagen, dass jede unbekannte Nutzungsart im Rechtssinne auch Gegenstand eines einzelnen Nutzungsrechts i. S. d. § 31 Abs. 1 UrhG sein kann.

Ohnehin aber werden die Parteien des Nutzungsvertrags diese Grenzen der inhaltlichen Aufspaltung bei der Einräumung von Rechten an unbekannten Nutzungsarten regelmäßig gar nicht erst erreichen. Denn soweit es den Parteien schon an der technischen Kenntnis der künftigen Verwertungsform fehlt, sind der Umschreibung der eigenständigen Nutzungsart bereits faktische Grenzen gesetzt, so dass die von der Rechtsprechung für § 31 Abs. 1 UrhG aufgestellten Grenzen der inhaltlichen Aufspaltbarkeit für die Einräumung von Rechten an unbekannten Nutzungsarten typischerweise nicht relevant werden. Möglich sind insoweit lediglich weiter gefasste Beschränkungen, die aus der *ex post*-Betrachtung kaum eine einzelne, sondern immer gleich mehrere neue Nutzungsarten erfassen dürften. Beschränkungen in räumlicher, quantitativer und zeitlicher Hinsicht sind dagegen unproblematisch,[559] wenngleich die Vertragsparteien auch diesbezüglich nicht nach einzelnen neuen Nutzungsarten differenzieren können.

Für die aus AGB-rechtlicher Sicht vorrangig interessierenden Verpflichtungsgeschäfte gelten diese Grenzen der Aufspaltbarkeit allerdings ohnehin nicht. Denn die dahinter stehende Überlegung der Rechtsprechung, nach der

554 BGH GRUR 1992, 310 [311] (*Taschenbuch-Lizenz*).
555 Siehe dazu erneut oben S. 28 f.
556 Zum Meinungsstand etwa *Castendyk* in: ZUM 2002, 332 [336 f.].
557 So etwa *Donhauser*, S. 96 f.; 121 f.
558 So z. B. BGH ZUM 1997, 128 [130] (*Klimbim*); ebenso *Castendyk* in: ZUM 2002, 332 [337]; *J.B. Nordemann* in: Fromm/Nordemann § 31 Rn. 14.
559 *Schuchardt*, S. 50.

eine uneingeschränkte Atomisierung der Nutzungsrechte die Rechtssicherheit und Rechtsklarheit beeinträchtigen würde,[560] beansprucht für das Verpflichtungsgeschäft von vornherein keine Relevanz. Insoweit geht es allein um das Verhältnis zwischen den Parteien, das anders als das Verfügungsgeschäft nicht zugleich Auswirkungen auf die Rechtspositionen Dritter hat. Aus diesem Grund können die vorgebrachten Verkehrsschutzgesichtspunkte nicht auch an die schuldrechtliche Beziehung angeknüpft werden. Diese kann mit ihrer *inter pares*-Wirkung vielmehr eine Aufspaltung über das dinglich Mögliche hinaus zum Gegenstand haben und damit zusätzlich die Ausübung der dinglichen Nutzungsrechte regeln.[561]

B. Die Zweckübertragungsregel gemäß § 31 Abs. 5 UrhG

In ihrer Bedeutung für die vorliegende Untersuchung ungleich höher einzuschätzen ist die Zweckübertragungsregel. Ihre nicht zu unterschätzende Relevanz für das Urhebervertragsrecht ergibt sich bereits daraus, dass sie gleichermaßen für das Verfügungsgeschäft wie für das Verpflichtungsgeschäft gilt.[562] Andernfalls könnte dem Urheber der dinglich gewährte Schutz über die Regeln des Bereicherungsrechts wieder genommen werden.[563] Aus diesem Grund wirken sich die nachfolgenden Betrachtungen unmittelbar auf den in den AGB-rechtlichen Ausführungen zu behandelnden schuldrechtlichen Teil der Verträge über die unbekannten Nutzungsarten aus.

560 BGH GRUR 1992, 310 [311] (*Taschenbuch-Lizenz*); *Kotthoff* in: Dreyer/Kotthoff/Meckel § 31 Rn. 129.

561 BGH GRUR 1992, 310 [311] (*Taschenbuch-Lizenz*); *v. Gamm* § 32 Rn. 3; *Schulze* in: Dreier/Schulze § 31 Rn. 48; *E. Ulmer*, UrhR, S. 363; *Wandtke/Grunert* in: Wandtke/Bullinger § 31 Rn. 7.

562 *Donle*, S. 132; *J.B. Nordemann* in: Fromm/Nordemann § 31 Rn. 119; *Paschke* in: GRUR 1984, 828 (dort insb. Fn. 3); *Riesenhuber* in: GRUR 2005, 712 [713]; *Schricker*, VerlR, § 8 Rn. 5c.

563 Dies gilt selbst unabhängig davon, ob man für das Urhebervertragsrecht vom Abstraktions- oder vom Kausalitätsprinzip ausgeht: Denn auch das Kausalitätsprinzip greift erst bei einer Unwirksamkeit des Verpflichtungsgeschäfts ein und berührt nicht bereits den Umfang der Rechtseinräumung, vgl. dazu allgemein *Wente/Härle* in: GRUR 1997, 96 [97] sowie insb. mit Blick auf die Zweckübertragungsregel *Donle*, S. 170 f.

I. Regelungsgehalt

Die Zweckübertragungsregel, die seit dem Urheberrechtsgesetz von 1965 mit § 31 Abs. 5 UrhG ihre positivrechtliche Grundlage im deutschen Urheberrecht hat,[564] dient der in ständiger Rechtsprechung wiederholten Maxime des deutschen Urheberrechts, nach der der Urheber an den wirtschaftlichen Früchten aus der Verwertung seines Werkes möglichst umfassend zu beteiligen ist.[565] Bereits vor der Aufnahme in das Urheberrechtsgesetz war sie als allgemeiner Rechtsgedanke ein anerkannter Grundsatz des Urhebervertragsrechts, auf den sowohl das Reichsgericht[566] als auch der BGH[567] für die sogenannten Altverträge vor dem 1. 1. 1966 regelmäßig zurückgriff. Ihrer Rechtsnatur nach ist sie eine Auslegungsregel,[568] die den allgemeinen Regeln der §§ 133, 157 BGB vorgeht.

Rechtsdogmatischer Ausgangspunkt der Zweckübertragungsregel zur Erreichung einer möglichst weitgehenden Beteiligung des Urhebers ist die Tendenz des Rechts, bei einer Rechtseinräumung so weit wie möglich beim Rechteinhaber zu verbleiben.[569] Dafür knüpft sie an den Zweck des Nutzungsvertrages an und lässt eine Rechtseinräumung[570] in Abwesenheit einer Einzelbezeichnung nur soweit zu, wie es nach dem Vertragszweck (unbedingt[571]) erfor-

564 Vgl. zur Entstehungsgeschichte *Donle*, S. 6 ff.; *Schweyer*, S. 18 ff., 83 ff.

565 Vgl. nur BGH GRUR 1974, 786 [787] (*Kassettenfilm*); GRUR 1976, 382 [383] (*Kaviar*); GRUR 1979, 637 [638 f.] (*White Christmas*); GRUR 1996, 121 [122] (*Pauschale Rechtseinräumung*); GRUR 1999, 707 [711] (*Kopienversanddienst*); GRUR 2002, 248 [251] (*Spiegel-CD-ROM*); siehe auch *Wandtke/Grunert* in: Wandtke/Bullinger § 31 Rn. 39 m.w.N.

566 RGZ 118, 282 [287] (*Musikantenmädel*); 123, 312 [316 ff.] (*Wilhelm Busch*); 134, 198 (*Schallplattenrechte*); 140, 231 (*Tonfilm*); 140, 255 (*Hampelmann*); dazu auch *Drewes*, S. 29 ff.

567 Vgl. etwa BGHZ 9, 262 [265] (*Lied der Wildbahn I*); BGH GRUR 1969, 154 [145] (*Curt-Goetz-Filme*); GRUR 1982, 727 [730] (*Altverträge*); GRUR 1988, 296 [299] (*GEMA-Vermutung IV*).

568 BGH GRUR 1977, 42 [45] (*Schmalfilmrechte*); *v. Gamm* § 31 Rn. 19; *Wandtke/Grunert* in: Wandtke/Bullinger § 31 Rn. 40; *Riesenhuber* in: GRUR 2005, 712 [714]; *Schack*, Rn. 615; gelegentlich wird auch von Vertragskorrektur gesprochen, vgl. *Schweyer*, S. 58 m.w.N.; a. A. *Donle*, S. 90.

569 BGH GRUR 1996, 121 [122] (*Pauschale Rechtseinräumung*); GRUR 1998, 681 [682] (*Comic-Übersetzungen*); GRUR 2002, 248 [251] (*Spiegel-CD-ROM*); *J.B Nordemann* in FS: Nordemann (2004), 193 [200]; *Riesenhuber* in: GRUR 205, 712 [714]; *Spautz* in: Möhring/Nicolini § 31 Rn. 47; zurückgeführt wird diese Aussage auf *E. Ulmer*, UrhR, S. 365.

570 Richtigerweise ist sie daher als Zweckeinräumungsregel zu bezeichnen, vgl. dazu auch *Riesenhuber* in: GRUR 2005, 712 [713]; *Schack*, Rn. 615 (dort Fn. 77); Wandtke in FS W. Nordemann (2004), 267 [271] spricht dagegen von Übertragungszwecktheorie unter Verweis auf *Rehbinder*, Rn. 569.

571 So ausdrücklich BGH GRUR 1998, 680 [682] (*Comic-Übersetzungen*); GRUR 2002, 248 [251] (*Spiegel-CD-ROM*); ebenso *J.B. Nordemann* in: Fromm/Nordemann § 31 Rn. 109; *Wandtke* in: FS W. Nordemann (2004), 267 [272].

derlich ist.[572] Über ihre prinzipielle Rechtsnatur als Auslegungsregel hinaus bewirkt sie damit eine für die gesamte Urhebervertragspraxis bedeutsame Spezifizierungslast des Nutzungsrechtserwerbers.[573] Dieser wird demnach regelmäßig bestrebt sein, die von ihm gewünschten Nutzungsarten im Nutzungsvertrag möglichst genau zu bezeichnen, um eine Fixierung des Rechteumfangs auf den Vertragszweck gemäß § 31 Abs. 5 UrhG zu verhindern. Zugleich bewahrt sie auf diese Weise den Urheber davor, sich mangels Kenntnis der einzelnen Positionen pauschal seiner Verwertungsrechte zu begeben.[574]

II. Bisherige Anwendung im Bereich der unbekannten Nutzungsarten

Die Zweckübertragungsregel fand auch im Bereich der unbekannten Nutzungsarten schon vielfache Anwendung durch die Rechtsprechung. Dies vermag vor dem Hintergrund des § 31 Abs. 4 UrhG a. F. auf den ersten Blick verwundern, erklärt sich aber mit einem Verweis auf all diejenigen Verträge, die aus verschiedenen Gründen dem Verbot nicht unterfielen. Außerhalb der bereits thematisierten und sogleich erneut zu behandelnden Kategorie der Risikogeschäfte betraf diese Rechtsprechung einerseits die Altverträge aus der Zeit vor der Geltung des § 31 Abs. 4 UrhG a. F. (zeitliche Einschränkung, vgl. auch § 132 UrhG)[575] sowie andererseits solche Verträge, die aus Gründen des personellen Anwendungsbereichs des § 31 Abs. 4 UrhG a. F. nicht erfasst waren.[576] In anderen Vertragskonstellationen, die ebenso wenig dem personellen bzw. sachli-

---

572 BGH GRUR 1977, 42 [45] (*Schmalfilmrechte*); GRUR 1984, 656 [657] (*Vorentwurf*); zuletzt GRUR 2010, 623 [624] (*Restwertbörse*); *v. Gamm* § 31 Rn. 19; *Spautz* in: Möhring/Nicolini § 31 Rn. 47; *E. Ulmer*, UrhR, S. 365; dieses Prinzip findet sich nunmehr auch im Entwurf für einen European Copyright Code wieder, vgl. dort Art. 2.4 – Limits, abrufbar unter http://www.copyrightcode.eu/ (zuletzt abgerufen am 01.08.11).

573 *Götting* in: FS Schricker (1995), 53 [72]; *J.B. Nordemann* in: FS W. Nordemann (2004), 193 [201]; *Schulze* in: Dreier/Schulze, § 31 Rn. 111; *Spautz* in: Möhring/Nicolini § 31 Rn. 47; *Wandtke/Grunert* in: Wandtke/Bullinger § 31 Rn. 40; dies ist v. a. insofern bemerkenswert, als eine ebenfalls diskutierte ausdrückliche Spezifizierungspflicht nicht mit ins Gesetz aufgenommen wurde, vgl. BT-Drs. 4/3401, S. 5; sowie ausführlich *Schweyer*, S. 83.

574 *J.B. Nordemann* in: FS W. Nordemann (2004), 193 [200]; *Schack*, Rn. 615; *Schulze* in: Dreier/Schulze § 31 Rn. 113.

575 Vgl. RGZ 118, 282 [286 ff.] (*Musikantenmädel*); 123, 312 [316] (*Wilhelm Busch*); 134, 198 [201] (*AMMRE*); BGH GRUR 1960, 197 [199] (*Keine Ferien für den lieben Gott*); GRUR 1986, 62 [66] (*GEMA-Vermutung* I); GRUR 1988, 296 [299] (*GEMA-Vermutung IV*).

576 Soweit ersichtlich kam der BGH nur einmal zu einem solchen Ergebnis, vgl. BGH GRUR 2003, 234 [235 f.] (*EROC III*), wo er die analoge Anwendung des § 31 Abs. 4 UrhG auf ausübende Künstler und sonstige Leistungsschutzrechte abgelehnt hat; a. A. etwa KG NJW-RR 2000, 270 ff. (*Musikverwertung auf CD*); OLG Köln ZUM 2001, 166 [172] (*The Kelly Family*), kritisch zum BGH-Urteil *Krüger* in: FS W. Nordemann (2004), 343 ff.

chen Anwendungsbereich des § 31 Abs. 4 UrhG a. F. unterfielen,[577] ist dagegen keine Rechtsprechung ersichtlich, die hier für die Funktionsweise der Zweckübertragungslehre bei den unbekannten Nutzungsarten herangezogen werden könnte.

1. Die Rechtsprechung des Reichsgerichts

Bereits beim Gesetzeszweck des § 31 Abs. 4 UrhG a. F. war herausgearbeitet worden, dass schon das Reichsgericht lange vor der Einführung des ausdrücklichen Verbots der Einräumung von Rechten an unbekannten Nutzungsarten diesbezüglich hohe Anforderungen an die Parteivereinbarung stellte.[578] Maßgeblich geleitet wurde es dabei von der – auch heute noch für § 31 Abs. 5 UrhG gültigen und mit § 11 S. 2 UrhG nunmehr teilweise gesetzlich anerkannten – Erwägung, dass der Urheber davor geschützt werden soll, dass *»er das ganze Urheberrecht in Unkenntnis der ihm innewohnenden nicht vorhersehbaren künftigen neuen Verwertungsmöglichkeiten aus der Hand [gibt], ohne dafür ein angemessen vergütetes Entgelt zu erlangen.«*[579] Für die Herleitung der heutigen Anwendbarkeit der Zweckübertragungsregel auf Verträge über unbekannte Nutzungsarten interessant ist aber vor allem die Frage, wie das Gericht diese Billigkeitserwägungen auch ohne gesetzliche Verankerung weder von § 31 Abs. 4 UrhG a. F. noch von § 31 Abs. 5 UrhG rechtstechnisch auf die Parteivereinbarung übertragen konnte.

Als das Gericht im Jahre 1927 erstmals mit der Frage der Einräumung des Rechts an einer neuen Auswertungstechnik konfrontiert wurde, ging es um das Verfilmungsrecht an einer Operette namens *»Das Musikantenmädel«*. Der dem Rechtsstreit zugrunde liegende Nutzungsvertrag aus dem Jahr 1910 räumte dem Erwerber alle *»gegenwärtig und künftig fließenden«* Rechte am Text- und Regiebuch der Operette ein.[580] Gleichwohl kam das Gericht zu dem Ergebnis, dass nach dem in dieser Vereinbarung zum Ausdruck gekommenen Parteiwillen die Verfilmungsbefugnis nicht Teil der erworbenen Urheberrechte war.[581] In Ermangelung entsprechender normativer Grundlagen im damals geltenden Urhebergesetz von 1901 stellte es dafür maßgeblich auf den Zweck und Inhalt des Vertrages ab, der nach der Auffassung des Gerichts eine Vereinbarung über unbekannte Nutzungsarten nicht enthielt.[582] Die pauschale Verwertungsklausel

577 Siehe dazu ausführlich *J.B. Nordemann* in: FS W. Nordemann (2004), 193 [194 ff.] m. w. N.
578 Vgl. oben S. 37 sowie *Schulze* in: Dreier/Schulze § 31a Rn. 21 f.
579 RGZ 140, 255 [257] (*Hampelmann*).
580 RGZ 118, 282 [285] (*Musikantenmädel*).
581 RGZ 118, 282 [286] (*Musikantenmädel*).
582 RGZ 118, 282 [287 f.] (*Musikantenmädel*).

sei dagegen nur darauf ausgerichtet, bereits ausdrücklich eingeräumte Befugnisse zu erweitern.[583]

Diese Hinwendung des Reichsgerichts zum Vertragszweck unter gleichzeitiger Abkehr von der streng am Wortlaut der Parteivereinbarung orientierten Auslegung wird in der Literatur teilweise als Bekenntnis zur Zweckübertragungslehre gedeutet.[584] Richtig daran ist, dass das Gericht hierin zur Begrenzung des Umfangs der übertragenen Rechte auf das Kriterium des Vertragszwecks abstellt.[585] Gegen die uneingeschränkte Zustimmung zu dieser Feststellung spricht jedoch, dass das Gericht die Einräumung des Verfilmungsrechts zuvorderst an der fehlenden ausdrücklichen Nennung scheitern ließ, was nach dem heutigen Verständnis der Zweckübertragungslehre erst notwendige aber noch nicht hinreichende Bedingung für die Verwehrung des Nutzungsrechts anhand des § 31 Abs. 5 UrhG wäre.[586]

Dieser Eindruck verfestigte sich mit den späteren Erwägungen des Reichsgerichts in seiner *Wilhelm Busch*-Entscheidung. Zwar nannte das Gericht auch weiterhin die ausdrücklichen Abreden sowie den Vertragszweck als die für die Bestimmung des Umfangs der Rechtseinräumung scheinbar gleichermaßen relevanten Kriterien.[587] Soweit allerdings unbekannte Auswertungstechniken betroffen waren, zeigte sich, dass es für den Übergang dieser Rechten nach wie vor primär auf eine entsprechende ausdrückliche Abrede ankommen sollte. So stellte das Gericht fest, dass die Parteien für die Einräumung dieser Rechte »*eine entsprechende Wortform gesucht und gefunden*« hätten.[588] Es sei davon auszugehen, dass die Parteien regelmäßig nur solche Befugnisse übertragen wollen, die ihnen bekannt sind.[589] Dies kann im Ergebnis nur so verstanden werden, dass die Abwesenheit einer ausdrücklichen Vereinbarung über unbekannte Nutzungsarten eine (kaum widerlegbare) Vermutung gegen eine entsprechende Rechtseinräumung begründet. Für einen ergänzenden Rückgriff auf den Ver-

583 Insoweit recht undeutlich RGZ 118, 282 [288] (*Musikantenmädel*); ähnlich dazu *Drewes*, S. 29.

584 So *Hertin* in: Fromm/Nordemann, 9. Aufl. 1998, §§ 31/32 Rn. 19; *Donhauser*, S. 16; *Rudolph* in: ZGE 2010, 453 [460]; *Schweyer*, S. 21.

585 Vgl. RGZ 118, 282 [286] (*Musikantenmädel*); diesbezüglich weist *Drewes* darauf hin, dass das Gericht erst in RGZ 119, 408 [412] den Grund dafür nachliefert, nach dem das Wesen des Urheberrechts eine einschränkende Auslegung des Nutzungsvertrages verlange.

586 *Drewes*, S. 30 führt zudem an, dass das RG trotz der bekannten Veröffentlichung von *Goldbaum* zur Zweckübertragungslehre (vgl. GRUR 1923, 182 ff.) diesen Ansatz nicht heranzog.

587 RGZ 123, 312 [317] (*Wilhelm Busch*); ebenso *Drewes*, S. 31.

588 RGZ 123, 312 [319] (*Wilhelm Busch*); *Schweyer*, S. 24 folgert daraus, dass es für den Rechteübergang weniger darauf ankomme, welche Beschränkungen die Parteien im Sinn hatten, als vielmehr darauf, welchen Erwerbswillen sie positiv zum Ausdruck brachten.

589 RGZ 123, 312 [316] (*Wilhelm Busch*).

tragszweck dürfte damit regelmäßig kein Raum mehr geblieben sein.[590] Diesem waren vielmehr all jene Befugnisse vorbehalten, die »*nach den damaligen Umständen als anerkannter, gesetzlich geschützter Inbegriff nutzbarer Befugnisse für den Verkehr in Betracht kam[en]*«.[591]

Bestätigt wird dieser Befund durch die *AMMRE*-Entscheidung aus dem Jahr 1931. Erneut wird auch hier unter Rekurs auf die bisherige Rechtsprechung auf den Vertragszweck als ein wesentliches Begrenzungskriterium verwiesen.[592] Indem es aber für die neuen Auswertungstechniken explizit einen diesbezüglich eindeutig kund getanen Willen verlangte,[593] hielt es weiterhin an seiner Forderung nach einer ausdrücklichen Parteiabrede fest.

Eine andere Bewertung rechtfertigt ebenso wenig die *Hampelmann*-Entscheidung als letztes hier zu nennendes Urteil des Reichsgerichts zum Problem der unbekannten Nutzungsarten. Zwar wurde die Möglichkeit der Einräumung von Rechten an unbekannten Auswertungstechniken vom Gericht ausdrücklich anerkannt und im Ergebnis für den konkreten Fall sogar bejaht.[594] Dies erfolgte allerdings nicht unter Aufgabe der bisherigen Anforderungen an die Parteiabrede, sondern war gerade der ausdrücklichen Nennung der Befugnis im Vertrag geschuldet.[595] Hinzu kam außerdem, dass für die Vergütung der neuen Nutzungsarten eine dynamische Lösung gefunden worden war[596] und damit der maßgebliche Schutzgrund der Rechtsprechung, namentlich die angemessene Beteiligung des Urhebers an den neuen Verwertungstechniken, entfiel.[597] Diese Erwägung hatte das Gericht bereits in einer früheren Entscheidung angedeutet.[598]

---

590 So bereits *Drewes*, S. 31 f.; zutreffend weist *Rudolph* in: ZGE 2010, 453 [461] noch darauf hin, dass das RG hier erstmals deutlich den urheberpersönlichkeitsrechtlichen Kern des Urheberrechts als (zusätzlichen) Kristallisationspunkt im Problembereich der unbekannten Nutzungsarten identifiziert.

591 RGZ 123, 312 [318] (*Wilhelm Busch*); ähnlich *Drewes*, S. 31; *Wandtke/Holzapfel* in: GRUR 2004, 284 [285].

592 RGZ 134, 198 [201] (*AMMRE*).

593 RGZ 134, 198 [201] (*AMMRE*).

594 RGZ 140, 255 [257 f.] (*Hampelmann*).

595 RGZ 140, 255 [257] (*Hampelmann*); *Drewes*, S. 34.

596 Vgl. RGZ 140, 255 [257 f.] (*Hampelmann*).

597 *Drewes*, S. 34 f.; *Schulze* in: Dreier/Schulze § 31 Rn. 86; *Wandtke/Holzapfel* in: GRUR 2004, 284 [286].

598 RGZ 128, 102 [113] (*Schlager-Liederbücher*); dazu auch *Schweyer*, S. 24.

2. Die Rechtsprechung des Bundesgerichtshofs

Dieser restriktiven Interpretation des Reichsgerichts folgte lange Zeit auch der BGH in seinen Stellungnahmen zur Problematik. So verlangte das Gericht sowohl in »*Keine Ferien für den lieben Gott*«[599] als auch in »*Curt-Götz-Filme II*«[600] ausdrücklich, dass für die Einräumung von unbekannten Nutzungsarten »*ein dahingehender Parteiwille unzweideutig zum Ausdruck*« kommt.[601] Hierauf stützte sich der BGH auch noch in der Entscheidung »*Altverträge*«, wo er eine solche ausdrückliche Einräumung im Unterschied zu den vorangegangenen Fällen allerdings bejahte. Als ein erstes Umsteuern ist indes die in der Begründung enthaltene Aussage des Gerichts zu werten, dass es nach der Zweckübertragungslehre auf eine Betrachtung des Vertragszwecks erst dann ankomme, wenn eine einzelne Benennung der Nutzungsarten gerade nicht vorliegt.[602] Deutlicher als bisher brachten die Richter damit zum Ausdruck, dass sie grundsätzlich von einer abgestuften Alternativität der ausdrücklichen Parteiabrede einerseits sowie des Vertragszwecks andererseits bei der Ermittlung des Rechteumfangs ausgehen.[603]

Besonders offensichtlich wird dies in dem Urteil *GEMA-Vermutung IV.* Anders als das Reichsgericht bleibt der BGH hier nicht bei einer fehlenden diesbezüglichen Parteivereinbarung stehen, sondern zeigt sich für eine andere Bewertung durch einen Rekurs auf den Vertragszweck prinzipiell offen.[604] Zwar weist er zugleich darauf hin, dass dieser einer Einräumung von Rechten an unbekannten Nutzungsarten regelmäßig entgegenstehen dürfte.[605] Während die Zweckübertragungstheorie nach der Rechtsprechung des Reichsgerichts bis dahin aber die Erlaubnis von neuen Verwertungstechniken nicht begründen konnte (stattdessen bedurfte es wie gezeigt einer ausdrücklichen Parteiabre-

599 BGH GRUR 1960, 197 ff. (*Keine Ferien für den lieben Gott*); dazu ausführlich *Schweyer*, S. 44 f.

600 BGH GRUR 1969, 143 ff. (*Curt-Goetz-Filme II*); dazu ausführlich *Schweyer*, S. 51 ff.

601 BGH GRUR 1960, 197 [199] (*Keine Ferien für den lieben Gott*); GRUR 1969, 143 [144] (*Curt-Goetz-Filme II*); ähnlich schon BGH GRUR 1957, 611 [613] (*Bel ami*).

602 BGH GRUR 1982, 727 [730] (*Altverträge*) mit Verweis auf BGH GRUR 1974, 786 [787] (*Kassettenfilm*); dies übersieht anscheinend *Drewes*, S. 37 sowie zuletzt auch der BGH selbst, vgl. ZUM 2011, 498 (*Polizeirevier Davidswache*).

603 *Schweyer*, S. 53 ist der Ansicht, dass dies bereits aus den Entscheidungen »*Keine Ferien für den lieben Gott*« sowie »*Curt-Götz-Filme II*« hervorgehe.

604 BGH GRUR 1988, 296 [299] (*GEMA-Vermutung IV*); a. A. zuletzt *Rudolph* in: ZGE 2010, 453 [464 f.], der diese Ausführungen des BGH dergestalt intrepretiert, dass sie sich allein auf die Besonderheiten des Verhältnisses zwischen Urhebern und Verwertungsgesellschaften beziehen.

605 BGH GRUR 1988, 296 [299] (*GEMA-Vermutung IV*); ebenso OLG Köln ZUM 2009, 237 [240 f.] (n. rkr.); vgl. auch *Schulze* in: Dreier/Schulze § 31a Rn. 21.

de),[606] erschien dies nach der Entscheidung des BGH aber immerhin als grundsätzlich möglich.[607]

3. Zusammenfassende Betrachtung

Sowohl die Rechtsprechung des Reichsgerichts als auch die des Bundesgerichtshofs zeigt sich generell sehr zurückhaltend gegenüber der Einräumung von Rechten an unbekannten Nutzungsarten.[608] Auch ohne ein ausdrückliches Verbot führte eine Analyse der Parteivereinbarung in der überwiegenden Zahl der Fälle dazu, dass dem Verwerter keine Befugnis zur Nutzung der neuen Auswertungstechnik zukam. Der bisherige § 31 Abs. 4 UrhG wurde damit teilweise vorweggenommen.[609] Während sich das Reichsgericht dafür noch ausschließlich auf allgemeine Billigkeitserwägungen und die daraus hervorgegangene Zweckübertragungstheorie[610] stützen musste, konnte der Bundesgerichtshof ab 1966 auf § 31 Abs. 5 UrhG zurückgreifen. Trotz unterschiedlicher systematischer Anknüpfungspunkte lag beiden Rechtsprechungslinien dabei die Überlegung zugrunde, dem Urheber auf diese Weise eine angemessene Beteiligung an der Verwertung seines Werkes zu sichern, was nunmehr mit § 11 S. 2 UrhG auch eine ausdrückliche gesetzliche Grundlage gefunden hat.

Ebenso einheitlich wie im Rahmen des § 31 Abs. 5 UrhG mittlerweile zwingend stellten sie dafür zuvorderst auf eine ausdrückliche Vereinbarung ab, mittels derer der Parteiwille zur Einräumung des Rechts an der neuen Nutzungsart zum Ausdruck gebracht werden musste. Ausreichend hierfür war allerdings nicht bereits jede verallgemeinernde Umschreibung künftiger Auswertungstechniken. Stattdessen verlangten sie eine über den pauschalen Verweis auf künftige Nutzungsarten hinausgehende Beschreibung.[611] Zutreffend weist jedoch *J.B. Nordemann* darauf hin, dass diesen Entscheidungen Verträge zugrunde lagen, in denen die streitgegenständliche Nutzungsart zum Zeitpunkt des Vertragsschlusses bereits technisch bekannt war und damit nach heutigem Verständnis eher der Kategorie der sogenannten Risikogeschäfte unterfiel. Hier

606 So i.E. zutreffend *Drewes*, S. 37.

607 Gleichfalls auf den Vertragszweck abgestellt wird in BGH GRUR 2002, 248 [251] (*Spiegel-CD-ROM*), wenngleich hier offen gelassen wurde, ob es sich um eine unbekannte Nutzungsart handelt; ebenso *Fälsch* in: BD 42 (2008), 409; *J.B. Nordemann* in FS W. Nordemann (2004), 193 [202].

608 Siehe zur nachfolgenden Darstellung und Analyse bereits *Wille* in: UFITA 2008/II, 337 ff.

609 So treffend *Wandtke/Holzapfel* in: GRUR 2004, 284 [286].

610 Vgl. zur Entwicklung der heute in § 31 Abs. 5 verankerten Zweckübertragungsregel unter ausführlicher Würdigung der Rechtsprechung des Reichsgerichts erneut *Donle*, S. 6 ff.; *Schweyer*, S. 18 ff.

611 So RGZ 118, 282 [287 f.] (*Musikantenmädel*); 123, 312 [317] (*Wilhelm Busch*); wohl auch BGH GRUR 1982, 727 ff. (*Altverträge*); ebenso *Hertin*, Rn. 363.

konnten die Gerichte daher eine sehr präzise Umschreibung der künftigen Auswertungstechnik erwarten.[612] So genügte demgegenüber dem OLG München beim Streit um die Videonutzung eines Werkes, die zum Zeitpunkt des Vertragsschlusses im Jahr 1949 auch technisch noch unbekannt war, der generelle Hinweis auf *»künftige Arten, Systeme und Verfahren der Kinematographie«.*[613]

Unterschiede bestehen gleichwohl im Umgang mit Verträgen, denen eine diesbezügliche ausdrückliche Parteivereinbarung gänzlich fehlt. So ist deutlich geworden, dass das Reichsgericht dem Vertragszweck trotz der (späteren) Bezugnahme auf die Zweckübertragungstheorie bis zuletzt eine untergeordnete Rolle zumaß und ihn in Abwesenheit einer ausdrücklichen Vereinbarung nicht für die Einräumung von Rechten an neuen Auswertungstechniken ausreichen ließ. Zwar stellte es seinerzeit fest, dass die Parteien regelmäßig nur die Befugnisse einräumten, die ihnen bekannt seien.[614] Anders als später beim BGH lässt sich dieser Aussage des Reichsgerichts aber nicht zugleich der Umkehrschluss entnehmen, dass sich aus dem Vertragszweck gleichfalls auch ein anderslautender Parteiwille ergeben kann. In der Tat wird der Vertragszweck in der Regel dafür sprechen, nicht auch solche Nutzungsarten zu umfassen, deren Bedeutung der Einräumende mangels Bekanntheit kaum voraussehen kann.[615] In der Rechtsprechung des BGH deutet sich jedoch mit Recht an, dass der Vertragszweck nichtsdestotrotz auch einen gegenteiligen Parteiwillen gerichtet auf die Einräumung von Rechten an unbekannten Nutzungsarten abbilden können muss.

Zusammenfassend lässt sich daher festhalten, dass sich Einschränkungen für die Einräumung von Rechten an unbekannten Nutzungsarten auch ohne gesetzliches Verbot nach der bisherigen Rechtsprechung bereits aus der Zweckübertragungslehre ergaben.[616] Diese verlangt von den Vertragsparteien grundsätzlich eine ausdrückliche Vereinbarung für die wirksame Einräumung der Nutzungsrechte. Lag eine solche Parteiabrede nicht vor, so beantwortete sich die Frage nach dem dem Vertrag zugrunde liegenden Zweck. Dieser sprach regelmäßig gegen eine Einräumung von unbekannten Nutzungsarten, schloss sie

612 Vgl. *J.B Nordemann* in: FS W. Nordemann (2004), 193 [206]; sowie *J.B. Nordemann/W. Nordemann* in: GRUR 2003, 947 [948].

613 OLG München ZUM 2000, 61 [66] (*Paul Verhoeven*) (n. rkr.); ähnlich LG Hamburg ZUM-RD 1999, 134 [135] (*Heinz Erhardt*).

614 RGZ 123, 312 [316] (*Wilhelm Busch*).

615 So bereits *J.B Nordemann* in: FS W. Nordemann (2004), 193 [202] sowie *Fette* in: FS Hertin (2000), 53 [60 ff.], der allerdings einen Vertragszweck bezogen auf unbekannte Nutzungsarten generell ablehnt.

616 Vgl. zuletzt OLG Köln ZUM 2009, 237 [238 ff.] (n. rkr.); ebenso *Berger* in: Berger/Wündisch, HdB UrhVR, § 1 Rn. 97.

allerdings – jedenfalls nach der Rechtsprechung des BGH – nicht von vornherein aus.[617]

III. Neubewertung nach der Streichung des § 31 Abs. 4 UrhG a. F.

Ob diese vormals alleinige Einschränkung der Einräumungsmöglichkeit nach der (Wieder-)Abschaffung des gesetzlichen Verbots erneut Geltung beansprucht, hängt allerdings davon ab, inwiefern § 31 Abs. 5 UrhG auf Verträge über unbekannte Nutzungsarten auch weiterhin (uneingeschränkt) anwendbar ist.

1. Schwächung der Zweckübertragungsregel insgesamt? – das Verhältnis von § 31 Abs. 5 UrhG und § 31 Abs. 4 UrhG a. F.

Denkbar wäre zunächst ein Schluss dahingehend, dass die Streichung des § 31 Abs. 4 UrhG a. F. zugleich die Zweckübertragungsregel in ihrer Bedeutung insgesamt abschwächt und diese folglich einen geringeren Einfluss (auch) auf die hier gegenständlichen Verträge hätte. Eine solche Argumentation setzt freilich eine qualitative Beziehung beider Rechtsvorschriften dergestalt voraus, dass die über den Zweckübertragungsgedanken erreichte restriktive Bewertung der Einräumung von (unbekannten) Nutzungsarten nicht allein aus § 31 Abs. 5 UrhG folgt, sondern dazu bisher zusätzlich auf § 31 Abs. 4 UrhG a. F. zurückgegriffen werden musste. Gegen ein solches Verständnis spricht aber bereits die soeben dargestellte Rechtsprechung, die auch ohne ausdrückliches Verbot zu den genannten, urheberfreundlichen Ergebnissen kam.

Unbestritten ist der enge rechtliche Zusammenhang beider Vorschriften. Gleichermaßen üben sie (beschränkenden) Einfluss auf den Umfang der Rechtseinräumung aus, um damit ein Rechte-*buy-out* möglichst zu verhindern. Dies beruht in beiden Fällen auf dem Motiv, den Urheber davor zu schützen, unüberlegt Rechte einzuräumen, ohne deren wirtschaftlichen Wert überblicken zu können.[618] Daneben zeigt insbesondere die BGH-Entscheidung *Spiegel-CD-ROM*, dass auch die Rechtsprechung dieses Verhältnis beider Normen zugrunde

617 Einzustellen ist, dass der BGH zuletzt für Verträge vor 1966 eine Einräumung von Rechten an unbekannten Nutzungsarten im Falle einer vereinbarten Pauschalvergütung nur dann annahm, wenn eine entsprechende eindeutige Erklärung des Urhebers i. S. e. Erörterung des Umfangs der Abgeltung vorliegt. Umgekehrt betonte er, dass von einer stillschweigenden diesbezüglichen Rechtseinräumung nur bei Vereinbarung einer Absatzbeteiligung auszugehen sei, vgl. GRUR 2011, 714 [717 f.], Tz. 39 (*Der Frosch mit der Maske*) sowie ZUM 2011, 498 (*Polizeirevier Davidswache*); kritisch hierzu *Diesbach* in: ZUM 2011, 623 [626 ff.].

618 *Donhauser*, S. 16; *Hoeren* in: MMR 2002, 233; *Wandtke* in: FS W. Nordemann (2004), 267 [271].

legte. So ließ das Gericht hier eine Einordnung als unbekannte Nutzungsart i. S. d. § 31 Abs. 4 UrhG a. F. ausdrücklich offen, um die Einräumung der streitgegenständlichen Nutzungsart letztlich allein über die Zweckübertragungsregel des § 31 Abs. 5 UrhG zu verneinen.[619]

Nichtsdestotrotz darf diese teleologische Verwandtschaft nicht darüber hinwegtäuschen, dass beide Regelungen im Ergebnis doch zwei unterschiedliche Anknüpfungspunkte bei der Rechtskontrolle des Nutzungsvertrags hatten. Sobald als Vorfrage (beider Vorschriften) feststand, dass es sich um eine eigenständige Nutzungsart handelte, war im Fall einer pauschalen Rechtseinräumung in einem ersten Schritt zu klären, ob die streitgegenständliche Nutzungsart nach dem von beiden Parteien vorausgesetzten Vertragszweck überhaupt Bestandteil des Vertrages geworden ist. Erst, aber auch nur, wenn diese Nutzungsart demnach als vom Vertrag umfasst galt, kam es in einem zweiten Schritt darauf an, ob sie dem gesetzlichen Verbot des § 31 Abs. 4 UrhG a. F. unterfiel.[620] Während die erste Unwirksamkeitshürde bereits durch eine ausdrückliche Benennung der Nutzungsart überwunden werden konnte, war die zweite Hürde zwingend. Dies ist die logische Konsequenz aus der Ausgestaltung des § 31 Abs. 5 UrhG als Auslegungsregel[621] einerseits sowie des § 31 Abs. 4 UrhG a. F. als gesetzliches Verbot andererseits.

Damit standen beide Normen zwar durchaus in einem gegenseitigen Reserveverhältnis. Erschien etwa die Qualifizierung als unbekannte Nutzungsart problematisch, ließ sich die Nutzungsbefugnis noch über § 31 Abs. 5 UrhG verwehren.[622] Umgekehrt konnte bei einem unklaren Vertragszweck unter Umständen auf § 31 Abs. 4 UrhG a. F. rekurriert werden. Deutlich geworden ist aber ebenfalls, dass das Verbot des § 31 Abs. 4 UrhG a. F. die Unwirksamkeit rechtstechnisch autonom von der dem Zweckübertragungsgedanken zugrunde liegenden Dogmatik vollzog. § 31 Abs. 4 UrhG a. F. kann daher nicht als Ausformung der Zweckübertragungstheorie bezeichnet werden,[623] sondern beruht allein auf übereinstimmenden teleologischen Erwägungen. Diese Gemeinsamkeit darf somit nicht vorschnell herangezogen werden, um damit eine so nicht bestehende Existenz der Zweckübertragungstheorie in zwei Vorschriften zu begründen. Stattdessen schuf der Gesetzgeber trotz des einheitlichen Schutz-

619 BGH GRUR 2002, 248 [251] (*Spiegel-CD-ROM*).

620 Vgl. *Donhauser*, S. 16 f.

621 *Schweyer*, S. 73 weist daraufhin, dass i.R.d. § 31 Abs. 5 UrhG von einer Spezifizierungspflicht Abstand genommen wurde, weil dies u. U. zur Nichtigkeit des ganzen Vertrags geführt hätte, was wiederum zum Nachteil des Urhebers gewesen wäre, vgl. erneut BT-Drs. 4/3401, S. 5.

622 So bekanntlich die Argumentation in BGH GRUR 2002, 248 [251] (*Spiegel-CD-ROM*); dazu *Wandtke* in: FS W. Nordemann (2004), 267 [272].

623 So aber *Klickermann* in: MMR 2007, 221 [222]; *Schweyer*, S. 71; *Hertin* in: Fromm/Nordemann, 9. Aufl. 1998, §§ 31/32 Rn. 9; *Schaaf*, S. 198.

zwecks zwei dogmatisch zu trennende Regelungen, die sich in der Praxis nur durch ihre – freilich an jenem Schutzzweck orientierte – Rechtsfolge ergänzten. Deshalb kann entgegen der eingangs angeführten These im Ergebnis nicht davon ausgegangen werden, dass allein die Abschaffung des § 31 Abs. 4 UrhG a. F. eine Abschwächung der Zweckübertragungsregel des § 31 Abs. 5 UrhG insgesamt zur Folge hat. Schließlich entsprach es auch allgemeiner Auffassung, dass die Einführung des § 31 Abs. 4 UrhG a. F. die Geltung der Zweckübertragungslehre nicht berührte.[624] Dementsprechend ließe sich nicht nachvollziehen, warum die nunmehrige Streichung der Vorschrift plötzlich eben diesen Effekt haben soll.

Überdies deutet sich das unveränderte Festhalten an der (allgemeinen) Zweckübertragungsregel in der amtlichen Begründung des Gesetzgebers an. Indem er dort nämlich auf etwaige Modifizierungen für die unbekannten Nutzungsarten hinweist,[625] macht er deutlich, dass § 31 Abs. 5 UrhG im sonstigen Urhebervertragsrecht weiterhin uneingeschränkt Geltung beanspruchen soll.[626]

2. Modifizierte Anwendung des § 31 Abs. 5 UrhG bei unbekannten Nutzungsarten

Aus dieser Aussage des Gesetzgebers folgt freilich die nunmehr zu stellende Frage, inwiefern die Zweckübertragungsregel jedenfalls im Bereich der unbekannten Nutzungsarten eine Modifizierung erfährt. Denn die vorstehenden Ausführungen dürfen nicht dahingehend verstanden werden, dass damit eine Neubewertung der Zweckübertragungsregel bei Verträgen über unbekannte Nutzungsarten generell ausscheidet. Festgestellt wurde bisher lediglich, dass dies nicht bereits aus einer umfassenden Einschränkung des § 31 Abs. 5 UrhG aufgrund der bloßen Streichung des § 31 Abs. 4 UrhG a. F. folgt.

a. Anforderung an die Bezeichnung des Nutzungsrechts

Gewissermaßen als negatives Tatbestandsmerkmal[627] und damit als Ursache der Spezifizierungslast verlangt die Zweckübertragungsregel von den Vertragsparteien eine einzelne Bezeichnung des Nutzungsrechts. Grundsätzlich bedeutet dies die konkrete Nennung jeder abspaltbaren Nutzungsart i. S. d. § 31 Abs. 1 UrhG.[628] Soweit die Nutzungsart technisch und wirtschaftlich bekannt ist, erscheint dies auch ohne Weiteres möglich. Im Bereich der unbekannten Nut-

624 Vgl. nur *Schweyer*, S. 72.

625 BReg BT-Drs. 16/1828, S. 24; wenngleich dort § 31 Abs. 5 UrhG nicht ausdrücklich genannt wird.

626 Ähnlich *Klöhn* in: K&R 2008, 77 [79].

627 So auch *Donle*, S. 61, der § 31 Abs. 5 UrhG indes als (zwingende) Inhaltsnorm qualifiziert.

628 Vgl. nur *Schulze* in: Dreier/Schulze § 31 Rn. 119; *Wandtke/Grunert* in: Wandtke/Bullinger § 31 Rn. 47.

zungsarten weist der Gesetzgeber jedoch darauf hin, dass die Nutzungsart nicht im Einzelnen bezeichnet werden kann. Weiter führt er dazu aus, dass *»eine pauschale Rechtseinräumung«* etwa dahingehend möglich ist, *»dass die Vereinbarung auch Nutzungsrechte an erst künftig entstehenden Technologien erfasst«*. Eine solche pauschale Rechtseinräumung könne zudem auch *»abstrakt beschränkt werden (z. B. nur Technologien zur Nutzung im privaten Bereich)«*[629]. Daraus folgert *Klöhn*, dass künftig auch eine Klausel zulässig sein müsse, die *»alle Nutzungsrechte für alle [...] unbekannten Nutzungsarten«* einräumt.[630] Neben der Gesetzesbegründung verweist er vordergründig darauf, dass eine darüber hinausgehende Bestimmung deswegen nicht gefordert werden könne, weil sie bei unbekannten Nutzungsarten nicht möglich sei.[631]

Beizupflichten ist dieser Argumentation zunächst in der Hinsicht, als das wesentliche Begrenzungskriterium für das Maß der Umschreibung der einzuräumenden Nutzungsart die Möglichkeit seiner (einzelnen) Bezeichnung sein muss.[632] Insofern besteht zunächst auch keine Abweichung gegenüber der bisherigen Spezifizierungslast. Gleichwohl greift *Klöhns* dem Grunde nach zutreffender Ansatz in seiner Schlussfolgerung zu weit. Der Rahmen des innerhalb des § 31 Abs. 5 UrhG rechtlich Möglichen wird hiernach nämlich entgegen dem *Telos* der Zweckübertragungsregel nicht hinreichend ausgeschöpft, sondern stattdessen ohne Notwendigkeit zugunsten einer pauschalen Rechtseinräumung verkürzt. Diese verwerterfreundliche Interpretation unterstellt somit, dass im Bereich der unbekannten Nutzungsarten jegliche Konkretisierung von vornherein ausscheidet. Im Einzelfall werden aber auch unbekannte Nutzungsarten durchaus einer dem § 31 Abs. 5 UrhG entsprechenden ausdifferenzierten Beschreibung zugänglich sein, die über die bloße Bezeichnung als unbekannte bzw. künftige Nutzungsart hinausgeht.

629 Vgl. erneut BReg BT-Drs. 16/1828, S. 24.

630 Vgl. *Klöhn* in: K&R 2008, 77 [79]; aus seinen Ausführungen wird jedoch nicht ganz klar, ob er eine solche pauschale Klausel ebenso für bekannte Nutzungsarten ausreichen lässt (so jedenfalls die Formulierung) – nach seinen Ausführungen zur unveränderten Geltung von § 31 Abs. 5 UrhG bei bekannten Nutzungsarten ist indes nicht davon auszugehen.

631 *Klöhn* in: K&R 2008, 77 [79].

632 So etwa auch für die Anforderungen an das Transparenzgebot des § 307 Abs. 1 S. 2 BGB, vgl. *Berger/Kleine* in: NJW 2007, 3526 [3528]; diese Regel ist eng verwandt mit dem Grundsatz *ultra posse nemo obligatur*, wenngleich aus § 31 Abs. 5 UrhG wie gezeigt gerade keine Spezifizierungs*pflicht* folgt; zur Bestimmbarkeit mit Blick auf die Verfügung i.Ü. auch *Frey/Rudolph* in: ZUM 2007, 13 [15 f.]; dagegen thematisiert *Zscherpe*, S. 216 f. dieses Problem gar nicht.

aa. Technisch bekannte Nutzungsarten

Diese erscheint allerdings nur dann möglich, wenn die neue Nutzungsart jedenfalls schon technisch bekannt ist und ihre Qualifizierung als unbekannte Nutzungsart allein auf der fehlenden wirtschaftlichen Bedeutung gründet.[633] Bei diesen, früher unter die Kategorie der Risikogeschäfte[634] gefallenen Verwertungstechniken ist von den Vertragsparteien künftig eine Einzelbezeichnung dergestalt zu verlangen, wie sie auch für bekannte Nutzungsarten gefordert wird, um der Vertragszweckorientierung des § 31 Abs. 5 UrhG zu entgehen.[635] Der hierbei einzig relevante Unterschied zu einer bekannten Nutzungsart wirkt sich allein auf die Vorhersehbarkeit des wirtschaftlichen Ertrags aus, welchem bereits durch die Einordnung in das Regelungssystem der §§ 31a, 32c UrhG hinreichend Rechnung getragen wird.[636] Davon unabhängig besteht aber dieselbe Möglichkeit zur Spezifizierung der Nutzungsart, so dass kein Grund für eine großzügigere Anwendung des § 31 Abs. 5 UrhG ersichtlich ist. Soweit eine Einzelbenennung möglich ist, ist sie zur Vermeidung der Zweckauslegung zwingend.[637] Dies entspricht der aufgezeigten Rechtsprechung zu den Altverträgen, die im Falle der technischen Bekanntheit einer Nutzungsart bei Vertragsschluss für die wirksame Einräumung des Nutzungsrechts daran ebenfalls eine Einzelbezeichnung einforderte.[638]

Schließlich ist auch den von Rechtsprechung[639] und Literatur[640] zu den Risikogeschäften selbst entwickelten Voraussetzungen das Erfordernis einer konkreten Bezeichnung der (allein wirtschaftlich unbekannten) Nutzungsart zu

---

633 Ebenso *Berger* in: GRUR 2005, 907 [908].

634 Allerdings forderte *Hertin* in: Fromm/Nordemann, 9. Aufl. 1998, §§ 31/32 Rn. 10 für die Risikogeschäfte, dass sich das Erfordernis der Bekanntheit über die bloße Technik hinaus auch auf die sich abzeichnende wirtschaftliche Anwendbarkeit erstreckt; ebenso *Fitzek*, S. 198.

635 Vgl. dazu ausführlich *Donle*, S. 160 ff.

636 Denn nach der hier vertretenen Auffassung unterfällt auch die Kategorie der Risikogeschäfte künftig den Neuregelungen der §§ 31a, 32c UrhG, vgl. oben S. 50 ff.

637 Angedeutet bereits von *Scholz* in: Mestmäcker/Schulze, 45. AL (12/07), § 31a Rn. 15.

638 RGZ 118, 282 [287 f.] (*Musikantenmädel*); wohl auch BGH GRUR 1982, 727 ff. (*Altverträge*); vgl. dazu erneut *J. B. Nordemann* in: FS W. Nordemann (2004), 193 [206]; *J.B. Nordemann/W. Nordemann* in: GRUR 2003, 947 [948]; die allerdings zutreffend darauf hinweisen, dass sich dieses Erfordernis der konkreten Benennung auf diese Fälle der technisch bekannten Nutzungsarten beschränken muss; a. A. wohl *Drewes*, S. 31 f.

639 BGH GRUR 1995, 212 [214] (*Videozweitauswertung III*); OLG München NJW-RR 1998, 335 [336] (*Videozweitauswertung von Spielfilmen*); angesichts dieser vereinzelt gebliebenen Entscheidungen kann freilich kaum von einer gefestigten Rspr. gesprochen werden; zwar war die Zulässigkeit von Risikogeschäften bereits in BGH GRUR 1991, 133 [136] (*Videozweitauswertung*) erstmals anerkannt wurden, allerdings hatte sich der BGH dort mangels ausdrücklicher Vereinbarung nicht weiter mit den Voraussetzungen auseinandersetzen müssen.

640 *Drewes*, S. 60 ff.; *Reiber* in: GRUR 1997, 162 [167 f.]; *Scholz* in: Mestmäcker/Schulze, 45. AL (12/07), § 31 Rn. 98 f.; *Schulze* in: Dreier/Schulze § 31 Rn. 69.

entnehmen.[641] Während dies vormals noch mit dem Schutzzweck des § 31 Abs. 4 UrhG a. F. begründet wurde, folgt diese Anforderung nunmehr wie gezeigt aus § 31 Abs. 5 UrhG kraft seiner Anknüpfung an die (jeweils mögliche) Einzelbezeichnung. Dagegen können die übrigen vom BGH geforderten Voraussetzungen eines wirksamen Risikogeschäfts nicht mehr als allgemeine Kriterien für die Verträge über unbekannte Nutzungsarten fruchtbar gemacht werden. So bedarf es für die Wirksamkeit künftig weder einer Erörterung der Nutzungsart[642] noch muss sie erkennbar zum Gegenstand von Leistung und Gegenleistung gemacht werden. Wie auch das soeben für einschlägig erachtete Erfordernis der konkreten Benennung dienten diese Voraussetzungen in erster Linie der Sicherung einer angemessenen wirtschaftlichen Beteiligung des Urhebers. Dieser Schutz wird nunmehr aber bereits durch § 32c UrhG gewährleistet, so dass sie sich nicht mehr teleologisch begründen lassen. Anders als das Erfordernis der Einzelbenennung lassen sich die Kriterien auch nicht stattdessen an der Zweckübertragungstheorie in Gestalt des § 31 Abs. 5 UrhG festmachen, da dies offenkundig über dessen Wortlaut hinausginge. Überdies widerspräche eine solche Pflicht zur Erörterung der Vergütung der Systematik des § 31a Abs. 2 UrhG. Denn hiernach ist die Vereinbarung der Vergütung keine Wirksamkeitsvoraussetzung der Rechtseinräumung, sondern hat vielmehr den Entfall des Widerrufsrechts zur Folge.

bb. Auch technisch (echte) unbekannte Nutzungsarten

Problematischer erscheint dagegen die Bezeichnung solcher Nutzungsarten, die zum Zeitpunkt des Vertragsschlusses auch technisch unbekannt sind.[643] Hier können die Vertragsparteien die Verwertungstechnik nicht einmal umschreiben, sondern sind auf die pauschale Erfassung als unbekannte bzw. künftige Nutzungsart angewiesen.[644] Denkbar wäre allenfalls eine Konkretisierung derart, dass korrespondierend zu der jeweils einzeln bezeichneten bekannten Nutzungsart aus dem Vertrag hervorgeht, ob in dieser Kategorie der Werkverwertung gleichfalls künftige Technologien mit erfasst sein sollen. Die Einräumung des Rechts an einer unbekannten Nutzungsart würde sich dann in der dazugehörigen Gruppe der bereits bekannten Verwertungsmodelle wieder finden. Dies entspräche dem bereits zitierten Urteil des OLG München, wo der

---

641 Dass *Klöhn* diese Kategorie der unbekannten Nutzungsarten nicht berücksichtigt, ist wohl der Tatsache geschuldet, dass er anders als hier ohnehin von der Fortgeltung der Rechtsprechung zu den Risikogeschäften ausgeht, vgl. K&R 2008, 77 [80 f.].

642 A. A. anscheinend zuletzt *Kloth* in: GRUR-Prax 2011, 285 [286] unter Rekurs auf BGH ZUM 2011, 560 (*Der Frosch mit der Maske*).

643 *J.B. Nordemann* in: FS W. Nordemann (2004), 193 [206] spricht hierbei von »*echten*« unbekannten Nutzungsarten.

644 Dies erkennt auch *Hertin*, Rn. 373.

Vertrag die Rechte an *»künftigen Arten, Systemen und Verfahren der Kinematographie«* beinhaltete.[645]

So brauchbar dieser Ansatz auf den ersten Blick erscheint, so untauglich erwiese er sich jedoch immer dann, wenn die später entstehende Nutzungsart zum Zeitpunkt des Vertragsschlusses in keine der herkömmlichen Verwertungskategorien fällt, sondern eine völlig neue Art der Verwertung zum Gegenstand hat, mithin einen sogenannten Innominat-Fall darstellt.[646] Verlangte[647] man hier die Zuordnung zu den in der Vertragspraxis üblicherweise aufgezählten Verwertungstechniken, so wären diese neuen Technologien den Parteien als Vertragsgegenstand nur nach entsprechender Vertragszweckkontrolle zugänglich und es würde insoweit zumeist beim Erfordernis einer Nachlizenzierung bleiben. Dies widerspräche jedoch dem Willen des Gesetzgebers, der das Problem der Nachlizenzierung zum wesentlichen Anlass der Reform nahm.[648]

Somit bleibt es für die auch technisch unbekannten Nutzungsarten bei dem bereits genannten Eingeständnis des Gesetzgebers, nach dem eine pauschale Rechtseinräumung mangels Spezifizierbarkeit ausreichen muss.[649] Damit können die Rechte insoweit auch dann auf den Verwerter übergehen, wenn sich die Einräumung der einzelnen vormals unbekannten Nutzungsart nicht aus dem Vertragszweck i. S. d. § 31 Abs. 5 UrhG ergibt. Die Zweckübertragungsregel ist hier nach dem soeben Ausgeführten nicht anwendbar.[650]

Wie § 31 Abs. 5 S. 2 UrhG mittlerweile deutlich macht, erfasst die Zweckübertragungsregel jedoch nicht nur die Frage, welche einzelnen Nutzungsarten eingeräumt werden, sondern ebenfalls die dort genannten Aussagen über räumliche, zeitliche oder inhaltliche Beschränkungen sowie die Frage nach einem einfachen oder ausschließlichen Nutzungsrecht. Wird hinsichtlich dieser

645 OLG München ZUM 2000, 61 [66] (*Paul Verhoeven*) (n. rkr.); ähnlich LG Hamburg ZUM-RD 1999, 134 [135] (*Heinz Erhardt*); hieran orientiert sich ausdrücklich auch *J.B. Nordemann* in: HdB UrhR, § 60 Rn. 36.

646 Um eben diese Fälle zu erfassen, in denen eine völlig neue Verwertungsform entsteht, die keinem der in §§ 16–22 UrhG aufgeführten Verwertungsrechte zugeordnet werden kann, werden die Verwertungsrechte auch in § 15 UrhG nicht abschließend, sondern nur beispielhaft aufgezählt, vgl. *Dustmann* in: Fromm/Nordemann § 15 Rn. 4 f.; *Ernst* in: Hoeren/Sieber, 20. EL (10/08), Kap. 7.1 Rn. 38.

647 Natürlich steht es den Parteien (vorbehaltlich der AGB-rechtlichen Wertungen) frei, eine derartige Zuordnung zum Gegenstand der Rechtseinräumung zu machen, vgl. auch *Schulze* in: Dreier/Schulze § 31a Rn. 73. Hier geht es allein um die Aussage, dass dies für einen Ausschluss der Vertragszweckbindung vermittels § 31 Abs. 5 UrhG nicht erforderlich ist.

648 Vgl. BReg BT-Drs. 16/1828, S. 22.

649 Vgl. erneut BReg BT-Drs. 16/1828, S. 24.

650 Insoweit ebenso *Berger* in: GRUR 2005, 907 [908]; *Klöhn* in: K&R 2008, 77 [79]; *Lettl*, Rn. 37; *Schack*, Rn. 620; dagegen erkennt *J.B. Nordemann* in: Fromm/Nordemann § 31 Rn. 173 zwar an, dass eine Einzelbezeichnung grds.nicht möglich ist, bindet die Rechtseinräumung an den unbekannten Nutzungsarten aber gleichwohl (bereits individualvertraglich) an den Vertragszweck.

Aussagen keine spezifizierte Entscheidung im Nutzungsvertrag getroffen, entscheidet demnach auch insoweit der Vertragszweck.[651] Da die in S. 2 genannten Alternativen für die Ausgestaltung des Nutzungsrechts außer in Bezug auf die inhaltliche Ausgestaltung gerade keine Bezeichnung der einzelnen Nutzungsart verlangen, sondern es sich vielmehr um abstrakte Aussagen handelt, greift hierfür die Zweckübertragungsregel auch in Bezug auf unbekannte Nutzungsarten wieder ein.[652] So zeigt auch der Gesetzgeber auf, dass jedenfalls abstrakte Beschränkungen - etwa nur auf Technologien im privaten Bereich - möglich sind.[653] Gleiches muss für die Aufspaltung in bestimmte Nutzerkreise und Märkte sowie für zeitliche Beschränkungen gelten.

Soweit diese Möglichkeit einer Spezifizierung für die Gesamtkategorie der unbekannten Nutzungsarten besteht, muss von dieser auch Gebrauch gemacht werden, um der Bindung an den Vertragszweck zu entgehen. Hervorzuheben ist erneut, dass im Vertrag mangels Möglichkeit der Einzelbezeichnung die von S. 2 genannten Aussagen naturgemäß nicht nach unterschiedlichen unbekannten Nutzungsarten differenzieren können und daher keine übermäßigen Konkretisierungen verlangt werden dürfen. Um der Vertragszweckbindung zu entgehen, muss es insoweit also ausreichen, beispielsweise eine Vorgabe für den räumlichen Umfang der Rechtseinräumung für die Gesamtheit der (echten) unbekannten Nutzungsarten zu treffen.

Umgekehrt muss sich diese tatsächliche Grenze der Spezifizierbarkeit auch im etwaig erforderlichen Fall der Bestimmung des Vertragszwecks, mithin in Abwesenheit einer Aussage des Nutzungsvertrags zu den von S. 2 angesprochenen Alternativen, auswirken. Mit anderen Worten darf für die Alternativen des § 31 Abs. 5 S. 2 UrhG auch in der Bewertung des Gerichts jeweils nur ein einheitlicher Vertragszweck für die gesamte Kategorie der (echten) unbekannten Nutzungsarten zugrundegelegt und nicht nach einzelnen (nunmehr bekannt gewordenen) Nutzungsarten unterschieden werden. Andernfalls würde das zum Maßstab erhobene Kriterium der Möglichkeit einer Spezifizierung wieder unterschlagen und die Bindung an den Zweck des Vertrages hätte damit den Charakter einer zwingenden Schutznorm.

651 Jedenfalls missverständlich *Wandtke/Grunert* in: Wandtke/Bullinger § 31 Rn. 58, die den Anschein erwecken, dass es insoweit gar nicht mehr auf die Spezifizierung ankommt; deutlicher dagegen *Kotthoff* in: Dreyer/Kotthoff/Meckel § 31 Rn. 132, 134.

652 So anscheinend zuletzt auch *Kloth* in: GRUR-Prax 2011, 285 [287].

653 BReg BT-Drs. 16/1828, S. 24; zustimmend etwa *Wandtke/Grunert* in: Wandtke/Bullinger § 31a Rn. 12.

cc. *Fehlende Bezugnahme auf die Kategorie der unbekannten Nutzungsarten*

Aufgrund dieses Maßstabs der Möglichkeit einer Einzelbezeichnung muss entgegen *Klöhn*[654] auch die Konstellation unter die Auslegungsvorgabe des § 31 Abs. 5 UrhG fallen, dass der Vertrag nicht einmal das Mindestmaß an Spezifizierung beinhaltet, indem es innerhalb einer globalen Rechtseinräumung an jeglicher Bezugnahme auf die unbekannten Nutzungsarten fehlt.[655] Allerdings würde die Rechtseinräumung in diesem Fall nicht lediglich vom Zweck des Vertrages abhängen, sondern aufgrund § 31a Abs. 1 S. 1 UrhG von vornherein unwirksam sein. Mit Blick auf die dem Schriftformgebot zugrunde liegende Warnfunktion erscheint es wie gezeigt ausgeschlossen, dass eine nicht ausdrückliche Erwähnung der unbekannten Nutzungsarten dem dortigen Schriftformgebot genügt.[656] Es lässt sich jedoch aus § 31a Abs. 1 S. 1 UrhG nicht die Vorgabe ableiten, dass der Vertrag explizit auf *»unbekannte Nutzungsarten«* verweisen muss. Ausreichen wird bereits eine inhaltlich vergleichbare Formulierung etwa dergestalt, dass die Vereinbarung auch *»Nutzungsrechte an erst künftig entstehenden Technologien«* erfasst.[657]

dd. *Zwischenergebnis*

Offenkundig wurde aus dem Vorstehenden, dass die Zweckübertragungsregel in ihrem ursprünglichen Regelungsgehalt (§ 31 Abs. 5 S. 1 UrhG) für Verträge über unbekannten Nutzungsarten regelmäßig keine Anwendung finden wird.[658] Andernfalls würde sie die Einräumung von Rechten an unbekannten Nutzungsarten zumeist verhindern und damit den Zweck der Neuregelungen, Verträge über unbekannte Nutzungsarten künftig zuzulassen, geradezu *ad absurdum* führen. Was sich in der früheren Rechtsprechung noch als willkommener Nebeneneffekt der Zweckübertragungslehre erwies, darf nun nicht zu einem Leerlaufen der Gesetzesreform führen.

Ein kleiner Geltungsbereich bleibt § 31 Abs. 5 UrhG nur im Bereich der

---

654 So explizit in: K&R 2008, 77 [79].

655 Ebenso bereits *Hoeren* in: MMR 2007, 615 [616]; *Wandtke/Grunert* in: Wandtke/Bullinger § 31a Rn. 14.; *J.B. Nordemann* in: Fromm/Nordemann § 31 Rn. 174; *Schuchardt*, S. 55; *Spindler* in: Schricker/Loewenheim § 31a Rn. 62 will insoweit auf die allg. Vertragsauslegung zurückgreifen.

656 *J.B. Nordemann* in: Fromm/Nordemann § 31a Rn. 53; *Schuchardt*, S. 55; wohl auch *Spindler* in: NJW 2008, 9 [10]; *Schulze* in: UFITA 2007/III, 641 [661] sowie bereits oben S. 55 f.

657 So ausdrücklich BReg BT-Drs. 16/1828, 24; a. A. *Wandtke/Grunert* in: Wandtke/Bullinger § 31a Rn. 10.

658 *Castendyk/Kirchherr* in: ZUM 2003, 751 [757 f.] forderten aufgrund dieses Problems, dass hier eine Ausnahme zu § 31 Abs. 5 UrhG normiert wird; ebenso *Frey/Rudolph* in: ZUM 2007, 13 [17] mit Blick auf das verfügungsgeschäftliche Bestimmtheitserfordernis.

technisch bekannten Nutzungsarten[659] sowie für die auf die Gesamtkategorie beschränkten Aussagen i. S. d. § 31 Abs. 5 S. 2 UrhG erhalten. Ebenso erfasst sie grundsätzlich nicht-ausdrückliche Vereinbarungen über unbekannte Nutzungsarten, bei denen der Nutzungsvertrag nicht einmal die Kategorie der unbekannten Nutzungsarten in Bezug nimmt. Angesichts des Schriftformerfordernisses nach § 31a Abs. 1 S. 1 UrhG und der daraus resultierenden Nichtigkeitsfolge wird dieser Anwendungsfall der Vertragszweckbindung allerdings praktisch nicht vorkommen. Außerhalb dieser Anwendungsgebiete lassen sich die Rechte an unbekannten Nutzungsarten (individualvertraglich) künftig durch pauschale Klauseln einräumen, ohne dass dies einer nachträglichen Überprüfung am Zweck des Nutzungsvertrages unterliegt.

Dieses Ergebnis wird auch von den Schutzzweckerwägungen des (neuen) Urhebervertragsrechts gestützt. Während der Urheber bei der Einräumung von Rechten an bekannten Nutzungsarten weiterhin umfassend durch die Zweckübertragungsregel (§ 31 Abs. 5 UrhG) sowie die Beteiligungsansprüche der §§ 32, 32a UrhG geschützt ist, wird der grundsätzliche (individualvertragliche) Wegfall des Zweckübertragungsgrundsatzes bei den unbekannten Nutzungsarten durch das Schriftformerfordernis, das Widerrufsrecht (§ 31a UrhG), den gesetzlichen Vergütungsanspruch (§ 32c UrhG) sowie die jeweils dazu gehörigen Mitteilungspflichten kompensiert.[660]

b. Unbekannte Nutzungsarten als Gegenstand des Vertragszwecks

Fraglich ist schließlich, inwiefern sich die Einräumung von Rechten an unbekannten Nutzungsarten aus dem Vertragszweck ergeben kann. Dies wird entsprechend dem soeben Festgestellten dann relevant, wenn die Verträge insoweit ausnahmsweise dem § 31 Abs. 5 UrhG unterfallen und nicht die Anforderungen an die Spezifizierung erfüllen. Ausgangspunkt der Annäherung an den für die Zweckübertragungsregel maßgeblichen Vertragszweck sollte zunächst der Befund sein, dass dieser von den Parteien selbst übereinstimmend festgelegt

659 Wohl i.E. ebenso *Berger* in: GRUR 2005, 907 [908]; *Scholz* in: Mestmäcker/Schulze, 45. AL (12/07), § 31a Rn. 15; dagegen wollen *Rudolph* in: ZGE 2010, 453 [468] sowie *Wandtke/Grunert* in: Wandtke/Bullinger § 31 Rn. 39 anscheinend jede nach der Rechtseinräumung bekannt werdende neue Nutzungsart gemäß § 31 Abs. 5 UrhG daran messen, ob die konkrete Nutzungsart vom Vertragszweck umfasst ist; ebenso neuerdings *J.B. Nordemann* in: Loewenheim, HdB UrhR, § 60 Rn. 36, der dafür nach einer »sinnvollen Ergänzung der im Vertrag behandelten bekannten Nutzungsarten« schaut; allerdings käme diese – zweifellos pragmatische Lösung – der Erhebung des § 31 Abs. 5 UrhG zu einer zwingenden Schutznorm gleich, indem die Möglichkeit der Einzelbezeichnung (bereits individualvertraglich) außer Betracht gelassen und ausschließlich auf die Rechtsfolge (Vertragszweckbindung) abgestellt wird.

660 So zutreffend *Klöhn* in: K&R 2008, 77 [80]; ähnlich *Kotthoff* in: Dreyer/Kotthoff/Meckel § 31 Rn. 7, der unter Hinweis auf das Widerrufsrecht einer Überspannung der Konkretisierungsanforderungen entgegentritt; siehe auch *Schuchardt*, S. 57.

wird.[661] Darüber hinaus ist dieser unbestimmte Rechtsbegriff allerdings kaum einer näheren Konkretisierung zugänglich. Auch die Rechtsprechung hat es bisher nicht geschafft, eine gehaltvolle Typisierung bereitzustellen.[662] Gleichwohl hat sich mittlerweile eine Vielzahl möglicher Kriterien entwickelt, von denen zwei als die Wichtigsten hervortreten. Im Vordergrund der Vertragszweckermittlung stehen demnach zum einen die außerhalb des Vertragsinhalts liegende Branchenübung (Verkehrssitte)[663] und zum anderen die vertragliche Vergütungsabrede[664].

Im Bereich der unbekannten Nutzungsarten stellt sich im Zusammenhang mit der Branchenübung als Anhaltspunkt allerdings ein wesentliches Problem. So tendiert bereits die insofern erforderliche Verwendungshäufigkeit solcher Klauseln mangels rechtlicher Zulässigkeit während der vergangenen vierzig Jahre gen Null.[665] Zumindest für die erste Zeit nach der Streichung des § 31 Abs. 4 UrhG a. F. wird die Branchenübung daher regelmäßig gegen einen Vertragszweck gerichtet auf die Einräumung von unbekannten Nutzungsarten sprechen.

Geeigneter erscheint dagegen ein Abstellen auf Kriterien, die sich aus dem Vertrag selbst ergeben und damit von äußeren Einflüssen unabhängig sind. In Betracht kommen etwa solche Umschreibungen, die – freilich ohne die jeweilige (technisch bekannte) Nutzungsart selbst zu bezeichnen – einen deutlichen Hinweis darauf geben, dass auch bestimmte künftige Entwicklungen mit erfasst sein sollen. Dies kann beispielsweise durch eine entsprechende Präambel zum Ausdruck gebracht werden.[666] Wie bereits angedeutet kommt aber vor allem der Höhe der gewährten Vergütung ein besonderer Aussagegehalt zu. So deutet der Vertragszweck auf eine umfassende Rechtseinräumung hin, wenn mit dem Rechteinhaber eine bedeutende Vergütung vereinbart worden ist.[667] Dies gilt umso mehr, soweit die Vergütungsklauseln bereits eine gesonderte Berück-

661 *Schack*, Rn. 616; *Schricker*, VerlR, § 8 Rn. 5b; seit 2002 ergibt sich dies auch ausdrücklich aus dem Wortlaut des § 31 Abs. 5 S. 1 UrhG.

662 *Donle*, S. 175, der sich anschließend ausführlich mit etwaigen Möglichkeiten zur Konkretisierung des Vertragszwecks i. S. d. § 31 Abs. 5 UrhG auseinandersetzt; ebenso *Schierenberg* in: AfP 2003, 391 [392].

663 So etwa in BGH GRUR 1985, 378 [380] (*Illustrationsvertrag*); GRUR 1986, 885 [886] (*METAXA*).

664 So etwa in BGH GRUR 1977, 42 [45 f.] (*Schmalfilmrechte*); GRUR 1986, 885 [886] (*METAXA*); ZUM 1987, 524 [525] (*Fremdenverkehrsbroschüre*).

665 Eine Ausnahme bilden allein die Verträge, auf die § 31 Abs. 4 UrhG a. F. nicht anwendbar war, siehe dazu oben S. 140 f.

666 Dazu allgemein für § 31 Abs. 5 UrhG *Donle*, S. 195 ff.; *Schricker*, VerlR, § 8 Rn. 5b; *Schulze* in: Dreier/Schulze § 31 Rn. 121.

667 So *J.B Nordemann* in: FS W. Nordemann (2004), 193 [203]; *ders.* in: Fromm/Nordemann § 31 Rn. 174; *ders.* in: Loewenheim, HdB UrhR, § 60 Rn. 36; generell ablehnend *Drewes*, S. 62.

sichtigung der Verwertung in der unbekannten Nutzungsart enthalten,[668] wie sie nunmehr von § 32c UrhG als gesetzlichem Anspruch normiert ist. Freilich ist es in diesen Fällen äußerst unwahrscheinlich, dass die Nutzungsvereinbarung nicht bereits die einzelne (technisch bekannte) Nutzungsart bezeichnet.[669] Andererseits zu weitgehend ist es jedoch, für den maßgeblichen Vertragswillen eine ausdifferenzierte Vorstellung beider Parteien von der wirtschaftlichen Dimension zu fordern, die naturgemäß bei den unbekannten Nutzungsarten niemals vorhanden wäre.[670] Ein derart weitreichendes Bewusstsein von der Bedeutung der Rechtseinräumung wird auch im Bereich der bekannten Nutzungsarten nicht gefordert.

Festzuhalten bleibt gleichwohl, dass im Falle der Anwendbarkeit des § 31 Abs. 5 UrhG der Vertragszweck regelmäßig gegen die Einräumung von Rechten an unbekannten Nutzungsarten sprechen wird, da eine solche Absicht zumeist durch eine entsprechende Klausel kenntlich gemacht worden wäre.[671] Dieser Befund bestätigt die auch von der Rechtsprechung zu den Altverträgen gewonnene Erkenntnis, dass ein abweichender Parteiwille in der Mehrzahl der Fälle durch eine ausdrückliche Spezifizierung deutlich geworden wäre und daher im Zweifel von der Nichteinräumung auszugehen ist.[672] Die Umstände des Einzelfalls können hier allerdings ein anderes Ergebnis begründen. Dabei wird allem voran die vereinbarte Vergütung als ein wichtiges Indiz dienen.

3. Zusammenfassung

Es zeigt sich somit, dass der Anwendung der Zweckübertragungsregel auf die Rechte an unbekannten Nutzungsarten erhebliche Vorbehalte gegenüber stehen. Zumeist wird eine Bezeichnung der Nutzungsart mangels Bekanntheit von vornherein nicht möglich sein, so dass diese echten unbekannten Nutzungsarten

---

668 Das erkannte bereits das RG im oben erwähnten *Hampelmann*-Fall, vgl. RGZ 140, 255 [258]; zweifelhaft erscheint allerdings, ob die unbekannten Nutzungsarten für die Erfassung vom Vertragszweck – wie vom OLG Köln ZUM 2009, 237 [241] (n rkr.) verlangt – *zwingend* in der Festlegung von Leistung und Gegenleistung erkennbar werden müssen: der BGH deutete zuletzt in seiner diesbezüglichen Revisionsentscheidung (für Altverträge) an, dass eine stillschweigende Einräumung von Rechten an unbekannten Nutzungsarten zumindest bei einer prozentualen Erlösbeteiligung des Urhebers in Betracht komme, vgl. erneut GRUR 2011, 714 [717 f.] Tz. 39 (*Der Frosch mit der Maske*).

669 Dies ebenfalls eingestehend *J. B. Nordemann* in: FS W. Nordemann (2004), 193 [203].

670 So aber *Fette* in: FS Hertin (2000), 53 [64].

671 Auch *Wandtke/Grunert* in: Wandtke/Bullinger § 31a Rn. 14 weisen darauf hin, dass sich die Einräumung von Rechten an unbekannten Nutzungsarten keineswegs ohne Weiteres aus dem Vertragszweck ergebe; zu weitgehend dagegen die Ablehnung von *Fette* in: FS Hertin (2000), 53 [64].

672 In diese Richtung zuletzt auch OLG Köln ZUM 2009, 237 [239 f.] (n. rkr.).

aus dem Anwendungsbereich des § 31 Abs. 5 UrhG auszunehmen sind.[673] Die Möglichkeit einer Spezifizierung wurde dagegen nur insoweit bejaht, als Rechte an technisch bereits bekannte Nutzungsarten eingeräumt werden sollen sowie hinsichtlich der Alternativen des S. 2. Soweit es in diesen beiden Fällen an der möglichen Konkretisierung fehlt, ermittelt sich der Umfang der Rechtseinräumung anhand des Vertragszwecks. Diese differenzierte Betrachtungsweise bedeutet zugleich, dass bei einer Rechteklausel, die *»alle unbekannten Nutzungsarten«* zum Gegenstand hat, solche im Zweifel (§ 31 Abs. 5 UrhG) nicht mit eingeräumt werden, die aufgrund ihrer technischen Bekanntheit bereits benennbar sind. Gleiches gilt für die Aussagen des § 31 Abs. 5 S. 2 UrhG. Soweit es hierfür an einer entsprechenden Spezifizierung fehlt, ergeben sich der Umfang und etwaige Einschränkungen der Rechtseinräumung ebenfalls aus dem zugrunde gelegten Vertragszweck.

Fehlt der pauschalen Vereinbarung gar jegliche Bezugnahme auf die neuen Nutzungsarten, werden regelmäßig selbst die Rechte nicht mit eingeräumt sein, die an (auch technisch) noch unbekannten Nutzungsarten anknüpfen würden. Denn hier wäre davon auszugehen, dass die Vertragsparteien zumindest die neuen Nutzungsarten als abstrakte Kategorie benannt hätten, um damit den von ihnen vorausgesetzten Vertragszweck zum Ausdruck zu bringen.[674] Angesichts des Schriftformerfordernisses bleibt diese Vertragszweckauslegung allerdings im Regelfall theoretischer Natur. Das Erfordernis einer ausdrücklichen Bezugnahme ergibt sich bereits aus § 31a Abs. 1 S. 1 UrhG mit der entsprechenden Nichtigkeitsfolge nach § 125 S. 1 BGB.

673 Zweifel bestehen allerdings gegenüber der Annahme *Schuchardts*, S. 58, dass eine vom Gesetzgeber explizit angeordnete generelle Nichtanwendbarkeit des § 31 Abs. 5 UrhG für Verträge über unbekannte Nutzungsarten *»falsch«* wäre. Wenngleich dies nicht dem hier erzielten Befund entspricht, dürfte eine solche Anordnung durchaus möglich sein. Dies hätte insb. auf die noch zu thematisierende AGB-Kontrolle nicht unerhebliche Auswirkungen; *Rudolph* in: ZGE 2010, 453 [468] hält auch eine Spezialität des § 31a Abs. 1 S. 1 gegenüber § 31 Abs. 5 UrhG für denkbar.

674 Abweichend wohl *J.B. Nordemann* in: FS W. Nordemann (2004), 193 [205]; dass i.Ü. auch der Gesetzgeber von einer solchen Vertragszweckauslegung ausgeht, folgt bereits aus dem geänderten § 88 Abs. 1 S. 2 UrhG, wonach als Ausnahme für den Filmbereich im Zweifel das Recht für *»alle Nutzungsarten«* als eingeräumt gilt, wovon ausweislich der amtlichen Begründung ausdrücklich auch die Rechte an unbekannten Nutzungsarten mit erfasst sein sollen, vgl. BReg BT-Drs. 16/1828, S. 32 f.

C. Die verfügungsgeschäftliche Bestimmtheit der Rechtseinräumung

Im Zusammenhang mit der Einräumung von Rechten an unbekannten Nutzungsarten liegt die Frage nach der Bestimmtheit der rechtsgeschäftlichen Verfügung nahe.[675] Im Ausgangspunkt ist zu konstatieren, dass das Urheberrecht selbst hierfür keine geeigneten Vorgaben an das Verfügungsgeschäft der Rechtseinräumung bereithält. In den §§ 31 ff. UrhG regelt es lediglich »was«, nicht aber »wie« es geht.[676] Wie gezeigt ist daher in Abwesenheit entsprechender urheberrechtlicher Bestimmungen auf die einschlägigen Regeln des BGB zurückzugreifen. Anerkannt ist wie gezeigt, dass sich die Einräumung eines Nutzungsrechts auf Grundlage des § 413 BGB vollzieht, so dass die Regelungen der Abtretung aus den §§ 398 ff. BGB – mangels anderweitiger Bestimmung im UrhG – entsprechend anwendbar sind.[677] Demgemäß muss für die Einräumung von Rechten an unbekannten Nutzungsarten prinzipiell auch der für die Forderungsabtretung entwickelte Bestimmtheitsgrundsatz gelten.

Das durch den Nutzungsvertrag einzuräumende Recht müsste somit seinem Gegenstand und Umfang nach bestimmt oder zumindest bestimmbar sein. Entscheidend ist dabei jedoch nicht ein Höchstmaß an Konkretisierung, sondern vielmehr ein Mindestmaß, das die Identifikation der Forderung bzw. des Rechts im Verkehr ermöglicht.[678] Zwar kann diesem Erfordernis auch im Bereich der unbekannten Nutzungsarten noch insoweit entsprochen werden, als sich durch den Nutzungsvertrag sowohl Schuldner und Inhaber des Rechts als auch das Werk als Bezugsgröße ohne Weiteres benennen lassen.[679] Außerhalb der bereits technisch bekannten Nutzungsarten[680] liegt es indes auf der Hand, dass der konkrete Inhalt des Rechts, namentlich die jeweilige Nutzungsart, keiner weiteren Bestimmung zugänglich ist. Insoweit sind die Parteien des Verfügungsgeschäfts zum Zeitpunkt des Vertrages darauf beschränkt, die unbekannten Nutzungsarten lediglich pauschal und abstrakt in Bezug zu nehmen. Der Befund entspricht den zuvor zur Anwendbarkeit der Zweckübertragungsregel gemachten Ausführungen.

675 Eingehend *Frey/Rudolph* in: ZUM 2007, 13 ff.

676 So anschaulich *Frey/Rudolph* in: ZUM 2007, 13 [14]; ähnlich *Wandtke/Grunert* in: Wandtke/Bullinger Vor §§ 31 ff Rn. 22.

677 Vgl. erneut *Busche* in: Staudinger § 413 Rn. 18; *Kraßer* in: GRUR Int. 1973, 230 [231]; *Rehbinder*, Rn. 544; *Schack*, Rn. 600; *Schwarz/Klingner* in: GRUR 1998, 103 [104]; *E. Ulmer*, UrhR, S. 360; *Wente/Härle* in: GRUR 1997, 96 [97].

678 *Busche* in: Staudinger § 398 Rn. 53; *Roth* in: MüKo § 398 Rn. 67.

679 *Schuchardt*, S. 49.

680 Insoweit besteht bzgl. des Bestimmtheitserfordernisses kein Unterschied zu bekannten Nutzungsarten, vgl. auch *Scholz* in: Mestmäcker/Schulze, 45. AL (12/07), § 31a Rn. 15 unter Hinweis auf die Rspr. zu den sog. Risikogeschäften.

Diese faktische Unbestimmbarkeit der unbekannten Nutzungsarten nehmen *Frey/Rudolph* zum Anlass, die Rechtseinräumung an den unbekannten Nutzungsarten erst dann als wirksam zu qualifizieren, wenn die neue Nutzungsart infolge ihres Bekanntwerdens eindeutig bestimmbar wird.[681] Überspitzt formuliert gibt es ihrer Ansicht nach keine Rechtseinräumung an unbekannten Nutzungsarten, sondern allenfalls die Verpflichtung hierzu. Mit anderen Worten fiele der Nutzungsvertrag nur hinsichtlich des Verpflichtungselements überhaupt unter § 31a UrhG, während die Verfügung eine solche über bekannte Nutzungsarten darstellte.[682]

Beizupflichten ist dieser Annahme insofern, als sich die notwendige Bestimmbarkeit des einzuräumenden Rechts grundsätzlich auf den Zeitpunkt bezieht, in dem das Verfügungsgeschäft vorgenommen wird.[683] Eben aus diesem zeitlichen Anknüpfungspunkt resultieren die Schwierigkeiten für die unbekannten Nutzungsarten als Gegenstand der Verfügung. Allerdings ist auch für künftige Forderungen, die aus Sicht der Bestimmbarkeit den unbekannten Nutzungsarten vergleichbaren Schwierigkeiten gegenüberstehen, anerkannt, dass ihre Abtretung wirksam sein kann. Hier bestehen von vornherein geringere Anforderungen an die Bestimmtheit, indem es für ausreichend erachtet wird, wenn die Forderung nicht schon zum Zeitpunkt ihrer Abtretung, sondern erst bei ihrem Entstehen bestimmbar ist.[684]

Die Heranziehung der Rechtsprechung zur Abtretung von künftigen Forderungen soll nicht derart missverstanden werden, dass es auch bei den unbekannten Nutzungsarten lediglich um künftig entstehende Rechte geht. Nach dem hier vertretenen Ansatz entsteht das Recht stattdessen bereits zum Zeitpunkt des Verfügungsgeschäfts, während die der Abtretung zugrunde liegende Forderung gerade noch nicht existiert. Gleichwohl bestehen zwischen beiden Verfügungen Gemeinsamkeiten aus Sicht des Rechtsverkehrs, dessen Schutz das Bestimmtheitserfordernis maßgeblich dient. In beiden Fällen kann der Empfänger der

681 *Frey/Rudolph* in: ZUM 2007, 13 [16]; *Schack*, Stellungnahme zur Anhörung im Rechtsausschuss des Deutschen Bundestages vom 20.11.2006, S. 3, der zur Abschaffung von § 31 Abs. 4 UrhG anmerkt: »*Nur das, was man kennt, kann man sinnvoll und interessengerecht als Gesetzgeber regeln, nicht aber künftige Nutzungsarten, die und deren Wert heute noch niemand vorhersehen kann*«; abrufbar unter http://www.rundfunkrecht.org/topic/Korb-2/st/ra-2006-nov/teil-4/Prof__Dr__Schack.pdf (zuletzt abegrufen am 01.08.11).

682 Es ließe sich hierbei auch nicht von einer bloß aufschiebend bedingten Einräumung der Rechte an den unbekannten Nutzungsarten sprechen. Denn sofern man am Bekanntwerden der Nutzungsart die Bestimmbarkeit und damit die Wirksamkeit der Verfügung über das Nutzungsrecht festmacht, handelt es sich nicht um eine Bedingung i. S. d. § 158 Abs. 1 BGB, sondern um eine reine Rechtsbedingung, bei der die Wirksamkeit des Verfügungsgeschäfts nicht lediglich auf einer Willensmodalität der Parteien beruht, sondern ein originäres gesetzliches Wirksamkeitshindernis darstellt.

683 *Frey/Rudolph* in: ZUM 2007, 13 [14] mit Verweis auf *Roth* in: MüKo § 398 Rn. 67.

684 BGHZ 71, 75 [79]; BGH NJW 1985, 800 [802]; *Roth* in: MüKo § 398 Rn. 81.

Forderung bzw. des Rechts von diesem noch keinen Gebrauch machen außer seinerseits wieder darüber zu verfügen. Solange aber der Rechtsverkehr das Recht nicht seiner Funktionsbestimmung nach nutzt (hier die Verwertung des Werks in der neuen Nutzungsart), besteht auch kein Bedarf für eine genaue Identifizierung. Erst zum Zeitpunkt der Entstehung der Forderung bzw. dem Bekanntwerden der neuen Nutzungsart muss mit hinreichender Sicherheit festgestellt werden können, ob die Forderung bzw. das Recht der vorherigen Verfügung unterfiel.[685]

Während auch dies im Einzelfall durchaus Schwierigkeiten bereiten kann, stellt es sich jedoch immer dann als unproblematisch dar, wenn wie bei den unbekannten Nutzungsarten *alle* (künftigen) Rechte aus einem Lebenssachverhalt, namentlich dem urheberrechtlich geschützten Werk, eingeräumt werden und damit ohne Abgrenzungsschwierigkeiten der Verfügung zuzuordnen sind. Das Bestimmtheitsgebot materialisiert sich insofern vor allem in seiner Ausprägung als Spezialitätsgrundsatz, wonach insbesondere bei einer Abtretung von mehreren Forderungen oder wie hier bei einem Rechtebündel die Zugehörigkeit des einzelnen Rechts zu dem Paket hinreichend bestimmbar sein muss. Stellt man auch insoweit wieder auf den Zeitpunkt des »Entstehens« des Rechts ab, so lässt sie sich für jede neu bekannt werdende Nutzungsart eindeutig bestimmen, sofern zuvor alle diesbezüglichen Rechte eingeräumt wurden. Dass dem Urheberrecht eine solche Lockerung des Bestimmtheitsgebots nicht fremd ist, ergibt sich überdies aus § 40 Abs. 3 UrhG, der die Wirksamkeit von Vorausverfügungen über die Rechte an künftigen Werken voraussetzt. Auch hier reicht zum Zeitpunkt der Verfügung eine Bestimmbarkeit nach dem zugrunde liegenden Lebenssachverhalt, während für die endgültige Identifikation die Entstehung des Werkes entscheidend sein soll.[686]

Im Ergebnis darf also nicht Einzelbezeichnung mit Bestimmtheit verwechselt werden. Während erstere keine Voraussetzung der Wirksamkeit des Verfügungsgeschäfts über Rechte ist und vorliegend wie gezeigt auch nicht erfüllt werden könnte, muss letztere aus ihrem Zweck heraus betrachtet werden. Hiernach reicht es für die unbekannten Nutzungsarten aus, wenn sich diesbezüglich zum Zeitpunkt ihres jeweiligen Bekanntwerdens eine Aussage über ihre Zuordnung treffen lässt. Dies wird immer dann gewährleistet, wenn die Rechtseinräumung *alle* unbekannten Nutzungsarten erfasst.[687] Abhängig von

685 *Roth* in: MüKo § 398 Rn. 81.

686 So bereits der Hinweis bei *Schuchardt*, S. 50.

687 I.E. übereinstimmend *Scholz* in: Mestmäcker/Schulze, 45. AL (12/07), § 31a Rn. 15; *Schuchardt*, S. 49 f.; *Wandtke/Grunert* in: Wandtke/Bullinger § 31a Rn. 9; bestärkt wird dieser Befund durch die Gesetzesbegründung, in der eine pauschale Rechtseinräumung ausdrücklich als möglich bezeichnet wird (BReg BT-Drs. 16/1828, S. 24); vor dem Hintergrund dieser Einlassung des Gesetzgebers lässt sich die in § 31a Abs. 1 UrhG genannte Einräu-

der Formulierung und Auslegung des Begriffs »*unbekannte Nutzungsart*« in seiner vertraglichen Verwendung könnten hiervon auch solche Nutzungsarten umfasst sein, die zum Zeitpunkt des Vertrags nur wirtschaftlich noch unbekannt waren. Freilich ließen sich diese im Vertrag schon konkreter bestimmen. Aus Sicht des Bestimmtheitsgebots ist dies jedoch nicht erforderlich, es kann sich aber bei der Auslegung, namentlich nach § 31 Abs. 5 UrhG, auswirken.

D. Exkurs: Zweiterwerb von unbekannten Nutzungsrechten

Häufig werden neben dem Vertragspartner des Urhebers auch Dritte in die Verwertung des Werkes mit einbezogen. Diese allgemein festzustellende Tendenz wird sich bei den unbekannten Nutzungsarten als Gegenstand der Werkverwertung noch verstärken. Naturgemäß zielen diese auf eine Verwertung in der Zukunft ab und sind daher als solche kaum der eigentliche Beweggrund des Verwerters für den Abschluss des Nutzungsvertrags. Vielmehr wird er nicht selten darauf abzielen, sich die Nutzungsrechte nur auf Vorrat einräumen zu lassen, um sie an Dritte weiter zu veräußern.

Während die Auswirkungen dieser Konstellation eines Dritten als Inhaber der zum Zeitpunkt des Erstvertrages noch unbekannten Nutzungsarten für die von den Neuregelungen geschaffenen Rechte bereits thematisiert wurden, war die Zulässigkeit einer solchen Weiterveräußerung bisher unterstellt worden. Dem Verwerter, der die Nutzungsrechte zunächst vom Urheber erworben hat, stehen grundsätzlich zwei Wege der Vertragsgestaltung zur Verfügung, einem Dritten ein dingliches Nutzungsrecht zu verschaffen. Wie gezeigt, kann er ihm die Nutzungsrechte einerseits gemäß § 34 UrhG weiterübertragen, wobei – anders als beim Urheber selbst (§ 29 Abs. 1 UrhG) – die vollständige Rechtsposition translativ auf den Erwerber übergeht und der ursprüngliche Inhaber des Nutzungsrechts einen endgültigen Rechtsverlust erleidet.[688] Andererseits besteht die Möglichkeit, dem Dritten, unter Aufrechterhaltung einer Verbindung zum Veräußerer (Lizenzkette), lediglich einen Ausschnitt des Nutzungsrechts zu veräußern, das ihm vom Urheber eingeräumt wurde und im Übrigen bei ihm verbleibt, sogenannte gebundene (konstitutive) Rechtseinräumung gemäß § 35 UrhG. Der Ersterwerber belastet gewissermaßen sein vom Urheber erlangtes

mung von Rechten an unbekannten Nutzungsarten sogar als besonders angeordnete Ausnahmeregelung zum Bestimmtheitserfordernis bei Verfügungen deuten, wie es *Frey/ Rudolph* in: ZUM 2007, 13 [17] anzweifeln.

688 *Berger* in: Berger/Wündisch, HdB UrhVR, § 1 Rn. 178; *Schulze* in: Dreier/Schulze § 34 Rn. 1; *Wandtke/Grunert* in: Wandtke/Bullinger § 34 Rn. 1.

(ausschließliches) »Tochterrecht«, indem er hiervon zugunsten des Zweiterwerbers ein »Enkelrecht« abspaltet.[689]

Die Existenz dieser Vorschriften zum sogenannten sekundären Urhebervertragsrecht macht deutlich, dass der Gesetzgeber die Weiterveräußerung nach den in §§ 34, 35 UrhG genannten Voraussetzungen allgemein als zulässig erachtet. Dass dies auch für die Kategorie der unbekannten Nutzungsarten gelten muss, ergibt sich ausdrücklich aus § 32c Abs. 2 UrhG, der bekanntlich die Haftung des Dritten im Fall der Weiterübertragung (§ 34 UrhG) regelt und diese damit gleichsam voraussetzt. Wie gezeigt, erfasst zwar § 32c Abs. 2 UrhG lediglich die Fälle des § 34 UrhG, so dass die Zulässigkeitsvermutung nicht unmittelbar auch für den Zweiterwerb nach § 35 UrhG greift. Da die Weitereinräumung nach § 35 UrhG gegenüber der Übertragung nach § 34 UrhG aber jedenfalls keinen stärkeren Eingriff in die Rechtsposition des Urhebers, sondern eher ein Minus darstellt, muss auch diese in Bezug auf die unbekannten Nutzungsarten zulässig sein.[690]

I. Erfordernis der Zustimmung des Urhebers

Zur Wahrung der wirtschaftlichen und ideellen Interessen des Urhebers verlangen beide Arten der Rechteübertragung an einen Zweiterwerber allerdings die Zustimmung des Urhebers, §§ 34 Abs. 1, 35 Abs. 1 UrhG. Eine ohne die Zustimmung (zum Verfügungsgeschäft)[691] erfolgte Übertragung bzw. Weitereinräumung an den Zweiterwerber bleibt dinglich unwirksam, mithin gegenüber jedem Dritten.[692] Der Urheber kann die Zustimmung jedoch dann nicht verweigern, wenn die Verweigerung gegen Treu und Glauben verstieße (§ 34 Abs. 1 S. 2 UrhG), also willkürlich wäre.[693]

Die Zustimmung wird als eine solche i. S. d. § 182 BGB verstanden. Sie stellt eine einseitige, empfangsbedürftige Willenserklärung dar und kann gleichermaßen schriftlich und mündlich, konkludent oder auch formularmäßig in AGB

689 *Berger* in: Berger/Wündisch, HdB UrhVR, § 1 Rn. 184; *Wandtke/Grunert* in: Wandtke/Bullinger § 35 Rn. 5.

690 Vgl. für diesen Schluss bereits *Frey/Rudolph* in: ZUM 2007, 13 [18]; *Schuchardt*, S. 73 (dort Fn. 431).

691 Das zugrunde liegende Verpflichtungsgeschäft unterliegt nicht dem Zustimmungserfordernis, vgl. *Wandtke/Grunert* in: Wandtke/Bullinger § 34 Rn. 8.

692 *Schulze* in: Dreier/Schulze § 34 Rn. 22, § 35 Rn. 10; es besteht jedoch die Möglichkeit der Heilung durch nachträgliche Genehmigung i. S. d. §§ 182 ff. BGB, vgl. *Wandtke/Grunert* in: Wandtke/Bullinger § 34 Rn. 10, § 35 Rn. 10.

693 *Kotthoff* in: Dreyer/Kotthoff/Meckel § 34 Rn. 8; *Schulze* in: Dreier/Schulze § 34 Rn. 18; *Wandtke/Grunert* in: Wandtke/Bullinger § 34 Rn. 11.

erfolgen.[694] Bei den unbekannten Nutzungsarten als Gegenstand der Weiterübertragung ergibt sich auch aus § 31a Abs. 1 S. 1 UrhG kein Schriftformerfordernis. Das folgt bereits aus § 182 Abs. 2 BGB, der die Zustimmung von der für das zugrunde liegende Rechtsgeschäft bestimmten Form ausnimmt. Ohnehin aber ist das Rechtsgeschäft i. S. d. § 182 Abs. 2 BGB nicht das zwischen Urheber und Ersterwerber, für das § 31a Abs. 1 S. 1 UrhG die Schriftform vorschreibt. Stattdessen meint § 182 Abs. 2 BGB das Rechtsgeschäft zwischen Ersterwerber und Zweiterwerber, bezüglich dessen der Urheber als Zustimmungsgeber den Dritten i. S. d. § 182 Abs. 1 BGB darstellt. Dieses Rechtsgeschäft ist selbst schon nicht vom Formerfordernis des § 31a Abs. 1 S. 1 UrhG erfasst.[695]

§ 34 Abs. 5 S. 2 sowie § 35 Abs. 2 (i. V. m. § 34 Abs. 5 S. 2) UrhG gestatten den Vertragsparteien des (primären) Nutzungsvertrages indes abweichende Vereinbarungen. Neben der Möglichkeit eines generellen Ausschlusses der Übertragung bzw. Weitereinräumung an einen Zweiterwerber erlangt diese Regelung vor allem insofern praktische Bedeutung, als die Parteien ebenso vereinbaren können, dass die Rechte grundsätzlich frei übertragbar sein sollen.[696] Es handelt sich hierbei gewissermaßen um eine Generaleinwilligung mittels derer der Urheber die Übertragung bzw. Weitereinräumung der eingeräumten Nutzungsrechte allgemein gestattet. § 182 BGB findet auch hierfür Anwendung. Einer Schriftform bedarf es ebenso wenig wie im Fall der für den konkreten Anlass erteilten Zustimmung. Demgemäß kann eine solche Vereinbarung grundsätzlich auch stillschweigend getroffen werden. Nach der Zweckübertragungsregel, die insoweit unproblematisch auch hinsichtlich der unbekannten Nutzungsarten Anwendung findet,[697] ist die Übertragung bzw. Weitereinräumung im Zweifel jedoch zustimmungspflichtig.[698] Der pauschale Verzicht auf das Zustimmungsrecht in AGB wird indes als ungerechtfertigte Abweichung vom gesetzlichen Leitbild der §§ 34 Abs. 1, 35 Abs. 1 UrhG – die anlassbezogene Zustimmung – regelmäßig nach § 307 Abs. 2 Nr. 1 BGB unwirksam sein.[699] Es muss

694 *J.B. Nordemann* in: Fromm/Nordemann § 34 Rn. 12 ff.; *Schulze* in: Dreier/Schulze § 34 Rn. 16; *Spautz* in: Möhring/Nicolini § 34 Rn. 4; *Wandtke/Grunert* in: Wandtke/Bullinger § 34 Rn. 8; für stillschweigende Zustimmung explizit BGH GRUR 1984, 528 [529] (*Bestellvertrag*); für Zustimmung in AGB LG Berlin ZUM-RD 2008, 18 [23] (*AGB Zeitungen/Zeitschriften*) (n. rkr.).

695 *Hertin*, Rn 375; *Kotthoff* in: Dreyer/Kotthoff/Meckel § 31a Rn. 5; *Schuchardt*, S. 74; *Schulze* in: Dreier/Schulze § 31a Rn. 63, der für die Übertragung gleichwohl eine schriftliche Zustimmung verlangt, vgl. *ders.* in: Dreier/Schulze § 34 Rn. 16.

696 *Schulze* in: Dreier/Schulze § 34 Rn. 49; *Spautz* in: Möhring/Nicolini § 34 Rn. 17; *Wandtke/Grunert* in: Wandtke/Bullinger § 34 Rn. 37.

697 So auch explizit *Schulze* in: Dreier/Schulze § 31a Rn. 74.

698 *Schulze* in: Dreier/Schulze § 34 Rn. 49; ähnlich *Wandtke/Grunert* in: Wandtke/Bullinger § 34 Rn. 37.

699 Vgl. BGH GRUR 1984, 45 [52] (*Honorarbedingungen: Sendevertrag*); zustimmend die h. M., vgl. *Kotthoff* in: Dreyer/Kotthoff/Meckel § 34 Rn. 18; *Schricker/Loewenheim* in: dies.

jedoch möglich bleiben, das Zustimmungsrecht für bestimmte einzelne Nutzungsrechte abzubedingen. Die hiernach erforderliche Differenzierung ist bei echten unbekannten Nutzungsarten zum Zeitpunkt des Vertragsschlusses freilich nicht denkbar.

II. Anforderungen an den sekundären Nutzungsvertrag

Liegt eine hinreichende Zustimmung seitens des Urhebers vor, gelten für die Wirksamkeit der Übertragung bzw. Weitereinräumung der Rechte an den unbekannten Nutzungsarten die gleichen Anforderungen wie sie soeben für das Primärverhältnis zwischen Urheber und Ersterwerber herausgearbeitet wurden.[700] Die genannten Besonderheiten sind allerdings nur dann zu berücksichtigen, wenn die gegenständlichen Nutzungsarten auch zum Zeitpunkt der zweiten (oder folgenden) Verpflichtung und/oder Verfügung noch unbekannt i. S. d. §§ 31a, 32c UrhG sind. Neben dem verfügungsgeschäftlichen Bestimmtheitsgrundsatz findet auch § 31 Abs. 5 UrhG entsprechende Anwendung, indem die Zweifelsregel dergestalt modifiziert wird, dass die Rechte weitgehend bei demjenigen verbleiben, der Nutzungsrechte weitergibt.[701] Für die Einschlägigkeit von Spezifizierungslast und Vertragszweckbindung gelten somit die obigen Ausführungen.

Hinsichtlich etwaiger im primären Nutzungsvertrag vorgenommener dinglicher Beschränkungen gilt der bekannte Grundsatz, dass der Erstverwerter nicht mehr Rechte übertragen kann als er zuvor selbst vom Urheber eingeräumt bekam.[702] Die dingliche Beschränkung setzt sich somit auch gegenüber dem Zweiterwerber fort.[703] Festgestellt wurde jedoch, dass mit Blick auf die unbekannten Nutzungsarten eine inhaltliche Beschränkung der Rechtseinräumung nur schwerlich möglich sein wird. Bloße schuldrechtliche Absprachen zwischen Urheber und Erstverwerter entfalten aufgrund der Relativität des Schuldver-

§ 34 Rn. 82; *Schulze* in: Dreier/Schulze § 34 Rn. 51; *Wandtke/Grunert* in: Wandtke/Bullinger § 34 Rn. 40; a. A. LG Berlin K&R 2007, 588 (*AGB Zeitungen/Zeitschriften*) (n. rkr.); *J.B. Nordemann* in: Fromm/Nordemann § 34 Rn. 42; differenzierend OLG Zweibrücken ZUM 2001, 346 [347] (*ZDF-Komponistenvertrag*) (n. rkr.); *Berger* in: Berger/Wündisch, HdB UrhVR, § 1 Rn. 165, 189.

700 Vgl. auch *Schuchardt*, S. 74 unter Verweis auf *Schulze* in: Dreier/Schulze Vor § 31 Rn. 27.

701 Vgl. zur analogen Anwendung des Zweckübertragungsgrundsatzes auf das Verhältnis zwischen Verwertern BGHZ 28, 234 [238 f.] (*Verkehrskinderlied*); BGH GRUR 1960, 197 [199] (*Keine Ferien für den lieben Gott*); OLG Düsseldorf GRUR-RR 2002, 121 [123] (*Das weite Land*); *Schricker/Loewenheim* in: dies. § 31 Rn. 76; *Schulze* in: Dreier/Schulze § 31 Rn. 118; *Wandtke/Grunert* in: Wandtke/Bullinger § 31 Rn. 61.

702 *Schricker/Loewenheim* in: dies. § 34 Rn. 50.

703 *Berger* in: Berger/Wündisch, HdB UrhVR, § 1 Rn. 190; *Schuchardt*, S. 74; insb. ist kein gutgläubiger Erwerb möglich, vgl. *Schricker/Loewenheim* in: dies. Vor § 28 Rn. 102.

hältnisses im Verhältnis zum Dritten dagegen keine Wirkung.[704] Dieser wird nämlich allein durch die Übertragung oder Weitereinräumung durch den Ersterwerber nicht Vertragspartner des Urhebers; vielmehr bleibt das der Ersterwerber.[705] Wie gezeigt, steht es dem Zweiterwerber allerdings frei, den vertraglichen Pflichten, also insbesondere der Vergütungspflicht des Ersterwerbers, gegenüber dem Urheber mittels Schuldbeitritt beizutreten oder diese durch eine Schuldübernahme (mit befreiender Wirkung zugunsten des Ersterwerbers) zu übernehmen.

704 OLG München GRUR 1996, 972 [973] (*Accatone*); *Schulze* in: Dreier/Schulze § 34 Rn. 10.

705 *Schulze* in: Dreier/Schulze § 34 Rn. 40; für die vorliegende Konstealltion insb. *Schuchardt*, S. 74 f.

4. Kapitel: AGB-Kontrolle von urheberrechtlichen Nutzungsverträgen

A. Bedürfnis einer AGB-Kontrolle im Urhebervertragsrecht

Der Ruf nach einer Anwendung der bürgerlich-rechtlichen Regeln zur AGB-Kontrolle auf das Urhebervertragsrecht ist so alt wie die Vorschriften des AGB-Rechts selbst.[706] Anders als im allgemeinen Vertragsrecht beruht diese nicht allein rechtspolitische Forderung auf einer das (primäre) Urhebervertragsrecht zutiefst prägenden Besonderheit, die im Ausgangspunkt bereits völlig unabhängig von individuellen oder kollektiven Vereinbarungen besteht. So ist die Beziehung zwischen dem Urheber einerseits und dem Verwerter seines Werkes andererseits bekanntlich von einem erheblichen Ungleichgewicht geprägt, das sich gerade auch im Nutzungsvertrag niederschlägt. Als Grund für diese signifikante Vertragsdisparität lassen sich im Wesentlichen drei Faktoren festmachen.

Zunächst agiert der Urheber aus einer Situation heraus, in der er auf einen Nutzungsvertrag mit kommerziellen Verwertern zwingend angewiesen ist, nachdem er mit der Schaffung seines Werkes gewissermaßen in Vorleistung getreten und regelmäßig selbst nicht zur Verwertung in der Lage ist.[707] Denn nicht bereits die Werkschöpfung, sondern erst dessen Verwertung kann beim Urheber überhaupt Einnahmen generieren. Diese Abhängigkeit wird gar existenziell, wenn der einzelne Urheber mit seinem Wirken seinen Lebensunterhalt verdient. Des Weiteren tritt ihm gegenüber als potentieller Vertragspartner ein Verwerter, der ständig auf ein Überangebot alternativer Leistungen zurückgreifen kann.[708] Verschärft wird dieses für den Urheber nachteilige Marktverhältnis schließlich durch die stetig fortschreitende Unternehmenskonzentration im Mediensektor, welche die Zahl der Nachfrager weiter verringert und damit

706 Siehe nur *Hertin* in: AfP 1978, 72 ff., dessen grundlegender Aufsatz weniger als ein Jahr nach Inkrafttreten des AGB-Gesetzes erschien.

707 *Donle*, S. 212; *W. Nordemann*, Das neue UrhVR, S. 56; *Voß*, S. 5; ähnlich *Stoffels* in: Wolf/Lindacher/Pfeiffer § Anh. § 310 Rn. U 21.

708 *Donle*, S. 212; *Hertin* in: AfP 1978, 72 [73]; *Schaaf*, S. 5.

die Marktposition der Verwerter als »Oligopsonisten« noch zusätzlich stärkt.[709] Die Urheber sind damit ökonomischen Rahmenbedingungen ausgesetzt, auf die sie als Einzelne keinen Einfluss haben. Kombiniert mit der oftmals bestehenden geschäftlichen Unerfahrenheit ergibt sich folglich auf ihrer Seite ein erhebliches Schutzbedürfnis.

In Abwesenheit eines umfassenden Schutzes durch ein etwaiges Urhebervertragsgesetz[710] oder vergleichbare ausführliche Regeln als Teil des Urheberrechtsgesetzes[711] wurden seit deren Schaffung die Regeln zur Kontrolle von Allgemeinen Geschäftsbedingungen zugunsten der Urheber geltend gemacht.[712] Zwar erfassen diese naturgemäß nur solche Verträge, derer sich der Verwerter massenhaft bedient. Allerdings wird der Verwerter zur Ausschöpfung seiner machtvollen Verhandlungsposition ganz regelmäßig auf vorformulierte Vertragsformulare zurückgreifen,[713] mit denen er sich umfassende Rechte am jeweiligen Werk einräumen lässt. Diese mittlerweile vorherrschende Praxis, bei der Individualverträge die Ausnahme darstellen, ist die logische Konsequenz der bereits dargelegten Spezifizierungslast als Folge des § 31 Abs. 5 UrhG. Um dem Risiko einer gerichtlichen Einschränkung der Rechtseinräumung über die Auslegung des Vertragszwecks zu entgehen, werden sämtliche Nutzungsarten einzeln aufgezählt.

Damit führt eine Vorschrift, die an sich dem Schutz des Urhebers zu dienen bestimmt ist, im Ergebnis dazu, dass sich die nachteilige Position für den Urheber noch zusätzlich verschärft, indem er zumeist mit umfangreichen und sehr komplexen Klauselwerken konfrontiert wird. Aus diesem Grund erscheint es nur konsequent, einen zusätzlichen Schutz des Urhebers über die Regeln für die Allgemeinen Geschäftsbedingungen anzustreben. Dies gilt auch angesichts der

709 So bereits die Diagnose des Bundeskartellamts in seinem Tätigkeitsbericht 1981/82, BT-Drs. 10/243, S. 75 ff.; ebenso etwa *Dietz* in: FS Schricker (1995), 1 [9]; *W. Nordemann* in: GRUR 1991, 1; *Schaaf*, S. 198; zuletzt umfassend zu diesem Phänomen *Gounalakis/Zagouras* in: JZ 2008, 652 ff.

710 So hatte bekanntlich der Urhebergesetzgeber 1965 vertragsrechtliche Schutzbestimmungen nur ganz vereinzelt aufgenommen, um einer späteren umfassenden Regelung des Urhebervertragsrechts nicht unnötig vorzugreifen, so ausdrücklich BReg BT-Drs. 4/270, S. 28.

711 So etwa die ausdrückliche Feststellung in BGH GRUR 1984, 45 [48] (*Honorarbedingungen: Sendevertrag*); ebenso bereits *Kuck* in: GRUR 2000, 285 [286]; für Vorschläge zur Neuregelung des Urhebervertragsrechts vgl. *Dietz* in: FS Schricker (1995), 1 [8]; *W. Nordemann* in: GRUR 1991, 1 ff.; *Schulze* in: Dreier/Schulze Vor § 31 Rn. 2; *E. Ulmer*, Gutachten zum Urhebervertragsrecht; dazu auch *Schricker/Loewenheim* in: dies. Vor §§ 28 ff. Rn. 3; mit dem Gesetz zur Stärkung der vertraglichen Stellung von Urhebern und ausübenden Künstlern vom 22.3.2002 erfolgte allerdings eine Ergänzung der wenigen bestehenden urhebervertragsrechtlichen Regelungen.

712 Vgl. erneut *Hertin* in: AfP 1978, 72 ff.; *Kuck* in: GRUR 2000, 285 ff.; *Schack* in: GRUR 2002, 853 [854].

713 So etwa für die Verlagspraxis *Gottschalk* in: ZUM 2005, 359 [365]; *Schricker*, VerlR, Einl. Rn. 9; siehe auch *Voß*, S. 11 m.w.N.

§§ 32, 32a, 32c UrhG, die nunmehr zwar einen Ausgleich auf Vergütungsseite ermöglichen, damit jedoch nur einen kleinen Bereich des Nutzungsvertrags abdecken, aus dem sich für den Urheber unangemessene Benachteiligungen ergeben können.[714] Überdies ist es nach ersten Erfahrungen mit dem Anspruch auf angemessene Vergütung durchaus fraglich, ob dieser die vom Gesetzgeber beabsichtigte wirtschaftliche Besserstellung bestimmter Urhebergruppen tatsächlich erreichen kann. Bislang jedenfalls hat dieses kompensatorische Gegenrecht in der Praxis kaum Bedeutung erlangt, so dass insbesondere die (zusätzliche) Kontrolle der unmittelbaren Rechtseinräumung notwendig erscheint.

B. Anwendbarkeit der AGB-Kontrolle im Urhebervertragsrecht

I. Generelle Anwendbarkeit der §§ 305 ff. BGB

Um diesem Schutzanspruch gerecht zu werden, muss das Recht der AGB-Kontrolle auf urheberrechtliche Verträge überhaupt anwendbar sein. Dazu lässt sich im Ausgangspunkt erneut feststellen, dass – in Abwesenheit einer abschließenden Regelung des Urhebervertragsrechts – nach allgemeiner Auffassung die bürgerlich-rechtlichen Vorschriften zu den Schuldverhältnissen und ihrer Entstehung grundsätzlich entsprechend auf Nutzungsverträge anzuwenden sind.[715] Aufgrund des dargelegten Schutzbedürfnisses der Urheber einhergehend mit dem unzureichenden urheberrechtsinternen Schutzregime geht die Literatur von dieser Anwendbarkeit insbesondere auch für die Vorschriften zur AGB-Kontrolle aus.[716] Ebenso entspricht es der gefestigten Rechtsprechung der Obergerichte, auch Nutzungsverträge prinzipiell einer richterlichen AGB-, namentlich sowohl der Inhalts- als auch der Einbeziehungskontrolle, zu unterwerfen, indem sämtliche Vorgaben der §§ 305 ff. BGB entsprechend angewendet

714 Zuzugestehen ist gleichwohl, dass das Bedürfnis nach einer AGB-Kontrolle mit den Neuregelungen von Korb 1 und 2 insgesamt vermindert wurde, vgl. insoweit auch *Castendyk* in: ZUM 2007, 169 [174]; *Jani*, S. 326; zurückhaltend wie hier *Berberich* in: ZUM 2006, 205 [208]; *Wandtke/Holzapfel* in: GRUR 2004, 284 [292].

715 *Götting* in: FS Schricker (1995), 54 [55]; *Schulze* in: Dreier/Schulze Vor § 31 Rn. 8; *Wandtke/Grunert* in: Wandtke/Bullinger Vor §§ 31 ff. Rn. 67 weisen indes darauf hin, dass die Anwendung für die Einordnung in bestimmte Vertragstypen jeweils vom konkreten Einzelfall abhängt.

716 So die allgemeine Auffassung, vgl. *Castendyk* in: ZUM 2007, 169 f.; *Donle*, S. 216; *Kotthoff* in: Dreyer/Kotthoff/Meckel § 31 Rn. 27; *Farokhmanesh*, S. 37; *Kuck* in: GRUR 2000, 285 [286]; *J.B. Nordemann* in: Loewenheim, HdB UrhR, § 60 Rn. 3; *ders.* in: Fromm/Nordemann Vor §§ 31 ff. Rn. 192; *Schaaf*, S. 64 ff.; *Schack* in: GRUR 2002, 853 [854]; *Schricker/Loewenheim* in: dies. Vor §§ 28 ff. Rn. 30 ff.; *Schulze* in: Dreier/Schulze Vor § 31 Rn. 14; *Spautz* in: Möhring/Nicolini § 31 Rn. 51 ff.; *Stoffels* in: Wolf/Lindacher/Pfeiffer Anh. § 310 Rn. U 21; *Wandtke/Grunert* in: Wandtke/Bullinger Vor §§ 31 ff. Rn. 97 f.; *Zabre*, S. 163.

werden.[717] Im Übrigen muss sich die grundsätzliche Anwendbarkeit bereits aus der fehlenden Nennung des Urhebervertragsrechts bei den Bereichsausnahmen des § 310 Abs. 4 S. 1 BGB ergeben. Dies betrifft Nutzungsverträge sowohl im Primärverhältnis zwischen Urheber und (Erst-)Verwerter als auch solche über die weitere Lizenzierung der Nutzungsrechte an Zweiterwerber bzw. Unterlizenznehmer.[718]

Notwendige Bedingung für die Anwendung des AGB-Rechts ist freilich, dass der Nutzungsvertrag bzw. die jeweils untersuchte Klausel eine Allgemeine Geschäftsbedingung gemäß § 305 Abs. 1 BGB darstellt. Demnach muss es sich um für eine Vielzahl von Verträgen vorformulierte Vertragsbedingung handeln, die eine Vertragspartei (Verwender) der anderen bei Abschluss des Vertrages stellt, § 305 Abs. 1 S. 1 BGB. Natürlich wird es zahlreiche Fälle geben, in denen insbesondere die Rechtseinräumung Gegenstand eines intensiven Aushandelns ist und damit als Individualvereinbarung nicht den Vorschriften der §§ 305 ff. BGB unterliegt.[719] Wie aber bereits beim Bedürfnis nach einer AGB-Kontrolle angedeutet, wird im Verhältnis zwischen Urheber und Verwerter aufgrund der durch § 31 Abs. 5 UrhG bedingten Spezifizierungslast oftmals von einer Vorformulierung auszugehen sein. So sind die Verwerter mit ihrer Tendenz zur Totalauswertung bestrebt, möglichst sämtliche angestrebte Nutzungsrechte explizit zu nennen, um damit den Risiken der Vertragszweckorientierung nach § 31 Abs. 5 UrhG von vornherein zu entgehen.[720] Um bei den somit erforderlichen detaillierten und komplexen Rechtseinräumungen zugleich eine Erhöhung der

717 Vgl. nur BGH GRUR 1984, 45 ff. (*Honorarbedingungen: Sendevertrag*); GRUR 1984, 119 [120] (*Synchronisationssprecher*); GRUR 2003, 416 [418] (*CPU-Klausel*); GRUR 2005, 148 [151] (*Oceano Mare*); OLG Frankfurt GRUR 1984, 515 ff. (*AGBG – Übertragung von Nutzungsrechten*); OLG Zweibrücken ZUM 2001, 346 [347] (*ZDF-Komponistenvertrag*) (n. rkr.); OLG Düsseldorf GRUR-RR 2002, 121 [122] (*Das weite Land*); für weitere Nachweise aus der Rspr. siehe auch *Schricker/Loewenheim* in: dies. Vor § 28 Rn. 44.

718 Ebenso unterfallen Wahrnehmungsverträge der AGB-Kontrolle, was sich bereits im Umkehrschluss zu § 309 Nr. 9 BGB ergibt, der Wahrnehmungsverträge explizit von der Unzulässigkeit von Dauerschuldverhältnissen über zwei Jahren ausnimmt, allg. Auffassung, vgl. nur BGH GRUR 1988, 296 [298] (*GEMA-Vermutung IV*); GRUR 2002, 332 [333] (*Klausurerfordernis*); GRUR 2009, 394 [400] (*Mobiltelefonklingeltöne*); *Castendyk* in: ZUM 2007, 169 [170]; *Kotthoff* in: Dreyer/Kotthoff/Meckel § 31 Rn. 28; *Melichar* in: Loewenheim, HdB UrhR, § 47 Rn. 22. Soweit § 309 Nr. 9 BGB die Wahrnehmungsverträge betrifft, ist diese Ausnahme aber ohnehin obsolet. Denn beim Abschluss des Wahrnehmungsvertrags wird der Urheber immer als Unternehmer i. S. d. § 14 BGB zu qualifizieren sein, so dass § 309 BGB wegen § 310 Abs. 1 BGB nicht (direkt) anwendbar ist, vgl. auch *Schricker/Loewenheim* in: dies. Vor §§ 28 ff. Rn. 33; *Riesenhuber* in: ZUM 2002, 777 [779] erklärt diesen Widerspruch mit der Erweiterung der ursprünglichen Regelung des § 24 Abs. 1 Nr. 1, Abs. 2 AGBG (bis 1998) von Kaufleuten (die die Urheber zumeist nicht erfasst hätte) auf Unternehmer.

719 Zweifel bestehen indes an der Aussage von *Schmoll* in: Büscher/Dittmer/Schiwy, Teil 1 Kap. 12 Rn. 36, dass dieses Aushandeln den Praxisregelfall darstelle.

720 *Donle*, S. 215; *Kuck* in: GRUR 2000, 285; *Schaaf*, S. 7.

Transaktionskosten zu vermeiden, werden die Verwerter hierfür auf AGB zurückgreifen. Nicht selten kommen diese in Gestalt von Normverträgen oder Vertragsmustern vor.[721] Deren Verwendung ermöglicht den Verwertern eine einfache und kostengünstige Auflistung der erstrebten Nutzungsrechte, ohne dass diese Einräumung der (unmittelbaren) Kontrolle nach § 31 Abs. 5 UrhG unterliegt.[722]

Unabhängig davon, dass durch diese Verwendung von standardisierten Rechtekatalogen naturgemäß auch Rechte mit eingeräumt werden, deren Nutzung im Zusammenhang mit dem konkreten Werk kaum zu erwarten ist und daher recht zweifelhaft erscheint,[723] zeigt sich hierin, dass der Rückgriff auf AGB im (primären) Urhebervertragsrecht als gängige Praxis bezeichnet werden kann.[724] Diese ist nicht nur eines von vielen Beispielen für die zunehmende Durchsetzung von vorformulierten Vertragsbedingungen im Rechtsverkehr, sondern sie sind den deutschen Nutzungsverträgen ausweislich der soeben gemachten Ausführungen geradezu immanent. Zum Nachteil der Urheber führte die Schutzvorschrift des § 31 Abs. 5 UrhG somit zu einer verstärkten Perfektionierung und Professionalisierung der Vertragsformulierungen.[725]

Diese Praxis wird nach der Streichung des § 31 Abs. 4 UrhG a. F. künftig gleichfalls die Vereinbarungen über unbekannte Nutzungsarten erfassen. Nach den obigen Ausführungen ist die Zweckübertragungslehre des § 31 Abs. 5 UrhG auch auf diese insoweit anwendbar, als das Fehlen jeglicher Bezugnahme auf diese Kategorie der Nutzungsarten vorbehaltlich eines anderslautenden Vertragszwecks im Zweifel dazu führt, dass die Rechte hieran nicht eingeräumt werden.[726] Sind einzelne Nutzungsarten gar technisch bekannt, ist darüber hinaus auch deren konkrete Bezeichnung erforderlich.[727] Folglich werden die

---

721 Diese sind ebenfalls als AGB i. S. d. § 305 Abs. 1 BGB zu qualifizieren, da auch eine etwaige Entwicklung auf Verbandsebene eben nicht die Verhandlungen im Einzelnen zu ersetzen vermag, sondern stattdessen gleichfalls für eine Vielzahl von Verträgen vorformuliert ist, vgl. *Kotthoff* in: Dreyer/Kotthoff/Meckel § 31 Rn. 29; *Schricker/Loewenheim* in: dies. Vor §§ 28 ff. Rn. 30; *Schulze* in: Dreier/Schulze Vor §§ 31 Rn. 14.

722 *Berberich* in: ZUM 2006, 205 [206].

723 *W. Nordemann* in: GRUR 1994, 1 [2]; *Schaaf*, S. 7; *E. Ulmer*, Gutachten zum Urhebervertragsrecht, S. 88; ein vielzitiertes Beispiel ist das der Verfilmungsrechte an einer Dissertation, vgl. nur *Berberich* in: ZUM 2006, 205 [206] (dort Fn. 10); *Schmoll* in: Büscher/Dittmer/Schiwy, Teil 1 Kap. 12 Rn. 36; *Schulze* in: Dreier/Schulze § 31 Rn. 113.

724 *Castendyk* in: ZUM 2007, 169; *Donle*, S. 215; *Kotthoff* in: Dreyer/Kotthoff/Meckel § 31 Rn. 27; *J.B. Nordemann* in: Fromm/Nordemann Vor §§ 31 ff. Rn. 192; *Schulze* in: Dreier/Schulze Vor §§ 31 ff. Rn. 14; *Stoffels* in: Wolf/Lindacher/Pfeiffer Anh. § 310 Rn. U 21.

725 *Brugger* in: FuR 1974, 758 [762]; *Donle*, S. 213; ähnlich *Berberich* in: ZUM 2006, 205 [206]; *J.B. Nordemann* in: FS W. Nordemann (2004), 193 [207].

726 Dies ergibt sich bereits aus einem Umkehrschluss zu § 88 Abs. 1 S. 2 UrhG, vgl. erneut oben S. 155.

727 Jedenfalls im Ausgangspunkt – vorbehaltlich insb. einer Transparenzkontrolle – muss diese Kategorie der unbekannten Nutzungsarten auch i.R.v. AGB eingeräumt werden können.

Verwerter auch ungeachtet der teilweisen Unanwendbarkeit des § 31 Abs. 5 UrhG entsprechende Formulierungen mit in ihre Rechtekataloge aufnehmen, um einer möglichen Beschränkung der Rechtseinräumung durch eine Vertragszweckkontrolle zu entgehen.

II. Sonderregeln für Arbeitsverhältnisse

Sonderregeln bestehen dagegen für Arbeitsverhältnisse. Zwar sind die Regeln der AGB-Kontrolle seit der Überführung des AGB-Gesetzes in die §§ 305 ff. BGB nach der insoweit eindeutigen Bestimmung des § 310 Abs. 4 S. 2 BGB auch auf diese grundsätzlich anwendbar.[728] § 310 Abs. 4 S. 2 BGB bestimmt aber zugleich, dass im Rahmen der AGB-Kontrolle die im Arbeitsrecht geltenden Besonderheiten angemessen zu berücksichtigen sind. Diese Modifizierung muss demnach ebenso die urheberrechtlichen Nutzungsvereinbarungen betreffen, soweit diese auf einem Arbeitsverhältnis beruhen. Zu beachten ist zudem, dass diese (modifizierte) Anwendbarkeit des AGB-Rechts auf (urheberrechtliche) Arbeitsverträge einer weiteren Einschränkung unterliegt. So bestimmt § 310 Abs. 4 S. 3 BGB i. V. m. § 307 Abs. 3 BGB, dass eine Inhaltskontrolle von vorformulierten Arbeitsverträgen nach §§ 307 – 309 BGB nur in Betracht kommt, soweit diese von den Regelungen des einschlägigen Tarifvertrags abweichen. Aus der Zusammenschau mit § 43 UrhG, in dem die Sonderbehandlung der Arbeitsverhältnisse bereits für das individuelle Urhebervertragsrecht zum Ausdruck kommt, zeigt sich somit, dass insoweit regelmäßig andere Wertungsmaßstäbe anzulegen sind. Indes wurde diese Sonderkategorie bereits aus der Untersuchung ausgeklammert.[729]

Darin liegt ein weiterer entscheidender Unterschied zur alten Rechtslage, wo die sog. Risikogeschäfte aufgrund des Erörterungserfordernisses allein individualvertraglichen Vereinbarungen vorbehalten waren, vgl. *Castendyk* in: ZUM 2007, 169 [177].

728 Demgegenüber schloss § 23 Abs. 1 AGBG die Anwendbarkeit noch ausdrücklich aus; damit hat sich insoweit auch der Meinungsstreit erledigt, ob das AGB-Recht wenigstens auf arbeitnehmerähnliche Personen anzuwenden ist, offen gelassen von BGH GRUR 1984, 45 [47] (*Honorarbedingungen: Sendevertrag*); GRUR 1984, 119 [120] (*Synchronisationssprecher*); dafür *Castendyk* in: ZUM 2007, 169 [170]; zustimmend *J.B. Nordemann* in: Fromm/Nordemann Vor §§ 31 ff. Rn. 195 m.w.N.

729 Siehe aber zur grundsätzlichen Geltung der §§ 31a, 32c UrhG im Arbeitsverhältnis *Schulze* in: UFITA 2007/III, 641, [657 f.]; differenzierend *Ulrici*, S. 228 f., 263; eingehend zum Ganzen *Wandtke* in: FS Loewenheim (2009), S. 393 ff.

III. Sonderregelung für Unternehmer(-Urheber)

1. Modifizierte AGB-Kontrolle gegenüber Unternehmern

Indem § 305 BGB keine Vorgaben zum persönlichen Schutzbereich macht, gelten die AGB-Vorschriften des BGB anders als die Richtlinie 93/13/EWG über missbräuchliche Klauseln in Verbraucherverträgen[730] nicht nur zwischen Unternehmern und Verbrauchern, sondern grundsätzlich auch bei der Kontrolle von AGB im ausschließlichen Verhältnis von Unternehmern. Diese prinzipielle Anwendbarkeit der AGB-Kontrolle auf reine Unternehmerverhältnisse erfährt allerdings dadurch eine Einschränkung, dass gemäß § 310 Abs. 1 BGB insoweit weder die strengen Einbeziehungsvoraussetzungen des § 305 Abs. 2 und 3 BGB gelten noch die Vorschriften über Klauselverbote mit und ohne Wertungsmöglichkeit (§§ 308, 309 BGB) unmittelbare Anwendung finden. Jedoch betrifft dieser Ausschluss nicht die Generalklausel des § 307 BGB. Stattdessen stellt § 310 Abs. 1 S. 2 HS 1 BGB klar, dass in diesen Fällen die Anwendung des § 307 BGB auch zur Unwirksamkeit von Klauseln führen kann, die gemäß §§ 308 und 309 BGB im Verkehr mit Verbrauchern unzulässig wären. Damit wird einerseits dem etwaigen Gegenschluss zu § 310 Abs. 1 S. 1 BGB vorgebeugt, wonach die in den §§ 308, 309 BGB aufgeführten Klauseln zwischen Unternehmern stets wirksam seien.[731] Zusätzlich lässt sich diese Klarstellung als Ermunterung des Richters dahingehend verstehen, zu prüfen, ob eine konkrete Klausel zwar nicht nach den unanwendbaren §§ 308, 309 BGB, aber gleichwohl gemäß § 307 BGB als unwirksam einzustufen ist.[732]

2. Urheber als Unternehmer nach §§ 310 Abs. 1, 14 BGB

Relevant wird diese Sonderbehandlung von Verträgen gegenüber Unternehmern freilich nur dann, wenn der Urheber als Gegner des Klauselverwenders als Unternehmer i. S. d. § 310 Abs. 1 BGB einzustufen ist. Naturgemäß lässt sich die Frage der Unternehmereigenschaft einer Vertragspartei, die sich gemäß § 14 BGB über den Zweck der Tätigkeit beim jeweiligen Rechtsgeschäft bestimmt, schwerlich verallgemeinernd feststellen.[733] So ist Unternehmer i. S. d. bürgerlichrechtlichen Vorschriften, wer gemäß § 14 BGB beim Abschluss eines Rechtsge-

730 ABl. EG 1993 Nr. L 95, S. 29.

731 So wohl die Befürchtung des Gesetzgebers, vgl. BReg BT-Drs. 7/3919, S. 43 ff. und Bericht des Rechtsausschusses, BT-Drs. 7/5422, S. 14.

732 *Basedow* in: MüKo § 310 Rn. 7; ebenso *Schlosser* in: Staudinger § 310 Rn. 12.

733 Diese Aussage betrifft hier freilich allein die Urheberseite – auf die Unternehmereigenschaft der Verwerter als Klauselverwender kommt es für § 310 Abs. 1 BGB dagegen nicht an (anders aber bei Abs. 3); i.Ü. wird sie jedoch ganz überwiegend zu bejahen sein.

schäfts in Ausübung seiner gewerblichen oder selbständigen beruflichen Tätigkeit handelt.[734] Hierunter fallen unproblematisch zunächst all jene freischaffenden Urheber, die aus ihren Werken ihren Lebensunterhalt bestreiten.[735] Da die selbständige berufliche Tätigkeit als Oberbegriff der gewerblichen Tätigkeit zu behandeln ist,[736] reicht die in der Person dieser Urheber vorliegende nachhaltige, auf Erzielung von Einkünften gerichtete Tätigkeit unter Teilnahme am Wirtschaftsleben zur Begründung ihrer Unternehmereigenschaft gemäß § 14 BGB.

Da es allerdings nicht darauf ankommt, dass es sich bei dem in Frage stehenden Rechtsgeschäft um die Haupttätigkeit der konkreten Vertragspartei handelt, kann auch eine nebenberufliche Tätigkeit grundsätzlich unter § 14 BGB fallen.[737] In Betracht kommen damit insbesondere auch sogenannte Gelegenheitsurheber. Zwar wird es für den Gewerbebegriff insoweit zumeist am planvollen Handeln des Urhebers fehlen.[738] Möglich wäre aber noch eine Zuordnung zur selbständigen beruflichen Tätigkeit nach § 14 Abs. 1 Alt. 2 BGB. Problematisch ist hier jedoch, dass auch diese neben der Selbständigkeit zwingend eine gewisse Nachhaltigkeit der Betätigung erfordert.[739] Maßgeblich für die Beurteilung ist allerdings nicht der Schöpfungs-, sondern der Verwertungsvorgang. Denn der für die §§ 13, 14 BGB ausschlaggebende Zweck ermittelt sich nicht aufgrund etwaiger vorgelagerter Umstände, sondern anhand des jeweiligen Rechtsgeschäfts.[740] Dementsprechend bleibt es bei solchen nur gelegentlich oder

---

734 Bei den hier somit in Frage kommenden beidseitigen Unternehmergeschäften wird § 14 BGB teilweise für nicht anwendbar gehalten, so jedenfalls missverständlich *Micklitz* in: MüKo § 14 Rn. 38. Diese Möglichkeit muss sich allerdings bereits daraus ergeben, dass § 310 Abs. 1 BGB den Begriff für den Klauselgegner gegenüber dem (regelmäßig unternehmerischen) Klauselverwender zugrunde legt, ebenso *Habermann* in: Staudinger § 14 Rn. 14; *Saenger* in: Erman § 14 Rn. 3.

735 *Farokhmanesh*, S. 37 f.; *Hertin* in: Mestmäcker/Schulze, 44. AL (05/07), Vor §§ 31 ff. Rn. 104; *J.B. Nordemann* in: Fromm/Nordemann Vor §§ 31 ff. Rn. 195; *Riesenhuber* in: ZUM 2002, 777 [780]; *Schack*, Rn. 1088; *Schricker/Loewenheim* in: dies. Vor §§ 28 ff. Rn. 32; *Schulze* in: Dreier/Schulze Vor § 31 Rn. 14.; ebenso *Hoeren* in: AfP 2001, 8 [11] soweit es sich um freiberufliche Journalisten handelt; zuletzt bejahte das LG Rostock ZUM 2010, 828 [830] die Unternehmereigenschaft für freie Mitarbeiter eines Presseverlags.

736 *Habermann* in: Staudinger § 14 Rn. 32; *Micklitz* in: MüKo § 14 Rn. 36; *Saenger* in: Erman § 14 Rn. 16.

737 OLG Bremen ZGS 2004, 394; *Heinrichs* in: Palandt § 14 Rn. 2; *Micklitz* in: MüKo § 14 Rn. 28; *Pfeiffer* in: Soergel § 14 Rn. 13; *Riesenhuber*, Wahrnehmungsvertrag, S. 27, *Habermann* in: Staudinger § 14 Rn. 8; 14; *Schricker/Loewenheim* in: dies. Vor §§ 28 ff. Rn. 32.

738 Vgl. zu dieser Voraussetzung der gewerblichen Tätigkeit i. S. d. § 14 Abs. 1 Alt. 1 BGB etwa *Faber* in: ZeuP 1998, 854 [869]; *Micklitz* in: MüKo § 14 Rn. 19.

739 BGH WM 1988, 857 [858]; OLG Düsseldorf ZGS 2004, 271 [272]; *Faber* in: ZEuP 1998, 854 [869]; *Micklitz* in: MüKo § 14 Rn. 19, 31; *Riesenhuber* in: ZUM 2002, 777 [778]; *Saenger* in: Erman § 14 Rn. 11; *Schricker/Loewenheim* in: dies. Vor §§ 28 ff. Rn. 32; *P. Ulmer/Schäfer* in: Ulmer/Brandner/Hensen § 310 Rn. 18 f.

740 Speziell für den Urhebervertrag *Riesenhuber* in: ZUM 2002, 777 [779]; allgemein für § 14

einmalig tätigen Werkschöpfern dabei, dass die Einstufung als Unternehmer vom konkret abgeschlossenen Nutzungsvertrag abhängt. Tendenziell wird man diese daher vor allem bei solchen Nutzungsverträgen bejahen können, die nicht nur eine einmalige, sondern eine auf Dauer angelegte Verwertung zum Inhalt haben *und* dem Urheber daraus zugleich eine mindestens mehrmalige Vergütung gewähren.[741] Trotz der nur einmaligen oder gelegentlichen Werkschöpfung können diese Urheber somit aufgrund der konkreten Ausgestaltung des Nutzungsvertrags auch zum Unternehmer i. S. d. § 14 BGB werden.

Nahe liegt demnach der Schluss, dass bei den hier untersuchungsgegenständlichen Verträgen über unbekannte Nutzungsarten ganz regelmäßig von einer solchen, die Unternehmereigenschaft des Urhebers auslösenden, langfristigen Betätigung auszugehen ist. Denn naturgemäß verlangen diese ein Engagement des Urhebers, das zeitlich weit über den Vertragsschluss und damit die Verwertbarkeit der bereits bekannten Nutzungsarten hinausreicht. Allerdings widerspräche es dem auch weiterhin vom Gesetzgeber anerkannten erhöhten Schutzbedürfnis des Urhebers hinsichtlich der unbekannten Nutzungsarten,[742] ihm dessen zusätzliche (vorformulierte) Einwilligung in deren Verwertung bei der AGB-Kontrolle zum Nachteil gereichen zu lassen. Dementsprechend darf allein die Tatsache dieser langfristigen Rechtseinräumung nicht die Frage der Dauerhaftigkeit der Betätigung des Urhebers bestimmen. Entscheidend muss vielmehr bleiben, inwiefern aus Sicht des Urhebers eine solche Dauerhaftigkeit gewährleistet wird. Da dieser an der Verwertung selbst unbeteiligt ist, kommt es insofern auch hinsichtlich der unbekannten Nutzungsarten weiterhin auf eine dauerhafte Beteiligung des (Gelegenheits-)Urhebers in Gestalt einer Vergütung an.

Festhalten lässt sich damit, dass der Urheber als Partei des Nutzungsvertrags solange als Unternehmer einzustufen sein wird, wie seine vormals (durchaus nur einmalige) schöpferische Tätigkeit aufgrund der Ausgestaltung des Nutzungsvertrags zu einer nachhaltigen, auf Erzielung von Einkünften gerichteten Teilnahme am Wirtschaftsleben führt. Im Umkehrschluss agiert er demnach nur dann als Verbraucher, wenn sich die mit dem Nutzungsvertrag einhergehende (selbständige) Teilnahme am Wirtschaftsleben auf einen höchstens kurzfristigen Zeitraum beschränkt.

BGB *Dörner* in: HK-BGB § 14 Rn. 2; *Saenger* in: Erman § 14 Rn. 18; *Schmidt-Räntsch* in: Bamberger/Roth § 14 Rn. 17.

741 Dies ist das entscheidende Argument für *Riesenhuber* in: ZUM 2002, 777 [779], um bei den Wahrnehmungsverträgen mit einer Mindestlaufzeit von 3 Jahren im Ergebnis die Unternehmereigenschaft des Urhebers zu bejahen; vgl. auch *Riesenhuber*, Wahrnehmungsvertrag, S. 27; i.E. bejahen auch *Acker/Thum* in: GRUR 2008, 671 [672] die regelmäßige Unternehmereigenschaft des Urhebers aufgrund dieser Wertung.

742 Vgl. erneut BReg BT-Drs. 16/1828, S. 24 f.

3. Folgerungen für die nachstehende Untersuchung

a. Keine Anwendbarkeit der Verbraucherschutzregel des § 310 Abs. 3 BGB

Nachdem die Arbeitnehmer-Urheber aus dem Gegenstand dieser Untersuchung bereits ausgenommen wurden, ist zu konstatieren, dass bei der Mehrzahl der im Folgenden zu untersuchenden Nutzungsverträge die (selbständigen) Urheber als Unternehmer i. S. d. §§ 310 Abs. 1, 14 Abs. 1 BGB agieren werden. Dies ist zunächst insofern von Bedeutung, als ein Urheber als Unternehmer bei der konkreten Rechtseinräumung selbstverständlich nicht zugleich Verbraucher i. S. d. § 13 BGB sein kann.[743] Damit kommt er nicht in den Genuss der besonderen Schutzvorschriften des § 310 Abs. 3 BGB für AGB in Verbraucherverträgen. Allerdings kommt dieser Feststellung weder in der Praxis noch in der nachfolgenden Untersuchung erhöhte Relevanz zu. So liefe die Vermutungsregel des § 310 Abs. 3 Nr. 1 BGB gegenüber den Verwertern leer, da über die Tatsache, dass diese die AGB in den Vertrag einführen und damit gemäß § 305 Abs. 1 S. 1 BGB stellen, im Regelfall ohnehin kein Zweifel bestehen wird. Gleiches gilt für die von § 310 Abs. 3 Nr. 2 BGB in Verbraucherverträgen zu AGB erhobenen Einmalklauseln. In der von Musterverträgen geprägten Branche wird dies aufgrund des oben bereits dargelegten Bestrebens nach einer Standardisierung praktisch kaum vorkommen.

Allein die Unanwendbarkeit des nach § 310 Abs. 3 Nr. 3 BGB bei Verbraucherverträgen anzulegenden konkret-individuellen Maßstab bei der Inhaltskontrolle erscheint auf den ersten Blick als für den Unternehmer-Urheber bedeutsam. Ebenso selten aber wie in der Praxis auf Einmalklauseln zurückgegriffen wird, haben weitere den Vertragsschluss begleitende, konkret-individuelle Umstände tatsächlich Einfluss auf die Inhaltskontrolle.[744] Allerdings nennt Erwägungsgrund Nr. 16 S. 3 der Richtlinie über missbräuchliche Klauseln in Verbraucherverträgen, der § 310 Abs. 3 BGB zugrunde liegt, ausdrücklich auch das Kräfteverhältnis der Parteien als einen i.R.v. Verbraucherverträgen zu berücksichtigenden individuellen Umstand. Da das hier offensichtlich in Betracht zu ziehende Machtungleichgewicht zwischen Verwertern und Urhebern aber bekanntlich sämtlichen Nutzungsverträgen geradezu immanent ist, bedarf es insoweit ohnehin keines zusätzlichen individuellen Schutzes. Vielmehr lässt sich dieses typischerweise bestehende Kräfteverhältnis bereits im Rahmen eines generell-abstrakten Maßstabs hinreichend berücksichtigen. Denn abzustellen ist auch bei Verträgen ohne Verbraucherbeteiligung auf die typische Interes-

743 *Habermann* in: Staudinger § 14 Rn. 3; *Struck* in: MittBayNot 2003, 259 [261]; zum gegenseitigen Ausschluss von § 310 Abs. 1 und Abs. 3 BGB *Roloff* in: Erman § 310 Rn. 4.

744 *Roloff* in: Erman § 310 Rn. 22, der zudem darauf hinweist, dass der Anwendungsbereich in Anbetracht des Kontrollausschlusses nach § 305 Abs. 1 S. 2 BGB ohnehin recht klein ist.

senlage der an Geschäften der betreffenden Art beteiligten Verkehrskreise.[745] Aus diesen Gründen wirkt sich die regelmäßige Qualifizierung des Urhebers als Unternehmer jedenfalls nicht im Hinblick auf § 310 Abs. 3 BGB aus.

b. *Erleichterte Einbeziehung der AGB*

Wie eingangs dargelegt, führt die Einstufung des Vertragspartners als Unternehmer gemäß § 310 Abs. 1 BGB zudem zur Nichtanwendbarkeit der strengen Einbeziehungsvoraussetzungen des § 305 Abs. 2, 3 BGB sowie der speziellen Klauselverbote der §§ 308, 309 BGB. Obzwar auch unabhängig von der Geltung der strengen Einbeziehungsvoraussetzungen der § 305 Abs. 2 und 3 BGB die Einbeziehung der AGB bereits nach den allgemeinen Vorschriften der Rechtsgeschäftslehre von den Vertragsparteien vereinbart werden muss,[746] wird man im Ergebnis wohl zu einer prinzipiellen Reduzierung des Schutzes zulasten des Klauselkunden kommen müssen.[747] Dies ergibt sich insbesondere daraus, dass dem Verwender keine besondere Kenntnisverschaffung mehr obliegt, sondern sich der Kunde selbst informieren muss.[748] Da allerdings im Bereich des Urhebervertragsrechts die AGB regelmäßig entweder selbst in den Vertrag integriert oder dem schriftlichen Vertrag durch ausdrückliche Bezugnahme beigefügt werden und insofern keine Besonderheiten für die Verträge über Rechte an unbekannten Nutzungsarten zu erwarten sind, wird dieser Problematik im Rahmen der vorliegenden Untersuchung nicht weiter nachgegangen.[749] Problematisch erscheint vielmehr die Einbeziehungskontrolle nach § 305c Abs. 1 BGB. Diese Vorschrift gelangt aber ebenso in AGB gegenüber Unternehmern zur Anwendung.[750]

---

745 Siehe nur BGH NJW 1987, 487 [489]; NJW 1990, 1601 [1602]; *Fuchs* in: Ulmer/Brandner/Hensen § 307 Rn. 110; *Stoffels*, Rn. 473; anders herum können freilich i.R.v. Verbraucherverträgen *auch* abstrakt-generelle Kriterien Berücksichtigung finden, vgl. *Fuchs* in: Ulmer/Brandner/Hensen § 307 Rn. 402.

746 BGHZ 117, 190 [194]; *Riesenhuber* in: ZUM 2002, 777 [780]; *Roloff* in: Erman § 310 Rn. 7; *P. Ulmer/Habersack* in: Ulmer/Brandner/Hensen § 305 Rn. 111.

747 *Farokhmanesh*, S. 37; *Gottschalk* in: ZUM 2005, 359 [365]; *Riesenhuber* in: ZUM 2002, 777 [778]; ebenso *Schulze* in: Dreier/Schulze Vor § 31 Rn. 14, der aus diesem Grund eine umso strengere Inhaltskontrolle zugunsten des Urhebers fordert.

748 BGH ZIP 1985, 623 [624]; ähnlich *Roloff* in: Erman § 305 Rn. 47 ff.; *Stoffels*, Rn. 304; demgegenüber sprechen *P. Ulmer/Schäfer* in: /Ulmer/Brandner/Hensen § 310 Rn. 7 f. lediglich von »*Flexibilisierung*«; auch *Riesenhuber* in: ZUM 2002, 777 [780] verneint gestützt auf die Geltung der allgemeinen Vorschriften ein Schutzdefizit.

749 Vgl. allgemein zur Einbeziehungskontrolle in urheberrechtlichen Nutzungsverträgen stattdessen etwa *Kuck* in: GRUR 2000, 285 [286]; *Schaaf*, S. 70 ff.; speziell zum Wahrnehmungsvertrag *Hoeren* in: AfP 2001, 8 [11]; *Riesenhuber*, Wahrnehmungsvertrag, S. 101 ff.

750 OLG Hamburg NJW-RR 1999, 1506; *Roloff* in: Erman § 310 Rn. 7; *Schlosser* in: Staudinger § 305c Rn. 102; *P. Ulmer/Schäfer* in: Ulmer/Brandner/Hensen § 305c Rn. 6; dazu ausführlich unten ab S. 192.

c. *Ausstrahlungswirkung der speziellen Klauselverbote*

Gemäß § 310 Abs. 1 S. 1 BGB finden ebenso wenig die speziellen Klauselverbote der §§ 308, 309 BGB direkte Anwendung bei der Stellung von AGB gegenüber Unternehmern. Sie können allerdings auch im Anwendungsbereich des § 310 Abs. 1 BGB insofern relevant werden, als der BGH insbesondere den Klauselverboten des § 309 BGB regelmäßig Indizwirkung für eine unangemessene Benachteiligung i. S. d. § 307 BGB beimisst.[751] Hierbei handelt es sich freilich nicht um eine analoge Anwendung der §§ 308, 309 BGB, sondern vielmehr um eine Ausprägung der Generalklausel des § 307 BGB dergestalt, dass das in den speziellen Klauselverboten zum Ausdruck kommende wesentliche Schutzbedürfnis des Kunden auch auf den Geschäftsverkehr mit Unternehmern ausstrahlt.

Gemeinhin wird den Verbotsvorschriften der §§ 308, 309 BGB im Urhebervertragsrecht aber keine wesentliche Bedeutung zugesprochen, da sie ausweislich ihres Regelungsgehalts vorrangig auf Alltagsverträge mit Letztverbrauchern, also insbesondere Kauf- und Werkverträge zugeschnitten sind.[752] Gleichwohl können auch sie für die Kontrolle von AGB in urheberrechtlichen Nutzungsverträgen herangezogen werden, soweit sie ausnahmsweise einschlägig sind.[753] Für die unbekannten Nutzungsarten als spezifischen Gegenstand des Nutzungsvertrags erscheint hier ein Rückgriff auf den Rechtsgedanken des § 308 Nr. 1 BGB nahe liegend.[754]

4. Zwischenbefund

Im Ergebnis darf die regelmäßige Einordnung der Urheber als Unternehmer für die nachstehende AGB-rechtliche Einschätzung also nicht überbewertet werden. Zwar ist der beim BGH oftmals zu konstatierende Mangel an Differenzierung zwischen Verbraucherverträgen einerseits und Geschäften mit Unternehmern andererseits vor dem Hintergrund des § 310 Abs. 1 BGB durchaus kritisch zu betrachten.[755] Fest steht aber auch, dass nicht allein die Eröffnung des Anwen-

751 BGH NJW 1981, 1501 [1502]; NJW 1985, 3016 [3017]; NJW 1988, 640 [643]; NJW 1996, 1537 [1538]; NJW 2006, 47 [49]; dazu auch *Basedow* in: MüKo § 310 Rn. 8; *Wolf* in: Wolf/ Lindacher/Pfeiffer § 310 Abs. 1 Rn. 21; *Schlosser* in: Staudinger §310 Rn. 12; *Stoffels*, Rn. 192, 554 ff.

752 *Acker/Thum* in: GRUR 2008, 671 [672]; *Götting* in: FS Schricker (1995), 53 [57]; *Hertin* in: AfP 1978, 72 [75]; *ders.* in: Mestmäcker/Schulze, 44. AL (05/07), Vor §§ 31 ff. Rn. 104; *Kuck* in: GRUR 2000, 285 [287]; *J.B. Nordemann* in: Fromm/Nordemann Vor §§ 31 ff. Rn. 202; *Schaaf*, S. 119; *Schricker/Loewenheim* in: dies. Vor §§ 28 ff. Rn. 43; *ders.*, VerlR, Einl. Rn. 15; *Schulze* in: Dreier/Schulze Vor §§ 31 ff. Rn. 15; *E. Ulmer*, UrhR, S. 365; *Wandtke/ Grunert* in: Wandtke/Bullinger Vor §§ 31 ff. Rn. 106.

753 *Castendyk* in: ZUM 2007, 169 [172]; *Kuck* in: GRUR 2000, 286 [287] jeweils mit Bsp.

754 Dazu unten ab S. 283.

755 Vgl. BGH NJW 2002, 2479; NJW 2005, 2006 [2007]; WM 2007, 1477 [1478]; kritisch dazu

dungsbereichs von § 14 BGB gleichsam automatisch dazu führen kann, dass den verwendeten Klauseln die Vermutung ihrer Angemessenheit innewohnt. Vielmehr muss auch innerhalb der Unternehmergemeinschaft danach differenziert werden, welches Schutzbedürfnis die jeweilige Untergruppe typischerweise beansprucht.[756]

Wie bereits angedeutet, setzt sich deshalb das typische Machtgefälle zwischen den Verwertern als Klauselverwender und den Urhebern als Vertragspartner auch innerhalb der Inhalts- und Transparenzkontrolle nach § 307 BGB durch. Das dem § 310 Abs. 1 BGB zugrunde liegende gesetzliche Leitbild des geringeren Schutzbedürfnisses besteht hier nicht, so dass keine Rechtfertigung für eine grundlegende Andersbehandlung gegenüber Verbrauchern ersichtlich ist. Dogmatisch darf wegen § 310 Abs. 1 S. 1 BGB zwar nicht unmittelbar auf die auf Verbraucherverträge zugeschnittenen speziellen Klauselverbote zurückgegriffen werden. Die dortigen Wertungen lassen sich jedoch ebenso über die Generalklausel des § 307 BGB unter Berücksichtigung des Grundsatzes von Treu und Glauben im unternehmerischen Geschäftsverkehr heranziehen, wenngleich sie im Urhebervertragsrecht eine nur untergordnete Rolle spielen.

C. Die Bedeutung der Unklarheitenregelung des § 305c Abs. 2 BGB

Ist damit die regelmäßige Anwendbarkeit des AGB-Rechts auf die urheberrechtlichen Nutzungsverträge positiv festgestellt, wirft zunächst die sogenannte Unklarheitenregel des § 305c Abs. 2 BGB Fragen für die gegenständliche Untersuchung auf. Ebenso wie das noch zu thematisierende Verbot der überraschenden Klauseln gemäß § 305c Abs. 1 BGB ist sie dem Kernbereich der Inhalts- bzw. Transparenzkontrolle von AGB gewissermaßen vorgeschaltet. Im Unterschied aber zu § 305c Abs. 1 BGB handelt es sich hierbei nicht um einen Fall der Einbeziehungskontrolle. Vielmehr steht die Vorschrift des § 305c Abs. 2 BGB als Auslegungsregel außerhalb dieser Kategorien. Sie findet Anwendung bei allen Vertragsklauseln, die nach § 305 Abs. 1 BGB als AGB zu qualifizieren sind. Es ist demnach insbesondere irrelevant, ob die fragliche Klausel nach den

insb. *Berger* in: ZIP 2006, 2149 ff.; *Lischek/Mahnken* in: ZIP 2007, 158 ff.; *Schlosser* in: Staudinger § 310 Rn. 12 sowie zuletzt *Lenkaitis/Löwisch* in: ZIP 2009, 441 ff.; a. A. *v. Westphalen* in: ZIP 2007, 149 ff.

756 Vgl. einerseits *Berger* in: ZIP 2006, 2149 [2151 ff.], der wie hier nach einzelnen Unternehmergruppen differenziert sowie andererseits *Lenkaitis/Löwisch* in: ZIP 2009, 441 [446 f.], die eher situationsabhängige Fallgruppen bilden; ablehnend *v. Westphalen* in: ZIP 2007, 149 [156 f.].

§§ 305 ff. BGB wirksam in den Vertrag einbezogen wurde.[757] Ganz im Gegenteil kann der Auslegung nach § 305c Abs. 2 BGB entscheidende Bedeutung für die Frage zukommen, ob der Inhalt einer Klausel etwa überraschend i. S.v. § 305c Abs. 1 ist oder nach Maßgabe von § 305b BGB in Widerspruch zu einer Individualabrede steht.[758] Gleiches gilt für das Verhältnis zur Inhaltskontrolle nach den §§ 307 – 309 BGB. Die Auslegung einer Klausel muss der Überprüfung ihrer inhaltlichen Wirksamkeit nach den Maßstäben der §§ 307 – 309 BGB logischerweise vorgelagert sein.[759]

Folglich kommt der Auslegungsregel des § 305c Abs. 2 BGB mitunter enorme Relevanz im System der AGB-Kontrolle zu und soll dementsprechend die nachstehende Untersuchung der AGB-Kontrolle von Verträgen über unbekannte Nutzungsarten einleiten. Wie zu zeigen sein wird, kommt es für deren Anwendung im Urhebervertragsrecht entscheidend auf ihre Einordnung im System der Auslegung von AGB an. Dieses wird im Folgenden zunächst allgemein herausgearbeitet, bevor auf eine etwaige Modifizierung im Urhebervertragsrecht einzugehen ist, um damit zugleich eine allgemeingültige Einordnung des § 305c Abs. 2 BGB für die Auslegung von urheberrechtlichen Nutzungsverträgen bereitzustellen.

I. Normzweck und Funktionsweise des § 305c Abs. 2 BGB

Ausweislich des insoweit ausdrücklichen Wortlauts des § 305c Abs. 2 BGB hat die darin zum Ausdruck kommende Unklarheitenregel die Funktion, dem Verwender von AGB das Auslegungsrisiko einseitig aufzubürden, wenn deren Sinngehalt nicht eindeutig feststellbar ist.[760] Gerechtfertigt erscheint diese Abweichung von der grundsätzlich gleich verteilten Dissensfolge (§ 155 BGB) dadurch, dass der Klauselgegner auf die inhaltliche Ausgestaltung der AGB naturgemäß keinen Einfluss hat und daher den Verwender die alleinige Verantwortung für deren verständliche und eindeutige Formulierung treffen muss.[761]

757 *P. Ulmer/Schäfer* in: Ulmer/Brandner/Hensen § 305c Rn. 63; *Stein* in: Soergel § 5 AGBG Rn. 5.

758 *Roloff* in: Erman § 305c Rn. 6; *Roth* in: WM 1991, 2085 [2087]; *Schlosser* in: Staudinger § 305c Rn. 106; *P. Ulmer/Schäfer* in: Ulmer/Brandner/Hensen § 305c Rn. 63.

759 *Lindacher* in: Wolf/Lindacher/Pfeiffer § 305c Rn. 102; *Roloff* in: Erman § 305c Rn. 6; *Roth* in: WM 1991, 2085 [2089]; *Schlosser* in: Staudinger § 305c Rn. 105; allerdings weist *Stoffels*, Rn. 368 mit Recht darauf hin, dass es dann keiner inhaltlichen Klarstellung durch die Unklarheitenregel mehr bedarf, wenn die Mehrdeutigkeit bereits einen Verstoß gegen das Transparenzgebot aus § 307 Abs. 1 S. 2 BGB begründet.

760 So auch ausdrücklich BT-Rechtsausschuss, BT-Drs. 7/5422, S. 5.

761 BGH WM 1978, 10 [11]; NJW 1999, 1865 [1866 f.]; *Basedow* in: MüKo § 305c Rn. 28; *Roth* in: WM 1991, 2085; *Raiser*, S. 261 f.; *Stoffels*, Rn. 365.

Zugleich bewirkt diese Sanktionierung mittels einer Geltung der kundenfreundlichsten Auslegung, dass der Verwender im Sinne des Transparenzgebots zu einer klaren und deutlichen Ausgestaltung der AGB veranlasst wird.[762] Allerdings ist diese Transparenzwirkung lediglich mittelbar, da die Anwendung der Unklarheitenregel des § 305c Abs. 2 BGB anders als beim Transparenzgebot nach § 307 Abs. 1 S. 2 BGB grundsätzlich nicht zur Unwirksamkeit der mehrdeutigen Klausel führt.[763]

Funktionell steht damit im Vordergrund des § 305c Abs. 2 BGB dessen Rechtsnatur als bloße Auslegungsregel, die indes nicht derart missverstanden werden darf, dass AGB immer zugunsten des Klauselgegners heranzuziehen sind. Vielmehr macht der Tatbestand des § 305c Abs. 2 BGB deutlich, dass die kundenfreundliche Auslegung erst dann Geltung beansprucht, wenn (zuvor) »*Zweifel bei der Auslegung der AGB*« aufgekommen sind.[764] Versteht man den Begriff der »*Zweifel*« als Mehrdeutigkeit, mithin der Möglichkeit von mindestens zwei rechtlich vertretbaren Interpretationen,[765] so wird klar, dass der Anwendung der Unklarheitenregel des § 305c Abs. 2 BGB zunächst zwingend eine erste Phase der Auslegung vorausgehen muss. Gewissermaßen als Zwischenergebnis dieser ersten Auslegungsrunde müssen Zweifel verbleiben, die dann über § 305c Abs. 2 BGB zugunsten des Klauselgegners auszuräumen sind. Die Unklarheitenregel ist damit gegenüber den Auslegungsmaximen logisch nachrangig, gilt gleichsam subsidiär.[766] Aus diesem Grund wird man § 305c Abs. 2 BGB letztlich nicht als echte Auslegungsregel qualifizieren können. Sie enthält vielmehr eine Entscheidungsanweisung für den Fall, dass sich der Richter im

762 BT-Rechtsausschuss, BT-Drs. 7/5422, S. 5; *Kreienbaum*, S. 63; *Roloff* in: Erman § 305c Rn. 3 f.; *P. Ulmer/Schäfer* in: Ulmer/Brandner/Hensen § 305c Rn. 61.

763 *Roth* in: WM 1991, 2085 [2088]; *P. Ulmer/Schäfer* in: Ulmer/Brandner/Hensen § 305c Rn. 88 weisen jedoch zutreffend darauf hin, dass sich eine ausnahmsweise Unwirksamkeit im Falle sich widersprechender Klauseln ergeben kann; ebenso *Schlosser* in: Staudinger § 305c Rn. 124.

764 Dieselbe Regel wird i.Ü. in Art. 5 S. 2 der Richtlinie über missbräuchliche Klauseln in Verbraucherverträgen 93/13/EWG sowie gleichfalls in Art. 36 des Kommissionsvorschlags für eine Richtlinie des Europäischen Parlaments und des Rates über Rechte der Verbraucher (KOM (2008) 614 endg.) zugrunde gelegt.

765 So die allgemeine Auffassung: vgl. BGH NJW 1984, 289 [290]; NJW 2007, 504 [505]; NJW-RR 2010, 63; *Basedow* in: MüKo § 305c Rn. 29; *Heinrichs* in: Palandt § 305c Rn. 18; *Honsell* in: JA 1985, 260 [262]; *Lindacher* in: Wolf/Lindacher/Pfeiffer § 305c Rn. 129; *Roloff* in: Erman § 305c Rn. 27; *Stoffels*, Rn. 370; *P. Ulmer/Schäfer* in: Ulmer/Brandner/Hensen § 305c Rn. 85.

766 *Basedow* in: MüKo § 305c Rn. 29; *Lindacher* in: Wolf/Lindacher/Pfeiffer § 305c Rn. 129; *Schlosser* in: Staudinger § 305c Rn. 106; *Stoffels*, Rn. 370; *P. Ulmer/Schäfer* in: Ulmer/Brandner/Hensen § 305c Rn. 62; *Wacke* in: JA 1981, 666 [668]; zusammenfassend auch *Schlechtriem* in: FS Heinrichs (1998), 503 [504 f.].

Prozess über die Bedeutung einer Klausel nach den herkömmlichen Auslegungsmethoden keine abschließende Überzeugung bilden kann.[767]

II. Grundsatz der objektiven Auslegung von AGB

Während sich der soeben hergeleitete Befund noch recht eindeutig aus Wortlaut und Systematik der Vorschrift ergibt, ist damit jedoch noch keine Aussage darüber getroffen, welche Methode innerhalb der ersten Stufe der Auslegung von AGB maßgeblich sein soll. Diesbezüglich hat sich als Ausgangspunkt mittlerweile die Auffassung durchgesetzt, dass auch die Auslegung von AGB grundsätzlich an die allgemeinen Regeln anknüpft, die für die Auslegung (individualvertraglicher) rechtsgeschäftlicher Willenserklärungen maßgeblich sind, mithin §§ 133, 157 BGB.[768] Infolgedessen richtet sich auch die Auslegung von AGB als empfangsbedürftige Willenserklärung im Grundsatz nach dem Empfängerhorizont.[769]

Bliebe man allerdings bei dieser unmodifizierten Übernahme des Auslegungskanons, der sich inzwischen zu den §§ 133, 157 BGB herausgebildet hat,[770] so wären gleichfalls die individuellen Begleitumstände des Vertrages oder etwaige Parteivorstellungen mit in die Auslegung einzubeziehen.[771] Da AGB indes nicht auf ein konkretes Rechtsverhältnis, sondern *per definitionem* auf eine Vielzahl gleichgelagerter Vertragsbeziehungen zugeschnitten sind, muss dieser typischen Abweichung vom Charakter einer Individualvereinbarung auch bei der Auslegung der Klauseln Rechnung getragen werden. Dementsprechend haben sich für die Auslegung von AGB besondere Vorgaben herausgebildet,[772] von denen der Grundsatz der objektiven Auslegung die wichtigste ist. So entspricht es ständiger Rechtsprechung sowie der wohl überwiegenden Literaturmeinung, dass der Sinngehalt einer AGB-Klausel losgelöst von den zufälligen

767 Allerdings hat diese rein terminologische Einordnung keine praktischen Auswirkungen; für bloße Entscheidungshilfe *P. Ulmer/Schäfer* in: Ulmer/Brandner/Hensen § 305c Rn. 61; *Wacke* in: JA 1981, 666 [668]; ausdrücklich von Auslegungsmethode sprechen dagegen BT-Rechtsausschuss, BT-Drs. 7/5422, S. 5 sowie *Stoffels*, Rn. 367; nicht eindeutig insoweit *Roth* in: WM 1991, 2085 [2086].

768 *Basedow* in: MüKo § 305c Rn. 18; *Lindacher* in: Wolf/Lindacher/Pfeiffer § 305c Rn. 101; *L. Raiser*, S. 251 f.; *Schlosser* in: Staudinger § 305c Rn. 138; *H. Schmidt* in: Bamberger/Roth § 305c Rn. 40; *Stoffels*, Rn. 359; anders konsequenterweise dagegen diejenigen, die vormals AGB den Charakter von Rechtsnormen zusprachen, vgl. etwa *Helm* in: FS Schnorr v. Carolsfeld (1972), 125 [137 f.].

769 *Lindacher* in: Wolf/Lindacher/Pfeiffer § 305c Rn. 101; *Stoffels*, Rn. 359.

770 Vgl. dazu eingehend *Larenz/Wolf* § 28 Rn. 15 ff.

771 *Stoffels*, Rn. 359.

772 *Basedow* in: MüKo § 305c Rn. 18; *Roloff* in: Erman § 305c Rn. 19; *Roth* in: WM 1991, 2085 [2086]; *Stoffels*, Rn. 360; *P. Ulmer/Schäfer* in: Ulmer/Brandner/Hensen § 305c Rn. 67.

Geschehnissen des Einzelfalls und den individuellen Vorstellungen der Vertragsparteien allein nach objektiven Maßstäben zu ermitteln ist.[773] Der Massencharakter der unter Verwendung von AGB geschlossenen Verträge sowie die fehlende Einflussmöglichkeit des Kunden auf ihren Inhalt rechtfertigt eine auf einheitliche Geltung im Verhältnis zu allen Kunden des Klauselverwenders gerichtete objektive Auslegung der AGB.[774] Eine Ausnahme davon soll nur dann gelten, wenn Verwender und Kunde im Einzelfall übereinstimmende, vom Ergebnis der objektiven Auslegung abweichende Vorstellungen vom Sinngehalt einer Klausel entwickelt haben.[775]

Konkret bedeutet diese Auslegungsmaxime, dass abweichend von der eingangs angeführten grundsätzlichen Geltung der §§ 133, 157 BGB sich der Auslegungsschwerpunkt auf § 157 BGB verlagert und für den wirklichen Parteiwillen, auf den § 133 BGB abstellt, kein Raum mehr bleibt.[776] Maßgeblich für die Auslegung sind somit allein diejenigen Umstände, die bei den Verwendern der fraglichen Klausel und den von ihnen angesprochenen Verkehrskreisen typischerweise gegeben sind.[777] Heranzuziehen sind hierfür die durchschnittlichen Interessen, Vorstellungen und Verständnismöglichkeiten redlicher Vertragspartner, die ihrem Geschäftsverkehr eine allgemeine Grundlage geben wollen.[778] Alle individuellen Umstände der konkreten Vertragsparteien und des Vertragsschlusses bleiben damit von vornherein außer Betracht.[779]

Setzt man beide soeben dargestellten Auslegungsmaximen ins Verhältnis, so ergibt sich nunmehr folgendes Bild: Sowohl die Auslegung zu Ungunsten des Klauselverwenders in Zweifelsfällen als auch der Grundsatz der objektiven Auslegung sind – neben anderen[780] – Ausfluss der auf dem Wesen der AGB

773 BGHZ 60, 174 [177]; BGH NJW 1993, 1381 [1382]; NJW 2005, 1183 [1184]; *Basedow* in: MüKo § 305c Rn. 22; *Raiser*, S. 252 ff.; *Roloff* in: Erman § 305c Rn. 20; *Rüßmann* in: BB 1987, 843 [845]; *P. Ulmer/Schäfer* in: Ulmer/Brandner/Hensen § 305c Rn. 73 ff.; a. A. *Heinrichs* in: Palandt § 305c Rn. 7; *Lindacher* in: Wolf/Lindacher/Pfeiffer § 305c Rn. 106, 111; *Schlosser* in: Staudinger § 305c Rn. 127 f.

774 So treffend *P. Ulmer/Schäfer* in: Ulmer/Brandner/Hensen § 305c Rn. 75.

775 Allgemeine Auffassung, vgl. BGHZ 113, 251 [259]; BGH NJW 2002, 2102 [2103]; *Roloff* in: Erman § 305c Rn. 20; *Rüßmann* in: BB 1987, 843 [845]; *Schlosser* in: Staudinger § 305c Rn. 127; *Stoffels*, Rn. 36.

776 *Roloff* in: Erman § 305c Rn. 20; *P. Ulmer/Schäfer* in: Ulmer/Brandner/Hensen § 305c Rn. 74.

777 BGHZ 51, 55 [58]; 77, 116 [118]; 79, 117 [119]; BGH NJW 1988, 1261 [1262].

778 St. Rspr., vgl. etwa BGHZ 22, 216 [218]; 60, 174 [177], BGH NJW 1993, 1381 [1382]; NJW 1999, 1105 [1106]; NJW 2005, 1183 [1184]; ebenso *Basedow* in: MüKo § 305c Rn. 22; *Roloff* in: Erman § 305c Rn. 20; *Roth* in: WM 1991, 2085 [2086]; *Stoffels*, Rn. 360.

779 BGHZ 7, 365 [368]; 17, 1 [3]; 33, 216 [218]; *Basedow* in: MüKo § 305c Rn. 23; *Roloff* in: Erman § 305c Rn. 20; *Stoffels*, Rn. 360; *P. Ulmer/Schäfer* in: Ulmer/Brandner/Hensen § 305c Rn. 82; a. A. *Lindacher* in: Wolf/Lindacher/Pfeiffer § 305c Rn. 106, 111.

780 Wenngleich insb. die Anwendbarkeit der restriktiven Auslegung umstritten ist, vgl. zum Meinungsstand etwa *P. Ulmer/Schäfer* in: Ulmer/Brandner/Hensen § 305c Rn. 97 ff. sowie

beruhenden modifizierten Regeln zur Bestimmung ihres Sinngehalts. Davon ist allerdings nur erstere, die sogenannte Unklarheitenregel, mit § 5 AGBG bzw. jetzt inhaltsgleich § 305c Abs. 2 BGB ausdrücklich normiert,[781] ohne dass dadurch die übrigen Auslegungsmaximen ihre Bedeutung verlieren.[782] Zugleich lässt sich dieses Bild in systematischer Hinsicht dahingehend konkretisieren, dass die der Anwendung der Unklarheitenregelung zwingend vorauszugehende Auslegung nach dem Grundsatz der objektiven Auslegung erfolgt. Erst wenn also eine Klausel nach ihrem Wortlaut und dessen Verständnis durch die typischerweise beteiligten Verkehrskreise mehrdeutig ist und sich diese Mehrdeutigkeit nicht durch objektive Auslegung beseitigen lässt, ist innerhalb der gewonnenen Bedeutungsalternativen die kundenfreundlichste zu wählen.[783]

III. Modifizierte Anwendung im Urhebervertragsrecht

Für den Untersuchungsgegenstand der unbekannten Nutzungsarten fragt sich allerdings, ob diese Auslegungsgrundsätze in gleicher Weise für das Urhebervertragsrecht Geltung beanspruchen oder nicht vielmehr einer Modifizierung unterliegen. So wird insbesondere vertreten, dass die Unklarheitenregel des § 305c Abs. 2 BGB bei verklausulierten urheberrechtlichen Nutzungsverträgen deswegen keine Anwendung finde, weil sie hinsichtlich der Auslegung des Umfangs der Nutzungsrechteeinräumung von vornherein durch die Zweckübertragungslehre verdrängt werde.[784] Ob dieser Schluss allerdings in dieser Pauschalität aufrechterhalten werden kann, erscheint aufgrund der soeben dargelegten Systematik der AGB-Auslegungsgrundsätze zweifelhaft.

1. Auslegungsgrundsätze im Urhebervertragsrecht

Im Ausgangspunkt ist zunächst völlig unstreitig, dass auch im Urhebervertragsrecht die (Auslegungs-)Regeln des allgemeinen Vertragsrechts aus dem BGB grundsätzlich zur Anwendung gelangen.[785] Diese Aussage betrifft zuvor-

für weitere AGB-Auslegungsmethoden *Lindacher* in: Wolf/Lindacher/Pfeiffer § 305c Rn. 101 ff.

781 *Basedow* in: MüKo § 305c Rn. 18; *Roloff* in: Erman § 305c Rn. 19; *Schlosser* in: Staudinger § 305c Rn. 101; *Stein* in: Soergel § 5 AGBG Rn. 1.

782 So ausdrücklich BT-Rechtsausschuss, BT-Drs. 7/5422, S. 5; *Basedow* in: MüKo § 305c Rn. 18; *Schlosser* in: Staudinger § 305c Rn. 101.

783 *Honsell* in: JA 1985, 260 [261]; *Raiser*, S. 262; *Roth* in: WM 1991, 2085 [2086]; *P. Ulmer/Schäfer* in: Ulmer/Brandner/Hensen § 305c Rn. 85.

784 So noch *Hertin* in: Fromm/Nordemann, 9. Aufl. 1998, §§ 31/32 Rn. 29; ebenso *Schweyer*, S. 39 (dort Fn. 59); *Staats*, S. 82.

785 OLG Hamburg ZUM 2004, 128 [129]; *Berger* in: Berger/Wündisch, HdB UrhVR, § 1 Rn. 86; *Kotthoff* in: Dreyer/Kotthoff/Meckel § 31 Rn. 32; *Riesenhuber* in: GRUR 2005, 712 [716];

derst die Vorgaben der §§ 133, 157 BGB, muss aber aufgrund der prinzipiellen Anwendbarkeit der §§ 305 ff. BGB[786] ebenso für die soeben dargelegten Auslegungsgrundsätze des AGB-Rechts gelten.[787] Damit wäre an sich die beschriebene Auslegungssystematik mit objektiver Auslegung und der Auslegung zu Ungunsten des Klauselverwenders gleichfalls auf urheberrechtliche Nutzungsverträge zu übertragen. Allerdings wird den Auslegungsregeln des BGB nur insoweit Geltungsanspruch zugestanden, wie nicht die speziellen Auslegungsregeln des Urhebergesetzes Platz greifen.[788] Aus der Vielzahl der urheberrechtlichen Auslegungsregeln[789] betrifft dies vor allem die Zweckübertragungsregel des § 31 Abs. 5 UrhG, die Einfluss sowohl auf den Inhalt als auch den Umfang der Nutzungsrechteinräumung nimmt. Eben dieses vermeintliche Vorrangverhältnis verleitet einige Literaturvertreter zu der vorschnellen Annahme, dass die Unklarheitenregel des § 305c Abs. 2 BGB im Urhebervertragsrecht von § 31 Abs. 5 UrhG verdrängt sei.[790]

2. Verhältnis der allgemeinen bürgerlich-rechtlichen Auslegungsregeln zur Zweckübertragungslehre

Dieser Schluss gründet jedoch auf einem zu undifferenzierten systematischen Verständnis der dargelegten Auslegungsgrundsätze, greift doch die Zweckübertragungsregel weniger in den Anwendungsbereich der Unklarheitenregel des § 305c Abs. 2 BGB, als vielmehr in den Grundsatz der objektiven Auslegung von AGB-Klauseln ein. So war bereits herausgearbeitet worden, dass auch innerhalb des AGB-Rechts von einem Vorrang der übrigen Auslegungsgrundsätze vor § 305c Abs. 2 BGB auszugehen ist.[791] Dieser Vorrang wird insbesondere vom Grundsatz der objektiven Auslegung als dem maßgebenden Prinzip des AGB-

---

Schulze in: Dreier/Schulze Vor § 31 Rn. 8; *Wandtke/Grunert* in: Wandtke/Bullinger Vor §§ 31 ff. Rn. 113.

786 Vgl. erneut die Nachweise in den Fn. 716, 717.

787 So ausdrücklich *Riesenhuber* in: GRUR 2005, 712 [716, 719 f.].

788 Allgemeine Auffassung, vgl. nur *Hertin* in: Mestmäcker/Schulze, 44. AL (05/07), Vor §§ 31 ff Rn. 23; *J.B. Nordemann* in: Fromm/Nordemann Vor § 31 Rn. 39 f.; *Kotthoff* in: Dreyer/Kotthoff/Meckel § 31 Rn. 32; *Schricker/Loewenheim* in: dies. Vor §§ 28 ff. Rn. 107; *Schwaiger/Kockler* in: UFITA 73 (1975), 21 [47 f.]; *Wandtke/Grunert* in: Wandtke/Bullinger Vor §§ 31 ff. Rn. 115.

789 Vgl. dazu eingehend *Berger* in: Berger/Wündisch, HdB UrhVR, § 1 Rn. 88 ff.

790 *Hertin* in: Fromm/Nordemann, 9. Aufl. 1998, §§ 31/32 Rn. 29; *Schweyer*, S. 39 (dort Fn. 59); *Staats*, S. 82.; dagegen spricht *Henning-Bodewig* in: FS Schricker (1995), 389 [419] mit Hinweis auf die regelmäßig sehr detaillierten und eindeutigen Regelungen lediglich von einer geringen Bedeutung der Unklarheitenregel; ohne eigene Stellungnahme dazu *Farokhmanesh*, S. 38.

791 Vgl. erneut *Basedow* in: MüKo § 305c Rn. 29; *Lindacher* in: Wolf/Lindacher/Pfeiffer § 305c Rn. 129; *Schlosser* in: Staudinger § 305c Rn. 106; *Stoffels*, Rn. 370; *Wacke* in: JA 1981, 666 [668].

Rechts ausgefüllt. Da § 305c Abs. 2 BGB jedoch die Ausschöpfung aller anwendbaren Auslegungsregeln verlangt, ist auf dieser vorgelagerten Ebene ebenfalls die Zweckübertragungsregel des § 31 Abs. 5 UrhG für Inhalt und Umfang der Rechtseinräumung zu verorten.[792]

Schwierigkeiten bereitet indes die Frage, wie innerhalb dieser ersten Stufe der Auslegung das Verhältnis von objektiver Auslegung einerseits und der Zweckübertragungsregel andererseits zu bewerten ist. Weniger problematisch ist dabei zunächst, dass die Zweckübertragungslehre ausweislich ihrer Bezeichnung auf den Zweck (namentlich des Vertrages) abstellt, mithin der teleologischen Auslegung im Urheberrecht eine Vorrangstellung zuspricht.[793] Denn der Grundsatz der objektiven Auslegung selbst trifft keinerlei Aussage darüber, welche Auslegungs*methode* aus dem bewährten Kanon der Vertragsauslegung anzuwenden ist – er umfasst neben der grammatischen, historischen und systematischen Auslegung ebenso die teleologische.[794] Demgemäß ist der Grundsatz der objektiven Auslegung keine AGB-spezifische Festlegung auf eine bestimmte Methode, sondern vielmehr auf einen bestimmten Auslegungs*maßstab.*[795] Der Aussagegehalt beschränkt sich auf die Vorgabe, dass alle Auslegungsmethoden nicht aus Sicht der konkreten Parteien, sondern verobjektiviert anzuwenden sind. Die Zweckübertragungsregel des § 31 Abs. 5 UrhG modifiziert die allgemeinen bürgerlich-rechtlichen Vorschriften aufgrund der ihnen gegenüber bestehenden Vorrangstellung daher zunächst insoweit, als bei (verklausulierten) Urheberrechtsverträgen für den Umfang der Nutzungsrechteeinräumung allein die teleologische Auslegung maßgeblich sein soll. Es kommt mithin zu einer Eingrenzung der Auslegungs*methoden.*

Zugleich aber könnte sich aus der Zweckübertragungslehre auch eine Vorgabe hinsichtlich des dabei anzulegenden Maßstabs ergeben. So steht dem Grundsatz der objektiven Auslegung im AGB-Recht die konkret-individuelle Betrachtungsweise des § 31 Abs. 5 UrhG gegenüber.[796] Bleibt man bei der

792 Ähnlich neuerdings *J.B. Nordemann* in: Fromm/Nordemann Vor §§ 31 ff. Rn. 198; zu dem daraus folgenden Verhältnis zu § 305c Abs. 2 BGB sogleich.

793 LG Berlin ZUM-RD 2008, 18 [22] (*AGB Zeitungen/Zeotschriften*) (n. rkr.); *Rehbinder*, Rn. 569; *Wandtke/Grunert* in: Wandtke/Bullinger § 31 Rn. 39; wohl auch *Schwaiger/Kockler* in: UFITA 73 (1975), 21 [47 ff.], die darauf hinweisen, dass eine Auslegung über den Vertragszweck auf Grundlage der §§ 133, 157 BGB möglich wäre.

794 BGHZ 49, 84 [88]; BGH NJW 1993, 1381 [1382]; *Roloff* in: Erman § 305c Rn. 21; kritisch gegenüber der teleologischen Auslegung *P. Ulmer/Schäfer* in: Ulmer/Brandner/Hensen § 305c Rn. 81.

795 So zutreffend differenziert von *Riesenhuber* in: GRUR 2005, 712 [716].

796 Maßgeblichkeit des konkreten Parteiwillens für den Vertragszweck i. S. d. § 31 Abs. 5 UrhG: BGH GRUR 1998, 680 [682] (*Comic-Übersetzungen I*); *Kotthoff* in: Dreyer/Kotthoff/Meckel § 31 Rn. 137; *Schack*, Rn. 616; *Scholz* in: Mestmäcker/Schulze, 45. AL (12/07), § 31 Rn. 110, der unter Hinweis auf BGH GRUR 2004, 938 [939] (*Comic-Übersetzungen III*) zudem darauf

Qualifizierung der Zweckübertragungsregel als einem grundlegenden Prinzip des Urhebervertragsrechts, so läge die Annahme nahe, dass sich deren Auslegungstechnik auch gegenüber den allgemeinen Grundsätzen des AGB-Rechts durchsetzen müsse, soweit diese entgegenstehen, die Zweckübertragungsregel mithin einschlägig ist. Für die nach § 31 Abs. 5 UrhG maßgebende telelogische Betrachtung wäre demnach der von den *konkreten* Parteien für den *konkreten* Vertrag verfolgte Zweck auch bei einer verklausulierten Rechtseinräumung heranzuziehen.

Die Zugrundelegung einer solchen Vorrangstellung der Zweckübertragungsregel gegenüber dem Grundsatz der objektiven Auslegung führte jedoch im Ergebnis zu weit und würde jegliche AGB-Kontrolle von vornherein unnötig erschweren. Wie gezeigt, haben AGB ihrem Wesen nach Massencharakter und schließen die Einflussnahme des Kunden auf ihren Inhalt aus. Um dieser prägenden Eigenschaft gerecht zu werden, muss sie auch und gerade innerhalb der Auslegung der Klausel berücksichtigt werden. Dazu ist allein die verobjektivierte Ermittlung des Sinngehalts in der Lage, grundsätzlich jedoch nicht eine Bezugnahme auf individuelle Umstände bei der Vereinbarung der Klausel. Die Notwendigkeit einer objektiven Auslegung auch im Urhebervertragsrecht ergibt sich schließlich auch aus der Zusammenschau mit dem Verfahren der eigentlichen Inhaltskontrolle. Um hier im Verbands- wie auch im Individualprozess eine kongruente Bewertung zu gewährleisten, bedarf es insbesondere auf dieser Ebene eines generellen Prüfungsmaßstabs.[797]

Vor diesem Hintergrund erschiene es widersprüchlich, die Auslegung der Klausel zunächst anhand konkreter Umstände vorzunehmen, um ihre Wirksamkeitskontrolle als dem eigentlichen Grund der AGB-rechtlichen Untersuchung wiederum unter Außerbetrachtlassung eben jener Umstände allein auf eine generalisierende Bewertung zu stützen. Im Übrigen wird diese Verobjektivierung insgesamt ohnehin dadurch gelockert, dass bei Auslegung und Kontrolle auf die typischen Verhältnisse derjenigen Kundengruppen abzustellen ist, die durch die AGB des streitigen Typs regelmäßig angesprochen werden[798] – hier also die (typisierten) Urheber. Insofern erfolgt gegenüber dem Bewertungsmaßstab der Zweckübertragungsregel eine von vornherein abgeschwächte Abstrahierung.

---

hinweist, dass die (typisierte) Branchenübung nur herangezogen werden kann, soweit sie Rückschlüsse auf den (konkreten) Parteiwillen zulässt.

797 *Wolf* in: Wolf/Lindacher/Pfeiffer § 307 Rn. 78.

798 BGHZ 84, 268 [272]; 102, 384 [389 f.]; BGH NJW 1990, 1601 [1602]; *Basedow* in: MüKo § 305c Rn. 24; *Stein* in: Soergel § 5 AGBG Rn. 8; *P. Ulmer/Schäfer* in: Ulmer/Brandner/Hensen § 305c Rn. 76.

3. Schlussfolgerung für die Anwendbarkeit des § 305c Abs. 2 BGB

Aus dieser Feststellung lässt sich zugleich das Verhältnis zu § 305c Abs. 2 BGB herleiten. Da die Zweckübertragungsregel bereits innerhalb der ersten Stufe durch die Festlegung auf eine Auslegungs*methode* Berücksichtigung findet, kann es zu einer Verdrängung nicht mehr kommen. Vielmehr fungiert die Unklarheitenregel des § 305c Abs. 2 BGB wie auch nach den allgemeinen Grundsätzen als letztinstanzliche Entscheidungshilfe für den Fall, dass nach den angewendeten Auslegungsmethoden ein nicht behebbarer Zweifel bleibt und mindestens zwei Auslegungen rechtlich vertretbar sind. Wenn somit die Zweckübertragungsregel (in verobjektivierter Anwendung) ebenfalls keine Klarheit verschaffen kann und mindestens zwei rechtlich vertretbare Auslegungsmöglichkeiten hervorbringt, ist auf § 305c Abs. 2 BGB zurückzugreifen und die dem Kunden günstigste Auslegung zu Grunde zu legen.[799]

Die praktischen Auswirkungen dieses Verhältnisses dürften gleichwohl recht gering sein. Beide Vorschriften ergreifen Partei – § 305c Abs. 2 BGB für den Klauselgegner bzw. § 31 Abs. 5 UrhG für den Inhaber der Rechte, mithin in beiden Fällen zumeist den Urheber. Denn in ihren Rechtsfolgen resultieren sie – auch bei einem wertneutralen Verständnis des § 31 Abs. 5 UrhG[800] – nicht zwingend, aber regelmäßig in einer restriktiven Auslegung der Rechtseinräumungsklauseln.[801] Gleichzeitig sind kaum Fälle vorstellbar, wo es zu der soeben hergeleiteten abgestuften Anwendung beider Auslegungsregeln kommen wird. Sobald die nutzungsvertragliche Rechtseinräumung eindeutig formuliert ist, bleibt weder für § 31 Abs. 5 UrhG noch für § 305c Abs. 2 BGB Raum.[802]

IV. Bedeutung für die Klauseln über unbekannte Nutzungsarten

Ein leicht modifiziertes Bild zeichnet sich indes für die Klauseln über die Einräumung von Rechten an unbekannten Nutzungsarten ab. Abweichungen vom soeben dargelegten Praxisfall ergeben sich hier aus dem Grund, dass nach den zur Zweckübertragungsregel gemachten Ausführungen diese im Bereich der

799 So mit Recht auch *Kuck* in: GRUR 2000, 285 [287]; *J.B. Nordemann* in: Loewenheim, HdB UrhR, § 60 Rn. 18; ähnlich *Henning-Bodewig* in: FS Schricker (1995), 389 [419]; *Riesenhuber* in: GRUR 2005, 712 [720]; *Schricker/Loewenheim* in: dies. Vor § 28 Rn. 37 sowie *Wandtke/Grunert* in: Wandtke/Bullinger Vor §§ 31 Rn. 105, sprechen von einem Nebeneinander beider Regeln; ebenso anscheinend der BGH GRUR 1986, 62 [65 f.] (*GEMA-Vermutung I*).

800 Siehe dazu *Berger* in: Berger/Wündisch, HdB UrhVR, § 1 Rn. 94 ff., *J.B. Nordemann* in: Fromm/Nordemann § 31 Rn. 110; *Schwaiger-Kockler* in: UFITA 73 (1975), 21 [37 ff.].

801 *Riesenhuber* in: GRUR 2005, 712 [720].

802 So auch unter ausdrücklicher Bezugnahme auf beide Vorschriften *Schack*, Rn. 1083.

unbekannten Nutzungsarten immer dann nicht anwendbar ist, wenn der Nutzungsvertrag solche Nutzungsarten zum Gegenstand macht, die zum Zeitpunkt der Rechtseinräumung auch technisch noch nicht bekannt sind.[803] Da die dem Wortlaut des § 31 Abs. 5 UrhG entgegenstehende (weitgehende) Unmöglichkeit der Spezifizierung für Vertragsklauseln unverändert fortbesteht,[804] muss diese beschränkte Anwendbarkeit folglich auch für Nutzungsverträge i. S. d. § 305 Abs. 1 BGB gelten.

Sobald demnach überhaupt eine Klausel enthalten ist, die die unbekannten Nutzungsarten als abstrakte Kategorie mit in die Rechtseinräumung einbezieht,[805] versagt § 31 Abs. 5 UrhG außerhalb seines S. 2 als Auslegungsregel, soweit die streitige Nutzungsart zum Zeitpunkt des Vertragsschlusses auch technisch noch nicht bekannt war. Stattdessen bleibt es insoweit bei der Maßgeblichkeit der allgemeinen Auslegungsregeln des AGB-Rechts mit der Folge, dass die Frage der Einräumung von unbekannten Nutzungsarten zunächst (objektiv) nach den üblichen Auslegungsmethoden erfolgt und bei verbleibenden Zweifeln zu seinen Gunsten die Unklarheitenregel des § 305c Abs. 2 BGB zur Anwendung gelangt. Aufgrund der regelmäßig pauschalen Bezugnahme auf alle zum Zeitpunkt des Vertrages unbekannten Nutzungsarten sind solche Zweifel jedoch hinsichtlich der erfassten Nutzungsarten wiederum kaum vorstellbar. Vielmehr ist für beide Vertragsparteien eindeutig, dass sich der Vertrag auf alle Nutzungsarten bezieht, die erst nach Vertragsschluss bekannt werden.[806] Für die Unklarheitenregel des § 305c Abs. 2 BGB bleibt dann kein Raum; ihre Bedeutung beschränkt sich – auch außerhalb der Kategorie der unbekannten Nutzungsarten – auf die nutzungsvertraglichen Abreden außerhalb der eigentlichen Rechtseinräumung, soweit diesbezüglich nach der objektiven Auslegung Zweifel verbleiben.[807]

---

803 Vgl. dazu oben S. 149 ff.; ein größerer Anwendungsbereich verbleibt jedoch für die Modifizierungen des Nutzungsrechts nach § 31 Abs. 5 S. 2 UrhG.

804 Vgl. dazu erneut BReg BT-Drs. 16/1828, S. 24; ebenso *Berger* in: GRUR 2005, 907 [908]; *Klöhn* in: K&R 2008, 77 [79]; *Lettl*, Rn. 37; *J.B. Nordemann* in: FS W. Nordemann (2004), 193 [206]; *Schack*, Rn. 620.

805 Denn § 31 Abs. 5 UrhG wäre jedenfalls insoweit einschlägig, als hiernach bei vollständig unterlassener (aber eben möglicher) Bezugnahme auf die unbekannten Nutzungsarten der Vertragszweck über den Umfang der Rechtseinräumung entscheidet, allerdings greift hier bereits § 31a Abs. 1 S. 1 UrhG, vgl. oben S. 56.

806 So bereits *Schuchardt*, S. 68.

807 So etwa zur Frage der Übernahme einer Auswertungs*pflicht* im Rahmen eines Übersetzungsvertrags OLG München ZUM 2008, 875 [877] (n. rkr.) sowie zur Frage, ab welchem Zahlungsumfang die Abgeltung für die Rechtseinräumung greift OLG München, Urt. v. 21.04.11 – Az. 6 U 4127/10, BeckRS 2011, 08329.

D. Verbot von überraschenden Klauseln gemäß § 305c Abs. 1 BGB

Gleichfalls noch außerhalb des Kernbereichs der Inhalts- bzw. Transparenzkontrolle von Allgemeinen Geschäftsbedingungen erscheint des Weiteren eine Auseinandersetzung mit der Vorschrift des § 305c Abs. 1 BGB geboten. Diese lässt bekanntlich – ebenfalls der eigentlichen Inhaltskontrolle vorgeschaltet und als solche ausgenommen von der Kontrollschranke des § 307 Abs. 3 S. 1 BGB[808] – AGB-Klauseln erst gar nicht Vertragsbestandteil werden, wenn sie für den Geschäftspartner überraschend sind. Besondere Aufmerksamkeit verdient in diesem Zusammenhang die vorformulierte Einräumung der Rechte an den unbekannten Nutzungsarten selbst. Während das Verbot der überraschenden Klauseln bei Lizenzverträgen in der Rechtsprechung bislang aber nur sehr zurückhaltend berücksichtigt wurde,[809] ist die soeben aufgeworfene Frage nach der wirksamen Einbeziehung der vorformulierten Rechtseinräumung von unbekannten Nutzungsarten vor dem Hintergrund des § 305c Abs. 1 BGB an anderer Stelle bereits thematisiert worden.[810]

808 Diese unten noch ausführlich erörterte Kontrollschranke des § 307 Abs. 3 S. 1 BGB könnte § 305c Abs. 1 BGB für den urheberrechtlichen Nutzungsvertrag neben der (wesensverwandten) Transparenzkontrolle zur einzigen AGB-rechtlichen Kontrollinstanz machen; so bereits *Klöhn* in: K&R 2008, 77 [80].

809 So *Castendyk* in: ZUM 2007, 169 [171]; dazu BGH GRUR 1984, 45 [47] (*Honorarbedingungen: Sendevertrag*); OLG Frankfurt GRUR 1984, 515 [516] (*Übertragung von Nutzungsrechten*); OLG Düsseldorf ZUM 2002, 221 [224] (*Das weite Land*); offen gelassen von LG Berlin ZUM-RD 2008, 18 [22] (*AGB Zeitungen/Zeitschriften*) (n. rkr.); zuletzt zu § 305c I BGB im Verlagsvertrag LG München ZUM-RD 2009, 624 [628] (n. rkr.); dazu auch *Wandtke/Grunert* in: Wandtke/Bullinger Vor §§ 31 ff. Rn. 102; dementsprechend fordert *Schack* in: GRUR 2002, 853 [854] eine stärkere Berücksichtigung des Verbots der überraschenden Klauseln im Urhebervertragsrecht; ähnlich *Schmoll* in: Büscher/Dittmer/Schiwy, Teil 1 Kap. 12 Rn. 36.

810 Für die ausführliche Untersuchung siehe *Wille* in: GRUR 2009, 470 ff.; bemerkenswerterweise sah sich der BGH bereits unter Geltung des § 31 Abs. 4 UrhG a. F. innerhalb der sog. Risikogeschäfte mit der Frage konfrontiert, ob die Einräumung des Rechts zur (seinerzeit wirtschaftlich noch unbekannten) Videozweitauswertung eine überraschende Klausel darstellt – allerdings konnte er diese (von ihm ansatzweise verneinte) Frage letztlich offen lassen, da jedenfalls die tatrichterliche Feststellung zur ausführlichen Erörterung der Rechtseinräumung fehlte, wie es der BGH für die Risikogeschäfte forderte (vgl. GRUR 1995, 212 [214] (*Videozweitauswertung III*).

I. Objektiv ungewöhnliche Klausel und Überraschungsmoment

Demnach wirkt es sich sowohl objektiv im Sinne der Ungewöhnlichkeit der Klausel als auch subjektiv im Sinne des Überraschungsmoments für den Urheber entscheidend aus, dass nach dem Inkrafttreten des zweiten Korbs nunmehr eine Rechtseinräumung ermöglicht wird, die infolge der über 40jährigen Geltung des § 31 Abs. 4 UrhG a. F. bislang gesetzlich ausgeschlossen war und damit typischerweise eben keinen Eingang in den urheberrechtlichen Nutzungsvertrag fand. Dem somit geradezu evidenten Umstand einer fehlenden Branchenübung kommt – unter Ausblendung rein individueller, für eine Allgemeingültigkeit beanspruchende Untersuchung untaugliche Kriterien wie dem äußeren Erscheinungsbild des Vertrages oder dem Gang und Inhalt der Vertragsverhandlungen – ausschlaggebende Relevanz dafür zu, bei der Rechtseinräumung betreffend unbekannte Nutzungsarten letztlich von einer überraschenden Klausel i. S. d. § 305c Abs. 1 BGB zu sprechen. Denn weder lässt sich gegen diese Qualifizierung auf die vermeintliche Kompensation der Einräumung von Rechten an unbekannten Nutzungsarten durch die gesetzlichen Rechte des Urhebers aus §§ 31a, 32c UrhG rekurrieren, da ein solcher Kompensationsgedanke im Zusammenhang mit der Einordnung einer Klausel als ungewöhnlich allgemein abgelehnt wird.[811]

Noch lässt sich hiergegen das gesetzgeberische Regelungsanliegen, die Einräumung von Rechten an unbekannten Nutzungsarten mit der Streichung des § 31 Abs. 4 UrhG a. F. gerade zu erlauben, einwenden. Zwar ist der durchaus nahe liegende Hinweis darauf, dass beim alleinigen Abstellen auf die Häufigkeit der Verwendung einer bestimmten Vertragsklausel eine erst aufgrund einer Gesetzesänderung mögliche Vertragsgestaltung aufgrund ihrer Neuartigkeit dann regelmäßig ungewöhnlich sein müsste, im Ansatz nachvollziehbar und richtig.[812] Dieses vorwiegend von Innovationsgesichtspunkten getragene Argument greift jedoch im Zusammenhang mit der Gesetzesänderung über das Recht der unbekannten Nutzungsarten nicht durch. So beruht die nunmehr mögliche Vertragsgestaltung gerade nicht auf dem kautelarjuristischen Innovationsstreben der Klauselverwender, sondern geht ihrem Schöpfungsgrund nach maßgeblich auf den Gesetzgeber zurück.[813] Es handelt sich demzufolge vorliegend nicht um die – grundsätzlich beachtenswerte – Konstellation, dass die strenge

811 *Wille* in: GRUR 2009, 470 [471] unter Verweis auf *Schwab*, Rn. 286; *P. Ulmer/Schäfer* in: Ulmer/Brandner/Hensen § 305c Rn. 12.

812 In diese Richtung deutend wohl *P. Ulmer/Schäfer* in: Ulmer/Brandner/Hensen, § 305c Rn. 20 für neuartige Klauseln; anders für die vorliegende Konstellation wohl *Lindacher* in Wolf/Lindacher/Pfeiffer § 305c Rn. 26; ebenso abweichend *Schlosser* in: Staudinger § 305c Rn. 17.

813 *Wille* in: GRUR 2009, 470 [472].

Wortlautauslegung des § 305c Abs. 1 BGB die klauselmäßige Ausgestaltung kreativer Ideen allein auf Grund ihrer Innovativität verhindert.

Gleichwohl lässt sich die Diskrepanz zur ausdrücklichen gesetzgeberischen Zulassung[814] von Verträgen über unbekannte Nutzungsarten kaum leugnen. Insoweit darf aber diese Öffnung zugunsten entsprechender vertraglicher Gestaltungsmöglichkeiten nicht zugleich im Sinne eines generellen Votums des Gesetzgebers für eine entsprechende vertragliche Einräumung (auch) der Rechte an unbekannten Nutzungsarten missverstanden werden. Hiergegen spricht neben der mit der Streichung des § 31 Abs. 4 UrhG a. F. einhergegangenen Aufnahme des Schriftformerfordernisses des § 31a Abs. 1 S. 1 UrhG und der darin zum Ausdruck kommenden Warn- und Schutzfunktion insbesondere der Umstand, dass anders als bei der speziellen filmurheberrechtlichen Regelung des § 88 Abs. 1 S. 2 UrhG im allgemeinen Urhebervertragsrecht gerade keine Auslegungsregel existiert, wonach im Zweifel das Recht an allen (mithin auch den unbekannten) Nutzungsarten als mit eingeräumt anzusehen ist;[815] vielmehr wurde auf einen solchen Auslegungsmechanismus bei der Vorschrift des § 31a UrhG, der die (hiernach nunmehr zulässige) Einräumung von Rechten an unbekannten Nutzungsarten allgemein anspricht, gerade verzichtet.[816]

Da dem gemeinen Urheber ferner nicht unterstellt werden kann, dass er die Reformdebatte um den zweiten Korb aufmerksam verfolgt hat und daher fortan mit einer Klausel der Verwerter rechnet, in denen sich diese auch die Rechte an unbekannten Nutzungsarten einräumen lassen, ist auch das ebenfalls erforderliche subjektive Überraschungsmoment im Standardfall eines urheberrechtlich nicht weiter vorgebildeten Urhebers grundsätzlich zu bejahen.[817]

II. Schlussfolgerung

Wenngleich dieses Überraschungsmoment hinsichtlich der unbekannten Nutzungsarten ein Phänomen sein dürfte, das weniger aus der aktuellen Gesetzesänderung, sondern vielmehr aus der Art dieser Rechtseinräumung an sich folgt, rechtfertigt dieser Umstand dennoch nicht den Schluss, dass die entsprechenden Klauseln gemäß § 305c Abs. 1 BGB dauerhaft nicht einbezogen werden. Denn

---

814 BReg BT-Drs. 16/1828, S. 20.

815 *Wille* in: GRUR 2009, 470 [472 f.], wo sich unter Hinweis auf einschlägige Rechtsprechung auch noch das Argument findet, dass ebenso wenig die aufsichtsbehördliche Genehmigung einer AGB-Klausel (vgl. § 305a BGB) diese von vornherein einem Ungewöhnlichkeitsverdikt entzieht.

816 *Kreile* in: ZUM 2007, 682 [687]; *Schulze* in: UFITA 2007/III, 641 [657]; *Spindler* in: NJW 2008, 9 [10].

817 *Wille* in: GRUR 2009, 470 [473 f.].

freilich ist die Klausel nur solange als überraschend i. S. d. § 305c Abs. 1 BGB zu qualifizieren, wie neben dem subjektiven Überraschungsmoment kumulativ auch eine objektive Ungewöhnlichkeit der Klausel festzustellen ist. Dieser vorstehend noch bejahte, gegenwärtige Ungewöhnlichkeitscharakter der urhebervertraglichen Rechteklauseln über unbekannte Nutzungsarten wird allerdings wegfallen, sobald sich innerhalb einer gewissen Zeitspanne nach dem Inkrafttreten des zweiten Korbs eine entsprechende Branchenübung eingestellt hat. Auf ein etwaiges subjektives Überraschungsmoment beim Urheber kommt es dann nicht mehr an.

1. Ausdrückliche Hervorhebung der Rechtseinräumung

Da eine solche Branchenübung indes voraussetzt, dass diese Übung redlich ist, mithin insbesondere ihrerseits nicht unter Verstoß gegen § 305c Abs. 1 BGB entsteht, sind die Verwerter letztlich gehalten, übergangsweise einen über die reine Kenntnisnahme des Klauseltextes hinausgehenden ausdrücklichen Hinweis auf die entsprechende Regelung mit in die Nutzungsvereinbarung aufzunehmen, um auf diese Weise dem von § 305c Abs. 1 BGB angesprochenen Überraschungseffekt entgegenzuwirken.[818] Eine insoweit insbesondere denkbare drucktechnische Hervorhebung erfüllt damit zugleich zwei Funktionen: Sie ermöglicht zum einen die Einbeziehung der Rechtseinräumung in den jeweiligen Vertrag. Zum anderen macht sie sich infolge der sich langsam einstellenden Branchenübung für die Zukunft selbst obsolet.

2. Faktisches intertemporales Recht

Im Ergebnis existiert somit für die unbekannten Nutzungsarten *de facto* auch in Bezug auf Neuverträge eine Art intertemporales Recht.[819] Während das für Altverträge mit § 137 l UrhG aber vom Gesetzgeber ausdrücklich geregelt wurde,

---

818 *Wille* in: GRUR 2009, 470 [474] unter Rekurs auf BGH NJW 1996, 191 [192]; *Basedow* in: MüKo § 305c Rn. 8; *H. Schmidt* in: Bamberger/Roth § 305c Rn. 16, wo dieser Hinweis als den Überraschungseinwand ausschließend anerkannt wird.

819 Für eine teleologische Reduktion des § 305c Abs. 1 BGB für das vorstehend gefundene Ergebnis fehlt es an der erforderlichen Ungleichbehandlung gegenüber einem wertungsmäßig gleich liegenden Sachverhalt. Als eine solche rechtsfolgenverschiedene Referenzsituation kommt hier lediglich die individualvertragliche Einräumung von Rechten an unbekannten Nutzungsarten in Betracht. Die Verschiedenheit beider Konstellationen, nämlich formularvertragliche Abrede einerseits, individualvertragliche Abrede andererseits, spiegelt indes gerade den maßgeblichen Wertungsunterschied wider, Ausdruck dessen die Sonderregeln der § 305 ff. BGB sind; vgl. zum Ganzen erneut *Wille*, GRUR 2009, 470 [474]; gegen solche Hindernisse für eine Rechtseinräumung ab 2008 *J.B. Nordemann* in: Loewenheim, HdB UrhR, § 60 Rn. 36, wenngleich nicht deutlich wird, ob er die von ihm ebenfalls

folgt dies hier allein aus der konsequenten Anwendung der von der Rechtsprechung zu § 305c Abs. 1 BGB entwickelten Grundsätze. Angesichts dieses Verzichts auf eine explizite Übergangsregelung für die vorliegende Konstellation, liegt der Eindruck nahe, das gewonnene Ergebnis sei *contra legem*. Dieser Schluss würde jedoch die wesentlichen Unterschiede zwischen beiden Fallgruppen unterschlagen. So betrifft § 137 l UrhG den rechtsstaatlich sensiblen Bereich der Altverträge, der eine Lösung des Problems durch die Vertragsparteien aufgrund verfassungsrechtlicher Vorbehalte nicht zulässt. Vielmehr war der Gesetzgeber angehalten, mittels präziser Vorgaben die Erfordernisse des Eigentumsschutzes sowie des Rückwirkungsverbots angemessen abzuwägen, um an der auch von ihm propagierten Hebung der Archivschätze festhalten zu können.[820]

Demgegenüber knüpft die hier hergeleitete Übergangsregelung ausschließlich an zukünftige Vertragsbeziehungen an. Diesbezüglich ist es den Regeln zu den Allgemeinen Geschäftsbedingungen immanent, dass ihre Gebote durch entsprechend angepasste Vertragsklauseln eingehalten werden können. Die vorstehenden Ausführungen haben gezeigt, wie die Übergangszeit (vertraglich) überbrückt werden kann, ohne auf die Rechtseinräumung gleich gänzlich verzichten zu müssen. Zudem wird es immer Fälle geben, auf welche die oben gefundenen verallgemeinerten Wertungen aufgrund abweichender individueller Umstände nicht zutreffen, so dass eine pauschale Regelung durch den Gesetzgeber hier anders als bei den Altverträgen unverhältnismäßig erschiene. Der Verzicht auf gesetzliche intertemporale Vorgaben für die künftig zulässigen (Neu-)Verträge über unbekannte Nutzungsarten ist somit lediglich ein weiterer Ausdruck des mit dem zweiten Korb bezweckten Zugewinns an Vertragsfreiheit.

III. Exkurs: Aufklärungspflicht gemäß § 241 Abs. 2 BGB

Im Übrigen kann sich – losgelöst von den Anforderungen des § 305c Abs. 1 BGB – aus dem (auch individualvertraglichen) Schuldverhältnis eine entsprechende vorvertragliche Aufklärungspflicht ergeben, die über §§ 280 Abs. 1, 241 Abs. 2, 311 Abs. 2 BGB sanktionsbewährt ist (*culpa in contrahendo*).[821] Allerdings lässt sich nicht generell von einem (dafür zwingend festzustellenden) Informationsgefälle zwischen Verwerter und Urheber sprechen, da es bei der Kategorie

angesprochene Unüblichkeit eher an § 307 BGB festmacht; wie hier die Anwendbarkeit von § 305c Abs. 1 BGB bejahend *Wandtke*, Rn. 168; a. A. wohl *Schack*, Rn. 620 (dort Fn. 91).

820 Kritisch dazu insb. *Schulze* in: UFITA 2007/III, 641 [646 ff.]; *Spindler/Heckmann* in: ZUM 2006, 620 [622 ff.]; vgl. zur verfassungsrechtlichen Problematik erneut die mittels Nichtannahmebeschluss abgewiesene Verfassungsbeschwerde zweier Filmurheber vom Januar 2008: BVerfG ZUM 2010, 235 m. Anm. *Wille*.

821 Ähnlich *Klöhn* in: K&R 2008, 77 [80] für *Buy out*-Verträge.

der unbekannten Nutzungsarten nicht um allein dem Verwerter bekannte tatsächliche Umstände geht (außerhalb der nur wirtschaftlich bedeutungslosen Nutzungsarten fehlt insoweit auch dem Verwerter jegliches Wissen), sondern vielmehr um eine besondere Rechtskategorie, über die sich der Urheber grundsätzlich ebenso informieren kann. Insbesondere obliegt dem Verwerter keine Pflicht zur Rechtsbelehrung. Eine Aufklärungspflicht ist daher zuvorderst in den Fällen denkbar, wo die Einräumung der Rechte an den unbekannten Nutzungsarten auf einem umfangreichen Klauselwerk beruht. Hier kann vom Verwender kraft *culpa in contrahendo* mittelbar verlangt werden, über den wesentlichen Inhalt und die Tragweite der Klauseln zu unterrichten.[822] Daneben können sich vergleichbare Pflichten aus dem AGB-rechtlichen Transparenzgebot des § 307 Abs. 1 S. 2 BGB ergeben, wenngleich auch daraus keine Rechtsbelehrungspflicht resultiert.[823]

E. Inhaltskontrolle gemäß § 307 Abs. 1 S. 1, Abs. 2 BGB

Als Kernbestandteil einer jeden AGB-Prüfung fungiert die Inhaltskontrolle der streitigen Klauseln gemäß §§ 307 ff. BGB. Der Relevanz der Inhaltskontrolle im Urhebervertragsrecht sowie der Vorgabe des § 310 Abs. 1 BGB für Verträge gegenüber Unternehmern entsprechend wird im Folgenden die Kontrolle der Verträge über unbekannte Nutzungsarten ausschließlich am Maßstab der Generalklausel des § 307 BGB untersucht.

I. Die Kontrollschranke des § 307 Abs. 3 S. 1 BGB

Unabhängig vom noch zu ermittelnden konkreten Kontrollmaßstab ergibt sich für die Überprüfung der Klauseln nach den §§ 307 – 309 BGB das Problem ihrer Kontrollunterworfenheit[824]. So unterliegt nicht jede Klausel, die Vertragsbestandteil geworden ist und nach den bereits thematisierten §§ 305, 305c BGB wirksam einbezogen wurde, gleichsam automatisch der Inhaltskontrolle. Der

822 *Emmerich* in: MüKo § 311 Rn. 116.

823 BGH NJW 2000, 2103 [2106]; vgl. dazu ausführlich unten ab S. 302.

824 Die oftmals in Literatur und Rechtsprechung verwendete Terminologie *»kontrollfähig«* und *»nicht kontrollfähig«* suggeriert, dass die Kontrollfreiheit nach § 307 Abs. 3 BGB allein auf der Möglichkeit bzw. Unmöglichkeit des Richters beruht, die fragliche Klausel einer Inhaltskontrolle zu unterziehen. Da dies als *ratio legis* des § 307 Abs. 3 BGB jedoch zu kurz greift und nur *eine* Ausprägung beschreibt, sind die neutralen Begriffe *»kontrollunterworfen«* und *»kontrollfrei«* bzw. *»kontrollimmun«* vorzuziehen, die neben der Kontrollunfähigkeit auch die mangelnde Kontrollbedürftigkeit als Ausschlussgrund umfassen, vgl. dazu auch *Dylla-Krebs*, S. 119.

Überprüfung am Maßstab der §§ 307, 308, 309 BGB ist stattdessen zwingend die Frage nach einer etwaigen Kontrollimmunität der Klausel vorgelagert. Mit § 307 Abs. 3 S. 1 BGB konstituiert der Gesetzgeber eine Art Zugangshürde, die den Anwendungsbereich der Inhaltskontrolle einschränkt.[825] Hiernach sind einer Kontrolle nur jene AGB zugänglich, durch die von Rechtsvorschriften abweichende oder diese ergänzende Regelungen vereinbart werden.[826]

Der Regelungsgehalt dieser Vorschrift war bis zur Schuldrechtsreform[827] im Wesentlichen wortgleich in § 8 AGBG enthalten, der wiederum aus § 6 des Entwurfs zum AGB-Gesetz hervorging. Nach der Gesetzesbegründung zu dieser mit »*Schranken der Inhaltskontrolle*« überschriebenen Vorschrift bestand deren Ziel darin, »*sicherzustellen, dass die materiell-rechtlichen Maßstäbe für den Inhalt von AGB nur dort gelten, wo AGB dazu dienen, von Rechtsvorschriften abweichende oder diese ergänzende Regelungen zu treffen. Die Leistungsbeschreibung einschließlich etwaiger in AGB enthaltener Festlegungen des Entgelts unterliegt der Inhaltskontrolle demnach ebenso wenig wie AGB, die lediglich den Inhalt der gesetzlichen Regelung wiedergeben.*«[828] In Ermangelung eines aussagekräftigen Gesetzeswortlauts[829] wird für die inhaltliche Konkretisierung der Kontrollschranke des § 307 Abs. 3 S. 1 BGB stets auf eben diese Begründung zurückgegriffen, mit der der Gesetzgeber sein Normverständnis mittels einer doppelten *ratio legis*[830] zum Ausdruck bringt. Dem folgend geht die überwiegende Auffassung in Rechtsprechung und Literatur davon aus, dass § 307 Abs. 3 BGB einerseits deklaratorische Klauseln sowie andererseits Leistungsbeschreibungen und Preisvereinbarungen für kontrollfrei erklärt.[831] Die grundsätzliche Richtigkeit dieses Ansatzes wird zudem durch eine weitgehend übereinstimmende Regelung (vgl. Art. 1 Abs. 2, Art. 4 Abs. 2) in der Richtlinie 93/13/EWG

825 So etwa *Billing*, S. 2; *Coester* in: Staudinger § 307 Rn. 281; *Kieninger* in: MüKo § 307 Rn. 1; *Roloff* in: Erman § 307 Rn. 38, *Schwab*, Rn. 518; *Stein* in: Soergel § 8 AGBG Rn. 1.

826 Aus dieser Gesetzesformulierung wird teilweise abgeleitet, dass die Kontrollfreiheit den Grundsatz und die Inhaltskontrolle die Ausnahme bildet, vgl. *Joost* in: ZIP 1996, 1685 [1686]; a. A. *Brandner* in: Ulmer/Brandner/Hensen, 9. Aufl. 2000, § 8 AGBG Rn. 5; *Coester* in: Staudinger § 307 Rn. 281 m.w.N. zur Diskussion; für rein akademisch hält diese Frage *Stoffels*, Rn. 419.

827 Gesetz zur Modernisierung des Schuldrechts vom 26. 11. 2001, BGBl. I, S. 3138.

828 Vgl. BReg BT-Drs. 7/3919, S. 22.

829 Zur Beseitigung dieses Missstands sah sich offenbar auch der Gesetzgeber der Schuldrechtsreform nicht veranlasst, kritisch dazu etwa *Coester* in: Staudinger § 307 Rn. 283; *Kieninger* in: MüKo § 307 Rn. 1; *Stoffels*, Rn. 420.

830 So etwa *Canaris* in: NJW 1987, 609 [611]; *Stoffels*, Rn. 422.

831 BGH NJW 1998, 383; OLG Karlsruhe BB 1997, 9; *Coester* in: § 307 Rn. 284; *Dylla-Krebs*, S. 29; *Fuchs* in: Ulmer/Brandner/Hensen § 307 Rn. 14; *Roloff* in: Erman § 307 Rn. 38; *Stoffels*, Rn. 420; *Schwab*, Rn. 518; ausführlich zum Problem des Umfangs der Norm insb. *Dylla-Krebs*, S. 51 ff.

über missbräuchliche Klauseln in Verbraucherverträgen bestätigt.[832] Beide Aspekte der Kontrollimmunität werden daher auch nachstehend für die urheberrechtlichen Nutzungsverträge sowie die Klauseln über unbekannte Nutzungsarten im Besonderen untersucht.

1. Kontrollimmunität deklaratorischer Klauseln

Aus der vom Gesetzeswortlaut positiv festgestellten Kontrollunterworfenheit von Abweichungen oder Ergänzungen von Rechtsvorschriften folgt im Umkehrschluss, dass mit Rechtsvorschriften übereinstimmende AGB, gemeinhin als rechtsdeklaratorische Klauseln bezeichnet, nicht der Inhaltskontrolle gemäß der §§ 307 ff. BGB unterliegen. Vielfach wird diese Rechtsfolge ungeachtet des eindeutigen Wortlauts des § 307 Abs. 3 S. 1 BGB bereits aus der Prärogative des Gesetzgebers hergeleitet, die auch ohne § 307 Abs. 3 S. 1 BGB zu wahren wäre. Demnach liefe ihre Kontrolle auf eine mittelbare Angemessenheitskontrolle des Gesetzes durch den Richter hinaus, was mit der Gesetzesbindung der Judikative gemäß Art. 20 Abs. 3 GG nicht zu vereinbaren wäre.[833] Zugleich fehlt es bereits an der Kontrollfähigkeit solcher Klauseln, da das Gesetz selbst nicht Maßstab seiner eigenen Überprüfung (bzw. der inhaltsgleichen AGB) sein kann. Angesichts dieser der Rechtsordnung immanenten Überlegung hat § 307 Abs. 3 S. 1 BGB insoweit lediglich klarstellende Funktion und drückt Selbstverständliches aus.[834]

a. Funktionsweise des Schrankentatbestands

Zur Ermittlung des rechtsdeklaratorischen Charakters einer AGB-Bestimmung hat sich als Methode ein Rechtslagenvergleich herausgebildet. Hiernach ist die Regelung, die nach der fraglichen Klausel gelten soll, derjenigen gegenüberzustellen, die sich in Abwesenheit der Klausel aus den geltenden Rechtsvorschriften ergeben würde.[835] Dabei unterliegt der Klauselinhalt als erster Vergleichspunkt der Auslegung nach den für AGB geltenden Auslegungsgrundsät-

832 *Coester* in: Staudinger § 307 Rn. 283; *Fuchs* in: Ulmer/Brandner/Hensen § 307 Rn. 15; allerdings weist *Kieninger* in: MüKo § 307 Rn. 2 ff. zu Recht darauf hin, dass im Detail auch Abweichungen zwischen dem deutschen und europäischen Schrankenverständnis bestehen. Auffallend ist v. a., dass deklaratorische Klauseln nach Art. 1 Abs. 2 der Richtlinie generell von deren Anwendungsbereich ausgenommen werden, während sie nach § 307 Abs. 3 BGB nur nicht der Inhaltskontrolle unterfallen, vgl. dazu *H. Schmidt* in: Bamberger/Roth § 307 Rn. 63.

833 BReg BT-Drs. 7/3919, S. 22; BGH NJW 1984, 2161; *Billing*, S. 3; *Canaris* in: NJW 1987, 609 [611]; *Coester* in: Staudinger § 307 Rn. 290; *Dylla-Krebs*, S. 65 f.; *Stoffels* in: JZ 2001, 843 [844].

834 So insb. *Billing*, S. 3; *Canaris* in: NJW 1987, 609 [611].

835 *Coester* in: Staudinger § 307 Rn. 292; *Fuchs* in: Ulmer/Brandner/Hensen § 307 Rn. 25; *Niebling*, S. 126.

zen.[836] Entsprechend dem oben herausgearbeiteten Befund sind auch urhebervertragliche Klauseln nach dem Grundsatz der objektiven Auslegung zu interpretieren, wobei innerhalb der Zweckübertragungslehre eine Festlegung auf die teleologische Auslegungsmethode erfolgt.[837] Demgegenüber unterliegt der zweite Vergleichspunkt, die in Bezug zu nehmende Rechtsvorschrift, den Regeln der Gesetzesauslegung. Problematisch ist indes die Frage nach dem Umfang des Vergleichsmaßstabs, mithin welche Rechtssätze eine Rechtsvorschrift gemäß § 307 Abs. 3 S. 1 BGB darstellen. Einigkeit besteht im Ausgangspunkt noch darüber, dass dieses Tatbestandsmerkmal jedenfalls alle Gesetzesvorschriften im materiellen Sinne, also die auf formellem Gesetz, Rechtsverordnung, Satzung, Gewohnheitsrecht, Tarifvertrag, Betriebs- oder Dienstvereinbarung beruhenden Rechtssätze umfasst.[838] Zweifelhaft erscheint indes die Subsumtion solcher ungeschriebenen Rechtssätze unter den Begriff der »*Rechtsvorschrift*« i. S. d. § 307 Abs. 3 S. 1 BGB, die nicht bereits als geltendes Recht etabliert sind, sondern erst *ad hoc* mittels ergänzender Vertragsauslegung (§§ 157, 242 BGB) oder aus der Natur des Vertrags (entsprechend § 307 Abs. 2 Nr. 2 BGB) entwickelt werden müssen.[839]

Ein derart weites Verständnis des Begriffs »*Rechtsvorschrift*« hätte aber eine sinnwidrige Vermengung von Vergleichsinhalt und Vergleichsmaßstab zur Folge. *Stoffels* weist überzeugend darauf hin, dass ein Rechtslagenvergleich als Vorbedingung verlangt, dass der Vergleichsmaßstab sich aus Quellen außerhalb des hieran zu messenden Gegenstands speist. Es ist somit ausgeschlossen ist, den Vertragsinhalt zum Vergleichsmaßstab seiner selbst zu machen.[840] Methodisch ist diese Entwicklung eines Kontrollmaßstabs vielmehr in § 307 Abs. 2 Nr. 2 BGB zu verorten – er ist somit bereits Inhaltskontrolle einer vom vorhandenen (nicht erst *ad hoc* entwickelten) Recht abweichenden Norm.[841] Auch vor dem Hinter-

836 BGH NJW 1986, 46 [47]; *Coester* in: Staudinger § 307 Rn. 292; *Fuchs* in: Ulmer/Brandner/Hensen § 307 Rn. 25; *Stoffels*, Rn. 432.

837 Vgl. oben S. 186 ff.

838 BGH NJW 1985, 3013 [3014]; *Coester* in: Staudinger § 307 Rn. 294; *Fuchs* in: Ulmer/Brandner/Hensen § 307 Rn. 26; *Grüneberg* in: Palandt § 307 Rn. 64; *Niebling*, S. 67; *Stoffels*, Rn. 433.

839 So aber eine beachtliche Meinungsgruppe, vgl. BGH NJW 1985, 3013 [3014]; ZIP 1993, 292 [294]; NJW 2002, 1950 [1951]; *Joost* in: ZIP 1996, 1685 [1691]; *Kieninger* in: MüKo § 307 Rn. 7; *Roloff* in: Erman § 307 Rn. 39: Offenbar steht dahinter die (unberechtigte) Befürchtung, dass andernfalls die gesetzlich nicht besonders geregelten Vertragstypen aus dem Schutzbereich der Inhaltskontrolle herausfielen. Diese Begründung verkennt aber bereits, dass die vertragliche Vereinbarung eines dem Gesetz nicht bekannten Regelungsmodells generell als »*Ergänzung*« der (notwendig fragmentarischen) Vertragstypenordnung zu betrachten ist, *Fuchs* in: Ulmer/Brandner/Hensen § 307 Rn. 26; *Stoffels* in: JZ 2001, 843 [847].

840 *Stoffels*, Rn. 434; *ders.* in: JZ 2001, 843 [846 f.]; ebenso *Dylla-Krebs*, S. 73 ff.

841 So explizit neuerdings auch *Coester* in: Staudinger § 307 Rn. 295 in Abweichung von der

grund des Zwecks des Kontrollausschlusses deklaratorischer Klauseln, nach dem der Richter die Vorgaben der Legislative nicht in Frage stellen soll, ist eine Ausweitung des Vergleichsmaßstabs auf die durch den Richter mittels Vertragsauslegung gefundenen Ergebnisse gerade nicht geboten.[842]

b. Klauseln über unbekannte Nutzungsarten als deklaratorisch i. S. d. § 307 Abs. 3 S. 1 BGB?

Dieser Befund bedeutet für die Klauseln über unbekannte Nutzungsarten sowie alle übrigen urhebervertraglichen Nutzungsklauseln zunächst, dass für die Frage einer etwaigen Kontrollimmunität nicht auf die Einzelbewertung des jeweiligen Nutzungsvertrags durch den damit betrauten Richter zurückgegriffen werden darf bzw. muss. Maßstabgebend sind allein bereits etablierte Rechtssätze, die jedoch auch aus (verfestigtem) Richterrecht hervorgegangen und damit ungeschrieben sein können.[843] In Ermangelung verfestigter Rechtsprechung zur Einräumung von Rechten an unbekannten Nutzungsarten, die auch nach dem Wegfall des § 31 Abs. 4 UrhG a. F. noch Geltung beansprucht,[844] lassen sich außerhalb der Neuregelungen der § 31a, 32c UrhG jedoch zum Zeitpunkt dieser Untersuchung keine ungeschriebenen Rechtssätze herleiten, an denen etwaige Klauseln hinsichtlich ihres deklaratorischen Charakters zu messen wären. Sämtliche künftige Klauseln über unbekannte Nutzungsarten, die sich nicht unmittelbar auf die Neuregelungen der §§ 31a, 32c UrhG beziehen oder in die – sogleich thematisierte – Kategorie der Leistungs- oder Preisbestimmung fallen, sind demgemäß *»Ergänzungen«* bzw. *»Abweichungen«*[845] von Rechtsvorschriften i. S. d. § 307 Abs. 3 S. 1 BGB.

Vorauflage, vgl. *Coester* in: Staudinger, 13. Bearb. 1998 § 8 AGBG Rn. 7 f., 34; zutreffend weist jedoch *Fuchs* in: Ulmer/Brandner/Hensen § 307 Rn. 27 darauf hin, dass es im Ergebnis keinen Unterschied macht, ob die Kontrollunterwerfung sogleich mit der Ergänzung der (vorhandenen) Rechtsvorschriften begründet oder – wie die h. M. – auf die Divergenz einer Vertragsklausel zu einer *ad hoc* gebildeten Ersatzregelung abstellt, insofern muss sich die h. M. den Vorwurf gefallen lassen, dass ihr Konstrukt über eine extensive Auslegung des Tatbestandsmerkmals *»Rechtsvorschrift«* überflüssig ist, so daher mit Recht *Coester* in: Staudinger § 307 Rn. 295.

842 *Stoffels*, Rn. 434; kritisch gegenüber diesem Argument *Fuchs* in: Ulmer/Brandner/Hensen § 307 Rn. 26.

843 Vgl. BGH NJW 1983, 1671 [1672]; NJW 1987, 1931 [1932 f.]; *Dylla-Krebs*, S. 71 ff.; *Niebling*, S. 68 f.; *Roloff* in: Erman § 307 Rn. 39.

844 Weiterhin Geltung beansprucht insoweit lediglich die zur Bestimmung des Begriffs der unbekannten Nutzungsart ergangene Rechtsprechung, so bereits oben S. 28 m. w. N.

845 Die Alternativen Ergänzung und Abweichung sind als teleologische Einheit zu verstehen, vgl. *Niebling*, S. 128; *Stoffels*, Rn. 435; differenzierend *Wolf* in: Wolf/Lindacher/Pfeiffer § 307 Rn. 286 f.

aa. Wiederholung der §§ 31a, 32c UrhG

Naheliegend erscheint dagegen die Bejahung einer Kontrollimmunität solcher Klauseln, die unmittelbar auf die §§ 31a, 32c UrhG rekurrieren. Soweit die Klauseln nämlich lediglich das Widerrufsrecht aus § 31a UrhG oder den gesetzlichen Anspruch auf angemessene Vergütung aus § 32c UrhG (ggfs. mit den im Gesetz genannten Voraussetzungen) wiederholen oder inhaltlich unverändert wiedergeben[846], müsste man von einer Übereinstimmung mit Rechtsvorschriften nach § 307 Abs. 3 S. 1 BGB sprechen und damit zu einer Kontrollfreiheit gelangen. Dieser im Ergebnis aufrecht zu erhaltende Befund der Kontrollimmunität über den Ansatz des § 307 Abs. 3 BGB übersieht jedoch, dass es sich insoweit bereits nicht um AGB i. S. d. § 305 BGB handelt. Während nach überwiegendem Verständnis zwar auch Vertragsklauseln, die Rechtsvorschriften lediglich wiedergeben, ausweislich § 307 Abs. 3 BGB als Vertragsbedingung gemäß § 305 Abs. 1 S. 1 BGB anerkannt sind,[847] wird mit Blick auf das Tatbestandsmerkmal »*Stellen*« zwischen Normen des dispositiven Rechts und zwingenden Rechtsvorschriften unterschieden. Bei letzteren kann schlechterdings nicht von einer einseitigen Auferlegung gesprochen werden, da diese bereits kraft Gesetzes unabhängig von einer privatautonomen Entscheidung der Parteien gelten.[848] Vom Verwender deklarierte Normen des zwingenden Rechts dienen damit allenfalls der Information über die Gesetzeslage.

Da es sich bei den Vorschriften der §§ 31a, 32c UrhG ausweislich ihres Abs. 4 bzw. Abs. 3 um zwingendes Recht handelt,[849] können sie dementsprechend auch nicht durch die Aufnahme entsprechender Klauseln in den Nutzungsvertrag vom Verwender gestellt werden. Die rein begrifflich gleichwohl deklaratorischen Klauseln unterliegen somit bereits nicht dem Anwendungsbereich der §§ 305 ff. BGB und sind daher von vornherein nicht kontrollunterworfen.[850] Die bloße

---

846 Gleichbedeutend ist zudem ein inhaltlich unveränderter Verweis auf die Vorschriften ohne Wiederholung des Gesetzeswortlauts bzw. dessen sinngemäße Wiedergabe, vgl. BGH ZIP 2001, 1052 [1053]; *Coester* in: Staudinger § 307 Rn. 293; *Dylla-Krebs*, S. 67; *H. Schmidt* in: Bamberger/Roth § 307 Rn. 67.

847 Ausdrücklich BGH NJW 1988, 2951; *Dylla-Krebs*, S. 51 f.; *P. Ulmer/Habersack* in: Ulmer/Brandner/Hensen § 305 Rn. 7a; inzident *Coester* in: Staudinger § 307 Rn. 289; *Kieninger* in: MüKo § 307 Rn. 6; a. A. etwa *Leonardy* in: DRiZ 1976, 108 [110]; *Niebling*, S. 24 ff.

848 *Dylla-Krebs*, S. 52 f.; *P. Ulmer/Habersack* in: Ulmer/Brandner/Hensen § 305 Rn. 7a. Demgegenüber macht der Verwender, der dispositive Vorschriften deklariert, durchaus von seiner Privatautonomie Gebrauch, indem er weder in die eine noch in die andere Richtung von ihnen abweicht, sondern sie bewusst zum Bestandteil des Vertrags macht. Dem Vertragspartner wird der Inhalt solcher Klauseln in derselben Weise diktiert wie der solcher, die vom dispositiven Recht abweichen.

849 Dies betriff jedenfalls den Zeitpunkt des Vertragsabschlusses (»*im Voraus unverzichtbar*«), vgl. erneut eingehend oben S. 86 ff., 132 ff.

850 *Coester* in: Staudinger § 307 Rn. 295 gelangt zu diesem Ergebnis nicht über das TB-Merkmal »*Stellen*«, sondern erklärt Verstöße gegen zwingendes Recht aber für per se un-

Wiederholung der §§ 31a, 32c UrhG unterliegt demnach anders als bei § 307 Abs. 3 S. 2 BGB auch keiner Transparenzkontrolle.[851]

Zu beachten ist indes, dass dieser Kontrollausschluss – identisch dem Vorgehen bei § 307 Abs. 3 BGB – immer nur dann gerechtfertigt ist, wenn die durch den Vertrag »vereinbarte« Rechtslage tatsächlich der des zwingenden Gesetzesrechts entspricht, der Klauselsachverhalt also von der Gesetzesregelung mit seiner zwingenden Anordnung erfasst wird.[852] Unterwirft etwa ein Nutzungsvertrag eine bestimmte Nutzungsart den Regelungen der §§ 31a, 32c UrhG, obwohl diese nicht unbekannt i. S. d. § 31a UrhG bzw. § 31 Abs. 4 UrhG a. F. ist,[853] stellt dies eine Abweichung dar, die die Kontrollunterworfenheit der Klausel wiederherstellt.[854] Soweit eine solche Vereinbarung wie im Regelfall vom Verwerter als Klauselverwender eingebracht wird, lässt sich allerdings schwerlich eine unangemessene Benachteiligung i. S. d. § 307 BGB herleiten, da die §§ 31a, 32c UrhG dem Urheber als Klauselgegner gegenüber der Gesetzeslage bei bekannten Nutzungsarten nur zusätzliche Rechte gewähren.

bb. Konkretisierung der §§ 31a, 32c UrhG

Ebenso beruhend auf der erforderlichen Übereinstimmung der verglichenen Rechtslagen erscheint eine andere Bewertung auch hinsichtlich solcher Klauseln geboten, die sich nicht auf die bloße textliche bzw. inhaltsgetreue Wiederholung des Gesetzeswortlauts der §§ 31a, 32c UrhG beschränken,[855] sondern die gesetzlichen Kriterien von Widerrufsrecht und/oder Vergütungsanspruch zusätzlich konkretisieren bzw. modifizieren. Eine Einstufung als deklaratorisch und damit kontrollunfähig ließe sich hier nur dann noch ausnahmsweise rechtfertigen, wenn der Gesetzgeber des zweiten Korbs die inhaltliche vertragliche Ausgestaltung der Neuregelungen sehr präzise vorgegeben und damit

wirksam und deshalb nicht vom Begriff »*Rechtsvorschriften*« i. S. d. § 307 Abs. 3 S. 1 BGB erfasst.

851 So schließt auch Art. 1 Abs. 2 RiL 93/13/EWG für Verbraucherverträge solche Klauseln vom Anwendungsbereich der Richtlinie (mithin der Inhalts- und Transparenzkontrolle) aus, die auf bindenden Rechtsvorschriften beruhen, vgl. dazu *Kieninger* in: MüKo § 307 Rn. 2.

852 BGH NJW 2005, 1774; *Coester* in: Staudinger § 307 Rn. 293.

853 Eine solche Regelung im Nutzungsvertrag kann sowohl die Folge einer bewussten Unterstellung bekannter Nutzungsarten unter die Regelungen der §§ 31a, 32c UrhG sein (sog. scheindeklaratorische Klausel) als auch auf einer Fehleinschätzung der Bekanntheit der konkreten Nutzungsart beruhen.

854 Dieses Ergebnis lässt sich gleichermaßen am Merkmal des »*Stellens*« i. S. d. § 305 Abs. 1 S. 1 BGB und an § 307 Abs. 3 S. 1 BGB festmachen. Denn die Geltung beruht auf einer privatautonomen Entscheidung, die bei beiden Normen Voraussetzung der Kontrollfähigkeit ist, vgl. zu § 307 etwa *Coester* in: Staudinger Rn. 297; *Dylla-Krebs*, S. 75 ff.; *Fuchs* in: Ulmer/Brandner/Hensen § 307 Rn. 29 bzgl. sog. scheindeklaratorischer Klauseln.

855 Erforderlich für den Kontrollausschluss ist, dass die »*Rechtsvorschrift*«, die deklariert wird, vollständig und unverändert, d. h. inhalts- oder gar wortgleich wiederholt bzw. in Bezug genommen wird, *Dylla-Krebs*, S. 67.

gleichsam die gesamte Vereinbarung an sich gezogen hätte. Solche sogenannten qualifizierten Erlaubnisnormen sollen einer gerichtlichen Kontrolle entzogen sein.[856] Unterhalb dieser Vorgabenschwelle ist jede Ausgestaltung der gesetzlichen Vorschriften jedoch als ergänzend und damit grundsätzlich kontrollunterworfen zu qualifizieren.

In den Ausführungen zu §§ 31a, 32c UrhG wurden auch beim Widerrufsrecht und beim Anspruch auf angemessene Vergütung zahlreiche Interpretationsalternativen etwa hinsichtlich des Ingangsetzens der Widerrufsfrist gemäß § 31a Abs. 1 S. 4 UrhG oder der Unterrichtungspflicht gemäß § 32c Abs. 1 S. 3 UrhG aufgezeigt. Allerdings sind diese normativen Unklarheiten nicht als gesetzliche Gestaltungsspielräume im Sinne einer qualifizierten Erlaubnisnorm misszuverstehen.[857] Vielmehr handelt es sich dabei um den jedem Rechtssatz immanenten Auslegungsspielraum. Man wird dem Reformgesetzgeber ganz im Gegenteil das Bemühen attestieren müssen, die vertraglichen Ausgestaltungsmöglichkeiten im Rahmen der zwingenden Vorschriften zum Zwecke des Urheberschutzes möglichst gering zu halten und auf die Vorgaben des Gesetzesrechts festzulegen. Jegliche Konkretisierung der §§ 31a, 32c UrhG durch den Klauselverwender, die über den durch Gesetzesauslegung bestimmten materiellen Inhalt der Vorschriften hinaus geht, ist folglich kein Ausfüllen eines ihm zugebilligten Gestaltungsspielraums, sondern privatautonome Rechtsergänzung.[858] Sie wäre demnach der materiellen Inhaltskontrolle zugänglich.[859] Die Klausel wird einseitig auferlegt und steigt wieder zu einer Allgemeinen Geschäftsbedingung i. S. d. § 305 Abs. 1 BGB auf.

Allerdings muss sich der bereits festgestellte, auf den Zeitpunkt des Ver-

---

856 *Canaris* in: NJW 1987, 609 [611 ff.]; *Coester* in: Staudinger § 307 Rn. 302; *Dylla-Krebs*, S. 93 ff.; *Fuchs* in: Ulmer/Brandner/Hensen § 307 Rn. 33; *Kieninger* in: MüKo § 307 Rn. 11; *Stoffels*, Rn. 436.

857 Vielzitiertes Bsp. sind stattdessen die zugelassenen Haftungsbeschränkungen bei Freiberuflern (z. B. §§ 51a BRAO, 45a PatAnwO, 67a StBerG), dazu *Coester* in: Staudinger § 307 Rn. 304; *Fuchs* in: Ulmer/Brandner/Hensen § 307 Rn. 33 sowie ausführlich *Dylla-Krebs*, S. 93 ff.

858 Man wird letztlich auch unterhalb der Erlaubnisnorm vorliegend noch nicht einmal von einem ausfüllungsbedürftigen Rahmen sprechen können, wie ihn der BGH für § 651a Abs. 4 S. 1 BGB beschrieben hat, da der Gesetzgeber bei den §§ 31a, 32c UrhG nicht bewusst bestimmte Einzelheiten den Vertragsparteien überlässt, vgl. NJW 2003, 507 [508]; zu dieser (gleichwohl kontrollfähigen) Kategorie auch *Coester* in: Staudinger § 307 Rn. 306.

859 Zu beachten ist indes, dass im Zusammenhang mit der Konkretisierung der §§ 31a, 32c UrhG durch den Klauselverwender ein Verstoß gegen zwingendes Recht nicht auszuschließen ist. Diese *ex lege* Nichtigkeit der Klauseln hindert jedoch die Gerichte nicht, deren Unwirksamkeit »jedenfalls« aus §§ 307 – 309 BGB herzuleiten. Während ein Verstoß gegen eine Norm des zwingenden Rechts immer auch deren Unwirksamkeit nach § 307 Abs. 2 BGB begründen würde, lässt sich umgekehrt aus dem Bestehen einer Klausel vor zwingendem Recht aber nicht zugleich auf ihre Angemessenheit nach § 307 BGB schließen, vgl. dazu *Coester* in: Staudinger § 307 Rn. 19 f.

tragsschlusses bezogene (»*im Voraus*«), zwingende Charakter der §§ 31a, 32c UrhG auch insoweit auswirken. Ebenso wenig wie bei einer inhaltlichen Wiederholung von einem »*Stellen*« i.S.d. § 305 Abs. 1 BGB gesprochen werden kann, ist andersherum bei eine vertraglich erstrebten Modifizierung der dort verbrieften Rechte tatsächlich eine inhaltliche Abweichung i.S.d. §§ 307 Abs. 3 S. 1, 307 Abs. 2 Nr. 1 BGB anzunehmen. Vielmehr machen diese Vorschriften deutlich, dass der rechtliche Maßstab dem dispositiven Recht entstammen muss. Denn »*Abweichungen*« von zwingendem Recht sind entweder unvermittelt oder wie hier vermittels § 134 BGB unwirksam.[860] Sinvollerweise können sie daher keiner weiteren Überprüfung auf ihre inhaltliche Angemessenheit und Bestandskräftigkeit unterzogen werden.[861]

Dieser Befund bedeutet aber zugleich, dass nur solche Modifizierungen der Rechte aus §§ 31a, 32c UrhG kontrollunterworfen sind, die nicht bereits nach § 31a Abs. 4 bzw. § 32c Abs. 3 S. 1 UrhG unzulässig sind, sondern eine (individualvertraglich) zulässige Ausgestaltung darstellen. Für die vorliegende Untersuchung betrifft dies insbesondere die (individualvertraglich als zulässig erachtete) Ausgestaltung des gesetzlichen Vergütungsanspruchs durch ein einseitiges Leistungsbestimmungsrecht.

Im Ergebnis sind Konkretisierungen/Modifizierungen der §§ 31a, 32c UrhG demnach dann keiner Inhaltskontrolle vermittels der §§ 307 ff. BGB zugänglich, soweit sie die Rechte des Urhebers (individualvertraglich) unzulässig verkürzen. Vielmehr ergibt sich ihre Unwirksamkeit in diesem Fall infolge der Anordnung in § 31a Abs. 4 bzw. § 32c Abs. 3 S. 1 UrhG i.V.m. § 134 BGB.[862] Diese Bewertung betrifft indes nicht ihre Überprüfbarkeit im Rahmen der Transparenzkontrolle nach § 307 Abs. 1 S. 2 BGB. Soweit sie durch die Suggestion einer falschen bzw. unvollständigen Rechtslage den Vertragspartner an der Ausübung seiner Rechte hindern, werden sie wieder kontrollrelevant.[863] Diese Fehlinformation erlangt

860 Dazu bereits oben S. 88.

861 So die h.M.: *Becker*, S. 103 ff.; *Coester* in: Staudinger § 307 Rn. 232; *Fastrich*, S. 284; *Fuchs* in: Ulmer/Brandner/Hensen § 307 Rn. 208; *Grüneberg* in: Palandt § 307 Rn. 26. Die insb. von der Rechtsprechung vertretene Gegenmeinung, nach der auch Normen des zwingenden Rechts i.R.d. Inhaltskontrolle zu berücksichtigen sind (vgl. nur BGH NJW 1983, 1320 [1322]; NJW 1983, 1612 [1614]; NJW 2003, 290 [293]), ist offenkundig von dem Bestreben getragen, die Verbandsklage gemäß §§ 1, 3 UKlaG auch auf solche AGB zu erstrecken, die gegen zwingende Vorschriften verstoßen. Dieses durchaus zu begrüßende Ziel lässt sich jedoch methodisch verträglicher über eine teleologische Extension des Wortlauts des § 1 UKlaG (»*unwirksam nach §§ 307–309 BGB*«) oder eine analoge Anwendung auf Verstöße gegen zwingendes Recht erreichen; so überzeugend etwa *Fuchs* in: Ulmer/Brandner/Hensen § 307 Rn. 208; *v. Hoyningen-Huene*, Rn. 254; *Stoffels*, Rn. 507.

862 Nach der hier vertretenen Auffassung lässt sich dies allerdings auch im Wege der Verbandsklage entsprechend §§ 1, 3 UKlaG geltend machen, vgl. Fn. 861.

863 Auch *Armbrüster* in: FS Kollhosser (2004), Bd. II, 3 [12] weist darauf hin, dass es sich bei solchen Klauseln nicht um deklaratorische Klauseln handelt und sie daher (ohne Rekurs auf

eine von der zwingenden Geltung der gesetzlichen Vorschriften eigenständige Qualität, die nicht schon über § 134 BGB aufgefangen wird.

c. *Zwischenergebnis*

Die vorstehenden Ausführungen haben gezeigt, dass ein Kontrollausschluss von Klauseln über unbekannte Nutzungsarten bei der Bezugnahme auf die Vorschriften des §§ 31a, 32c UrhG recht wahrscheinlich ist. Praktisch am relevantesten wird er künftig bei solchen Klauseln werden, die sich auf die (sinngemäße) Wiederholung des Gesetzeswortlauts der §§ 31a, 32c UrhG beschränken. Da es sich bei diesen Vorschriften um zwingendes Gesetzesrecht handelt, ergibt sich der Kontrollausschluss allerdings nicht wegen deklaratorischen Charakters aus § 307 Abs. 3 S. 1 BGB, sondern mangels Stellens i. S. d. § 305 Abs. 1 BGB aus der Unanwendbarkeit der §§ 305 ff. BGB. Insoweit unterliegen sie abweichend von § 307 Abs. 3 S. 2 BGB auch keiner Transparenzkontrolle.

Sieht die Klausel dagegen eine über deren inhaltliche Wiederholung hinausgehende Konkretisierung der §§ 31a, 32c UrhG dergestalt vor, dass die Rechte des Urhebers verkürzt werden, stellt dies bereits einen Verstoß gegen § 31a Abs. 4 bzw. § 32c Abs. 3 UrhG dar. Die Klausel ist daher aufgrund der Unwirksamkeitsanordnung des § 134 BGB keiner Inhaltskontrolle mehr zugänglich. Davon unberührt bleibt ihre Überprüfbarkeit als Gegenstand der Transparenzkontrolle nach § 307 Abs. 1 S. 2 BGB, die zu verhindern versucht, dass der Vertragspartner aufgrund der falsch suggerierten Rechtslage seine (dennoch unverändert fortbestehenden) gesetzlichen Rechte nicht ausübt.

2. Kontrollimmunität von Leistungsbeschreibungen

Aus der eingangs erwähnten Gesetzesbegründung folgert die überwiegende Literaturmeinung und Rechtsprechung für § 307 Abs. 3 BGB nicht nur den Kontrollausschluss von rechtsdeklaratorischen Klauseln, sondern gleichsam die Kontrollfreiheit von vorformulierten Leistungsbestimmungen. Nachdem die Kontrollimmunität aufgrund rechtsdeklaratorischen Charakters der Klausel im Hinblick auf den Untersuchungsgegenstand also eher für die Umschreibung der §§ 31a, 32c UrhG Relevanz beanspruchte, betrifft diese Ausprägung des § 307 Abs. 3 UrhG den Kern eines jeden Nutzungsvertrags, die Rechtseinräumung. Wenngleich sich dieser Bereich der kontrollfreien Klauseln aus dem eigentlichen Normtext kaum herleiten lässt, gehört er doch seit jeher zum gesicherten Norminhalt des § 307 Abs. 3 BGB bzw. § 8 AGBG.[864] Teilweise wird versucht dies

§ 307 Abs. 3 S. 2 BGB) vollumfänglich der Inhalts- und Transparenzkontrolle unterworfen sind. Aufgrund des zwingenden Charakters der §§ 31a, 32c UrhG entfällt vorliegend aber abweichend die Inhaltskontrolle.

864 *Coester* in: Staudinger § 307 Rn. 310.

daraus herzuleiten, den von § 307 Abs. 3 S. 1 BGB verwandten Begriff der *»Regelung«* derart zu verstehen, dass hiervon nur solche AGB-Klauseln erfasst werden, die die Bedingungen der Leistungserbringung regeln, nicht aber solche, die die zu erbringende Leistung selbst bezeichnen.[865]

Während über diese grundsätzliche Zuordnung im Ergebnis weitgehend Einigkeit besteht, so ergeben sich die Abgrenzungsschwierigkeiten freilich im Detail.[866] In Ermangelung näherer normativer Auslegungsvorgaben kann es zielführend daher nur sein, sich dem maßgebenden Abgrenzungsmerkmal über den Gesetzeszweck des Kontrollausschlusses von Leistungsbeschreibungen zu nähern.[867] Zu konstatieren ist gleichwohl, dass auch insoweit keine einheitliche Bewertung des § 307 Abs. 3 S. 1 BGB vorgenommen wird, sondern mehrere Ansätze existieren, die sich in ihrer Argumentation jedoch oftmals überschneiden und lediglich unterschiedliche Anknüpfungspunkte aufweisen.[868] Im Ausgangspunkt gilt es deshalb zunächst einmal festzustellen, dass für die Kontrollfreiheit einer Leistungsklausel nur zwei Gründe in Betracht kommen: Wie *Coester* überzeugend dargelegt hat, ist sie entweder nicht kontrollbedürftig – insoweit ist § 307 Abs. 3 S. 1 BGB konstitutiv – oder sie ist bereits nicht kontrollfähig, so dass § 307 Abs. 3 S. 1 BGB insoweit lediglich deklaratorische Wirkung hat.[869] Eine Leistungsklausel muss demnach gewissermaßen einen Zwei-Stufen-Test durchlaufen, bevor ihre Kontrollunterworfenheit positiv festgestellt werden kann. Im Folgenden sind die an diesen beiden Ausschlusszwecken orientierten Abgrenzungskriterien herauszuarbeiten, bevor sie jeweils im Anschluss auf die verklausulierte Einräumung von Rechten an unbekannten Nutzungsarten angewendet werden.

a. *Kontrollfreiheit einer Leistungsklausel mangels Kontrollbedürftigkeit*

Anders als bei deklaratorischen Klauseln steht beim Kontrollausschluss von Leistungsbeschreibungen nicht die Kontroll(un)fähigkeit, sondern die fehlende Kontrollbedürftigkeit als Ausschlussgrund gemeinhin im Vordergrund. So bedarf es im Grundsatz immer dann keiner inhaltlichen Angemessenheitskontrolle der fraglichen Klausel, wenn und soweit diese Ausfluss der funktionierenden

---

865 *Dietlein/Rebmann* § 8 AGBG Rn. 2; *Kieninger* in: MüKo § 307 Rn. 12; kritisch dazu *Leonardy* in: DRiZ 1976, 108 [110]; *Brandner* in FS Hauß (1976), 1 [4]; *Schaaf*, S. 97.

866 Auch der BGH räumt diese Schwierigkeiten ein, vgl. NJW 1987, 1931 [1935].

867 Vgl. *Kieninger* in: MüKo § 307 Rn. 12; *Roloff* in: Erman § 307 Rn. 42.

868 Vgl. dazu eingehend *Coester* in: Staudinger § 307 Rn. 320 ff.; *Dylla*-Krebs, S. 118 ff.; *Fuchs* in: Ulmer/Brandner/Hensen § 307 Rn. 39 ff.

869 *Coester* in: Staudinger § 307 Rn. 319; ebenso *Fastrich*, S. 252 ff.; ähnlich *Löwe* in: Löwe/v. Westphalen/Trinkner § 8 Rn. 2; *Niebling*, S. 62 ff. spricht § 307 Abs. 3 BGB dagegen in vollem Umfang eine lediglich deklaratorische Wirkung zu; *Dylla-Krebs*, S. 152 ff. identifiziert zudem ein *»Darf-nicht-Motiv«* als Grund für die Kontrollfreiheit von Leistungsklauseln mit Blick auf die marktwirtschaftliche Ausrichtung der Rechtsordnung.

Privatautonomie auf Grundlage der dem Markt immanenten Kontrollmechanismen ist.[870] Zwar sind diese Mechanismen des Marktes bei der Verwendung von AGB naturgemäß erheblich geschwächt,[871] aber nicht generell außer Kraft gesetzt.[872] Demgemäß werden – anknüpfend an diese (bei AGB erschwerte) Kontrollfunktion des Marktes – gemeinhin solche (Leistungs-)Klauseln einer richterlichen Kontrolle unterworfen, die nicht schon auf Grund ihrer besonderen Bedeutung Gegenstand der Aufmerksamkeit beider Vertragsparteien sind.[873] Insoweit erscheint die Annahme gerechtfertigt, der Markt werde für einen gerechten Ausgleich der Verwenderinteressen mit den Interessen des Kunden sorgen, so dass das Bedürfnis nach einer richterlichen Kontrolle entfällt.[874]

aa. Ausgangspunkt: Die essentialia negotii *als Gegenstand der Kundenaufmerksamkeit beim Vertragsschluss*

Die herrschende Meinung in Schrifttum und Rechtsprechung folgert aus dieser Identifizierung des Aufmerksamkeitsgegenstands als Konkretisierung des maßgebenden Marktmechanismus, dass die Unterscheidung an der Trennlinie zwischen (nicht kontrollbedürftigen) Hauptpflichten und (kontrollbedürftigen) Nebenpflichten zu erfolgen habe.[875] So wird man in der Tat regelmäßig zu der Einschätzung gelangen können, dass der Kunde der Hauptleistung mehr Aufmerksamkeit widmet als den Nebenabreden und damit hinsichtlich der ersten Kategorie die Steuerungsfunktion des Wettbewerbs noch greift.[876] Die Nebenabreden motivieren den Vertragspartner dagegen nicht zum Vertragsschluss, weshalb er sich auf sie nicht konzentriert.[877] Diese Überlegung liegt folgerichtig auch der EG-Klauselrichtlinie zugrunde, die in ihrem Art. 4 Abs. 2 den *»Hauptgegenstand des Vertrags«* von der Beurteilung der Missbräuchlichkeit ausnimmt.[878]

---

870 *Canaris* in: NJW 1987, 609 [613]; *Coester* in: Staudinger § 307 Rn. 320; *Fuchs* in: Ulmer/Brandner/Hensen § 307 Rn. 46; *Stoffels* in: JZ 2001, 843 [847].

871 Vgl. dazu etwa *Coester* in: Staudinger § 307 Rn. 3 ff. m.w.N. *Stoffels*, Rn. 81 ff.; *Wackerbarth* in: AcP 200 (2000), 45 [69 ff.].

872 *Coester* in: Staudinger § 307 Rn. 320; demgegenüber spricht *Köndgen* in: NJW 1989, 943 [946] sogar von einem *»Marktversagen«*; ebenso *Stoffels*, Rn. 86.

873 BGHZ 95, 362 [370]; OLG Karlsruhe NJW 1988, 74 [75] (n. rkr.); *Kieninger* in: MüKo § 307 Rn. 12; *Stoffels* in: JZ 2001, 843 [847 ff.]; ähnlich *Fuchs* in: Ulmer/Brandner/Hensen § 307 Rn. 47 ff.; demgegenüber kritisch *Canaris* in: NJW 1987, 609 [613]; *Dylla-Krebs*, S. 142.

874 So explizit *Stoffels* in: JZ 2001, 843 [847]; ebenso *Fastrich*, S. 263 ff.

875 BGH NJW 1984, 2160; 1986, NJW 1989, 222 [223]; NJW 1992, 688 [689]; NJW 2000, 577 [579]; *Brandner* in: FS Hauß (1976), 1 [8 ff.]; *Grüneberg* in: Palandt § 307 Rn. 57; *Kieninger* in: MüKo § 307 Rn. 12; *Roloff* in: Erman § 307 Rn. 42; *H. Schmidt* in: Bamberger/Roth § 307 Rn. 68; *Stein* in: Soergel § 8 AGBG Rn. 5.

876 *Kieninger* in: MüKo § 307 Rn. 12; *Stoffels* in: JZ 2001, 843 [848].

877 *Hille*, S. 32 f.

878 Wenngleich das Gebot richtlinienkonformer Auslegung insoweit nur für die Anwendung

Fraglich ist indes, was unter dem Begriff der Hauptleistung in diesem Sinne zu verstehen ist. Als Hauptlinie hat sich dafür in der mittlerweile verfestigten Rechtsprechung eine relativ restriktive Interpretation herausgebildet, nach der der kontrollfreie Raum beschränkt ist auf den »*engen Bereich der Leistungsbezeichnungen, ohne deren Vorliegen mangels Bestimmtheit und Bestimmbarkeit des wesentlichen Vertragsinhalts ein wirksamer Vertrag nicht mehr angenommen werden kann*«.[879] Eine andere ebenfalls vom BGH häufig gebrauchte Formulierung ist die Kontrollunterworfenheit solcher nicht leistungsbestimmender Klauseln, »*die das Hauptleistungsversprechen einschränken, verändern, ausgestalten oder modifizieren.*«[880] Trotz dieser unterschiedlich lautenden Formulierungen[881] zeigt sich deutlich, dass sich die nicht kontrollbedürftige Leistungsbeschreibung nach der Auffassung der Rechtsprechung sowie dem Großteil der Literatur[882] im Wesentlichen mit dem Begriff der *essentialia negotii* deckt.[883] Entsprechend der klassischen Definition von *von Tuhr* sollen somit nur diejenigen Klauseln mangels Bedürftigkeit kontrollfrei sein, die als unentbehrliche und artbestimmende Bestandteile der Willenserklärung den Typus des Rechtsgeschäfts und damit das Eingreifen etwaiger dispositiver Gesetzesvorschriften determinieren.[884]

Während dieser Abgrenzung nach den *essentialia negotii* im Grundsatz beizupflichten ist, darf dies jedoch im Ergebnis nicht dazu führen, dass allein für den Nutzen einer griffigen Formel der eigentliche Normzweck des Kontrollausschusses in den Hintergrund gerät. In Ermangelung eines vom Wortlaut des § 307 Abs. 3 S. 1 BGB vorgegebenen Abgrenzungskriteriums[885] muss die Frage

---

des § 307 Abs. 3 BGB auf Verbraucherverträge gilt, wird in der Literatur vorgeschlagen, die Norm einheitlich an den von der Richtlinie aufgestellten Kriterien (z. B. Art. 4 Abs. 2) auszulegen, vgl. *Fuchs* in: Ulmer/Brandner/Hensen § 307 Rn. 15 m.w.N. Gleichwohl darf nicht verkannt werden, dass ausweislich Art. 8 sowie dem 12. Erwägungsgrund der Richtlinie bei Verbraucherverträgen auf nationaler Ebene ein engeres Verständnis der kontrollfreien Leistungsklauseln zulässig ist, da dies im Ergebnis zu einer Erhöhung des Verbraucherschutzes führt, vgl. *H. Schmidt* in: Bamberger/Roth § 307 Rn. 70 sowie explizit fürs Urhebervertragsrecht *Berberich* in: ZUM 2006, 205 [208], der zudem darauf hinweist, dass Urheber regelmäßig ohnehin keine Verbraucher sein werden, vgl. dazu bereits oben S. 175 ff.

879 BGHZ 100, 157 [174]; 123, 83 [84]; 127, 35 [41]; 130, 150 [156].

880 So in BGH NJW 1994, 2693 [2694]; NJW 1999, 2279 [2280]; NJW 2001, 751 [752] jeweils m. w. N.

881 Eingehend zu diesen unterschiedlichen Abgrenzungsbegriffen *Coester* in: Staudinger § 307 Rn. 320 ff.

882 Zustimmend etwa *Kieninger* in: MüKo § 307 Rn. 12; *Roloff* in: Erman § 307 Rn. 42; *Wolf* in: Wolf/Lindacher/Pfeiffer § 307 Rn. 293; ähnlich auch *Fuchs* in: Ulmer/Brandner/Hensen § 307 Rn. 53.

883 So *Fuchs* in: Ulmer/Brandner/Hensen § 307 Rn. 40; *Stoffels* in: JZ 2001, 843 [848].

884 Vgl. *v. Tuhr*, S. 194.

885 Ebenso wenig macht der Gesetzgeber in seiner eingangs erwähnten Begründung klar, was er

nach dem Kontrollausschluss stattdessen allein über die Funktionsfähigkeit des Marktes beantwortet werden, deren Verneinung gerade die Legitimation der materiellen Inhaltskontrolle bildet.[886] Freilich darf dies nicht zu einer Überschätzung der Steuerungsfunktion des Marktes dergestalt führen, dass dieser grundsätzlich und weitgehend abstrakt vom konkreten Rechtsgeschäft ein Vorrang bei der Beurteilung der Kontrollbedürftigkeit einer Klausel einzuräumen ist.[887] Statt einer von den realen Marktverhältnissen abstrahierten Analyse sind vielmehr die tatsächlich herrschenden Wettbewerbsbedingungen zu berücksichtigen. Dafür sind, ausgehend von der Abgrenzung über die *essentialia negotii*, über diese hinaus auch solche Merkmale der zum Gegenstand des Vertrags gemachten Leistung mit einzubeziehen, denen im relevanten Markt eine wesentliche Bedeutung für den Wettbewerb zukommt.[888] Auf diese Weise erhält das für die Kontrollbedürftigkeit als maßgebend herausgearbeitete Kriterium der Kundenaufmerksamkeit hinreichende Bedeutung, indem losgelöst von einzelnen Leistungskategorien danach gefragt wird, ob der Regelungsgegenstand der Klausel typischerweise in die Abschlussentscheidung des Kunden mit aufgenommen wird und damit in ausreichendem Maße den auf einen angemessenen Interessenausgleich hinwirkenden Kräften von Markt und Wettbewerb ausgesetzt ist.[889] Die terminologische Unterscheidung in Haupt- und Nebenleistung darf daher nicht etwa den Kontrollausschluss vorbestimmen, sondern sie kann allenfalls Ausfluss der zuvor ermittelten Kriterien bei der Abschlussentscheidung des Kunden sein.

bb. Identifizierung der nicht kontrollbedürftigen Leistungsbestimmung im Urhebervertragsrecht

(1) Der Meinungsstand in urheberrechtlichem Schrifttum und Rechtsprechung

Dem Befund zum AGB-rechtlichen Schrifttum entsprechend lässt sich ebenso wenig der urheberrechtlichen Literatur eine eindeutige Linie hinsichtlich der Identifizierung der kontrollfreien Leistungsklauseln in Nutzungsverträgen entnehmen, soweit § 307 Abs. 3 BGB überhaupt thematisiert wird.[890] Zwar wird von

---

unter dem Begriff der »*Leistungsbeschreibung*« konkret verstanden wissen will, darauf hinweisend auch *Brandner* in FS Hauß (1976), 1 [4]; *Schaaf*, S. 102.

886 *Coester* in: Staudinger § 307 Rn. 324.

887 So aber insb. *Dylla-Krebs*, S. 185 ff., die zur Bestimmung des kontrollfreien Bereichs auf das Kriterium der effektiven Gesamtbelastung abstellt; kritisch dazu *Fuchs* in: Ulmer/Brandner/Hensen § 307 Rn. 45.

888 *Fuchs* in: Ulmer/Brandner/Hensen § 307 Rn. 47.

889 So überzeugend *Fuchs* in: Ulmer/Brandner/Hensen § 307 Rn. 46; ebenso *Stoffels*, Rn. 449; i.E. auch *Coester* in: Staudinger § 307 Rn. 324.

890 So finden sich etwa bei *Hertin* in: Mestmäcker/Schulze, 44. AL (05/07), Vor §§ 31 ff. Rn. 101 ff und *Schricker/Loewenheim* in: dies. Vor §§ 28 ff. Rn. 39 ff. keinerlei Ausfüh-

allen Autoren zunächst auf die bekannten *essentialia negotii* abgestellt. Daran anknüpfend fordern sie aber einerseits eine über diesen Kernbereich hinausgehende Kontrollimmunität[891] sowie andererseits ein engeres Verständnis der nicht kontrollunterworfenen Leistungsbeschreibungen, so dass auch Klauseln, die die *essentialia negotii* zum Regelungsgegenstand haben, unter Umständen einer Inhaltskontrolle unterfallen können.[892]

Als Befürworter eines eher weiten Kontrollausschlusses beschränkt sich *Kuck* nicht auf die *essentialia negotii*, die nach der oben genannten Definition den Typus des Rechtsgeschäfts durch ihren klassifizierenden Charakter ausmachen, sondern hält nach ihrem Verständnis des § 307 Abs. 3 BGB (bzw. § 8 AGBG) den gesamten Gegenstand der Hauptleistung für erfasst.[893] Infolgedessen kommt sie für die urheberrechtlichen Nutzungsverträge zu dem Ergebnis, dass die Gesamtheit der Klauseln zur Einräumung von Nutzungsrechten, namentlich die Aufzählung von Nutzungs- und Verwertungsrechten sowie die Angaben über eine etwaige räumliche und zeitliche Beschränkung, von der Inhaltskontrolle nach den §§ 307 ff. BGB auszunehmen sei, soweit die Nutzungsrechte entsprechend § 31 Abs. 5 UrhG einzeln bezeichnet sind.[894]

Allerdings beruht diese Annahme *Kucks* weniger auf einer eigenen, auf den Normzweck des § 307 Abs. 3 BGB gegründeten argumentativen Herleitung, sondern auf einem Verweis auf die Argumentation des BGH in seinem Urteil zu den Honorarbedingungen für freie Mitarbeiter beim Sendevertrag. Dort kamen die Richter zu eben jenem Schluss, dass reine Leistungsbeschreibungen, wie etwa eine umfangreiche Aufzählung der einzuräumenden Nutzungsrechte, bereits wegen § 8 AGBG einer Inhaltskontrolle entzogen seien.[895] Gleichwohl fehlt es auch in dieser Entscheidung an einer inhaltlichen Stellungnahme zu den Anforderungen an eine Leistungsbestimmung i. S. d. § 307 Abs. 3 BGB. Stattdessen ließ der BGH es ausdrücklich offen, ob der Kontrollausschluss tatsächlich für den gesamten Umfang der Leistungsfestlegung gilt.[896] Denn in einem zweiten

rungen zur Problematik; ausführlicher wenngleich zu undifferenziert neuerdings *J.B. Nordemann* in: Fromm/Nordemann § 31 Rn. 181 ff.

891 So anscheinend *Kuck* in: GRUR 2000, 285 [288].

892 *Berberich* in: ZUM 2006, 205 [209 f.]; zuvor bereits *Donle*, S. 248 ff.; *Castendyk* in: ZUM 2007, 169 [173].

893 *Kuck* in: GRUR 2000, 285 [288].

894 *Kuck* in: GRUR 2000, 285 [288], die eine Inhaltskontrolle von pauschalen Rechteübertragungsklauseln indes für möglich hält, wenngleich sie dies eher auf Transparenzüberlegungen stützt; für Kontrollfreiheit der gesamten Hauptleistungspflicht i. Ü. auch *Hoeren* in: CR 2004, 721 [723]; *Schack*, Rn. 1087; wohl auch *Stoffels* in: Wolf/Lindacher/Pfeiffer Anh. 310 Rn. U 25.

895 BGH GRUR 1984, 45 (*Honorarbedingungen: Sendevertrag*).

896 BGH GRUR 1984, 45 [48] (*Honorarbedingungen: Sendevertrag*); daraus folgert wiederum *Berberich* in: ZUM 2006, 205 [208 f.], dass der BGH selbst nicht davon ausgehe, die gesamte Rechtseinräumung einer Inhaltskontrolle zu entziehen.

Argumentationsschritt führte er aus, dass die in der fraglichen Klausel enthaltene Leistungsbeschreibung jedenfalls deswegen von einer Inhaltskontrolle auszunehmen sei, weil kein inkongruenter gesetzlicher Leistungsinhalt bestehe.[897] Wie aber scheinbar auch der BGH erkannte, ist dieser Aspekt der Kontroll*fähigkeit* von der Frage der Kontroll*bedürftigkeit* der einzelnen Klausel zu trennen und daher für die hier interessierende Abgrenzung der nicht kontroll*bedürftigen* Leistungsbeschreibung zunächst nicht weiter zielführend.[898]

Ebenso wenig Klarheit verschaffen andere von den Gerichten zur AGB-Kontrolle von urheberrechtlichen Nutzungsverträgen entschiedene Fälle. Stattdessen ist außer im genannten BGH-Urteil sowie in einem weiteren des Kammergerichts[899] die Tendenz festzustellen, dass das Problem der Kontrollfreiheit erst gar nicht gesehen oder auf verschiedenen Wegen umschifft wird.[900] So gelangte der BGH in seiner Entscheidung *Synchronisationssprecher* zu dem Ergebnis der Wirksamkeit einer Rechtseinräumungsklausel sowohl nach § 3 AGBG (jetzt § 305c Abs. 1 BGB) als auch nach § 9 AGBG (jetzt § 307 BGB), ohne das Erfordernis der Kontrollunterworfenheit (§ 8 AGBG) für die Inhaltskontrolle nach § 9 AGBG überhaupt anzusprechen.[901]

Derselbe Befund ergibt sich hinsichtlich einer Entscheidung des OLG Köln, das bei seiner Aufrechterhaltung der fraglichen Rückübertragungsklausel ebenfalls mit keinem Wort auf § 8 AGBG eingeht.[902] Gleiches gilt im Übrigen für den vom OLG Frankfurt/Main entschiedenen seltenen Fall, dass ein Gericht sowohl das Überraschungsmoment als auch die Unangemessenheit einer Klausel bejahte. Obwohl mit Blick auf die festgestellte Unangemessenheit nach § 9 AGBG die Kontrollunterworfenheit der Klausel hätte problematisiert werden müssen, fehlt es auch hier gänzlich an Ausführungen zu § 8 AGBG.[903] Dies lässt sich wohl nur damit erklären, dass das Gericht beim zugrunde liegenden Vertragstyp (Druckvertrag) davon ausging, dass die Rechtseinräumung gar nicht

897 BGH GRUR 1984, 45 [48] (*Honorarbedingungen: Sendevertrag*); ähnlich zuletzt das LG Berlin ZUM-RD 2008, 18 [21 f.] (*AGB Zeitungen/Zeitschriften*) (n. rkr.), das die Kontrollunterworfenheit ebenfalls am Fehlen geeigneter Rechtsvorschriften scheitern ließ.

898 Dieser Vermengung der Ausschlussgründe des § 307 Abs. 3 BGB erliegt scheinbar auch *Donle*, S. 248 f.

899 Dort weist das Gericht lediglich hilfsweise (nach vorangegangener Angemessenheitsfeststellung) darauf hin, dass die Honorarbedingungen als Beschreibung der eingeräumten Rechte einer Kontrolle entzogen sind, vgl. KG GRUR 1984, 509 [513] (*Honorarbedingungen Urheber/Fernsehen*); hervorzuheben sind zudem die Urt. des LG München (ZUM 2010, 825 (n. rkr.)) sowie des OLG München (v. 21.04.2011 – 6 U 4127/10, BeckRS 2011, 08329) bzgl. der Kontrollunterworfenheit der Preisvereinbarung, siehe dazu noch unten ab S. 226.

900 So mit Recht *Berberich* in: ZUM 2006, 205 [207]; diese Tendenz scheint i.Ü. ein allgemeines Symptom der AGB-Kontrolle zu sein, vgl. *Römer* in: FS Egon Lorenz (1994), 449 [557].

901 Vgl. BGH GRUR 1984, 119 [121] (*Synchronisationssprecher*).

902 Vgl. OLG Köln ZUM 1998, 505 [507] (*Freistellungserklärung*).

903 OLG Frankfurt/Main GRUR 1984, 515 [516] (*AGBG – Übertragung von Nutzungsrechten*).

zur Hauptleistung gehörte, sondern es sich um einen gewöhnlichen Werkvertrag mit einer bloßen urheberrechtlichen Nebenklausel handelte.[904] In einem solchen Fall ist die (urhebervertragliche) Rechtseinräumung mangels Kundenaufmerksamkeit ohnehin kontrollbedürftig und damit (bei hier zunächst unterstellter Kontrollfähigkeit) kontrollunterworfen.

In anderen zur AGB-Kontrolle ergangenen urhebervertraglichen Entscheidungen ging es ebenfalls unzweifelhaft nicht um Hauptleistungen. Im Gegensatz zum Fall des OLG Frankfurt/Main war zwar die Rechtseinräumung durchaus der Hauptgegenstand des Vertrages, streitgegenständlich waren jedoch Nebenabreden wie etwa das Verbot der Weitergabe von Marktdaten[905], der Umfang der Enthaltungspflichten[906] oder die Verpflichtung zur Teilnahme an einer GEMA-Klausur[907], so dass auch eine Einstufung dieser Klauseln als (kontrollfreie) Leistungsbeschreibung von vornherein nicht in Betracht kam.[908] Schließlich wird bei pauschalen Rechtseinräumungen dem Problem der Kontrollimmunität durch die Gerichte teilweise dadurch ausgewichen, dass sie ohne Bezugnahme auf die AGB-Vorschriften direkt an die Zweckübertragungslehre[909] oder gar § 138 BGB[910] anknüpfen. Freilich ist der unmittelbare Ansatz über § 31 Abs. 5 UrhG keine Inhaltskontrolle, sondern zuvorderst eine Auslegung der pauschalen Rechtseinräumung, welcher individualvertragliche und vorformulierte Nutzungsbedingungen gleichermaßen unterliegen.

(2) Eigener Lösungsansatz

Es zeigt sich somit, dass auch die bisher genannte Literatur und Rechtsprechung es nicht vermocht hat, den Begriff der (urhebervertraglichen) Hauptleistung vor dem Hintergrund der Kontrollbedürftigkeit einer weiteren Konkretisierung zuzuführen. Da aufgrund des weiterhin nur rudimentären Gesetzesrechtsrechts im Urhebervertragsrecht insbesondere keine speziellen Kriterien zur Unterscheidung von kontrollbedürftigen und nicht kontrollbedürftigen Leistungsbeschreibungen existieren, ist somit auch hierfür der bereits allgemein herausgearbeitete Maßstab anzulegen. Ausgehend von der grundsätzlich zu verneinenden Kontrollbedürftigkeit der *essentialia negotii* erfolgt die endgültige Aussage demnach auch im Urhebervertragsrecht über das Kriterium der typischen Kundenaufmerksamkeit beim Abschluss des Nutzungsvertrags. Dass die

904 *Donle*, S. 246.
905 OLG München GRUR-RR 2002, 89 [91] (*GfK-Daten*) (n. rkr.).
906 OLG Düsseldorf ZUM 2002, 221 (*Das weite Land*).
907 BGH ZUM 2002, 379 (*GEMA-Klausurerfordernis*).
908 So bereits *Berberich* in: ZUM 2006, 205 [208].
909 BGH GRUR 1971, 480 [481] (*Schwarzwaldfahrt*); GRUR 1996, 121 [122] (*Pauschale Rechtseinräumung*).
910 OLG Celle NJW 1987, 1423 [1424] (*Arno Schmidt*), wo ein Verstoß aber i.E. abgelehnt wurde.

vom BGH oftmals angestellte Unterscheidung zwischen (kontrollfreien) Leistungsbezeichnungen einerseits und (kontrollunterworfenen) Einschränkungen, Modifizierungen oder Ausgestaltungen der geschuldeten Leistung andererseits im Urheberrecht wenig ergiebig ist, resultiert bereits aus dem für physisch nicht greifbare (Rechts-)Leistungen geradezu zwingenden Bedürfnis einer umfassenden Konkretisierung. Dieser Befund bestätigt zudem die zuvor noch allgemein aufgestellte Forderung nach einer stärkeren Berücksichtigung des realen Wettbewerbsverhältnisses zur ergebnisoffenen Beurteilung der Kundenaufmerksamkeit. Folglich können zum einen Regelungen als für den Kaufentschluss entscheidend und damit nicht kontrollbedürftig eingestuft werden, die nicht zu den *essentialia negotii* gehören. Andererseits wäre nach dieser Testfrage ebenso ein Ergebnis denkbar, wonach auch eindeutige Leistungsbezeichnungen als wirtschaftlich unbedeutend und daher als für den Kunden in seiner Vertragsaufmerksamkeit irrelevant, mithin kontrollbedürftig zu qualifizieren wären.

Im Ergebnis zuzustimmen ist deshalb *Castendyk*, der solche Leistungsbezeichnungen vom Kontrollausschluss des § 307 Abs. 3 S. 1 BGB ausnimmt, die die Einräumung von wirtschaftlich unbedeutenden Nebenrechten zum Gegenstand haben.[911] In die gleiche Richtung geht offenbar *Berberichs* Versuch zur Bestimmung der kontrollfreien Leistungsbezeichnungen anhand einer von den *essentialia negotii* losgelösten Methode. Diese ist ebenfalls getragen von der teleologischen Erwägung, dass als nicht kontrollbedürftiger Leistungsgegenstand des Vertrages nur diejenigen Rechte anzusehen sind, um derent willen der Vertrag abgeschlossen wurde.[912] Problematisch erscheint dabei allerdings sein Vorschlag, diese Differenzierung innerhalb der Hauptleistung vermittels Zweckübertragungsregel des § 31 Abs. 5 UrhG vorzunehmen. Diese Lösung postuliert einerseits mit dem Leitbildcharakter des § 31 Abs. 5 UrhG etwas, was im Rahmen der Inhaltskontrolle nach § 307 Abs. 2 Nr. 1 BGB seit jeher stark umstritten ist.[913] Andernfalls ließe sich nicht erklären, warum er auf die Zweckübertragungsregel gerade in den Fällen zurückgreift, in denen der Urheber als Klauselgegner mit umfangreichen Rechtekatalogen konfrontiert ist und § 31 Abs. 5 UrhG seinem Wortlaut nach an sich gar nicht einschlägig wäre. Bedenklicher noch als diese Vorverlagerung des Problems des Leitbildcharakters des § 31 Abs. 5 UrhG auf die Ebene der Kontrollunterworfenheit ist allerdings das Risiko eines Automatismusses, das die zweifache Funktionalisierung

911 *Castendyk* in: ZUM 2007, 169 [173].

912 So explizit *Berberich* in: ZUM 2006, 205 [210], der dies als einschränkende Auslegung des § 307 Abs. 3 BGB betrachtet.

913 *Berberich* umgeht diesen Widerspruch, indem er diese »zweite Hürde« argumentativ vorzieht, ZUM 2006, 205 [207].

der Zweckübertragungsregel[914] bei der AGB-Kontrolle von urheberrechtlichen Nutzungsverträgen birgt. So erscheint es hiernach geradezu zwingend, dass die für kontrollbedürftig erklärten Leistungsbestimmungen nie zugleich mit den wesentlichen Grundgedanken einer gesetzlichen Regelung (namentlich § 31 Abs. 5 UrhG) gemäß § 307 Abs. 2 Nr. 1 BGB vereinbar sind. Die Zweckübertragungsregel würde sich damit gewissermaßen diejenigen Rechtseinräumungen zur Kontrolle zuführen, die einer Angemessenheitsüberprüfung anhand des ihr immanenten Maßstabs gerade nicht standhielten; § 307 Abs. 3 S. 1 BGB liefe als Kontrollschranke leer.[915] Neben dem Verdacht einer voreingenommenen AGB-Kontrolle zulasten der Klauselverwender bringt dies die Gefahr mit sich, dass sich Angemessenheitserwägungen in unzulässiger Weise auf die (vorgelagerte) Frage eines etwaigen Kontrollausschlusses auswirken. Aus den dargelegten Gründen ist diese – auf den ersten Blick zweifellos recht elegant anmutende – Vorgehensweise zur Bestimmung der kontrollbedürftigen Leistungsbezeichnungen im Urhebervertragsrecht erheblichen Zweifeln ausgesetzt.[916]

In diesem Versuch *Berberichs*, ein griffiges Abgrenzungskriterium zu liefern, spiegelt sich letztlich nur der auch im allgemeinen AGB-rechtlichen Schrifttum häufig anzutreffende Wunsch wider, für § 307 Abs. 3 S. 1 BGB terminologisch eindeutige Vorgaben zu machen. Dieses Bestreben geht jedoch allzu oft auf Kosten der materiellen Werthaltigkeit ohne Rücksicht auf den eigentlichen Normzweck.[917] Die bereits eingeforderte stärkere Orientierung am typischen Aufmerksamkeitsgegenstand des Kunden darf daher nicht durch die Heranziehung zusätzlicher, rein terminologischer Kriterien verwässert werden. Es bleibt stattdessen auch im Urhebervertragsrecht bei der Maßgeblichkeit allein der typischerweise die Abschlussentscheidung des Kunden bestimmenden Produktmerkmale.

Mit Blick auf die Nutzungsverträge und die darin enthaltenen Rechtseinräumungen ist somit danach zu fragen, ob die einzelne Klausel bezogen auf diese Art des Vertrages für den Urheber (als Klauselgegner) typischerweise identitätsstiftend und wettbewerbsrelevant ist, so dass diesbezüglich von seiner erhöhten Aufmerksamkeit ausgegangen werden kann. Regelmäßig werden die hiernach nicht kontrollbedürftigen Klauseln also die charakteristischen Eigen-

914 *Berberich* spricht insoweit von der »*Doppelfunktion der Zweckübertragungslehre bei der AGB-Kontrolle*«, vgl. ZUM 2006, 205 [210].

915 Ähnlich kritisch für das allgemeine AGB-Recht *Fuchs* in: Ulmer/Brandner/Hensen § 307 Rn. 42.

916 Ablehnend auch *Castendyk* in: ZUM 2007, 169 [173]; jedenfalls stark einschränkend *J.B. Nordemann* in: Fromm/Nordemann § 31 Rn. 183; *ders.* in: Loewenheim, HdB UrhR, § 60 Rn. 18b: »*Leerlaufen*«.

917 So insb. die Kritik von *Börner* in: JZ 1997, 595 [597] sowie *Stoffels*, Rn. 448; ähnlich, wenngleich bezogen auf die Kontrollfähigkeit einer Klausel *Römer* in: FS Egon Lorenz (1994), 449 [468 f.].

schaften der Rechtseinräumung bezeichnen, die ihre Identität als eigenständiges Produkt im Vergleich zu anderen Nutzungsverträgen ausmacht. Nicht identitätsstiftend und damit irrelevant für die Abschlussentscheidung werden dagegen im Regelfall solche Klauseln sein, die die Rechtseinräumung lediglich durch Abweichungen im Detail von anderen Rechteeinräumungen abgrenzen.[918]

Der Zweck des Vertrages wie ihn *Berberich*[919] für entscheidend hält, ist damit zweifellos ein durchaus gewichtiger Indikator für die Bestimmung der marktrelevanten Inhalts der Nutzungsvereinbarung, so dass die Ermittlung der nicht kontrollbedürftigen Rechtseinräumungsklausel nach der Zweckübertragungsregel einerseits und die hier vorgeschlagene stärker wettbewerbsorientierte Vorgehensweise andererseits oftmals zu identischen Ergebnissen führen werden. Allerdings ist der Vertragszweck hiernach eher ein Indiz unter vielen zur Bestimmung der wettbewerbsrelevanten Leistungsmerkmale. Die nach dem Wortlaut des § 307 Abs. 3 S. 1 BGB keinesfalls gebotene Festlegung auf den Vertragszweck als einziges Abgrenzungskriterium würde damit andere Merkmale zur Identifizierung der entscheidungsrelevanten Leistungen wie etwa die wirtschaftliche Bedeutung einer Nutzungsklausel für die Parteien von vornherein ausgrenzen.

cc. Unbekannte Nutzungsarten als Gegenstand der Rechtseinräumung

Charakteristisch für die Bestimmung der Kontrollbedürftigkeit nach § 307 Abs. 3 BGB ist demzufolge eine Art Zwei-Schritt-Prüfung, nach der zumeist die *essentialia negotii* als Kerninhalt des Leistungsversprechens die primären wettbewerbsrelevanten Charakteristika des Nutzungsvertrages darstellen werden. Darüber hinaus gilt es im zweiten Schritt zu ermitteln, inwiefern auch weitere Bestimmungen außerhalb der *essentialia negotii* nach den üblichen Gegebenheiten bei der Verwertung von urheberrechtlich geschützten Werken typischerweise erhebliche Auswirkungen auf die Abschlussentscheidung des Kunden haben. Als Näherung, aber keinesfalls für eine abschließende Bewertung, lässt sich dafür auch die von *Castendyk* vorgeschlagene Testfrage fruchtbar machen, ob der Verwender bei Nichteinräumung der in der Klausel bezeichneten Leistungen zurücktreten können soll oder infolge eines nur unerheblichen Mangels lediglich zur Minderung berechtigt ist.[920]

Nach diesem Maßstab der typischen wettbewerbsrelevanten Charakteristika sollte die Bewertung der Kontrollbedürftigkeit der Klauseln über unbekannte Nutzungsarten regelmäßig keine Schwierigkeiten bereiten. So wird sich die Einräumung von Rechten an unbekannten Nutzungsarten zumeist lediglich als

918 Vgl. allgemein für § 307 Abs. 3 BGB *Fuchs* in: Ulmer/Brandner/Hensen § 307 Rn. 48 f.
919 Vgl. erneut ZUM 2006, 205 [210].
920 Vgl. *Castendyk* in: ZUM 2007, 169 [173].

Teil eines von bekannten Nutzungsarten dominierten Rechtebündels darstellen.[921] Als bloßer Annex einer anderweitig intendierten Nutzung werden die unbekannten Nutzungsarten damit im Regelfall gerade nicht Gegenstand der Aufmerksamkeit des Urhebers sein, mittels derer er den Nutzungsvertrag im Wettbewerb identifiziert. Dies folgt bereits daraus, dass er sich aufgrund der ihm bei Vertragsschluss unmöglichen Einschätzung des wirtschaftlichen Ertrags der unbekannten Nutzungsarten zwangsläufig auf die bekannten Nutzungsarten fokussieren wird, um auf dieser Grundlage die Vor- und Nachteile der Vereinbarung aus seiner Sicht zu beurteilen. Ganz überwiegend werden die unbekannten Nutzungsarten vom Urheber demnach nicht Gegenstand seiner Willensbildung über den Vertrag sein.

Der vorstehend herausgearbeitete Maßstab muss aber folgerichtig dann zu einer anderen Bewertung der Kontrollbedürftigkeit führen, wenn die unbekannten Nutzungsarten (ausnahmsweise) den Schwerpunkt des Vertrages darstellen. Dies kann etwa der Fall sein, wenn alle der für einen Verwerter attraktiven bekannten Nutzungsarten bereits ausschließlich an einen Dritten eingeräumt wurden und der Verwerter daher einen Nutzungsvertrag allein zum Zwecke der Einräumung von Rechten an unbekannten Nutzungsarten schließt. Hier sind die unbekannten Nutzungsarten zweifellos wesentlicher, präziser gesagt einziger Gegenstand der besonderen Aufmerksamkeit des Urhebers und daher nicht kontrollbedürftig.[922] Allerdings folgt aus dieser besonderen Aufmerksamkeit des Urhebers gegenüber dem Regelungskomplex der unbekannten Nutzungsarten zugleich, dass er regelmäßig auch etwaige diesbezügliche Nebenabreden wie beispielsweise Regelungen über das Widerrufsrecht oder die Informationspflichten mit in seine Willensbildung einbeziehen wird. Denn soweit die unbekannten Nutzungsarten den Hauptgegenstand des Nutzungsvertrages bilden, werden auch diese Abreden für den Urheber unmittelbar wettbewerbsrelevant. Da die (auch technisch) unbekannten Nutzungsarten keiner weiteren inhaltlichen Ausgestaltung zugänglich sind, dabei aber zugleich die Rechtseinräumung dominieren, steigen diese vermeintlich nebensächlichen Absprachen zu einem wesentlichen Identifizierungsmerkmal auf.[923] Infolgedessen müssen in einem solchen Fall auch diese, über den Kerngehalt des ei-

921 So anschaulich *Hertin*, Rn. 389.

922 Freilich käme auch die Mehrzahl der anderen Lösungsansätze insoweit zum selben Ergebnis; so etwa *Berberich* über die Abgrenzung nach dem Vertragszweck (ZUM 2006, 205 [210]), der hier die unbekannten Nutzungsarten ebenfalls von einer Inhaltskontrolle ausschlösse.

923 Nicht zuletzt hierin zeigt sich die Flexibilität dieses Abgrenzungskriteriums: Eingebettet in die umfangreiche Rechtseinräumung von bekannten Nutzungsarten ist diesen Nebenabreden ihre Eigenschaft als wettbewerbsidentifizierend abzusprechen, so dass sie wiederum kontrollbedürftig sind.

gentlichen Leistungsversprechens, namentlich der Rechtseinräumung, hinausgehenden Regelungen mangels Kontrollbedürftigkeit einer Inhaltskontrolle entzogen sein.

dd. Zwischenergebnis

Die vorstehenden Ausführungen haben deutlich gemacht, dass als Abgrenzungskriterium für den Kontrollausschluss einer Klausel infolge mangelnder Kontrollbedürftigkeit auf deren Eigenschaft als typischerweise leistungsidentifizierend abzustellen ist. Dieses Merkmal beansprucht auch bei urheberrechtlichen Nutzungsverträgen uneingeschränkte Geltung. Dadurch sind die *essentialia negotii* lediglich Ausgangspunkt der nicht kontrollbedürftigen Leistungsbezeichnung. Darüber hinausgehende, aber ebenfalls zur Hauptleistung gehörige Rechtseinräumungsklauseln können ebenfalls nicht kontrollbedürftig sein, soweit sie wesentlicher Gegenstand der Aufmerksamkeit des Urhebers im Rahmen seiner Willensbildung für den Vertragsabschluss waren. Regelmäßig werden die Rechte an unbekannten Nutzungsarten nicht davon umfasst sein, es sei denn sie bilden den Schwerpunkt des Vertrags. In jenem Fall wird man zumeist ebenso zum Kontrollausschluss diesbezüglicher Nebenabreden gelangen, soweit diese nicht bereits als deklaratorisch ohnehin von der Inhaltskontrolle auszunehmen sind.

b. Kontrollfreiheit einer Leistungsklausel mangels Kontrollfähigkeit

Dem Kontrollausschluss wegen deklaratorischen Charakters dogmatisch näher kommt der zweite mögliche Anlass der Kontrollimmunität einer Leistungsbeschreibung: ihre mangelnde Kontroll*fähigkeit.* Anders als der Normzweck der Kontroll*bedürftigkeit* ergibt sich das Erfordernis der Kontrollfähigkeit unmittelbar aus dem Gesetzeswortlaut des § 307 Abs. 3 S. 1 BGB. Hiernach kann eine Angemessenheitskontrolle einer AGB-Klausel nur dann vorgenommen werden, wenn überhaupt rechtliche Maßstäbe (»*Rechtsvorschriften*«) existieren, die als Anknüpfungspunkt für den Prüfungsmaßstab zu dienen vermögen.[924] Bilden die Klauseln dagegen selbst erst den Maßstab der Kontrolle, indem sie etwa mit Blick auf § 307 Abs. 2 Nr. 2 BGB mittels Festlegung der charakteristischen Leistung die Natur des Vertrags bestimmen, so können sie selbst gerade nicht kontrollunterworfen sein.[925] Andernfalls wären sie an dem durch sie erst aufgestellten

924 *Coester* in: Staudinger § 307 Rn. 319; *Löwe* in: Löwe/v. Westphalen/Trinkner § 8 AGBG Rn. 2; *Niebling*, S. 154 ff.; *Schaefer* in: VersR 1978, 4 [7]; *H.P. Westermann* in: Heinrichs/Löwe/Ulmer, 10 Jahre AGBG, S. 135 [142 ff.].

925 Auf diese Wechselbeziehung hinweisend *Römer* in: FS Egon Lenz (1994), 449 [468]; kritisch gegenüber diesem Ansatz *Fuchs* in: Ulmer/Brandner/Hensen § 307 Rn. 42; insgesamt ablehnend *Dylla-Krebs*, S. 131, die eine Angemessenheitskontrolle auch ohne entsprechende

Maßstab zu messen.[926] Erforderlich sind demnach rechtliche Maßstäbe außerhalb des kontrollgegenständlichen Vertrages. Grundsätzlich wird der Gesetzgeber für den unmittelbaren Bereich von Preis und Leistung nur in Ausnahmefällen entsprechende Maßstäbe aufgestellt haben.[927] Weniger zurückhaltend stellt sich das Gesetzesrecht dagegen hinsichtlich allgemeiner Regeln über die Leistungserbringung oder -festsetzung dar, wo oftmals entsprechende Maßstäbe vorzufinden sind.

aa. Rechtliche Maßstäbe für Leistungsbestimmungen in urheberrechtlichen Nutzungsverträgen

Zu klären wird mithin sein, ob für die urhebervertragliche Rechtseinräumung geeignete rechtliche Maßstäbe existieren. In Erinnerung zu rufen sei zuvor erneut die Zwei-Schritt-Prüfung: Hiernach kommt es gemäß § 307 Abs. 3 S. 1 BGB zum Kontrollausschluss für Leistungsbestimmungen, sobald eines der beiden Ausschlussmotive (keine Kontrollbedürftigkeit oder keine Kontrollfähigkeit) zu bejahen ist.[928] Für den Untersuchungsgegenstand der unbekannten Nutzungsarten kann sich eine Kontrollimmunität nach den Ausführungen zur Kontrollbedürftigkeit demnach dann noch ergeben (es sei denn sie sind als Hauptvertragsgegenstand bereits nicht kontrollbedürftig), wenn für deren Einräumung keine rechtlichen Maßstäbe existieren. Sie wären insoweit zwar kontrollbedürftig, aber nicht kontrollfähig.

(1) Der Meinungsstand in urheberrechtlichem Schrifttum und Rechtsprechung

Die Frage nach der Bereitstellung von rechtlichen Maßstäben für die AGB-Kontrolle von Nutzungsverträgen durch das Urhebervertragsrecht ist sicherlich als eine der problematischsten des gesamten Urheberrechts zu bezeichnen, wobei sich die Debatte vorrangig um die Zweckübertragungsregel des § 31 Abs. 5 UrhG dreht. Eine Annäherung an den Kern des Problems wird dadurch erschwert, dass die Frage nach den gesetzlichen Vorgaben innerhalb der AGB-Kontrolle gleich zweimal relevant wird. So lässt sich die Problematik wie hier zum einen am Begriff »*Rechtsvorschriften*« nach § 307 Abs. 3 S. 1 BGB festmachen, zum anderen aber auch – prüfungssystematisch erst einen Schritt später – an der »*gesetzlichen Regelung*« i. S. d. § 307 Abs. 2 Nr. 1 BGB. Hauptgegenstand der Diskussion innerhalb des Schrifttums ist im Regelfall letztere Anknüpfung,

rechtliche Maßstäbe noch für möglich hält, so dass die Kontroll(un)fähigkeit als Ausschlusskriterium versage.

926 Dafür aber grds.offen *Coester* in: Staudinger § 307 Rn. 327 m.w.N.

927 *Coester* in: Staudinger § 307 Rn. 325, der auf die Ausnahme der Gebührenordnungen der freien Berufe hinweist, welche von den Gerichten bereits mehrfach als rechtliche Maßstäbe für die Angemessenheitskontrolle anerkannt wurden, vgl. BGH NJW 1981, 2351 [2352]; NJW 1992, 746; NJW 1998, 1786 [1789].

928 Vgl. *Coester* in: Staudinger § 307 Rn. 319, 325.

die an dieser Stelle allerdings noch nicht interessieren soll.[929] Dabei geht es bekanntlich um die Qualifizierung der Zweckübertragungsregel als gesetzliches Leitbild.[930] Richtigerweise ist diese Frage bei der Inhaltskontrolle selbst und nicht bei deren hier zunächst zu behandelnder Schranke (§ 307 Abs. 3 BGB) zu verorten.

Zu konstatieren ist gleichwohl, dass die Meinungen hierzu teilweise parallel laufen. So stufen einige derjenigen Vertreter, die etwa § 31 Abs. 5 UrhG als rechtlichen Maßstab i. S. d. § 307 Abs. 3 BGB anerkennen, die Zweckübertragungsregel zugleich als gesetzliches Leitbild i. S. d. § 307 Abs. 2 Nr. 1 BGB ein.[931] Andere Vertreter der Gegenansicht verneinen wiederum gleich beide Aspekte.[932] Demgegenüber differenziert der BGH als wesentlicher Vertreter der Gegenansicht nicht eindeutig zwischen beiden Anknüpfungspunkten. Während er die AGB-Kontrolle in seiner bereits erwähnten Entscheidung *Honorarbedingungen: Sendevertrag* mangels *»inkongruenten gesetzlichen Leistungsinhalts«* ausdrücklich, wenngleich nur hilfsweise, bereits an § 8 AGBG (heute § 307 Abs. 3 BGB) scheitern ließ,[933] stellten die Richter knapp acht Monate später im Fall *Synchronisationssprecher* allein auf § 9 AGBG (§ 307 Abs. 1, 2 BGB) ab und verneinten hiernach die Unangemessenheit der Rechteübertragungsklausel, ohne jedoch auf die Frage des gesetzlichen Leitbilds überhaupt einzugehen.[934] Daneben wurde zuvor zur Kontrollbedürftigkeit dargelegt, dass die vorinstanzliche Rechtsprechung oftmals erst gar nicht auf den Kontrollausschluss nach § 307 Abs. 3 BGB eingeht und infolgedessen auch nicht zwischen beiden Prüfungsebenen unterscheiden kann.[935]

(2) Differenzierte Bewertung

Nach den soeben gemachten Ausführungen ist es sachgerecht indes nur, die tatsächliche Anerkennung etwaiger urheberrechtlicher Vorschriften als Maßstäbe für die Inhaltskontrolle losgelöst von der Problematik eines möglicherweise ebenfalls bestehenden gesetzlichen Leitbildes zu beurteilen. Die Notwendigkeit dafür ergibt sich bereits daraus, dass es andernfalls zu einer unzu-

---

929 Zutreffend differenziert von *Castendyk* in: ZUM 2007, 169 [173]; *Kuck* in: GRUR 2000, 285 [287 f.]; *J.B. Nordemann* in: Loewenheim, HdB UrhR, § 60 Rn. 18b; *Wandtke/Grunert* in: Wandtke/Bullinger Vor §§ 31 ff. Rn. 109.

930 Vgl. dazu *Castendyk* in: ZUM 2007, 169 [173 f.] m. w. N. sowie eingehend unten ab S. 252.

931 So etwa *Donle*, S. 249 f., 254; *Schaaf*, S. 104 f.; S. 125 ff.

932 *Kuck* in: GRUR 2000, 285 [287 f.]; wohl auch *Castendyk* in: ZUM 2007, 169 [173]; *Schack*, Rn. 1087.

933 BGH GRUR 1984, 45 [48] (*Honorarbedingungen: Sendevertrag*).

934 BGH GRUR 1984, 119 [121] (*Synchronisationssprecher*).

935 Dies gilt selbst dann, wenn die Gerichte – ausnahmsweise – den Leitbildcharakter des § 31 Abs. 5 UrhG bejahen, vgl. OLG Zweibrücken ZUM 2001, 346 [347 f.] (*ZDF-Komponistenverträge*) (n. rkr.); OLG Düsseldorf GRUR-RR 2002, 121 [122 f.] (*Das weite Land*).

lässigen Vermengung von Eröffnung und Durchführung der Inhaltskontrolle käme. Diese dem System der AGB-Vorschriften zugrunde liegende Unterscheidung sollte vielmehr ernstgenommen werden, um insbesondere der Gefahr entgegenzuwirken, dass kontrollfähig all jene Klauseln sein müssen, die später auch inhaltlich missbilligt werden.[936] Abzulehnen ist daher die geschilderte undifferenzierte Herangehensweise durch die Rechtsprechung sowie Teile der Literatur.[937]

Der grundsätzliche Unterschied der beiden Begriffe, *»Rechtsvorschriften«* i. S. d. § 307 Abs. 3 S. 1 BGB sowie *»gesetzliche Regelung«* i. S. d. § 307 Abs. 2 Nr. 1 BGB ergibt sich nicht nur aus den verschiedenen Prüfungsstandorten, sondern ist auch terminologischer Natur. So weist der Begriff *»Rechtsvorschrift«* einen gegenüber § 307 Abs. 2 Nr. 1 BGB bewusst weiteren Anwendungsbereich auf und erfasst jedes materielle Gesetz.[938] Insbesondere werden keine speziellen Anforderungen an die Formulierung des Rechtssatzes gestellt, so dass etwa auch Zweifelsregeln als *»Rechtsvorschrift«* gelten könnten.[939] Anders jedoch als beim deklaratorischen Charakter gebietet es der konkrete Normzweck (hier die Kontrollunfähigkeit), zugleich auch materielle Anforderungen an die Rechtsvorschriften zu stellen. Schließlich lässt sich die Kontrollfähigkeit nur dann bejahen, wenn die Regelung rechtliche Maßstäbe für die Beurteilung der fraglichen Leistungsklausel beinhaltet. Im Gegensatz zu den rechtsdeklaratorischen Klauseln reicht als Bezugspunkt außerhalb des Vertrages[940] also nicht bereits jeder formal anzuerkennende Rechtssatz unabhängig von seinen inhaltlichen Kriterien aus. Vielmehr muss dieser bezogen auf die vertraglich vereinbarte Leistung selbst eine so spezielle Regelungsalternative enthalten, dass diese auch für sich allein die Rechtslage hinreichend konkretisieren könnte.[941] Mit anderen Worten muss der Gesetzgeber sich gewissermaßen in die von den Parteien durch den Vertrag geschaffene Situation selbst *»einfühlen«*, indem er hierfür normative Wertungen vorgibt.[942]

---

936 So insb. die Bedenken von *Fuchs* in: Ulmer/Brandner/Hensen § 307 Rn. 42, 92; dies ebenfalls eingestehend *H.P. Westermann* in: Heinrichs/Löwe/Ulmer, 10 Jahre AGBG, S. 135 [144].

937 Zu undifferenziert etwa auch *Schricker/Loewenheim* in: dies. Vor §§ 28 ff. Rn. 40 f.

938 *Fastrich*, S. 253; *Fuchs* in: Ulmer/Brandner/Hensen § 307 Rn. 26; ähnlich *Stein* in: Soergel § 8 AGBG Rn. 3.

939 *Niebling*, S. 67; explizit für Zweifelsregeln *Wolf* in: Wolf/Lindacher/Pfeiffer § 307 Rn. 281; *Schaaf*, S. 95.

940 Dagegen kommen nach *Fastrich*, S. 253 auch solche Rechtssätze in Betracht, die die Rspr. im Wege der ergänzenden Vertragsauslegung gewinnt.

941 *Schaefer* in: VersR 1978, 4 [9]; ähnlich *Niebling* in: BB 1984, 1713 [1716].

942 So *H.P. Westermann* in: Heinrichs/Löwe/Ulmer, 10 Jahre AGBG, S. 135 [140].

bb. *Die Zweckübertragungsregel als rechtlicher Maßstab*

Bekanntlich ist das Urhebervertragsrecht geprägt von der Abwesenheit eines einheitlichen Vertragstyps. Dies beruht zum einen auf der Vielzahl von Gegenständen, die ein Werk i. S. d. § 2 Abs. 2 UrhG darstellen und damit Gegenstand des Urheberrechts sein können.[943] Zum anderen lassen sich die an dem Werk einzuräumenden Nutzungsrechte nach § 31 Abs. 1 S. 2 UrhG beliebig beschränken; ein *numerus clauses* urheberrechtlicher Nutzungsrechte besteht gerade nicht.[944] Dementsprechend ist auch dem Urheberrechtsgesetz keine umfassende Typisierung der Urheberrechtsverträge zu entnehmen. Zwar liegen häufig die tradierten Vertragstypen des BGB zugrunde, doch bleiben Urheberrechtsverträge letztlich Verträge eigener Art, die im Kern die Einräumung von Nutzungsrechten zum Gegenstand haben.[945] Wenngleich damit die Anwendung der bürgerlich-rechtlichen Vorschriften durchaus üblich ist, so bleibt es für die hier untersuchungsgegenständliche Rechtseinräumung jedoch bei der Maßgeblichkeit des allgemeinen Urhebervertragsrechts gemäß der §§ 28 ff. UrhG.

Allerdings krankt dieser fünfte Abschnitt seit seinem Inkrafttreten im Jahr 1965 seinerseits daran, dass er lediglich eine rudimentäre Regelung des »*Rechtsverkehrs im Urheberrecht*« bereithält.[946] Insbesondere fehlt es an verbindlichen gesetzgeberischen Wertentscheidungen hinsichtlich Art und Umfang der Rechtseinräumung in Bezug auf einen bestimmten Vertragstyp, was wiederum der geschilderten fehlenden Ausdifferenzierung geschuldet ist.[947] Zumeist wird daher auf die in diesem Bereich existenten Auslegungsregeln zurückgegriffen, womit sich der hohe Stellenwert erklärt, den allen voran die Zweckübertragungsregel des § 31 Abs. 5 UrhG in der urheberrechtlichen Diskussion über die Beurteilung des Umfangs der Rechtseinräumung erlangt hat. Dies betrifft sowohl Individualverträge als auch die entsprechende Funktionalisierung für die Inhaltskontrolle von AGB-Nutzungsverträgen. Aus diesem Grund steht § 31 Abs. 5 UrhG im Vordergrund der Beurteilung der (rechteeinräumenden) Leistungsklausel im urheberrechtlichen Nutzungsvertrag. Hierfür gilt es zu klären, ob die Norm die Voraussetzung einer Rechtsvorschrift i. S. d. § 307 Abs. 3 S. 1 BGB erfüllt.

---

943 *Ahrens* in: Berger/Wündisch, HdB UrhVR, § 16 Rn. 1.

944 Vgl. nur *Schricker/Loewenheim* in: dies. Vor §§ 28 ff. Rn. 87; Grenzen bestehen nur auf dinglicher Ebene, wonach die Nutzungsrechte nach der Verkehrsauffassung hinreichend klar abgegrenzt sein müssen; dazu bereits oben S. 136 ff.

945 *Wandtke/Grunert* in: Wandtke/Bullinger Vor §§ 31 ff Rn. 67.

946 Dieser Befund wird seit jeher begleitet von Forderungen nach einer umfassenden Kodifizierung des Urhebervertragsrechts, vgl. eingehend dazu *Dietz* in: FS Schricker (1995), 1 [49 ff.]; *Schricker/Loewenheim* in: dies. Vor §§ 28 ff. Rn. 5 sowie *Voß*, S. 17 ff., der bereits die Reform von 2002 mit einbezieht.

947 Als Ausnahme zu diesem Befund sind lediglich die Regeln zum Filmvertrag in den §§ 88 ff. UrhG sowie das Verlagsgesetz zu nennen.

Ihrem Inhalt nach hält die Auslegungsregel eine gesetzliche Regelungsalternative für den Umfang der Rechtseinräumung bereit. Gemäß ihrer Rechtsfolge, dem vorgegebenen Auslegungsergebnis, legt sie den Umfang der eingeräumten Nutzungsrechte entsprechend dem Vertragszweck fest.[948] Damit schuf der Gesetzgeber im Urhebervertragsrecht rechtliche Kriterien, nach denen sich Art und Umfang der Leistung, namentlich die Einräumung der Nutzungsrechte, auch ohne die entsprechende Klausel im Nutzungsvertrag ermitteln lassen. So gilt hiernach im allgemeinen Urhebervertragsrecht der Grundsatz, dass sich die eingeräumte Nutzungsart nach dem von beiden Parteien zugrunde gelegten Vertragszweck richtet, § 31 Abs. 5 S. 1 UrhG. Wie gezeigt stellt § 31 Abs. 5 S. 2 UrhG seit dem Inkrafttreten des *Gesetzes zur Stärkung der vertraglichen Stellung von Urhebern und ausübenden Künstlern vom 22. 3. 2002*[949] zudem klar, dass dieser Maßstab des Vertragszwecks nicht allein die Frage nach der konkreten Nutzungsart betrifft, sondern ebenfalls, ob überhaupt ein Nutzungsrecht und in welchem inhaltlichen, zeitlichen und räumlichen Umfang es eingeräumt werden soll.[950] Die Zweckübertragungsregel betrifft somit ausnahmsweise die gesamte Aussage des rechteeinräumenden Leistungsversprechens.

Nichtsdestotrotz spricht der BGH dem § 31 Abs. 5 UrhG bekanntlich lediglich eine *»Ersatzfunktion«* zu und schließt sie damit als Maßstab für die Inhaltskontrolle aus.[951] Abgesehen davon, dass die Richter AGB-Klauseln außerhalb der urheberrechtlichen Nutzungsverträge ständig auch an Auslegungsregeln messen[952] und als Bewertungsmaßstab wie gezeigt grundsätzlich alle materielle Normen des dispositiven Rechts in Betracht kommen[953], überzeugt dieser

948 Aus diesem Grund lässt sich § 31 Abs. 5 UrhG auch als materielle Auslegungsregel bezeichnen, der anders als die formalen Auslegungsregeln (z. B. §§ 133, 157 BGB) nicht lediglich die Auslegungsmethode vorgibt, vgl. zu dieser Unterscheidung *Köhler*, § 3 Rn. 22; *Larenz/Wolf* § 28 Rn. 10.

949 BGBl. I, S. 1155.

950 Ausweislich BT-Drs. 14/6433, S. 14 galt dieser Umfang des Vertragszweckmaßstabs auch schon vor der Hinzufügung des S. 2 im Juli 2002: So konnte nach § 31 Abs. 5 UrhG auch bei gänzlichem Schweigen des Nutzungsvertrags zu den Nutzungsrechten davon ausgegangen werden, dass diejenigen Nutzungsarten stillschweigend eingeräumt wurden, die die Erreichung des Vertragszwecks erst ermöglichen, vgl. BGH GRUR 1974, 480 [483] (*Hummelrechte*); *Kotthoff* in: Dreyer/Kotthoff/Meckel § 31 Rn. 132; *Wandtke/Grunert* in: Wandtke/Bullinger § 31 Rn. 45.

951 BGH GRUR 1984, 45 [48] (*Honorarbedingungen: Sendevertrag*); ähnlich KG GRUR 1984, 509 [513 f.] (*Honorarbedingungen Urheber/Fernsehen*); LG Berlin ZUM-RD 2008, 18 [22] (*AGB Zeitungen/Zeitschriften*) (n. rkr.); großzügiger aber OLG Zweibrücken ZUM 2001, 346 [347] (*ZDF-Komponistenverträge*) (n. rkr.); OLG Düsseldorf GRUR-RR 2002, 121 [124] (*Das weite Land*); zustimmend *Kuck* in: GRUR 2000, 285 [288 f.]; kritisch insb. *Schricker/Loewenheim* in: dies. Vor §§ 28 ff. Rn. 42 m.w.N.

952 Vgl. die Nachweise bei *Haberstumpf/Hintermeier*, S. 87.

953 Vgl. erneut BGHZ 93, 358 [361]; 100, 158 [163]; *Coester* in: Staudinger § 307 Rn. 294;

Schluss bereits argumentativ nicht. Wie bereits erörtert, kommt in der Zweckübertragungsregel die Wertevorstellung des Gesetzgebers zum Ausdruck, nach der die Nutzungsrechte im Zweifel beim Urheber verbleiben.[954] Dieser Zweifelsvorbehalt macht zugleich deutlich, dass den Vertragsparteien eine abweichende Regelung möglich sein soll. So ist häufig sogar die Irrelevanz des Vertragszwecks für den Umfang der Rechtseinräumung zu konstatieren. Diese beruht darauf, dass im Vertrag eine hinreichende Einzelbezeichnung der Nutzungsarten vorgenommen wird, § 31 Abs. 5 UrhG mithin bereits tatbestandlich nicht einschlägig ist und daher auch die Rechtsfolge nicht eintreten kann. Mittels negativen Tatbestandsmerkmals, das seinerseits an eine vertragliche Regelung anknüpft, stellt § 31 Abs. 5 UrhG seine Rechtsfolge (die Bindung an den Vertragszweck) wieder zur Disposition[955] und kommt damit zum selben Ergebnis wie eine vergleichbare dispositive Inhaltsnorm.[956] Auch diese hätte es den Vertragsparteien gestattet, von der vom Gesetzgeber vorgesehenen Regelanordnung im Falle der Einschlägigkeit der Norm (mithin die Erfüllung des Tatbestands) eine in der Rechtsfolge abweichende Vereinbarung zu treffen.

Insoweit besteht eine erhebliche Gemeinsamkeit mit den üblichen Inhaltsnormen des dispositiven Rechts. Diese führt dazu, dass beide Kategorien – Auslegungsregel einerseits sowie Inhaltsnorm andererseits – sich in ihrem Wesensmerkmal decken. Dementsprechend stellt *Larenz* mit Recht fest, *»dass das Gesetz denselben Erfolg, den es durch eine materiale Auslegungsregel erreicht, auch durch eine dispositive Norm hätte erreichen können und umgekehrt«* und dass daher *»beides ineinander übergeht, ohne dass immer eine scharfe Grenze gezogen werden könnte«.*[957] Dem Gesetzgeber kann somit kaum unterstellt werden, dass er nur mit echten Inhaltsnormen, nicht aber mit Auslegungsregeln eine Aussage dergestalt verbindet, wie er sich eine ausgewogene Interessenabwägung im jeweiligen Regelungsbereich vorstellt.

Aufbauend auf dieser strukturellen Gemeinsamkeit gibt es allerdings auch eine entscheidende Abweichung, die jedoch ebenso für die Anerkennung des § 31 Abs. 5 UrhG als Maßstab einer Inhaltskontrolle spricht. Anders nämlich als üblicherweise bei den dispositiven Gesetzesregeln, wo eine zumeist formlose

---

Donle, S. 223; *Fastrich*, S. 253; *Fuchs* in: Ulmer/Brandner/Hensen § 307 Rn. 26; *Grüneberg* in: Palandt § 307 Rn. 64; *Niebling*, S. 67.

954 Vgl. nur BGH GRUR 1984, 656 [657] (*Vorentwurf*); GRUR 1998, 681 [682] (*Comic-Übersetzungen*); *J.B. Nordemann* in FS: Nordemann (2004), 193 [200]; *Riesenhuber* in: GRUR 205, 712 [714]; *Spautz* in: Möhring/Nicolini § 31 Rn. 47; zurückgeführt wird diese Aussage auf *E. Ulmer*, UrhR, S. 365.

955 Instruktiv dazu *Donle*, S. 104 ff., der § 31 Abs. 5 UrhG jedoch als (zwingende) Inhaltsnorm betrachtet; anders dagegen *E. Ulmer*, UrhR, S. 42, der § 31 Abs. 5 UrhG ausdrücklich als dispositive Vorschrift bezeichnet.

956 So für das allgemeine Verhältnis beider Normkategorien explizit *Ellenberger* in: Palandt § 133 Rn. 22.

957 *Larenz/Wolf* § 28 Rn. 107; ebenso *Ellenberger* in: Palandt § 133 Rn. 22.

Abbedingung ausreicht, stellt die Zweckübertragungsregel mit dem Erfordernis der Einzelbezeichnung strengere Anforderungen an den Ausschluss der Rechtsfolge. Dies veranlasst dazu, dem § 31 Abs. 5 UrhG rein materiell sogar eine erhöhte Relevanz für die Inhaltskontrolle von urheberrechtlichen Nutzungsverträgen zuzusprechen und damit einer bloßen Ersatzfunktion gerade entgegenzutreten.[958]

Im Ergebnis ist also kein Grund ersichtlich, warum die Zweckübertragungsregel des § 31 Abs. 5 UrhG nicht ebenso als Maßstab der Inhaltskontrolle herangezogen werden soll wie dispositive Inhaltsnormen.[959] Auslegungsregeln sind nicht erst heranzuziehen, wenn eine entsprechende AGB-Klausel gänzlich fehlt, sondern vielmehr gleichzeitig Maßstab für eine angemessene Regelung. Die gegenteilige Auffassung[960] machte die Kontrollfähigkeit einer Vertragsklausel von der nach den gemachten Ausführungen als recht zufällig zu erachtenden Entscheidung des Gesetzgebers abhängig, in welcher Normkategorie er seine vertraglichen Wertvorstellungen formuliert. Diese Differenzierung erscheint zumal deshalb zweifelhaft, weil bei der Positivierung der Zweckübertragungsregel im Jahr 1965 das Inkrafttreten des AGB-Gesetzes und die beginnende Herausbildung eines diesbezüglichen Begriffsverständnisses noch über zehn Jahre dauern sollten und den damaligen Urheberrechtsgesetzgeber damit naturgemäß nicht beeinflussen konnten.

c. *Zwischenergebnis*

Damit ist für die Rechtseinräumung die Kontrollfähigkeit anhand der Zweckübertragungsregel zu bejahen. Berücksichtigt man den bereits aufgezeigten Mechanismus des § 307 Abs. 3 S. 1 BGB, nach dem der Kontrollausschluss aus

958 So stellte der BGH in GRUR 1996, 121 [122] (*Pauschale Rechtseinräumung*) klar, dass der Umfang und Inhalt der Rechtseinräumung (bei fehlender Einzelbezeichnung) auch dann vom Vertragszweck beschränkt wird, wenn die vertragliche Regelung insoweit eindeutig ist; ebenso bereits BGH GRUR 1974, 786 [787] (*Kassettenfilm*).

959 So i.E. die ganz überwiegende Literaturmeinung (wenngleich deren Vertreter zum Teil nicht zwischen Kontrollunterworfenheit und Kontrollmaßstab unterscheiden), vgl. *Berberich* in: ZUM 2006, 205 [207 f.]; *Donle*, S. 253 f.; *Haberstumpf/Hintermeier*, S. 87; *Hertin* in: AfP 1978, 72 [79]; *J.B. Nordemann* in: Fromm/Nordemann § 31 Rn. 180; *Schaaf*, S. 128 ff.; *Schack*, Rn. 1086; *H. Schmidt* in: Ulmer/Brandner/Hensen, Teil 2 (34) Rn. 3; *Schricker/Loewenheim* in: dies. Vor §§ 28 ff. Rn. 42; *Schulze* in: Dreier/Schulze Vor § 31 Rn. 16; *Stoffels* in: Wolf/Lindacher/Pfeiffer Anh. § 310 Rn. U 25; *Wandtke/Grunert* in: Wandtke/Bullinger Vor §§ 31 ff. Rn. 108.

960 Vgl. erneut BGH GRUR 1984, 45 [48] (*Honorarbedingungen: Sendevertrag*); ebenso KG GRUR 1984, 509 [513 f.] (*Honorarbedingungen Urheber/Fernsehen*); zustimmend in der Literatur *Berger* in: Berger/Wündisch, HdB UrhVR, § 1 Rn. 94; *Castendyk* in: ZUM 2007, 169 [174]; *Kuck* in: GRUR 2000, 285 [288 f.] sowie mit Blick auf § 11 S. 2 UrhG neuerdings auch *Scholz* in: Mestmäcker/Schulze, 45. AL (12/07), § 31 Rn. 107; *Stoffels* in: Wolf/Lindacher/Pfeiffer Anh. § 310 Rn. U 25.

der alternativen Bejahung einer der beiden Ausschlussgründe (mangelnde Kontrollbedürftigkeit oder Kontrollunfähigkeit) resultiert, so ergibt sich für die Einräumung von Rechten an unbekannten Nutzungsarten folgendes Bild: Da aufgrund ihrer Annexeigenschaft regelmäßig davon auszugehen ist, dass sie mangels besonderer Aufmerksamkeit des Urhebers als Klauselgegner auch kontrollbedürftig sind, ist im Ergebnis ihre Kontrollunterworfenheit festzustellen. Die oben (individualvertraglich) festgestellte eingeschränkte Anwendbarkeit der Zweckübertragungsregel bei den unbekannten Nutzungsarten wirkt sich dagegen erst bei der noch zu thematisierenden Inhaltskontrolle am Maßstab des § 307 Abs. 2 Nr. 1 BGB aus.

3. Kontrollimmunität von Preisklauseln

Zu klären bleibt, inwiefern auch die vertraglich vereinbarte Gegenleistung, im Urhebervertragsrecht, mithin die Vergütung des Urhebers durch den Verwerter, kontrollunterworfen ist.[961] Preisvereinbarungen sind allerdings nicht als eine weitere Kategorie von kontrollfreien Klauseln zu verstehen, für die im Rahmen des § 307 Abs. 3 BGB grundsätzlich eigene Kriterien existieren. Stattdessen sind auch Vereinbarungen über den Preis bzw. die Vergütung im Ausgangspunkt nichts anderes als Leistungsklauseln.[962] Aus Sicht der Klauselverwender sind sie dabei jedoch regelmäßig der Inhalt der Gegenleistung und werden daher oftmals als gesonderte Klauselgattung behandelt.

Das (primäre) Urhebervertragsrecht ist gleichwohl geprägt von dem seltenen, weil umgekehrten Phänomen, dass der Verwerter als Klauselverwender die Vergütung entrichtet und damit aus seiner Sicht die Rechtseinräumung seitens des Urhebers die Gegenleistung darstellt.[963] Es lässt sich diesem Befund jedoch keine Aussage dahingehend entnehmen, dass bei urheberrechtlichen Nutzungsverträgen generell andere Maßstäbe für die Bewertung der Preisvereinbarung anzulegen sind. Denn sobald die Preisfestsetzung nicht aufgrund einer Individualvereinbarung erfolgt, sondern vom Klauselverwender gestellt wird, kann es für die Inhaltskontrolle nicht mehr darauf ankommen, ob er seine eigene oder die fremde Leistung ohne ernsthafte Einflussmöglichkeit des Klauselkunden vorformuliert hat. Die inhaltliche Unangemessenheit kann vielmehr das Resultat von abweichenden Klauseln auf beiden Seiten des Synallagmas sein.

961 Generell für eine Kontrollimmunität der Honorarklausel etwa *J.B. Nordemann* in: Fromm/Nordemann § 31 Rn. 181.

962 *Fastrich*, S. 258 f.; *H. Schmidt* in: Bamberger/Roth § 307 Rn. 68, 72; zudem spricht auch die Gesetzesbegründung zur Vorgängerregelung des § 8 AGBG von *»Leistungsbeschreibung einschließlich etwaiger in AGB enthaltener Festlegungen des Entgelts«*, vgl. erneut BReg BT-Drs. 7/3919, S. 22.

963 *Schaaf*, S. 112.

Daneben wird als Grund für den Kontrollausschluss von Entgeltvereinbarungen regelmäßig auch die (vermeintlich) gebotene Kontrollfreiheit der Äquivalenz von Preis und Gegenleistung genannt. So findet sich dieses Motiv auch ausdrücklich in Art. 4 Abs. 2 der EG-Richtlinie über missbräuchliche Klauseln in Verbraucherverträgen wieder, wonach die Beurteilung der Missbräuchlichkeit einer Klausel nicht die Angemessenheit von Preis und Gegenleistung betrifft.[964] Insoweit ließe sich also durchaus von einer gesonderten Anknüpfung sprechen, die immer dann eigenständige Bedeutung hätte, wenn das Entgelt nicht bereits zur Hauptleistung zu rechnen ist.[965] Wie jedoch zur Kontrollfreiheit von Leistungsbeschreibungen schon ausgeführt wurde, darf es für die Frage der Kontrollunterworfenheit einer Klausel weniger auf eine Zuordnung zu bestimmten Leistungskategorien ankommen als vielmehr auf den Normzweck des § 307 Abs. 3 S. 1 BGB. Maßgebend ist somit auch für einen etwaigen Kontrollausschluss von vorformulierten Preisvereinbarungen die Anwendung der zwei herausgearbeiteten Ausschlussmotive. Demnach unterliegen Preisabreden in AGB immer dann keiner Inhaltskontrolle, wenn sie sich entweder als nicht kontrollbedürftig oder als nicht kontrollfähig erweisen. Diese Motive können die Preisklausel als solche sowie als Indikator des in ihr zum Ausdruck gebrachten Preis/Leistungsverhältnisses betreffen.

Zwar wird vom BGH zumeist nicht deutlich zwischen Kontrollbedürftigkeit einerseits und Kontrollfähigkeit andererseits unterschieden.[966] Vielmehr ist insbesondere für die Preisklauseln eine deutliche Tendenz dahingehend erkennbar, dass die Argumentation zur Bestimmung der kontrollunterworfenen Preisklauseln vom Gedanken der Existenz hinreichender rechtlicher Maßstäbe, mithin deren Kontrollfähigkeit getragen wird.[967] Um die dazu vom BGH in verfestigter Rechtsprechung vorgenommene Differenzierung nachzuvollziehen, ist das Ausschlussmotiv der Kontrollfähigkeit auch für die folgende Untersuchung voranzustellen.

Erfolgt die Preisvereinbarung dagegen wie nicht selten auch bei der Verwendung von Vertragsmustern oder Formularverträgen aufgrund einer individuellen Absprache, greift die Inhaltskontrolle nach den §§ 307 ff. BGB mangels AGB-Eigenschaft der Klausel von vornherein nicht ein. Findet sich mithin eine solche Individualabrede im Nutzungsvertrag, kommt es auf die Kontrollunter-

964 Trotz dieser semantischen Abweichung der Richtlinie von § 307 Abs. 3 BGB ging der Gesetzgeber bei der Umsetzung von der inhaltlichen Übereinstimmung aus, vgl. *Coester* in: Staudinger § 307 Rn. 316; kritisch *Stoffels* in: JZ 2001, 843 [849]. Jedenfalls ist ein engerer Bereich der Kontrollfreiheit durch die MS als verbraucherfreundlichere Regelung zulässig, vgl. bereits oben Fn. 878.

965 *Fastrich*, S. 259.

966 So bereits der Befund von *Coester* in: Staudinger § 307 Rn. 329.

967 Vgl. die Nachweise bei *Fuchs* in: Ulmer/Brandner/Hensen § 307 Rn. 72.

worfenheit i.S.d. § 307 Abs. 3 BGB nicht mehr an. In Konfliktfällen zwischen Individualabreden und AGB greift zugunsten der Individualabrede § 305b BGB ein.

a. *Kontrollfreiheit einer Preisklausel mangels Kontrollfähigkeit*

Gemeinhin unterscheidet die Rechtsprechung für die Kontrollunterworfenheit von Preisklauseln zwischen unmittelbaren Preisabreden und sogenannten Preisnebenabreden.[968] Erstere Kategorie bezeichnet solche Klauseln, die unmittelbar Art und Umfang der Vergütung einschließlich der maßgeblichen Bewertungsfaktoren sowie des einzuhaltenden Preisfindungsverfahrens festlegen und als solche keiner Inhaltskontrolle unterliegen sollen.[969] Dabei ist es im Grundsatz unerheblich, ob die Vergütung eine Haupt- oder Nebenleistung betrifft.[970] Demgegenüber werden diejenigen Preisklauseln einer Inhaltskontrolle unterworfen, die sich als Preisnebenabreden zwar mittelbar auf den Preis auswirken, an deren Stelle aber bei Fehlen einer vertraglichen Regelung dispositives Recht treten könnte.[971] Dazu zählen insbesondere Preisklauseln dergestalt, dass sie auf eine bestehende (kontrollfreie) Entgeltabrede Bezug nehmen und diese einschränken, verändern oder aushöhlen.[972] Entsprechend der hier angewandten Abgrenzungsmethode steht demnach auch für den BGH weniger die zunächst rein terminologische Einordnung als mittelbar oder unmittelbar preisgestaltend im Vordergrund, sondern die Existenz rechtlicher Maßstäbe, von denen durch die Preisklauseln abgewichen wird.[973] Infolgedessen lässt die Rechtsprechung ausnahms- aber konsequenterweise auch bei unmittelbaren Preisabreden eine Inhaltskontrolle dann zu, wenn – wie etwa im Fall der Gebührenordnungen (z.B. GOÄ, GOZ, RVG, HOAI) – einschlägige gesetzliche Preisregelungen bestehen und von diesen abgewichen wird.[974] Diese bilden

968 Erstmals nahm der BGH diese Differenzierung 1983 vor, vgl. BGH ZIP 1983, 1457 [1458 f.]; seitdem findet sie sich in den Entscheidungen kontinuierlich wieder, vgl. für eine umfassende Auflistung *Kindler* in: Hadding/Hopt/Schimansky, S. 1, 10 f.

969 BGHZ 106, 42 [46]; 116, 117 [119]; BGH NJW 1993, 1128; NJW 1999, 864.

970 So neuerdings BGHZ 116, 117 [120 f.] in Abkehr von BGH NJW 1984, 2160 (*Fahrten gelten als Arbeitszeiten*); zustimmend *Horn* in: WM 1997, Sonderbeilage Nr. 1, S. 9 f.; *Meder* in: NJW 1996, 1849 [1850]; *Wolf* in: Wolf/Lindacher/Pfeiffer § 307 Rn. 310.

971 BGHZ 106, 42 [46]; BGH NJW 1998, 383; NJW 2000, 651; NJW 2003, 1447; NJW-RR 2004, 1206.

972 *Horn* in: WM 1997, Sonderbeilage Nr. 1, S. 12 spricht auch von *»sekundären Entgeltbestimmungen«*; siehe auch *Fuchs* in: Ulmer/Brandner/Hensen § 307 Rn. 76.

973 Vgl. BGH NJW 1985, 3013 [3014]; NJW-RR 1999, 125 [126]; NJW 2000, 577 [579]; zustimmend *Meder* in: NJW 1996, 1849 [1851]; *Wolf* in: Wolf/Lindacher/Pfeiffer § 307 Rn. 303; *Horn* in: WM 1997, Sonderbeilage Nr. 1, S. 12 f. weist jedoch darauf hin, dass die Rechtsprechung die Abweichung von dispositivem Recht oftmals nur als Zusatzkriterium anspricht.

974 Vgl. BGH NJW 1992, 746 (ärztliche Honorarvereinbarung); NJW 1998, 1786 [1789 f.]

einen hinreichend konkreten Kontrollmaßstab und ermöglichen deshalb eine Überprüfung formularmäßiger Entgeltabreden.[975]

Mit Blick auf die hier untersuchungsgegenständlichen Klauseln in urheberrechtlichen Nutzungsverträgen zeigt bereits diese grobe Darstellung der – im Detail sehr unübersichtlichen und uneinheitlichen[976] – Rechtsprechung, dass die Kontrollfähigkeit wie auch bei den Leistungsbeschreibungen anhand der Existenz etwaiger rechtlicher Maßstäbe zu ermitteln ist und die aufgezeigte begriffliche Unterscheidung zwischen unmittelbaren und mittelbaren Preisabreden lediglich als Bestätigung des Ergebnisses herangezogen werden darf.[977] Ebenso wenig ist an dieser Stelle zwischen der Vergütung für Haupt- und Nebenleistungen zu differenzieren, da auch insoweit allein das Bestehen einschlägiger Maßstäbe entscheidend ist.[978]

Aus diesem Grund ist erneut zu fragen, ob im Urheberrecht geeignete rechtliche Maßstäbe für die Inhaltskontrolle von Preisabreden existieren und die fragliche Klausel davon abweicht bzw. abweichen kann. Anders also als zuvor bei den Leistungsklauseln kommt es insoweit nicht auf Aussagen der Rechtsordnung zu Art und Umfang der Rechtseinräumung an, sondern auf entsprechende Wertungen hinsichtlich der dafür an den Urheber zu leistenden Vergütung. Abhängig vom hierzu gefundenen Ergebnis können diese Kriterien gegebenenfalls die unmittelbare Preisfestsetzung beeinflussen.

Im Ausgangspunkt sollte indes Klarheit darüber bestehen, dass § 307 Abs. 3 S. 1 BGB lediglich die dem marktorientierten Wirtschaftssystem immanenten Gegebenheiten zum Ausdruck bringt. Hierbei erfolgt die Bestimmung des Entgelts grundsätzlich durch Angebot und Nachfrage und gerade nicht durch rechtlich vorgegebene Preise.[979] Nach dem das bürgerliche Recht prägenden und über Art. 2 Abs. 1 GG verfassungsrechtlich abgesicherten Grundsatz der Privatautonomie können die Vertragsparteien Leistung und Gegenleistung prinzipiell frei bestimmen. Abgesehen vom Wucherverbot als Evidenzfall (§ 138 Abs. 2 BGB) kommt dem Richter eben nicht die Rolle einer Preisbehörde zu. Vielmehr zeigen die bürgerlich-rechtlichen Vorschriften über Schuldverträge eine deutliche Zurückhaltung hinsichtlich solcher Aussagen.[980] Dieser generelle

(zahnärztliche Honorarvereinbarung); NJW 1998, 3567 (Anwaltshonorar in Abweichung zur früheren BRAGO); zitiert nach *Fuchs* in: Ulmer/Brandner/Hensen § 307 Rn. 72.

975 Zustimmend etwa *Coester* in: Staudinger § 307 Rn. 325; *Fuchs* in: Ulmer/Brandner/Hensen § 307 Rn. 72; *Wolf* in: Wolf/Lindacher/Pfeiffer § 307 Rn. 313.

976 Dies betrifft insb. die Kontrolle von Entgelten der Kreditwirtschaft, vgl. dazu eingehend etwa *Horn* in: WM 1997, Sonderbeilage 1, S. 1 ff. m. w. N.

977 Kritisch gegenüber dieser Terminologie *Canaris* in: AcP 200 (2000), 273 [328 f.]; *Joost* in: ZIP 1996, 1685 [1689]; *Steuer* in: FS Hadding (2004), 1169 [1172].

978 *Wolf* in: Wolf/Lindacher/Pfeiffer § 307 Rn. 310.

979 Vgl. *Fastrich*, S. 259.

980 *Horn* in: WM 1997, Sonderbeilage Nr. 1, S. 13.

Befund wird auch nicht durch solche Vorschriften relativiert, die anordnen, dass mangels Vereinbarung über die Höhe des Entgelts die Taxe bzw. die übliche Vergütung gelten soll (§§ 612 Abs. 2, 632 Abs. 2 BGB).[981] Denn diese Vergütungsregeln lassen sich bereits deswegen nicht als rechtlicher Maßstab einer Entgeltkontrolle heranziehen, da sie das Fehlen einer Preisvereinbarung voraussetzen und damit gerade nicht mehr eingreifen, sobald eine Preisvereinbarung gleich welcher Art – also auch in Gestalt eines Verzichts auf die Vergütung – vorliegt.[982] Außerdem würde ein solch genereller Rückgriff zu dem kaum haltbaren Ergebnis führen, dass für die Kategorie der Dienst- und Werkverträge eine umfassende Preiskontrolle am Maßstab des Üblichen eröffnet wäre.[983]

Gleichwohl schließt das Prinzip der Marktwirtschaft eine Preiskontrolle nicht generell aus, wie anhand der genannten Gebührenordnungen deutlich wird. Angesichts der Schwierigkeit, belastbare Vergleichsmaßstäbe zu formulieren und in Anbetracht der wirtschaftspolitischen Zielsetzung bilden solche Preisregelungen jedoch die Ausnahme in der deutschen Rechtsordnung.[984] Sie erscheinen insbesondere dort denkbar, wo der Gesetzgeber einen unbeschränkten Preiswettbewerb für schädlich hält. Berücksichtigt man die eingangs zum Bedürfnis der AGB-Kontrolle gemachten Ausführungen, so zeigt sich, dass das Urhebervertragsrecht durchaus für einen solchen gesetzgeberischen Eingriff in die Preisgestaltungsfreiheit der Vertragsparteien in Betracht kommt.[985]

aa. Die Zweckübertragungsregel als Maßstab der Vergütungsabrede?

Nicht überraschend ist es daher, dass im urheberrechtlichen Schrifttum vereinzelt versucht wird, die Zweckübertragungsregel als Maßstab (auch) für die Preiskontrolle von verklausulierten urhebervertraglichen Vergütungen zu funktionalisieren. Getragen wird dieser Ansatz von dem Argument, dass die Zweckübertragungsregel dem Prinzip folge, den Urheber durch eine angemessene Vergütung umfassend an der Verwertung seines Werkes zu beteiligen.[986] Wenngleich als einziger in dieser Deutlichkeit schließt daraus *Schaaf*, dass die Zweckübertragungsregel aufgrund dieser ihr immanenten Zielsetzung auch als

981 So aber *Koch/Stübing* § 8 AGBG Rn. 10; *v. Westphalen* in: NJW 1980, 2227 [2230].

982 BGHZ 116, 117 [119]; BGH WM 1993, 468 [469] (beide zu § 632 Abs. 2 BGB) *Brandner* in: FS Hauß (1976), 1 [13]; *Coester* in: Staudinger § 307 Rn. 325; *Fuchs* in: Ulmer/Brandner/Hensen § 307 Rn. 73; *Horn* in: WM 1997, Sonderbeilage Nr. 1, S. 13; *Wolf* in: Wolf/Lindacher/Pfeiffer § 307 Rn. 325.

983 So das überzeugende *argumentum ad absurdum* von *Canaris* in: WM 1996, 237 [240]; dem zustimmend auch *Horn* in: WM 1997, Sonderbeilage Nr. 1, S. 13.

984 *Niebling*, S. 154.

985 Generell ablehnend für das Urhebervertragsrecht aber *Berger*, Das neue UrhVR, Rn. 26; *Haas*, Rn. 136.

986 *Schaaf*, S. 108; im Ansatz auch *Schulze* in: Dreier/Schulze Vor § 31 Rn. 16; *Wandtke/Grunert* in: Wandtke/Bullinger § 31 Rn. 40.

rechtlicher Maßstab i. S. d. § 307 Abs. 3 S. 1 BGB für die Vergütung des Urhebers heranzuziehen sei. Demnach beinhalte sie eine Aussage dergestalt, dass die Vergütung solcher eingeräumten Nutzungsrechte, die über den Zweck des Vertrages hinausgehen, grundsätzlich unangemessen sei. Denn insoweit sei die tatsächliche Nutzung bei Vertragsschluss noch gar nicht absehbar, da dem Klauselverwender nicht unterstellt werden könne, dass er diesen, den Vertragszweck überschreitenden Nutzungsrechten, überhaupt eine Vergütung gegenübergestellt habe.[987]

Unabhängig von den bereits innerhalb der Kontrollfähigkeit von Leistungsbezeichnungen entgegengetretenen Zweifeln insbesondere der Rechtsprechung an der Geeignetheit des § 31 Abs. 5 UrhG als rechtlicher Maßstab i. S. d. § 307 Abs. 3 S. 1 BGB bestehen gegen diese Argumentation von *Schaaf* jedoch insoweit Bedenken, als der Zweckübertragungsregel auch vergütungsrelevante Aussagen zugesprochen werden. Als zunächst noch unproblematisch erweist sich dabei sein Ansatz, über den Wortlaut des § 31 Abs. 5 UrhG hinauszugehen und gleichsam auf einen ungeschriebenen Rechtsatz zurückzugreifen. So wurde bei den deklaratorischen Klauseln herausgearbeitet, dass nicht allein formelle Gesetze, sondern etwa auch richterrechtlich entwickelte Grundsätze als Rechtsvorschrift i. S. d. § 307 Abs. 3 S. 1 BGB in Betracht kommen können.[988] Bekanntlich war die Zweckübertragungslehre selbst bereits vor ihrer Kodifizierung im Wege der Urheberrechtsreform 1965 ein anerkannter Grundsatz des deutschen Urheberrechts.[989]

Zweifelhaft ist indes, ob ihr tatsächlich ein solcher über den Wortlaut des § 31 Abs. 5 UrhG hinausgehender vergütungsrelevanter Regelungsgehalt zukommt. In der Tat wurde bereits aufgezeigt, dass der Zweckübertragungsregel der Gedanke zugrunde liegt, den Urheber möglichst umfassend an der wirtschaftlichen Verwertung seines Werkes zu beteiligen.[990] Dieser auch verfassungsrechtlich anerkannte Beteiligungsgrundsatz[991] kann gewissermaßen als der Regelungs-

987 *Schaaf*, S. 110 f.

988 Vgl. erneut etwa BGH NJW 1985, 3013 [3014]; *Coester* in: Staudinger § 307 Rn. 294; *Fuchs* in: Ulmer/Brandner/Hensen § 307 Rn. 26; *Heinrichs* in: Palandt § 307 Rn. 64.

989 Vgl. nur RGZ 118, 282 [285 ff.] (*Musikantenmädel*); 123, 312 [317 f.] (*Wilhelm Busch*); 134, 198 [200 f.] (*Schallplattenrechte*); 140, 255 [257] (*Hampelmann*); eingehend zur Entwicklung *Schweyer*, S. 1 ff. sowie *Donle*, S. 6 ff.

990 St. Rspr., vgl. nur: BGH GRUR 1974, 786 [787] (*Kassettenfilm*); GRUR 1976, 382 (*Kaviar*); GRUR 1979, 637 [638 f.] (*White Christmas*); GRUR 1996, 121 [122] (*Pauschale Rechtseinräumung*); GRUR 1998, 681 [682] (*Comic-Übersetzungen*); GRUR 1999, 928 [931] (*Telefaxgeräte*); GRUR 1999, 707 [711] (*Kopienversanddienst*); GRUR 2002, 248 [251] (*Spiegel-CD-ROM*); ebenso etwa *Riesenhuber* in: GRUR 2005, 712 [713 f.]; *Schack*, Rn. 615; *Scholz* in: Mestmäcker/Schulze, 45. AL (12/07), § 31 Rn. 104; *Wandtke/Grunert* in: Wandtke/Bullinger § 31 Rn. 39 jeweils m. w. N.

991 BVerfGE 31, 229 ff.; 31, 270 [273]; auch BGH GRUR 1995, 673 [675] (*Mauerbilder*); GRUR

grund des § 31 Abs. 5 UrhG bezeichnet werden. Zu weitgehend ist allerdings das hierzu nachgeschobene Postulat, dass die Zweckübertragungsregel diese umfassende wirtschaftliche Beteiligung über die Zahlung einer angemessenen Vergütung sicherzustellen suche.[992] Dies unterschlägt den nach dem Wortlaut des § 31 Abs. 5 UrhG eindeutigen Wirkmechanismus der Zweckübertragungsregel, der insoweit auch der allgemeinen (unkodifizierten) Zweckübertragungsregel immanent ist.[993]

Zur Gewährleistung der umfassenden Beteiligung des Urhebers knüpft diese nämlich nicht an die dem Urheber in Gestalt der Vergütung zu erbringende Gegenleistung an, sondern beschränkt sich auf die Kontrolle der Rechtseinräumung seitens des Urhebers, indem sie allein *deren* Umfang am Vertragszweck ausrichtet.[994] Selbst wenn man also mit einem Großteil der Literatur die Zweckübertragungsregel als eine parteiische Regel zugunsten des Urhebers bewertet,[995] so betrifft dieser Schutz innerhalb des Nutzungsvertrags ausschließlich die Leistungsseite. Ihr Regelungsgehalt beinhaltet dagegen keine Ausprägung des intendierten Urheberschutzes derart, dass zugleich die Vergütung der freien Vereinbarung durch die Parteien des Nutzungsvertrags entzogen ist.[996] Sie hat allenfalls mittelbar Auswirkungen auf die Bezahlung des Urhebers, indem die Begrenzung der Rechtseinräumung ihm die Möglichkeit gibt, hinsichtlich der bei ihm verbliebenen Nutzungsmöglichkeiten neu über den Preis zu verhandeln.[997] Daraus wird aber gerade deutlich, dass die Preisbildung letztlich an die Vertragsparteien zurückfällt, während die Zweckübertragungsregel selbst keinen hinreichend konkreten Kontrollmaßstab bereitstellt.

Von dieser Unzulänglichkeit der Zweckübertragungsregel für eine Preis-

---

1999, 707 [711] (*Kopienversanddienst*); GRUR 2001, 51 [52] (*Parfumflacon*); *Kraßer*, S. 112; *Voß*, S. 4 f.

992 So *Schaaf*, S. 107 f.

993 Siehe zur allg. Zweckübertragungsregel *Schweyer*, S. 64 ff. sowie seine ausführliche Rechtsprechungsanalsye S. 18 ff.

994 Freilich kann auch für die Beurteilung des konkreten Vertragszwecks die Höhe der Vergütung eine Rolle spielen, vgl. etwa *Zentek/Meinke*, S. 23.

995 So *Riesenhuber* in: GRUR 2005, 712 [713]; *Schack*, Rn. 615; *Schricker/Loewenheim* in: dies. § 31 Rn. 69 f.; wohl auch *Schulze* in: Dreier/Schulze § 31 Rn. 110 ff.; dagegen ausdrücklich für ein neutrales Verständnis *Berger* in: Berger/Wündisch, HdB UrhVR, § 1 Rn. 96; neuerdings auch *J.B. Nordemann* in: Fromm/Nordemann § 31 Rn. 110.

996 *J.B. Nordemann* in: Fromm/Nordemann § 31 Rn. 109; *Schulze* in: GRUR 2005, 828 [829]; ähnlich *Donle*, S. 263; *Schweyer*, S. 117, a. A. wohl *Schack* in: GRUR 2002, 853 [854], nach dem der Zweckübertragungsgedanke als Kontrollmaßstab die Angemessenheit des Verhältnisses von Leistung und Gegenleistung entscheidend prägt.

997 Vgl. RGZ 118, 282 [285] (*Musikantenmädel*); 123, 312 [319 f.] (*Wilhelm Busch*); 134, 198 [201] (*Schallplattenrechte*); *Riesenhuber* in: GRUR 2005, 712 [714]; *Schaaf*, S. *108*; *Schweyer*, S. 117 f., der gerade darin ein (nur gesetzgeberisch lösbares) Defizit der Zweckübertragungsregel sieht; auch *Voß*, S. 8 spricht der Zweckübertragungsregel nur mittelbare Auswirkungen auf die angemessene Vergütung zu.

kontrolle schien ganz offensichtlich auch der Reformgesetzgeber des Jahres 2002 auszugehen. Um die vertragliche Stellung des Urhebers zu stärken, sollte dem Prinzip der angemessenen Vergütung mit § 11 S. 2 UrhG erstmals ausdrücklich Leitbildfunktion zuerkannt werden.[998] Diese noch eher programmatische Vorschrift wurde außerdem begleitet von den ebenfalls neu geschaffenen Regeln der §§ 32, 32a UrhG, die explizit den Anspruch des Urhebers auf angemessene Vergütung sicherstellen sollen.[999] Unabhängig von der noch zu klärenden Frage, inwieweit die §§ 11 S. 2, 32, 32a UrhG als rechtliche Maßstäbe i. S. d. § 307 Abs. 3 S. 1 UrhG geeignet sind, ist aus der Tatsache der Neuschaffung dieser Vorschriften im Umkehrschluss jedenfalls erkennbar, dass auch der Gesetzgeber der Zweckübertragungsregel im Ergebnis keine zureichenden Vorgaben für die Vergütung des Urhebers zusprach. Noch deutlicher wird dies aus der Begründung des Referentenentwurfs, in der einerseits eingestanden wird, dass die (vormaligen) Regelungen der §§ 28 ff. UrhG a. F. in *»keiner Weise die Angemessenheit der Vergütung«* regeln. Andererseits wird § 31 Abs. 5 UrhG in der Begründung allein hinsichtlich der dadurch möglichen Beschränkung des Rechteumfangs, nicht aber in Bezug auf eine etwaige Vergütungskontrolle mit in die Analyse des erreichten Schutzniveaus einbezogen.[1000] Im Ergebnis ist der Zweckübertragungsregel aus diesen Gründen bereits ihrem Regelungsgehalt nach eine Einstufung als rechtlicher Maßstab für die Vergütungskontrolle zu versagen.

bb. Der Grundsatz der angemessenen Vergütung gemäß § 11 S. 2 i. V. m. § 32 Abs. 2 UrhG als rechtliche Vorgabe für die Vergütungshöhe?

Eine solche Aussage zur Gegenleistung im Nutzungsvertrag beinhaltet hingegen § 11 S. 2 UrhG, indem hiernach – in Abweichung zum allgemeinen Privatrecht[1001] – das Prinzip der angemessenen Vergütung für die Nutzung des Werkes zum wesentlichen Schutzinhalt des Urheberrechts bestimmt wird. Wie soeben angesprochen, wurde § 11 S. 2 UrhG mit dem Gesetz zur Stärkung der vertraglichen Stellung von Urhebern und ausübenden Künstlern vom März 2002[1002] als weitere, nunmehr auch insoweit ausdrücklich anerkannte Ausprägung des urheberrechtlichen Schutzinhalts eingefügt. Die Regelung war weder im soge-

998 So explizit Beschlussempfehlung und Bericht des Rechtsausschusses, BT-Drs. 14/8058, S. 18; LG Berlin ZUM-RD 2008, 18 [19] (*AGB Zeitungen/Zeitschriften*) (n. rkr.); *Bullinger* in: Wandtke/Bullinger § 11 Rn. 3; *Scholz* in: Mestmäcker/Schulze, 45. AL (12/07), § 31 Rn. 107; *Schulze* in: Dreier/Schulze § 11 Rn. 8.

999 Dazu eingehend *Voß*, S. 23 ff.

1000 Vgl. RefE vom 30. 5. 2001 unter Ziffer A.II.5.a) = *Mestmäcker/Schulze*, Anhang A 17a, S. 11.

1001 Das Prinzip der Äquivalenz von Leistung und Gegenleistung ist dem bürgerlichen Recht fremd; es gilt lediglich abgeschwächt bei groben Abweichungen, wie die Vorschriften der §§ 138, 275 Abs. 2, 313 BGB zum Ausdruck bringen.

1002 BGBl. 2002 I, S. 1155.

nannten Professorenentwurf[1003] noch im Regierungsentwurf[1004] enthalten und lässt sich nur auf einen »*Vorschlag aus der Medienwirtschaft*«[1005] zurückführen, mit dem diese offenbar einen konkreten gesetzlichen Anspruch verhindern wollte.[1006] Ebenso wie zuvor bereits § 11 S. 1 UrhG handelt es sich bei der Ergänzung um eine Art Generalklausel bzw. Normzweckbestimmung, die selbst zwar keine eigene Anspruchsgrundlage vermittelt, jedoch bei der Auslegung der Normen des Urheberrechtsgesetzes sowie des Nutzungsvertrags zu beachten ist.[1007]

Fragwürdig erscheint, inwiefern die Neuregelung von 2002 sich darüber hinaus für die Preiskontrolle im Rahmen der AGB-Prüfung funktionalisieren lässt. Hierfür spricht zunächst die eindeutige Positionierung des Reformgesetzgebers, nach dem »*im Rahmen der AGB-Kontrolle das Prinzip der angemessenen Vergütung als wesentlicher Grundgedanke des Urheberrechts zu achten*«[1008] ist. In grundsätzlicher Anerkennung dieser vom Gesetzgeber ebenfalls ausdrücklich angesprochenen Leitbildfunktion des § 11 S. 2 UrhG[1009] bezweifelt allerdings *Schricker* unter Hinweis auf § 307 Abs. 3 S. 1 BGB, dass dies auch die Kontrolle der Angemessenheit der Gegenleistung umfasse, sondern insoweit nur die Preisnebenabreden betroffen seien.[1010] Allerdings ist dieser Argumentation mit dem bereits herausgearbeiteten Grundsatz entgegenzutreten, dass die Kontrollfähigkeit einer (Preis-)Klausel nicht *per se* aufgrund einer hier vermeintlich bestehenden Vorgabe in § 307 Abs. 3 S. 1 BGB zu verneinen ist, sondern vielmehr von der Existenz geeigneter rechtlicher Maßstabe abhängt. Nachdem der Gesetzgeber das Prinzip der angemessenen Vergütung explizit

1003 *Schricker/Loewenheim/Dietz/Nordemann/Vogel* in: GRUR 2000, 765 ff.

1004 Vgl. BReg BT-Drs. 14/7564.

1005 Unterzeichnet von diversen Medienverbänden sowie den öffentlich-rechlichen Rundfunkanstalten ARD und ZDF, abrufbar unter http://www.ory.de/uvr/UrhVR-Vorschlag.pdf (dort S. 2) (zuletzt abgerufen am 01.08.11).

1006 So die Analyse von *Schricker* in: ders, 3. Aufl. 2006, § 11 Rn. 3, der darauf hinweist, dass dieses »*Ausweichmanöver*« seitens der Medienwirtschaft letztlich sogar bewirkte, dass der Gesetzgeber sowohl einen gesetzlich festgeschriebenen Anspruch (in Gestalt des § 32 UrhG) als auch die Generalklausel des § 11 S. 2 UrhG einfügte.

1007 *Bullinger* in: Wandtke/Bullinger § 11 Rn. 3 f.; *Dreyer* in: Dreyer/Kotthoff/Meckel § 11 Rn. 11 f.; *W. Nordemann*, Das neue UrhVR, § 11 Rn. 2; *Schricker* in: Schricker, 3. Aufl. 2006, § 11 Rn. 4; *Zentek/Meinke*, S. 23; für bloßen Programmsatz dagegen *Haas*, Rn. 135.

1008 So explizit Beschlussempfehlung und Bericht des Rechtsausschusses, BT-Drs. 14/8058, S. 18; inwiefern dieser Intention gesetzessystematische Bedenken begegnen, dazu sogleich.

1009 Vgl. erneut Bericht und Beschluss des Rechtsausschusses, BT-Drs. 14/8058, S. 18.

1010 So *Schricker* in: Schricker, 3. Aufl. 2006 § 11 Rn. 5; zustimmend *Loewenheim* in: Schricker/Loewenheim § 11 Rn. 8; neuerdings auch *Czychowski* in: Fromm/Nordemann § 11 Rn. 6 f. diese Überlegung leitet auch das OLG München, Urt. v. 21.04.11 – 6 U 4127/10, BeckRS 2011, 08329.

zum Schutzinhalt des gesamten Urheberrechts erklärte, bringt er damit gerade seinen Willen zum Ausdruck, die erforderlichen rechtlichen Wertungen bereitzustellen. Die Kontrolle von (unmittelbaren) Vergütungsabreden ist jedenfalls nicht insoweit von vornherein ausgeschlossen. Vielmehr ist zu untersuchen, ob diese neu geschaffenen Regelungen für die AGB-Kontrolle tatsächlich funktionalisierbar sind.

Zunächst einmal ist eine vertraglich abweichende Vergütungsabrede dergestalt, dass ein nicht angemessenes Honorar für die eingeräumten Nutzungsrechte vereinbart wird, durchaus denkbar.[1011] Diese bei den deklaratorischen Klauseln gezeigte notwendige Möglichkeit der Abweichung findet ihre Bekräftigung in § 32 Abs. 1 S. 3 UrhG. Hiernach setzt auch der Gesetzgeber den Fall einer nicht angemessenen Vergütungsabrede voraus, um hierfür einen entsprechenden Korrekturanspruch bereitzustellen. Die Leistung bzw. Gegenleistung entspricht demnach nicht *a priori* der in § 32 Abs. 2 UrhG konkretisierten Wertung des Gesetzgebers, sondern es entsteht bei einer Abweichung lediglich ein Anspruch darauf, dass der Vergütungsanspruch durch Abgabe einer entsprechenden Willenserklärung seitens des Verwerters korrigiert wird.[1012] Eine etwa existierende gemeinsame Vergütungsregel setzt sich nicht unmittelbar gegenüber einer anders lautenden Vertragsvereinbarung durch.[1013] Erst nach der (richterlichen) Vertragskorrektur existiert eine Entgeltabrede, die den Wertungen des Gesetzgebers zu entsprechen vermag. Gleiches gilt hinsichtlich der unbekannten Nutzungsarten, bei denen ein etwaiger (unangemessener) vertraglicher Vergütungsanspruch grundsätzlich neben dem gesetzlichen Anspruch aus § 32c Abs. 1 UrhG steht.

Indes muss die gesetzgeberische Vorgabe auch hinreichend konkret sein, um als rechtlicher Maßstab für die Inhaltskontrolle der (Preis-)Klausel dienen zu können. Der Programmsatz des § 11 S. 2 UrhG selbst erfüllt diese Anforderung nicht. Das notwendige Maß an Bestimmtheit ergibt sich für den Richter – jedenfalls individualvertraglich – jedoch aus § 32 Abs. 2 UrhG, der die Wertungsentscheidung aus § 11 S. 2 UrhG konkretisiert. Dort wird die nach § 32 Abs. 1 UrhG geschuldete angemessene Vergütung derart ausgestaltet, dass diese sich primär nach einer gemeinsamen Vergütungsregel i. S. d. § 36 UrhG oder hilfsweise nach der Üblich- und Redlichkeit im Geschäftsverkehr bestimmt. So

1011 Unzutreffend insoweit *Haas*, Rn. 136.

1012 Vgl. *Berger* in: Berger/Wündisch, HdB UrhVR, § 2 Rn. 56 ff.; *U. Schmidt* in: ZUM 2002, 781 [783]; *Schulze* in: Dreier/Schulze § 32 Rn. 25; *Voß*, S. 64 f.; *Erdmann* in: GRUR 2002, 923 [925] sowie *Haas*, Rn. 190 weisen jedoch unter Berufung auf BGHZ 115, 63 [65] (*Horoskop-Kalender*) darauf hin, dass die Klage auf Einwilligung in die Vertragsänderung mit der Zahlungsklage verbunden werden kann.

1013 So ausdrücklich *Peifer* in: AfP 2008, 545 [546].

reicht es für die Kontrollfähigkeit einer Klausel aus, wenn nicht das Entgelt selbst, sondern nur die Maßstäbe für seine Bemessung vorgegeben werden.[1014]

Gegenüber der Funktionalisierung des § 32 Abs. 2 UrhG für die Inhaltskontrolle ergeben sich jedoch Bedenken systematischer Natur. Diese beruhen auf der wesensverschiedenen Funktionsweise von Angemessenheitskontrolle nach § 307 Abs. 1 BGB einerseits und § 32 Abs. 2 UrhG andererseits. So ist nach ersterer grundsätzlich eine generell-abstrakte Betrachtungsweise vorzunehmen,[1015] während die Kriterien des § 32 Abs. 2 UrhG – abgesehen vom Fall einer gemeinsamen Vergütungsregel – ausschließlich auf den Einzelfall abstellen.[1016] Denn wie bereits der Wortlaut des § 32 Abs. 2 UrhG deutlich macht, sind für die insoweit maßgebliche Üblich- und Redlichkeit alle relevanten Umstände des Nutzungsvertrags zu berücksichtigen. Der angerufene Richter befände sich damit in der widersprüchlichen Situation, dass er eine typisierende Prüfung anhand von individuell zu beurteilenden Kriterien vornehmen müsste. Aufgrund des generell-abstrakten Charakters der AGB selbst, ist ihm eine solche Abwägung anhand der Einzelinteressen der Vertragsparteien aber gerade untersagt; er muss sie gewissermaßen ausblenden.[1017] Dieser Grundsatz der AGB-Kontrolle ergibt sich im Übrigen schon *e contrario* aus § 310 Abs. 3 Nr. 3 BGB, der den Prüfungsmaßstab bei Verbraucherverträgen ausdrücklich um die Berücksichtigung auch individueller Umstände ergänzt.[1018]

Der Inhaltskontrolle nach den §§ 307 ff. BGB und der Angemessenheits-

1014 *Coester* in: Staudinger § 307 Rn. 325; i.Ü. gilt die Angemessenheitsregel des § 32 UrhG anders als etwa §§ 612 Abs. 2, 632 Abs. 2 BGB keinesfalls nur, wenn es an einer Vergütungsabrede insgesamt fehlt. Dieser von § 32 Abs. 1 S. 2 UrhG (ebenfalls) erfasste Fall gilt ausweislich § 32 Abs. 1 S. 3 UrhG vielmehr als eine Alternative neben der Situation, dass eine (unangemessene) vertragliche Honorarvereinbarung existiert.

1015 Vgl. nur BGH NJW 1997, 3372 [3374]; NJW 2000, 2106 [2107]; *Fuchs* in: Ulmer/Brandner/Hensen § 307 Rn. 110; *Kieninger* in: MüKo § 307 Rn. 35; *Wolf* in: Wolf/Lindacher/Pfeiffer § 307 Rn. 77.

1016 *V. Westphalen* in: AfP 2008, 21[23 ff.], der zudem noch auf andere systematische Friktionen hinweist und überdies bereits von einer Spezialität des Änderungsanspruchs gemäß § 32 Abs. 1 S. 3 UrhG gegenüber der Kontrolle nach §§ 307 BGB ausgeht; so stellt auch der BGH in seiner Entscheidung *Talking to Addison* (GRUR 2009, 1148 [1153 f.]) explizit auf individuelle Umstände ab, wie ebenfalls *Czychowski* in: GRUR-Prax 2010, 106 gegenüber einer AGB-rechtlichen Funktionalisierung der §§ 11 S. 2, 32 UrhG anführt.

1017 BGH NJW 2002, 1713 [1715]; *Fuchs* in: Ulmer/Brandner/Hensen § 307 Rn. 110 ff.; *Kieninger* in: MüKo § 307 Rn. 35; individuelle Umstände können damit allenfalls für die Zuordnung zu einer bestimmten gruppentypischen Interessenlage herangezogen werden, vgl. *Coester* in: Staudinger § 307 Rn. 113; offener auch für eine allgemeine Berücksichtigung von individuellen Umständen im Individualprozess dagegen *Wolf* in: Wolf/Lindacher/Pfeiffer § 307 Rn. 86.

1018 Diese Erweiterung des Maßstabs (teilweise wird auch eine Ersetzung vertreten, vgl. *Schmidt-Salzer* in: JZ 1995, 223) beruht auf den Vorgaben des Art. 4 Abs. 1 der Richtlinie über missbräuchliche Klauseln in Verbraucherverträgen; dazu eingehend etwa *Fuchs* in: Ulmer/Brandner/Hensen § 307 Rn. 115, 402 ff.

prüfung nach § 32 Abs. 2 UrhG liegen damit völlig gegenteilige Ansätze zugrunde.[1019] Die vom Gesetzgeber proklamierte Leitbildfunktion des § 11 S. 2 UrhG lässt sich daher kaum in das System des AGB-Rechts einpassen. Abgesehen davon, dass allein die gesetzgeberische Vorstellung ohnehin noch kein zwingendes Indiz für das zutreffende Verständnis der gesetzlichen Norm darstellt,[1020] weist die Gesetzesbegründung auch selbst auf eine geeignetere Kontrollmöglichkeit hin. So wurde bereits mehrfach angesprochen, dass nach den Vorstellungen des Gesetzgebers die Angemessenheit in Ermangelung einer redlichen Branchenübung nach billigem Ermessen festzustellen ist.[1021] Dieser Rückgriff entspricht mehr den soeben aufgezeigten Beurteilungskriterien des § 32 Abs. 2 UrhG, da die Billigkeitskontrolle nach § 315 Abs. 3 BGB auf die Herstellung von Einzelfallgerechtigkeit ausgerichtet ist und damit ebenfalls individuelle Umstände berücksichtigt.[1022]

Zuletzt hat das Landgericht München I noch ein weiteres Argument ins Feld geführt, das ebenfalls gegen die Funktionalisierbarkeit des § 32 Abs. 2 UrhG i.R.d. AGB-Inhaltskontrolle spricht. So führt es mit Blick auf einen möglichen AGB-rechtlichen Unangemessenheitsbefund überzeugend aus, dass die hieran geknüpfte Unwirksamkeitsfolge gegenüber dem spezielleren bloßen Anpassungsanspruch des § 32 Abs. 1 S. 3 UrhG einen unnötig starken Eingriff in die Vergütungsabrede des Nutzungsvertrags darstellt.[1023] Dieser sich als Rechtsfol-

---

1019 Darin besteht der entscheidende Unterschied zu den bereits angeführten gesetzlichen Gebührenordnungen, die anerkanntermaßen für eine AGB-rechtliche Preiskontrolle herangezogen werden können. Diese erfordern keine Abwägung anhand des Einzelfalls, sondern erachten eine Vergütungsabrede dann als unwirksam, wenn sie vom gesetzlichen Gebührenrahmen abweicht; *v. Westphalen* weist zudem darauf hin, dass diese unmittelbare Unwirksamkeitsanordnung etwa des § 4 Abs. 1 HOAI in Abweichung von dem bloßen Abänderungsanspruch nach § 32 Abs. 1 S. 3 UrhG weitaus deutlicher in Richtung Preiskontrolle weist; vgl. AfP 2008, 21 [25] m. w. N.

1020 *V. Westphalen* in: AfP 2008, 21 mit Verweis auf *Heinrichs* in: Palandt Einl. Rn. 40; in diesem Zusammenhang lässt sich auch auf den bekannten Ausspruch von *Canaris* (Handelsrecht, 24. Aufl. 2006, § 5 Rn. 52) rekurrieren: »*Keinesfalls kann es angehen, Torheiten der Ministerialbürokratie auf dem Umweg über die Gesetzesbegründung zum geltenden Recht zu erheben.*«.

1021 Vgl. erneut Bericht und Beschluss des Rechtsausschusses, BT-Drs. 14/8058, S. 18; zustimmend *Kotthoff* in: Dreyer/Kotthoff/Meckel § 32 Rn. 39; *Lindner* in: Mestmäcker/Schulze, 43. AL (12/06), § 32 Rn. 27; *Schricker* in: GRUR Int. 2002, 797 [806]; *Schulze* in: Dreier/Schulze § 32 Rn. 51.

1022 Dieser divergierende Maßstab wird allgemein zum Anlass für die Aussage genommen, dass die §§ 315 ff. BGB nicht als Maßstab für eine Kontrolle von (abstrakt-generellen) AGB herangezogen werden können. Davon zu unterscheiden ist indes die oben gezeigte Möglichkeit, dass die Vereinbarung eines Leistungsbestimmungsrechts ihrerseits der Kontrolle anhand der §§ 315 ff. BGB unterliegt, vgl. *Fuchs* in: Ulmer/Brandner/Hensen Vor § 307 Rn. 66 f. m. w. N.

1023 LG München I ZUM 2010, 825 [827 f.] (n. rkr.); das OLG München als Berufungsinstanz lehnte diese Argumentation unter Rückgriff auf die Gesetzesbegründung mit Urt. v.

genüberschuss darstellende Umstand erscheint zudem auch aus gesetzessystematischer Sicht widersinnig. Denn wie das Landgericht weiter mit Recht herausstellt, liefe § 32 Abs. 1 S. 3 UrhG – entgegen seiner vorgesehenen Anwendung auf Formularverträge – im Fall der Anwendbarkeit der §§ 307 ff. BGB praktisch leer, indem die Unwirksamkeitsanordnung der §§ 307, 306 BGB eine Vertragsanpassung in Ermangelung eines dann noch anzupassenden Synallagmas zwingend vereiteln und § 32 Abs. 1 S. 3 UrhG damit praktisch der Bedeutungslosigkeit ausliefern würde.[1024]

Aus dieser Vielzahl von Gründen kann letztlich also nicht auf § 32 Abs. 2 UrhG als Konkretisierung des rechtlichen Maßstabs des § 11 S. 2 UrhG zurückgegriffen werden, so dass die Kontrollfähigkeit der Vergütungshöhe im Ergebnis zu verneinen ist. Damit ist sie sowohl einer Kontrolle im Rahmen eines Individualprozesses, insbesondere aber auch im Wege eines Kontrollverfahrens nach § 1 UKlaG entzogen.[1025] Die Bestimmung des Honorars unterliegt indes – sofern eine Vergütungsregel sowie eine redliche Branchenübung für den konkreten Vertrag fehlen – einer (individualvertraglichen) Billigkeitskontrolle entsprechend § 315 Abs. 3 BGB,[1026] sofern der Urheber eine Abänderungsklage nach § 32 Abs. 1 S. 3 UrhG geltend macht. Dies erscheint gegenüber der AGB-Inhaltskontrolle zugleich als Möglichkeit einer sachgerechten und deutlich schonenderen Korrektur des mitunter von einer langen Zusammenarbeit geprägten Nutzungsvertrags.[1027]

Im Übrigen unterliegt die Vergütungshöhe erst recht dann keiner Inhaltskontrolle, wenn sie durch eine gemeinsame Vergütungsregel i. S. d. § 36 UrhG erfolgt bzw. auf eine solche durch den Nutzungsvertrag in vorformulierter Weise

---

21.04.11 unter dem Az. 6 U 4127/10 (BeckRS 2011, 08329) indes ab und bejahte eine Kontrollunterworfenheit und in der Folge auch die Unangemessenheit am Maßstab des § 11 S. 2 UrhG, wenngleich es sich hierbei v. a. daran stößt, dass nach der kundenfeindlichsten Auslegung (§ 305c Abs. 2 BGB) der Formulierung *»mit jeder Honorarzahlung«* bereits eine Teilzahlung des vereinbarten Pauschalhonorars zur Abgeltung der vorgesehenen Nutzungsrechteeinräumung führe.

1024 LG München I ZUM 2010, 825 [827 f.]; zustimmend *Schippan* in: ZUM 2010, 782 [785]; für eine Spezialität bereits *v. Westphalen* in: AfP 2008, 21 [23 ff.].

1025 So überzeugend *v. Westphalen* in: AfP 2008, 21 [22 ff.]; zustimmend *v. Becker* in: Loewenheim, HdB UrhR, § 29 Rn. 156; jedenfalls für die Verbandsklage ebenso *Czychowski* in: Fromm/Nordemann § 11 Rn. 6; a. A. LG Berlin ZUM-RD 2008, 18 [19] (*AGB Zeitungen/ Zeitschriften*) (n. rkr.), wonach § 11 S. 2 UrhG als Leitbild einer Inhaltskontrolle nach § 307 BGB herangezogen werden kann; ebenso auf die Berufung im Hauptsacheverfahren KG ZUM 2010, 799 [802] (n. rkr.), die Revision wird beim BGH unter dem Az. I ZR 73/10 geführt; ferner LG Hamburg ZUM 2010, 72 [73] (n. rkr.); ZUM 2010, 818 [822] (n. rkr.); LG Rostock ZUM 2010, 828 [831]; ohne nähere Begründung auch *Stoffels* in: Wolf/Lindacher/Pfeiffer Anh. § 310 Rn. U 26.

1026 Vgl. OLG München AfP 2007, 128 [131] (*the clash of fundamentalism*) (n. rkr.); LG Stuttgart ZUM 2009, 77 [81] (n. rkr.).

1027 So bereits *Schippan* in: ZUM 2010, 782 [785 f.] sowie andeutungsweise *Castendyk* in: AfP 2010, 434 [438] und zuletzt *Dietrich* in: GRUR-Prax 2011, 16.

Bezug genommen wird. Allerdings folgt dies nicht erst aus der mangelnden Funktionalisierbarkeit des § 32 Abs. 2 UrhG, sondern bereits aus dem quasinormativen Charakter[1028] von gemeinsamen Vergütungsregeln. Es liefe der gesetzgeberischen Annahme, dass eine nach § 36 UrhG ausgehandelte Vergütungsregel angemessen i. S. d. § 32 UrhG ist, zuwider, wenn das hierbei vereinbarte Ergebnis wiederum durch den Richter überprüfbar wäre.[1029] Es wäre dann gerade keine unwiderlegliche Vermutung ihrer Angemessenheit. Insoweit besteht eine gewisse Parallelwertung zu den ebenfalls durch Kollektivparteien ausgehandelten Tarifverträgen, wenngleich diese freilich unmittelbar Rechtsnormen enthalten und gemäß § 310 Abs. 4 S. 1 BGB explizit von der AGB-Kontrolle ausgenommen werden.[1030]

cc. § 32c UrhG als Vorgabe für die Aufspaltung der vertraglichen Vergütung?

Zwar gilt das Prinzip der Kontrollfreiheit von Preisklauseln in erster Linie für die Preis- bzw. Vergütungshöhe. Anerkannt ist allerdings ebenso, dass der Grundsatz der Kontrollunfähigkeit auch die Aufschlüsselung des Preises in einzelne Teilpreise oder Preisbestandteile für Teilleistungen umfasst.[1031] Grundsätzlich geht die Preisgestaltungsfreiheit des Klauselverwenders – vorbehaltlich einer Transparenzkontrolle – also so weit, dass er neben der Vergütungshöhe auch über das Ob und Wie einer Entgeltaufschlüsselung frei entscheiden kann. Bezogen auf den urheberrechtlichen Nutzungsvertrag bedeutet dies die prinzipielle Freiheit des Verwerters, entweder einen Gesamtpreis zu formulieren, in den alle eingeräumten Nutzungsrechte bereits eingepreist sind, oder seine Kalkulation von Einzelposten (teilweise) offenzulegen.

Den Ausführungen zur Kontrollfähigkeit der Vergütungshöhe entsprechend findet diese grundsätzliche Kontrollfreiheit von Preisaufspaltungen ihre Grenze wiederum im dispositiven Recht.[1032] Demnach ist die Kontrollfähigkeit der Entscheidung über die Preisaufspaltung immer dann zu bejahen, wenn insoweit rechtliche Vorgaben existieren, die als Maßstab einer Inhaltskontrolle herangezogen werden können. So nahm der BGH in einem Fall betreffend die Zulässigkeit von Postenpreisklauseln in einem Giroverhältnis eine Plausibilitätskontrolle vor, wenngleich er die Kontrollunterworfenheit zuvorderst auf die

1028 Vgl. *Wandtke/Grunert* in: Wandtke/Bullinger § 36 Rn. 2.

1029 *Dietz/Haedicke* in: Schricker/Loewenheim § 36 Rn. 29; *Flechsig/Hendricks* in: ZUM 2002, 423 [429]; ähnlich *Ory* in: AfP 2002, 93 [103]; *Schmidt* in: ZUM 2002, 781 [784].

1030 Sogar für eine analoge Anwendung des § 310 Abs. 4 BGB auf gemeinsame Vergütungsregeln *Czychowski* in: Fromm/Nordemann § 36 Rn. 25; *Schulze* in: Dreier/Schulze § 36 Rn. 36.

1031 BGH NJW 1992, 688 [689]; NJW 1998, 383; NJW-RR 2001, 343; *Canaris* in: AcP 200 (2000), 273 [329 ff.]; *Coester* in: Staudinger § 307 Rn. 329; *Horn* in: WM 1997, Sonderbeilage Nr. 1, S. 9 f.; *Köndgen* in: NJW 1996, 558 [562]; *Meder* in: NJW 1996, 1849 [1850].

1032 *Fuchs* in: Ulmer/Brandner/Hensen § 307 Rn. 77.

Qualifizierung der Postenpreisklausel als Preisnebenabrede stützte und die Argumentation ohnehin eher von Transparenzerwägungen getragen wird.[1033]

Dessen ungeachtet existiert mit § 32c UrhG im Urhebervertragsrecht für die unbekannten Nutzungsarten eine Vorschrift, die als Aussage des Gesetzgebers betreffend die Auszeichnung der Vergütung zu berücksichtigen sein könnte. Hiernach gewährt der Gesetzgeber dem Urheber für die Verwertung in einer bei Vertragsschuss unbekannten Nutzungsart einen Anspruch auf *gesonderte* angemessene Vergütung und macht damit deutlich, dass dieser Posten jedenfalls gesondert auszuweisen ist.

Problematisch ist indes, ob diese Vorgabe zugleich eine Rechtsvorschrift i. S. d. § 307 Abs. 3 S. 1 BGB darstellt und damit eine Inhaltskontrolle der (fehlenden) Aufspaltung der Vergütung ermöglicht. Dagegen spricht nicht bereits die Anordnung des § 32c Abs. 3 S. 1 BGB, nach der eine Abweichung i. S. d. § 307 Abs. 3 S. 1 BGB vermeintlich unmöglich gemacht wird. Dieser Schluss übersähe nämlich die zuvor umfangreich erörterte Systematik des § 32c UrhG. Demnach ist dieser als gesetzlicher Anspruch ausgestaltet, der in seiner Entstehung (wenngleich nicht in seinem Bestehen)[1034] unabhängig von der hier in Rede stehenden vertraglichen Vergütungsabrede ist und allein auf der Erfüllung des gesetzlichen Tatbestandes beruht. Die Vertragsparteien können folglich eine abweichende *vertragliche* Vereinbarung derart treffen, dass sie keine *gesonderte angemessene* Vergütung für die Verwertung in unbekannten Nutzungsarten vorsehen.[1035] Die Honorarvereinbarung ist insoweit nicht von vornherein auf die Wertungsentscheidung des Gesetzgebers festgelegt. Stattdessen wird ein selbständiger gesetzlicher Anspruch begründet, der die getroffene vertragliche Vereinbarung unberührt lässt.[1036] Lediglich die Möglichkeit der (vorherigen) Disposition über diesen gesetzlichen Anspruch entzieht § 32c Abs. 3 S. 1 UrhG den Parteien, ohne aber zugleich in den Primat der Parteiabrede einzugreifen.

Wenngleich damit die Möglichkeit einer vertraglichen Abweichung erwiesen ist, verhindert aber gerade dieses gesetzgeberische Schweigen in Bezug auf die vertragliche Abrede im Ergebnis, die Vorgabe der gesonderten Ausweisung als hinreichende Wertungsentscheidung für die Aufspaltung der Honorarvereinbarung zu qualifizieren. So lässt sich § 32c UrhG im Unterschied zu § 11 S. 2

1033 Vgl. BGH WM 1996, 1080 ff.; kritisch dazu *Horn* in: WM 1997, Sonderbeilage Nr. 1, S. 10.

1034 Vgl. dazu erneut oben S. 106 ff.

1035 Diese Differenzierung übersieht *Schuchardt*, S. 113, wenn sie die Kontrollunterworfenheit der Vergütung für die Rechte an den unbekannten Nutzungsarten bereits aufgrund des zwingenden Charakters des § 32c UrhG ablehnt.

1036 Zusätzlich deutlich wird diese Unabhängigkeit des § 32c UrhG daran, dass dem Urheber nach der amtlichen Begründung (BReg BT-Drs. 16/1828, S. 25) auch weiterhin die Rechte aus § 32 UrhG zukommen sollen, er mithin eine zweite Möglichkeit auf eine angemessene Vergütung hat, indem er unmittelbar die vertragliche Vergütungsabrede durch den Richter korrigieren lässt.

i. V. m. § 32 UrhG keine Aussage dergestalt entnehmen, dass dem Gesetzgeber eine vergleichbare Postenaufschlüsselung auch als Inhalt der *vertraglichen* Honorarabrede vorschwebt. Zwar erschiene auch eine solche Auslegung durchaus denkbar. Überzeugender ist allerdings die Annahme, dass er sich diesbezüglich einer Aussage enthalten wollte und sich auf das (ohnehin effizientere) Mittel des gesetzlichen Anspruchs beschränkte. Andernfalls wäre kaum zu erklären, warum die inhaltliche Vorgabe des § 32c UrhG nicht parallel zum Regelungssystem des § 32 Abs. 1 UrhG umgesetzt und damit als Eingriff in die eigentliche Parteiabrede ausgestaltet wurde. Die Vorgabe der Gesondertheit muss daher wie gezeigt vielmehr als Ausdruck der gesetzgeberischen Intention betrachtet werden, lediglich ein Aufgehen der (gesetzlich geschuldeten) Vergütung für die neuen Nutzungsarten in der wegen § 32 UrhG auch vertraglich geschuldeten angemessenen Vergütung zu verhindern, indem dieser Posten explizit auszuweisen ist. Die Gesondertheit betrifft damit allein das Verhältnis zwischen vertraglich und gesetzlich geschuldeter Vergütung, nicht aber den Inhalt der vertraglichen Vergütung selbst.

Aus diesem Grund lässt sich § 32c UrhG letztlich nicht als rechtliche Vorgabe für die Preisaufspaltung der vertraglichen Vergütung von unbekannten Nutzungsarten in AGB fruchtbar machen. Es bleibt daher auch hinsichtlich der unbekannten Nutzungsarten bei der Freiheit des Klauselverwenders, über die Aufschlüsselung der (vertraglichen) Vergütung nach eigenem Ermessen zu entscheiden. Eine diesbezügliche Inhaltskontrolle findet nicht statt. Die Gesondertheit der angemessenen Vergütung wird insofern allein individualvertraglich für den gesetzlichen Vergütungsanspruch relevant. Dieser kann insbesondere nicht durch die angemessene Vergütung aller eingeräumten Nutzungsarten abgegolten werden.[1037]

dd. Rechtliche Maßstäbe für vorformulierte Preisvorbehalte?

Aufgezeigt wurde bereits, dass hinsichtlich der Höhe des gesetzlichen Vergütungsanspruchs aus § 32c UrhG grundsätzlich auch ein einseitiges Preisbestimmungsrecht in Betracht kommt.[1038] Für dessen Kontrollfähigkeit spricht bereits die Tatsache, dass es nicht unmittelbar den Gegenstand der Hauptleistung regelt, sondern als Vereinbarung einer Änderungsbefugnis eine ergänzende Nebenabrede darstellt.[1039] Zudem deutet auch die Existenz der §§ 309

1037 Ähnlich *Wandtke/Grunert* in: Wandtke/Bullinger § 32c Rn. 16.

1038 Vgl. oben S. 123 ff., wo die (individualvertragliche) Zulässigkeit eines Preisvorbehalts ebenso für den vertraglichen Vergütungsanspruch (für die unbekannten Nutzungsarten) bejaht, angesichts des Einigungserfordernisses des § 31a Abs. 2 UrhG allerdings für recht unwahrscheinlich gehalten wurde.

1039 Vgl. BGH NJW 1985, 853; NJW 1994, 1060 [1063]; *Fuchs* in: Ulmer/Brandner/Hensen

Nr. 1, 308 Nr. 4 BGB darauf hin. Dort greift der Gesetzgeber selbst zwei Sonderfälle des Leistungsbestimmungsrechts in speziellen Klauselverboten auf.

Gleichwohl bedarf es außerhalb des sachlichen Anwendungsbereichs dieser speziellen Klauselverbote zur Bejahung der Kontrollfähigkeit wiederum eines rechtlichen Maßstabs, der für die Inhaltskontrolle der einseitigen Preisbestimmung herangezogen werden kann. Für deren Herausarbeitung ist die (mögliche) Kontrolle des Leistungsbestimmungsrechts in zwei Aspekte zu unterteilen: einerseits dem Ob der Einräumung des Leistungsbestimmungsrechts sowie andererseits den durch AGB vorgesehen Kriterien zur Ausübung des Rechts.[1040] Nicht ergiebig für ersteres – also bzgl. der eigentlichen Zulässigkeit eines vorformulierten Preisvorbehalts – ist § 315 Abs. 1 BGB.[1041] Dieser beschränkt sich auf die Normierung einer Auslegungsregel für die Kriterien bei der Ausübung des Leistungsbestimmungsrechts.

Jedoch lässt sich auf die Vorschrift des § 311 Abs. 1 BGB abstellen, von der jedes einseitige Leistungsbestimmungsrecht eine Abweichung darstellt.[1042] Denn hiernach erfolgt die Festlegung von Rechten und Pflichten grundsätzlich durch vertragliche Vereinbarung entweder bei der Begründung des Schuldverhältnisses oder durch eine nachträgliche, aber konsensual herbeigeführte Änderung. Ein einseitiges Leistungsbestimmungsrecht bedeutet dagegen, dass unter Umständen Abweichungen von dem ursprünglich vereinbarten Leistungsinhalt ohne erneute beiderseitige Parteibeteiligung hinzunehmen sind. Mithin besteht eine gewisse Lockerung der vertraglichen Bindung des Inhabers des Bestimmungsrechts, also regelmäßig des Klauselverwenders.[1043] Infolgedessen ist ein vorformulierter einseitiger Preisvorbehalt zunächst daran zu messen, ob seine Einräumung durch besondere Gründe gerechtfertigt ist.[1044]

Parallel dazu verhält sich die Kontrollfähigkeit in Bezug auf die durch AGB vereinbarten Kriterien für die Ausübung der Preisbestimmung. Während § 311 Abs. 1 BGB als Maßstab für das Ob heranzuziehen ist, lässt sich § 315 Abs. 1 BGB für das Wie funktionalisieren. Legen die AGB des Verwerters solche Maßstäbe

---

§ 307 Rn. 174; *Rieble* in: Staudinger § 315 Rn. 235 sowie zuletzt *Thomas* in AcP 209 (2009), 84 [91].

1040 BGH NJW 1985, 623 [624]; *Stoffels* in: Wolf/Lindacher/Pfeiffer § Anh. 310 Rn. L 213 ff.

1041 Diese Feststellung ist indes nicht zu verwechseln mit der (beizupflichtenden) allgemeinen Ansicht, dass § 315 BGB nicht als genereller Maßstab für die Inhaltskontrolle geeignet ist, da dieser in Maßstab und Rechtsfolge von der Konzeption der Inhaltskontrolle wesentlich abweicht, vgl. dazu nur *Coester* in: Staudinger § 307 Rn. 40; *Fastrich*, S. 14 ff.; *Fuchs* in: Ulmer/Brandner/Hensen Vor § 307 Rn. 66; *Gottwald* in: MüKo § 315 Rn. 9.

1042 BGH NJW 1981, 2351 [2352]; NJW-RR 2005, 1496 [1500]; *Stoffels* in: Wolf/Lindacher/Pfeiffer Anh. § 310 Rn. L 212.

1043 *Fuchs* in: Ulmer/Brandner/Hensen § 307 Rn. 174.

1044 BGHZ 124, 351 [362 f.]; NJW 2000, 651 [652]; NJW-RR 2005, 1496 [1501]; *Coester* in: Staudinger § 307 Rn. 42; *Fuchs* in: Ulmer/Brandner/Hensen § 307 Rn. 175; *Stoffels* in: Wolf/Lindacher/Pfeiffer Anh. § 310 Rn. L 214.

fest und beschränken sich nicht darauf, die Leistungsbestimmung vom billigen Ermessen abhängig zu machen,[1045] wird von der Zweifelsregel des § 315 Abs. 1 BGB abgewichen. Ebenso wie soeben für § 31 Abs. 5 UrhG positiv festgestellt, kommen hierin die Wertvorstellungen des Gesetzgebers bzgl. der Kriterien bei der Ausübung eines einseitigen Leistungsbestimmungsrechts zum Ausdruck. So bezieht sich § 315 Abs. 1 BGB mit dem Begriff »*Leistung*« auf jedes Schuldverhältnis im engeren Sinne (§ 241 Abs. 1 BGB), so dass auch die Gegenleistung der Zweifelsregel des § 315 Abs. 1 BGB unterfallen kann.[1046]

Demnach ist in Abwesenheit einer diesbezüglichen Parteiabrede davon auszugehen, dass die Bestimmung nach billigem Ermessen erfolgt. Es bedeutet aber zugleich, dass jede abweichende Vereinbarung über die Kriterien der Leistungsbestimmung, soweit sie durch AGB erfolgt, sich an den Wertungen des Gesetzgebers in § 315 Abs. 3 BGB messen lassen muss.[1047] Daneben ergab sich ebenso wenig unter dem Aspekt der bloßen Rechtsdeklaration eine Kontrollimmunität der Vereinbarung.[1048]

Festzustellen ist daher, dass die durch AGB vorgenommene Vereinbarung eines einseitigen Preisvorbehalts einer umfassenden Inhaltskontrolle unterliegt. Für den Richter bedeutet dies im Ergebnis eine Zwei-Schritt-Prüfung: Bezogen auf die hier untersuchungsgegenständliche Klausel ist zunächst die vorformulierte Einräumung des einseitigen Preisvorbehalts des Verwerters zur Bestimmung des Anspruchs aus § 32c UrhG auf seine AGB-rechtliche Wirksamkeit zu überprüfen (Rechtfertigung durch besondere Gründe sowie ggfs. Gründe für Abweichung vom billigen Ermessen als Ausübungskriterium). Im zweiten Schritt ist dann ggfs. vermittels einer Billigkeitskontrolle (§ 315 Abs. 3 BGB) die Ausübung des Leistungsbestimmungsrechts, mithin die Festlegung des gesetzlichen Honoraranspruchs selbst, zu bewerten.[1049]

1045 In diesem Fall wäre die Klausel gegenüber § 315 Abs. 1 BGB deklaratorisch und damit hinsichtlich der Maßstäbe für die Leistungsbestimmung kontrollimmun, vgl. BGH NJW 1985, 623 [624]; *Stoffels* in: Wolf/Lindacher/Pfeiffer Anh. § 310 Rn. L 215.

1046 So jedenfalls implizit *Rieble* in: Staudinger § 315 Rn. 105 f.; insoweit nicht einschlägig ist dagegen § 316 BGB, der eine Vermutungsregel hinsichtlich des Inhabers des (Gegen-)Leistungsbestimmungsrechts, jedenfalls nicht aber bzgl. des Ausübungsmaßstabs aufstellt.

1047 BGH NJW 1985, 623 [624]; WRP 2005, 1253 [1257]; *Coester* in: Staudinger § 307 Rn. 44; *Fuchs* in: Ulmer/Brandner/Hensen § 307 Rn. 174 (dort Fn. 631); *Stoffels* in: Wolf/Lindacher/Pfeiffer Anh. § 310 Rn. L 215, die allesamt zum Ergebnis der Unzulässigkeit eines weitergehenden Ermessens kommen.

1048 Vgl. erneut oben ab S. 203.

1049 *Coester* in: Staudinger § 307 Rn. 42 f.; *Fuchs* in: Ulmer/Brandner/Hensen Vor § 307 Rn. 67; *Stoffels*, Rn. 393.

ee. *Zwischenergebnis*

Für die urhebervertraglichen Honorarklauseln bleibt damit im Ergebnis festzuhalten, dass sie ihrer Höhe nach mangels geeigneter Maßstäbe nicht kontrollfähig sind. Ebenso wenig bietet § 32c UrhG einen hinreichenden rechtlichen Maßstab für die AGB-rechtliche Bewertung der Angabe des Vergütungsgrundes bei den unbekannten Nutzungsarten, sondern beansprucht insoweit allein individualvertragliche Geltung. Kontrollfähig sind dagegen der Anlass sowie die Kriterien eines etwaigen diesbezüglichen Preisvorbehalts zugunsten des Verwerters.

b. *Kontrollfreiheit einer Preisklausel mangels Kontrollbedürftigkeit*

Ist damit die Kontrollfähigkeit eines etwaigen diesbezüglichen Leistungsbestimmungsrechts positiv festgestellt, so kann sich eine Kontrollimmunität nach den obigen Ausführungen gleichwohl noch dann ergeben, wenn die betroffenen vertraglichen Abreden nicht kontrollbedürftig sind. Entsprechend dem für die Kontrollbedürftigkeit herausgearbeiteten maßgeblichen Kriterium lautet die Testfrage, ob der durchschnittliche Kunde die fragliche Preisklausel zur Kenntnis nimmt und bei seiner Entscheidung über den Vertragsschluss in die Abwägung einbezieht.[1050] Regelmäßig wird sich hiernach in Bezug auf unmittelbar bezifferte Entgeltfestsetzungen für die Hauptleistung sowie für die Bewertung des Äquivalenzverhältnisses die mangelnde Kontrollbedürftigkeit feststellen lassen. Insoweit sorgt typischerweise der Markt für einen gerechten Interessenausgleich. So nahm auch der BGH immer dann eine kontrollfreie Preisvereinbarung an, wenn die Klausel unmittelbar Art und Umfang der Vergütung festlegte.[1051] In Abgrenzung zu dieser Kategorie der unmittelbaren Preisabreden kommt die Rechtsprechung des BGH für Preisnebenabreden hingegen regelmäßig zum Ergebnis der Kontrollunterworfenheit. Diese sollen immer dann vorliegen, wenn es sich um Modifizierungen des primär erkennbaren Preises handelt, die sich lediglich mittelbar auf den vereinbarten Preis auswirken.[1052]

Wie aber bereits im Zusammenhang mit den Leistungsklauseln thematisiert, birgt diese terminologische Unterscheidung, wie sie der BGH in verfestigter Rechtsprechung vornimmt, die Gefahr, dass zugunsten der begrifflichen Zuspitzung der eigentliche Normzweck des § 307 Abs. 3 BGB in den Hintergrund gerät. Deshalb sollte es im Zusammenhang mit der Kontrollbedürftigkeit als Ausschlusskriterium losgelöst von der jeweiligen Funktion der Preisklausel

1050 BGH NJW 1990, 2383; *Canaris* in: NJW 1987, 609 [613]; *Fuchs* in: Ulmer/Brandner/Hensen § 307 Rn. 85; *Grüneberg* in: Palandt § 315 Rn. 3; *Stoffels*, Rn. 449.

1051 BGHZ 106, 42 [46]; 116, 117 [119]; BGH NJW 1993, 1128 [1129]; NJW 2002, 2386.

1052 BGHZ 106, 42 [46]; BGH NJW 1998, 383; NJW 1999, 2276, NJW 2000, 651; NJW 2003, 1447; NJW-RR 2004, 1206.

immer primär um die hierfür jeweils festzustellende Kundenaufmerksamkeit gehen[1053], wenngleich der BGH zugegebenermaßen selten deutlich zwischen Kontrollbedürftigkeit einerseits und Kontrollfähigkeit andererseits unterscheidet.[1054]

Mit Blick auf die unbekannten Nutzungsarten lässt sich wiederum die bereits aufgezeigte Annexeigenschaft heranziehen. Ebenso wenig wie der Urheber der Rechtseinräumung erhöhte Aufmerksamkeit zukommen lassen wird, ist deren Vergütung im Regelfall maßgebend für seine Abschlussentscheidung. Dieser Befund gilt unabhängig davon, ob der Verwerter als Klauselverwender die vertragliche Vergütung für die unbekannten Nutzungsarten einzeln ausweist oder sie mit in das Gesamthonorar einpreist. Da der Urheber die wirtschaftliche Bedeutung der noch unbekannten Nutzungsart nicht einschätzen kann, wird er deren Vergütung auch dann regelmäßig nicht zum Gegenstand seiner erhöhten Aufmerksamkeit machen, wenn er der (pauschalen) Preisabrede an sich Beachtung schenkt. Die unbekannten Nutzungsarten – es sei denn sie sind der eigentliche Anlass des Nutzungsvertrags – treten vielmehr in den Hintergrund. Anders als wohl zumeist bei den bekannten Nutzungsarten ist ihre Vergütung im Regelfall kontrollbedürftig.[1055] Da allerdings für die Vergütungshöhe bereits die Kontrollunfähigkeit festgestellt wurde, wirkt sich diese Kontrollbedürftigkeit allein zugunsten der (kontrollfähigen) Vereinbarung eines einseitigen Preisbestimmungsrechts betreffen den gesetzlichen Vergütungsanspruch aus.

Ohnehin aber lässt sich außerhalb des einseitigen Leistungsbestimmungsrechts kaum von einer Benachteiligung des Urhebers sprechen. Denn selbstverständlich stehen ihm die (individuellen) Kontrollinstrumente der §§ 32, 32a, 32c UrhG auch bei vorformulierten Honorarabreden zur Verfügung, ohne dass es auf die AGB-rechtliche Kontrollunterworfenheit ankommt. Für die hier interessierende Frage des Kontrollbedürfnisses nach § 307 Abs. 3 S. 1 BGB bleibt deren Existenz allerdings unbeachtlich.

1053 So wohl auch *Fuchs* in: Ulmer/Brandner/Hensen § 307 Rn. 85 ff.; ebenfalls kritisch gegenüber der Abgrenzung durch den BGH *Canaris* in: AcP 200 (2000), 273 [327 ff.]; *Derleder/Metz* in: ZIP 1996, 573 ff.; *Joost* in: ZIP 1996, 1685 ff.

1054 So bereits der Befund von *Coester* in: Staudinger § 307 Rn. 329; eine nicht dem hier vetretenen Ansatz widersprechende Vermengung von Kontrollbedürftigkeit und -fähigkeit nimmt dagegen das OLG München (Urt. v. 21.04.11 – 6 U 4127/10, BeckRS 2011, 08329) vor, indem es die pauschalierte Rechtseinräumung deshalb nicht als *essentialia negotii* auffasst, weil das Gesetz hierfür ausdrückliche Regelungen vorsehe.

1055 Daher ist den Ausführungen von *Czychowski* in: Fromm/Nordemann § 11 Rn. 7 sowie *Loewenheim* in: Schricker/Loewenheim § 11 Rn. 8, die – ohne freilich zwischen Kontrollfähigkeit und Kontrollbedürftigkeit zu unterscheiden – die Kontrollunterworfenheit von unmittelbaren Vergütungsklauseln generell ablehnen, nur teilweise zuzustimmen.

4. Zusammenfassung der Ausführungen zur Kontrollimmunität

Nach dieser eingehenden Analyse der Auswirkung der Kontrollschranke des § 307 Abs. 3 S. 1 BGB auf die urheberrechtlichen Nutzungsverträge im Allgemeinen und die Einräumung bzw. Vergütung von Rechten an unbekannten Nutzungsarten im Besonderen ergibt sich folgendes Bild: Auf der Leistungsseite der Rechtseinräumung an den unbekannten Nutzungsarten ist anhand von § 31 Abs. 5 UrhG eine Inhaltskontrolle nach den §§ 307 ff. BGB möglich. Auf der Gegenleistungsseite ist allein die Vereinbarung eines Preisvorbehalts für den gesetzlichen Anspruch aus § 32c UrhG, nicht aber die konkret vereinbarte Vergütungshöhe einer Inhaltskontrolle unterworfen. Von den Kontrollausschlüssen unberührt ist gemäß § 307 Abs. 3 S. 2 BGB allerdings die Transparenzkontrolle nach § 307 Abs. 1 S. 2 BGB.

Auch außerhalb der Kategorien der Leistungs- und Preisbestimmung kommt eine Kontrolle nicht in Betracht, soweit die Klauseln über unbekannte Nutzungsarten die in §§ 31a, 32c UrhG gewährten Rechte inhaltlich in Bezug nehmen. Bei einer reinen Wiederholung dieser zwingenden Vorschriften fehlt es bereits am Merkmal »*Stellen*«, so dass eine AGB-Kontrolle von vornherein ausscheidet. Werden stattdessen die §§ 31a, 32c UrhG zu Lasten des Urhebers unzulässig (i. S. d. §§ 31a Abs. 4, 32c Abs. 3 S. 1 UrhG) modifiziert, fehlt es aufgrund der Unwirksamkeit gemäß § 134 BGB ebenfalls an einem tauglichen Kontrollgegenstand. Die Transparenzkontrolle etwaiger diesbezüglicher Klauseln bleibt davon jedoch unberührt.

II. Inhaltlich unangemessene Benachteiligung, § 307 Abs. 1 S. 1, Abs. 2 BGB

Nachdem herausgearbeitet wurde, welche Klauseln bei Verträgen über unbekannte Nutzungsarten überhaupt einer Inhaltskontrolle unterworfen sind, wird deren Inhaltskontrolle selbst Gegenstand der folgenden Ausführungen sein. Diesen voranstellend bedarf es indes einer kurzen Einführung in die Funktionsweise und Kriterien der AGB-Inhaltskontrolle gemäß § 307 Abs. 1, 2 BGB.

1. Funktionsweise und Kriterien der Inhaltskontrolle

a. Grundsätzliche Kriterien der Inhaltskontrolle

Nach § 307 Abs. 1 S. 1 BGB sind Bestimmungen in AGB unwirksam, wenn sie den Vertragspartner des Verwenders entgegen den Geboten von Treu und Glauben unangemessen benachteiligen. Abs. 1 als Grundtatbestand der materiellen Inhaltskontrolle dient zwei Funktionen: Neben der Bereithaltung eines subsumtionsfähigen Auffangtatbestands legt die Norm mit übergreifender Geltung den allgemeinen Maßstab sowie die (unmittelbaren) Rechtsfolgen der AGB-rechtlichen Inhaltskontrolle fest.[1056] Bestimmend für die gesamte Wirksamkeitskontrolle von AGB ist damit ein zweistufiges Prüfungsverfahren,[1057] in dem zunächst die Benachteiligung des Vertragspartners festzustellen ist, um diese gegebenenfalls im zweiten Schritt auf ihre Unangemessenheit zu überprüfen.

Die Ermittlung der Benachteiligung erfordert eine im Vergleich gewonnene Feststellung, die wesentliche Parallelen zur Bestimmung der Kontrollunterworfenheit einer Klausel (§ 307 Abs. 3 S. 1 BGB) aufweist. So ist an diejenige Rechtstellung des Vertragspartners anzuknüpfen, wie sie sich in Abwesenheit der fraglichen Klausel ergäbe.[1058] Vermittels dieses Rechtslagenvergleichs ist eine Benachteiligung i. S. d. § 307 Abs. 1 S. 1 BGB dann zu bejahen, wenn sich durch die AGB-Klausel die Rechtslage des Vertragspartners in nicht ganz unerheblichem Maße verschlechtert hat.[1059]

Ausschlaggebend für die Unwirksamkeit ist allerdings nicht dieser, nach einer wertneutralen Feststellung ermittelte Benachteiligungscharakter einer Klausel, sondern die sich bejahendenfalls anschließende, wertende Betrachtung mittels Angemessenheitsprüfung.[1060] Erst diese beinhaltet eine eingehende Analyse und Abwägung der Interessen der Vertragsparteien und gewährleistet dadurch, dass nicht bereits jede Abweichung vom gesetzlichen Leitbild die Unwirksamkeit der Bestimmung zu Lasten des Klauselgegners begründet. Denn Ausgangspunkt der Überprüfung eines Vertrages muss die Annahme sein, dass dieser seinem Wesen nach als Ergebnis des privatautonomen Aushandelns einen richtigen Ausgleich zwischen den Vertragsparteien darstellt.[1061] Dementsprechend ist *»Ziel der Interessenabwägung ein Werturteil über die Frage, ob die AGB-Klausel von einem fairen Interessenausgleich zu Lasten des Vertragspartners erheblich abweicht und daher eine nicht mehr hinnehmbare Regelung darstellt.«*[1062] Zweck des § 307

1056 *Fuchs* in: Ulmer/Brandner/Hensen § 307 Rn. 93; *Stein* in: Soergel § 9 Rn. 5; *Wolf* in: Wolf/Lindacher/Pfeiffer § 307 Rn. 74, 96.

1057 *Fastrich*, S. 280 f.; *Fuchs* in: Ulmer/Brandner/Hensen § 307 Rn. 98; *Stoffels*, Rn. 466.

1058 BGH NJW 1984, 2161; NJW 1994, 1069 [1070]; *Coester* in: Staudinger § 307 Rn. 90; *v. Hoyningen-Huene*, Rn. 134; *Niebling*, S. 22 ff.; *Stoffels*, Rn. 467.

1059 *Fastrich*, S. 299; *Fuchs* in: Ulmer/Brandner/Hensen § 307 Rn. 100 f.; *v. Hoyningen-Huene*, Rn. 134, 143; *Stein* in: Soergel § 9 Rn. 13, die im Einklang mit der h. M. darauf hinweisen, dass die Benachteiligung von nicht unerheblichem Gewicht sein muss; a. A. insoweit *Stoffels*, Rn. 471, der auch eine geringfügige Benachteiligung nicht für *per se* irrelevant erachtet.

1060 *Stein* in: Soergel § 9 Rn. 6; zum Wertungscharakter der Angemessenheitsprüfung auch *Stoffels*, Rn. 468.

1061 So anschaulich *Coester* in: Staudinger § 307 Rn. 95: *»vertragliche Richtigkeitsgewähr«*.

1062 *Fuchs* in: Ulmer/Brandner/Hensen § 307 Rn. 107.

Abs. 1 S. 1 BGB ist somit weniger die Sicherstellung eines angemessenen Interessenausgleichs,[1063] sondern vielmehr die Verhinderung des Gegenteils.[1064]

Für die Beurteilung der Unangemessenheit einer verklausulierten Regelung obliegt dem Richter wiederum ein Rechtslagenvergleich. Zunächst muss er die durch die fragliche Klausel typischerweise tangierten Interessen der Vertragsparteien identifizieren und ebenso typisierend gewichten und abwägen.[1065] Sodann hat er die hiernach ermittelte, von der Abrede erzielte Interessengewichtung darauf hin zu überprüfen, ob sie als unangemessen zu qualifizieren ist. Dabei bestimmt sich die für das Unangemessenheitsurteil maßgebliche Schwelle vor allem nach dem in § 307 Abs. 1 S. 1 BGB zum Ausdruck kommenden Gebot von Treu und Glauben. Mit diesem Bezugspunkt macht der Gesetzgeber deutlich, dass die Klausel insbesondere keine einseitige und rücksichtslose Interessenverfolgung ermöglichen darf.[1066] Stattdessen sind die Grundsätze der Erforderlichkeit und Proportionalität zu berücksichtigen.[1067] Ausfluss dieser Grundsätze sind zwei wesentliche Vorgaben: Einerseits darf die Klausel die Belange des Kunden nicht stärker beeinträchtigen, als es zur Förderung des anerkennenswerten Interesses des Verwenders geboten ist.[1068] Andererseits manifestiert sich darin ein Übermaßverbot, das Regelungen sanktioniert, die außer Verhältnis zum verfolgten Ziel stehen.[1069]

b. Systematik der § 307 Abs. 1, 2 BGB

Ist die Generalklausel des § 307 Abs. 1 S. 1 BGB damit noch vorwiegend von methodischer Bedeutung, hat es der Gesetzgeber in Abs. 2 sowie den §§ 308, 309 BGB unternommen, den Wertungsfreiraum des Rechtsanwenders durch die Bereitstellung von konkreteren Orientierungshilfen zunehmend zu verengen.[1070] Der in Abs. 2 zugrunde gelegte Maßstab ist in beiden Fällen ein objektives Gerechtigkeitsmoment.[1071] Nach § 307 Abs. 2 Nr. 1 BGB lässt sich dieses im dispositiven Recht verorten, das ohne die fragliche Klausel gelten würde. § 307 Abs. 2 Nr. 2 BGB hingegen verweist den Rechtsanwender auf die Natur des

1063 So aber BGH NJW 1997, 193 [195].

1064 *Fuchs* in: Ulmer/Brandner/Hensen § 307 Rn. 107: »*Verhinderung einer treuwidrigen Benachteiligung*«.

1065 BGHZ 98, 303 [308]; *Fuchs* in: Ulmer/Brandner/Hensen § 307 Rn. 103 f.; *v. Hoyningen-Huene*, Rn. 154 ff.; *Stein* in: Soergel § 9 Rn. 8; *Stoffels*, Rn. 469 f.; eingehend zu den Abwägungsgrundsätzen etwa *Coester* in: Staudinger § 307 Rn. 107 ff.

1066 Vgl. BGH NJW 1995, 2034 [2035]; NJW 1997, 3022 [3023], zitiert nach *Coester* in: Staudinger § 307 Rn. 98.

1067 *Coester* in: Staudinger § 307 Rn. 98; *Fastrich*, S. 317; *Fuchs* in: Ulmer/Brandner/Hensen § 307 Rn. 105; *Wolf* in: Wolf/Lindacher/Pfeiffer § 307 Rn. 158.

1068 *Fuchs* in: Ulmer/Brandner/Hensen § 307 Rn. 105.

1069 *Coester* in: Staudinger § 307 Rn. 98; *Fuchs* in: Ulmer/Brandner/Hensen § 307 Rn. 106.

1070 *Coester* in: Staudinger § 307 Rn. 220.

1071 *Coester* in: Staudinger § 307 Rn. 221; *Fuchs* in: Ulmer/Brandner/Hensen § 307 Rn. 3.

Vertrages, aus dem er das Modell eines angemessenen Interessenausgleichs zu erarbeiten hat.

Gesetzessystematisch werden die Vorgaben des Abs. 2 überwiegend als Regelbeispiele eingeordnet, deren Einschlägigkeit den gesamten Tatbestand des Abs. 1 S. 1 indiziert und damit als unangemessene Benachteiligung und Verstoß gegen Treu und Glauben grundsätzlich zur Unwirksamkeit der Klausel führt.[1072] Allerdings macht die Formulierung *»im Zweifel«* deutlich, dass die Unwirksamkeitsfolge dann nicht greift, wenn die zu entscheidende Fallkonstellation – nach gebotener generalisierender Betrachtung – eine vom Regelfall abweichende Besonderheit darstellt und damit keine unangemessene Benachteiligung i. S. d. § 307 Abs. 1 S. 1 BGB vorliegt.[1073] Von diesen seltenen Ausnahmefällen[1074] abgesehen führt die Bejahung einer der Alternativen des Abs. 2 aber regelmäßig zur Unwirksamkeit der fraglichen Klausel. Insofern obliegt dem Rechtsanwender innerhalb der Prüfung des § 307 BGB ein vorrangiges Abstellen auf Abs. 2, bevor er sich der Generalklausel des Abs. 1 zuwendet.[1075]

Hinsichtlich des Verhältnisses beider Regelbeispiele des Abs. 2 zueinander ist zunächst festzustellen, dass diese sich aufgrund ihrer gemeinsamen Anknüpfung an eine unangemessene Benachteiligung nicht trennscharf voneinander abgrenzen lassen, sondern sich vielmehr überschneiden und teilweise einander ergänzen.[1076] Gleichwohl ist ein tendenzieller Anwendungsvorrang der Nr. 1 bei gesetzlich geregelten Vertragstypen anerkannt, während die Nr. 2 vor allem für ungeregelte Vertragstypen Relevanz beansprucht.[1077] Dafür spricht die größere

1072 BGH NJW 1982, 644 [645]; WRP 2004, 1378 [1385]; *Becker*, S. 41 ff.; *Canaris* in: FS P. Ulmer (2003), 1073 [1075 ff.]; *Fuchs* in: Ulmer/Brandner/Hensen § 307 Rn. 193; *v. Hoyningen-Huene*, Rn. 236, 239; *H. Schmidt* in: Bamberger/Roth § 307 Rn. 32; auch *Stoffels*, Rn. 499 sowie *Coester* in: Staudinger § 307 Rn. 225, der sich eingehend mit den unterschiedlichen dogmatischen Konzepten auseinandersetzt.

1073 Vgl. BGH BB 1984, 1449 [1451]; NJW 2003, 1447 [1448]; *Becker*, S. 50; *Canaris* in: FS P. Ulmer (2003), 1073 [1075 ff.]; *Fuchs* in: Ulmer/Brandner/Hensen § 307 Rn. 194; *v. Hoyningen-Huene*, Rn. 239; *Wolf* in: Wolf/Lindacher/Pfeiffer § 307 Rn. 103 spricht von einer widerlegbaren Vermutung; dagegen schließen *Coester* in: Staudinger § 307 Rn. 225 ff. sowie *Stoffels*, Rn. 499 eine Korrektur des auf Abs. 2 beruhenden Unwirksamkeitsurteils generell für aus. Dies steht allerdings im Widerspruch zum eindeutigen Wortlaut (*»im Zweifel«*).

1074 So die Betonung der h. M., vgl. *Fuchs* in: Ulmer/Brandner/Hensen § 307 Rn. 196; *Löwe* in: Löwe/v. Westphalen/Trinkner § 9 Rn. 33; *Roussos* in: JZ 1988, 997 [1003]; *Stein* in: Soergel § 9 Rn. 30; *Wolf* in: Wolf/Lindacher/Pfeiffer § 307 Rn. 100.

1075 Über diese Prüfungsreihenfolge besteht Einigkeit auch seitens derer, die Abs. 2 für eine abschließende Anordnung halten, vgl. einerseits etwa *Fuchs* in: Ulmer/Brandner/Hensen § 307 Rn. 196; *v. Hoyningen-Huene*, Rn. 132; andererseits *Stoffels*, Rn. 496; für nicht zwingend hält diese Reihenfolge *Wolf* in: Wolf/Lindacher/Pfeiffer § 307 Rn. 97.

1076 *V. Hoyningen-Huene*, Rn. 281; *Roloff* in: Erman § 307 Rn. 31; *Stein* in: Soergel § 9 Rn. 41.

1077 So etwa *Becker*, S. 192 f.; *Coester* in: Staudinger § 307 Rn. 264; *Fuchs* in: Ulmer/Brandner/Hensen § 307 Rn. 197; *v. Hoyningen-Huene*, Rn. 282; *Stoffels*, Rn. 501; a. A. *Wolf* in: Wolf/

Rückkoppelung an die normativ autorisierte Interessenbewertung, die in dem jeweils relevanten gesetzlichen Leitbild (Nr. 1) zum Ausdruck kommt.[1078] Demgegenüber sind die Gerechtigkeitserwartungen bei Nr. 2 erst *ad hoc* aus einer vertragsspezifischen Analyse zu gewinnen.[1079] Während dies in Abwesenheit gesetzlicher Typisierungen das geeignete Mittel zur Erarbeitung eines Vergleichsmaßstabs darstellt, würde es im Falle ihres Vorhandenseins die Gefahr begründen, die existente gesetzliche Interessenbewertung zu übergehen.[1080] Ein originärer Anwendungsbereich verbleibt der Nr. 2 ausweislich der Gesetzesbegründung allerdings beim Sonderfall der Einschränkung von Kardinalpflichten und dem darauf beruhenden Aushöhlungsverbot.[1081]

Im primären Urhebervertragsrecht kommt § 307 Abs. 2 Nr. 2 BGB typischerweise keine besondere Bedeutung zu, da es als äußerst unwahrscheinlich anmutet, dass der Verwerter Klauseln stellt, die der bezweckten Verwertung entgegenstehen oder sie zumindest gefährden. Denn hierfür müsste der tatsächlich vereinbarte Rechteumfang letztlich hinter demjenigen des eigentlichen Vertragszwecks zurückbleiben;[1082] symptomatisch für die Urheberrechtspraxis ist aber gerade das Gegenteil.

c. *Abgrenzung zur Einbeziehungskontrolle nach § 305c Abs. 1 BGB*

Aus der Rechtsprechung sind zahlreiche Entscheidungen bekannt, in denen eine Klausel weder der Inhaltskontrolle stand hielt noch aufgrund ihres Überraschungscharakters Vertragsbestandteil werden konnte.[1083] Dem entspricht die Feststellung, dass sich die Anwendungsbereiche beider Kontrollregime überschneiden können und eine scharfe Abgrenzung nach dem Zweck des Gesetzes ohnehin nicht erforderlich ist.[1084] Trotz des an sich bestehenden logischen Vorrangs des § 305c Abs. 1 BGB ist der Rechtsanwender daher frei, die Unwirksamkeit einer Klausel nach den §§ 307 ff. zu bejahen, ohne sich zuvor mit deren wirksamer Einbeziehung auseinandersetzen zu müssen.

Lindacher/Pfeiffer § 307 Rn. 133, der ein Vorrangverhältnis zwischen beiden Regelungsalternativen generell ablehnt.

1078 *Fuchs* in: Ulmer/Brandner/Hensen § 307 Rn. 198.

1079 *Fuchs* in: Ulmer/Brandner/Hensen § 307 Rn. 198.

1080 Vgl. dazu statt vieler *Fuchs* in: Ulmer/Brandner/Hensen § 307 Rn. 198.

1081 Vgl. BReg BT-Drs. 7/3919, S. 23; *Stoffels*, Rn. 501 betrachtet Nr. 2 insoweit als *lex specialis* gegenüber Nr. 1 während *Fuchs* unter Verweis auf die Rspr. von einem Nebeneinander ausgeht, vgl. *Fuchs* in: Ulmer/Brandner/Hensen § 307 Rn. 198 m.w.N.

1082 So im Ansatz auch *Donle*, S. 269 f.; auf § 307 Abs. 2 Nr. 2 BGB wird daher im Folgenden nicht weiter eingegangen.

1083 Z.B. BGH NJW 1990, 2065; NJW 1995, 2553; NJW 1996, 249; NJW 2002, 3627.

1084 *Lindacher* in: Wolf/Lindacher/Pfeiffer § 305c Rn. 6; *Schlosser* in: Staudinger § 305c Rn. 2; *P. Ulmer/Schäfer* in: Ulmer/Brandner/Hensen § 305c Rn. 5, die allesamt den prozessökonomischen Vorteil einer parallelen Anwendbarkeit beider Prüfungsinstrumente hervorheben.

Dieser Befund soll allerdings nicht darüber hinweg täuschen, dass beiden ein grundsätzlich eigenständiger Geltungsanspruch zukommt. Inhaltlich anstößige Klauseln müssen nicht überraschend, überraschende Klauseln nicht inhaltlich anstößig sein.[1085] Die mögliche Ergebnisabweichung beruht auf den unterschiedlichen Prüfungsgegenständen von Einbeziehungs- und Inhaltskontrolle. Während nach ersterer die Art und Weise der Einbeziehung einer Klausel im Mittelpunkt der Bewertung steht, schützt die Inhaltskontrolle vor der missbräuchlichen Inanspruchnahme der Vertragsgestaltungsfreiheit durch den Klauselverwender.[1086] Für die Einbeziehungskontrolle bleibt die daraus womöglich resultierende Unbilligkeit der Klausel dagegen grundsätzlich außer Betracht. Folgerichtig werden von § 305c Abs. 1 BGB aufgrund dieser Unbeachtlichkeit von Angemessenheitsurteilen und den dazu notwendigen Maßstäben auch solche Klauseln erfasst, die nach § 307 Abs. 3 S. 1 BGB der Inhaltskontrolle entzogen sind.[1087] Demgegenüber können nach der Inhaltskontrolle auch solche Klauseln unwirksam sein, denen aufgrund ihrer drucktechnischen Hervorhebung das Überraschungsmoment genommen wurde.

2. § 307 BGB und die Verträge über unbekannte Nutzungsarten

Dieser grundsätzlichen Betrachtung der Funktionsweise der Inhaltskontrolle nach § 307 Abs. 1 S. 1, Abs. 2 BGB folgt nunmehr die tiefergehende Untersuchung der als kontrollunterworfen herausgearbeiteten Regelungsgegenstände auf ihr inhaltliche Unangemessenheit. Entsprechend der zu § 307 Abs. 3 S. 1 BGB gemachten Ausführungen sind dies in Bezug auf die Verträge über unbekannte Nutzungsarten lediglich die Rechtseinräumung selbst sowie ein etwaiger Preisvorbehalt zur Bestimmung des gesetzlichen Vergütungsanspruchs aus § 32c UrhG. Wie es allen AGB-rechtlichen Betrachtungen immanent ist, können dabei auch die folgenden Ausführungen lediglich eine typische Bewertung bereitstellen, ohne zugleich sämtliche in der Vertragspraxis denkbaren Fallkonstellationen zu erfassen.

1085 *Lindacher* in: Wolf/Lindacher/Pfeiffer § 305c Rn. 6.

1086 *Roloff* in: Erman § 305c Rn. 6; *Lindacher* in: Wolf/Lindacher/Pfeiffer § 305c Rn. 5 weist zudem darauf hin, dass die Inhaltskontrolle anders als § 305c Abs. 1 BGB nicht nur dem Individualschutz, sondern auch dem Institutionenschutz (Missbrauch der Vertragsfreiheit) zu dienen bestimmt ist.

1087 BGHZ 109, 197 [200]; 130, 19 [24 f.]; *Basedow* in: MüKo § 305c Rn. 1, 4; *Lindacher* in: Wolf/Lindacher/Pfeiffer § 305c Rn. 6 sowie bereits oben S. 192.

a. *§ 31 Abs. 5 UrhG als gesetzliches Leitbild für die Kontrolle der Rechtseinräumung, § 307 Abs. 2 Nr. 1 BGB*

Nachgewiesen wurde bereits, dass § 31 Abs. 5 UrhG grundsätzlich als Kontrollmaßstab für die Rechtseinräumung im Rahmen von urheberrechtlichen Nutzungsverträgen in Betracht kommt. Nachstehend gilt es indes zu prüfen, inwiefern sich die Zweckübertragungsregel zugleich als gesetzliches Leitbild i. S. d. § 307 Abs. 2 Nr. 1 BGB funktionalisieren lässt und ggfs. welche Vorgaben sie für die Verträge über unbekannte Nutzungsarten bereithält. Gemäß § 307 Abs. 2 Nr. 1 BGB ist *»eine unangemessene Benachteiligung im Zweifel anzunehmen, wenn eine Bestimmung mit wesentlichen Grundgedanken der gesetzlichen Regelung, von der abgewichen wird, nicht zu vereinbaren ist«*.

aa. *§ 31 Abs. 5 UrhG als gesetzliche Regelung*

In Fortsetzung der Anforderung des § 307 Abs. 3 S. 1 BGB verlangt die Regelwertung des § 307 Abs. 2 Nr. 1 BGB notwendigerweise die Existenz einer gesetzlichen Regelung, hinsichtlich derer die klauselbedingte Abweichung auf ihre inhaltliche Unangemessenheit untersucht werden kann. Aufgrund des bereits aufgezeigten terminologischen Unterschieds zu Abs. 3, der statt von gesetzlicher Regelung von Rechtsvorschriften spricht, können beide Termini nicht identisch sein.[1088] Stattdessen ist davon auszugehen, dass an die *»gesetzliche Regelung«* des Abs. 2 Nr. 1 strengere Anforderungen zu stellen sind als an die Rechtsvorschrift i. S. d. Abs. 3 S. 1. Dieses Verhältnis beider Bezugspunkte zueinander ergibt sich teleologisch daraus, dass Abs. 2 nur für einen Teil derjenigen Klauseln den Maßstab zur Durchführung der Inhaltskontrolle präzisiert, die nach Abs. 3 S. 1 überhaupt der AGB-Inhaltskontrolle unterworfen sind.[1089]

Während letzteres hinsichtlich der Klauseln über die Einräumung von Nutzungsrechten bereits bejaht wurde, sind gleichwohl keine Gründe ersichtlich, diese Qualifizierung des § 31 Abs. 5 UrhG nicht auch mit Blick auf die *»gesetzliche Regelung«* i. S. d. § 307 Abs. 2 Nr. 1 BGB vorzunehmen. So umfasst der Begriff jedenfalls alle Gesetze i. S. d. Art. 2 EGBGB, worunter die formelle Norm des § 31 Abs. 5 UrhG fällt. Indes wurde soeben aufgezeigt, dass Abs. 2 Nr. 1 üblicherweise bei gesetzlich geregelten Vertragstypen herangezogen wird, die urheberrechtlichen Nutzungsverträge sich aber bekanntlich kaum einer bestimmten Vertragskategorie zurechnen lassen, sondern vielmehr Verträge *sui generis* darstellen.[1090] Gemein ist allen urheberrechtlichen Nutzungsverträgen

---

1088 So aber *Wolf* in: Wolf/Lindacher/Pfeiffer § 307 Rn. 105; nicht eindeutig *Coester* in: Staudinger § 307 Rn. 231 ff.

1089 *Fuchs* in: Ulmer/Brandner/Hensen § 307 Rn. 206, der allerdings die Kriterien für diese Unterscheidung schuldig bleibt.

1090 Dies ist nicht zu verwechseln mit der Kategorie der atypischen Verträge, die anders als urheberrechtliche Nutzungsverträge typisierbar sind und bei denen lediglich keine ge-

jedoch, dass es im Kern um die Einräumung von Nutzungsrechten geht.[1091] Folglich scheitert die Funktionalisierung des § 31 Abs. 5 UrhG für Abs. 2 Nr. 1 nicht schon daran. Denn die Zweckübertragungsregel betrifft als Regelungsgegenstand des allgemeinen Urhebervertragsrechts eben diesen Kernbereich, ohne nach weiteren speziellen Vertragsgegenständen zu differenzieren.

Entscheidend ist auch für die Einordnung aus Sicht des § 307 Abs. 2 Nr. 1 BGB, dass der etwaige Kontrollmaßstab dem dispositiven Recht entstammt und eine (irgendwie geartete) rechtliche Vorgabe für die Vereinbarung der fraglichen Art bereithält.[1092] Wie gezeigt, enthält die Zweckübertragungsregel eine derartige Aussage. Hiernach hat der Gesetzgeber eine Interessenabwägung dergestalt normiert, dass in Abwesenheit der Einzelbezeichnung der Nutzungsrechte der Umfang und Inhalt der Rechtseinräumung zwingend anhand des Vertragszwecks zu bestimmen ist. Bekanntlich aber lässt der BGH einen Rückgriff auf § 31 Abs. 5 UrhG nicht zu, ohne dabei freilich präzise zwischen § 307 Abs. 3 S. 1 und § 307 Abs. 2 Nr. 1 BGB zu unterscheiden. Neben der bereits widerlegten bloßen *»Ersatzfunktion«* des § 31 Abs. 5 UrhG weisen die Richter die Funktionalisierung vor allem mit der Begründung zurück, dass im Urhebervertragsrecht unbegrenzte Vertragsfreiheit bestehe.[1093]

Während diesem Befund zwar im Ausgangspunkt zuzustimmen ist, bedarf er jedoch einer entscheidenden Präzisierung: er betrifft zunächst nämlich allein die individualvertragliche Gestaltung des Nutzungsvertrags. Eben diese Vertragsfreiheit ist aber die wesentliche Voraussetzung und Legitimation der AGB-Inhaltskontrolle.[1094] Naturgemäß kommt sie nur dann in Betracht, wenn die Parteien nicht bereits individualvertraglich keine Regelung der fraglichen Art treffen konnten, sondern der Klauselverwender gerade aufgrund der (individualvertraglichen) Gestaltungsfreiräume seine Marktstellung einseitig missbraucht. Normen, die individualvertraglich eine Abbedingung noch ohne Wei-

---

setzlichen Regelungen zur Verfügung stehen. Für diese hat die Rspr. bereits allg. Grundsätze entwickelt, die i.R.d. § 307 Abs. 2 Nr. 1 BGB herangezogen werden können, vgl. *Roloff* in: Erman § 307 Rn. 24 m.w.N.

1091 Vgl. erneut *Wandtke/Grunert* in: Wandtke/Bullinger Vor §§ 31 ff Rn. 67.

1092 *Coester* in: Staudinger § 307 Rn. 232; *Fuchs* in: Ulmer/Brandner/Hensen § 307 Rn. 208; *v. Hoyningen-Huene*, Rn. 252; a. A. BGH NJW 1983, 1322; *Fastrich*, S. 284; *Wolf* in: Wolf/Lindacher/Pfeiffer § 307 Rn. 111, die zwingendes Recht jedenfalls dann funktionalisieren wollen, wenn die Vertragsbestimmung nicht unmittelbar dagegen verstößt, wohl aber gegen die von ihr verkörperten Wertungen.

1093 BGH GRUR 1984, 45 [48 f.] (*Honorarbedingungen: Sendevertrag*): *»Eine gesetzliche Bestimmung, die besagt, dass eine Nutzungsrechtsübertragung über den die Funksendung betreffenden Vertragszweck hinaus unzulässig sei, besteht nicht.«*; ähnlich KG GRUR 1984, 509 [513] (*Honorarbedingungen Urheber/Fernsehen*) *»Der im Urhebervertragsrecht geltende Grundsatz der Vertragsfreiheit wird nicht verletzt«*; zitiert nach *Donle*, S. 251.

1094 *Donle*, S. 251 f., dessen Argumentation sich aber insofern als widersprüchlich erweist, als er § 31 Abs. 5 UrhG selbst den Charakter einer zwingenden Inhaltsnorm zuspricht, vgl. etwa S. 108.

teres zulassen, können dann im Rahmen von AGB unter Umständen zwingende Grenzen ziehen.

bb. Wesentliche Grundgedanken des § 31 Abs. 5 UrhG

Ausweislich der Formulierung des § 307 Abs. 2 Nr. 1 BGB kann die Unvereinbarkeit nur aus einer Abweichung von wesentlichen Grundgedanken der gesetzlichen Regelung resultieren. Der Referenzwert für die Angemessenheitskontrolle wird damit weiter verengt. Die Abweichung ist nicht auf die Vereinbarkeit mit der gesamten gesetzlichen Regelung zu überprüfen, sondern maßgeblich ist allein, ob sie die tragenden Gedanken des gesetzlichen Gerechtigkeitsmodells beeinträchtigt.[1095] Demgemäß obliegt es dem Rechtsanwender, für die jeweilige gesetzliche Regelung eine Entscheidung darüber zu treffen, ob und gegebenenfalls in welchem Umfang dieser einen Gerechtigkeitskern enthält, der Leitbildfunktion entfaltet und damit AGB-fest ist.[1096] Im Vergleich zu Individualvereinbarungen ist der Spielraum für privatautonome Gestaltungen zwar eingeschränkt, aber nicht beseitigt. Die Grundgedanken der gesetzlichen Regelung bilden gewissermaßen die Demarkationslinie dessen, was innerhalb des dispositiven Rechts durch AGB geregelt werden kann.[1097]

Es überrascht daher nicht, dass sich eben jene Unterscheidung in der Praxis als problematisch erweist. Der Rechtsprechung liegt vielfach eine Betrachtung zugrunde, wonach Normen mit Gerechtigkeitsgehalt von solchen zu unterscheiden sind, die lediglich auf Zweckmäßigkeitserwägungen beruhen.[1098] Diese auf den ersten Blick nützliche, tatsächlich aber kaum durchführbare Differenzierung ist in der Literatur zu Recht auf Kritik gestoßen.[1099] Kritisiert wird insbesondere, dass auch vermeintliche Zweckmäßigkeitsregelungen, wie etwa die Verjährungsvorschriften, regelmäßig eine erhebliche Bedeutung für die ausgewogene Gestaltung der Rechte und Pflichten der Vertragsparteien gewinnen können.[1100] Denn im Konfliktfall muss letztlich auch eine Norm, die zu-

1095 *Coester* in: Staudinger § 307 Rn. 247 unter Verweis auf den Rechtsausschuss, BT-Drs. 7/5422, S. 6.

1096 Insoweit zumindest missverständlich *Fuchs* in: Ulmer/Brandner/Hensen § 307 Rn. 221, der anscheinend allein bzgl. der Gesamtheit der gesetzlichen Regelungen, nicht aber innerhalb einer Vorschrift nach den wesentlichen Grundgedanken unterscheidet; wie hier *Kieninger* in: MüKo § 307 Rn. 60; *Wolf* in: Wolf/Lindacher/Pfeiffer § 307 Rn. 114; nicht eindeutig *Coester* in: Staudinger § 307 Rn. 247.

1097 So anschaulich *Coester* in: Staudinger § 307 Rn. 229, der jedoch zutreffend darauf hinweist, dass auch in diesem Bereich Abweichungen nicht *per se* unzulässig sind, sondern letztentscheidend das Ergebnis der Unvereinbarkeitsprüfung ist, vgl. Rn. 248.

1098 Vgl. nur BGHZ 54, 106 [110]; 60, 377 [380 f.]; 72, 222 [226 f.].

1099 Etwa *Stoffels*, Rn. 503, der die *»wesentlichen Grundgedanken«* nicht als eigenes TB-Merkmal ansieht, sondern in der Unvereinbarkeitsprüfung auflösen will; kritisch auch *Fuchs* in: Ulmer/Brandner/Hensen § 307 Rn. 222 ff.; *Koch/Stübing* § 9 Rn. 29.

1100 *Fuchs* in: Ulmer/Brandner/Hensen § 307 Rn. 222; *v. Hoyningen-Huene*, Rn. 243 m.w.N.

nächst reinen Zweckmäßigkeitserwägungen dient, eine an den jeweils beteiligten Interessen orientierte, gerechte Entscheidung vermitteln.[1101] Bezeichnenderweise lässt sich bislang keine Entscheidung des BGH auffinden, in der der Abbedingung einer dispositiven Vorschrift unter Hinweis auf ihren bloßen Zweckmäßigkeitscharakter aus AGB-rechtlicher Sicht keine Bedenken begegneten. Die Vertreter der Literatur sahen sich dementsprechend zu eigenen Lösungsansätzen veranlasst. Als vorherrschend hat sich dort mittlerweile die Testfrage durchgesetzt, wonach als leitbildfähig jede Norm des dispositiven Rechts anzuerkennen ist, die einem berechtigten Interesse des Klauselgegners zu dienen bestimmt ist.[1102]

Legt man diese Betrachtungsweise der Auslegung des § 307 Abs. 2 Nr. 1 BGB zugrunde, so wird man mit Blick auf den hier untersuchungsgegenständlichen § 31 Abs. 5 UrhG zu dem Ergebnis kommen müssen, dass die in der Vorschrift normierte Zweckübertragungsregel als wesentlicher Grundgedanke der gesetzlichen Regelung zu qualifizieren ist. Bereits in historischer Dimension ist unbestreitbar, dass sie ein zentraler Bestandteil des Urheberrechtsschutzes war und infolgedessen durch die Urheberrechtsreform 1965 kodifiziert und damit nach der Rechtsprechung[1103] ebenso vom Gesetzgeber ausdrücklich anerkannt wurde.[1104] Selbst der BGH hat den Grundsatz der Zweckübertragung, auf den § 31 Abs. 5 UrhG seinem Ursprung nach zurückzuführen ist, ausdrücklich als Leitgedanke des Urhebervertragsrechts bezeichnet.[1105]

Entscheidende Bedeutung kommt aber vor allem dem von Rechtsprechung und Literatur heute in § 31 Abs. 5 UrhG verorteten Schutzinhalt zu. So weist der BGH in mittlerweile ständiger Rechtsprechung darauf hin, dass in der Zweckübertragungsregel *»zum Ausdruck [kommt], dass die urheberrechtlichen Befugnisse die Tendenz haben, soweit wie möglich beim Urheber zu verbleiben, damit dieser in angemessener Weise an den Erträgnissen seines Werkes beteiligt*

1101 *Becker*, S. 122; *Schaaf*, S. 140; im Ansatz auch *Schmidt-Salzer*, Rn. F 43, der gleichwohl Normen mit überwiegendem Zweckmäßigkeitsgehalt anerkennt.

1102 So insb. *Fuchs* in: Ulmer/Brandner/Hensen § 307 Rn. 223; *Grüneberg* in: Palandt § 307 Rn. 27; *Schaaf*, S. 140 f.; *Stein* in: Soergel § 9 Rn. 35; *Wolf* in: Wolf/Lindacher/Pfeiffer § 307 Rn. 115; ebenso OLG Köln NJW-RR 1987, 371; unklar *Coester* in: Staudinger § 307 Rn. 250.

1103 RGZ 118, 282 [287] (*Musikantenmädel*); 123, 312 [316 ff.] (*Wilhelm Busch*); 134, 198 (*Schallplattenrechte*); 140, 231 (*Tonfilm*); 140, 255 (*Hampelmann*); BGHZ 9, 262 [265] (*Lied der Wildbahn I*); für weitere Nachweise siehe auch *J.B. Nordemann* in: Fromm/Nordemann § 31 Rn. 113.

1104 Vgl. schriftl. Bericht des Rechtsausschusses, BT-Drs. 4/3401, S. 5; *v. Gamm* Einf. Rn. 10; *J.B. Nordemann* in: Fromm/Nordemann § 31 Rn. 114; *Schwaiger/Kockler* in: UFITA 73 (1975), 21 [23] m.w.N.

1105 BGH GRUR 1984, 45 [48] (*Honorarbedingungen: Sendevertrag*), wenngleich er bekanntlich die Funktionalisierung des § 31 Abs. 5 in derselben Entscheidung anhand von § 8 AGBG (heute § 307 Abs. 3 S. 1 BGB) ablehnte.

wird.«[1106] Über diese bekannte Maxime[1107] hinaus wurde die Schutzfunktion zugunsten des Urhebers auch bereits mehrfach explizit herausgestellt.[1108] Wenngleich der ermittelte Vertragszweck freilich auch dem Verwerter dienen kann,[1109] so lässt sich die faktische Schutzwirkung zugunsten des Urhebers letztlich nicht leugnen.[1110] Tendenziell und im Einklang mit der Motivation des Gesetzgebers[1111] wird die Bindung an den Vertragszweck den Urheber davor schützen, zu weitgehende Nutzungsrechte an seinem Werk einzuräumen. Eine über den Vertragszweck hinaus beabsichtigte Rechtseinräumung erfordert zusätzliche Formulierungsanstrengungen. Umgeht der Verwerter mittels Einzelbezeichnung gleichwohl die Bindung an den Vertragszweck, profitiert der Urheber immerhin noch insoweit, als ihm der Umfang der Rechtseinräumung umfassend vor Augen geführt wird.

Diese besondere Bedeutung der Zweckübertragungsregel lässt sich im Übrigen auch verfassungsrechtlich begründen. So verpflichtet das Grundgesetz den Gesetzgeber aufgrund des Zusammentreffens von persönlichkeits- und eigentumsrechtlichen Aspekten im geistigen Eigentum vermittels Art. 2, 14 GG nicht nur, dem Urheber den wirtschaftlichen Ertrag seiner schöpferischen Leistung zuzuordnen (verwirklicht durch §§ 11 S. 2, 32, 32a UrhG).[1112] Gleichzeitig ist ihm vielmehr auch die *»Freiheit einzuräumen, in eigener Verantwortung darüber verfügen zu können«*.[1113] Soll diese Forderung eigenverantwortlicher Verfüg-

1106 Vgl. nur BGH GRUR 1979, 637 [639] (*White Christmas*); GRUR 1984, 656 [657] (*Vorentwurf*); GRUR 1998, 680 [682] (*Comic-Übersetzungen I*); GRUR 2002, 248 [251] (*SPIEGEL-CD-ROM*) jeweils m. w. N.

1107 Zurückgeführt wird diese Aussage auf *E. Ulmer*, UrhR, S. 365; ebenso etwa *J.B Nordemann* in FS: Nordemann (2004), 193 [200]; *Riesenhuber* in: GRUR 2005, 712 [714]; *Schaaf*, S. 141 f.; *Spautz* in: Möhring/Nicolini § 31 Rn. 47.

1108 So in BGH GRUR 1974, 786 [787] (*Kassettenfilm*); GRUR 1996, 121 [122] (*Pauschale Rechtseinräumung*).

1109 Darauf weist zu Recht hin *J.B. Nordemann* in: Fromm/Nordemann § 31 Rn. 110 mit Verweis auf BGH GRUR 1988, 300 [301] (*Fremdenverkehrsbroschüre*); GRUR 2003, 234 [236] (*EROC III*).

1110 Ebenso für Schutzfunktion *Donle*, S. 254; *J.B. Nordemann* in: Fromm/Nordemann § 31 Rn. 109; *Schricker/Loewenheim* in: dies. § 31 Rn. 70; *Schweyer*, S. 17; *Spautz* in: Möhring/Nicolini §§ 31/32 Rn. 49; *Wandtke/Grunert* in: Wandtke/Bullinger § 31 Rn. 40; ausdrücklich für wertneutrale Vorschrift *Berger* in: Berger/Wündisch, HdB UrhVR, § 1 Rn. 96.

1111 Vgl. den schriftlichen Bericht des Rechtsausschusses zum RegE (BT-Drs. 4/270) zu BT-Drs. 4/3401, S. 5: Dieser sah die von ihm vorgeschlagene Ergänzung des § 31 um einen Abs. 5 ausdrücklich zum Schutz des Urhebers vor und wollte durch die Abschwächung der Spezifizierungs*pflicht* auch explizit damit etwaig verbundene Nachteile des Urhebers abwenden; vgl. zur Entstehungsgeschichte eingehend auch *Donle*, S. 6 ff.; *Maracke*, S. 633 f.; *Schweyer*, S. 18 ff., 83 ff.

1112 BVerfGE 31, 229 [240 ff.]; 270 [272 f.]; *Fechner*, S. 236 m.w.N.; ebenso OLG Zweibrücken ZUM 2001, 346 [348] (*ZDF-Komponistenverträge*) (n. rkr.).

1113 BVerfGE 31, 229 [241]; 79, 29 [40]; *Depenheuer* in: v. Mangoldt/Klein/Starck Art. 14

barkeit ernstgenommen werden, so ist der Zweckübertragungsregel – als ein wesentlicher Aspekt der vermögenswerten Ausgestaltung des Urheberrechts – auch hiernach eine herausgehobene Stellung zuzumessen. Die Maßgeblichkeit des Vertragszwecks als Ausdruck des Postulats, das Urheberrecht so weit wie möglich beim Urheber zu belassen, muss mithin als wesentlicher Grundgedanke der gesetzlichen Regelung auch im AGB-Recht von Relevanz sein. Denn besteht doch gerade im verklausulierten Rechtsverkehr ohne eine Rechtskontrolle die Gefahr, dass die individualvertraglich eingeräumte Vertragsfreiheit sich letztlich in ihr Gegenteil verkehrt und den Urheber anderweitiger Dispositionsmöglichkeiten über sein Werk beraubt. Nach alledem bleibt festzuhalten, dass § 31 Abs. 5 UrhG als Normierung der Zweckübertragungsregel eine hinreichende Gerechtigkeitsaussage beinhaltet und die Vorschrift damit einen wesentlichen Grundgedanken der gesetzlichen Regelung i. S. d. § 307 Abs. 2 Nr. 1 BGB darstellt.[1114]

cc. Abweichung

Während die vorherigen Merkmale des § 307 Abs. 2 Nr. 1 BGB der Bestimmung des gesetzlichen Vergleichsmaßstabs dienten, steht im Folgenden – als Ausprägung der unangemessenen Benachteiligung i. S. d. § 307 Abs. 1 S. 1 BGB – der eigentliche Vergleich selbst im Mittelpunkt der Betrachtung. Dem Werturteil im Rahmen der Unvereinbarkeitsprüfung zwingend vorangestellt ist die (noch wertneutrale) Feststellung einer Abweichung.[1115] Anders gewendet muss im Vergleich zwischen der fraglichen Klausel und dem gesetzlichen Leitbild zu-

Rn. 147 f.; *Grzeszick* in: ZUM 2007, 344 [350]; *Papier* in: Maunz/Dürig, 40. EL (06/02), Art. 14 Rn. 197; eingehend auch *Schaaf*, S. 8 ff.; zum Schutz des persönlichkeitsrechtlichen Aspekts des Urheberrechts durch Art. 1, 2 GG *Fechner*, S. 186 ff.

1114 So i.Ü. auch die überwiegende Literaturmeinung sowie Teile der Rspr., vgl. *Berberich* in: ZUM 2006, 205 [207 f.]; *ders.* in: MMR 2010, 736 [739]; *Donle*, S. 253 f.; *Hertin* in: AfP 1978, 72 [79]; *Schaaf*, S. 128 ff.; *Schack*, Rn. 1086; *J.B. Nordemann* in: Fromm/Nordemann § 31 Rn. 180; *H. Schmidt* in: Ulmer/Brandner/Hensen, Teil 2 (34) Rn. 3 f.; *Schricker/Loewenheim* in: dies. Vor §§ 28 ff. Rn. 42; *Stoffels* in: Wolf/Lindacher/Pfeiffer Anh. § 310 Rn. U 25; *Wandtke/Grunert* in: Wandtke/Bullinger Vor §§ 31 ff. Rn. 108; OLG Zweibrücken ZUM 2001, 346 [347 f.] (*ZDF-Komponistenvertrag*) (n. rkr.); OLG Düsseldorf GRUR-RR 2002, 121 [124] (*Das weite Land*); a. A. neben dem BGH *Castendyk* in: ZUM 2007, 169 [174]; *Kuck* in: GRUR 2000, 285 [288 f.] sowie mit Blick auf § 11 S. 2 UrhG neuerdings auch *Scholz* in: Mestmäcker/Schulze, 45. AL (12/07), § 31 Rn. 107; ebenso zuletzt LG Hamburg ZUM 2010, 818 [823 f.]; KG ZUM 2010, 799 [802] (n. rkr.); LG Berlin, Urt. v. 09.12.2008 – 16 O 8/08, BeckRS 2010, 21022, Tz. III 1 a), IV. 1 a) i.R.d. UKlaG-Verfahren der freien Journalisten.

1115 In Abgrenzung zur Frage der Kontrollfähigkeit i. S. d. § 307 Abs. 3 S. 1 BGB soll es nach dem vorliegenden Untersuchungsgang nicht mehr um die generelle Funktionalisierbarkeit des § 31 Abs. 5 UrhG gehen, sondern um seine konkrete Relevanz in Bezug auf Verträge über unbekannte Nutzungsarten; zu Recht weist aber *Fuchs* in: Ulmer/Brandner/Hensen § 307 Rn. 228 darauf hin, dass es für den Rechtsanwender zumeist eine einheitliche Bewertung darstellen wird.

nächst nachgewiesen werden, dass letzteres in Abwesenheit von ersterer das konkrete Regelungsthema beherrscht hätte.[1116] Bezogen auf die hier gegenständlichen Verträge über unbekannte Nutzungsarten ergibt sich diesbezüglich nach den obigen Ausführungen zunächst ein differenziertes Bild.

(1) Technisch bekannte, aber wirtschaftlich unbedeutende Nutzungsarten

Beruht die Qualifizierung einer Nutzungsart als nicht bekannt i. S. d. §§ 31a, 32c UrhG allein auf der bei Vertragsschluss fehlenden wirtschaftlichen Bedeutung, ist sie aber bereits technisch bekannt, so wurde die Zweckübertragungsregel des § 31 Abs. 5 UrhG für anwendbar erachtet. Ebenso wie bei bekannten Nutzungsarten besteht bei dieser (vormals als Risikogeschäft bezeichneten Kategorie) aufgrund der technischen Bekanntheit dieselbe Möglichkeit zur Spezifizierung, so dass kein Grund für eine Nichtanwendung des § 31 Abs. 5 UrhG ersichtlich ist. Der insoweit einzig relevante Unterschied zu den bekannten Nutzungsarten, namentlich die mangelnde Vorhersehbarkeit des wirtschaftlichen Ertrags, wirkt sich bei der Zweckübertragungsregel nicht aus.[1117]

Wird demnach eine in dieser Hinsicht unbekannte Nutzungsart mittels Einzelbezeichnung zum Gegenstand der Rechtseinräumung gemacht und geht insoweit über den Vertragszweck hinaus, ist eine Abweichung (gemäß § 307 Abs. 2 Nr. 1 BGB) von der Zweckübertragungsregel aufgrund ihrer soeben festgestellten Einschlägigkeit unproblematisch zu bejahen. An dieser Bewertung ändert auch die Tatsache nichts, dass die Nutzungsart einzeln bezeichnet und damit lediglich von der Abdingbarkeit des § 31 Abs. 5 Gebrauch gemacht wurde.[1118] Denn die Möglichkeit dieser Außerkraftsetzung der dispositiven Rechtsfolge, hier namentlich der Bindung an den Vertragszweck, ist kein Hindernis, sondern wie gezeigt gerade Anlass und Voraussetzung der AGB-Inhaltskontrolle.[1119]

(2) Auch technisch (echte) unbekannte Nutzungsarten

Eine andere Bewertung erscheint auf den ersten Blick bei der Einräumung solcher Nutzungsrechte geboten, die auch technisch noch nicht bekannt sind. Wie dargelegt wurde, sind diese von vornherein nicht spezifizierbar. Eine Einzelbezeichnung, wie von § 31 Abs. 5 UrhG gefordert, ist den Vertragsparteien zum hierfür relevanten Zeitpunkt des Vertragsschlusses nicht möglich, so dass sie

1116 *Coester* in: Staudinger § 307 Rn. 243; ähnlich *Becker*, S. 90; *v. Hoyningen-Huene*, Rn. 263; *Stoffels*, Rn. 516.

1117 Siehe hierzu umfassend oben S. 151 f.

1118 Ohne die (hier mögliche) Einzelbezeichnung wäre die Rechtseinräumung bei einem entgegenstehenden Vertragszweck insoweit ohnehin schon individualvertraglich unwirksam gewesen.

1119 So bereits *Donle*, S. 252.

dementsprechend nicht der Auslegungsregel des § 31 Abs. 5 UrhG unterliegen. Diese zunächst rein individualvertragliche Unmöglichkeit einer Spezifizierung könnte sich ebenso auf die Möglichkeit der Abweichung auswirken.

Allerdings setzte dies ein Verständnis des Begriffs »*Abweichen*« voraus, das dem Regelungsgehalt des § 307 Abs. 2 Nr. 1 BGB nicht gerecht würde. So kann hierfür nicht die Möglichkeit bzw. Unmöglichkeit der Einzelbezeichnung maßgeblich sein, sondern muss vielmehr die Frage gestellt werden, ob die Rechtseinräumung innerhalb des Vertragszwecks bleibt oder diesen überschreitet. Denn allein die Vertragszweckbindung ist das von § 31 Abs. 5 UrhG zum Ausdruck gebrachte gesetzliche Leitbild, dessen vertragliche Modifizierung einem AGB-rechtlichen Wertungsurteil unterstellt wird. Die Einzelbezeichnung stellt lediglich das von § 31 Abs. 5 UrhG vorgesehene Gestaltungsmittel für die Abweichung von diesem gesetzlichen Leitbild dar. Bei der Kontrolle nach § 307 Abs. 2 Nr. 1 BGB wird mittels Extrahierung des wesentlichen Grundgedanken der gesetzlichen Regelung aber die dispositive Rechtsfolge der Referenznorm und nicht deren Abbedingungsinstrument funktionalisiert.

Aus diesem Grund bleibt die Unmöglichkeit der Einzelbezeichnung der unbekannten Nutzungsarten insoweit (noch) außer Betracht. Ausreichend ist eine tatbestandliche Einschlägigkeit des § 31 Abs. 5 UrhG dergestalt, dass eine urhebervertragliche Rechtseinräumung des Urhebers an einen Verwerter vorliegen muss. So ist eben jene Situation des Vorhandenseins eines Nutzungsvertrags und nicht erst die Art der Bezeichnung der Nutzungsrechte der originäre Auslöser des von § 31 Abs. 5 UrhG intendierten Urheberschutzes. Die Zweckübertragungsregel kann somit auch im Bereich der unbekannten Nutzungsarten das Regelungsthema beherrschen.

Der Rückgriff auf die Vertragszweckbindung unter Außerbetrachtlassung des »Tatbestandsmerkmals« (fehlende, aber mögliche Einzelbezeichnung) kommt auch keineswegs der Erhebung des § 31 Abs. 5 UrhG zu einer zwingenden Schutznorm[1120] gleich. Denn statt einer solch pauschalen Sanktionierung setzt § 307 Abs. 2 Nr. 1 BGB seitens des Rechteanwenders weiterhin ein Werturteil im Rahmen der Unvereinbarkeitsprüfung voraus. Dafür bildet der gemäß § 31 Abs. 5 UrhG als wesentlich qualifizierte Vertragszweck lediglich die Referenzwertung, um anhand dessen die Abweichung vom gesetzlichen Leitbild zu bestimmen und damit letztlich die Abwägungsfrage der unangemessenen Benachteiligung zu beantworten.

1120 Zutreffend weist *Schack* in: ZUM 2001, 453 [456]; *ders.* in: GRUR 2002, 853 [854] darauf hin, dass sich § 31 Abs. 5 UrhG nach der derzeitigen Formulierung nicht als zwingende Schutznorm anwenden lässt, sondern es dafür einer gesetzgeberischen Intervention bedürfte; ebenso *Stickelbrock* in: GRUR 2001, 1087 [1094] sowie bereits *Däubler-Gmelin* in: ZUM 1999, 265 [273].

(3) Zwischenbefund

Als Ergebnis ist demnach festzuhalten, dass sich die zunächst rein individualvertraglich festgestellte differenzierte Anwendbarkeit der Zweckübertragungsregel bei den unbekannten Nutzungsarten nicht bei der Frage der Abweichung von § 31 Abs. 5 UrhG durchsetzt.[1121] Unabhängig von der Möglichkeit der Einzelbezeichnung ist eine Abweichung i. S. d. § 307 Abs. 2 Nr. 1 BGB vielmehr immer dann zu bejahen, wenn die Einräumung der Rechte an den unbekannten Nutzungsarten den von den Vertragsparteien zugrunde gelegten Vertragszweck überschreitet.

dd. Unvereinbarkeit

Die Frage nach der Unvereinbarkeit der festgestellten Abweichung mit dem zuvor herausgearbeiteten gesetzlichen Leitbild ist Kern der Prüfung nach § 307 Abs. 2 Nr. 1 BGB. Sie bildet die entscheidende und abschließende Wertungsinstanz[1122] und stellt im Zusammenspiel mit dem wesentlichen Grundgedanken der gesetzlichen Regelung gewissermaßen die zweite Hürde der doppelten Erheblichkeitsschwelle[1123] dar. Dabei ist das Unvereinbarkeitsurteil das Resultat eines wertenden Vergleichs zwischen der Interessenverteilung ohne die fragliche Klausel und derjenigen, wie sie die vertragliche Abrede vorsieht.

(1) Vorgaben für die Interessenabwägung

Zwingend geboten ist hiernach eine erneute Interessenabwägung auf der Grundlage der vom Gesetzgeber durch das normative Leitbild als angemessen vorgegebenen Verteilung; anders als bei der Begründung der Unangemessenheit einer Klausel nach § 307 Abs. 1 S. 1 BGB ist die Gegenüberstellung der Interessen der Vertragsparteien demnach weniger offen und umfassend.[1124] Vielmehr ist die vorzunehmende Interessenbewertung stärker auf die Gründe des Verwenders für die Modifikation der gesetzlichen Entscheidung ausgerichtet.[1125] So ist schon die Abweichung vom gesetzlichen Leitbild selbst zu Lasten des Verwenders zu

1121 Der Differenzierung zwischen technisch bekannten und echten unbekannten Nutzungsarten kommt aber i.R.d. Abwägung bei der Unvereinbarkeitsprüfung entscheidende Bedeutung zu, dazu sogleich ab S. 266; *Schuchardt*, S. 69 lehnt angesichts der §§ 31a, 32c UrhG und der Kenntis des Reformgesetzgebers von der Vertragspraxis bereits die Möglichkeit einer Abweichung vom gesetzlichen Leitbild der §§ 11 S. 2, 31 Abs. 5 UrhG ab.

1122 *Coester* in: Staudinger § 307 Rn. 253; *Stoffels*, Rn. 518.

1123 So anschaulich *Fuchs* in: Ulmer/Brandner/Hensen § 307 Rn. 227.

1124 *Coester* in: Staudinger § 307 Rn. 253; *Fuchs* in: Ulmer/Brandner/Hensen § 307 Rn. 231; *v. Hoyningen-Huene*, Rn. 267; *Stoffels*, Rn. 518; die Rspr. ist uneinheitlich, vgl. einerseits BGH NJW 1990, 1065 [1066] (Rechtfertigung durch besonderes Interesse des Verwenders erforderlich), andererseits BGH NJW 1996, 2574 [2576] (ergebnisoffene, umfassende Interessenabwägung).

1125 *Fuchs* in: Ulmer/Brandner/Hensen § 307 Rn. 231.

gewichten und daraus aus seiner Sicht bereits im Ausgangspunkt der Abwägung eine Rechtfertigungslast festzustellen.[1126] Erst durch diese Anfangsgewichtung wird die vom Gesetzgeber mit der Normierung der Regelwertungen bezweckte Erleichterung des Unangemessenheitsurteils realisiert.

Ist der Verwender somit derart vorbelastet, geraten seine Abweichungsinteressen in den Mittelpunkt der Wertung.[1127] Ihnen kommt die Aufgabe zu, das Abrücken von der gesetzlichen Wertentscheidung zu rechtfertigen. Dabei ist allerdings ebenfalls zu berücksichtigen, inwiefern die Abweichung das gesetzliche Schutzanliegen überhaupt unterläuft oder ob die Belastungen für den Klauselgegner nicht entweder sehr gering bleiben oder aber das angestrebte Schutzniveau auch durch andere vertragliche Abreden gewährleistet wird. Mit anderen Worten lässt sich von einer Unvereinbarkeit mit den wesentlichen Grundgedanken der gesetzlichen Regelung allein dann sprechen, wenn die Abweichung nicht zu einer nur unwesentlichen, sondern zu einer grundsätzlichen Verschiebung der gesetzlichen Interessenbewertung führt.[1128] So muss auch in der Regelwertung des Abs. 2 Nr. 1 BGB als Ausprägung der Unangemessenheitskontrolle nach Abs. 1 S. 1 BGB zum Ausdruck kommen, dass sie ihrem Normzweck nach weniger der Sicherstellung eines angemessenen Interessenausgleichs dient, als vielmehr der Verhinderung des Gegenteils.

(2) Anwendung der Kriterien auf urheberrechtliche Rechteeinräumungen

Legt man diese Vorgaben der Untersuchung einer Abweichung des Klauselverwenders von der Wertung des § 31 Abs. 5 UrhG zugrunde, so sind im Ausgangspunkt zunächst die wesentlichen Motive herauszuarbeiten, die der Verwerter für die Einzelbezeichnung der einzuräumenden Nutzungsrechte typischerweise haben könnte. Im Anschluss sind diesen diejenigen Interessen der Urheber gegenüberzustellen, die der Gesetzgeber in der Regel des § 31 Abs. 5 UrhG zum Ausdruck bringt. Entsprechend der Charakteristik des AGB-Rechts kann es hierbei naturgemäß nur um solche Interessen gehen, die den Parteien des urheberrechtlichen Nutzungsvertrags typischerweise zugrunde liegen. Insofern ist es nicht möglich, die Vielzahl der Branchen und denkbaren Konstellationen der Vertragsgestaltung zu berücksichtigen. Im Vordergrund steht stattdessen die Herausbildung von Grundtendenzen als Richtschnur für die – auch bei der AGB-Kontrolle – stets erforderliche Einzelfallabwägung.

1126 *Fuchs* in: Ulmer/Brandner/Hensen § 307 Rn. 231; *Stoffels*, Rn. 518.

1127 *Coester* in: Staudinger § 307 Rn. 254; *Stoffels*, Rn. 519.

1128 *Coester* in: Staudinger § 307 Rn. 254; *Fuchs* in: Ulmer/Brandner/Hensen § 307 Rn. 229; *v. Hoyningen-Huene*, Rn. 268; *Stoffels*, Rn. 519 f.

(a) Abweichungsinteresse der Verwerter als Klauselverwender

Stellt die Abweichung vom Vertragszweck den eigentlichen Kontrollgrund dar, so ist fraglich, warum der Verwerter diese Bindung an den Vertragszweck für nachteilig hält oder präziser: worin er bei deren Außerkraftsetzung für sich den Vorteil erblickt. Denn rein intuitiv liegt die Annahme nahe, dass der Verwerter auch bei Geltung der Rechtsfolge des § 31 Abs. 5 UrhG all jene Nutzungsrechte eingeräumt bekäme, die in Bezug auf das konkrete Werk den vertraglichen Verwendungszweck abbilden. Dem entspricht die keinesfalls überraschende Feststellung, dass die Bindung an den Vertragszweck im Streitfall ebenso dem Verwerter nutzen kann.[1129]

Freilich zeigt die Vertragspraxis ein anderes Bild. Hiernach sprechen aus Sicht der Verwerter im Wesentlichen zwei Motive für die Loslösung vom Vertragszweck: Zum einen werden den Verwertern nicht selten Nutzungen vorschweben, die nach dem insoweit maßgebenden, von beiden Parteien vorausgesetzten Zweck des Vertrages gerade nicht umfasst wären. Die Verwerter wollen sich gewissermaßen auch darüber hinaus noch Rechte am Werk verschaffen und streben eine möglichst weitgehende Rechtseinräumung an. Aber auch bei einer beabsichtigten Rechtseinräumung innerhalb des Vertragszwecks haben die Verwerter oftmals ein Interesse daran, die Nutzungsrechte einzeln zu bezeichnen und die Einräumung gerade nicht von der tatsächlichen Ermittlung des Vertragszwecks abhängig zu machen. Maßgeblicher Grund hierfür ist das Streben nach Rechtssicherheit bei der anschließenden Verwertung des Werks. Mittels konkreter Aufzählung der Nutzungsrechte lässt sich diese weitaus besser erreichen als im Fall der späteren Rekonstruktion des zum Zeitpunkt des Vertragsschlusses übereinstimmend vorausgesetzten Zwecks.

Im Fall der unbekannten Nutzungsarten erhöht sich dieses Risiko noch zusätzlich. So wurde bereits aufgezeigt, dass im Falle der Anwendbarkeit des § 31 Abs. 5 UrhG der Vertragszweck regelmäßig gegen die Einräumung von Rechten an unbekannten Nutzungsarten sprechen wird. Denn insoweit liegt die Vermutung nahe, dass – wenn sich die Vertragsparteien schon die unbekannten Nutzungsarten als Gegenstand der Rechtseinräumung bewusst machen – sie diese auch, soweit möglich, konkret benennen.[1130] Der Verzicht auf die zumin-

1129 Vgl. BGH GRUR 1988, 300 [301] (*Fremdenverkehrsbroschüre*); GRUR 2003, 234 [236] (*EROC III*); OLG Düsseldorf ZUM 2001, 795 [797] (*Schulungslizenzen*) (n. rkr.); *Haupt* in: ZUM 1999, 898 [899]; *J.B. Nordemann* in: Fromm/Nordemann § 31 Rn. 110 m.w.N.

1130 Vgl. oben S. 156 ff. sowie bereits *J.B. Nordemann* in: FS W. Nordemann (2004), 193 [203]; auch *Wandtke/Grunert* in: Wandtke/Bullinger § 31a Rn. 14 weisen darauf hin, dass sich die Einräumung von Rechten an unbekannten Nutzungsarten keineswegs ohne Weiteres aus dem Vertragszweck ergibt; zu weit geht dagegen die Aussage von *Schaaf*, S. 197, dass unbekannte Nutzungsarten generell nicht vom Vertragszweck umfasst seien, weil die Parteien bei Vertragsschluss noch nicht an diese gedacht haben können, ebenso KG

dest als abstrakte Kategorie formulierte Bezeichnung im Vertrag begründete dementsprechend in erheblichem Maße die Gefahr, dass das Gericht nach der Auslegung des Vertragszwecks zum Ergebnis der Nichteinräumung der Rechte an den unbekannten Nutzungsarten kommt.

Schließlich lassen sich die umfassenden Rechtseinräumungsklauseln mit dem Rationalisierungsinteresse der Verwerter erklären. Indem sie möglichst alle denkbaren Verwertungsformen berücksichtigen, ersparen sie sich die Einzelanpassung des jeweiligen Nutzungsvertrags und die dadurch anfallenden Transaktionskosten.

(b) Von § 31 Abs. 5 UrhG geschützte Interessen der Urheber

Dem gegenüber stehen die vom Gesetzgeber in § 31 Abs. 5 UrhG für schützenswert erklärten Interessen des Urhebers. Diese wurden bereits im Zusammenhang mit der Herleitung des § 31 Abs. 5 UrhG als wesentlichem Grundgedanken der gesetzlichen Regelung aufgezeigt. Dem Grundsatz folgend, dass das Urheberrecht die Tendenz hat, so weit wie möglich beim Urheber zu verbleiben,[1131] soll der Urheber mittels der Auslegungsregel des § 31 Abs. 5 UrhG vor einer zu weitreichenden, namentlich einer zwecküberschreitenden Rechtseinräumung geschützt werden.[1132] Denn angesichts der regelmäßig bestehenden wirtschaftlichen Disparität beider Vertragsparteien ist dem Nutzungsvertrag das Risiko immanent, dass sich der Urheber zu schnell und umfassend seiner Rechte begibt und damit die im Urheberrecht geforderte möglichst weitgehende Beteiligung des Urhebers an den wirtschaftlichen Früchten seines Werkes (§ 11 S. 2 UrhG) nicht mehr sichergestellt ist.

Für die unbekannten Nutzungsarten als Gegenstand der Rechtseinräumung erlangt dieser Schutzanlass im Ausgangspunkt noch gesteigerte Bedeutung. Wie nicht zuletzt aus der jahrelangen Geltung des § 31 Abs. 4 UrhG a. F. hervor geht, bestand insoweit ein erhöhtes Schutzbedürfnis. Aufgrund des bei Vertragsschluss nicht einschätzbaren wirtschaftlichen Ertrags der Nutzungsart sollte mittels zwingenden Verbots das Risiko einer unüberlegten, zu weitreichenden Rechtseinräumung von vornherein ausgeschlossen werden. Wie bereits ausgeführt, beruhten § 31 Abs. 5 UrhG und § 31 Abs. 4 UrhG a. F. insofern auf identischen teleologischen Erwägungen.[1133] Nach der Streichung des § 31 Abs. 4

GRUR 1923, 140 [141] (*Übertragung des Verfilmungsrechts*), welches zu diesem Ergebnis freilich ohne Rückgriff auf die Zweckübertragungstheorie gelangte.

1131 BGH GRUR 1984, 656 [657] (*Vorentwurf*); GRUR 1998, 681 [682] (*Comic-Übersetzungen*); *J.B Nordemann* in FS W. Nordemann (2004), 193 [200]; *Riesenhuber* in: GRUR 205, 712 [714]; *Schulze* in: Dreier/Schulze § 31 Rn. 110; *Spautz* in: Möhring/Nicolini § 31 Rn. 47.

1132 Vgl. nur *J.B. Nordemann* in: Fromm/Nordemann § 31 Rn. 109; *Schack*, Rn. 615; *Wandtke/Grunert* in: Wandtke/Bullinger § 31 Rn. 39.

1133 Vgl. eingehend oben S. 147 ff., wo zugleich die dogmatischen Unterschiede beider Regelungen herausgearbeitet wurden.

UrhG a.F. kommt dieser Schutzauftrag nun auch (teilweise)[1134] der Zweckübertragungsregel zu.

Zudem belässt es § 31 Abs. 5 UrhG nicht bei der Aufstellung einer dispositiven Regel, sondern normiert zugleich die Voraussetzungen seiner Abdingbarkeit. Dafür reicht bekanntlich nicht schon jede vertragliche Abrede, in der die Außerkraftsetzung der Vertragszweckbindung zum Ausdruck kommt,[1135] sondern es bedarf einer ausdrücklichen Einzelbezeichnung der Nutzungsrechte. Insofern liegt die Beschreibung als faktische Formvorschrift nahe, wenngleich die Einzelbezeichnung auch mündlich erfolgen kann.[1136] Unabhängig von der letztlichen dogmatischen Einordnung führt § 31 Abs. 5 UrhG damit *de facto* dazu, dass dem Urheber für den Fall einer über den Vertragszweck hinausgehenden Rechtseinräumung die betroffenen Rechte, soweit möglich, einzeln vor Augen geführt werden. Diesen den Urheber begünstigenden Ausfluss der Spezifizierungslast der Verwerter wird man ebenfalls als Schutzzweck des § 31 Abs. 5 UrhG qualifizieren müssen.

(c) *Abwägung*

Sind damit die typischen Interessen abgesteckt, die vor dem Hintergrund des § 31 Abs. 5 UrhG bei der Rechtseinräumung aufeinander treffen, gilt es im Folgenden abzuwägen, in welchen typischen Konstellationen deren Gegenüberstellung regelmäßig zu einem Unvereinbarkeitsurteil gemäß § 307 Abs. 2 Nr. 1 BGB führen wird. Dabei werden allgemeine urhebervertragliche Einschätzungen von solchen ergänzt, die sich für die unbekannten Nutzungsarten im Besonderen ergeben.

Vereinbar mit § 31 Abs. 5 UrhG sind zunächst solche Rechteeinräumungen, die nach Umfang und Inhalt innerhalb des Zwecks des Vertrages bleiben. Dies gilt für bekannte und unbekannte Nutzungsarten gleichermaßen. Denn insoweit ist von vornherein nicht erkennbar, inwieweit der Schutz des Urhebers beeinträchtigt ist, so dass man an sich schon die Abweichung i.S.d. § 307 Abs. 2 Nr. 1 BGB verneinen müsste.[1137] Auch bei Einschlägigkeit der Zweckübertragungs-

1134 Soweit diese auf die unbekannten Nutzungsarten anwendbar ist. Außerdem wird dem Schutzbedürfnis des Urhebers auch durch die §§ 31a, 32c UrhG entsprochen.

1135 *Fischer/Reich*, Kap. 1 Rn. 25.

1136 *Schulze* in: Dreier/Schulze § 31 Rn. 112; *Schricker/Loewenheim* in: dies. § 31 Rn. 70 sprechen von *»Formvorschrift mit abgeschwächter Sanktionierung«*; *Donle*, S. 78 weist darauf hin, dass § 31 Abs. 5 UrhG nicht an die äußere Form, sondern an den Inhalt der Formulierung besondere Anforderungen stellt und daher gewissermaßen als *»materielle Formvorschrift«* zu bezeichnen wäre.

1137 Dies gilt v.a. dann, wenn man wie *Stoffels*, Rn. 516 bereits i.R.d. Merkmals *»Abweichung«* eine Benachteiligung des Urhebers fordert. Unabhängig von der prüfungssystematischen Verortung wäre diese Konstellation also in jedem Fall unbedenklich vor dem Hintergrund des § 307 Abs. 2 Nr. 1 BGB.

regel hätte das Gericht eine identische Rechtseinräumung festgestellt. Stattdessen erhält der Urheber im Falle einer Einzelbezeichnung im Regelfall noch einen Zugewinn an Transparenz, den er ohne die Abbedingung des § 31 Abs. 5 UrhG nicht hätte beanspruchen können. Aus Sicht des mit der AGB-Inhaltskontrolle befassten Gerichts erfordert die Konfrontation mit einer Rechtseinräumungsklausel somit im Ausgangspunkt immer die Kontrollüberlegung, ob sich nach dem Zweck des Vertrages (also bei hypothetischer Geltung des § 31 Abs. 5 UrhG) dieselbe Rechtseinräumung ergeben hätte. Bejahendenfalls ist eine Unvereinbarkeit der fraglichen Klausel mit § 31 Abs. 5 UrhG grundsätzlich ausgeschlossen, ohne dass es noch auf eine Rechtfertigung über die Abweichungsinteressen des Verwenders ankommt. Dies gilt für bekannte und unbekannte Nutzungsarten sowie für einzeln und pauschal bezeichnete vorformulierte Rechteeinräumungen gleichermaßen.

Statt dieser vergleichsweise unproblematischen Konstellation ist es für die Urhebervertragspraxis allerdings zunehmend symptomatisch, dass in den Nutzungsvertrag ein umfangreicher Katalog einzeln bezeichneter Rechte mit dem Ziel aufgenommen wird, weit über den Vertragszweck hinaus eine umfassende Rechtseinräumung zu erreichen, dem sogenannten Rechte-*buy-out.*[1138] Daneben treten freilich auch solche Einräumungsklauseln auf, bei denen sich noch nicht von einem *Buy-out* sprechen lässt, die gleichwohl aber über den eigentlichen Zweck und Anlass des Nutzungsvertrages hinausgehen. Hinsichtlich aller solcher zwecküberschreitenden Rechteeinräumungen ist zunächst festzustellen, dass sie aufgrund der nach § 307 Abs. 2 Nr. 1 BGB erforderlichen Interessenabwägung nicht schon generell mit § 31 Abs. 5 UrhG unvereinbar sein können. Andererseits ist die Üblichkeit vertraglicher Abreden kein taugliches Kriterium für ihre Vereinbarkeit.[1139] Vielmehr hängt dieses Urteil primär von den tatsächlichen und wirtschaftlichen Umständen und Möglichkeiten der Verwertung ab.[1140] Diese können die Interessenbilanz auf beiden Seiten beeinflussen.

Nichtsdestotrotz hat sich im allgemeinen AGB-Recht die Erkenntnis durchgesetzt, dass der Grad der Abweichung von der gesetzlichen Regelung als Indiz für deren Unvereinbarkeit dienen kann.[1141] Bezogen auf § 31 Abs. 5 UrhG ist demnach die Vermutung einer unangemessenen Benachteiligung des Urhebers desto stärker, je weiter sich der Umfang der verklausulierten Rechtseinräumung vom Umfang dessen unterscheidet, was der Zweck des Vertrages erfordert.[1142]

1138 Vgl. nur *Wandtke/Grunert* in: Wandtke/Bullinger § 31 Rn. 42 m.w.N.

1139 BGH NJW 1982, 644 [645]; *Wolf* in: Wolf/Lindacher/Pfeiffer § 307 Rn. 126.

1140 *Donle*, S. 259.

1141 BGH NJW 1989, 1602 [1605]; *Becker*, S. 133; *Fuchs* in: Ulmer/Brandner/Hensen § 307 Rn. 229; *v. Hoyningen-Huene*, Rn. 268; *Roloff* in: Erman § 307 Rn. 26.

1142 Zu diesem Schluss bereits *Donle*, S. 259.

Denn diese Tendenz erlaubt regelmäßig den Schluss, dass das gesetzliche Schutzanliegen auch angesichts etwaiger berechtigter Abweichungsinteressen des Klauselverwenders nicht mehr im Grundsatz gewahrt ist. Dieser der Regel zugrunde liegende Gedanke bedeutet aber zugleich, dass eine Vereinbarkeit mit dem gesetzlichen Leitbild auch bei einer erheblichen Abweichung dann in Betracht kommt, wenn der vom Gesetz bezweckte Schutz aufgrund der typischen Parteiinteressen ohnehin nicht dem Bedürfnis des vermeintlich Schützenswerten entspricht.

(i) Differenzierung nach Möglichkeit zur Abweichung

Mit Blick auf die urheberrechtlichen Nutzungsverträge wird dieser Befund immer dann relevant, wenn die nach dem Zweck des Vertrages an sich beim Urheber verbleibenden Nutzungsrechte von diesem aus rechtlichen oder tatsächlichen Gründen nicht oder nicht angemessen verwertet werden könnten.[1143] Eine solche Situation ist insbesondere dann denkbar, wenn an dem Werk eine Vielzahl von Urhebern oder Bearbeitern mitgewirkt hat, die aufgrund ihrer oftmals vielseitig gelagerten Interessen eine Verwertung des Werkes erheblich erschweren oder gar verhindern würden.[1144] In diesen Fällen hat der Urheber von vornherein ein stark gemindertes Schutzbedürfnis und ganz im Gegenteil ein erhebliches Eigeninteresse an einer möglichst umfassenden Konzentration der Rechte bei einem Verwerter. Das gesetzliche Schutzanliegen rückt insofern in den Hintergrund, so dass eine zwecküberschreitende Rechtseinräumung nicht *per se* unvereinbar sein muss. Dass die Möglichkeit einer solchen Interessenkonstellation auch vom Gesetzgeber selbst anerkannt wird, zeigen im Übrigen die §§ 88, 89 UrhG im Filmbereich, denen der soeben geschilderte Gedanke maßgeblich zugrunde liegt.[1145]

Außerhalb dieser Fallgruppe stehen der zwecküberschreitenden Rechtseinräumung allerdings Bedenken gegenüber. Diese ergeben sich vorrangig daraus, dass der Verwender anders als bei den Fällen, in denen auch die Rechtseinräumung noch innerhalb des Vertragszwecks bleibt,[1146] regelmäßig keine berechtigten und damit abwägungsrelevanten Abweichungsinteressen geltend machen kann. So haben die Verwerter bei zwecküberschreitenden Rechteeinräumungen typischerweise das Bestreben, möglichst eine Vielzahl von Nutzungsrechten zu erlangen. Eben dies versucht § 31 Abs. 5 UrhG seinem Schutzzweck nach gerade zu verhindern und kann daher als solches niemals zu einer Interessenbewertung

1143 *Donle*, S. 262.

1144 *Donle*, S. 262 f.

1145 *Donle*, S. 263 (dort Fn. 644) unter Verweis auf *Katzenberger* in: Schricker/Loewenheim Vor §§ 88 ff. Rn. 9; vgl. auch *Manegold* in Wandtke/Grunert Vor §§ 88 ff. Rn. 5.

1146 Das insoweit maßgebliche Interesse an Rechtssicherheit kann ein abwägungsrelevantes Kriterium darstellen, vgl. *Wolf* in: Wolf/Lindacher/Pfeiffer § 307 Rn. 162.

zugunsten der Verwerter führen. Dabei ist es im Übrigen unbeachtlich, ob sich die angestrebten Vorteile beim Verwerter auch tatsächlich materialisieren; entscheidend ist nach dem Schutzzweck der §§ 307 ff. BGB allein der Nachteil beim Vertragspartner.[1147]

Mit Blick auf die unbekannten Nutzungsarten setzt sich jedoch auch hinsichtlich des Abweichungsinteresses die Differenzierung zwischen zumindest technisch bekannten und echten unbekannten Nutzungsarten fort. Während die bei dieser Unterscheidung maßgebliche Möglichkeit der Einzelbezeichnung für die Abweichung von § 31 Abs. 5 UrhG als gesetzlichem Leitbild noch als unbeachtlich eingestuft wurde,[1148] schlägt sie doch im Rahmen der hier vorzunehmenden Interessenabwägung durch. So muss zugunsten der Verwerter entscheidend berücksichtigt werden, dass sie bei den echten unbekannten Nutzungsarten zur Zweckübersschreitung[1149] geradezu gezwungen sind, indem sie keine zweckentsprechende Differenzierung vornehmen können. Insofern haben sie nicht nur ein hohes Maß an (beachtlichem) Abweichungsinteresse, sondern unterliegen gewissermaßen einem Abweichungszwang. Sollte dieses auf rein faktischen Gegebenheiten beruhende Motiv einen lediglich unbeachtlichen Wertungsgesichtspunkt darstellen, so hätte man eine entsprechende Anordnung vom Gesetzgeber erwarten können. Denn bekanntlich war er sich dieser Gegebenheiten nicht unbewusst, sondern griff sie in seiner amtlichen Begründung sogar auf und ließ eine pauschale Rechtseinräumung ausdrücklich zu.[1150] Da auch dem Gesetzgeber die Kenntnis zu unterstellen ist, dass Nutzungsverträge in der Praxis zumeist durch AGB erfolgen, beinhaltet diese Einlassung folglich auch eine entscheidende Wertungsvorgabe für die Beurteilung nach § 307 BGB.

Demgemäß wird man für echte unbekannte Nutzungsarten zu dem Schluss kommen müssen, dass das Abwägungsergebnis typischerweise gegen eine Unvereinbarkeit mit wesentlichen Grundgedanken der gesetzlichen Regelung gemäß § 307 Abs. 2 Nr. 1 BGB sprechen wird.[1151] Nicht betroffen von dieser Wertung sind indes solche unbekannten Nutzungsarten, die zum Zeitpunkt des Vertragsschlusses bereits technisch bekannt waren. Hier besteht vielmehr die Möglichkeit der Einzelbezeichnung, so dass eine Zweckübersschreitung insoweit

1147 *Wolf* in: Wolf/Lindacher/Pfeiffer § 307 Rn. 216.

1148 Vgl. oben S. 257 ff.

1149 Abgesehen von den Fällen, in denen gerade die Erfassung aller unbekannten Nutzungsarten dem Zweck des Vertrages entspricht.

1150 Siehe erneut BReg BT-Drs. 16/1828, S. 24; sowie für dasselbe Argument *Schuchardt*, S. 69, die insoweit jedoch nicht zwischen technisch bekannten und echten unbekannten Nutzungsarten differenziert.

1151 So wohl i.E. auch *J.B. Nordemann* in: Loewenheim, HdB UrhR, § 60 Rn. 36, der auf den typischerweise fehlenden Gestaltungsmissbrauch sowie die ausdrückliche gesetzgeberische Zulassung durch §§ 31a, 32c UrhG abstellt.

nicht das zwingende Ergebnis der mangelnden Differenzierbarkeit ist und sich daher kein gerechtfertigtes Abweichungsinteresse festmachen lässt.

(ii) Kompensationsgedanke

Fehlt es damit insoweit auf Verwerterseite an den erforderlichen gewichtigen Gründen für die Abweichung, so lässt sich eine Vereinbarkeit mit § 31 Abs. 5 UrhG nur noch auf Seiten der Urheberinteressen erreichen. Neben der bereits thematisierten Konstellation, dass unter Umständen ohnehin kein Schutzbedürfnis besteht, betrifft dies vor allem die Fälle, in denen die Abweichung vom gesetzlichen Schutzprinzip durch andere Vorteile ausgeglichen wird. Dieser Kompensationsgedanke ist eine in Literatur und Rechtsprechung anerkannte Möglichkeit zum Ausgleich von Klauseln, die für sich genommen unangemessen sind.[1152]

Nahe liegend ist in diesem Zusammenhang ein Rückgriff auf die Vergütung des Urhebers. So ließe sich argumentieren, dass die zweckübersschreitende Rechtseinräumung dann wiederum mit den Grundgedanken der gesetzlichen Regelung vereinbar wäre, wenn der Urheber dafür einen besonderen finanziellen Ausgleich erhält. Allerdings entspricht es allgemeiner Auffassung, dass eine unangemessene Benachteiligung grundsätzlich nicht durch einen wirtschaftlich vorteilhaften Preis kompensiert werden kann.[1153] Entscheidendes Argument gegen eine entsprechende Funktionalisierung des Preises ist die Tatsache, dass der behauptete Preisvorteil[1154] seinerseits mangels Feststellbarkeit des sonst, mithin ohne den Nachteil, angemessenen Preises nicht nachprüfbar ist und daher die Bewertung der Kompensation von vornherein unmöglich macht.[1155] Im Übrigen würde auf diesem Umweg das ansonsten grundsätzlich kontrollimmune Äquivalenzverhältnis wieder einer Kontrolle unterworfen.

Aber gerade auch vor dem Hintergrund des § 31 Abs. 5 UrhG bestehen gegen eine solche Argumentation erhebliche Bedenken. Wenngleich der Grundsatz der angemessenen Beteiligung wie gezeigt nicht unmittelbar in § 31 Abs. 5 UrhG

1152 BGHZ 82, 238 [240 f.]; BGH NJW 1991, 1886 [1887 f.]; NJW 2003, 888 [890]; *Bunte* in: FS Korbion (1986), 17 ff.; *Coester* in: Staudinger § 307 Rn. 125; *Fuchs* in: Ulmer/Brandner/Hensen § 307 Rn. 229, 144; *Roloff* in: Erman § 307 Rn. 26; *Wolf* in: Wolf/Lindacher/Pfeiffer § 307 Rn. 127.

1153 BGHZ 22, 90 [98]; 77, 126 [131]; 138, 118 [132]; BGH NJW-RR 1993, 736 [737]; *Coester* in: Staudinger § 307 Rn. 129 ff.; *Fuchs* in: Ulmer/Brandner/Hensen § 307 Rn. 145 sowie explizit für den Nutzungsvertrag *Schricker/Loewenheim* in: dies. Vor §§ 28 ff. Rn. 42.

1154 Während dies in der allgemeinen Vertragspraxis üblicherweise einen Preisnachlass bedeutet, geht es bei urheberrechtlichen Nutzungsverträgen freilich um den Fall, dass der Preis für die Nutzungsrechte zugunsten des Urhebers erhöht wird, vgl. zu diesem Phänomen bereits oben S. 226.

1155 Eingehend *Coester* in: Staudinger § 307 Rn. 130 ff., der noch weitere Gründe für die Unbeachtlichkeit des Preisarguments anführt; ebenso *Bunte* in: FS Korbion (1986), 17 [21 ff.]; *Grünewald* in: Palandt § 307 Rn. 18; *Kieninger* in: MüKo § 307 Rn. 42.

enthalten ist,[1156] so liegt er ihm doch als Schutzgedanke zugrunde. Insbesondere stellt § 31 Abs. 5 UrhG mittels der Kontrolle der Rechtseinräumung sicher, dass nicht einzelne Nutzungsrechte innerhalb des Bündels an Nutzungsrechten untergehen. Würde man nun aber generell das Preisargument zulassen, so bestünde die Gefahr, dass die Honorierung einzelner Rechte zugleich die Einräumung anderer rechtfertigt. Der Verwerter könnte einwenden, die vergleichsweise überproportionale Honorierung der zweckentsprechenden Nutzungsrechte verschaffe ihm ebenso das Recht auf die zwecküberschreitenden Rechte.[1157]

Mit Recht weist allerdings *Donle* darauf hin, dass die gegen das Preisargument vorgebrachten Bedenken dann zurücktreten können, wenn der Verwerter nicht nur pauschal eine höhere Vergütung gewährt (deren Vorteilhaftigkeit eben nicht überprüfbar ist), sondern durch entsprechende Formulierung des Nutzungsvertrags sicherstellt, dass sämtliche Nutzungsarten gesondert honoriert werden.[1158] Die Kompensation erfolgt hier demnach nicht durch eine generelle Erhöhung der Vergütung, sondern durch eine Diversifizierung des Vergütungsgrundes. Eine solche Abrede wäre beim Unvereinbarkeitsurteil der zwecküberschreitenden Rechtseinräumung positiv zu berücksichtigen, da sie verhindert, dass der Urheber trotz der Außerkraftsetzung der Vertragszweckbindung des § 31 Abs. 5 UrhG infolge der Außerachtlassung zwecküberschreitender Nutzungsrechte bei der Vergütung übervorteilt wird. Zugleich erfüllte diese Vereinbarung die überwiegend geforderte Voraussetzung eines sachlichen Regelungszusammenhangs zwischen der nachteiligen und der vorteilhaften vertraglichen Regelung.[1159]

(iii) Kompensation durch Vergütungsanspruch gemäß § 32c UrhG?

Mit Blick auf die unbekannten Nutzungsarten wirft diese Feststellung zugleich die Frage auf, ob sich auch § 32c UrhG entsprechende Kompensationseffekte entnehmen lassen. Bekanntlich stellt dieser das soeben beschriebene Prinzip der gesonderten Vergütung sicher, indem er für jede aufgenommene Art der Verwertung einer bei Vertragsschluss noch unbekannten Nutzungsart einen gesetzlichen Vergütungsanspruch gewährt. Nicht ganz fernliegend wäre daher die Annahme, dass es aufgrund der Existenz eines solchen gesetzlichen Ausgleichs

1156 Siehe erneut oben S. 230 ff.

1157 *Donle*, S. 257; allgemein gegen dieses Preisargument *Grünewald* in: Palandt § 307 Rn. 18.

1158 *Donle*, S. 257 f., der sich noch mit weiteren, hier nur zum Teil aufgegriffenen Fallgruppen zulässiger zwecküberschreitender Nutzungsrechteeinräumungen auseinandersetzt.

1159 Dazu allgemein etwa *Bunte* in: FS Korbion (1986), 17 [24 f.]; *Coester* in: Staudinger § 307 Rn. 125; *Wolf* in: Wolf/Lindacher/Pfeiffer § 307 Rn. 212, 219 jeweils m.w.N.; a.A. *v. Hoyningen-Huene*, Rn. 173.

keines entsprechenden vertraglichen Zugeständnisses seitens des Klauselverwenders bedarf, um die Kompensationswirkung herbeizuführen.

Im AGB-rechtlichen Schrifttum herrscht im Zusammenhang mit dem Kompensationsgedanken der Hinweis auf die Vereinbarung etwaiger Vorteile vor.[1160] Deutlich wird hiernach, dass für die Kompensation einer für sich genommen unangemessenen Klausel von vornherein nur vertragliche Vereinbarungen (aus demselben Rechtsverhältnis) in Betracht kommen sollen. Zwar vermag auch eine (andere) gesetzliche Regelung das Schutzanliegen der dispositiven Gesetzesnorm zu verwirklichen, die durch die fragliche Klausel außer Kraft gesetzt wird. Allerdings kann hierbei nicht von einem echten Vorteil im Sinne des Kompensationsgedankens gesprochen werden.[1161] Vielmehr ist zu verlangen, dass der Klauselverwender über das hinaus geht, was das Gesetz ohnehin bereithält. Aus Sicht des Vertragspartners muss dieser kraft der vertraglichen Vereinbarung also ein Mehr gegenüber dem geltenden Recht erhalten.[1162] Dies gilt erst recht dann, wenn der vermeintliche Vorteil wie hier mit § 32c UrhG auf zwingendem Recht beruht und damit ohnehin nicht vom Klauselverwender »gewährt« werden kann.

Die Existenz des Anspruchs aus § 32c UrhG bzw. seine Wiederholung im Vertrag allein reicht folglich nicht aus, um eine zwecküberschreitende Rechtseinräumung bei der dargestellten typischen Interessenlage zu kompensieren. Erforderlich ist stattdessen eine darüber hinaus gehende vertragliche Vereinbarung. Ein solcher abwägungsrelevanter Vorteil könnte entsprechend dem oben Ausgeführten etwa darin liegen, einen diversifizierten Vergütungsanspruch für alle, mithin auch die bekannten Nutzungsarten, zu gewähren.

(iv) Kompensation durch Widerrufsrecht nach § 31a Abs. 1 UrhG?

Im Zusammenhang mit dem Kompensationsgedanken wird ebenso das Widerrufsrecht aus § 31a UrhG relevant. Anders als der gesetzliche Anspruch auf gesonderte Vergütung nach § 32c UrhG, der als Kompensation bereits inhaltlich wegen der grundsätzlichen Unbeachtlichkeit des Preisarguments nicht ganz unproblematisch ist, erscheint das Widerrufsrecht als geradezu idealtypischer Ausgleich des durch die Abbedingung des § 31 Abs. 5 UrhG erlittenen Schutzverlusts auf Seiten des Urhebers. Denn bekanntlich hat dieser gemäß § 31a

1160 Vgl. etwa *Coester* in: Staudinger § 307 Rn. 125; *Fuchs* in: Ulmer/Brandner/Hensen § 307 Rn. 143; *Grünewald* in: Palandt § 307 Rn. 9 f.; *v. Hoyningen-Huene*, Rn. 171 ff.; *Wolf* in: Wolf/Horn/Lindacher § 307 Rn. 215.

1161 So aber wohl *Schuchardt*, S. 69 mit Blick auf § 32c UrhG.

1162 So auch BGH NJW 1996, 389 [390], wo die Kostenübernahme des Verwenders bei unberechtigtem Nachbesserungsverlangen seitens des Vertragspartners ohnehin dem geltenden Recht entsprach; zustimmend *Coester* in: Staudinger § 307 Rn. 127; *Wolf* in: Wolf/Lindacher/Pfeiffer § 307 Rn. 216.

Abs. 1 S. 3 UrhG die Möglichkeit, die ursprüngliche Rechtseinräumung über die unbekannten Nutzungsarten zu widerrufen. Angeknüpft wird damit unmittelbar an die Frage der (durch § 31 Abs. 5 UrhG geregelten) Rechtseinräumung, so dass der sachliche Regelungszusammenhang evident ist.

Nichtsdestotrotz muss ein Ausgleich der zweckümberschreitenden Rechtseinräumung über die Existenz eines Widerrufsrechts gemäß § 31a Abs. 1 S. 3 UrhG im Ergebnis aus denselben Gründe abgelehnt werden wie die entsprechende Funktionalisierung des § 32c UrhG. So lässt sich auch insoweit nicht davon sprechen, dass zur Kompensation des durch die Abbedingung des § 31 Abs. 5 UrhG beim Urheber erlittenen Nachteils ein zusätzlicher vertraglicher Vorteil gewährt wird. Vielmehr steht das Widerrufsrecht dem Urheber aufgrund des zwingenden Charakters des § 31a UrhG ohnehin zu. In Bezug auf die unbekannten Nutzungsarten wird die Rechtseinräumung des Urhebers somit gewissermaßen in doppelter Hinsicht zu seinen Gunsten ausgestaltet - sowohl durch dispositives als auch durch zwingendes Recht. Ließe man hier eine Kompensation zu, so würde das Schutzanliegen des Gesetzgebers missachtet. Denn bejahte man tatsächlich eine wechselseitige Abhängigkeit, müsste man (unterstellt § 31a UrhG ist abdingbar) konsequenterweise umgekehrt auch den vertraglichen Ausschluss des Widerrufsrechts durch eine Vertragszweckbindung der Rechtseinräumung kompensieren können. Damit hätte es der Klauselverwender letztlich in der Hand, die gesetzlichen Schutzansätze gegeneinander auszuspielen und dem Vertragspartner wahlweise eines seiner Rechte zu entziehen. Da dies die Inhaltskontrolle nach den §§ 307 ff. BGB *ad absurdum* führte, ist eine Kompensation vertraglich herbeigeführter Nachteile durch gesetzlich gewährte Vorteile weiterhin generell abzulehnen.

Allein die Existenz des gesetzlichen Widerrufsrechts hinsichtlich der unbekannten Nutzungsarten gemäß § 31a Abs. 1 S. 3 UrhG vermag infolgedessen die zweckümberschreitende Rechtseinräumung nicht zu kompensieren. Gleiches gilt für eine bloße Wiederholung der geltenden Rechtslage. Als Ausgleich denkbar wäre dagegen eine vertragliche Abrede, in der der Verwerter dem Urheber hinsichtlich aller zweckümberschreitenden, mithin auch der bei Vertragsschluss bekannten Nutzungsrechte ein Widerrufsrecht einräumt. Dieses könnte etwa in Anlehnung an § 31a Abs. 1 S. 4 UrhG seinem zeitlichen Bestand nach an die (beabsichtigte) Aufnahme der Werknutzung gekoppelt werden.

(v) Verwertungspflicht als Abwägungskriterium

Schließlich wird innerhalb der Interessenabwägung noch zu berücksichtigen sein, ob nach dem Nutzungsvertrag neben dem Recht auch die *Verpflichtung* des Verwerters besteht, die Nutzungsrechte tatsächlich auszuüben.[1163] Eine solche

1163 So bereits *Donle*, S. 264 ff.

Klausel hat freilich nur dann Relevanz, wenn es sich um ausschließliche Nutzungsrechte handelt. Üblicherweise liegt dem urheberrechtlichen Nutzungsvertrag lediglich die Intention zugrunde, die Verwertung des Werkes in den jeweiligen Nutzungsarten zu ermöglichen, nicht aber auch sie zu erzwingen. Dem gegenüber steht das Interesse des Urhebers, der durchaus zu einer solchen Ausübungszusage gewillt sein kann. Zum einen könnte nämlich die Höhe der Vergütung an das Maß der tatsächlichen Nutzung geknüpft worden sein. Zum anderen hat er zumeist das immaterielle Bedürfnis nach einer möglichst umfassenden Verwertung seines Werkes.[1164]

Bei der Einräumung von ausschließlichen Nutzungsrechten wäre eine damit einhergehende Ausübungsverpflichtung somit für den Urheber zweifellos von Nutzen. Zugleich stellt sich dieser Vorteil auch in einem sachlichen Zusammenhang mit dem durch die Zweckübeschreitung potenziell existenten Nachteil dar. So ließe sich einerseits eben jener Blockadegefahr begegnen, die dadurch entsteht, dass sich der Urheber solcher Rechte begibt, die nicht mehr dem Zweck des Vertrages entsprechen und deren Nutzung somit auch nicht wahrscheinlich ist. Andererseits erhöht die Abrede über eine Ausübungspflicht seine Chancen, dass jedes Nutzungsrecht einzeln in die Vergütung eingepreist wird.

An dieser positiven Bewertung ändert im Übrigen auch das gesetzliche Rückrufsrecht nach § 41 UrhG grundsätzlich nichts. Zwar regelt auch dieses zugunsten des Urhebers den Fall der Nichtausübung ausschließlich eingeräumter Nutzungsrechte, indem es jedenfalls mittelbar einen Ausübungsdruck auf Seiten des Verwerters erzeugt. Allerdings lässt sich dieses Rückrufsrecht ausweislich § 41 Abs. 4 S. 2 UrhG im Voraus für bis zu fünf Jahre ausschließen und kann gemäß § 41 Abs. 2 S. 1 UrhG im Grundsatz nicht vor Ablauf von zwei Jahren seit Einräumung des Nutzungsrechts ausgeübt werden. Es verliert daher insbesondere bei aktuellen und eher kurzlebigen Werken an Bedeutung.[1165] Wie sich im Umkehrschluss zu § 1 S. 2 VerlG ergibt, kennt das Urhebervertragsrecht im Übrigen keine sonstige allgemeine Ausübungspflicht.[1166] Aus diesen Gründen wird jede vertragliche Abrede, die eine Ausübungsverpflichtung mit für den

1164 Auf diese doppelte Interessenlage weist zutreffend hin *Donle*, S. 264; für das teleologisch ähnlich gelagerte Rückrufsrecht aus § 41 UrhG (dazu sogleich) auch *Berger* in: Berger/Wündisch, HdB UrhVR, § 1 Rn. 199; *Wandtke* in: Wandtke/Bullinger § 41 Rn. 2; auf das Problem einer möglichen Verwertungsblockade macht auch *J.B. Nordemann* in: Loewenheim, HdB UrhR, § 60 Rn. 18b aufmerksam.

1165 *Donle*, S. 265.

1166 *Kotthoff* in: Dreyer/Kotthoff/Meckel § 31 Rn. 42; *Schulze* in: Dreier/Schulze § 31 Rn. 61; ebenso *J.B. Nordemann* in: Fromm/Nordemann § 31 Rn. 41, der zutreffend darauf hinweist, dass eine Beteiligungsvergütung im Zweifel (also auch ohne ausdrückliche Abrede) für eine Ausübungspflicht spricht; zur vertraglichen Ausübungspflicht im Filmbereich eingehend *Obergfell* in: ZUM 2003, 292 [293 ff.].

Urheber günstigeren Fristen als § 41 UrhG zum Gegenstand hat, letztlich als abwägungsrelevanter Vorteil zu betrachten sein.[1167]

Allerdings darf die Bedeutung einer solchen Vereinbarung mit Blick auf die unbekannten Nutzungsarten nicht derart überbewertet werden, dass ihre Abwesenheit zusätzlich negativ auf Seiten des Verwerters ins Gewicht fällt. Denn insoweit ist zu bedenken, dass dem Verwerter eine Ausübungsverpflichtung regelmäßig kaum zuzumuten sein wird.[1168] Das wirtschaftliche Risiko bei Vertragsschluss lässt sich hier noch schlechter abschätzen als bei den bekannten Nutzungsarten, so dass nicht erwartet werden kann, dass der Verwerter insoweit eine Schadensersatzpflicht[1169] bei Nichtausübung auf sich nimmt. Gleichwohl darf ebenso wenig unberücksichtigt bleiben, dass es zunächst freilich seine Entscheidung ist, sich bestimmte zwecküberschreitende Nutzungsrechte einräumen zu lassen.

ee. Ergebnis

Die vorstehenden Ausführungen haben gezeigt, dass die Verwerter bei der vorformulierten Einräumung von zwecküberschreitenden Nutzungsrechten regelmäßig einer erheblichen Rechtfertigungslast gegenüber stehen. Dies beruht vorrangig darauf, dass ihr typisches Abweichungsinteresse – nämlich eben jene Zwecküberschreitung gepaart mit dem Bedürfnis nach Rationalisierung der Vertragsabwicklung – für sich allein kaum die Verringerung des durch § 31 Abs. 5 UrhG gewährten Schutzes aufzuwiegen vermag. Dementsprechend bedarf es zusätzlicher vertraglicher Sicherungen, die das Interessengewicht wieder zugunsten der Urheber verschieben. Dabei gilt der Grundsatz, dass die vertraglichen Schutzgarantien umso stärker ausgeprägt sein müssen, je weiter der durch die Klauseln beabsichtigte Rechteumfang vom gemeinsamen Zweck des Vertrages (§ 31 Abs. 5 UrhG) abweicht. Um dem Erfordernis einer zweckkongruenten Kompensation zu entsprechen, sollten die vertraglichen Sicherungen möglichst an die Rechtseinräumung selbst anknüpfen, wie aufgezeigt etwa durch ein Widerrufsrecht oder eine Verwertungspflicht. Ebenso denkbar ist die Vereinbarung eines Vergütungsanspruchs dergestalt, dass alle Nutzungsrechte gesondert berücksichtigt werden. Für die regelmäßig nicht kontrollunterworfenen

---

1167 Ähnlich bereits *Donle*, S. 264 ff.; *Hubmann* in: UFITA 74 (1975), 1 [4].

1168 A. A. anscheinend *Scholz* in: Mestmäcker/Schulze, 45. AL (12/07), § 32c Rn. 13, der eine Pflicht zur Verwertung in der neuen Nutzungsart aus einer ergänzenden Vertragsauslegung herleitet, zumindest aber eine vergütungsrechtliche Gleichstellung fordert.

1169 Fehlt es an einer vertraglich vereinbarten Auswertungspflicht, löst die Nichtbeachtung der Ausübungslast als bloße Obliegenheit dagegen keine Schadensersatzansprüche aus, vgl. *v. Becker* in: Loewenheim, HdB UrhR, § 16 Rn. 31; *Schack*, Rn. 634; *Wandtke* in: Wandtke/Bullinger § 41 Rn. 7; auf die mögliche Unzumutbarkeit einer Verwertungspflicht im Zusammenhang mit bekannten Nutzungsarten hat bereits *Donle*, S. 266 hingewiesen.

Rechteeinräumungen an bekannten Nutzungsarten wird es auf diese Abwägung indes nicht ankommen. Soweit hier eine hinreichende Spezifizierung vorliegt, kann diese auch den Vertragszweck überschreiten; § 31 Abs. 5 UrhG ist individualvertraglich ausgeschaltet und kommt AGB-rechtlich wegen § 307 Abs. 3 S. 1 BGB nicht zur Anwendung.

Nach dem hier aufgezeigten Befund sind im Regelfall allein die unbekannten Nutzungsarten als Gegenstand der Rechtseinräumung kontrollunterworfen. Für sie ergibt sich ein differenziertes Bild. Zunächst wurde festgestellt, dass sich die Zweckübertragungsregel auch diesbezüglich grundsätzlich vollumfänglich als gesetzliches Leitbild i. S. d. § 307 Abs. 2 Nr. 1 BGB funktionalisieren lässt, so dass im Fall der Zwecküberschreitung eine Vereinbarkeitsprüfung anhand einer Interessenabwägung vorzunehmen ist. Erst im Rahmen dieser Abwägung wird die bereits im Zuge der individualvertraglichen Thematisierung herausgearbeitete Unterscheidung zwischen technisch bekannten und auch technisch (echten) unbekannten Nutzungsarten relevant. Berücksichtigt man bei der zweiten Fallgruppe die Unmöglichkeit der Einzelbezeichnung, so muss diese das Abwägungsergebnis zugunsten der Verwerter maßgeblich beeinflussen und infolgedessen regelmäßig gegen eine Unvereinbarkeit i. S. d. § 307 Abs. 2 Nr. 1 BGB sprechen.

Dies betrifft indes nicht solche abstrakten Vorgaben für den Umfang der Rechtseinräumung, die von § 31 Abs. 5 S. 2 UrhG erfasst werden und die auch hinsichtlich der (gesamten) Kategorie der echten unbekannten Nutzungsarten getroffen werden können. Denn gegenüber dem insoweit einheitlich zugrunde zu legenden Vertragszweck besteht für den Verwerter durchaus die Möglichkeit einer zweckentsprechenden Bestimmung. Das erhöhte Abweichungsinteresse kann ebenso wenig bei den differenzierbaren technisch bekannten Nutzungsarten geltend gemacht werden. Geht die diesbezügliche Rechtseinräumung über den Zweck des Vertrages hinaus, ist im Übrigen auch eine Kompensation über die Vereinbarung einer gesonderten Vergütung oder eines vertraglichen Widerrufsrechts grundsätzlich ausgeschlossen, da dem Urheber diese Rechte gemäß §§ 31a, 32c UrhG ohnehin zustehen. Für einen angemessenen Interessenausgleich erforderlich wäre hier etwa eine Ausdehnung dieser Rechte auch auf die bekannten Nutzungsarten, mittels derer der Urheber ein Mehr gegenüber der Gesetzeslage erhält.

Entspricht dagegen die (ausdrücklich bezeichnete) Kategorie der unbekannten Nutzungsarten insgesamt von vornherein nicht dem Zweck des Vertrages, ohne dass es noch auf eine Differenzierung zwischen einzelnen unbekannten Nutzungsarten ankäme, so wird dies regelmäßig ein Unvereinbarkeitsurteil gemäß § 307 Abs. 2 Nr. 1 BGB hinsichtlich des gesamten Regelungsbereichs rechtfertigen. Insofern kann die Kategorie der unbekannten

Nutzungsarten in ihrer Gesamtheit dem Zweckurteil unterworfen werden, so dass die Unmöglichkeit der Einzelbezeichnung außer Betracht bleibt.

b. Unangemessene Benachteiligung durch Vereinbarung eines Preisvorbehalts

Es wurde bereits aufgezeigt, dass ebenso die (individualvertraglich zulässige) Vereinbarung eines einseitigen Preisvorbehalts betreffend die Festlegung des gesetzlichen Vergütungsanspruchs aus § 32c UrhG im Falle ihrer Verklausulierung durch AGB kontrollunterworfen ist. Nach der hier praktisch für am wahrscheinlichsten gehaltenen Konstruktion wäre dieser so ausgestaltet, dass er die Festsetzung der (gesetzlichen) Vergütung der jeweiligen neuen Nutzungsart ins billige Ermessen des Verwerters stellt. Demnach würde der Verwerter nicht lediglich einen zuvor festgelegten Preis abändern, sondern vielmehr für jede neu bekannt werdende Nutzungsart (erstmals) festsetzen.[1170] Insofern lässt sich auch von einem Honorarfindungsrecht kraft eines Preisvorbehalts des Verwerters sprechen.

Trotz der Verwendung des Begriffs »*Preisvorbehalt*«[1171] ist der Versuchung zu widerstehen, daraus folgend die zu den vorformulierten Preisänderungsklauseln ergangene Rechtsprechung für die vorliegende Bewertung vorbehaltslos zu übernehmen. So sind die dazu von Rechtsprechung und Literatur entwickelten Kriterien erheblich durch das Bestreben geprägt, den Vertragspartner als typischem Adressaten der Entgeltpflicht vor unerwarteten übermäßigen Preissteigerungen zu schützen.[1172] Bekanntlich sind die Entgeltverpflichteten bei den hier untersuchungsgegenständlichen Nutzungsverträgen aber nicht die Urheber als Klauselgegner, sondern vielmehr die Verwerter als Klauselverwender. Insofern besteht nicht die Gefahr der überhöhten Preisforderung, sondern allenfalls das

---

1170 Etwa durch folgende Formulierung im Nutzungsvertrag: »*Die Bestimmung der nach § 32c Abs. 1 UrhG geschuldeten angemessenen Vergütung für die nach diesem Vertrag eingeräumten Rechte an zum Zeitpunkt des Vertragsschlusses noch nicht bekannten Nutzungsarten wird von XY (dem Verwerter) jeweils mit der Aufnahme der Verwertung der neuen Nutzungsart nach billigem Ermessen bestimmt.*«.

1171 Vgl. zur Terminologie der Preisänderungsklauseln zuletzt *Thomas* in: AcP 209 (2009), 84 [87 ff.], der auch auf die Unterscheidung des § 1 Abs. 2 PreisklauselG (BGBl. I 2007, S. 2246) hinweist, das hier seinem Zweck nach (dazu § 1 Abs. 1 PreisklauselG) jedoch keine Anwendung findet. Gleichwohl lässt sich die Definition des § 1 Abs. 2 Nr. 1 heranziehen: »*Klauseln, die hinsichtlich des Ausmaßes der Änderung des geschuldeten Betrages einen Ermessensspielraum lassen, der es ermöglicht, die neue Höhe der Geldschuld nach Billigkeitsgrundsätzen zu bestimmen (Leistungsvorbehaltsklauseln)*«.

1172 Siehe dazu eingehend mit zahlreichen Nachweisen *Fuchs* in: Ulmer/Brandner/Hensen § 307 Rn. 180 ff. sowie zuletzt *Thomas* in: AcP 209 (2009), 84 [92 ff.]; dieser Gedanke findet sich ebenso im *Draft Common Frame of Reference (Interim Online Edition)*, der in II-9:411 Abs. 1 lit. k eine Regelung zur Inhaltskontrolle von Preisanpassungsklauseln in Verbraucherverträgen enthält, abrufbar unter http://webh01.ua.ac.be/storme/DCFRInterim.pdf (dort S. 145) (zuletzt abgerufen am 01.08.11).

Risiko einer zu geringen Preisfestsetzung.[1173] Eben letzteres macht deutlich, dass unabhängig vom ermittelten Inhalt des Anspruchs der Urheber immer ein Mehr gegenüber der Situation vor Ausübung des Leistungsbestimmungsrechts erhält und eine damit zusätzliche Kostenbelastung von vornherein ausgeschlossen ist.

Nichtsdestotrotz bleibt auch diese Vereinbarung ein einseitiges Leistungsbestimmungsrecht, für dessen Inhaltskontrolle sich Kriterien herausgebildet haben, ohne dass es auf die Zuordnung etwa zu den sogenannten Preisänderungsklauseln ankäme. Zu differenzieren ist dabei zwischen der Einräumung des Leistungsbestimmungsrechts selbst sowie den Kriterien für dessen Ausübung. Aus beiden Regelungsgegenständen kann sich eine unangemessene Benachteiligung für den Vertragspartner ergeben. Wie schon aufgezeigt, unterliegt dagegen die letztliche Ausübung des Bestimmungsrechts im Falle seiner Zulässigkeit nicht der AGB-, sondern der Billigkeitskontrolle nach den §§ 315 ff. BGB.

Dargelegt wurde zur Kontrollunterworfenheit von Leistungsbestimmungsrechten, dass es sich hierbei um eine Abweichung von § 311 Abs. 1 BGB handelt. Danach erfolgt die Festlegung von Rechten und Pflichten grundsätzlich durch vertragliche Vereinbarung entweder bei der Begründung des Schuldverhältnisses oder durch eine nachträgliche, aber konsensual herbeigeführte Änderung.[1174] Die hierdurch ermöglichte Lockerung der vertraglichen Bindung des Inhabers des Leistungsbestimmungsrechts wird am ehesten im Rahmen der Generalklausel des § 307 Abs. 1 S. 1 BGB[1175] erfasst, wenngleich zweifellos auch Aspekte der Regelwertungen nach Abs. 2 eine Rolle spielen können.[1176] Anhand dieses Maßstabs haben sich in Literatur und Rechtsprechung für die nachträgliche Modifikation der vereinbarten Leistung im Wesentlichen zwei Vorausset-

1173 Aus diesem Grund ist für die Inhaltskontrolle des vorliegenden Preisvorbehalts von vornherein unergiebig § 309 Nr. 1 BGB, der bei kurzfristig abzuwickelnden Verträgen eine Entgelt*erhöhung* ohne Wertungsmöglichkeit für unwirksam erklärt. Abgesehen davon wird er nach allgemeiner Auffassung im unternehmerischen Geschäftsverkehr auch nicht für mittelbar anwendbar gehalten (vgl. *Coester-Waltjen* in: Staudinger § 309 Nr. 1 Rn. 28 m.w.N.). Schließlich wird es sich bei der Rechtseinräumung an unbekannten Nutzungsarten tendenziell um ein Dauerschuldverhältnis handeln, das ohnehin nicht § 309 Nr. 1 BGB unterfällt.

1174 Vgl. erneut BGH NJW 1981, 2351 [2352]; NJW-RR 2005, 1496 [1500]; *Stoffels* in: Wolf/Lindacher/Pfeiffer Anh. § 310 Rn. L 212.

1175 Von vornherein ausgeschlossen ist ein Rückgriff auf § 308 Nr. 4 BGB, da dieser zum einen den umgekehrten Fall regelt, dass der Klauselverwender die von ihm versprochene Leistung einseitig modifiziert. Zum anderen ist er unmittelbar nur auf Verbraucherverträge anwendbar; mittelbar finden seine Kriterien dagegen auch bei Verträgen mit Unternehmern über § 307 BGB Anwendung, vgl. etwa *Kieninger* in: MüKo § 308 Nr. 4 Rn. 13.

1176 So explizit *Fuchs* in: Ulmer/Brandner/Hensen § 307 Rn. 174; ebenso *Stoffels* in: Wolf/Lindacher/Pfeiffer Anh. § 310 Rn. L 212 f., der sowohl § 307 Abs. 1 als auch § 307 Abs. 2 BGB als einschlägig nennt; i.Ü. unterscheidet auch der BGH insoweit nicht immer eindeutig, vgl. etwa NJW 1984, 1182 [1183].

zungen herausgebildet, die für eine AGB-rechtliche Zulässigkeit zu erfüllen sind: Für die Einräumung des Leistungsbestimmungsrechts müssen einerseits schwerwiegende Gründe existieren und es muss andererseits tatbestandlich klar eingegrenzt sein.[1177] Neben diesen Anforderungen an die Vereinbarung des Preisvorbehalts selbst muss auch das Kriterium der Ausübung, mithin der Ausübungsmaßstab, einer Inhaltskontrolle anhand des § 315 BGB standhalten.

aa. Schwerwiegender Grund

Gewissermaßen als Rechtfertigung der Abweichung vom Vertragsprinzip des § 311 Abs. 1 BGB wird vom Klauselverwender als demjenigen, der das Leistungsbestimmungsrecht mit in den Vertrag aufnimmt, ein schwerwiegender Grund gefordert. Dieser Grund soll zum Ausdruck bringen, dass ein vorformuliertes Leistungsbestimmungsrecht die Ausnahme darstellt, da es den anderen Vertragsteil über seine Rechte und Pflichten im Unklaren lässt.[1178] Im Ausgangspunkt ist ein Leistungsbestimmungsrecht somit nach Treu und Glauben unangemessen und stellt damit grundsätzlich einen Verstoß gegen § 307 Abs. 1, 2 BGB dar. Dies gilt auch im hier regelmäßig vorliegenden unternehmerischen Verkehr.[1179] Die Einräumung eines nachträglichen Leistungsbestimmungsrechts kann aber dann AGB-rechtlich wirksam sein, wenn dafür ein berechtigtes Interesse in Gestalt schwerwiegender Änderungsgründe besteht. Dies ist insbesondere dann denkbar, wenn es als Instrument der Anpassung erforderlich ist, um einer schwer absehbaren Entwicklung künftiger Umstände Rechnung zu tragen.[1180] In Betracht kommen daher vor allem rechtliche Dauerbeziehungen.[1181]

Den unbekannten Nutzungsarten als Gegenstand des Nutzungsvertrags ist eben diese Unvorhersehbarkeit immanent. Diese betrifft sowohl den Inhalt der Rechtseinräumung selbst als auch die dafür zu leistende Vergütung. Demgemäß könnte man sogleich das Bestehen einer hinreichenden Rechtfertigung für die Vereinbarung eines Preisvorbehalts bejahen. Bei dieser im Ergebnis aufrecht zu erhaltenden Bewertung ist aber zu beachten, dass es vorliegend um die Ausgestaltung des gesetzlichen Anspruchs aus § 32c UrhG geht. Dieser entsteht oh-

1177 Vgl. statt vieler *Fuchs* in: Ulmer/Brandner/Hensen § 307 Rn. 176 ff. m. w. N.

1178 *Stoffels* in: Wolf/Lindacher/Pfeiffer Anh. § 310 Rn. L 213.

1179 BGH NJW 1984, 1182 [1183]; NJW 1985, 623 [624]; NJW-RR 2005, 1496 [1500]; zustimmend *Fuchs* in: Ulmer/Brandner/Hensen § 307 Rn. 176; *Stoffels* in: Wolf/Lindacher/Pfeiffer Anh. § 310 Rn. L 213.

1180 BGH NJW 1994, 1060 [1063]; *Fuchs* in: Ulmer/Brandner/Hensen § 307 Rn. 174; *Stoffels* in: Wolf/Lindacher/Pfeiffer Anh. § 310 Rn. L 214.

1181 Vgl. auch LG Frankfurt GRUR-RR 2006, 395 [396] (*Preiserhöhungsklausel*), das eine AGB-Preiserhöhungsklausel bei Änderung der Vergütungs- und Umsatzsteuersätze in einem GEMA-Nutzungsvertrag unter Rekurs auf § 13 WahrnG sowie das Kündigungsrecht des Kunden als angemessen erachtete.

nehin erst mit der Aufnahme der Verwertung der neuen Nutzungsart, mithin nach deren Bekanntwerden. Deshalb ließe sich gegen die AGB-rechtliche Zulässigkeit eines solchen Preisvorbehalts vorbringen, dass die Ungewissheit über die wirtschaftliche Bedeutung bereits durch die modifizierte *ex ante*-Beurteilung der Angemessenheit gemäß §§ 32c Abs. 1 S. 2 i. V. m. § 32 Abs. 2 UrhG[1182] berücksichtigt werde und darüber hinaus keine weitere Lockerung des Vertragsprinzips (§ 311 BGB) gerechtfertigt sei.

Die obigen Ausführungen zur Ermittlung des Anspruchsinhalts des § 32c UrhG zeigten jedoch, dass allein das Bekanntwerden der neuen Nutzungsart die Schwierigkeiten bei der Bestimmung eines angemessenen Honorars nicht zu beseitigen vermag. Insbesondere in der Anfangszeit nach Bekanntwerden dürften kaum verlässliche Kriterien existieren, gemeinsame Vergütungsregeln oder eine Branchenübung werden regelmäßig nicht vorliegen. Lassen sich aber solche vom Konsens der (verkollektivierten) Parteien geprägten Maßstäbe nicht heranziehen, so spricht nichts dagegen, die Festsetzung der Vergütungshöhe in die Hand einer Partei, namentlich des Verwerters, zu legen, um damit die Bestimmung des Anspruchsinhalts überhaupt erst zu ermöglichen.[1183] Dabei erscheint der Verwerter als Inhaber des Leistungsbestimmungsrechts durchaus nahe liegend, da im Regelfall er am ehesten derjenige sein wird, der die zugrunde zu legenden Ermessenskriterien kennt.

Eine Rechtfertigung lässt sich auch aus folgender Überlegung ableiten: Verzichten die Parteien auf die Ausgestaltung des gesetzlichen Vergütungsanspruchs (§ 32c UrhG) und fehlt es nach Bekanntwerden der neuen Nutzungsart wie regelmäßig an einer gemeinsamen Vergütungsregel oder einer einschlägigen Branchenübung, so muss auch das Gericht die Vergütung nach billigem Ermessen festsetzen.[1184] Es kann daher keinen Unterschied machen, dieses Ermessensrecht zunächst dem Verwerter zuzusprechen, um schließlich dennoch einer nachträglichen Kontrolle durch den Richter unterworfen zu sein, § 315 Abs. 3 BGB.

bb. Tatbestandliche Eingrenzung des Preisvorbehalts

Wird man ein entsprechendes Leistungsbestimmungsrecht somit seiner grundsätzlichen Rechtfertigung nach regelmäßig als AGB-rechtlich zulässig ansehen können, muss dieses außerdem eine hinreichende tatbestandliche

---

1182 Vgl. dazu erneut oben ab S. 118.

1183 Denkbar wäre zudem eine Vereinbarung dergestalt, dass die Parteien die Höhe der Vergütung jeweils nach Bekanntwerden der neuen Nutzungsart übereinstimmend festsetzen.

1184 Vgl. erneut Bericht und Beschlussempfehlung des Rechtsausschusses, BT-Drs. 14/8058, S. 18; *Kotthoff* in: Dreyer/Kotthoff/Meckel § 32 Rn. 39; *Lindner* in: Mestmäcker/Schulze, 43. AL (12/06), § 32 Rn. 27; *Schricker* in: GRUR Int. 2002, 797 [806]; *Schulze* in: Dreier/Schulze § 32 Rn. 51.

Konkretheit aufweisen. Hiernach kommt es darauf an, ob es die Voraussetzungen und Grenzen seiner Ausübung möglichst genau erkennen lässt.[1185] Aus Sicht des Vertragspartners muss es grundsätzlich so bestimmt sein, dass der Vertragspartner sowohl die generelle Berechtigung der nachträglichen Preisfestsetzung als auch ihren Umfang überprüfen kann.[1186]

Mit Blick auf die Berechtigung zur Preisfestsetzung bzw. deren Anlass gilt zunächst das zum schwerwiegenden Grund Ausgeführte. Innerhalb der tatbestandlichen Konkretheit geht es darum, dass dieser (anzuerkennende) Grund für den Vertragspartner auch nachvollziehbar aus der Vereinbarung hervorgeht. Nach der hier vorgeschlagenen Formulierung ist dies zu bejahen. Insbesondere ist also sicherzustellen, dass sich das Festsetzungsrecht auf den gesetzlichen Vergütungsanspruch für unbekannte Nutzungsarten beschränkt und sich dem Urheber dessen Rechtfertigung somit bereits aus der dieser Kategorie immanenten Problematik erschließt.

Als schwieriger erweist sich die Eingrenzung des Umfangs, um eine Unangemessenheit i. S. d. § 307 Abs. 1 BGB auszuschließen. Anders als bei solchen Preisänderungsklauseln, bei denen die einseitige Bestimmung auf einem ursprünglich vereinbarten Entgelt aufbaut, hätte der hier untersuchte Preisvorbehalt betreffend den Anspruch aus § 32c UrhG keinen solchen Grundrahmen, der dem Vertragspartner die Überprüfung erleichtert. Äußere Grenze ist lediglich die Angemessenheit der gesonderten Vergütung, deren Ermittlung das Preisfestsetzungsrecht dient.

Allerdings wird man insoweit keine unerfüllbaren Anforderungen an die Bestimmtheit der Umfangsbeschreibung stellen dürfen. Diese müssen vielmehr im Rahmen des Möglichen und inhaltlich Zumutbaren bleiben, wobei insbesondere der jeweils (anzuerkennende) Grund für die Vereinbarung eines solchen einseitigen Bestimmungsrechts in Rechnung zu stellen ist. Dementsprechend kommt den Angaben zu den Gründen in der Vereinbarung regelmäßig eine höhere Bedeutung zu als dem Umfang.[1187] Dies liegt nicht zuletzt daran, dass der letztlich wahrgenommene Spielraum des Bestimmungsrechts gemäß § 315 Abs. 3 BGB noch am gesetzlichen Maßstab der Billigkeit überprüft werden kann.[1188] Demgemäß zeigt sich ebenfalls in der Rechtsprechung insbesondere zu den Bankenentgelten eine großzügige Haltung, die im unternehmerischen Ge-

---

1185 BGHZ 89, 206 [211]; 124, 351 [362]; BGH NJW 2000, 651 [652]; *Fuchs* in: Ulmer/Brandner/Hensen § 307 Rn. 175; *Stoffels* in: Wolf/Lindacher/Pfeiffer Anh. § 310 Rn. L 214; *Hoffmann* in: AcP 209 (2009), 84 [95].

1186 BGH NJW 1980, 2518 [2519]; *Wolf* in: ZIP 1987, 341 [352].

1187 BGHZ 93, 252 [263]; *Wolf* in: ZIP 1987, 341 [352].

1188 Ablehnend gegenüber diesem Argument BGH NJW 1980, 2518 [2519]; NJW 1982, 331 [332]; wie hier aber BGHZ 118, 126 [131] sowie *Reuter* in: DB 1981, 71 [72]; *Thomas* in: AcP 209 (2009), 84 [97].

schäftsverkehr (sonst zumeist § 309 Nr. 1 BGB) auf nähere tatbestandliche Konkretisierungen weitgehend verzichtet, um die Formulierung wirksamer Änderungsklauseln nicht faktisch unmöglich zu machen.[1189]

Dem folgend unterliegt auch der hier thematisierte Preisvorbehalt für die (gesetzliche) Vergütung der unbekannten Nutzungsarten keiner weiteren Anforderung an die Umfangsbeschreibung. Etwaige Kriterien lassen sich im Voraus gerade nicht bestimmen und werden über die Vereinbarung des billigen Ermessens als Ausübungsmaßstab gewährleistet. Dieser kann hinreichende Kriterien vorgeben, die nach Bekanntwerden der neuen Nutzungsart für deren Preisbestimmung maßgebend sind. Denkbar wäre zudem eine zusätzliche Rückkopplung an § 32 Abs. 2 S. 2 UrhG dergestalt, dass die Vereinbarung des Leistungsbestimmungsrechts ausdrücklich die dort genannten Redlichkeitskriterien aufgreift, welche ohnehin auch für die Billigkeitsentscheidung gelten.[1190]

Ohnehin wird man für ein Leistungsbestimmungsrecht, dessen Bezugsgegenstand der gesetzliche Anspruch aus § 32c UrhG ist, geringere Anforderungen an die tatbestandliche Eingrenzung stellen können. Denn der dieses Erfordernis tragende Gedanke, dass die Preisanpassungsklausel eine spätere Änderung der vertraglichen Einigung hinsichtlich der *essentialia negotii* ermöglicht,[1191] greift für den Anspruch aus § 32c UrhG von vornherein nur stark abgeschwächt durch. So wird die durch das Äquivalenzverhältnis verkörperte Richtigkeitsgewähr des Vertrages durch einen (zusätzlichen) gesetzlichen Anspruch grundsätzlich nicht berührt. Überdies handelt es sich hierbei um die vertragliche Vereinbarung eben jenes Mechanismusses, der dem Anspruch aus § 32c Abs. 1 UrhG ohnedies zugrunde liegt, namentlich die gesonderte Vergütung (inklusive ihrer Bestimmung) für jede aufgenommene neue Nutzungsart.

cc. *Vereinbarter Ausübungsmaßstab*

Schließlich kann sich die Unangemessenheit aus den dem Preisvorbehalt zugrunde gelegten Ausübungskriterien ergeben. Wird als Ausübungsmaßstab billiges Ermessen vereinbart, ist dies jedoch gegenüber § 315 Abs. 1 BGB deklaratorisch und damit von vornherein nicht kontrollunterworfen.[1192] Eine In-

---

1189 BGH NJW 1992, 1751 [1752]; BGH NJW 2008, 360 [361]; ebenso *Fuchs* in: Ulmer/Brandner/Hensen § 307 Rn. 184; *Grüneberg* in: Palandt § 309 Rn. 9; *Trinkner* in: Löwe/v. Westphalen/Trinkner § 11 Nr. 1 Rn. 25; *Wolf* in: ZIP 1987, 341 [352]; zuletzt *Hoffmann* in: AcP 209 (2009), 84 [109 ff.], der jedoch unter kritischer Würdigung Tendenzen in der neuen Rspr. des BGH aufzeigt, nach der auch Preisvorbehaltsklauseln ähnlich den Kostenelementeklauseln bis ins Letzte durchzureglementieren seien.

1190 Vgl. *Schricker* in: GRUR Int. 2002, 797 [806].

1191 *Thomas* in: AcP 209 (2009), 84 [93].

1192 BGH NJW 1985, 623 [624]; *Stoffels* in: Wolf/Lindacher/Pfeiffer Anh. § 310 Rn. L 215.

haltskontrolle nach § 307 BGB wäre damit insbesondere dann relevant, wenn die AGB als Abweichung zu § 315 Abs. 1 BGB ein freies Bestimmungsrecht festlegen, das die Vergütungsentscheidung des Verwerters von der Billigkeitsbindung ausnimmt. Allerdings wurde als Maßstab für die Festlegung des Anspruchsinhalts des § 32c UrhG bereits individualvertraglich das Anknüpfen an billiges Ermessen gefordert. Aber auch aus Sicht des AGB-Rechts zeigt sich in der Rechtsprechung gegenüber solchen Vereinbarungen eine eindeutige Linie. Da die Wahrung der Grenzen der Billigkeit ausweislich §§ 315 Abs. 1, 317 Abs. 1 BGB zu den Grundgedanken der gesetzlichen Regelung i. S. d. § 307 Abs. 2 Nr. 1 BGB gehört, sind solche freien Bestimmungsrechte stets unwirksam.[1193]

Dass dieser Billigkeitsgrenze gerade im Urhebervertragsrecht besondere Bedeutung zukommt, zeigt der erneute Blick auf die amtliche Begründung zum *Gesetz zur Stärkung der vertraglichen Stellung von Urhebern und ausübenden Künstlern vom 22. März 2002.* Danach ist die angemessene Vergütung i. S. d. § 32 Abs. 2 UrhG mangels Vergütungsregel und Branchenübung nach billigem Ermessen festzusetzen.[1194] Die Beschränkung auf den nach §§ 315 Abs. 1, 317 Abs. 1 BGB vorgegebenen Ausübungsmaßstab erscheint damit für den hier gegenständlichen vorformulierten Preisvorbehalt erst recht erforderlich.

dd. Ergebnis

Ein Preisfestsetzungsrecht hinsichtlich des gesetzlichen Vergütungsanspruchs wird auch AGB-rechtlich für zulässig erachtet. Entscheidend ist einerseits, dass die Bezugnahme auf die unbekannten Nutzungsarten den Rechtfertigungsgrund für den Urheber eindeutig ausweist. Andererseits ist der zugrunde gelegte Ausübungsmaßstab von vornherein auf billiges Ermessen i. S. d. § 315 Abs. 1 BGB beschränkt. Diese Vorgabe resultiert bereits (individualvertraglich) aus dem Erfordernis der gerichtlichen Überprüfbarkeit, wird zudem aber durch die Gesetzesbegründung zu § 32 UrhG bekräftigt.

Die Festsetzung des Honorars nach billigem Ermessen verlangt vom Verwerter die Berücksichtigung der Interessen beider Vertragsparteien sowie des in vergleichbaren Fällen Üblichen zum Zeitpunkt der Ausübung des Bestimmungsrechts.[1195] Soll wie hier ein Honorar bestimmt werden, kommt es somit auf den Wert der zu vergütenden Leistung an. Billig ist der einseitig bestimmte Preis

1193 BGH NJW 1998, 454 [456]; WRP 2005, 1253 [1257]; *Fuchs* in: Ulmer/Brandner/Hensen § 307 Rn. 174 (dort Fn. 578); *Gottwald* in: MüKo § 315 Rn. 33; *Reuter* in: DB 1981, 71 [72]; *Stoffels* in: Wolf/Lindacher/Pfeiffer Anh. § 310 Rn. L 215.

1194 Bericht und Beschlussempfehlung des Rechtsausschusses, BT-Drs. 14/8058, S. 18; *Kotthoff* in: Dreyer/Kotthoff/Meckel § 32 Rn. 39; *Lindner* in: Mestmäcker/Schulze, 43. AL (12/06), § 32 Rn. 27; *Schricker* in: GRUR Int. 2002, 797 [806]; *Schulze* in: Dreier/Schulze § 32 Rn. 51.

1195 *Grüneberg* in: Palandt § 315 Rn. 10.

dann, wenn er sich innerhalb des Marktüblichen bewegt.[1196] Freilich wird der Verwerter hierbei regelmäßig vor dieselben Probleme gestellt werden, wie der zur Angemessenheitsermittlung berufene Richter. Für die *ex ante*-Beurteilung zum Zeitpunkt der Aufnahme der Verwertung in der neuen Nutzungsart wird sich eine Marktüblichkeit gerade noch nicht herausgebildet haben. Um der Ertragsentwicklung gleichwohl genügen zu können, wird daher auch insoweit zuvorderst die Bestimmung einer Absatzbeteiligung das billige Vergütungsmodell darstellen.[1197]

c. *Benachteiligung durch einen unangemessen langen Leistungsvorbehalt, §§ 307 Abs. 1, 308 Nr. 1 BGB*

Eine Benachteiligung i.S.d. § 307 Abs. 1 S. 1 BGB ist schließlich dergestalt denkbar, dass der Verwerter sich für die Erfüllung des gesetzlichen Vergütungsanspruchs für die unbekannten Nutzungsrechte (§ 32c UrhG) eine unangemessen lange Fälligkeitsfrist ausbedingt.[1198] Solche Vereinbarungen sind gemäß § 308 Nr. 1 BGB grundsätzlich unwirksam, jedoch besteht ein Wertungsspielraum. Während § 308 BGB gemäß § 310 Abs. 1 S. 1 BGB auf den hier regelmäßig vorliegenden unternehmerischen Geschäftsverkehr keine unmittelbare Anwendung findet, ist der darin zum Ausdruck kommende Rechtsgedanke bei der gleichwohl möglichen Kontrolle am Maßstab des § 307 Abs. 1, 2 BGB (vgl. § 310 Abs. 1 S. 2 BGB) zu berücksichtigen. Der Richter hat hiernach die Möglichkeit zu prüfen, ob nicht eine Klausel, die gemäß §§ 308, 309 BGB im Verkehr mit Verbrauchern stets unzulässig wäre, im konkreten Fall auf Grund einer Parallelwertung in der Unternehmersphäre als nach § 307 BGB unwirksam anzusehen ist. Wie indes § 310 Abs. 1 S. 2 Halbs. 2 BGB klarstellt, unterliegt diese Übertragung der Wertungen der §§ 308, 309 BGB insofern einer Einschränkung, als die im Handelsverkehr geltenden Gewohnheiten und Gebräuche angemessen zu berücksichtigen sind.[1199]

1196 BGH NJW-RR 1992, 183 [184]; *Ehricke* in: JZ 2005, 599 [603 f.]; *Gottwald* in: MüKo § 315 Rn. 29.

1197 Bestätigt wird auch hiernach der grundsätzliche Gleichlauf zwischen richterlicher Angemessenheitsermittlung und der Bestimmung der Angemessenheit durch den Verwerter, ähnlich *v. Westphalen* in: AfP 2008, 21[25] zum Gleichlauf beider Maßstäbe.

1198 Die individualvertragliche Zulässigkeit einer solchen Vereinbarung vor dem Hintergrund des § 32c Abs. 3 UrhG wurde bereits bejaht, vgl. erneut oben S. 133 f.

1199 Darauf weisen auch *Acker/Thum* in: GRUR 2008, 671 [673] speziell für die urheberrechtlichen Nutzungsverträge hin; allerdings werden in letzter Zeit vermehrt Literaturstimmen laut, die allgemein eine Reform des AGB-Rechts im Unternehmerverkehr fordern, vgl. zuletzt etwa *Kollmann* in: NJOZ 2011, 625 ff. m.w.N.

aa. Kontrollunterworfenheit der Klausel

Nach den obigen Ausführungen ist der Inhaltskontrolle immer die Frage vorgeschaltet, ob die jeweils zu betrachtende Klausel dem Anwendungsbereich der §§ 307 – 309 BGB unterfällt, mithin kontrollunterworfen ist. Folglich wäre auch insofern grundsätzlich eine Prüfung der vorliegenden Vereinbarung anhand der Vorgaben des § 307 Abs. 3 S. 1 BGB erforderlich. Allerdings kann dieser Filter dann nicht eingreifen, wenn die Klausel ihrem Regelungsgehalt nach von einem der Verbotstatbestände in §§ 308 und 309 BGB erfasst wird.[1200] Andernfalls ließe man es zu, dass der gesetzlich fixierte Verbotsumfang der Katalogtatbestände doch nicht das Maß der Dinge ist, sondern wegen § 307 Abs. 3 BGB wieder zur Disposition steht. Eben dies widerspräche aber der ausdrücklichen Intention des Gesetzgebers, mittels dieser exemplarischen Konkretisierungen im Interesse der Rechtsklarheit und Rechtssicherheit bestimmte vorformulierte Gestaltungen zu unterbinden.[1201] Aus diesem Grund lässt sich für die im Folgenden zu thematisierende mögliche Fälligkeitsmodifizierung bereits aus § 308 Nr. 1 BGB der Rückschluss auf deren Kontrollunterworfenheit ziehen.[1202]

bb. Unangemessen lange Leistungsfrist

Das hier seinem Rechtsgedanken nach heranzuziehende spezielle Klauselverbot des § 308 Nr. 1 BGB enthält mehrere Regelungsgegenstände, von denen vorliegend das Verbot einer unangemessen langen Leistungsfrist auf seine prinzipielle Einschlägigkeit zu überprüfen ist. Zugrunde gelegt wird dabei exemplarisch eine Vereinbarung zwischen Urheber und Verwerter dergestalt, dass die Fälligkeit des gesetzlichen Vergütungsanspruchs für die jeweilige neue Nutzungsart (§ 32c Abs. 1 UrhG) bei Vertragsschluss um ein Jahr nach der Aufnahme der neuen Nutzungsart verlängert wird.

1200 *Niebling* in: WM 1992, 845 [852]; *Stoffels*, Rn. 453; ähnlich *Wolf* in: Wolf/Lindacher/Pfeiffer § 307 Rn. 343; i.E. ebenso *Dylla-Krebs*, S. 189; dies muss i.Ü. auch dann gelten, wenn die §§ 308, 309 BGB wie vorliegend keine unmittelbare Anwendung finden, denn insoweit erfährt das Kontrollthema keine Modifizierung.

1201 Vgl. BReg BT-Drs. 7/3919, S. 23.

1202 Überdies wäre für die fragliche Klausel auch nach der oben herausgearbeiteten 2-Schritt-Prüfung die Kontrollunterworfenheit zu bejahen gewesen: Ihre Kontrollfähigkeit ergibt sich aufgrund des § 271 BGB, der einen hinreichenden Maßstab für die Leistungszeit bereithält; die Kontrollbedürftigkeit ergibt sich daraus, dass die Fälligkeitsvereinbarung als sog. Preisnebenabrede grds.nicht den Bezugspunkt der Abschlussentscheidung des Urhebers ausmacht, vgl. auch *Stoffels*, Rn. 456, der bzgl. der Kontrollbedürftigkeit darauf hinweist, dass diese bei den Regelungsgegenständen der §§ 308, 309 BGB als Störungen der Vertragsdurchführung typischerweise zu bejahen ist.

(1) Vereinbarung einer Leistungsfrist

Gemäß § 308 Nr. 1 BGB sind solche Klauseln unwirksam, durch die sich der Verwender für die Erbringung einer Leistung eine unangemessen lange Frist ausbedingt. Wenngleich der Wortlaut des speziellen Klauselverbots hiernach lediglich von »*Leistung*« spricht, besteht kein Zweifel darüber, dass hiermit eine vom Verwender geschuldete Leistung gemeint ist.[1203] Während es dabei irrelevant ist, ob es sich um eine Haupt- oder Nebenleistung handelt,[1204] geht das Gesetz scheinbar primär von solchen Leistungspflichten aus, die durch den AGB-Vertrag begründet werden, mithin vertraglichen Leistungspflichten. Ausweislich der obigen Ausführungen handelt es sich bei § 32c UrhG um einen gesetzlichen Anspruch, der zwar zunächst überhaupt das Vorliegen einer vertraglichen Rechtseinräumung voraussetzt,[1205] in seiner Entstehung letztlich aber von der Erfüllung des gesetzlichen Tatbestandes abhängt.

Allerdings kann es keinen Unterschied machen, ob es sich um eine vertragliche oder um eine (voraussehbare) gesetzliche Leistungspflicht des Verwenders handelt. In beiden Fällen besteht die von § 308 Nr. 1 BGB zu verhindern beabsichtigte Gefahr, dass der Kunde aufgrund einer Fälligkeitsvereinbarung übermäßig lange warten muss, bis er den Verwender wegen Nichterbringung der Leistung in Verzug setzen und die entsprechenden Schadensersatzansprüche geltend machen kann.[1206] Dementsprechend bejaht auch der BGH für die Abnahmepflicht aus § 640 BGB in gefestigter Rechtsprechung die Anwendbarkeit des § 308 Nr. 1 BGB.[1207] Ebenso muss daher die vom Verwerter nach § 32c Abs. 1 UrhG geschuldete Vergütung dem Anwendungsbereich unterfallen.

Als Leistungsfrist i. S. d. § 308 Nr. 1 BGB sind solche Fristen zu verstehen, die nach den Vorgaben der Klausel verstrichen sein müssen, ehe die Leistung fällig ist und damit vom Kunden eingefordert werden kann.[1208] Wie gezeigt, ist der Anspruch nach § 32c UrhG in seiner Durchsetzbarkeit zunächst völlig unabhängig von einer Fristvereinbarung. Er entsteht mit der Aufnahme der Verwertung in der neuen Nutzungsart und kann ab diesem Zeitpunkt geltend gemacht werden. Diese sofortige Einforderbarkeit ergibt sich nicht zuletzt aus

1203 *Becker* in: Bamberger/Roth § 308 Nr. 1 Rn. 19; *Dammann* in: Wolf/Lindacher/Pfeiffer § 308 Nr. 1 Rn. 36; *Kieninger* in: MüKo § 308 Nr. 1 Rn. 17.

1204 *Dammann* in: Wolf/Lindacher/Pfeiffer § 308 Nr. 1 Rn. 31.

1205 Vgl. erneut oben S. 105 f.

1206 Vgl. zu dieser *ratio legis* des § 308 Nr. 1 BGB BGHZ 92, 24 [28]; *Becker* in: Bamberger/Roth § 308 Nr. 1 Rn. 17; *Heinrichs* in: Palandt § 308 Nr. 6; *Kieninger* in: MüKo § 308 Nr. 1 Rn. 12.

1207 BGH NJW 1989, 1602 [1603]; NJW 1996, 1346; NJW 1997, 394 [395]; für Anwendbarkeit auch *H. Schmidt* in: Ulmer/Brandner/Hensen § 308 Nr. 1 Rn. 17; *Stein* in: Soergel § 10 AGBG Rn. 9.

1208 *Dammann* in: Wolf/Lindacher/Pfeiffer § 308 Nr. 1 Rn. 32; *Kieninger* in: MüKo § 308 Nr. 1 Rn. 16.

§ 271 BGB, der auch auf gesetzliche Schuldverhältnisse anwendbar ist.[1209] Der Rekurs auf § 271 BGB bedeutet aber zugleich, dass ebenso für abweichende Fälligkeitsvereinbarungen Raum ist. Insbesondere werden sie anders als beim Anspruch aus § 32 Abs. 1 S. 3 UrhG[1210] nicht bereits individualvertraglich durch das Verzichtsverbot des § 32c Abs. 3 S. 1 UrhG ausgeschlossen. Wie gezeigt, ist § 32c Abs. 3 UrhG gegenüber abweichenden Vereinbarungen großzügiger, solange sie nicht zu einem (Teil-)Verzicht des Urhebers auf seinen Vergütungsanspruch führen.

Nimmt daher der Verwerter in seine AGB eine Formulierung auf, nach der die dem Urheber aus § 32c UrhG gesetzlich zustehende Vergütung nicht bereits mit der Aufnahme der Verwertung in der neuen Nutzungsart, sondern erst nach einer zuvor bestimmten Dauer nach diesem Zeitpunkt eingefordert werden kann, so stellt er eine von § 271 BGB abweichende Leistungsfrist. Der im Regelfall ebenfalls erst lange nach Vertragsschluss liegende Entstehungszeitpunkt des gesetzlichen Anspruchs selbst ist dagegen nicht relevant für die §§ 307, 308 Nr. 1 BGB. Denn hierbei handelt es sich wie gezeigt gerade nicht um eine vertragliche Frist, sondern um eine solche, die auf der Erfüllung des gesetzlichen Tatbestands beruht. Aufgrund dieser gesetzlichen Anordnung ist die auch hier zweifellos bestehende Unbestimmtheit ihrer Dauer hinzunehmen.

(2) Unangemessene Länge

Der unbestimmte Rechtsbegriff der Unangemessenheit kennzeichnet die den speziellen Klauselverboten des § 308 BGB zugrunde liegende Wertungsmöglichkeit. Da § 308 Nr. 1 BGB im hier vorliegenden unternehmerischen Geschäftsverkehr aber keine unmittelbare Anwendung findet, ergibt sich das Erfordernis der danach vorzunehmenden Interessenabwägung bereits aus dem stattdessen einschlägigen Kontrollmaßstab des § 307 Abs. 1 S. 1 BGB, wonach es einer unangemessenen Benachteiligung bedarf.[1211] Hiernach sind ebenfalls die von der Klausel betroffenen Interessen von Verwender und Vertragspartner zu ermitteln, um sie sodann miteinander abzuwägen.

Wie bei jeder Fälligkeitsklausel, die der Verwender zu seinen Gunsten stellt, besteht der offenkundige Nachteil des Urhebers auch in der vorliegenden

1209 Zu § 271 BGB *Stadler* in: Jauernig § 271 Rn. 5; ähnlich *Unberath* in: Bamberger/Roth § 271 Rn. 3; i.Ü. wird auch für die Fälligkeit des Anspruchs aus § 32 Abs. 1 S. 3 UrhG ausdrücklich auf § 271 BGB verwiesen, vgl. Bericht und Beschlussempfehlung des Rechtsausschusses, BT-Drs. 14/8058, S. 19; *Berger* in: Berger/Wündisch, HdB UrhVR, § 2 Rn. 63; *Haas*, Rn. 157; *W. Nordemann*, Das neue UrhVR, § 32 Rn. 51.

1210 So *W. Nordemann*, Das neue UrhVR, § 32 Rn. 51; wohl auch *Hertin* in: MMR 2003, 16 [18]; für lediglich AGB-rechtlich relevant hält es dagegen *Haas*, Rn. 157.

1211 Siehe zu dieser Verwandtschaft beider Kontrollmaßstäbe z. B. *Kieninger* in: MüKo § 308 Rn. 1 f.

Konstellation auf den ersten Blick darin, dass er den ihm dem Grunde nach zustehenden Anspruch aus § 32c UrhG erst verspätet einfordern kann. Freilich kann eine Leistungsverzögerung auch ohne eine einschlägige Fälligkeitsklausel eintreten. Der charakteristische Unterschied besteht indes darin, dass der Vertragspartner den Verzögerungsschaden vor dem Eintritt der Fälligkeit nicht über einen Schadensersatz nach §§ 280, 286 BGB kompensieren kann.[1212] Dieses ersatzlose Wartenmüssen stellt die typische Benachteiligung des mit einer Fälligkeitsklausel konfrontierten Verwendungsgegners dar.

Demgegenüber können die Interessen des Verwenders, die dem Interesse des Vertragspartners an sofortiger Leistung entgegenstehen, vielfältig sein. Zumeist betrifft dies Leistungen, die bestimmte Beschaffungs- und Herstellungszeiten voraussetzen und daher aus Sicht des Verwenders die Verschiebung der Leistungsfrist erforderlich machen.[1213] Bei der hier untersuchungsgegenständlichen Vergütungsleistung geht es jedoch um eine Geldschuld, die typischerweise keine übermäßigen Leistungsverzögerungen verursacht. Unter diesem Aspekt ließe sich zugunsten der Verwerter demnach keine Rechtfertigung herleiten. Wesentliches Motiv für eine Fälligkeitsfrist in Bezug auf den Vergütungsanspruch aus § 32c UrhG wird aber ohnehin nicht die mangelnde Erfüllbarkeit des Anspruchs zum Zeitpunkt seiner Entstehung sein, sondern vielmehr dessen mangelnde Bestimmbarkeit.

Obzwar es auch bei späterer Fälligkeit auf die (modifizierte) *ex ante*-Betrachtung zum Zeitpunkt der Nutzungsaufnahme ankäme, erhöht ein zeitlich späterer Bestimmungszeitpunkt die Wahrscheinlichkeit, dass sich inzwischen überhaupt die tatsächlichen Umstände für die jeweilige neue Nutzungsart herausgebildet haben, die bei der erforderlichen Prognosebewertung angelegt werden müssen.[1214] Das jeder Prognose innewohnende Unangemessenheitsrisiko lässt sich hiernach zugunsten beider Parteien verringern. Neben dem unbestreitbaren Vorteil für den Verwender, dass er erst später zahlen muss,[1215] kann

1212 Diesen potentiellen Zinsverlust nimmt *W. Nordemann*, Das neue UrhVR, § 32 Rn. 51 zum Anlass, für § 32 UrhG mit Blick auf § 32 Abs. 3 UrhG die (individualvertragliche) Unzulässigkeit einer Fälligkeitsfrist festzustellen. Jedenfalls für § 32c UrhG bestehen erhebliche Zweifel an der Maßgeblichkeit eines Zinsverlustes infolge späterer Fälligkeit. Denn die (ausbleibenden) Verzugszinsen stellen gerade keinen Teil des über § 32c Abs. 3 UrhG geschützten Vergütungsanspruchs dar, sondern sind lediglich Gegenstand des Sekundäranspruchs, dessen mangelnde Geltendmachbarkeit allein als unangemessene Benachteiligung i. S. d. § 307 BGB berücksichtigt werden sollte.

1213 Vgl. zu den Verwenderinteressen *Dammann* in: Wolf/Lindacher/Pfeiffer § 308 Nr. 1 Rn. 43.

1214 Die Prognose für die Änderung der Umstände ist desto zuverlässiger, je mehr änderungsunterworfene Umstände zum maßgeblichen Betrachtungszeitpunkt überhaupt bekannt sind.

1215 Gleichwohl verlangt die »*angemessene Vergütung*« auch eine (rückwirkende) Einpreisung der Nutzung zwischen Entstehung und Fälligkeit des Anspruchs.

somit auch der Urheber von einer späteren Fälligkeit seines Anspruchs profitieren. Denn wie gezeigt stellt dieser gerade keinen fortwährend zu aktualisierenden Daueranspruch dar, sondern kann nur einmalig (für jede neue Nutzungsart) geltend gemacht werden.[1216]

Zudem darf auch die Benachteiligungswirkung des Urhebers nicht überbewertet werden. So ist einer Vergütung in Geld weitaus weniger als Sachschulden als Leistungsgegenstand die Gefahr immanent, dass dem Gläubiger bei verspäteter Verfügbarkeit ein Ausfallschaden entsteht. Dies gilt jedenfalls dann, wenn die Vergütung wie bei den unbekannten Nutzungsarten typischerweise einen Annex zum Haupthonorar darstellt. Aber selbst wenn der Urheber seinen Vergütungsanspruch aus § 32c UrhG mit einkalkuliert, so hat er auch in Abwesenheit einer Fälligkeitsfrist bereits eine erhebliche Planungsunsicherheit. Diese resultiert daraus, dass der Anspruch aus § 32c UrhG auf zwei Umständen beruht, die er regelmäßig nicht in der Hand hat: Einerseits auf dem Bekanntwerden einer neuen Nutzungsart, welches sich dem Einfluss beider Vertragsparteien entzieht; andererseits auf der Aufnahme der Verwertung in der neuen Nutzungsart, zu der sich der Verwerter bei Vertragsschluss selten verpflichten lassen wird, so dass der Urheber auch diesen Zeitpunkt nicht in seine Kalkulation aufnehmen kann.

Existiert nun eine Fälligkeitsklausel, die an diese beiden Ereignisse eine zusätzliche Frist knüpft, so verlängert sich zwar die Zeitdauer bis zur Erfüllung des Anspruchs. Gegenüber der aber ohnehin bestehenden Ungewissheit über das Ob und Wann der Leistung kommt es zu keinen zusätzlichen Unsicherheiten, solange jedenfalls die Frist hinreichend genau bestimmt ist. Unter Beachtung dieser Vorgaben wird eine Fälligkeitsfrist für die Vergütungspflicht des Verwerters gemäß § 32c UrhG keine unangemessene Benachteiligung darstellen, soweit die spätere Festlegung der angemessenen Vergütung ihre Bestimmbarkeit erleichtert und ihrerseits keinen erheblichen Verzögerungsschaden beim Urheber entstehen lässt. Wesentliche Zinsverluste erscheinen aber insbesondere bei der Gewährung eines Absatzhonorars unwahrscheinlich, da hier ohnehin kein hoher einmaliger Betrag verspätet gezahlt wird.

cc. Ergebnis

Eine Fristverlängerungsklausel i. S. d. § 308 Nr. 1 BGB, mit der der Verwerter die Fälligkeit des Vergütungsanspruchs des Urhebers aus § 32c UrhG über den Zeitpunkt der Aufnahme der Verwertung der neuen Nutzungsart verschiebt, stellt demnach nicht grundsätzlich eine unangemessene Benachteiligung des Urhebers nach § 307 Abs. 1 S. 1 BGB dar. Jedenfalls bei einer Frist von bis zu einem Jahr werden etwaige Zinsverluste nicht den für beide Seiten entstehenden

---

1216 Vgl. oben S. 120 sowie *Schuchardt*, S. 166 f.

Vorteil überwiegen, der sich aus der typischerweise erleichterten Bestimmbarkeit der angemessenen Vergütung ergibt.[1217]

3. Zusammenfassung

Für die drei zuvor als kontrollunterworfen eingestuften typischen Regelungsbereiche ergibt sich ein unterschiedliches Bild. Die zwecküberschreitende Rechtseinräumung ist vor dem Hintergrund des § 31 Abs. 5 UrhG zwar grundsätzlich zulässig, unterliegt aber Ausgleichsanforderungen, die nicht immer leicht einzuhalten sein werden. Dies betrifft insbesondere die unbekannten Nutzungsarten, für die der Gesetzgeber selbst schon zwei wesentliche Schutzmechanismen bereithält, über die der Klauselverwender durch die Gewährung vertraglicher Vorteile noch hinausgehen müsste. Soweit allerdings (echte) unbekannte Nutzungsarten eingeräumt werden sollen und den Vertragszweck überschreiten, spricht der Abweichungszwang der Klauselverwender regelmäßig gegen eine Unvereinbarkeit i. S. d. § 307 Abs. 2 Nr. 1 BGB. Als zulässig erachtet wird zudem ein Preisvorbehalt des Verwenders, solange die Ausübung der Preisbestimmung billigem Ermessen unterliegt. Schließlich wird auch die Vereinbarung einer Fälligkeitsfrist für die Geltendmachung des Anspruchs aus § 32c UrhG nicht grundsätzlich unwirksam sein.

F. Transparenzkontrolle gemäß § 307 Abs. 1 S. 2 BGB

Neben der Einbeziehungs- und Inhaltskontrolle ist die Transparenzkontrolle nach § 307 Abs. 1 S. 2 BGB die dritte Perspektive, aus der sich die Unwirksamkeit einer Klausel ergeben kann. Sie wird die letzte, wenngleich keineswegs nachrangige, Kontrollstation der vorliegenden Untersuchung sein.

1217 Ob der Urheber durch die Fälligkeitsfrist auch eine verkürzte Verjährung seines Anspruchs und damit einen gesonderten (kontrollrelevanten) Nachteil hinnehmen muss, hängt davon ab, ob die Hemmung der Verjährung gemäß § 205 BGB auf solche bei Vertragsschluss getroffenen Fälligkeitsvereinbarungen anwendbar ist, str.: dafür *Peters* in: Staudinger § 205 Rn. 6 sowie anscheinend *W. Nordemann*, Das neue UrhVR, § 32 Rn. 51; dagegen BGH WM 1977, 895 [897]; *Grothe* in: MüKo § 205 Rn. 3: erfasst werden nur nach Entstehung des Anspruchs vereinbarte Stundungen.

I. Bedeutung und Funktionsweise der Transparenzkontrolle

Nach § 307 Abs. 1 S. 2 BGB kann sich eine unangemessene Benachteiligung auch daraus ergeben, dass die AGB-Bestimmung nicht klar und verständlich ist. Diese erst seit der Schuldrechtsmodernisierung positivrechtlich verankerten, knappen Vorgaben werden gemeinhin unter dem Stichwort Transparenzgebot zusammengefasst. Bereits vor seiner Normierung war es zwar als wesentliches Prinzip des AGB-Rechts in der Generalklausel des § 9 AGBG verortet worden,[1218] so dass der Gesetzgeber zunächst keine Notwendigkeit sah, das inhaltlich vergleichbare Erfordernis in Art. 4 Abs. 2 und Art. 5 S. 1 der Richtlinie über missbräuchliche Verträge in Verbraucherverträgen ausdrücklich umzusetzen.[1219] Spätestens aber ein Urteil des EuGH aus dem Jahr 2001, welches eine klare und eindeutige Umsetzung der Richtlinienvorgaben einforderte,[1220] bereitete der jetzigen Bestimmung des § 307 Abs. 1 S. 2 BGB den Weg,[1221] ohne dass mit dieser eine Änderung der vorangegangenen Entwicklungen in der Rechtsprechung bezweckt wurde.[1222]

1. Anwendungsbereich

Das Transparenzgebot gilt für alle Vertragstypen und erstreckt sich gemäß § 310 Abs. 4 S. 2 BGB ebenso auf Arbeitsverträge. Neben den Verbraucherverträgen, für die dieses Erfordernis bereits aus der europäischen Klauselrichtlinie folgt, findet es aufgrund seiner Verankerung in der Generalklausel des § 307 BGB nach ganz überwiegender Auffassung auch auf AGB zwischen Unternehmern Anwendung.[1223] Ebenso wenig und in Abweichung zur Inhaltskontrolle differenziert das Transparenzgebot nach der Art der Klausel. Namentlich unterfallen kraft der nunmehr ausdrücklichen Klarstellung des § 307 Abs. 3 S. 2 BGB auch preisbestimmende und leistungsbeschreibende Klauseln der Transparenzkontrolle.[1224] Gleiches gilt für rechtsdeklaratorische Klauseln.[1225]

1218 Grundlegend hierfür BGH NJW 1989, 222; NJW 1989, 582.

1219 BReg BT-Drs. 13/2713, S. 6; kritisch hierzu *Leible* in: EuZW 2001, 439; *Staudinger* in: WM 1999, 1546 ff.

1220 EuGH Rs. C-144/99 (*Kommission/Niederlande*) NJW 2001, 2244, Tz. 17–22.

1221 Vgl. zu dieser Entwicklung eingehend *Fuchs* in: Ulmer/Brandner/Hensen § 307 Rn. 323 f.

1222 BT-Drs. 14/6040, S. 153 f.

1223 BGH ZIP 1990, 980 [981]; NJW 1994, 1060 [1062]; *Coester* in: Staudinger § 307 Rn. 206; *Fuchs* in: Ulmer/Brandner/Hensen § 307 Rn. 345; *Köndgen* in: NJW 1989, 943 [952]; *Wolf* in: Wolf/Lindacher/Pfeiffer § 307 Rn. 252, die dies auch auf § 305c BGB zurückführen, der Ausfluss des Transparenzgebots bei der Einbeziehung und Auslegung ist und gemäß § 310 Abs. 1 BGB auch im unternehmerischen Geschäftsverkehr gilt; a. A. *Lutz*, S. 116 (dort Fn. 32).

1224 Dies war auch in Abwesenheit dieser Klarstellung vorherrschende Ansicht, vgl.

2. Wesentliche Kriterien

Die Vielzahl der mit Blick auf die Verträge über unbekannte Nutzungsarten sogleich noch eingehender zu behandelnden Einzelgebote lässt sich letztlich auf einen einheitlichen Schutzzweck des Transparenzgebots zurückführen. So ist diesen gemein der Zweck, Klarheit und Überschaubarkeit über die Vertragsbedingungen zu schaffen und dem Vertragspartner damit die Möglichkeit zu geben, zutreffende und verständliche Informationen über die Rechts- und Pflichtenstellung der Parteien zu erlangen.[1226] Für die hieran festzumachende Transparenz bzw. Intransparenz lassen sich im Wesentlichen zwei Anknüpfungspunkte unterscheiden: Zum einen ist auf den Akt des Vertragsschlusses, zum anderen auf die Vertragsabwicklung abzustellen.[1227] Während ersterer Aspekt eine informierte Vertragsabschlussentscheidung des Kunden abzusichern sucht,[1228] gilt es im Stadium der Vertragsdurchführung zu verhindern, dass Rechte und Pflichten durch unklar oder schwer verständlich gefasste Klauseln verschleiert oder für den Vertragspartner undurchschaubar werden.[1229] Als Maßstab dafür ist ausschlaggebend das Verständnis des typischen Durchschnittskunden unter Zugrundelegung der typischen Umstände.[1230]

II. Das Transparenzgebot bei Verträgen über unbekannte Nutzungsarten

Sind damit die wesentlichen Vorgaben genannt, sollen diese im Folgenden auf die Verträge über unbekannte Nutzungsarten angewandt werden. Dafür werden erneut einzelne denkbare Klauselgestaltungen herangezogen und hinsichtlich einzelner aus dem allgemeinen Transparenzgebot resultierender Aspekte überprüft. So lässt es sich in drei wesentliche Elemente aufgliedern, die das Transparenzgebot zwar keineswegs erschöpfend und konturenscharf systematisieren, die aber jedenfalls seine grundsätzlichen Stoßrichtungen kennzeichnen

BAG NJW 1994, 213 [214]; OLG Celle NJW-RR 1995, 1133; *Fuchs* in: Ulmer/Brandner/Hensen § 307 Rn. 353 m.w.N.; a. A. *Dylla-Krebs*, S. 148 ff.; siehe für die Transparenzkontrolle einer urhebervertraglichen Vergütungsvereinbarung etwa KG ZUM 2010, 799 [803] (n. rkr.).

1225 BT-Drs. 14/6040, S. 154; BGH NJW 2001, 2012 [2013 f.]; *Coester* in: Staudinger § 307 Rn. 309; *Koch* in: WM 2002, 2173 [2175]; *Wolf* in: Wolf/Lindacher/Pfeiffer § 307 Rn. 333.

1226 *Fuchs* in: Ulmer/Brandner/Hensen § 307 Rn. 326; *Wolf* in: Wolf/Lindacher/Pfeiffer § 307 Rn. 235.

1227 Diese zeitliche Aufspaltung des Transparenzgebots geht zurück auf *Koller* in: FS Steindorff (1990), 667 [671 ff.]; ebenso *Fastrich*, S. 321 ff. sowie *Fuchs* in: Ulmer/Brandner/Hensen § 307 Rn. 326.

1228 BGHZ 147, 373 [378]; 164, 297 [316]; *Fuchs* in: Ulmer/Brandner/Hensen § 307 Rn. 326.

1229 BGHZ 106, 259 [264]; BGH ZIP 1996, 542; zitiert nach *Fuchs* in: Ulmer/Brandner/Hensen § 307 Rn. 328.

1230 Vgl. nur *Coester* in: Staudinger § 307 Rn. 183 m.w.N.

und auf die sich die folgenden Ausführungen immer wieder zurückführen lassen: das Verständlichkeitsgebot, das Bestimmtheitsgebot und das Täuschungsverbot.[1231]

1. Die Intransparenz der Rechtseinräumung

Als wesentliche Voraussetzung der Thematisierung der unbekannten Nutzungsarten bedarf es ihrer (vorformulierten) Rechtseinräumung. Die Untersuchung der diesbezüglichen Klauseln soll daher ebenfalls die Transparenzkontrolle nach § 307 Abs. 1 S. 2 BGB einleiten. Wie soeben erwähnt, ist eine etwaige Kontrollimmunität nach § 307 Abs. 3 S. 1 BGB anders als bei der Inhaltskontrolle insoweit nicht denkbar, was ausweislich § 307 Abs. 3 S. 2 BGB nunmehr ausdrücklich klargestellt wird. Gerade die beiderseitigen Leistungspflichten müssen als Grunddaten des Vertrags hinreichend klar und verständlich geregelt werden, um dem Vertragspartner überhaupt eine informierte Vertragsabschlussentscheidung zu ermöglichen.[1232]

a. Gesamtgestaltung des Rechtekatalogs und das Verhältnis zur Zweckübertragungsregel des § 31 Abs. 5 UrhG

Mit Blick auf die Transparenz der Rechtseinräumung fragt sich vorab, in welchem Verhältnis die Kontrolle nach § 307 Abs. 3 S. 1 BGB zur Zweckübertragungsregel nach § 31 Abs. 5 UrhG steht. Bekanntlich kommt auch letzterer ein Transparenzeffekt zu. Der – für die Vertragskontrolle – entscheidende Unterschied zwischen beiden Transparenzprinzipien besteht allerdings darin, dass in § 31 Abs. 5 UrhG der Transparenzeffekt selbst keine eigenständige Bedeutung hat. Stattdessen ist dieser lediglich Ausfluss der durch die Spezifizierungslast der Verwerter zur Verhinderung der Vertragszweckbindung oftmals vorgenommenen Einzelbezeichnung. Der Transparenzeffekt der Zweckübertragungsregel ist nicht funktionalisierbar, sondern lediglich ein Mittel zum Zweck, welches aufgrund des Charakters als Auslegungsregel nicht einmal verbindliche Vorgaben trifft. An dieser Bewertung ändert im Übrigen auch die Funktionalisierung innerhalb der Inhaltskontrolle der Rechtseinräumung nichts. Denn diese knüpft wie gezeigt nicht an die Einzelbezeichnung an, sondern lässt diese gewissermaßen außer Betracht, um vielmehr dem Vertragszweck (als »Rechtsfolge« des § 31 Abs. 5 UrhG) erhöhte Bedeutung beizumessen und gleichsam als einen wesentlichen Grundgedanken der gesetzlichen Regelung zu qualifizieren.

1231 Diese Systematisierung der Fallgruppen geht zurück auf *Heinrichs* in: FS Trinkner (1995), 157 [160]; dem folgend oder ähnlich *Armbrüster* in: DNotZ 2004, 437 [437 f.]; *Oetker* in: JZ 2002, 337 [340].

1232 BT-Drs. 14/6040, S. 154; *Fuchs* in: Ulmer/Brandner/Hensen § 307 Rn. 353; *Koch* in: WM 2002, 1273 [1275].

Neben diesen eher formellen Unterschieden differiert auch der materielle Gehalt beider Grundsätze. Während das Transparenzgebot des § 307 Abs. 1 S. 2 BGB die umfassende Klarheit und Verständlichkeit der Klausel vorschreibt, greift § 31 Abs. 5 UrhG mit der Einzelbezeichnung von vornherein nur einen Aspekt der Transparenz heraus. Allein die ausdrückliche und konkrete Nennung der einzuräumenden Nutzungsrechte sowie deren konkreter Inhalt wird benötigt, um die diesem Umfang nach gewollte Rechtseinräumung (individualvertraglich) wirksam auszugestalten. Ist diese Anforderung erfüllt, so wird dem Urheber die selbstbestimmte Entscheidung zugetraut in der Annahme, dass er sie dann sehenden Auges trifft (oder doch treffen kann).[1233] Darüber hinausgehende Ausprägungen der Transparenz, wie etwa die Verständlichkeit der getroffenen Regelung, sind der Zweckübertragungsregel dagegen fremd.

Ganz im Gegenteil erscheint es möglich, dass gerade die vom Verwender mit Blick auf § 31 Abs. 5 UrhG vorgenommene Einzelbezeichnung wiederum dazu führt, dass der unter Umständen umfangreiche Klauselkatalog beim Vertragspartner zur Unverständlichkeit i. S. d. § 307 Abs. 1 S. 2 BGB führt. So ist als Ausfluss des Verständlichkeitsgebots anerkannt, dass auch die Komplexität und der Umfang der AGB die Unübersichtlichkeit und damit die Intransparenz einer vorformulierten Regelung begründen können. Diese Feststellung wird regelmäßig im Zusammenhang mit den Anforderung an das Bestimmtheitsgebot und dem Befund relevant, dass eine Überspannung des Transparenzgebots ihrerseits letztlich wieder die Gefahr der Intransparenz mit sich bringt.[1234] Konkretisierung und Transparenz müssen dementsprechend nicht immer parallel verlaufen, sondern können durchaus eine gegenteilige Wirkung aufweisen. Bei den urheberrechtlichen Nutzungsverträgen ergibt sich indes der Sonderfall, dass das Bestimmtheitserfordernis nicht lediglich aus dem Transparenzgebot selbst resultiert und dem entstehenden Intransparenzrisiko damit über ein geringeres Anforderungsmaximum systemintern begegnet werden kann. Stattdessen wird die Komplexität des Klauselkatalogs durch die gewissermaßen systemfremde Zweckübertragungsregel forciert, so dass fraglich ist, wie beide Mechanismen im Falle ihres Widerspruchs miteinander in Einklang zu bringen sind.

Letztlich wird man es den Verwertern nicht zum Nachteil gereichen lassen dürfen, dass sie mit der Ausdifferenzierung der Rechtseinräumung lediglich von der impliziten Vorgabe des insoweit spezielleren § 31 Abs. 5 UrhG Gebrauch machen. Dies muss zumal dann gelten, wenn sie nach der hier vorgeschlagenen

---

1233 *Riesenhuber* in: GRUR 2005, 712 [714], der ebenfalls die Ähnlichkeiten zwischen Zweckübertragungsregel und Transparenzgebot anerkennt.

1234 BGH NJW 1993, 2052 [2054]; NJW-RR 2005, 902 [903]; *Coester* in: Staudinger § 307 Rn. 195, 317; *Diekmann/Bieder* in: DB 2005, 722 [725]; *Fuchs* in: Ulmer/Brandner/Hensen § 307 Rn. 349 (»*Informationshypertrophie*«); *Horn* in: WM 1997, Sonderbeilage Nr. 1, S. 19; *Paulusch* in: Heinrichs/Löwe/Ulmer, 10 Jahre AGBG, S. 55 [74]; *Stoffels*, Rn. 573.

Lösung vermittels § 307 Abs. 2 Nr. 1 BGB gleichwohl noch eine Vertragszweckbindung befürchten müssen und ihnen die Einzelbezeichnung somit nicht zwangsläufig zum Vorteil gereicht. Zweckmäßig erscheint es daher, eine mögliche Intransparenz nach § 307 Abs. 1 S. 2 BGB außer Betracht zu lassen, wenn und soweit die Komplexität bei der Ausgestaltung der Rechtseinräumung nach § 31 Abs. 5 UrhG möglich und erforderlich ist. Das betrifft zunächst die konkrete Bezeichnung jeder abspaltbaren Nutzungsart, die nach der Verkehrsauffassung als solche hinreichend klar abgrenzbar ist und als wirtschaftlich-technisch einheitlich und selbstständig bezeichnet werden kann.[1235] Wie gezeigt, sind dieser Konkretisierbarkeit bei den unbekannten Nutzungsarten als Gegenstand der Rechtseinräumung teilweise bereits Grenzen gesetzt, die die Einzelbezeichnung und damit eine hieraus resultierende Komplexität als unwahrscheinlich erscheinen lassen.

Darüber hinaus macht die Zweckübertragungsregel, wie § 31 Abs. 5 S. 2 UrhG nunmehr ausdrücklich klarstellt,[1236] noch weitere Regelungsinhalte zum Gegenstand der Vertragszweckbindung und erfordert folglich eine diesbezügliche Konkretisierung, wenn die Vertragsparteien das Eingreifen der Zweifelsregel verhindern wollen. Umfasst ist demnach ebenso die (jeweilige) Entscheidung, ob ein einfaches oder ausschließliches Nutzungsrecht eingeräumt wird und inwiefern dieses inhaltlichen, räumlichen oder zeitlichen Beschränkungen unterliegt.[1237] Herausgearbeitet wurde bereits, dass die Zweckübertragungsregel insoweit auch auf die unbekannten Nutzungsarten teilweise anwendbar ist.

Deutlich wurde, dass die Zweckübertragungsregel die Diversifizierung der Rechtseinräumung in weitem Umfang vorbestimmt und kaum Fallgestaltungen denkbar sind, in denen die Komplexität des Rechtekatalogs über das hinausgeht, was nicht bereits zur Vermeidung der Vertragszweckbindung nach § 31 Abs. 5 UrhG erforderlich ist. In Betracht käme dies vor allem noch dergestalt, dass die (hinreichend konkretisierte) Rechtseinräumung durch weitere Ausnahmen und Gegenausnahmen durchsetzt ist, was allerdings aufgrund des Bestrebens der Verwerter nach einem möglichst umfassenden Rechteerwerb unwahrscheinlich erscheint.

Daher ist zu konstatieren, dass neben dem Transparenzgebot des § 307 Abs. 1 S. 2 BGB auch die Zweckübertragungsregel jedenfalls mittelbar die Konkretisierung der Leistung erfordert. Begründet dies zugleich das Risiko einer durch

1235 Vgl. BGH GRUR 1992, 310 [311] (*Taschenbuch-Lizenz*); GRUR 2001, 153 [154] (*OEM-Version*); *Schulze* in: Dreier/Schulze § 31 Rn. 119; *Wandtke/Grunert* in: Wandtke/Bullinger § 31 Rn. 47 m.w.N.

1236 So die eindeutige Aussage in BT-Drs. 16/6433, 14.

1237 Vgl. für zahlreiche Nachweise zur hierfür vor der Klarstellung durch den Gesetzgeber ergangenen Rechtsprechung *J.B. Nordemann* in: Fromm/Nordemann § 31 Rn. 142 ff. sowie *Wandtke/Grunert* in: Wandtke/Bullinger § 31 Rn. 59.

das Volumen der Klauseln herbeigeführten Intransparenz, ist dies zugunsten der Zweckübertragungsregel regelmäßig hinzunehmen. Nur ausnahmsweise wird der Grad an Komplexität das von der Zweckübertragungsregel geforderte Maß überschreiten und dadurch wieder transparenzrelevant i.S.d. § 307 Abs. 1 S. 2 BGB.

b. Die Rechtseinräumung an unbekannten Nutzungsarten

Stehen die unbekannten Nutzungsarten selbst im Mittelpunkt der Untersuchung, so werden aus der Perspektive des Transparenzgebots vor allem deren systematische Stellung sowie die Anforderungen an den Grad ihrer Konkretisierung relevant. Da ihre Rechtseinräumung bereits bei der Einbeziehungskontrolle (§ 305c Abs. 1 BGB) thematisiert wurde, ist zuvor jedoch eine Abgrenzung zur hier gegenständlichen Transparenzkontrolle nach § 307 Abs. 1 S. 2 BGB geboten.

aa. Abgrenzung der Transparenzkontrolle zu § 305c Abs. 1 BGB

Die Überschneidung der Einbeziehungskontrolle nach § 305c Abs. 1 BGB mit § 307 BGB war bereits bei der Inhaltskontrolle angesprochen worden. Während die Klausel dort aber lediglich neben ihrem Überraschungsmoment auch eine inhaltliche Unbilligkeit aufweisen konnte, sind die Gemeinsamkeiten mit der Transparenzkontrolle größer. Klarheit und Überschaubarkeit sind namentlich ebenfalls Voraussetzungen der Einbeziehung nach § 305c Abs. 1 BGB, so dass eine Schnittmenge der Kontrollgegenstände anzuerkennen ist.[1238] Beide Kontrollansätze sind letztlich spezifische Ausprägungen eines allgemeinen Transparenzgebots für AGB. Da der Gesetzgeber zur Verstärkung des Schutzes des Kunden aber ein Nebeneinander von Einbeziehungs- und Inhaltskontrolle anstrebte,[1239] müssen beide auch nebeneinander anwendbar sein.[1240]

Gleichwohl darf nicht geleugnet werden, dass die Einbeziehungskontrolle nach § 305c Abs. 1 BGB der Transparenzkontrolle nach § 307 Abs. 1 S. 2 BGB logisch vorgeschaltet ist und die parallele Anwendbarkeit beider Kontrollansätze immer nur auf prozessökonomischen Erwägungen beruhen kann. Ihre jeweils

---

1238 *Wolf* in: Wolf/Lindacher/Pfeiffer § 307 Rn. 239; vgl. für das Verhältnis des Transparenzgebots zur Unklarheitenregel nach § 305c Abs. 2 BGB eingehend *Coester* in: Staudinger § 307 Rn. 172.

1239 Vgl. BReg BT-Drs. 7/3919 S. 19: »*§ 3 solle den Schutz durch § 9 ergänzen*«.

1240 So bereits zur alten Rechtslage, nach der eine (inhaltliche) Transparenzkontrolle bekanntlich auf Grundlage der Generalklausel des § 9 AGBG stattfand, BGH NJW 1989, 222 [224]; *v. Hoyningen-Huene*, Rn. 201; *Köndgen* in: NJW 1989, 943 [949]; a.A. *Hansen* in: WM 1990, 1521 [1524]; differenzierend *Schäfer*, S. 141 ff.; für die neue Rechtslage *Coester* in: Staudinger § 307 Rn. 172 f.; *Kieninger* in: MüKo § 307 Rn. 52; *Wolf* in: Wolf/Lindacher/Pfeiffer § 307 Rn. 239.

eigenständige Bedeutung ist nicht zu verkennen.[1241] Doch lässt sich keine Zuordnung dergestalt treffen, dass die Einbeziehungskontrolle die Abschlusstransparenz, die Transparenzkontrolle nach § 307 Abs. 1 S. 2 BGB dagegen die Abwicklungstransparenz regele.[1242] Denn wie gezeigt, bezweckt auch die eigentliche Transparenzkontrolle die Gewährleistung einer informierten Entscheidung über den Vertragsschluss.

Zweckmäßiger erscheint es, eine Abgrenzung weniger über den zeitlichen Anknüpfungspunkt als vielmehr über die in beiden Vorschriften zum Ausdruck kommende unterschiedliche Gestalt der Intransparenz vorzunehmen. So knüpft das Transparenzgebot aus § 307 Abs. 1 S. 2 BGB als besonderer Fall der Inhaltskontrolle vorrangig an die Unklarheit einer Klausel innerhalb des Regelungsgehalts der Vertragsbedingungen und ihrem inhaltlich-normativen Kontext an. Folgerichtig muss aus ihr eine inhaltliche Benachteiligung hervorgehen, um zu einem Unwirksamkeitsurteil zu gelangen. Demgegenüber greift § 305c Abs. 1 BGB aus dieser Vielzahl von denkbaren Intransparenzgründen nur einen Aspekt heraus und modifiziert gleichsam die Betrachtungsweise. Es lässt sich auch von einer qualifizierten Erscheinungsform der Intransparenz sprechen.[1243] Statt der Unklarheit gerät die Ungewöhnlichkeit in den Mittelpunkt der Bewertung. Eine deutlich erkennbare Klausel kann etwa die Voraussetzungen der Einbeziehungskontrolle erfüllen, zugleich aber wegen ihrer kontextfalschen Platzierung im Klauselwerk dem Transparenzgebot des § 307 Abs. 1 S. 2 BGB widersprechen. Umgekehrt kann der Schutz vor Überraschungen berührt sein, während die inhaltliche Klarheit der Regelung nicht zu beanstanden ist.[1244] Jedenfalls bleibt festzuhalten, dass die bereits im Zusammenhang mit § 305c Abs. 1 BGB thematisierte Einräumung von Rechten an unbekannten Nutzungsarten auch aus Sicht des § 307 Abs. 2 S. 1 BGB zu untersuchen ist. Entsprechend dem soeben Ausgeführten wird dabei statt dem Überraschungsmoment ihre inhaltliche Unklarheit im Vordergrund stehen. Folglich kann allein der Umstand der Einräumung von Rechten an unbekannten Nutzungsarten – anders als bei § 305c Abs. 1 BGB – kein Intransparenzverdikt nach § 307 Abs. 1 S. 2 BGB zur Folge haben.[1245]

1241 Diese folgt bereits daraus, dass § 305c Abs. 1 anders als § 307 Abs. 1 S. 2 BGB ein Unterlassungsbegehren im Verbandsklageverfahren gemäß § 1 UKlaG nicht stützen kann, sondern allein für den Individualprozess von Bedeutung ist; vgl. *Coester* in: Staudinger § 307 Rn. 171.

1242 So aber *Oetker* in: JZ 2002, 337 [340] sowie *Wolf* in: Wolf/Lindacher/Pfeiffer § 307 Rn. 239; diesen Differenzierungsansatz wie hier ablehnend *Fuchs* in: Ulmer/Brandner/Hensen § 307 Rn. 328; *Kieninger* in: § 307 Rn. 52.

1243 So *Heinrichs* in: FS Trinkner (1995), 157 [160]; ihm folgend *Coester* in: Staudinger § 307 Rn. 172.

1244 Vgl. BGH NJW 1985, 53 [55]; 1989, 222 [223]; 1993, 779 [780].

1245 Dies ebenso ablehnend *Paul* in: Hoeren/Sieber, 26. EL (08/10), Kap. 7.4 Rn. 40.

bb. *Systematische Stellung der Klausel betreffend die Rechtseinräumung an unbekannten Nutzungsarten*

Als Ausprägung des Verständlichkeitsgebots ist nicht nur die einzelne Klausel isoliert auf ihre inhaltliche Unklarheit zu überprüfen, sondern ein Mangel an Verständlichkeit kann sich schon aus der systematischen Stellung im Gesamtregelungskontext ergeben. So kann die formale Aufteilung einerseits dann transparenzrelevant werden, wenn ein einheitlicher Regelungsgegenstand auf verschiedene zusammenhangslose Stellen innerhalb des Rechtekatalogs aufgeteilt wird; andererseits dann, wenn eine Klausel an einer Stelle platziert wird, wo sie ihrem Regelungsinhalt nach nicht erwartet wird.[1246] In Abgrenzung zum Überraschungsmoment bei der Einbeziehungskontrolle steht hier weniger das Ob als vielmehr das Wo des Regelungsgegenstands im Vordergrund der richterlichen Kontrolle.

Hinsichtlich der urhebervertraglichen Rechtseinräumung muss dementsprechend jede Rechtseinräumungsklausel als deplatziert und damit intransparent gelten, die außerhalb – soweit vorhanden – des Rechtekatalogs eine derartige Bestimmung trifft. Gleiches gilt für etwaige inhaltliche Modifizierungen eines innerhalb des Rechtekatalogs eingeräumten Rechts an anderer Stelle. Der Vertragspartner wird eine solche Aufsplitterung der Regelungsorte innerhalb des Klauselwerks regelmäßig nicht erwarten. Stattdessen wird er seine spezifische Aufmerksamkeit jeweils an dem Regelungsgegenstand ausrichten, der von der Systematik der AGB am jeweiligen Standort vorgegeben wird. Sachfremde Regelungsgegenstände begründen daher immer die Gefahr, vom Vertragspartner übersehen zu werden.

Gleiches muss innerhalb des Rechtekatalogs selbst gelten, wo ebenso wenig inhaltlich stark divergierende Nutzungsrechte in einen unmittelbaren Regelungszusammenhang gebracht werden dürfen. Da der Urheber seine Aufmerksamkeit hier immerhin auf die Rechtseinräumung konkretisiert hat, werden die Anforderungen an den Begriff der inhaltlichen Zusammengehörigkeit insoweit aber großzügiger sein. Am Beispiel der unbekannten Nutzungsarten wird deutlich, dass nichtsdestotrotz auch innerhalb der Aufzählung der Nutzungsrechte eine intransparente Platzierung in Betracht kommt. So wäre jedenfalls eine umfassende Rechtseinräumung an unbekannten Nutzungsarten nur dergestalt möglich, dass diese als eigener Posten innerhalb des Rechtekatalogs ausgewiesen und nicht lediglich als Annex zu einem von vielen bekannten Nutzungsrechten platziert wird. Letzteres wäre nur dann zulässig weil inhaltlich zusammenhängend, wenn sich auch die Rechtseinräumung an den unbekannten

1246 OLG Nürnberg NJW 1977, 1402; *Coester* in: Staudinger § 307 Rn. 191; *Fuchs* in: Ulmer/Brandner/Hensen § 307 Rn. 335; *Stoffels*, Rn. 569; *Wolf* in: Wolf/Lindacher/Pfeiffer § 307 Rn. 254.

Nutzungsarten etwa auf die jeweils einschlägige Verwertungstechnologie (als abstrakter Oberbegriff) beschränkte. Eine derart ausgestaltete Rechtseinräumung wäre aus Transparenzgesichtspunkten ferner durch diversifizierte Klauseln mit einer Vielzahl von Anknüpfungspunkten möglich, indem der Kategorie der bekannten Nutzungsarten jeweils eine (pauschale) Aussage zu den in diesem Sektor zu erwartenden neuen Nutzungsarten angehängt wird.

cc. Anforderungen an die Konkretisierung der Rechtseinräumung

Bleibt man bei diesem Aspekt der sprachlich-systematischen Klarheit der Rechtseinräumung, so rückt zwangsläufig die isolierte Betrachtung der Klausel über die unbekannten Nutzungsarten in den Mittelpunkt. Während es zuvor um deren Platzierung im Gesamtkontext des vorformulierten Nutzungsvertrags ging, fragt sich im zweiten Schritt, welche Anforderungen § 307 Abs. 1 S. 2 BGB an die Formulierung der Klausel selbst stellt. Erneut fällt hierbei die Nähe zur Problematik um die Einzelbezeichnung nach der Zweckübertragungsregel auf. Dafür wurde herausgearbeitet, dass eine Einzelbezeichnung nur insoweit erforderlich sein kann, wie sie überhaupt möglich ist. Diese Möglichkeit konnte nur für die bereits technisch bekannten Nutzungsarten bejaht werden sowie hinsichtlich der von § 31 Abs. 5 S. 2 UrhG angesprochenen Regelungsgegenstände, die das Nutzungsrecht weiter modifizieren. Nahe liegend erscheint es, diese Differenzierung für § 31 Abs. 5 UrhG auf die Konkretisierungsanforderungen des § 307 Abs. 1 S. 2 BGB zu übertragen und damit insoweit einen Gleichlauf beider Vorschriften herbeizuführen. So wird auch im AGB-Recht das tatsächlich Mögliche als äußerste Grenze der Transparenzanforderungen beschrieben.[1247]

Ein solcher Schluss würde indes den bereits angesprochenen Wesensunterschied beider Prinzipien verkennen und ohne Zwang etwas gleich behandeln, was seinem Mechanismus nach nicht gleich ist. Die Zweckübertragungsregel erfordert eine Einzelbezeichnung, um das Zweifelsergebnis – die Bindung an den Vertragszweck – zu vermeiden. Bekanntlich ist der Transparenzeffekt lediglich die Folge dieser Spezifizierungslast der Verwerter. Demgegenüber setzt das Transparenzgebot zuvorderst auf die sprachliche Verständlichkeit und Klarheit einer Regelung, ohne dass es bei den Nutzungsarten zwingend auf deren Einzelbezeichnung ankäme. Diese kann zwar für Klarheit in Bezug auf die Rechtseinräumung sorgen, muss dies wie gezeigt aber nicht. Vielmehr kann sie infolge der zunehmenden Komplexität auch ein erhöhtes Maß an Intransparenz begründen.

1247 BGH NJW 1990, 2383 [2384]; NJW 1998, 3114 [3116]; NJW-RR 2005, 1496 [1505]; *Coester* in: Staudinger § 307 Rn. 195; *Fuchs* in: Ulmer/Brandner/Hensen § 307 Rn. 348; *Stoffels*, Rn. 573.

Entscheidend für das Transparenzgebot ist jedoch die Feststellung, dass sich eine für den Verwerter klare Aussage auch unterhalb der Schwelle der Einzelbezeichnung erreichen lässt, etwa indem ausdrücklich alle zum Zeitpunkt des Vertragsschlusses unbekannten Nutzungsarten erfasst werden. Der von § 31 Abs. 5 UrhG gewissermaßen verachteten Pauschalität der Ausgestaltung der Rechtseinräumung kann durchaus ein eigener Transparenzwert zukommen. Freilich darf dies nicht dahingehend missverstanden werden, dass § 307 Abs. 1 S. 2 BGB demnach generell einen pauschalen *Buy-out* zulässt. Vielmehr muss kraft Transparenz weiterhin gewährleistet bleiben, dass der Urheber auf Grundlage der Leistungsklausel seine Vertragsabschlussentscheidung treffen kann.[1248] Ein Mindestmaß an Ausdiffererenzierung wird man daher auch hier verlangen müssen. Dieses Erfordernis ist aber umso geringer anzusetzen, je unwichtiger die Klausel für die Entscheidung des Kunden ist.[1249] Nach den zur Kontrollbedürftigkeit gemachten Ausführungen werden die unbekannten Nutzungsarten aber regelmäßig nicht die Hauptleistung darstellen, sondern einen Annex zu den bekannten Nutzungsarten als dem eigentlichen Vertragsgegenstand. Jene werden typischerweise nicht seine Entscheidung über den Abschluss des Nutzungsvertrags bestimmen.

Insofern muss das tatsächlich Mögliche der Konkretisierung bei den unbekannten Nutzungsarten nicht völlig ausgeschöpft werden. Mit anderen Worten sind solche Nutzungsarten, die bereits technisch bekannt sind und mit eingeräumt werden sollen, anders als nach § 31 Abs. 5 UrhG nicht zwingend einzeln zu bezeichnen. Ausreichend für § 307 Abs. 1 S. 2 BGB ist vielmehr eine pauschale Bezugnahme auf alle unbekannten Nutzungsarten, wovon nach dem hier zugrunde gelegten Begriffsverständnis eben auch die nur wirtschaftlich noch unbedeutenden Nutzungsarten erfasst wären. Nicht erforderlich ist insbesondere, dass die Kategorie der unbekannten Nutzungsarten etwa über die Aufnahme einer entsprechenden Definition erläutert wird. Eine solche allgemeine Belehrungspflicht über gängige Rechtsbegriffe existiert nicht, sondern die diesbezügliche Kenntnisverschaffung ist dem Verantwortungsbereich des Vertragspartners zugewiesen.[1250]

1248 Vgl. erneut BT-Drs. 14/6040, S. 154; *Fuchs* in: Ulmer/Brandner/Hensen § 307 Rn. 353; *Koch* in: WM 2002, 1273 [1275]; unbeachtlich ist i.Ü., dass die AGB in der Praxis vom Kunden ohnehin kaum gelesen werden – Maßstab für die Transparenzanforderungen muss der aufmerksame und sorgfältige Vertragspartner sein, vgl. *Grüneberg* in: Palandt § 307 Rn. 19 m.w.N.

1249 *Fuchs* in: Ulmer/Brandner/Hensen § 307 Rn. 349; *Rosenow/Schaffelhuber* in: ZIP 2001, 2211 [2215]; auch *Coester* in: Staudinger § 307 Rn. 194, der die Abschlussrelevanz der Klausel für einen bedeutenden Faktor hält.

1250 BGH ZIP 1996, 1164 [1166]; *Coester* in: Staudinger § 307 Rn. 199; *Rellermeyer* in: WM 1994, 1053 [1056 f.]; ähnlich *Fuchs* in: Ulmer/Brandner/Hensen § 307 Rn. 345, der

Ohnehin orientiert sich das transparenzrechtliche Bestimmtheitsgebot in seinen jeweiligen Anforderungen an der Überschaubarkeit des Regelungsgegenstandes sowie der Vorhersehbarkeit künftiger Ereignisse und Umstände.[1251] Generalklauselartige Umschreibungen sind dementsprechend desto eher zuzulassen, je weniger die denkbaren Fallgestaltungen antizipiert werden können.[1252] Als wichtiges Indiz für die diesbezügliche Einordnung eines Regelungsgegenstands lässt sich die Formulierung des Gesetzgebers heranziehen. Belässt er es – wie bei den unbekannten Nutzungsarten – bei einer eher unkonkreten Bezeichnung, spricht einiges dafür, dass dieser Konkretisierungsgrad auch in AGB ausreichend ist.[1253] Zwar wird gegenüber diesem Schluss mit Recht angeführt, dass der Regelungsbereich von AGB oft enger und branchenbezogener als der von Gesetzen ist und dementsprechend konkretere Formulierungen als vom Gesetzgeber verlangt werden können.[1254] Soweit, wie bei den unbekannten Nutzungsarten, die Konkretisierungsgrenze allerdings tatsächlicher Natur ist, können hier keine unterschiedlichen Anforderungen erhoben werden, sondern gelten diese für Gesetzgeber und Klauselverwender in gleichem Maße.

Festzuhalten bleibt, dass in Bezug auf die unbekannten Nutzungsarten nach § 307 Abs. 1 S. 2 BGB weniger strenge Anforderungen bestehen als unter Umständen im Rahmen des § 31 Abs. 5 UrhG. Dennoch wird diese Abweichung praktisch keine bedeutende Rolle spielen, da die Spezifizierungslast der Zweckübertragungsregel regelmäßig bereits ein Höchstmaß an Konkretisierung herbeiführen wird. Fehlt es jedoch an der konkreten Aufzählung der Nutzungsrechte und bedeutet dies zugleich einen Verstoß gegen das Transparenzgebot, so hätte dies nicht lediglich eine Vertragszweckbindung, sondern die Unwirksamkeit der (intransparenten) Klausel zur Folge, § 307 Abs. 1 BGB.

2. Die Intransparenz der Vergütungsabrede

Das Bestimmtheitsgebot beherrscht gleichermaßen die Anforderungen an die Transparenz der Vergütungsabrede. Im Vordergrund steht wiederum die Vorgabe, dass der Vertragspartner ohne fremde Hilfe möglichst klar und einfach

darauf hinweist, dass jedenfalls im unternehmerischen Geschäftsverkehr die Kenntnis der einschlägigen (rechtlichen und wirtschaftlichen) Fachausdrücke erwartet werden kann.

1251 *Wolf* in: Wolf/Lindacher/Pfeiffer § 307 Rn. 260.

1252 *Wolf* in: Wolf/Lindacher/Pfeiffer § 307 Rn. 260.

1253 So wird vielfach darauf hingewiesen, dass das Maß an Deutlichkeit jedenfalls nicht über das des Gesetzgebers hinausgehen muss, vgl. BGH NJW 1993, 1061 [1063]; *Hellner* in: FS Steindorff (1990), 573 [585]; *Köndgen* in: NJW 1989, 943 [947]; *Rabe* in: NJW 1987, 1978 [1985].

1254 So insb. *Coester* in: Staudinger § 307 Rn. 198; ähnlich *Wolf* in: Wolf/Lindacher/Pfeiffer § 307 Rn. 260.

seine Rechte feststellen kann.[1255] Typischerweise wird dieses Erfordernis auf der Vergütungsseite des urheberrechtlichen Nutzungsvertrags dann keine Probleme bereiten, wenn der Verwerter für seine Nutzungsrechte eine konkrete Vergütung fixiert und der Urheber seiner Leistung einen genau bezifferbaren Gegenleistungsanspruch gegenüberstellen kann. Grundsätzlich ist der Klauselverwender auch nicht verpflichtet, seine internen Kalkulationsgrundlagen offenzulegen.[1256] Dementsprechend kann ebenso wenig gefordert werden, dass der Klauselverwender den Gesamtpreis auf einzelne Preisposten, hier also die Nutzungsrechte, aufspaltet. Zumal eine solche Diversifizierung des Preisgrundes aufgrund der zunehmenden Komplexität wieder ein eigenständiges Intransparenzrisiko begründete.

a. Flexible Vergütungsklausel

Insbesondere für die Vergütung der unbekannten Nutzungsarten erscheint statt eines pauschalen Abkaufs der Nutzungsrechte aber vor allem eine flexiblere vertragliche Lösung wahrscheinlich. Denkbar wäre etwa der Verzicht auf die konkrete Benennung der Vergütungshöhe und stattdessen der Verweis auf eine *»angemessene Vergütung«* der jeweils neuen Nutzungsart. Zweifellos stellt dies allein aus Transparenzgesichtspunkten eine gegenüber der pauschalen Festlegung nachteilhafte vertragliche Gestaltung dar. Dem Urheber wird es hiernach unmöglich gemacht, sich ein abschließendes Urteil über sein Honorar zu bilden und auf dieser Grundlage eine Entscheidung über den Vertragsschluss zu treffen. Andererseits zeigen sich die bereits angesprochenen tatsächlichen Konkretisierungsgrenzen bei den unbekannten Nutzungsarten gerade auch auf der Vergütungsseite.

Diese tatsächlichen Gegebenheiten sollten bei der Transparenzkontrolle nicht geleugnet, sondern zugunsten einer Lockerung der Bestimmtheitsanforderungen ernst genommen werden. So besteht wie gezeigt Einigkeit darüber, dass die Anforderungen an den Grad der Konkretisierung nicht überspannt werden dürfen, sondern erforderlichenfalls auch generalisierende Regelungen in AGB zulässig sein können. Dies gilt insbesondere dort, wo die in Frage stehende Regelung künftigen Entwicklungen mittels entsprechender Unbestimmtheit der Klausel gerecht werden muss.[1257] Hier ist eine regelungsspezifische Anpassung des Transparenzgebots angezeigt. Die jeweils anzulegende Untergrenze der Konkretisierung lässt sich über das Kriterium der Erforderlichkeit (namentlich der Offenheit der Regelung) ermitteln. Hiernach ist die Verwendung des un-

1255 BGH ZIP 2006, 474 [476 f.]; *Fuchs* in: Ulmer/Brandner/Hensen § 307 Rn. 338; *Wolf* in: Wolf/Lindacher/Pfeiffer § 307 Rn. 259.

1256 BGH NJW 1997, 3166; *Fuchs* in: Ulmer/Brandner/Hensen § 307 Rn. 350; *Stoffels*, Rn. 573.

1257 *Coester* in: Staudinger § 307 Rn. 197; *Fuchs* in: Ulmer/Brandner/Hensen § 307 Rn. 341; *Wolf* in: Wolf/Lindacher/Pfeiffer § 307 Rn. 260.

bestimmten Rechtsbegriffs *»angemessen«* nach § 307 Abs. 1 S. 2 BGB als zulässig zu erachten.

b. Einseitiger Preisvorbehalt

Unschwer erkennbar sind in dieser Argumentation die Parallelen zur Untersuchung eines einseitigen Leistungsbestimmungsrechts. Letztlich sind auch die dazu im Zuge der Inhaltskontrolle gemachten Ausführungen auf Transparenzerwägungen zurückzuführen. Die Beachtlichkeit bei § 307 Abs. 1 S. 1 BGB neben der Transparenzkontrolle beruht darauf, dass sich die Bestimmtheitsvorgaben bereits bei § 311 BGB als dem einschlägigen Kontrollmaßstab materialisierten. Ergebnis dieser Überschneidung sind inhaltlich im Wesentlichen identische Anforderungen an die Ausgestaltung des Leistungsbestimmungsrechts.[1258] Nicht zuletzt beruht dies darauf, dass die Rechtsprechung vor der Schuldrechtsmodernisierung sowohl die Inhalts- als auch die Transparenzkontrolle an die Generalklausel des § 9 AGBG knüpfte und dementsprechend einheitliche Kriterien entwickelt hat. So ist es auch nach den Vorgaben des Transparenzgebots erforderlich, dass eine sachliche Rechtfertigung für die Vorformulierung des Anpassungsrechts existiert und dass dessen Voraussetzungen und Grenzen möglichst genau beschrieben werden.[1259] Macht man den für denkbar erachteten Preisvorbehalt für die vertragliche Vergütung der unbekannten Nutzungsarten zum Gegenstand der Transparenzkontrolle, so gilt insoweit das zur Inhaltskontrolle bereits Ausgeführte.[1260]

3. Die Intransparenz bei der Bezugnahme auf die gesetzlichen Rechte aus §§ 31a, 32c UrhG

Transparenzrelevant im Bereich der unbekannten Nutzungsarten können schließlich solche Klauseln sein, die auf die gesetzlichen Rechte aus §§ 31a, 32c UrhG Bezug nehmen. Aus der fehlenden Pflicht zu Rechtsbelehrungen ist zunächst abzuleiten, dass der Verwender grundsätzlich nicht zu einer ausdrücklichen Nennung der sich aus dem Gesetz ergebenden Rechte des Vertragspartners verpflichtet ist.[1261] Im Ausgangspunkt muss der Verwerter daher nicht auf

1258 Deutlich wird dies insb. bei *Fuchs* in: Ulmer/Brandner/Hensen § 307 Rn. 340, der im Wesentlichen auf seine Ausführungen zur Inhaltskontrolle verweist; vgl. auch *Coester* in: Staudinger § 307 Rn. 197; auch *Hoffmann* in: AcP 209 (2009), 84 [106] weist auf die zweifache Ausprägung hin.

1259 Eingehend *Kreienbaum*, S. 147 ff. m.w.N.

1260 Demgegenüber hielt das KG zuletzt eine Klausel, wonach eine Vergütung für weitere Nutzungen von einer *»Absprache«* abhängt, für unklar und unverständlich und damit intransparent i.S.d. § 307 Abs. 1 S. 2 BGB, vgl. ZUM 2010, 799 [803] (n. rkr.).

1261 BGHZ 133, 25 [32]; BGH NJW 2000, 2103 [2106]; *Armbrüster* in: FS Kollhosser (2004),

die §§ 31a, 32c UrhG als Rechte des Urhebers bei der Einräumung von Rechten an unbekannten Nutzungsarten hinweisen.[1262] Es steht ihm aber natürlich frei, dies dennoch zu tun. Motiv könnte etwa sein, den Urheber durch den Hinweis auf das Widerrufsrecht von der Einräumung der Rechte an den unbekannten Nutzungsarten zu überzeugen. Entscheidet er sich für die Aufnahme einer entsprechenden Bestimmung in die AGB, lebt insoweit das Transparenzgebot des § 307 Abs. 1 S. 2 BGB wieder auf und dem Verwender obliegt die Pflicht, die gesetzlichen Regelungen korrekt und verständlich wiederzugeben.[1263]

Betroffen ist die Transparenzkontrolle hier in ihrer Ausprägung als Täuschungsverbot bzw. Vollständigkeitsgebot. So kann sich eine unangemessene Benachteiligung eben nicht nur aus der Veränderung der objektiven Rechtslage ergeben, sondern auch dann, wenn die Klauseln die bestehende Rechtslage falsch suggerieren und der Vertragspartner daraufhin seine Rechte oder die Pflichten des Verwenders falsch einschätzt.[1264] Trotz ihrer rechtlichen Unwirksamkeit beinhalten sie eine Scheinbindung[1265], die eine über die (bereits individualvertraglich unwirksame) Klausel hinausgehende Benachteiligungswirkung ausmacht. Dies rechtfertigt die nach § 307 Abs. 3 S. 2 BGB ausdrückliche Unterwerfung der rechtsdeklaratorischen Klauseln unter die Transparenzkontrolle.

a. Irreführung über das Widerrufsrecht

Ausgehend von der Prämisse, dass gerade keine Belehrungspflicht über die gesetzlichen Rechte des Vertragspartners existiert, kann die Nennung des Widerrufsrechts in den AGB nur dann transparenzrelevant sein, wenn die Informationen die Rechtslage falsch darstellen und dadurch beim Vertragspartner einen Irrtum über seine Rechtsposition hervorrufen. Beim Widerrufsrecht nach § 31a UrhG ist dies in zwei Richtungen denkbar. Zum einen könnte der Verwerter durch seine Formulierungen den Eindruck erwecken, dass das Widerrufsrecht – entgegen der aufgezeigten Rechtslage[1266] – an bestimmte Voraussetzungen wie etwa den Nachweis eines berechtigten Grundes geknüpft ist.[1267] Gleiches gilt für die Vorspiegelung etwaiger nachteiliger Rechtsfolgen, die das

Bd. II, 3 [13]; *Coester* in: Staudinger § 307 Rn. 199; *Fuchs* in: Ulmer/Brandner/Hensen § 307 Rn. 343.

1262 Da es sich hierbei ebenso wenig um allein dem Verwender bekannte *tatsächliche* Umstände handelt, ist ebenfalls eine gleichlautende Aufklärungspflicht aus *culpa in contrahendo* ausgeschlossen.

1263 *Fuchs* in: Ulmer/Brandner/Hensen § 307 Rn. 343; *Roloff* in: Erman § 307 Rn. 41.

1264 BGH NJW 2001, 292 [301 f.]; NJW 2003, 1241 [1244]; NJW 2004, 1041 [1043]; *Coester* in: Staudinger § 307 Rn. 199 m.w.N.; *Koller* in: FS Steindorff (1990), 667 [670]; *Schäfer*, S. 32.

1265 *Schäfer*, S. 32.

1266 Vgl. oben S. 69.

1267 *Wolf* in: Wolf/Lindacher/Pfeiffer § 307 Rn. 267: »*ungerechtfertigte Anforderungen an die Rechtsdurchsetzung*«.

Gesetz so nicht vorsieht. Insbesondere mit Blick auf die vom Gesetzgeber nicht geregelte und mangels Rechtsprechung noch gänzlich ungeklärte Rückabwicklung etwaiger Vorschussvergütungen[1268] ist somit Vorsicht geboten. Um hier einer drohenden Intransparenz durch eine mögliche falsche Wiedergabe der Rechtslage vorzubeugen, sollte auf Angaben hierzu seitens der Verwerter verzichtet werden.

Während diese denkbare Falschauskunft den Urheber womöglich von der Ausübung seines Widerrufsrechts abschreckt, wäre eine Irreführung des Urhebers auch dergestalt denkbar, dass eine gesetzliche Beschränkung des Widerrufsrechts bewusst verschwiegen und der Urheber dadurch an der Ausübung seines Rechts gehindert wird. Diese Möglichkeit kommt in Betracht insbesondere im Zusammenhang mit der nach § 31a Abs. 1 S. 4 UrhG fristauslösenden Benachrichtigung über die beabsichtigte Aufnahme der neuen Art der Werknutzung oder die Auswirkung einer vertraglichen Vergütungsabrede nach Bekanntwerden der neuen Nutzungsart (§ 31a Abs. 2 UrhG). Erneut sei zwar darauf hingewiesen, dass der Verwerter über den Fristbeginn bzw. den sofortigen Entfall des Widerrufsrechts als Rechtsfolge der Benachrichtigung bzw. der Einigung grundsätzlich nicht belehren muss. Er darf aber, sofern er sich doch zu einer Auskunft über die Rechte entschließt, auch nicht die falsche Sicherheit beim Urheber erzeugen, dass er umfassend informiert wurde. Insofern greift das Vollständigkeitsgebot wieder ein. Ausreichend ist im Übrigen die objektive Eignung zur Irreführung des Kunden; eine Täuschungsabsicht seitens des Verwenders ist nicht erforderlich.[1269]

b. *Irreführung über den gesetzlichen Vergütungsanspruch*

Diese Wertungen sind auf das Recht des Urhebers aus § 32c UrhG übertragbar. Soweit auch dieses mit in den Nutzungsvertrag aufgenommen wird, sind etwaige Ausgestaltungen dann als Verstoß gegen das Transparenzgebot aus § 307 Abs. 1 S. 2 BGB zu werten, wenn sie die Rechtslage unrichtig darstellen. Anders als beim Widerrufsrecht ist jedoch eine Gefährdung des Anspruchs aus § 32c UrhG infolge der fehlerhaften Darstellung unwahrscheinlicher. Dieser kann insbesondere nicht vergleichbar § 31a Abs. 1 S. 4 UrhG durch Fristablauf erlöschen, so dass eine verspätete Wahrnehmung ausgeschlossen scheint.

Einer Belehrungspflicht käme es gleich, wenn der Verwerter im Falle der Information über den Vergütungsanspruch aus § 32c Abs. 1 UrhG den Urheber von der Rechtsfolge des § 32c Abs. 2 UrhG unterrichten müsste. Das Wissen über den Haftungsübergang ist vielmehr dem Verantwortungsbereich des Urhebers zuzuweisen. Das Vollständigkeitsgebot ist jedoch dann wieder einschlägig, wenn

1268 Vgl. dazu oben S. 100 ff.

1269 *Fuchs* in: Ulmer/Brandner/Hensen § 307 Rn. 342; *Grüneberg* in: Palandt § 307 Rn. 24.

der Verwerter etwa nur darauf hinwiese, dass er im Falle einer Übertragung der unbekannten Nutzungsrechte von der Haftung nach § 32c Abs. 1 UrhG befreit sei, ohne den Haftungsübergang auf den Dritten zu erwähnen. Hier besteht erneut die Gefahr, dass der Urheber als Vertragspartner seine Rechte nicht effektiv wahrnimmt. Das Transparenzgebot muss insoweit auch hinsichtlich der Rechtedurchsetzung gegenüber Dritten gelten. Denn Grund der Gefährdung ist weiterhin die intransparente Klausel im Verhältnis zwischen Verwender und Vertragspartner.

c. Grenzen des Vollständigkeitsgebots

Gleichwohl dürfen auch insoweit die Anforderungen an das Transparenzgebot nicht überspannt werden. Vom Klauselverwender kann nicht verlangt werden, dass er die zu den Neuregelungen der §§ 31a, 32c UrhG zu erwartende ausdifferenzierte Rechtsprechung bis in kleinste Detail wiedergibt,[1270] sofern er nicht solche Aspekte falsch darstellt, die für die Geltendmachung des Rechts typischerweise von wesentlicher Bedeutung sind. So müssen nicht alle denkbaren Eventualitäten erfasst werden,[1271] zumal durch eine zu detailreiche Ausgestaltung wiederum das Risiko der Intransparenz infolge Unübersichtlichkeit stiege. Zu beachten ist zudem, dass die etwaige Irreführung des Urhebers vorliegend zumeist erst bei der Vertragsabwicklung relevant würde. Hier kann vom Vertragspartner anders als bei der Abschlusstransparenz eine intensivere Beschäftigung mit den AGB sowie dem einschlägigen Gesetzesrecht erwartet werden. Dies gilt erst recht im hier vorliegenden unternehmerischen Geschäftsverkehr.

Erforderlich erscheint es indes, dem Urheber durch eine entsprechende Formulierung überhaupt klar zu machen, dass es sich bei den erwähnten Rechten um solche handelt, die ihm bereits kraft Gesetzes zustehen. Etwa mittels Verweises auf die einschlägigen Vorschriften des Urheberrechtsgesetzes wird es ihm erleichtert, seinerseits durch die Heranziehung des Gesetzes einem etwaigen Irrtum entgegenzutreten.[1272] Mögliche Fehldeutungen der gesetzlichen Rechte durch den Urheber sind dem Verwerter nur dann zuzurechnen, wenn die Gefahr

1270 Dies ist nicht zu verwechseln mit der vom BGH zu Recht gerügten Klausel mit dem unzutreffenden Hinweis »*Diese Regelung beruht auf der Rechtsprechung des BGH*«, vgl. BGH NJW 2003, 1241 [1244].

1271 *Fuchs* in: Ulmer/Brandner/Hensen § 307 Rn. 341.

1272 Auch ein (deklaratorischer) pauschaler Verweis auf die §§ 31a, 32c UrhG erscheint unbedenklich. Dieser kann i.Ü. die Übersichtlichkeit der AGB fördern und damit aus Sicht der Transparenz sogar entlastende Wirkung haben, vgl. *Coester* in: Staudinger § 307 Rn. 200.

solcher Missverständnisse durch die Formulierung des Verwenders erst hervorgerufen oder zumindest verstärkt wird.[1273]

4. Heilung der Intransparenz

Angelehnt an den Kompensationsgedanken bei der Inhaltskontrolle soll nach der Rechtsprechung die Möglichkeit bestehen, die Intransparenz einer Klausel durch eine funktionsgleiche Individualaufklärung auszugleichen. Demnach ist das aus der intransparenten Klausel resultierende Informationsdefizit durch eine geeignete individuelle Aufklärung vor oder bei Vertragsschluss zu beheben.[1274] Unzureichend sind dagegen Aufklärungsbemühungen nach Vertragsschluss, da diese die bereits eingetretene Benachteiligung infolge der Intransparenz nicht mehr zu beseitigen vermögen.[1275] Grundsätzlich ist die individuelle Aufklärung auch in mündlicher Form zulässig. Soweit die Intransparenz allerdings die Vertragsabwicklung betrifft, ist eine schriftliche Information erforderlich, damit der Vertragspartner im Falle einer späteren Geltendmachung seiner Rechte auf diese zugreifen kann.[1276]

Die Rechtseinräumung an den unbekannten Nutzungsarten ist als eine allenfalls abschlussrelevante Entscheidung einzuordnen. Kommt der diesbezüglichen Klausel entweder aus Platzierungs- oder aus Konkretisierungsgesichtspunkten eine Intransparenz zu, so lässt sich diese bereits durch eine mündliche Aufklärung bei Vertragsschluss ausräumen. Darin müsste der Verwerter über die Tatsache und – soweit möglich – den Umfang der Rechtseinräumung informieren und dem Urheber damit die Gelegenheit geben, vom Vertragsschluss Abstand zu nehmen. Resultiert die Intransparenz dagegen aus der fehlerhaften Information über die dem Urheber nach §§ 31a, 32c UrhG zustehenden Rechte, kann diese dagegen nur über eine entsprechende schriftliche Aufklärung kompensiert werden. Die Rechte aus §§ 31a, 32c UrhG sind ein typischer Fall der Abwicklungstransparenz. Insoweit muss der Verwerter also spätestens bei Vertragsschluss eine ergänzende schriftliche Erläuterung mitgeben, die jenen

1273 *Stoffels*, Rn. 572.

1274 BGH NJW 1992, 1097 [1098]; grds.zustimmend *Coester* in: Staudinger § 307 Rn. 202 f.; *Fuchs* in: Ulmer/Brandner/Hensen § 307 Rn. 346; *Roloff* in: Erman § 307 Rn. 21; *Wolf* in: Wolf/Lindacher/Pfeiffer § 307 Rn. 242; a. A. *v. Hoyningen-Huene*, Rn. 203, der die Individualaufklärung nur über den Einwand des Rechtsmissbrauchs (§ 242 BGB) berücksichtigen will; *Köndgen* in: NJW 1989, 943 [951] zieht § 305b BGB analog heran.

1275 Vgl. OLG Celle NJW-RR 1995, 1133; *Fuchs* in: Ulmer/Brandner/Hensen § 307 Rn. 346.

1276 *Coester* in: Staudinger § 307 Rn. 203; *Fuchs* in: Ulmer/Brandner/Hensen § 307 Rn. 346; a. A. insoweit *Wolf* in: Wolf/Lindacher/Pfeiffer § 307 Rn. 243, der bei der Abschlusstransparenz die Heilungsmöglichkeit auch bei einer schriftlichen Individualaufklärung verneint.

Irrtümern entgegenzuwirken geeignet ist, die infolge der unvollständigen bzw. fehlerhaften Regelung ermöglicht wurden.

Zu weit ginge es indes, auf diese Weise ebenso etwaig vorhandenes Eigenwissen des Urhebers zu berücksichtigen.[1277] Während die Heilung der Intransparenz durch Individualaufklärung von der generalisierend-typisierenden Betrachtungsweise im AGB-Recht nur insoweit abrückt, als lediglich der Gesamtzusammenhang des Vertrages in die Wertung mit einbezogen wird, hieße eine Berücksichtigung von Einzelwissen beim Vertragspartner eine Abkehr vom Maßstab des Durchschnittskunden. So wenig sich der Klauselverwender aber bei der Klauselformulierung oder auch der Individualaufklärung ein unterdurchschnittliches Verständnis des Vertragspartners entgegenhalten lassen muss, so wenig kann zu seinen Gunsten ein überdurchschnittliches Wissen beim Kunden in Rechnung gestellt werden.[1278]

5. Zusammenfassung

Für das Transparenzgebot aus § 307 Abs. 1 S. 2 BGB hat die Qualifizierung einer Klausel als leistungsbestimmend oder rechtsdeklaratorisch aufgrund von § 307 Abs. 3 S. 2 BGB grundsätzlich keine Bedeutung. Die Klauseln über unbekannte Nutzungsarten unterliegen daher vollumfänglich der Transparenzkontrolle. Bewirkt die durch § 31 Abs. 5 UrhG hervorgerufene Spezifizierungslast der Verwerter ein erhöhtes Maß an Unübersichtlichkeit bei der Rechtseinräumung, so bleibt das Transparenzgebot nach § 307 Abs. 1 S. 2 BGB außer Betracht. Hinsichtlich der Konkretisierung des einzelnen Nutzungsrechts sowie der Vergütungsabrede sind auch aus Sicht des Transparenzgebots die tatsächlichen Grenzen der Bestimmbarkeit anzuerkennen. Intransparenz kann sich insbesondere durch die deplatzierte Stellung der Klausel über die unbekannten Nutzungsarten ergeben. Im Falle der Bezugnahme auf die gesetzlichen Regelungen der §§ 31a, 32c UrhG muss der Verwender sicherstellen, dass die unvollständige oder fehlerhafte Darstellung seiner gesetzlichen Rechte nicht dazu geeignet ist, den Urheber von der Geltendmachung dieser Rechte abzuhalten. Intransparente Klauseln können bis zum Vertragsschluss durch entsprechende Individualaufklärung geheilt werden.

1277 So aber BGH ZIP 1996, 1289 [1291] sowie *Fuchs* in: Ulmer/Brandner/Hensen § 307 Rn. 346.

1278 So überzeugend *Coester* in: Staudinger § 307 Rn. 204.

G. § 306 BGB: Rechtsfolge der Unwirksamkeit bzw. Nichteinbeziehung

Vorstehend wurden für den urheberrechtlichen Nutzungsvertrag typische Regelungsmaterien auf ihre AGB-rechtliche Wirksamkeit untersucht. Soweit dies verneint wurde, ist damit jedoch noch keine Aussage zu dem Bestand der fraglichen Klausel sowie dem Nutzungsvertrag insgesamt getroffen. Beides richtet sich nach den Grundsätzen der Rechtsfolgenregel des § 306 BGB. Demnach bleibt der Vertrag im Übrigen grundsätzlich wirksam (Abs. 1) und die unwirksamen Vertragsbestandteile werden durch die gesetzlichen Vorschriften ersetzt (Abs. 2). Wie sich dies im Einzelnen auswirkt, soll im Folgenden geklärt werden. Dabei wird zunächst nach Regelungsgegenstand und gegebenenfalls weiter nach Unwirksamkeitsgrund unterschieden.

I. Die Bezugnahme auf die gesetzlichen Regelungen der §§ 31a, 32c UrhG

Als weitgehend unproblematisch erweist sich die mögliche Unwirksamkeit der Bezugnahme auf die §§ 31a, 32c UrhG aufgrund von Intransparenz.[1279] Gemäß § 306 Abs. 1 BGB entfällt die fragliche Klausel, ohne dass dies den Vertrag im Übrigen berührt. Insoweit handelt es sich bei § 306 Abs. 1 BGB um eine Sondervorschrift zur auf Individualverträge zugeschnittenen Grundregel des § 139 BGB.[1280] Regelmäßig folgt auf diese Anordnung die Lückenfüllung des Vertrags gemäß § 306 Abs. 2 BGB. Voraussetzung dafür ist freilich, dass die Unwirksamkeit der fraglichen Klausel im Vertrag überhaupt eine Lücke hinterlässt, die den Anwendungsbereich des Abs. 2 eröffnet.[1281]

Dies muss für die gegenständlichen Klauseln indes verneint werden und stellt gewissermaßen die logische Folge des zwingenden Charakters der §§ 31a, 32c UrhG dar. Anders als beim dispositiven Recht ergibt sich der Geltungsanspruch der Normen völlig unabhängig vom Willen der Vertragsparteien und muss

---

1279 Die Intransparenz der Klausel ist nicht zu verwechseln mit dem Fall, dass die AGB bereits einen (individualvertraglichen) Verstoß gegen die §§ 31a, 32c UrhG darstellt. In diesem Fall ergibt sich die Unwirksamkeit der Klausel bereits aus § 134 BGB. Für den übrigen Vertrag greift hier jedoch ebenfalls die Regelung des § 306 Abs. 1 BGB ein, so dass dieser entgegen der Grundregel des § 139 BGB Bestand hat, vgl. BGH NJW 1992, 896 [897]; *Lindacher* in: Wolf/Lindacher/Pfeiffer § 306 Rn. 11; *Schlosser* in: Staudinger § 306 Rn. 2 f.; *H. Schmidt* in: Ulmer/Brandner/Hensen § 306 Rn. 9.

1280 BGH NJW 1992, 896 [897]; *Grüneberg* in: Palandt § 306 Rn. 1; *Lindacher* in: Wolf/Lindacher/Pfeiffer § 306 Rn. 2 f.; *Roloff* in: Erman § 306 Rn. 1; *Stoffels*, Rn. 584.

1281 *Basedow* in: MüKo § 306 Rn. 10; *Stoffels*, Rn. 591; auch die Begründung des Regierungsentwurfs bekräftigt, dass Klauseln im Einzelfall »*selbstverständlich*« auch ersatzlos entfallen können, vgl. BReg BT-Drs. 7/3919, S. 21; a. A. *H. Schmidt*, Vertragsfolgen, S. 138.

dementsprechend nicht erst über den Umweg des § 306 Abs. 2 BGB in den Nutzungsvertrag aufgenommen werden, um Rechtswirkung zu erlangen. Diese resultiert bereits aus der Erfüllung der Tatbestandsmerkmale, so dass sich die Klauseln lediglich noch als Information über die Gesetzeslage darstellen. Zumeist ist eine Inhaltskontrolle entsprechender AGB daher obsolet und wird wie gezeigt durch § 134 BGB aufgefangen und jedenfalls nach § 307 Abs. 3 S. 1 BGB ausgeschlossen. Vorliegend existierte durch die Intransparenz jedoch ein gesonderter Unwirksamkeitsgrund, der eine Kontrolle erforderlich machte.

Auf die §§ 31a, 32c UrhG Bezug nehmende Klauseln, die im Fall ihrer Intransparenz nach § 307 Abs. 1 S. 2 BGB unwirksam sind, entfallen demnach ersatzlos. Der Vertrag bleibt gemäß § 306 Abs. 1 BGB im Übrigen bestehen. Einzugestehen ist zwar, dass die Rechtsfolge des § 306 BGB vorliegend nicht gewährleisten kann, dass die Benachteiligung des Urhebers aufgehoben bzw. rückgängig gemacht wird. Allerdings ist dies ein dem Transparenzverstoß geradezu immanentes Problem. Denn der Nachteil manifestiert sich bereits darin, dass der Vertragspartner infolge der intransparenten Regelung jedenfalls zeitweise in seiner Rechtsposition gefährdet ist oder im Falle der Abschlusstransparenz seine Entschließungsfreiheit nicht wiederherstellbar ist.[1282] Eigenständige Bedeutung kommt der Transparenzkontrolle vorrangig für die abstrakte Unterlassungsklage gemäß §§ 1, 3 UKlaG zu.

II. Die Rechtseinräumung

Hauptgegenstand der vorstehenden Kontrollerwägungen war indes die urhebervertragliche Rechtseinräumung, deren Unwirksamkeitsanordnung für den Nutzungsvertrag von ungleich größerer Relevanz ist und infolgedessen nicht unerhebliche Probleme mit sich bringt. Vor dem Hintergrund der maßgeblichen Rechtsfolgenregelung des § 306 BGB ergeben sich letztlich zwei wesentliche und voneinander schwer zu trennende Fragestellungen: Einerseits ob die (teilweise) Unwirksamkeit der Rechtseinräumung entgegen § 306 Abs. 1 BGB zur Gesamtnichtigkeit des Nutzungsvertrags führt sowie andererseits mittels welcher Vorschrift des dispositiven Rechts sich die entstehende Vertragslücke schließen lässt. Zur Beantwortung dieser Fragen ist nach den einzelnen im Zusammenhang mit der Rechtseinräumung als möglich herausgearbeiteten Nichtgeltungsgründen zu unterscheiden.

1282 Angedeutet wird dieser Widerspruch auch von *Fuchs* in: Ulmer/Brandner/Hensen § 307 Rn. 366; der zudem darauf hinweist, dass eine Kompensation des Informationsdefizits durch die Zubilligung eines Widerrufsrechts ein Verstoß gegen § 306 Abs. 1 BGB darstelle, wonach die Unwirksamkeit abweichend von § 139 BGB auf die unangemessene Klausel beschränkt ist.

1. Die Nichteinbeziehung gemäß § 305c Abs. 1 BGB

Ausweislich seines Wortlauts erfasst § 306 BGB beide vom AGB-Recht vorgesehenen Fälle der Nichtgeltung von AGB, die Nichteinbeziehung nach abschlägiger Einbeziehungskontrolle sowie die Unwirksamkeit nach Inhalts- oder Transparenzkontrolle. Nach der hier vorgenommenen Bewertung kann die Einräumung von Rechten an unbekannten Nutzungsarten eine überraschende Klausel darstellen, so dass sie gemäß § 305c Abs. 1 BGB infolge ihres Überraschungsmoments nicht mit in den Nutzungsvertrag einbezogen würde.[1283]

a. Bedeutung für den Nutzungsvertrag, § 306 Abs. 1 BGB

Für die sich daraus ergebende Rechtsfolge in Bezug auf den Nutzungsvertrag sind prinzipiell drei Alternativen denkbar: Die isolierte Nichtgeltung der Klausel über die unbekannten Nutzungsarten, die Nichtgeltung der gesamten Rechtseinräumung oder gar die Gesamtnichtigkeit des Vertrags. Nach der Regel des § 306 Abs. 1 BGB soll letzteres gerade vermieden werden, indem der Vertrag im Übrigen aufrecht erhalten wird. Dies setzt aber grundsätzlich voraus, dass das Klauselwerk einerseits in einen zulässigen und einen unzulässigen Teil aufgespalten werden kann und andererseits in dem nicht vom Geltungsmangel erfassten Teil die *essentialia negotii* des Vertrags verbleiben.[1284]

Für die zunächst erforderliche Abspaltbarkeit wird verlangt, dass eine Zerlegung in jeweils für sich verständliche und sinnvoll voneinander trennbare Bestandteile möglich ist.[1285] Aufgrund der durch § 31 Abs. 5 UrhG bewirkten Spezifizierungslast wird dies für die Klauseln über unbekannte Nutzungsarten ganz regelmäßig gegeben sein. So werden die Verwerter die Nutzungsverträge dergestalt formulieren, dass neben der Einzelbezeichnung der bekannten Nutzungsarten die Rechtseinräumung betreffend die unbekannten Nutzungsarten einen abstrahierbaren Regelungsannex darstellt. Denkt man sich die Regelung über die unbekannten Nutzungsarten hinweg, verbleibt die Rechtseinräumung typischerweise auch weiterhin, ohne dass von einer gänzlich neuen, von der bisherigen völlig abweichenden Vertragsgestaltung gesprochen werden muss.

Dieser Befund ist zugleich die entscheidende Vorgabe für die Frage danach, ob der hiervon abzuspaltende Rest des Vertrages auch ohne die nicht einbezogene Klausel bestehen kann.[1286] Insbesondere bei der Einbeziehungs- und

1283 Vgl. dazu sowie zu der Möglichkeit, diesen Überraschungseffekt präventiv zu beseitigen, oben ab S. 192 ff.

1284 *Medicus* in: Heinrichs/Löwe/Ulmer, 10 Jahre AGBG, S. 83 [87]; *H. Schmidt* in: Ulmer/Brandner/Hensen § 306 Rn. 10; *Stoffels*, Rn. 587.

1285 St. Rspr., vgl. die umfangreichen Nachweise bei *H. Schmidt* in: Ulmer/Brandner/Hensen § 306 Rn. 12 (dort Fn. 40); speziell zu § 305c (§ 3 AGBG a. F.) BGH NJW 1986, 928 [930]; NJW 1989, 831 [833].

1286 Dass dies tatsächlich eine Ausnahme zum Grundsatz der Aufrechterhaltung des Rest-

Transparenzkontrolle kommt dieser Frage erhebliche Bedeutung zu. Denn anders als regelmäßig bei der Inhaltskontrolle sind mangels Geltung des § 307 Abs. 3 S. 1 BGB die *essentialia negotii* nicht von vornherein von einer Kontrolle ausgeschlossen.[1287] Ausgeführt wurde aber bereits, dass die unbekannten Nutzungsarten als Regelungsgegenstand regelmäßig gerade nicht eine solche Stellung innerhalb des Nutzungsvertrags einnehmen werden, sondern stattdessen eher eine (abspaltbare) Nebensächlichkeit – freilich innerhalb der Rechtseinräumung als wesentlichem Vertragsbestandteil – darstellen. Insofern ist davon auszugehen, dass der Nutzungsvertrag im Regelfall auch ohne die nicht einbezogene Klausel über die Rechtseinräumung an den unbekannten Nutzungsarten bestehen kann und eine Gesamtnichtigkeit entgegen der Grundannahme des § 306 Abs. 1 BGB nicht gerechtfertigt ist.

b. Schließung der Vertragslücke nach § 306 Abs. 2 BGB

Ohnehin aber führte auch die Annahme der Vertragswesentlichkeit im Ergebnis zu keiner anderen Bewertung. So darf nicht übersehen werden, dass bei der Prüfung der Teilbarkeit einer Klausel und der Betrachtung des als zulässig verbleibenden Vertragsrests auch eine mögliche Ergänzung nach § 306 Abs. 2 BGB berücksichtigt werden muss. Mit anderen Worten kann der verbleibende Vertragstorso nur dann keinen Bestand mehr haben, wenn eine Schließung der Lücke auch nach Maßgabe des § 306 Abs. 2 BGB ausnahmsweise nicht mehr in Betracht kommt, er mithin nicht mehr ergänzungsfähig ist.[1288] Richtig ist zwar, dass dies im Bereich der Hauptleistungspflichten typischerweise anzunehmen sein wird. Gleichwohl sind Ausnahmen denkbar, sofern Vorschriften des dispositiven Rechts existieren, die auch diese Regelungsmaterie präjudizieren.[1289]

vertrags darstellt, bestätigt nunmehr (jedenfalls für die Verbraucherverträge) auch die Klauselrichtlinie in ihrem Art. 6 Abs. 1 Halbs. 2, wonach der Vertrag für beide Parteien nur dann wirksam bleibt, wenn er *»ohne die missbräuchliche Klausel bestehen kann«*, vgl. dazu auch *Basedow* in: MüKo § 306 Rn. 5, 8.

1287 Dies veranlasst *H. Schmidt* in: Ulmer/Brandner/Hensen § 306 Rn. 10, § 307 Rn. 368 dazu, die Anwendbarkeit des § 306 Abs. 1 BGB im Bereich der Einbeziehungs- oder Transparenzkontrolle abzulehnen, wenn die nicht einbezogenen bzw. unwirksamen Klauseln die *essentialia negotii* zum Gegenstand haben; ablehnend bzgl. Einbeziehungskontrolle *Schlosser* in: Staudinger § 306 Rn. 2; insgesamt ablehnend *Grüneberg* in: Palandt § 306 Rn. 5.

1288 *Basedow* in: MüKo § 306 Rn. 8; *Grüneberg* in: Palandt § 306 Rn. 5; *Lindacher* in: Wolf/Lindacher/Pfeiffer § 306 Rn. 54; *Roloff* in: Erman § 306 Rn. 4; *Stoffels*, Rn. 587; a.A. *H. Schmidt* in: Ulmer/Brandner/Hensen § 306 Rn. 10.

1289 Für die Nichteinbeziehung von überraschenden Klauseln wird mit Verweis auf das (vermeintliche) Fehlen einer Vertragslücke teilweise der ersatzlose Entfall der Klauseln vertreten; allerdings stellt sich dieses Ergebnis nicht als Folge einer fehlenden Vertragslücke dar, sondern resultiert zumeist daraus, dass anders als vorliegend keine einschlägigen dispositiven Rechtsvorschriften existieren; vgl. hierzu auch *H. Schmidt*, Vertragsfolgen, S. 158.

Bei der Nichtgeltung einer Rechtseinräumungsklausel kommt primär ein Rückgriff auf die Zweckübertragungsregel des § 31 Abs. 5 UrhG in Betracht, die im Urhebervertragsrecht wie gezeigt eine wesentliche Vorgabe für die Hauptleistungspflicht des Urhebers enthält. Unerheblich ist dabei die Einordnung des § 31 Abs. 5 UrhG als Auslegungsregel[1290]. Denn neben der Mehrzahl der Literaturvertreter sowie dem BGH, die ohnehin auch Auslegungsregeln als mit vom Begriff der *»gesetzlichen Vorschriften«* i. S. d. § 306 Abs. 2 BGB erfasst betrachten,[1291] kommen auch diejenigen Literaturvertreter, die darunter lediglich Normen mit sachlichem Regelungsgehalt verstehen,[1292] über eine andere Begründung zur Zulässigkeit einer solchen Lückenschließung.

Fällt die Klausel über die Rechtseinräumung an unbekannten Nutzungsarten nach § 306 Abs. 1 i. V. m. § 305c Abs. 1 BGB weg, so richtet sich das Ob und Wie dieser Rechtseinräumung nach § 31 Abs. 5 UrhG, der seinem Wirkmechanismus nach nicht nur die Fälle einer pauschalen Rechtseinräumung erfasst, sondern ebenso dann eingreift, wenn sich der Nutzungsvertrag hinsichtlich der Nutzungsrechte (teilweise) ausschweigt.[1293] Maßgebend ist somit der von den Vertragsparteien beiderseitig[1294] vorausgesetzte Zweck des Vertrages. Aufgrund ihres wertneutralen Ausgangspunkts kann die Anwendung der Zweckübertragungsregel insoweit auch zu dem Ergebnis führen, dass die Rechte an den unbekannten Nutzungsarten trotz der Nichteinbeziehung der Klausel gemäß § 305c Abs. 1 BGB nach dispositivem Recht als eingeräumt gelten. Allerdings ist schwerlich vorstellbar, dass der Zweck des Vertrages die unbekannten Nutzungsarten umfasst und deren Einräumung gleichzeitig ein Überraschungsmoment i. S. d. § 305c Abs. 1 BGB zukommt.[1295]

1290 A.A. *Donle*, S. 108, der § 31 Abs. 5 UrhG als (zwingende) Inhaltsnorm qualifiziert.

1291 BGHZ 90, 69 [76]; 92, 363 [370]; *Roloff* in: Erman § 306 Rn. 7; *Schlosser* in: Staudinger § 306 Rn. 10 f.; *Stoffels*, Rn. 610; einschränkend auch *H. Schmidt* in: Ulmer/Brandner/Hensen § 306 Rn. 26 f.

1292 So insb. *H. Schmidt*, Vertragsfolgen, S. 159 f.; ebenso *Lindacher* in: Wolf/Lindacher/Pfeiffer § 306 Rn. 15; die ihre enge Auffassung primär auf die Frage der ergänzenden Vertragsauslegung beziehen.

1293 Vgl. nur *Wandtke/Grunert* in: Wandtke/Bullinger § 31 Rn. 45 m.w.N., die zwar den Fall thematisieren, dass eine Abrede bzgl. der Nutzungsrechte gänzlich fehlt. Es ist jedoch kein Grund ersichtlich, warum dies nicht auch dann gelten soll, wenn allein eine Aussage zu den unbekannten Nutzungsarten fehlt. Letztlich entspricht dies der bereits aufgezeigten Vorgabe, dass § 31 Abs. 5 UrhG jedenfalls insoweit auch die unbekannten Nutzungsarten erfasst, als sie als Kategorie explizit angesprochen werden müssen. Anderenfalls entscheidet der Zweck des Vertrages.

1294 Wie der Wortlaut des § 31 Abs. 5 S. 1 UrhG seit seiner Reform 2002 nunmehr ausdrücklich klarstellt.

1295 Daraus lässt sich gleichzeitig aber nicht entnehmen, dass die zweckübersschreitende Einräumung von Nutzungsrechten regelmäßig überraschend sein wird, so aber *Kotthoff* in: Dreyer/Kotthoff/Meckel § 31 Rn. 135.

c. *Festhalten am Vertrag als unzumutbare Härte, § 306 Abs. 3 BGB*

Zwar existiert mit § 306 Abs. 3 BGB gewissermaßen eine Sicherung dagegen, dass der lückenhafte oder der nach Abs. 2 ergänzte Vertrag für eine der Vertragsparteien eine unzumutbare Härte darstellt. Da jedoch § 31 Abs. 5 UrhG gerade auf den beiderseits verfolgten Vertragszweck abstellt, erscheint es vorliegend ausgeschlossen, dass der diesem Zweck entsprechende, über § 306 Abs. 2 BGB geltende Rechteumfang für eine Vertragspartei unzumutbar sein kann. Hierin zeigt sich letztlich wieder die Besonderheit des § 31 Abs. 5 UrhG, der seiner Normstruktur nach gerade keine abstrakt-typisierte Rechtsfolge vorgibt, sondern vielmehr ein flexibles Auslegungsinstrument des allgemeinen Interessenausgleichs bereitstellt. Dies darf nicht dahingehend missverstanden werden, dass sich die Rechtseinräumung kraft § 31 Abs. 5 UrhG nunmehr nach den konkret-individuellen Umständen des in Frage stehenden Nutzungsvertrags richtet.[1296] Vielmehr folgt aus dem generell-abstrakten Charakter der AGB, dass bei der Anwendung der Zweckübertragungsregel ein an den typischen Interessen beider Vertragsparteien ausgerichteter Maßstab zugrunde zu legen ist.[1297]

2. Unwirksamkeit wegen ungerechtfertigter zweckerschreitender Einräumung von Rechten an unbekannten Nutzungsarten, § 307 Abs. 2 Nr. 1 BGB

Der soeben beschriebene Mechanismus des § 306 BGB ist ebenso dem nach den Ausführungen zur Inhaltskontrolle recht kleinen Bereich zugrunde zu legen, dass die Unwirksamkeit der Klausel über die unbekannten Nutzungsarten auf einer ungerechtfertigten Zweckerschreitung beruht und eine unangemessene Benachteiligung i.S.d. § 307 Abs. 2 Nr. 1 BGB darstellt. Da die vorstehende Bewertung aufrecht zu erhalten ist, nach der die Abspaltbarkeit von der restlichen Rechtseinräumung im Regelfall zu bejahen ist, bleibt es auch insoweit dabei, dass die Geltung der Rechtseinräumung an den bekannten Nutzungsarten unberührt bleibt. Dafür spricht nicht zuletzt die Überlegung, dass andernfalls über den Umweg des § 306 BGB die aufgezeigte weitgehende Kontrollimmunität nach § 307 Abs. 3 S. 1 BGB wieder umgangen werden könnte.[1298]

1296 So aber explizit *Donle*, S. 270 f.

1297 Vgl. *Roloff* in: Erman § 306 Rn. 13; *H. Schmidt* in: Ulmer/Brandner/Hensen § 306 Rn. 31; *Stoffels*, Rn. 617 zum Maßstab der ergänzenden Vertragsauslegung; a. A. insoweit *Schlosser* in: Staudinger § 306 Rn. 12; das Erfordernis eines objektiv-generalisierenden Ansatzes ist i.Ü. ein wesentlicher Grund dafür, dass einige Literaturvertreter die richterliche Vertragsergänzung zur Lückenfüllung von vornherein ablehnen, vgl. *Hart* in: KritV 1989, 179 [189 ff.]; *E. Schmidt* in: ZIP 1987, 1505 [1508 f.]; dem Problem lässt sich jedoch durch eine entsprechende Modifizierung des Auslegungsmaßstabs begegnen.

1298 Vgl. zu einem ähnlich gelagerten Problem *H. Schmidt* in: Ulmer/Brandner/Hensen § 306

a. Geltungserhaltende Reduktion oder Abtrennung des zulässigen Klauselteils?

Fraglich ist bei dem vorliegenden Unwirksamkeitsgrund vielmehr, ob die Anordnung der Nichtgeltung nach § 306 Abs. 1 BGB gleichsam die gesamte Klausel über die unbekannten Nutzungsarten erfasst. Diese Frage ergibt sich insbesondere für den wohl häufigsten Fall, dass die unbekannten Nutzungsarten in einer eigenständigen Klausel behandelt werden. Anders als bei der Nichteinbeziehung nach § 305c Abs. 1 BGB ist bei der Unwirksamkeit wegen Zwecküberschreitung neben dem unangemessenen Teil ein Klauselteil denkbar, der keine unangemessene Benachteiligung gegenüber dem gesetzlichen Leitbild darstellt. Nach den hier erzielten Untersuchungsergebnissen betrifft dies also regelmäßig den Teil, in dem sich die (pauschale) Bezugnahme auf die echten unbekannten Nutzungsarten befindet.[1299] Hierfür fragt sich, ob er zu erhalten ist, um als übermaßkupierte Klausel *»im Übrigen«* (§ 306 Abs. 1 BGB) fortzugelten. Zur Beantwortung dieser Frage ist mit der herrschenden Literaturmeinung und Rechtsprechung zunächst vom Verbot der geltungserhaltenden Reduktion auszugehen,[1300] bei der eine inhaltlich einheitliche Klausel auf ein angemessenes Maß gestutzt würde. Bestimmender Gedanke dieses Verbots ist es, dem Verwender zum Zwecke einer *ex ante*-Angemessenheit der in der Praxis verwendeten AGB, das Risiko der Gesamtunwirksamkeit aufzubürden.[1301]

Eine solche Reduktion wäre aber in der Konstellation nicht erforderlich, in der die Klausel über die unbekannten Nutzungsarten zwischen echten und solchen, die lediglich noch wirtschaftlich unbedeutend sind, nach ihrer Formulierung unterscheidet. Dann handelt es sich bei beiden Klauselteilen um lediglich äußerlich zusammengefasste Regelungen, die inhaltlich voneinander trennbar und aus sich heraus verständlich sind. Anders als bei der geltungserhaltenden Reduktion geht es insofern nicht um die Aufrechterhaltung einer insgesamt der Unwirksamkeitsanordnung unterfallenden Klausel mit einem nicht zu beanstandenden Kern, sondern um die Abgrenzung eines wirksamen Vertragsteils von einem unwirksamen.[1302] Wie die Unvereinbarkeitsprüfung

---

Rn. 13a, bei dem eine Klausel ohne sprachliche Differenzierung sowohl Haupt- als auch Nebenabreden umfasst.

1299 Denn allein der Teil, in dem auch technisch bereits bekannte Nutzungsarten aufgezählt werden und wegen § 31 Abs. 5 UrhG auch aufgezählt werden sollten, kann im Fall der Zwecküberschreitung nach § 307 Abs. 2 Nr. 1 BGB unwirksam sein, vgl. erneut oben S. 267 f.

1300 Vgl. z.B. BGHZ 72, 206 [208]; 106, 19 [26]; BGH NJW 2000, 1110 [1113]; *Fastrich*, S. 330 ff.; *Grüneberg* in: Palandt Vor § 307 Rn. 8; *v. Hoyningen-Huene*, Rn. 69; *Larenz/Wolf* § 43 Rn. 83; *Lindacher* in: Wolf/Lindacher/Pfeiffer § 306 Rn. 31; *Roloff* in: Erman § 306 Rn. 8; *H. Schmidt* in: Ulmer/Brandner/Hensen § 306 Rn. 14 f.; *Stoffels*, Rn. 595; a. A. *Basedow* in: MüKo § 306 Rn. 13 ff.; *Kötz* in: NJW 1979, 785 [787 ff.].

1301 Vgl. statt vieler *H. Schmidt* in: Ulmer/Brandner/Hensen § 306 Rn. 14.

1302 BGH NJW 1984, 2687 [2688]; WM 1997, 581 [582]; *Roloff* in: Erman § 306 Rn. 11; *H. Schmidt* in: Ulmer/Brandner/Hensen § 306 Rn. 12 m.w.N.

gezeigt hat, waren beide (in einer Klausel kombinierte) Fallgruppen einer gesonderten Abwägung zugänglich und rechtfertigen damit auch eine Unterscheidung i. S. d. § 306 Abs. 1 BGB. Aus diesem Grund unterliegt derjenige Teil, in dem pauschal auf die echten unbekannten Nutzungsarten Bezug genommen wird, nicht der Nichtgeltungs-Rechtsfolge des § 306 Abs. 1 BGB, sondern besteht ebenso wie der Restvertrag im Übrigen fort. Beinhaltet der Teil über die echten unbekannten Nutzungsarten dagegen Aussagen i. S. d. § 31 Abs. 5 S. 2 UrhG und stellen diese eine ungerechtfertigte Zweckübersch reitung dar, so entfällt regelmäßig auch dieser Teil in Gänze. Denn zumeist wird sich die eigentliche Rechtseinräumung nicht von den Formulierungen i. S. d. § 31 Abs. 5 S. 2 UrhG trennen lassen.

Das Verbot der geltungserhaltenden Reduktion wird aber vor allem dann relevant, wenn – wie wohl zumeist – die Vertragsklausel pauschal alle unbekannten Nutzungsarten im Rechtssinne in Bezug nimmt. Hier existiert eine insoweit einheitliche Rechtseinräumung, bei der der etwaig unwirksame Klauselteil über die unechten unbekannten Nutzungsarten inhaltlich nicht vom womöglich wirksamen Teil betreffend die echten unbekannten Nutzungsarten abgetrennt werden kann.[1303] Dementsprechend resultiert aus dieser Konstellation die Nichtgeltung der gesamten Klausel über die Rechtseinräumung an den unbekannten Nutzungsarten, selbst wenn zuvor lediglich für die nur wirtschaftlich noch unbedeutenden Nutzungsarten eine Unwirksamkeit nach § 307 Abs. 2 Nr. 1 BGB festgestellt worden war.

b. *Schließung der Vertragslücke nach § 306 Abs. 2 BGB*

Hinsichtlich des von § 306 Abs. 1 BGB erfassten Teils der Klausel über die unbekannten Nutzungsarten ergibt sich ein Gleichlauf zur Nichteinbeziehung gemäß § 305c Abs. 1 BGB. Demgemäß ist für die Schließung der Lücke auch insoweit auf die Regelung des § 31 Abs. 5 UrhG zurückzugreifen, so dass sich – abhängig von der Formulierung der Rechtseinräumungsklausel und dem daraus folgenden Umfang der Nichtgeltungsanordnung – Art und Umfang der Rechtseinräumung insoweit nach dem (typisierten) Zweck des Vertrages richten. Damit kommt es letztlich doch zu einer geltungserhaltenden Reduktion, indem über § 31 Abs. 5 UrhG diejenigen Rechte eingeräumt werden, die dem Zweck des Vertrages entsprechen und daher auch nach § 307 Abs. 2 Nr. 1 BGB zulässig gewesen wären. Dieser scheinbare Widerspruch ist das logische Resultat des Zusammenfallens von Ersatzregelung nach § 306 Abs. 2 BGB und gesetzli-

1303 Stellt dagegen die gesamte Kategorie der unbekannten Nutzungsarten eine (ungerechtfertigte) Zweckübersch reitung dar, ohne dass es auf eine Differenzierung zwischen einzelnen später bekannt werden Nutzungarten ankommt, so ist eine geltungserhalten Reduktion nicht denkbar.

chem Leitbild nach § 307 Abs. 2 Nr. 1 BGB in einer Vorschrift und demzufolge vorliegend hinzunehmen.[1304] Derselbe Mechanismus greift bei einer unangemessenen Abweichung gegenüber § 31 Abs. 5 S. 2 UrhG.

Ist daher insoweit auch eine geltungserhaltende Reduktion zulässig, steht dem ein identisches Ergebnis durch die Lückenschließung nach § 306 Abs. 2 BGB i. V. m. § 31 Abs. 5 UrhG nicht entgegen. Wäre der Nutzungsvertrag von vornherein ohne die Klausel über die unbekannten Nutzungsarten abgeschlossen worden, so hätten sich Art und Umfang der Rechtseinräumung ebenfalls nach dem Zweck des Vertrages bestimmt, § 31 Abs. 5 UrhG.

3. Unwirksamkeit durch systematische Intransparenz

Keine andere Bewertung ergibt sich für den Fall, dass die Unwirksamkeit der Klausel über die unbekannten Nutzungsarten eine Folge ihrer möglichen Intransparenz gemäß § 307 Abs. 1 S. 2 BGB ist. Im Regelfall wird sie sich aufgrund ihres abweichenden Regelungsgehalts von den übrigen (Rechtseinräumungs-)Klauseln des Nutzungsvertrags sachlich trennen lassen, so dass wiederum ihre isolierte Nichtgeltung nach § 306 Abs. 1 BGB festzustellen ist. Ob und in welchem Umfang die Rechte an den unbekannten Nutzungsarten mit dem Nutzungsvertrag gleichwohl eingeräumt werden, entscheidet sich dann auch hier nach § 31 Abs. 5 UrhG, der die Ersatzregelung i. S. d. § 306 Abs. 2 BGB darstellt und in Abwesenheit einer Parteiabrede an den Zweck des Vertrages anknüpft.[1305]

III. Zusammenfassung

Die in dieser Untersuchung behandelten Regelungsbereiche eines Nutzungsvertrages, der Rechte an unbekannten Nutzungsarten umfassen soll, werden entsprechend der Grundregel des § 306 Abs. 1 BGB im Falle ihrer Nichteinbeziehung bzw. Unwirksamkeit den Vertrag im Übrigen unberührt lassen. Soweit die Klausel die Rechtseinräumung betrifft, wird sie jedoch nicht ersatzlos ent-

1304 I.E. ähnlich *Schaaf*, S. 204, der allerdings diesen vermeintlichen Widerspruch nicht anspricht.

1305 Das grundsätzliche Fehlen einer Ersatzregelung im Bereich der leistungsbestimmenden Klauseln nimmt *Fuchs* in: Ulmer/Brandner/Hensen § 307 Rn. 368 f. zum Anlass für die Aussage, dass die Rechtsfolge des § 306 BGB insoweit »*nicht richtig passt*«; allerdings hält er hier eine verobjektivierte ergänzende Vertragsauslegung für geboten; ebenso *Schlosser* in: Staudinger § 306 Rn. 2; *Grüneberg* in: Palandt § 306 Rn. 5. Für die urhebervertragliche Rechtseinräumung als Kontrollgegenstand existiert indes § 31 Abs. 5 UrhG als gesetzliche Vorgabe, so dass § 306 Abs. 2 BGB hier nicht versagt.

fallen. Stattdessen kann und muss der Richter gemäß § 306 Abs. 2 BGB i. V. m. § 31 Abs. 5 UrhG den Zweck des Vertrages zugrunde legen. Danach entscheidet sich, ob und in welchem Umfang die von der Unzulässigkeitsanordnung erfassten Rechte an unbekannten Nutzungsarten eingeräumt wurden.

Kommt es aufgrund der Verwertung des Werkes in einer bestimmten Nutzungsart zum vom Urheber oder anderen vermeintlichen Rechteinhabern angestrengten Prozess und beruft sich der Verwerter auf seine AGB, so hat der Richter diese der Unwirksamkeitskontrolle nach den §§ 305 ff. BGB zu unterziehen. Fällt hiernach die Klausel betreffend die unbekannten Nutzungsarten weg, so ist deren Rechtseinräumung damit nicht zwangsläufig ausgeschlossen, sondern kann sich gemäß § 31 Abs. 5 UrhG aus dem Zweck des Vertrages ergeben. Dieser muss dann freilich zunächst einmal die Frage beantworten, ob die unbekannten Nutzungsarten in Abwesenheit einer entsprechenden Klausel überhaupt von der Rechtseinräumung erfasst werden sollten. Der durch §§ 307, 306 BGB bedingte Wegfall der Klausel führt indes nicht zu einem Verstoß gegen die Schriftform des § 31a Abs. 1 S. 1 UrhG, so dass die Rechtseinräumung nicht bereits hieran scheitert.

Erneute Aufmerksamkeit verdient die Maßgabe, dass das Gericht nicht immer die gesamte Rechtseinräumung einer Ersatzauslegung anhand des § 31 Abs. 5 UrhG zuführen muss bzw. darf, sondern allein den Teil, für den die Rechtsfolgenregel des § 306 Abs. 1 BGB die Nichtgeltung anordnet. Wenn also nicht die gesamte Rechtseinräumung an den unbekannten Nutzungsarten von vornherein unwirksam ist, sondern sich die Unwirksamkeit nach der zuvor dargelegten Anwendung des § 306 Abs. 1 BGB ausnahmsweise nur auf den Bereich der technisch bekannten Nutzungsarten auswirkt, kann es allein insoweit auf den Zweck des Vertrages ankommen. Solche Nutzungsarten, die zum Zeitpunkt des Vertragsschlusses auch technisch noch unbekannt waren und aufgrund der sprachlichen Trennung innerhalb der AGB-Klausel nicht dem Nichtgeltungsverdikt des § 306 Abs. 1 BGB unterfallen, unterliegen auch dann keiner Vertragskorrektur, wenn sie aus Sicht des Gerichts den beiderseitig vorausgesetzten Vertragszweck überschreiten. Diesbezüglich bleibt es bei der Maßgeblichkeit der Parteiabrede, die regelmäßig alle solchen unbekannten Nutzungsarten erfasst und wie gezeigt weder unmittelbar nach § 31 Abs. 5 UrhG modifiziert wird noch vermittels § 307 BGB – vorbehaltlich einer Benachteiligung infolge von Intransparenz – unwirksam ist.

5. Kapitel: Schlussbetrachtung

In der nachfolgenden Schlussbetrachtung werden die gefundenen Ergebnisse thesenartig zusammengefasst. Aufgrund der zahlreichen Einzelbefunde zur Untersuchung der Neuregelungen wird hierbei eine Zusammenfassung der AGB-rechtlichen Ausführungen im Vordergrund stehen. Im anschließenden Fazit soll zudem ein aussagekräftiges Resümee gegeben werden.

A. Zusammenfassung in Thesen

1. Der von Rechtsprechung und Literatur zu § 31 Abs. 4 UrhG a. F. entwickelte Begriff der unbekannten Nutzungsart ist für die Anwendbarkeit der §§ 31a, 32c UrhG n. F. zu übernehmen. Abweichend zur vorherigen Rechtsprechung zu § 31 Abs. 4 UrhG a. F. sind jedoch auch die lediglich noch wirtschaftlich unbedeutenden Nutzungsarten (vormals die Kategorie der Risikogeschäfte) aus teleologischen Gründen vollumfänglich dem Anwendungsbereich der Neuregelungen zu unterstellen.
2. Die Neuregelungen selbst stellen gegenüber den zahlreichen zur Reform des § 31 Abs. 4 UrhG a. F. vorgebrachten Vorschlägen einen als im Wesentlichen gelungen zu bezeichnenden Komprimiss dar, mit dem der Gesetzgeber die berechtigten Interessen von Urhebern, Verwertern und Allgemeinheit in ein ausgewogenes Verhältnis bringt. Die dadurch recht detailreichen Vorgaben der §§ 31a, 32c UrhG lassen gleichwohl zahlreiche Fragen offen, die durch eine Auslegung zu beantworten sind, bei der dieses gesetzgeberische Bestreben nach einem angemessenen Interessenausgleich zu berücksichtigen ist.
3. Demgegenüber schweigt der Gesetzgeber zur Einpassung der künftig zulässigen Verträge über unbekannte Nutzungsarten in das System des allgemeinen Urhebervertragsrechts. Für die Zweckübertragungsregel des § 31 Abs. 5 UrhG ergibt sich eine modifizierte Anwendbarkeit. Demnach führt die fehlende Spezifizierung von solchen Nutzungsarten, die zum Zeitpunkt

des Vertragsschlusses auch technisch noch unbekannt waren, mangels Möglichkeit der Einzelbezeichnung entgegen § 31 Abs. 5 S. 1 UrhG nicht zur Maßgeblichkeit des Vertragszwecks für den Umfang der Rechtseinräumung.

4. Das verfügungsrechtliche Bestimmtheitserfordernis ist jedenfalls dann gewahrt, wenn die Einräumung – wie regelmäßig – alle (auch technisch) unbekannten Nutzungsarten umfasst und damit zum Zeitpunkt ihres späteren Bekanntwerdens eine eindeutige Zuordnung möglich ist.
5. Für das Erfordernis der Zustimmung zum Zweiterwerb durch einen Dritten gemäß § 34 oder § 35 UrhG gelten die allgemeinen Regeln. Weder für den Zweiterwerb selbst noch für die Zustimmung zu diesem Verfügungsgeschäft ergibt sich aus § 31a Abs. 1 S. 1 UrhG ein Schriftformerfordernis.
6. Die AGB-rechtlichen Kontrollbestimmungen der §§ 305 ff. BGB sind auf urheberrechtliche Nutzungsverträge anwendbar. Bei der Einräumung von Nutzungsrechten ist der Urheber zumeist Unternehmer i. S. d. § 14 BGB mit der Folge des § 310 Abs. 1 S. 1 BGB. Hiernach gelten weder die erschwerten Einbeziehungsanforderungen des § 305 Abs. 2, 3 BGB noch finden die speziellen Klauselverbote der §§ 308, 309 BGB unmittelbare Anwendung.
7. Auch für die Auslegung vorformulierter urheberrechtlicher Nutzungsverträge gilt der objektive Maßstab des AGB-Rechts, der jedoch im Anwendungsbereich der Zweckübertragungsregel auf die Methode der teleologischen Auslegung beschränkt ist. Verbleiben hiernach noch Zweifel hinsichtlich des Auslegungsergebnisses, so ist gemäß § 305c Abs. 2 BGB die für den Urheber als Vertragspartner günstigere Auslegungsmöglichkeit maßgebend.
8. Für die Anfangszeit seit der Aufhebung des Verbots des § 31 Abs. 4 UrhG a. F. ist die durch AGB vorgenommene Einräumung von Rechten an unbekannten Nutzungsarten tendenziell eine überraschende Klausel i. S. d. § 305c Abs. 1 BGB und wird damit grundsätzlich nicht Vertragsbestandteil. Dieser potentiellen Nichtgeltung der Klausel (§ 306 Abs. 1 BGB) lässt sich jedoch durch einen ausdrücklichen Hinweis auf die Rechtseinräumung an den unbekannten Nutzungsarten im Vertrag entgegenwirken.
9. Einer Inhaltskontrolle nach den §§ 307 ff. BGB unterfallen gemäß § 307 Abs. 3 S. 1 BGB nur solche AGB-Klauseln, mit denen von Rechtsvorschriften abgewichen wird. Für die unbekannten Nutzungsarten als Vertragsgegenstand bedeutet dies eine Kontrollimunität solcher Klauseln, die die Rechte und Pflichten der Vertragsparteien aus den §§ 31a, 32c UrhG inhaltsgetreu wiedergeben. Aufgrund ihres zwingenden Charakters fehlt es diesbezüglich allerdings bereits am Merkmal »*Stellen*« i. S. d. § 305 Abs. 1 BGB, so dass es sich insoweit nicht um AGB handelt.
10. Ebenfalls kontrollimmun können gemäß § 307 Abs. 3 S. 1 BGB Leistungs- und Preisbezeichnungen in AGB sein. Zur Bestimmung solcher kontroll-

freien Klauseln ist danach zu fragen, ob die Klausel ihrem Regelungsgehalt nach entweder nicht kontrollfähig oder nicht kontrollbedürftig ist. Während für die Rechtseinräumung als Kernbestandteil des urheberrechtlichen Nutzungsvertrags mit § 31 Abs. 5 UrhG zwar eine Rechtsvorschrift existiert, die die Kontrollfähigkeit dieses Regelungsbereichs zur Folge hat, erweist er sich aufgrund der darauf bezogenen Kundenaufmerksamkeit regelmäßig als nicht kontrollbedürftig. Die Rechtseinräumung im urheberrechtlichen Nutzungsvertrag ist deshalb typischerweise nicht kontrollunterworfen. Als Folge der im Regelfall anzunehmenden Annexeigenschaft der Einräumung der Rechte an unbekannten Nutzungsarten werden diese dagegen typischerweise nicht Gegenstand der Kundenaufmerksamkeit und damit kontrollbedürftig sein, so dass sie der Inhaltskontrolle nach § 307 BGB unterliegen.

11. Diese Annexeigenschaft begründet auch auf der Vergütungsseite die grundsätzliche Kontrollbedürftigkeit der durch AGB getroffenen Honorarabrede betreffend die unbekannten Nutzungsarten. Allerdings fehlt es außerhalb der Vereinbarung eines Leistungsvorbehalts an tauglichen Rechtsvorschriften, die für die Inhaltskontrolle der Vergütung herangezogen werden können. Insbesondere § 32 Abs. 2 UrhG ist aufgrund seines konkret-individuellen Maßstabs für die generalisierende Bewertung von AGB ungeeignet.
12. § 31 Abs. 5 UrhG lässt sich entgegen der bisherigen Rechtsprechung des BGH als gesetzliches Leitbild i. S. d. § 307 Abs. 2 Nr. 1 BGB für die Inhaltskontrolle der Rechtseinräumung heranziehen. Grundsätzlich betrifft dies auch die unbekannten Nutzungsarten als Gegenstand der Rechtseinräumung, da nicht die Möglichkeit der Einzelbezeichnung, sondern vielmehr die Vertragszweckbindung des Rechteumfangs der von § 307 Abs. 2 Nr. 1 BGB funktionalisierte Teil der Zweckübertragungsregel ist. Die damit vorzunehmende Interessenabwägung wird im Bereich der echten unbekannten Nutzungsarten jedoch regelmäßig kein Unvereinbarkeitsurteil rechtfertigen, da die Verwerter insoweit mangels Möglichkeit der Einzelbezeichnung gewissermaßen einem Abweichungszwang unterliegen.
13. Soweit die Nutzungsarten lediglich wirtschaftlich noch unbedeutsam und somit aufgrund ihrer technischen Bekanntheit spezifizierbar sind, führt die Zwecküberschreitung demgegenüber zu einer Rechtfertigungslast des Verwerters. Dem damit indizierten Unvereinbarkeitsurteil kann zwar durch die Gewährung zusätzlicher Rechte an den Urheber entgegengewirkt werden. Da dieser Kompensationsgedanke jedoch ein Mehr gegenüber den dem Vertragspartner ohnehin zustehenden Rechten erfordert, reicht hierfür nicht bereits die Existenz der gesetzlichen Schutzrechte des Urhebers aus §§ 31a, 32c UrhG.

14. Die Vereinbarung eines einseitigen Leistungsbestimmungsrechts des Verwerters betreffend den Inhalt des Vergütungsanspruchs aus § 32c UrhG ist nach § 307 BGB wirksam, wenn sie im Rahmen des tatsächlich Möglichen die Grenzen seiner Ausübung beinhaltet und als Ausübungsmaßstab billiges Ermessen i. S. d. § 315 Abs. 1 BGB zum Inhalt hat. Eine Fälligkeitsfrist für die Geltendmachung des gesetzlichen Anspruchs aus § 32c UrhG ist nach § 307 BGB nicht grundsätzlich unwirksam, da die erleichterte Bestimmbarkeit etwaige Nachteile des Urhebers infolge der verzögerten Leistung zumeist überwiegen wird.
15. Aus der Perspektive des Transparenzgebots des § 307 Abs. 1 S. 2 BGB ergeben sich hinsichtlich der Konkretisierung der Rechtseinräumung keine über die Einzelbezeichnung nach § 31 Abs. 5 UrhG hinaus gehenden Anforderungen. Führt die Spezifizierungslast der Zweckübertragungsregel zu einer erhöhten Komplexität der Rechtseinräumung, so ist dies auch vor dem Hintergrund des Transparenzgebots hinzunehmen. Eine Intransparenz kann insbesondere aus einer systemfremden Platzierung der Rechtseinräumungsklausel innerhalb des Nutzungsvertrags resultieren.
16. Aus dem Transparenzgebot des § 307 Abs. 1 S. 2 BGB folgt keine Pflicht des Verwenders, den Urheber hinsichtlich der unbekannten Nutzungsarten über seine Rechte aus §§ 31a, 32c UrhG zu belehren. Entschließt er sich jedoch dazu, einen Hinweis darauf in den Nutzungsvertrag aufzunehmen, lebt insoweit das Transparenzgebot wieder auf und dem Verwender obliegt die Pflicht, die gesetzlichen Regelungen korrekt und verständlich wiederzugeben.
17. Liegt in der Bezugnahme auf die gesetzlichen Rechte aus den §§ 31a, 32c UrhG ein Transparenzverstoß, entfällt die entsprechende Klausel aufgrund des zwingenden Charakters dieser Rechte ersatzlos, wobei der Nutzungsvertrag nach § 306 Abs. 1 BGB im Übrigen fortbesteht.
18. Entfällt als Folge der Einbeziehungskontrolle nach § 305c Abs. 1 BGB die Klausel zur Einräumung der Rechte an unbekannten Nutzungsarten, besteht der Vertrag ebensfalls im Übrigen fort, § 306 Abs. 1 BGB. Betrifft die Unwirksamkeitsanordnung nach § 307 BGB nur einen Teil der Rechtseinräumung, so richtet sich der Umfang der Nichtgeltungsanordnung des § 306 Abs. 1 BGB nach der inhaltlichen Abspaltbarkeit des unwirksamen Klauselteils. In jedem Fall entfällt die nach § 306 Abs. 1 BGB nicht Vertragsbestandteil gewordene Rechtseinräumungsklausel nicht ersatzlos. Vielmehr richtet sich der Umfang der Rechtseinräumung gemäß § 306 Abs. 2 BGB i. V. m. § 31 Abs. 5 UrhG insoweit nach dem von den Parteien zugrunde gelegten Zweck des Vertrages.

B. Fazit

Mit der Streichung des § 31 Abs. 4 UrhG a. F. ist es den Parteien des urheberrechtlichen Nutzungsvertrags nunmehr möglich, auch Rechte an solchen Nutzungsarten einzuräumen, die zum Zeitpunkt des Vertragsschlusses noch unbekannt sind. Der Wegfall des dem Schutz des Urhebers dienenden Verbots wurde vom Gesetzgeber durch die Aufnahme der Neuregelungen der §§ 31a, 32c UrhG angemessen kompensiert. Wenngleich aufgrund des Detailreichtums der beiden Vorschriften zahlreiche Auslegungsfragen erst durch die (nicht zeitnah zu erwartende) Rechtsprechung des Bundesgerichtshofs entschieden werden, so stellt das neue Regelungskonzept insgesamt einen gelungenen Interessenausgleich dar. Die Verwerter haben die Möglichkeit, auch ohne das Erfordernis einer Nachlizenzierung dem Entstehen neuer Verwertungstechnologien durch vertragliche Vorkehrungen Rechnung zu tragen, während die Urheber durch ihr Widerrufsrecht einerseits persönlichkeitsrechtlich abgesichert werden und der gesetzliche Anspruch aus § 32c UrhG andererseits ihre wirtschaftliche Partizipation an den Erträgen aus der neuen Nutzungsart gewährleistet. Herauszuheben ist hierbei insbesondere die vom Gesetzgeber vorgenommene Formulierung eines *gesonderten* Anspruchs auf angemessene Vergütung.

Beide Komponenten – der Schutz des urheberpersönlichkeitsrechtlichen Kerns wie auch der Leitgedanke einer angemessenen Beteiligung des Urhebers – sind im Übrigen genau jene Erwägungen, die die im dritten Kapitel dieser Untersuchung dargestellte Rechtsprechung des Reichsgerichts und Bundesgerichtshofs bereits bei ihrem Umgang mit der seinerzeit gesetzlich noch ungeregelten Kategorie der unbekannten Nutzungsarten maßgeblich geleitet haben. Insofern stellen sich die seit 2008 geltenden Neuregelungen jedenfalls ihrer grundsätzlichen Stoßrichtung nach auch als eine überzeugende Rückbesinnung des Gesetzgebers auf die Wurzeln des Rechts der unbekannten Nutzungsarten dar.

Weniger zufriedenstellend ist sein Schweigen in Bezug auf die Anwendbarkeit des § 31 UrhG als Grundregel des allgemeinen Urhebervertragsrechts auf die neuen Verträge über unbekannte Nutzungsarten. Vor allem hinsichtlich des hier gefundenen Ergebnisses der modifizierten Geltung der Zweckübertragungsregel des § 31 Abs. 5 UrhG sollte eine entsprechende gesetzgeberische Klarstellung in Erwägung gezogen werden. Gleiches gilt für die nicht zu leugnenden Friktionen gegenüber dem verfügungsgeschäftlichen Bestimmtheitserfordernis. Solange hier nicht nachgebessert wird, bleibt die Wirksamkeitsfrage zuvorderst der Formulierungskunst der Verwerter als regelmäßigen Stellern des Nutzungsvertrags überlassen. Abzuwarten bleibt in diesem Zusammenhang auch, inwiefern es sich die Verwerter zunutze machen werden, dass in § 32c Abs. 3 S. 1 UrhG lediglich der Vorausverzicht auf den Vergütungsanspruch, nicht aber wie in § 32 Abs. 3 UrhG eine für den Urheber nachteilige Vereinbarung insgesamt ausgeschlossen wird.

Aus Sicht der AGB-Kontrolle wird für die Verträge über unbekannte Nutzungsarten vor allem das Einbeziehungshindernis des § 305c Abs. 1 BGB relevant werden. Hiernach stellt sich die Rechtseinräumung an den unbekannten Nutzungsarten jedenfalls in der Anfangszeit seit Inkrafttreten des zweiten Korbs als überraschende Klausel dar, so dass die Verwerter bei der Formulierung des Nutzungsvertrags angehalten sind, auf die unbekannten Nutzungsarten als Vertragsgegenstand gesondert hinzuweisen. Deutlich wurde aber zugleich, dass die Rechtseinräumung im urheberrechtlichen Nutzungsvertrag grundsätzlich keiner Inhaltskontrolle unterworfen ist, § 307 Abs. 3 S. 1 BGB. Zwar existiert entgegen der Auffassung des Bundesgerichtshofs mit § 31 Abs. 5 UrhG durchaus eine Regelung, die einen geeigneten Wertungsmaßstab für die Inhaltskontrolle bereit hält. Allerdings bewirkt die insoweit regelmäßig vorhandene Kundenaufmerksamkeit zumeist die Kontrollimmunität der Rechtseinräumung.

Mit Blick auf die unbekannten Nutzungsarten wird deren im Regelfall anzunehmende Annexeigenschaft dagegen bewirken, dass ihre vorformulierte Rechtseinräumung kontrollbedürftig und damit im Ergebnis kontrollunterworfen ist. Trotz der damit eröffneten Inhaltskontrolle am Maßstab des § 307 Abs. 2 Nr. 1 BGB i. V. m. § 31 Abs. 5 UrhG wird aber letztlich auch eine Vertragszwecküberschreitung der Einräumung aller Rechte an den unbekannten Nutzungsarten aufgrund des aus der gebotenen Pauschalformulierung resultierenden Abweichungszwangs grundsätzlich nicht zu einem Unvereinbarkeitsurteil i. S. d. § 307 Abs. 2 Nr. 1 BGB führen. Da sich ebenso wenig die Vergütungsseite mangels geeigneter Wertungsmaßstäbe als (inhaltlich) kontrollfähig erweist, steht damit im Bereich der unbekannten Nutzungsarten das Transparenzgebot des § 307 Abs. 1 S. 2 BGB im Vordergrund der AGB-Kontrolle. Dessen Bedeutung darf vor dem Hintergrund der Zweckübertragungsregel indes nicht überbewertet werden, da diese bereits (individualvertraglich) für ein Höchstmaß an Spezifizierung der Rechtseinräumung sorgt. Eigenständige Relevanz beansprucht es deswegen vor allem außerhalb dieses Kernbereichs des urheberrechtlichen Nutzungsvertrags.

Insgesamt ist damit festzustellen, dass die AGB-Vorschriften der §§ 305 ff. BGB nur in beschränktem Maße ein zusätzliches Kontrollinstrument für die urheberrechtlichen Nutzungsverträge bereithalten, da insbesondere der vor allem problematische Teil der Rechtseinräumung zumeist keiner Inhaltskontrolle unterfallen wird. Während sich hieraus resultierende Übervorteilungen des Urhebers im Bereich der unbekannten Nutzungsarten noch recht effektiv über das Widerrufsrecht aus § 31a UrhG auffangen lassen, bleibt für das allgemeine Urhebervertragsrecht – trotz der finanziellen Beteiligungsrechte nach §§ 32, 32a UrhG – die Forderung aktuell, den Urheber kraft Gesetzes stärker vor einer allzu umfassenden Hergabe seiner Nutzungsrechte zu schützen.

Literaturverzeichnis

ABEL, PAUL: Filmlizenzen in der Insolvenz des Lizenzgebers und Lizenznehmers. In: NZI 2003, S. 121 ff.

ACKER, LUDWIG / THUM, KAI: Zulässigkeit der Vereinbarung der freien Weiterübertragbarkeit von urheberrechtlichen Nutzungsrechten durch AGB. In: GRUR 2008, S. 671 ff.

ADOLPHSEN, JENS / TABRIZI, MAHDI DANESHZADEH: Zur Fortwirkung zurückgerufener Nutzungsrechte. In: GRUR 2011, S. 384 ff.

ARMBRÜSTER, CHRISTIAN: Das Transparenzgebot für AGB nach der Schuldrechtsmodernisierung. In: DNotZ 2004, S. 437 ff.

-- Transparenzgebot und deklaratorische Klauseln: In: Festschrift für Helmut Kollhosser zum 70. Geburtstag, Band I, Versicherungsrecht, Karlsruhe 2004, S. 3 ff.

ARZT, MARKUS: Schuldrechtsmodernisierung 2001 / 2002 – Integration der Nebengesetze in das BGB. In: JuS 2002, S. 528 ff.

BAMBERGER, HEINZ GEORG / ROTH, HERBERT (Hrsg.): Kommentar zum Bürgerlichen Gesetzbuch. Bd. I: §§ 1 – 610, CISG. 2. Auflage, München 2007 (zitiert: Bearbeiter in: Bamberger / Roth).

BERBERICH, MATTHIAS: Die Doppelfunktion der Zweckübertragungslehre bei der AGB-Kontrolle. In: ZUM 2006, S. 205 ff.

-- Der Content »gehört« nicht Facebook! AGB-Kontrolle der Rechteeinräumung an nutzergenerierten Inhalten. In: MMR 2010, S. 736 ff.

BECKER, THOMAS: Die Auslegung des § 9 Abs. 2 AGB-Gesetz. Eine systematische Darstellung der Grundlagen des Rechts der Inhaltskontrolle Allgemeiner Geschäftsbedingungen. Heidelberg 1986 (zugl. Diss. Heidelberg 1985).

BECKER, BERNHARD VON / WEGNER, KONSTANTIN: Offene Probleme der angemessenen Vergütung. In: ZUM 2005, S. 695 ff.

BERGER, CHRISTIAN: Das neue Urhebervertragsrecht. Baden-Baden 2003 (zitiert: Berger, Das neue UrheberVR).

-- Grundfragen der weiteren Beteiligung des Urhebers nach § 32a UrhG. In: GRUR 2003, S. 675 ff.

-- Der Lizenzsicherungsnießbrauch – Lizenzerhaltung in der Insolvenz des Lizenzgebers. In: GRUR 2004, S. 20 ff.

-- Verträge über unbekannte Nutzungsarten nach dem »Zweiten Korb«. In: GRUR 2005, S. 907 ff.

BERGER, CHRISTIAN / WÜNDISCH, SEBASTIAN (Hrsg.): Handbuch Urhebervertragsrecht. Baden-Baden 2008 (zitiert: Bearbeiter in: Berger / Wündisch, HdB UrhVR).

BERGER, DANIEL: Der Anspruch auf angemessene Vergütung gemäß § 32 UrhG: Konsequenzen für die Vertragsgestaltung. In: ZUM 2003, S. 521 ff.

BERGER, KLAUS PETER: Abschied von der Privatautonomie im unternehmerischen Geschäftsverkehr? Zum Differenzierungsverbot im AGB-Recht. In: ZIP 2006, S. 2149 ff.

BERGER, KLAUS PETER / KLEINE, LUCAS: AGB-Gestaltung und Transparenzgebot. In: NJW 2007, S. 3526 ff.

BILLING, TOM: Die Bedeutung von § 307 III 1 BGB im System der AGB-rechtlichen Inhaltskontrolle. München 2006 (zugl. Diss. München 2005).

BODEWIG, THEO / WANDTKE, AXEL: Die doppelte Lizenzgebühr als Berechnungsmethode im Lichte der Durchsetzungsrichtlinie. In: GRUR 2008, S. 220 ff.

BÖRNER, ANDREAS: Die Heilung von AGB durch die Berücksichtigung vertragsabschlussbegleitender Umstände nach § 24a Nr. 3 AGBG. In: JZ 2997, S. 595 ff.

BRANDI-DOHRN, MATTHIAS: Sukzessionsschutz bei der Veräußerung von Schutzrechten. In: GRUR 1983, S. 146 ff.

BRANDNER, HANS ERICH: Schranken der Inhaltskontrolle. Zur Kontrollfähigkeit von AGB. In: Festschrift für Fritz Hauß zum 70. Geburtstag, Karlsruhe 1978, S. 1 ff.

BRAUN, EBERHARD (Hrsg.): Insolvenzordnung: Kommentar. 3. Auflage, München 2007 (zitiert: Bearbeiter in: Braun, InsO).

BROX, HANS / WALKER, WOLF-DIETRICH: Allgemeiner Teil des BGB. 32. Auflage, Köln 2008.

BRUGGER, GUSTAV: Aktuelle Vertragsfragen für die Produktion von Fernseh- und Kinofilmen. In: FuR 1974, S. 758 ff.

BULLINGER, WINFRIED: Verträge über neue Nutzungsarten im Urheberrecht. In: MitdPatA 2008, S. 397 ff.

BUNTE, HERMANN-JOSEF: Die Begrenzung des Kompensationseinwandes bei der richterlichen Vertragskontrolle. In: Festschrift für Hermann Korbion zum 60. Geburtstag am 18. Juni 1986, Düsseldorf 1986, S. 17 ff.

-- Zehn Jahre AGB-Gesetz – Rückblick und Ausblick. In: NJW 1987, S. 921 ff.

CANARIS, CLAUS-WILHELM: Zinsberechnungs- und Tilgungsverrechnungsklauseln beim Annuitätendarlehen – Zugleich ein Beitrag zur Abgrenzung von § 8 und § 9 AGB-Gesetz. In: NJW 1984, S. 609 ff.

-- Gesamtunwirksamkeit und Teilgültigkeit rechtsgeschäftlicher Regelungen. In: Festschrift für Ernst Steindorff zum siebzigsten Geburtstag am 13. März 1990, Berlin 1990, S. 519 ff.

-- Die Problematik der AGB-Kontrolle von Postenpreisen für Buchungsvorgänge auf Girokonten. In: WM 1996, S. 237 ff.

-- Die AGB-rechtliche Leitbildfunktion des neuen Leistungsstörungsrechts. In: Festschrift für Peter Ulmer zum 70. Geburtstag am 2. Januar 2003, Berlin 2003, S. 1073 ff.

CASTENDYK, OLIVER: Neue Ansätze zum Problem der unbekannten Nutzungsart in § 31 Abs. 4 UrhG. In: ZUM 2002, S. 332 ff.

-- Lizenzverträge und AGB-Recht. In: ZUM 2007, S. 169 ff.

-- Buy-Out-Klauseln in Honorarbedingungen für Jounralisten / innen. In: AfP 2010, S. 434 ff.

CASTENDYK, OLIVER / KIRCHHERR, JENNY: Das Verbot der Übertragung von Rechten an nicht bekannten Nutzungsarten – Erste Überlegungen für eine Reform des § 31 Abs. 4 UrhG. In: ZUM 2003, S. 751 ff.

Creifelds, Carl: Rechtswörterbuch, hrsg. v. Weber, Klaus. 19. Auflage, München 2007.

Czychowski, Christian: »Wenn der dritte Korb aufgemacht wird...«. Das zweite Gesetz zur Regelung des Urheberrechts in der Informationsgesellschaft. In: GRUR 2008, S. 586 ff.

Däubler-Gmelin, Herta: Private Vervielfältigung unter dem Vorzeichen digitaler Technik. In: ZUM 1999, S. 769 ff.

Deutsches Rechtslexikon: Band 1: A-F, hrsg. v. *Tilch, Horst.* 3. Auflage, München 2001.

Diekmann, Sabine / Bieder, Marcus: Wirksamkeit von Widerrufsvorbehalten in Formulararbeitsverträgen bei der Gewährung freiwilliger Leistungen. In: DB 2005, S. 722 ff.

Diesbach, Martin: Unbekannte Nutzungsarten bei Altfilmen: Der BGH gegen den Rest der Welt? In: ZUM 2011, S. 623 ff.

Dietrich, Christian: Die neue Nutzungsart am Beispiel des Filmkomponisten. In: UFITA 2008 / II, S. 359 ff.

Dietz, Adolf: Das Urhebervertragsrecht in seiner rechtspolitischen Bedeutung. In: Urhebervertragsrecht, Festgabe für Gerhard Schricker zum 60. Geburtstag, München 1995, S. 1 ff.

Dietz, Adolf / Loewenheim, Ulrich / Nordemann, Wilhelm / Schricker, Gerhard / Vogel, Martin: Entwurf eines Gesetzes zur Stärkung der vertraglichen Stellung von Urhebern und ausübenden Künstlern. In: GRUR 2000, S. 765 ff.

Donhauser, Daniela: Der Begriff der unbekannten Nutzungsarten gemäß § 31 Abs. 4 UrhG. Baden-Baden 2001 (zugl. Diss. Freiburg i. Br. 2000).

Donle, Christian: Die Bedeutung des § 31 Abs. 5 UrhG für das Urhebervertragsrecht. München 1993 (zugl. Diss. München 1992).

Dreier, Thomas: Aufeinander bezogene Urheberrechtsverträge – Zur Weiterentwicklung des Urhebervertragsrechts im Zeitalter elektronischer Werkverwertung. In: Urhebervertragsrecht, Festgabe für Gerhard Schricker zum 60. Geburtstag, München 1995, S. 193 ff.

Dreier, Thomas / Schulze, Gernot: Urheberrechtsgesetz, Urheberrechtswahrnehmungsgesetz, Kunsturhebergesetz: Kommentar. 3. Auflage, München 2008. (zitiert: Bearbeiter in: Dreier / Schulze).

Drewes, Stefan: Neue Nutzungsarten im Urheberrecht. Baden-Baden 2002 (zugl. Diss. Potsdam 2001).

Dreyer, Gunda / Kotthoff, Jost / Meckel, Astrid: Kommentar zum Urheberrecht: Urheberrechtsgesetz, Urheberrechtswahnehmungsgesetz, Kunsturhebergesetz. 2. Auflage, Heidelberg 2008 (zitiert: Bearbeiter in: Dreyer / Kotthoff / Meckel).

Dylla-Krebs, Corinna: Schranken der Inhaltskontrolle Allgemeiner Geschäftsbedingungen. Baden-Baden 1990 (zugl. Diss. Köln 1990).

Engisch, Karl: Einführung in das juristische Denken. 10. Auflage, Stuttgart 2005.

Erdmann, Willi: Urhebervertragsrecht im Meinungsstreit. In: GRUR 2002, S. 923 ff.

Erman: Bürgerliches Gesetzbuch: Handkommentar mit AGG, EGBGB (Auszug), ErbbauRG, HausratsVO, LPartG, ProdHaftG, UKlaG, VAHRG und WEG, hrsg. v. *Westermann, Harm Peter.* Band I. 12. Auflage, Münster 2008 (zitiert: Bearbeiter in: Erman).

Faber, Wolfgang: Elemente verschiedener Verbraucherbegriffe in EG-Richtlinien, zwischenstaatlichen Übereinkommen und nationalem Zivil- und Kollisionsrecht. In: ZEuP 1998, S. 854 ff.

FAROKHMANESH, JUDITH: Der Schutz des Urhebers im internationalen Vertragsrecht. Funktion, Reichweite und Effektivität zwingender Bestimmungen im deutschen, französischen und englischen Recht. Frankfurt 2007 (zugl. Diss. Hamburg 2006).

FÄLSCH, ULRIKE: Verträge über unbekannte Nutzungsarten nach dem Zweiten Korb. Die neuen Vorschriften § 31a UrhG und § 137 l UrhG. In: BD 42 (2008), S. 409 ff.

FECHNER, FRANK: Geistiges Eigentum und Verfassung. Schöpferische Leistungen unter dem Schutz des Grundgesetzes. Tübingen 1999.

FETTE, GUNTER: Die Zweckübertragungslehre – immer noch und immer wieder aktuell. Eine Betrachtung aus Anlass der Verwertung des Filmstocks der DEFA auf Video und in den neuen Medien. In: Festschrift für Paul W. Hertin zum 60. Geburtstag am 15. November 2000, München 2000, S. 53 ff.

FISCHER, HERMANN JOSEF / REICH, STEVEN A.: Urhebervertragsrecht. München 1993.

FITZEK, SEBASTIAN: Die unbekannte Nutzungsart. Berlin 2000 (zugl. Diss. Berlin 2000).

FLECHSIG, NORBERT: Der Entwurf eines Gesetzes zur Stärkung der vertragsrechtlichen Stellung von Urhebern und ausübenden Künstlern. Eine kritische Stellungnahme zu Chancen und Risiken des nunmehr in ein konkretes Stadium tretenden Vorhabens zur Schaffung eines Urhebervertragsrechts. In: ZUM 2000, S. 484 ff.

FLECHSIG, NORBERT / HENDRICKS, KIRSTEN: Die Neuregelung der Findung gemeinsamer Vergütungsregeln via Schlichtungsverfahren. In: ZUM 2002, S. 423 ff.

-- Der Zweite Korb zur Verbesserung der Urheber- und Leistungsschutzrechte. In: ZRP 2006, S. 145 ff.

FORKEL, HANS: Zur dinglichen Wirkung einfacher Lizenzen. In: NJW 1983, S. 1764 ff.

FREY, DIETER / RUDOLPH, MATTHIAS: Verfügungen über unbekannte Nutzungsarten: Anmerkungen zum Regierungsentwurf des Zweiten Korbs. In: ZUM 2007, S. 13 ff.

FROMM, FRIEDRICH KARL / NORDEMANN, WILHELM: Urheberrecht: Kommentar zum Urheberrechtsgesetz, zum Verlagsgesetz und zum Urheberrechtswahrnehmungsgesetz, hrsg. v. Nordemann, Wilhelm / Nordemann, Axel / Nordemann, Jan Bernd. 10. Auflage, Stuttgart 2008 (zitiert: Bearbeiter in: Fromm / Nordemann).

FUCHS, THOMAS: Arbeitnehmer-Urhebervertragsrecht. Baden-Baden 2005 (zugl. Diss. Halle-Wittenberg 2005).

GAMM, OTTO-FRIEDRICH FREIHERR VON: Urheberrechtsgesetz: Kommentar. München 1968.

GERLACH, TILO: Ausübende Künstler als Kreative 2. Klasse?. Teilhabe der ausübenden Künstler an den Schutznormen des UrhG und des UrhWahrnG. In: ZUM 2008, S. 372 ff.

GEWERBLICHER RECHTSSCHUTZ, URHEBERRECHT, MEDIENRECHT: KOMMENTAR, hrsg. v. *Büscher, Wolfgang / Dittmer, Stefan / Schiwy, Peter.* 2. Auflage, Köln 2008 (zitiert: Bearbeiter in: Büscher / Dittmer / Schiwy).

GOLDBAUM, WENZEL: Neues aus Theorie und Praxis des Urheberrechts. In: GRUR 1923, S. 182 ff.

GOTTHARDT, PETER JÜRGEN: Doppelte Tarifgebühr für die GEMA bei ungenehmigter öffentlicher Musikwiedergabe oder die Wiederkehr der Drachen. In: UFITA 71 (1974), S. 77 ff.

GOTTSCHALK, ECKART: Wettbewerbsverbote in Verlagsverträgen. In: ZUM 2005, S. 359 ff.

GÖTTING, HORST-PETER: Urheberrechtliche und vertragsrechtliche Gestaltungen. In:

Urhebervertragsrecht, Festgabe für Gerhard Schricker zum 60. Geburtstag, München 1995, S. 53 ff.

Gounalakis, Georgios / Zagouras, Georgios: Publizistische Vielfaltsicherung - Eine Aufgabe für Europa? In: JZ 2008, 652 ff.

Grzeszick, Bernd: Geistiges Eigentum und Art. 14 GG. In: ZUM 2007, S. 344 ff.

Haas, Lothar: Das neue Urhebervertragsrecht. München 2002.

Haberstumpf, Helmut: Handbuch des Urheberrechts. 2. Auflage. Neuwied 2000.

Haberstumpf, Helmut / Hintermeier, Jürgen: Einführung in das Verlagsrecht. Darmstadt 1985.

Hager, Johannes: Gesetzes- und sittenkonforme Auslegung und Aufrechterhaltung von Rechtsgeschäften. München 1982 (zugl. Diss. München 1981).

Hansen, Udo: Das sogenannte Transparenzgebot im System des AGB-Gesetzes. In: WM 1990, S. 1521 ff.

Hart, Dieter: Zivilrechtspraxis zwischen Vertragskonsolidierung und Vertragsrechtsfortbildung. In: KritV 1989, S. 179 ff.

Haupt, Stefan: Die Übertragung des Urheberrechts. In: ZUM 1999, S. 898 ff.

Heinrichs, Helmut: Das Transparenzgebot und die EG-Richtlinie über missbräuchliche Klauseln in Verbraucherverträgen. In: Lebendiges Recht - Von den Sumerern bis zur Gegenwart, Festschrift für Reinhold Trinkner zum 65. Geburtstag, Heidelberg 1995, S. 157 ff.

Hellner, Thorwald: Quo vadis AGB-Recht? In: Festschrift für Ernst Steindorff zum siebzigsten Geburtstag am 13. März 1990, Berlin 1990, S. 573 ff.

Helm, Johann Georg: Grundlagen einer normativen Theorie allgemeiner Geschäftsbedingungen. In: Festschrift für Ludwig Schnorr von Carolsfeld zum 70. Geburtstag 26. Januar 1973, Köln 1973, S. 125 ff.

Henning-Bodewig, Frauke: Urhebervertragsrecht auf dem Gebiet der Filmherstellung und -verwertung. In: Urhebervertragsrecht, Festgabe für Gerhard Schricker zum 60. Geburtstag, München 1995, S. 389 ff.

Hertin, Paul W.: AGB-Gesetz und Urhebervertragsrecht. In: AfP 1978, S. 72 ff.

-- Urheberrechtsnovelle 2002: Up-Date von Urheberrechtsverträgen. In: MMR 2003, S. 16 ff.

-- Urheberrecht. 2. Auflage, München 2008.

Hess, Harald: Insolvenzrecht: Großkommentar in drei Bänden. Band I - §§ 1 - 112 InsO. Heidelberg 2007 (zitiert: Hess, InsO).

Hille, Hans-Eduard: Die Inhaltskontrolle der Gesellschaftsverträge von Publikums-Personengesellschaften. Köln 1986 (zugl. Diss. Köln 1985).

Hillig, Hans-Peter: Vertragsfreiheit im deutschen Urheberrecht. In: Reimer, Dietrich (Hrsg.), Vertragsfreiheit im Urheberrecht - eine Sammlung von Beiträgen, Weinheim 1977, S. 1 ff.

Hilty, Reto / Peukert, Alexander: Das neue deutsche Urhebervertragsrecht im internationalen Kontext. In: GRUR Int. 2002, S. 643 ff.

Hoffmann, Stefan: Preisfreiheit im Recht der Allgemeinen Geschäftsbedingungen. Begrenzungserfordernisse und Unwirksamkeitsfolgen formularmäßiger. Kostenelemente- und Preisvorbehaltsklauseln. In: AcP 209 (2009), S. 84 ff.

Hoeren, Thomas: AGB-rechtliche Fragen zum Wahrnehmungsvertrag der VG Wort. In: AfP 2001, S. 8 ff.

-- Die Pflicht zur Überlassung des Quellcodes. Eine liberale Lösung des BGH und ihre Folgen. In: CR 2004, S. 721 ff.

-- Der Zweite Korb – Eine Übersicht zu den geplanten Änderungen im Urheberrechtsgesetz. In: MMR 2007, S. 615 ff.

Hoeren, Thomas / Sieber, Ulrich (Hrsg.): Handbuch Multimedia-Recht. Rechtsfragen des elektronischen Geschäftsverkehrs. Loseblattsammlung München, Stand: 20. Erg.lfg, Oktober 2008.

Honsell, Thomas: Zweifel bei der Auslegung Allgemeiner Geschäftsbedingungen gehen zu Lasten des Verwenders. In: JA 1985, S. 260 ff.

Horn, Norbert: Die richterliche Kontrolle von Entgeltklauseln nach dem AGB-Gesetz am Beispiel der Kreditwirtschaft. In: WM 1997, Sonderbeilage 1.

Hoyningen-Huene, Gerrick von: Die Inhaltskontrolle nach § 9 AGB-Gesetz, Kommentar: Zugleich Ergänzung des Großkommentars zum AGB-Gesetz von Löwe / Graf v. Westphalen / Trinkner, 2. Auflage, Band II 1983, Band III 1985. Heidelberg 1991 (zitiert: v. Hoyningen-Huene).

Hubmann, Heinrich: Urhebervertragsrecht und Urheberschutz. In: UFITA 74 (1975), S. 1 ff.

Hucko, Elmar: Das neue Urhebervertragsrecht. Halle / Saale 2002.

Jacobs, Rainer: Das neue Urhebervertragsrecht. In: NJW 2002, S. 1905 ff.

Jani, Ole: Urheberrechtspolitik in der 14. und 15. Legislaturperiode des Deutschen Bundestages. In: UFITA II / 2006, S. 511 ff.

Jauernig, Othmar (Hrsg.): Bürgerliches Gesetzbuch mit Allgemeinem Gleichbehandlungsgesetz (Auszug): Kommentar. 12. Auflage, München 2007.

Joost, Detlev: Der Ausschluss der Entgeltkontrolle bei Entgeltregelungen in Allgemeinen Geschäftsbedingungen. In: ZIP 1996, S. 1685 ff.

Katzenberger, Paul: Elektronische Printmedien im Urheberrecht. Urheberrechtliche und urhebervertragsrechtliche Fragen der elektronischen Nutzung von Zeitungen und Zeitschriften. Stuttgart 1996.

Kindler, Peter: Entgeltklauseln in der Kreditwirtschaft. In: Entgeltklauseln in der Kreditwirtschaft und E-Commerce von Kreditinstituten, Bankrechtstag 2001, hrsg. von *Hadding, Walther / Hopt, Klaus / Schimansky, Herbert*, S. 1 ff. Berlin 2002.

Kitz, Volker: Die unbekannte Nutzungsart im Gesamtsystem des urheberrechtlichen Interessengefüges. In: GRUR 2006, S. 548 ff.

Klett, Alexander: Das zweite Gesetz zur Regelung des Urheberrechts in der Informationsgesellschaft (»zweiter Korb«). In: K&R 2008, S. 1 ff.

Klickermann, Paul Herbert: Sendearchive im Fokus unbekannter Nutzungsarten. In: MMR 2007, S. 221 ff.

Kloth, Matthias: Hinweise zur Vertragsgestaltung nach der BGH-Entscheidung „Der Frosch mit der Maske". In: GRUR-Prax 2011, S. 285 ff.

Klöhn, Lars: Unbekannte Nutzungsarten nach dem »Zweiten Korb« der Urheberrechtsreform. In: K&R 2008, S. 77 ff.

-- Verträge über unbekannte Nutzungsarten – §§ 31a, 32c UrhG – Eine Behavioral Law and Economics-Perspektive. In: *Riesenhuber, Karl / Klöhn, Lars*, Das Urhebervertragsrecht im Lichte der Verhaltensökonimik, INTERGU-Tagung 2009, Berlin 2010, S. 79 ff. (zitiert: Klöhn in: Riesenhuber / Klöhn, UrhVR).

KOCH, ROBERT: Auswirkungen der Schuldrechtsreform auf die Gestaltungen Allgemeiner Geschäftsbedingungen. In: WM 2002, S. 2173 ff.

KOCH, HANS-JOACHIM / RÜßMANN, HELMUT: Juristische Begründungslehre. München 1982.

KÖHLER, HELMUT: BGB Allgemeiner Teil. 32. Auflage, München 2008.

KOLLER, INGO: Das Transparenzgebot als Kontrollmaßstab Allgemeiner Geschäftsbedingungen. In: Festschrift für Ernst Steindorff zum siebzigsten Geburtstag am 13. März 1990, Berlin 1990, S. 667 ff.

KOLLMANN, ANDREAS: AGB: Nicht nur theoretische Probleme (in) der Praxis. In: NJOZ 2011, 625 ff.

KRAßER, RUDOLF: Verpflichtung und Verfügung im Immaterialgüterrecht. In: GRUR Int. 1973, S. 230 ff.

-- Schadensersatz für Verletzung von gewerblichen Schutzrechten und Urheberrechten nach deutschem Recht. In: GRUR Int. 1980, S. 259 ff.

KREIENBAUM, BIRGIT: Transparenz und AGB-Gesetz. Eine Untersuchung des Inhalts und der Schranken des Transparenzgebots. Berlin 1998 (zugl. Diss. Münster 1997).

KREILE, JOHANNES: Neue Nutzungsarten – Neue Organisation der Rechteverwaltung? Zur Neuregelung des § 31 Abs. 4 UrhG. In: ZUM 2007, S. 682 ff.

KRÜGER, CHRISTOF: Kritische Bemerkungen zum Regierungsentwurf für ein Gesetz zur Regelung des Urheberrechts in der Informationsgesellschaft aus Sicht eines Praktikers. In: ZUM 2003, S. 122 ff.

-- »EROC III« – eine rechtsdogmatische Erosion? – Überlegungen zu BGH GRUR 2003, 234 ff. In: Urheberrecht im Informationszeitalter, Festschrift für Wilhelm Nordemann zum 70. Geburtstag am 8. Januar 2004, München 2004, S. 343 ff.

KUCK, KATJA: Kontrolle von Musterverträgen im Urheberrecht. In: GRUR 2000, S. 285 ff.

KUHLEN, RAINER: Erfolgreiches Scheitern – eine Götterdämmerung des Urheberrechts. Boizenburg 2008.

LANGHOFF, HELGE / OBERNDÖRFER, PASCAL / JANI, OLE: Der »Zweite Korb« der Urheberrechtsreform. Ein Überblick über die Änderungen des Urheberrechts nach der zweiten und dritten Lesung im Bundestag. In: ZUM 2007, S. 593 ff.

LARENZ, KARL: Methodenlehre der Rechtswissenschaft. 6. Auflage, Berlin 1991.

LARENZ, KARL / WOLF, MANFRED: Allgemeiner Teil des Bürgerlichen Rechts. 9. Auflage, München 2004.

LENKAITIS , KARLHEINZ / LÖWISCH, STEPHAN: Zur Inhaltskontrolle von AGB im unternehmerischen Geschäftsverkehr: Ein Plädoyer für eine dogmatische Korrektur. In: ZIP 2009, S. 441 ff.

LETTL, TOBIAS: Urheberrecht. München 2008.

LISCH, KARSTEN: Das Abstraktionsprinzip im deutschen Urheberrecht. Frankfurt am Main 2007 (zugl. Diss. Münster 2006).

LISCHEK, JAN / MAHNKEN, VOLKER: Vertragsverhandlungen zwischen Unternehmern und AGB – Anmerkungen aus der Sicht der Praxis. In: ZIP 2007, S. 149 ff.

LOEWENHEIM, ULRICH (Hrsg.): Handbuch des Urheberrechts. 2. Auflage, München 2010 (zitiert: Bearbeiter in: Loewenheim, HdB UrhR).

LÖWE, WALTER / WESTPHALEN, FRIEDRICH GRAF VON / TRINKNER, REINHOLD: Kommentar zum Gesetz zur Regelung des Rechts der Allgemeinen Geschäftsbedingungen. 2. Auflage, Heidelberg 1983 (zitiert: Bearbeiter in: Löwe / v. Westphalen / Trinkner).

LOOSCHELDERS, DIRK / ROTH, WOLFGANG: Juristische Methodik im Prozess der Rechtsanwendung. Berlin 1996.

LUTZ, REINHARD: AGB-Kontrolle im Handelsverkehr unter Berücksichtigung der Klauselverbote. München 1991 (zugl. Diss. München 1990).

LÜTJE, STEFAN: Die unbekannte Nutzungsart im Bereich der Filmwerke – alles Klimbim? In: Aktuelle Rechtsprobleme der Filmproduktion und Filmlizenz, Festschrift für Wolf Schwarz zu seinem 80. Geburtstag, Baden-Baden 1999, S. 115 ff.

MÄGER, STEFAN: Der Schutz des Urhebers im internationalen Vertragsrecht. Zur Anknüpfung zwingenden deutschen Urheberrechts. Berlin 1995 (zugl. Diss. Berlin 1995).

MANGOLDT, HERMANN VON / KLEIN, FRIEDRICH / STARCK, CHRISTIAN: Kommentar zum Grundgesetz, hrsg. v. *Starck, Christian.* Band 1: Präambel, Artikel 1 bis 19. 5. Auflage, München 2005 (zitiert: Bearbeiter in: v. Mangoldt / Klein / Starck).

MANKOWSKI, PETER: Beseitigungsrechte: Anfechtung, Widerruf und verwandte Institute. Tübingen 2003.

MARACKE, CATHARINA: Die Entstehung des Urheberrechtsgesetzes von 1965. Berlin 2003 (zugl. Diss. Kiel 2001).

MATHIS, HANS-PETER: Der Arbeitnehmer als Urheber. Die Auslegung und Problematik des § 43 UrhG. Frankfurt am Main 1988 (zugl. Diss. Augsburg 1987).

MAUNZ, THEODOR / DÜRIG, GÜNTER: Grundgesetz: Kommentar, hrsg. v. *Herzog, Roman / Scholz, Roman / Herdegen, Matthias* u. a.. Band II: Art. 6 – 16a. Loseblattsammlung München, Stand: Oktober 2008 (53. Lfg.) (zitiert: Bearbeiter in: Maunz / Dürig).

MEDER, STEPHAN: Die Zulässigkeit einer isolierten Bepreisung des Auslandseinsatzes von Kreditkarten. In: NJW 1996, S. 1849 ff.

MEDICUS, DIETER: Rechtsfolgen für den Vertrag bei Unwirksamkeit von Allgemeinen Geschäftsbedingungen. In: *Heinrichs, Helmut / Löwe, Walter / Ulmer, Peter,* 10 Jahre AGB-Gesetz, Köln 1987, S. 83 ff. (zitiert: Medicus in: Heinrichs / Löwe / Ulmer (Hrsg.), 10 Jahre AGBG).

-- Allgemeiner Teil des BGB. 9. Auflage, Heidelberg 2006.

MESTMÄCKER, ERNST-JOACHIM / SCHULZE, Erich: Kommentar zum deutschen Urheberrecht: unter Berücksichtigung des internationalen Rechts und des Gemeinschaftsrechts in den Mitgliedstaaten der EU, hrsg. v. *Hertin, Paul W. / Schulze, Marcel / Walter, Michael.* Band 1.1 – §§ 1 – 69 UrhG. Band 1.2 – §§ Vor §§ 69a ff. UrhG – Teil IV (KUG). Loseblattsammlung Frankfurt am Main, Stand August 2008 (47. Aktualisierungslfg.), (zitiert: Bearbeiter in: Mestmäcker / Schulze).

MICHEL, EVA-MARIA: Rechtsfragen von Rundfunk und Printmedien im Internet. In: ZUM 2000, S. 425 ff.

MÖHRING, PHILIPP / NICOLINI, KÄTE: Urheberrechtsgesetz: Kommentar, hrsg. v. *Nicolini, Käte / Ahlberg, Hartwig.* 2. Auflage, München 2000 (zitiert: Bearbeiter in: Möhring / Nicolini).

MÜNCHENER KOMMENTAR ZUM BÜRGERLICHEN GESETZBUCH: Band 2, Halbband 1 (§§ 1 – 240, ProspG), hrsg. v. *Säcker, Franz Jürgen / Rixecker, Roland.* 5. Auflage, München 2006 (zitiert: Bearbeiter in: MüKo).

– Band 2 (Schuldrecht Allgemeiner Teil, §§ 241 – 432), hrsg. v. *Säcker, Franz Jürgen / Rixecker, Roland.* 5. Auflage, München 2007 (zitiert: Bearbeiter in: MüKo).

MÜNCHENER KOMMENTAR ZUM STRAFGESETZBUCH. Band 1: §§ 1 – 51 StGB, hrsg. v. *Joecks, Wolfgang / Miebach, Klaus.* München 2003 (zitiert: Bearbeiter in: MüKo-StGB).

Niebling, Jürgen: Die Schranken der Inhaltskontrolle nach § 8 AGB-Gesetz. In: BB 1984, S. 1713 ff.

-- Die Schranken der Inhaltskontrolle nach § 8 AGB-Gesetz. Tübingen 1988 (zugl. Diss. Tübingen 1988).

-- Die Inhaltskontrolle von Preisen und Leistungen nach dem AGBG. In: WM 1992, 845 ff.

Niederalt, Stephanie: Das Urheberrecht vor einem 3. Korb: Ausgewählte Handlungsfelder. Diskussionsbericht zu der gleich lautenden Arbeitssitzung des Instituts für Urheber- und Medienrecht am 7. März 2008. In: ZUM 2008, S. 397 ff.

Nolte, Georg: Das Urheberrecht in der Informationsgesellschaft.In: CR 2006, S. 254 ff.

Nordemann, Jan Bernd: Die erlaubte Einräumung von Rechten für unbekannte Nutzungsarten. In: Urheberrecht im Informationszeitalter, Festschrift für Wilhelm Nordemann zum 70. Geburtstag am 8. Januar 2004, München 2004, S. 193 ff.

Nordemann, Jan Bernd / Nordemann, Wilhelm: Für eine Abschaffung des § 31 IV UrhG im Filmbereich. In: GRUR 2003, S. 947 ff.

Nordemann, Wilhelm: Vorschlag für ein Urhebervertragsgesetz. In: GRUR 1991, S. 1 ff.

-- Das neue Urhebervertragsrecht. München 2002. (zitiert: Nordemann, Das neue UrhVR).

-- Die Reform des § 31 Abs. 4 UrhG – gut gemeint, aber daneben getroffen? Eine kritische Stellungnahme zu den Entwürfen des Bundesjustizministeriums. In: Festschrift für Peter Raue zum 65. Geburtstag am 4. Februar 2006, Köln 2006, S. 587 ff.

Obergfell, Eva Ines: Zur Auswertungspflicht des Filmverleihers – Anmerkungen zum Urteil des Bundesgerichtshofs vom 10. 10. 2002 – I ZR 193 / 00. In: ZUM 2003, S. 292 ff.

Oetker, Hartmut: Dynamische Verweisungen in Allgemeinen Geschäftsbedingungen als Rechtsproblem. In: JZ 2002, S. 340 ff.

Ory, Stephan: Das neue Urhebervertragsrecht. In: AfP 2002, S. 93 ff.

-- Blick in den »2. Korb« des Urheberrechts in der Informationsgesellschaft. In: AfP 2004, S. 500 ff.

Palandt: Kommentar zum Bürgerlichen Gesetzbuch, bearb. v. *Bassenge, Peter / Brudermüller, Gerd / Diederichsen, Uwe* u. a. 70. Auflage, München 2011 (zitiert: Bearbeiter in: Palandt).

Paschke, Marian: Strukturprinzipien eines Urhebersachenrechts. In: GRUR 1984, S. 858 ff.

Paulusch, Bernd-Arthur: Vorformulierte Leistungsbestimmungsrechte des Verwenders. In: *Heinrichs, Helmut / Löwe, Walter / Ulmer, Peter,* 10 Jahre AGB-Gesetz, Köln 1987, S. 55 ff. (zitiert: Paulusch in: Heinrichs / Löwe / Ulmer (Hrsg.), 10 Jahre AGBG).

Peifer, Karl-Nikolaus: Zur angemessenen Vergütung im Urhebervertragsrecht. In: AfP 2008, S. 545 ff.

Poll, Günter: Die Harmonisierung des europäischen Filmurheberrechts aus deutscher Sicht. In: GRUR Int. 2003, S. 290 ff.

Prütting, Hanns / Wegen, Gerhard / Weinreich, Gerd: BGB: Kommentar. 4. Auflage, Köln 2009 (zitiert: Bearbeiter in: Prütting / Wegen / Weinreich).

Rabe, Dieter: Die Auswirkungen des AGB-Gesetzes auf den kaufmännischen Geschäftsverkehr. In: NJW 1987, S. 1978 ff.

Raiser, Ludwig: Das Recht der Allgemeinen Geschäftsbedingungen. Hamburg 1935.

Reber, Nikolaus: Die Bekanntheit der Nutzungsart im Filmwesen – ein weiterer Mosaikstein in einem undeutlichen Bild. In: GRUR 1997, S. 162 ff.

-- Digitale Verwertungstechniken – neue Nutzungsarten: Hält das Urheberrecht der technischen Entwicklung noch stand? In: GRUR 1998, S. 792 ff.

-- Die Redlichkeit der Vergütung (§ 32 UrhG) im Film- und Fernsehbereich. In: GRUR 2003, S. 393 ff.

Rehbinder, Manfred: Urheberrecht. 15. Auflage, München 2008.

Reimer, Dietrich: Schranken der Rechtsübertragung im Urheberrecht. In: GRUR 1962, S. 619 ff.

Rellermeyer, Klaus: Objektive Bezugsgrößen für die Bewertung von Kreditsicherheiten. In: WM 1994, S. 1053 ff.

Riesenhuber, Karl: Beim Abschluss des Wahrnehmungsvertrags sind die Berechtigten Unternehmer i. S.v. § 14 BGB. In: ZUM 2002, S. 777 ff.

-- Die gerichtliche Kontrolle von Verteilungsregeln der Verwertungsgesellschaften. In: GRUR 2002, S. 201 ff.

-- Die Auslegung und Kontrolle des Wahrnehmungsvertrags. Berlin 2004. (zitiert: Riesenhuber, Wahrnehmungsvertrag).

-- Die Auslegung des Wahrnehmungsvertrages. In: GRUR 2005, S. 712 ff.

Rom, Katharina von: Die Leistungsschutzrechte im Regierungsentwurf für ein Gesetz zur Regelung des Urheberrechts in der Informationsgesellschaft. In: ZUM 2003, S. 128 ff.

Rossbach, Claudia: Die Vergütungsansprüche im deutschen Urheberrecht. Baden-Baden 1990 (zugl. Diss. München 1989).

Roth, Herbert: Funktion und Anwendungsbereich der Unklarheitenregel des § 5 AGBG. In: WM 1991, S. 2085 ff. (Teil I) und S. 2125 ff. (Teil II).

Roussos, Kleanthis: Die Anwendungsgrenzen der Inhaltskontrolle und die Auslegung von § 9 AGBG. In: JZ 1988, S. 997 ff.

Rudolph, Matthias: Die unbekannten Nutzungsarten im Wandel der Zeit. In: ZGE 2010, S. 453 ff.

Rüthers, Bernd: Rechtstheorie. Begriff, Geltung und Anwendung des Rechts. 3. Auflage, München 2007.

Rüßmann, Helmut: Die »ergänzende Auslegung« allgemeiner Geschäftsbedingungen. In: BB 1987, S. 843 ff.

Schaaf, Christoph: Urheberrecht und Allgemeine Geschäftsbedingungen. Eine Untersuchung der Grenzen der Einräumung von Nutzungsrechten durch Allgemeine Geschäftsbedingungen. Berlin 1995 (zugl. Diss. Berlin 1995).

Schäfer, Frithjof: Inhaltskontrolle nach dem AGB-Gesetz bei Allgemeinen Geschäftsbedingungen. In: VersR 1978, S. 4 ff.

Schäfer, Jürgen: Das Transparenzgebot im Recht der allgemeinen Geschäftsbedingungen. Frankfurt am Main 1992 (zugl. Diss. Frankfurt am Main 1992).

Schack, Haimo: Neuregelung des Urhebervertragsrechts. In: ZUM 2001, S. 453 ff.

-- Urhebervertragsrecht im Meinungsstreit. In: GRUR 2002, S. 853 ff.

-- Urheber- und Urhebervertragsrecht. 5. Auflage, Tübingen 2010.

Scheja, Katharina / Mantz, Reto: Nach der Reform ist vor der Reform – Der zweite Korb der Urheberrechtsreform. In: CR 2007, S. 715 ff.

Schierenberg, Giso: § 31 Abs. 5 UrhG im Kontext des neuen Urhebervertragsrechts. In: AfP 2003, S. 391 ff.

Schippan, Martin: Auf dem Prüfstand: Die Honorar- und Nutzungsrechtsregelung zwischen Zeitungs- und Zeitschriftenverlagen und ihren freien Mitarbeitern. In: ZUM 2010, S. 782 ff.

SCHLECHTRIEM, PETER: Die sogenannte Unklarheitenregel des § 5 AGBG. In: Recht im Spannungsfeld von Theorie und Praxis, Festschrift für Helmut Heinrichs zum 70. Geburtstag, München 1998, S. 503 ff.

SCHMECHEL-GAUMÉ, ADRIAN: § 31 Abs. 4 UrhG und der Arbeitnehmerurheber - Ein Spannungsfeld. In: K&R 2001, S. 74 ff.

SCHMID, MATTHIAS / WIRTH, THOMAS: Urheberrechtsgesetz: Handkommentar. Baden-Baden 2004.

SCHMIDT, EIKE: AGB-Gesetz und Schuldvertragsrecht des BGB. Ranggleiches Nebeneinander oder modifizierter status quo ante? In: ZIP 1987, S. 1505 ff.

SCHMIDT, HARRY: Vertragsfolgen der Nichteinbeziehung und Unwirksamkeit von Allgemeinen Geschäftsbedingungen. Heidelberg 1986 (zugl. Diss. Heidelberg 1986).

SCHMIDT, UWE: Der Vergütungsanspruch des Urhebers nach der Reform des Urhebervertragsrechts. In: ZUM 2002, S. 781 ff.

SCHMIDT-SALZER, JOACHIM: Allgemeine Geschäftsbedingungen. 2. Auflage, München 1977.

SCHÖNE, THOMAS: Einseitige Preisänderungsklauseln am Beispiel der Stromversorgungswirtschaft. In: WM 2004, S. 263 ff.

SCHRICKER, GERHARD: Zum neuen Urhebervertragsrecht. In: GRUR Int. 2002, S. 797 ff.

-- Urheberrecht zwischen Industrie- und Kulturpolitik. In: GRUR 1992, S. 242 ff.

-- Verlagsrecht: Kommentar. 3. Auflage, München 2001 (zitiert: Schricker, VerlR).

SCHRICKER, GERHARD (Hrsg.): Urheberrecht: Kommentar. 3. Auflage, München 2006 (zitiert: Bearbeiter in: Schricker).

SCHULZE, GERNOT: Urheber- und Leistungsschutzrechte des Kameramanns. In: GRUR 1994, S. 855 ff.

-- Rechtsfragen von Printmedien im Internet. In: ZUM 2000, S. 432 ff.

-- Vergütungssystem und Schrankenregelungen - Neue Herausforderungen an den Gesetzgeber. In: GRUR 2005, S. 828 ff.

-- Die Einräumung unbekannter Nutzungsrechte nach neuem Urheberrecht. In: UFITA 2007/III, S. 641 ff.

SCHWAB, MARTIN: AGB-Recht. Heidelberg 2008.

SCHWAIGER, HENNING / KOCKLER, FRANZ-JOSEF: Zum Inhalt und Anwendungsbereich der sog. Zweckübertragungstheorie. In: UFITA 73 (1975), S. 21 ff.

SCHWARZ, MATTHIAS: Klassische Nutzungsrechte und Lizenzvergabe bzw. Rückbehalt von Internet-Rechten. In: ZUM 2003, S. 816 ff.

-- Das »Damoklesschwert« des § 31 Abs. 4 UrhG - Regelungsbedarf für neue Nutzungsarten. In: ZUM 2007, S. 733 ff.

SCHWARZ, MATHIAS / KLINGNER, NORBERT: Rechtsfolgen der Beendigung von Filmlizenzverträgen - zugleich eine Erwiderung auf Wente / Härle, GRUR 1997, 96 ff. In: GRUR 1998, S. 103 ff.

SCHWEYER, STEFAN: Die Zweckübertragungstheorie im Urheberrecht. München 1982.

SEIBOLD, CHRISTOPH: Neue Nutzungsarten - Neue Organisation der Rechteverwaltung? - Diskussionsbericht des gleich lautenden Symposions zum Film- und Medienrecht am 29. Juni 2007. In: ZUM 2007, S. 702 ff.

SLOPEK, DAVID: Lizenzen in der Insolvenz des Lizenzgebers: Der neue § 108 InsO-E. In: GRUR 2009, S. 128 ff.

SPINDLER, GERALD: Reform des Urheberrechts im »Zweiten Korb«. In: NJW 2008, S. 9 ff.

SPINDLER, GERALD/HECKMANN, JÖRN: Der rückwirkende Entfall unbekannter Nutzungsrechte (§ 137 l UrhG-E). Schließt die Archive? In: ZUM 2006, S. 620 ff.

SPRANG, CHRISTIAN/ACKERMANN, ASTRID: Der »Zweite Korb« aus Sicht der (Wissenschafts-)Verlage. In: K&R 2008, S. 7 ff.

SROCKE, MARC-OLIVER: Das Abstraktionsprinzip im Urheberrecht. In: GRUR 2008, S. 867 ff.

STAATS, ROBERT: Aufführungsrecht und kollektive Wahrnehmung bei Werken der Musik. Baden-Baden 2004 (zugl. Diss. Freiburg 2003).

STAUDINGER, ANSGAR: Das Transparenzgebot im AGB-Gesetz: Klar und verständlich? Zu den Grundsätzen der Richtlinientransformation. In: WM 1999, S. 1546 ff.

STAUDINGER, JULIUS VON: Kommentar zum Bürgerlichen Gesetzbuch mit Einführungsgesetz und Nebengesetzen

-- Buch 1: Allgemeiner Teil. Einleitung zum Bürgerlichen Gesetzbuch, §§ 1-14, Verschollenheitsgesetz (Einleitung zum BGB und Allgemeiner Teil 1), bearb. v. *Habermann, Norbert/Honsell, Heinrich/Kannowski, Bernd.* Neubearbeitung, Berlin 2004 (zitiert: Bearbeiter in: Staudinger).

-- Buch 1: Allgemeiner Teil. §§ 90-133, §§ 1-54, 63 BeurkG (Allgemeiner Teil 3 und Beurkundungsverfahren), bearb v. *Hertel, Christian/Habermann, Norbert/Albrecht, Karl-Dieter* u.a. Neubearbeitung, Berlin 2004 (zitiert: Bearbeiter in: Staudinger).

-- Buch 1: Allgemeiner Teil. §§ 134-163 (Allgemeiner Teil 4), bearb v. *Bork, Reinhard/Kohler, Jürgen/Roth, Herbert* u.a. Neubearbeitung, Berlin 2003 (zitiert: Bearbeiter in: Staudinger).

-- Buch 2: Recht der Schuldverhältnisse. §§ 305-310; UKlaG (Recht der Allgemeinen Geschäftsbedingungen), bearb v. *Coester, Michael/Coester-Waltjen, Dagmar/Schlosser, Peter.* Neubearbeitung, Berlin 2006 (zitiert: Bearbeiter in: Staudinger).

-- Buch 2: Recht der Schuldverhältnisse. §§ 315-326 (Leistungsstörungsrecht II), bearb v. *Otto, Hansjörg/Rieble, Volker/Schwarze, Roland.* Neubearbeitung, Berlin 2004 (zitiert: Bearbeiter in: Staudinger).

-- Buch 2: Recht der Schuldverhältnisse. §§ 397-432 (Erlass, Abtretung, Schuldübernahme, Mehrheit von Schuldnern und Gläubigern), bearb v. *Busche, Jan/Looschelders, Dirk/Rieble, Volker.* Neubearbeitung, Berlin 2005 (zitiert: Bearbeiter in: Staudinger).

-- Eckpfeiler des Zivilrechts, bearb v. *Beckmann, Roland Michael/Busche, Jan/Coester, Michael* u.a. Neubearbeitung, Berlin 2008 (zitiert: Bearbeiter in: Staudinger, Eckpfeiler).

STEUER, STEPHAN: Die höchstrichterliche Rechtsprechung des Bundesgerichtshofs zu Preisen und Entgelten - eine kritische Bestandsaufnahme. In: Festschrift für Walter Hadding zum 70. Geburtstag am 8. Mai 2004, Berlin 2004, S. 1169 ff.

STICKELBOCK, BARBARA: Ausgleich gestörter Vertragsparität durch das neue Urhebervertragsrecht? In: GRUR 2001, S. 1087 ff.

STÖHR, MONIKA: Gesetzliche Vergütungsansprüche im Urheberrecht. München 2006 (zugl. Diss. München 2006).

STOFFELS, MARKUS: Schranken der Inhaltskontrolle. In: JZ 2001, S. 843 ff.

-- AGB-Recht. 2. Auflage, München 2009.

STRUCK, NICOLA: Der Verbraucher- / Unternehmerbegriff im BGB. In: MittBayNot 2003, S. 259 ff.

TUHR, ANDREAS VON: Der Allgemeine Teil des deutschen bürgerlichen Rechts. Band 2, Hälfte 1: Die rechtserheblichen Tatsachen, insbesondere das Rechtsgeschäft. München 1914.

ULMER, EUGEN: Gutachten zum Urhebervertragsrecht, insbesondere zum Recht der Sendeverträge. Erstattet im Auftrag des Bundesministeriums der Justiz. Bonn 1977.

-- Urheber- und Verlagsrecht. 3. Auflage, Heidelberg 1980 (zitiert: E. Ulmer, UrhR).

ULMER, PETER / BRANDNER, HANS-ERICH / HENSEN, HORST-DIETER: AGB-Recht: Kommentar zu den §§ 305 – 310 BGB und zum Unterlassungsklagegesetz. 11. Auflage, Köln 2011 (zitiert: Bearbeiter in: Ulmer / Brandner / Hensen).

ULRICI, BERNHARD: Vermögensrechtliche Grundfragen des Arbeitnehmerurheberrechts. Tübingen 2008 (zugl. Diss. Leipzig 2008).

UNGERN-STERNBERG, JOACHIM VON: Einwirkung der Durchsetzungsrichtlinie auf das deutsche Schadensersatzrecht. In: GRUR 2009, S. 460 ff.

VERWEYEN, URS: Pacta sunt servanda? Anmerkungen zu § 31a UrhG n. F. In: ZUM 2008, S. 217 ff.

Voß, DANIEL: Der Anspruch des Urhebers auf angemessene Vergütung und die weitere angemessene Beteiligung. Dogmatik, Bestimmung der Angemessenheit, gemeinsame Vergütungsregeln. Münster 2005 (zugl. Diss. Münster 2004).

WACKE, ANDREAS: Ambiguitas contra stipulatorem. In: JA 1981, S. 666 ff.

WACKERBARTH, ULRICH: Unternehmer, Verbraucher und die Rechtfertigung der Inhaltskontrolle von vorformulierten Verträgen. In: AcP 200 (2000), S. 45 ff.

WANDTKE, ARTUR-AXEL: Reform des Arbeitnehmerurheberrechts? In: GRUR 1999, S. 390 ff.

-- Aufstieg und Fall des § 31 Abs. 4 UrhG. In: Urheberrecht im Informationszeitalter, Festschrift für Wilhelm Nordemann zum 70. Geburtstag am 8. Januar 2004, München 2004, S. 267 ff.

-- Korb II und die unbekannten Nutzungsarten im Arbeitsverhältnis. In: Schutz von Kreativität und Wettbewerb, Festschrift für Ulrich Loewenheim zum 75. Geburtstag, München 2009, S. 393 ff.

-- Urheberrecht. 2. Auflage, Berlin 2010 (zitiert: Wandtke).

WANDTKE, ARTUR-AXEL / BULLINGER, WINFRED (Hrsg.): Praxiskommentar zum Urheberrecht. 3. Auflage, München 2009 (zitiert: Bearbeiter in: Wandtke / Bullinger).

WANDTKE, ARTUR-AXEL / HOLZAPFEL, HENRIK: Ist § 31 IV UrhG noch zeitgemäß? In: GRUR 2004, S. 284 ff.

WENTE, JÜRGEN / HÄRLE, PHILIPP: Rechtsfolgen einer außerordentlichen Vertragsbeendigung auf die Verfügungen in einer »Rechtekette« im Filmlizenzgeschäft und ihre Konsequenzen für die Vertragsgestaltung – Zum Abstraktionsprinzip im Urheberrecht. In: GRUR 1997, S. 96 ff.

WESTERMANN, HARM PETER: Abgrenzung von Neben- und Hauptleistungspflichten im Hinblick auf die Inhaltskontrolle. In: *Heinrichs, Helmut / Löwe, Walter / Ulmer, Peter*, 10 Jahre AGB-Gesetz, Köln 1987, S. 135 ff. (zitiert: H.P. Westermann in: Heinrichs / Löwe / Ulmer (Hrsg.), 10 Jahre AGBG).

WESTPHALEN, FRIEDRICH GRAF VON: Garantie- und Gewährleistungsvergütung im Verhältnis zwischen Hersteller – Handel – Endkunde. In: NJW 1980, S. 2227 ff.

-- 30 Jahre AGB-Recht – Eine Erfolgsbilanz. Zugleich Stellungnahme zu Berger, Abschied von der Privatautonomie im unternehmerischen Geschäftsverkehr? ZIP 2006, 2149.

-- Die angemessene Vergütung nach § 32 Abs. 2 S. 2 UrhG und die richterliche Inhaltskontrolle. In: AfP 2008, S. 21 ff.

Wille, Stefan: Die kollisionsrechtliche Geltung der urheberrechtlichen Neuregelungen zu den unbekannten Nutzungsarten – §§ 31a, 32c UrhG im Lichte des Internationalen Privatrechts. In: GRUR Int. 2008, S. 389 ff.

-- Verträge über unbekannte Nutzungsarten aus Sicht der Zweckübertragungslehre. In: UFITA 2008/II, S. 337 ff.

-- Einräumung von Rechten an unbekannten Nutzungsarten als überraschende Klausel i.S.d. § 305c Abs. 1 BGB. In: GRUR 2009, S. 470 ff.

Wolf, Manfred: Preisanpassungsklauseln in Allgemeinen Geschäftsbedingungen unter Kaufleuten. In: ZIP 1987, S. 341 ff.

Wolf, Manfred/Lindacher, Walter/Pfeiffer, Thomas (Hrsg.): AGB-Recht: Kommentar. 5. Auflage, München 2009 (zitiert: Bearbeiter in: Wolf/Lindacher/Pfeiffer).

Zabre, Bernd-Rainer: Randnutzung durch Rundfunkanstalten. Eine Untersuchung der Rechtstellung von Urhebern, ausübenden Künstlern und Rundfunkanstalten bei der audiovisuellen Verwertung von Fernsehproduktionen. Frankfurt am Main 1991 (zugl. Diss. Berlin 1989).

Zippelius, Reinhold: Juristische Methodenlehre. 10. Auflage, München 2006.

Zentek, Sabine/Meinke, Thomas: Urheberrechtsreform 2002. Die neuen Rechte und Pflichten für Urheber und Verwerter. Freiburg 2002.

Zscherpe, Kerstin: Zweitverwertungsrechte und § 31 Abs. 4 UrhG. Baden-Baden 2004 (zugl. Diss. Münster 2004).

»Schriften zum deutschen und internationalen Persönlichkeits- und Immaterialgüterrecht« – zuletzt erschienen:

Band 29
Riecken, J.: **Schutzgüter in der Filmkulisse**
2011. 223 Seiten, gebunden
ISBN 978-3-89971-897-3

Band 28
Gantz, S.: **Das droit de non-paternité**
2011. 189 Seiten, gebunden
ISBN 978-3-89971-848-5

Band 27
Reschke, J.: **Die verfassungs- und dreistufentestkonforme Auslegung der Schranken des Urheberrechts – zugleich eine Überprüfung von § 52b UrhG**
2010. 190 Seiten, gebunden
ISBN 978-3-89971-656-6

Band 26
Fahl, C.: **Die Bilder- und Nachrichtensuche im Internet**
2010. 197 Seiten, gebunden
ISBN 978-3-89971-657-3

Band 25
Ratjen, E.: **Vermarktung und Verletzung von Verwertungsrechten an aufgezeichneten Sportveranstaltungen**
2010. 185 Seiten, gebunden
ISBN 978-3-89971-622-1

Band 24
Raue, B.: **Nachahmungsfreiheit nach Ablauf des Immaterialgüterrechtsschutzes?**
2010. 218 Seiten, gebunden
ISBN 978-3-89971-592-7

Band 23
Sattler, H.: **Das Urheberrecht nach dem Tode des Urhebers in Deutschland und Frankreich**
2010. 141 Seiten, gebunden
ISBN 978-3-89971-584-2

Band 22
Kakies, J.: **Der rechtliche Schutz von prägenden Stilelementen der bildenden Kunst**
2009. 175 Seiten, gebunden
ISBN 978-3-89971-724-2